dtv

»Mein Vater hat mir den Himmel gegeben, hat mir die Erde gegeben: Die Himmels-herrin bin ich. (…) Die Schlacht hat er mir gegeben, den Orkan hat er mir gegeben. Der Himmel ist mein, die Erde ist mein.« So spricht die sumerische Göttin Inanna. Vera Zingsem hat hymnische Gesänge und epische Dichtungen über große Göttinnen gesammelt und interpretiert. Wir lesen von Ischtar, Demeter, Isis, Aphrodite, Freyja und Cerridwen. Aus den verschiedenen Quellen formt sich das Bild dieser mächtigen Gottheiten. Wir erfahren von der Weisheit keltischer Göttinnen, lassen uns ins grie-chische Pantheon entführen, die antiken matriarchalischen Kulturen erstehen vor unserem geistigen Auge neu. Einige der Mythen wurden für diese Sammlung zum ersten Mal ins Deutsche übertragen. »Himmlische Zeiten: ein wertvolles Buch, das uns verstehen hilft, wo wir herkommen.« (›Virginia‹)

Vera Zingsem, Diplom-Theologin, 1954 in Mönchengladbach geboren, lebt als freie Autorin, Lehrbeauftragte und Bildungsreferentin für Theologie und Religionswissen-schaft in Tübingen. Sie ist Mitglied im Deutschen Schriftstellerverband. Zahlreiche Veröffentlichungen, zuletzt ›Lilith, Adams erste Frau‹ (1999).

Vera Zingsem

GÖTTINNEN GROSSER KULTUREN

Deutscher Taschenbuch Verlag

Ungekürzte Ausgabe
März 1999
Deutscher Taschenbuch Verlag GmbH & Co. KG, München
© 1995 Klöpfer, Meyer und Co. Verlagsgesellschaft mbH, Tübingen
unter dem Titel:
Der Himmel ist mein, die Erde ist mein
ISBN 3-931402-14-2
Umschlagkonzept: Balk & Brumshagen
Umschlagfoto: Isis, ägyptische Plastik, 9. Jh. v. Chr.
(© AKG, Berlin/Erich Lessing)
Gesamtherstellung: C. H. Beck'sche Buchdruckerei, Nördlingen
Gedruckt auf säurefreiem, chlorfrei gebleichtem Papier
Printed in Germany · ISBN 3-423-36113-1

Danksagungen:

Natürlich konnte auch dieses Buch nicht ohne tatkräftige Unterstützung durch andere verwirklicht werden. So möchte ich mich an dieser Stelle ganz herzlich bedanken bei: Herrn Erich Kunkel und Frau Beate Polaczek für ihre wertvollen Übersetzungsbeiträge; Frau Petra Wagner und Frau Birgit Kaiser für ihre gründlichen Korrekturarbeiten; Frau Professor Dr. Ingrid Gamer-Wallert für ihre fachliche Beratung und ideelle Ermutigung.

Mein besonderer Dank gilt ferner der Studienstiftung des Deutschen Volkes, die dieses Buch (damals noch als Dissertation geplant) durch großzügige Stipendien mit auf den Weg brachte.

Inhaltsverzeichnis

Inanna – Ischtar – Ereschkigal
Aphrodite

Demeter – Kore – Persephone
(Ceres – Proserpina)

Große Göttinnen des nordisch-germanischen Pantheons

Isis, die große, Mutter des Gottes;
una, quae est omnia

Die Mahadevi –
Die »große Göttin« Indiens als Maya-Durga-Kali

Vorwort

In meinem Theologiestudium kamen sie nicht vor, die großen Göttinnen der sog. Umwelt des Alten und Neuen Testaments. Also beschloß ich, auf eigene Faust nach ihnen zu suchen, angeregt zunächst durch das Studium der Analytischen Psychologie C. G. Jungs, dann zusehends stärker gefesselt durch die Quellentexte selber. Daraus sollte eine (theologische) Dissertation entstehen: Bilder des Weiblichen in den Religionen der Völker, mit Blick auf deren ethische Einflußnahme innerhalb der von ihnen inspirierten Gesellschaften. Ein Lebenswerk wohl, dessen ersten Teil ich nunmehr vorlege. Weit umfangreicher als zunächst geplant (und dabei fielen schon so viele Texte dem Rotstift zum Opfer). Doch es sollte ein Buch werden, das vielen Ansprüchen (wissenschaftlichen wie »laienhaften«) gerecht werden kann und nicht zuletzt den »Hauptpersonen« selber:

Sie, die Göttinnen, sollten in ihrer Vielseitigkeit gewürdigt werden und zu Wort kommen dürfen, in Mythen und Märchen, Hymnen und Gebeten, Sagen und Schwänken, Sprüchen und Gedichten, Bildern und Symbolen. Allzu leicht sind wir geneigt, uns vereinfachende Bildnisse von diesen imponierenden Gestalten zu machen, sie in Schemata zu pressen, die eher unserem kleingeistigen Ordnungssinn als ihrer lebendigen Wirklichkeit entsprechen. Noch immer treibt »die große Mutter mit ihrem Sohngeliebten« – treu nach Johann Jakob Bachofen, aber meist ohne Anhaltspunkte in den (vorliegenden) Texten, – ihr (Un)Wesen in der einschlägigen (auch psychoanalytischen) Literatur, und es ist ein besonderes Anliegen dieses Buches, mit derart stereotypen Vorstellungen möglichst weitgehend aufzuräumen. Statt dessen möchte ich den Blick öffnen für die Reichhaltigkeit weiblich-göttlicher Symbolik, der eine Vielseitigkeit weiblichen Lebens dereinst entsprochen haben dürfte.

Und das ist ein weiteres Anliegen meines Buches: Aufzuspüren, wie weit Bilder von göttlicher Weiblichkeit ihrerseits die gesellschaftliche Stellung der Frau beeinflußt haben. Weil patriarchalische Kulturen mit dem Weiblichen nichts Wertvolles zu verbinden gewohnt sind, gestehen sie ihm auch keine Repräsentanz am »Götterhimmel« mehr zu. Vorzeiten mag diese Wechselwirkung umgekehrt verlaufen sein. Die Eliminierung der Göttinnen aus der Reihe der »Himmlischen« hatte die allmähliche Herabsetzung der Frauen »auf Erden« zur Folge: Wenn Gott Mann wurde, ist damit das Männliche vergöttlicht und »verherrlicht«. Wenn Göttliches – wieder und auch – Frau würde, wäre damit das Weibliche im ganzen und in all seinen Facetten (wozu auch die Natur gehört) aufgewertet. Dann stünde – symbolisch – dem »Sohn Gottes« endlich die »Tochter Gottes« wieder gleichwertig zur Seite ...

Das vorliegende Buch enthält die, meines Wissens nach, umfangreichste Quellentextsammlung zu den Göttinnen der großen Kulturen des indoeuropäischen Sprachraumes. Dabei mußte ich mich (aus Gründen des Umfangs) auf die allergrößten unter den Göttinnen konzentrieren, auf die Geschichten, die Zusammenhänge zwischen den Kulturen sichtbar werden und die Kontinuität von Motiven (nicht zuletzt zur christlichen Symbolik) aufscheinen lassen. Textauswahl und Kommentierung erfolgten auf wissenschaftlicher Basis, wobei ich als »Fachfremde« mich vor allem an anerkannten Standardwerken und Übersetzungen orientiert habe. Wenn nötig, habe ich selbst übersetzt oder Übersetzungen in Auftrag gegeben. Daneben spielte jedoch bisweilen auch der imaginative und phantasieanregende Aspekt von Erkenntnissen eine Rolle: Mag eine Theorie auch wissenschaftlich – vielleicht – überholt sein, so bereichert sie als »Anschauungsweise« dennoch die Bilderwelt unserer Seele und wird so unversehens selber Teil der Göttinnen-Geschichte(n). Und schließlich sollte ja – last, not least – ein unterhaltsames Lesebuch herauskommen ... – Wie dem auch sei: in ihrer Grundsubstanz können die vorliegenden Texte nicht mehr veralten; weil sie (wie die Bibel) bereits antik sind. Folglich können sie uns – so sie uns gefallen und inspirieren – ein ganzes Leben lang begleiten!

Tübingen, im September 1995   *Vera Zingsem*

INANNA
ISCHTAR
ERESCHKIGAL

APHRODITE

In den ersten Tagen, in den allerersten Tagen,
In den ersten Nächten, in den allerersten Nächten,
In den ersten Jahren, in den allerersten Jahren,

In den ersten Tagen, als alles, was zum Leben nötig war, ins Sein gebracht wurde,
In den ersten Tagen, als alles, was zum Leben nötig war, angemessen ernährt wurde,
Als Brot gebacken wurde in den Schreinen des Landes,
Als Brot gekostet wurde in den Häusern des Landes,
Als der Himmel sich von der Erde fortbewegt hatte,
Und die Erde sich vom Himmel getrennt hatte,
Und der Name des Menschen festgelegt wurde;
Als der Himmelsgott, An, die Himmel davongetragen hatte,
Als der Luftgott, Enlil, die Erde davongetragen hatte,
Als die Königin des Großen Unten, Ereschkigal, die Unterwelt
      als ihren Herrschaftsbereich erhalten hatte,

Da hißte er die Segel; der Vater hißte die Segel,
Enki, der Gott der Weisheit, hißte die Segel und nahm Kurs auf die Unterwelt. (...)

   (Aus: Wolkenstein / Kramer, S. 4)

I. Kurze Erläuterungen zur Geschichte und Kultur
Sumers, Akkads und Babylons

1. *Stichworte zur geschichtlichen Entwicklung Mesopotamiens*

Die sumerische Kultur, die uns den Mythenkreis um die große Göttin *Inanna* überliefert hat, gehört zu den frühesten uns bekannten Kulturen der Welt. Und daß wir heute noch so viel darüber wissen, verdanken wir vor allem der Keilschrift, die von diesem Volk erfunden wurde. Wer die Sumerer waren und woher sie kamen, läßt sich nicht mehr genau zurückverfolgen. Da ihre Sprache an die der Turk-Völker erinnert, siedelt man ihre ursprüngliche Herkunft im Süden Zentralasiens an. Seit dem 4.–3. Jahrtausend v. Chr. ließen sie sich jedenfalls im sog. Zweistromland *Mesopotamien* zwischen Euphrat und Tigris nieder, was etwa dem Gebiet des heutigen Irak entspricht. Obwohl das Land karg und das Klima heiß und trocken war, brachten es die Sumerer in dieser Region zu einer bis dahin unerreichten kulturellen wie (land)wirtschaftlichen Blüte. Wovon nicht zuletzt die großen Städte Ur (Warka), Eridu, Adab, Isin, Larsa, Kullab-Uruk, Lagasch, Nippur und Kisch ein beredtes Zeugnis ablegen. Die sumerische Sprache wurde vorherrschend im Lande.

Die Sumerer selbst waren noch keine Semiten. Das waren erst die Akkader, die von Norden und Nordwesten ins Land eindrangen, unter Sargon I (2340–2284) die Herrschaft im Land an sich rissen und das Großreich Akkad (Agade) mit der gleichnamigen Hauptstadt gründeten. Ihre Sprache begann allmählich die sumerische aus dem öffentlichen Leben zu verdrängen. Um das Jahr 2200 v. Chr. wurde auch Akkad dem Erdboden gleichgemacht. Ein nicht näher spezifiziertes Volk der Guti war von den Bergen des westlichen Iran aus ins Land eingefallen. Da die Guti keine eigene Kultur von Niveau mitbrachten, übernahmen sie alle bedeutenden Errungenschaften von den Sumerern und Akkadern, weshalb sie in Mesopotamien keinerlei eigenständige Spuren hinterließen. In Lagasch gelangte zur selben Zeit mit Gudea noch einmal ein großer sumerischer König zur Herrschaft, der wegen seiner Diplomatie und Bildung berühmt wurde. »Im Laufe eines Zeitraumes von 20 Jahren seiner Regierung hat dieser friedfertige und fromme König dem Land Sumer dieselbe Ausdehnung gegeben wie vordem Akkad. Gudea hat das Land Sumer noch einmal zu dieser gewaltigen Höhe geführt ... Kunst und Wissenschaft gelangten unter diesem Fürsten zu großer Blüte, die Architektur erhielt neue Anregungen unter seiner persönlichen Führung, während sich die Schrifttexte von nüchternen, sachlichen Mitteilungen zur Literatur entwickelten« (Du Ry, S. 75 f.). Kurz nach Gudeas Tod gelang es den Sumerern, die Gutischen Besatzer abzuschütteln, und unter dem König Ur-Nammu etablierte sich in Ur die sogenannte 3. Dynastie von Ur, die dem Land zu einer weiteren kulturellen Renaissance verhalf. Ur-Nammu ist verantwortlich für den ersten Rechts-Codex der Geschichte, der insbesondere für die Rechte der Armen und Benachteiligten gegenüber den Reichen eintrat.

Die Regierungszeit des (nicht zuletzt wegen seiner Gesetzestexte) berühmten Königs Hammurabi (um 1750 v. Chr.) markierte schließlich das Ende der sumerischen und den Heraufzug der babylonischen Kultur. Zu dieser Zeit war die sumerisch sprechende Bevölkerung bereits nahezu ausgelöscht. Die Kultur jedoch blieb vorerst in Form und Inhalt sumerisch geprägt, auch und gerade in der tragenden religiösen Gedanken- und Vorstellungswelt. Auf Schulen und Akademien wurden sumerische Sprache und Literatur noch bis ins erste vorchristliche Jahrtausend gepflegt. Daneben entwickelte sich eine eigenständige akkadische Dichtung, die alles andere als nur eine Kopie der sumerischen Vorbilder darstellt und vor allem im Vers- und Strophenbau nur noch wenig sumerische Einflüsse erkennen läßt. Seit etwa 1300 v. Chr. nahm zudem auch Assyrien aktiv an der Pflege der babylonischen Literatur teil. Zu welcher Höhe das geistige Leben der Sumerer unter Ur-Nammu bereits gediehen war, mag noch einmal ein Zitat von Du Ry (S. 83) verdeutlichen:

> »Algebra und Geometrie wurden in der Astronomie angewandt, Potenzieren, Wurzelziehen, Inhaltsberechnungen von Kegeln und Pyramiden und sogar die Lehrsätze, mit denen Euklid und Pythagoras sich später befaßt haben, waren schon in der Isin-Larsa Periode bekannt. Auch die Literatur erreichte eine große Blüte. Man schrieb nicht nur geschäftliche oder religiöse Texte, sondern verfaßte Gedichte, Hymnen, Klagegesänge und Heldenlieder.« *[Vgl. zum Ganzen: ebd. S. 33–93; Falkenstein/v. Soden, S. 7–56; Wolkstein/Kramer, S. 115–135.]*

Etwa um die Zeit des Umbruchs unter Hammurabi muß es gewesen sein, daß der Mythenkreis um »Inannas Abstieg in die Unterwelt« erstmals vollständig aufgeschrieben worden ist. In einer Zeit, da die mündliche Weitergabe offensichtlich nicht mehr gesichert war. Etwa 4000 Jahre lang überdauerten die Tontäfelchen in den Ruinen von Nippur, dem spirituellen und kulturellen Zentrum von Sumer, bis sie – in unglaublich gut erhaltenem Zustand – von amerikanischen Archäologen der Universität Pennsylvania gegen Ende des vorigen Jahrhunderts wieder zutage befördert wurden. Und sofort sahen die Forscher sich einer neuen Schwierigkeit gegenüber: Der Irak gehörte damals noch zum türkischen Reich, finanziert wurden die Ausgrabungen jedoch von den USA. Also einigte man sich darauf, daß die gefundenen Gegenstände zu gleichen Teilen an das altorientalische Museum nach Istanbul und das Universitätsmuseum von Pennsylvania gehen sollten. Was den Tausenden von ohnehin brüchigen Keilschrift-Tontäfelchen keineswegs gut bekam. Daß man die Schriftstücke ohne vorherige Kenntnis des Inhalts auseinanderreißen mußte, sorgte für erhebliche Verzögerungen beim Entziffern und Übersetzen der Texte, von denen nun jede Partei nur Fragmente in Händen hielt. So dauerte es beinahe ein weiteres Jahrhundert, bis uns der Mythenkomplex um Inanna nun endlich in zusammenhängender Form vorliegt. Immer noch fehlen allerdings ca. zwanzig Zeilen, das Ende der direkten Abstiegsgeschichte, in dem wir Auskunft erhalten würden über Dumuzis Geschick vor seiner Wiederauffindung durch Inanna. Nachdem der englische Text in der Übersetzung des bekannten amerikanischen Sumerologen Samuel Noah Kramer seit 1983 greifbar ist, ich jedoch vergeblich nach einer deutschen Übersetzung Ausschau gehalten habe, hielt ich es für angebracht, diese Übersetzung (aus dem Englischen) nunmehr selbst vorzunehmen. Um damit einem breiteren Publikum die Schönheit und Tiefgründigkeit dieser alten und so gar nicht abgelebten Poesie vor Augen zu führen.

2. *Inanna, Königin von Himmel und Erde*

Wörtlich bedeutet der sumerische Name *Inanna* (akkad. *Ischtar*) soviel wie »Himmelskönigin«. Doch ist sie von frühester Zeit an als »Königin von Himmel und Erde« bekannt. Sie ist die Tochter der Mondgöttin *Ningal* und ihres Gatten *Nanna* (akkad. *Sin*), die als Stadtgottheiten von Ur verehrt wurden. Sie selbst wurde in erster Linie im Morgen- und Abendstern verehrt, und als ihr Symbol galt dementsprechend der achtzackige Stern. Die Silbe *an* in ihrem Namen verweist auf ihre Verbundenheit mit dem Himmel und dem durch ihn repräsentierten gleichnamigen Himmelsgott *An* von Uruk, als dessen Tochter sie als Stadtgöttin von Uruk auch gilt (wobei es hier durchaus auch um eine Verwandtschaft des Charakters gehen kann; auch die *Anunna* oder *Anunnaki*, die in den Mythen, Hymnen und Gebeten immer wieder vorkommen, sind Himmelsgötter, von denen allerdings einige in Ungnade gefallen und deshalb in die Unterwelt verbannt zu sein scheinen). Wie die ägyptische Göttin Isis vom Weisheitsgott Thoth (griech. Hermes), so erhält auch Inanna ihre Kraft und Weisheit vor allem von *Enki*, dem Gott der abgründigen Wassertiefe und der Weisheit »tiefgründigen Denkens«, dem Gott von Eridu, der zugleich als Vater ihrer Mutter Ningal gilt. Im Mythos von *Inanna und Enki* erleben wir die beiden bei einem Wettstreit im Biertrinken, aus dem die jugendlich-unbekümmerte Göttin als Siegerin hervorgeht. Im Rausch verspricht Enki seiner »Tochter« sämtliche vierzehn *me*-Kräfte und macht sie damit zu seiner Nachfolgerin. Bevor Enki sich die Sache anders überlegen kann – und das tut er sehr bald –, ist Inanna mit den *me*-Kräften, die sie in ihr *Himmelsboot* (zugleich ein Synonym für ihre Vulva) packt, auf und davon und zum Stadttor von Uruk hinein. Enki erweist sich als fairer Verlierer und bietet Inanna darauf ein Friedensbündnis für alle Zeiten an. »Die heldenhafte Frau, die größer ist als ihre Mutter, der die *me* von Enki dargereicht wurden, erste Tochter des Mondes«, aber auch »die heilige Himmelpriesterin«, so lauten einige der Epitheta der Göttin. Auch wird sie, darin ebenfalls der Isis ähnlich, als Kuh, genauer gesagt als *Wilde Kuh* angerufen.

Zu jenen *me*-Kräften, die Inanna von Enki übertragen werden, gehören allerdings auch *Abstieg in die Unterwelt* und *Aufstieg aus der Unterwelt*. Und dieses Thema bildet Kernstück und Herzmitte der Inanna-Mythologie. Klingt doch hiermit ein Thema an, das – in Variationen – den Vorderen Orient über Jahrtausende nicht mehr verlassen sollte und bis heute noch das Zentrum auch des christlichen Glaubens bildet, der sich ja aus vorderorientalischen Überlieferungen speiste.

Inannas Partnerin im göttlichen Drama ist zunächst *Ereschkigal*, die »Herrin des großen Unten«, die große Göttin der Unterwelt, die der Herrin des großen Oben diametral entgegengesetzt scheint. Von Ereschkigal wird folgende Geschichte erzählt: Sie war zuallererst eine Göttin des Getreides, die in der Oberwelt *Ninlil* hieß und Gattin Enlils war, des Gottes der Luft, bzw. des Lufthauchs. Von ihm wurde sie mehrmals vergewaltigt, und um die junge Göttin vor Enlils Gewalttätigkeit zu schützen, schickten die übrigen Götter ihn zur Strafe in die Unterwelt. Dorthin folgte Ninlil ihrem Gatten angeblich freiwillig und aus Liebe und brachte dort unten den Mondgott Nanna zur Welt. Während allerdings Enlil weiterhin am Himmel verehrt wurde, blieb Ninlil für immer unten und wechselte ihren Namen zu Ereschkigal, der Beherrscherin des Totenreiches, des »Landes ohne Wiederkehr« (vgl. Perera, S. 29 f.). Einer strengen Genealogie nach wäre sie somit Inannas Großmutter, doch wird sie öfter noch als ihre Schwester bezeichnet, was wohl die geheime Verwandtschaft dieser beiden beeindruckenden Gottheiten andeuten soll. Eine Geschichte, die zudem starke Parallelen zum Demetermythos aufweist. Denn als Unterweltsgöttin verfügt Ereschkigal über die Gaben von Wasser und Getreide, den Grundlagen des Lebens überhaupt. Sie ist also nicht nur die bedrohliche Göttin des Todes, sondern auch die lebenspendende Hüterin unterirdischen Reichtums. Durch sie wird die Unterwelt zu einem Ort der Verwandlung, aus dem das neue Leben (im Korn) sich Bahn bricht. Entsprechend wird sie im vorliegenden Mythos auch wie eine in Wehen liegende Geburtsgöttin beschrieben.

Wichtig scheint mir, daß Inanna sich freiwillig zu Ereschkigal begibt. Weil sie Herz

und Ohr öffnet. Sie vernimmt einen Ruf und macht sich auf den Weg. In vollem Ornat ihrer Königinnenwürde und geschmückt wie zu einer Hochzeit. Nur ihre treue
Dienerin und Freundin *Ninschubur*, die »Königin des Ostens«, die schon mit ihr zusammen die *me*-Kräfte gegen die Angriffe von Enkis Helfershelfern verteidigt hatte,
ist auch diesmal an ihrer Seite. Inanna schärft ihr genauestens ein, was sie zu tun und
zu sagen hat für den Fall, daß sie nicht aus der Totenwelt zurückkehren sollte. Sie ist
sich der Gefährlichkeit ihres Unternehmens durchaus bewußt und trifft Vorsorge. Den
Weg hinab durch die sieben Tore der Unterwelt geht sie allein. An jedem dieser Tore
werden ihr nach und nach die Insignien ihrer Herrschaft abgenommen, bis sie schließlich »nackt und tief gebeugt«, in einer Haltung, in der die Sumerer ins Grab gelegt
wurden, vor Ereschkigal erscheint. Dort wird sie von der Göttin der Unterwelt getötet
und an einem Haken an der Wand aufgehängt. Drei Tage bleibt sie in dieser Gruft, ein
Stück vermodernden Fleisches, bis beide, Inanna und Ereschkigal, durch Ninschuburs
und Enkis tatkräftige Hilfe erlöst werden: Inanna, indem sie an die obere Welt zurückkehren darf, Ereschkigal, indem sie merkt, daß ihr Leiden ernst genommen wird. Sie
ist keine sadistische Göttin, die sich an der Qual ihrer Geschöpfe weiden würde, sondern sie erfüllt im Naturkreislauf ein Gesetz der Notwendigkeit, das ihr selbst ebensoviel Leid zufügt, wie sie wiederum anderen Lebewesen zufügen muß. Dies zu erkennen und anzuerkennen, setzt allein schon eine Verwandlung in Gang, die obere wie
untere Welt gleichermaßen betrifft. Inanna aber wird durch dieses Geschehen in gewisser Weise selbst zu einer Unterweltsgöttin, die nun ihrerseits mit den »Augen des
Todes« schauen kann. Außerdem verlangt Ereschkigal von ihr einen Ersatz, der statt
ihrer in der Unterwelt bleiben soll.

Und hier kommt ein weiterer Partner des Dramas ins Spiel: Inannas Geliebter und
Gatte *Dumuzi* (akkad. *Tammuz*). Im sumerischen Götterpantheon gilt Dumuzi als
Sohn Enkis mit *Sirtur*, der Schafgöttin, ist also allen gegenteiligen Behauptungen zum
Trotz *nicht* Inannas Sohn. Vielmehr ist er selbst ein Hirtengott und wird mit Hirtenkrummstab dargestellt. Aufgrund seiner Grobheit lehnt Inanna sein Liebeswerben zunächst ab. Bis *Utu*, der Sonnengott (akkad. *Schamasch*) vermittelt und seiner Schwester den »Hirten« als Liebespartner schmackhaft macht. Darüber gibt es eine Reihe
von ergreifenden Liebesgedichten, in denen beide einander in ihren körperlichen Reizen feiern, mit Worten, die noch im Hohenlied der Bibel nachhallen. Dumuzi aber ist
nicht nur ein Hirte seiner Schafe, sondern – wie der ägyptische *Osiris* – zugleich das
Getreide, die Gerste, die im Land wächst, bzw. die göttliche Kraft im Getreide. Somit
fördert die »Heilige Hochzeit« zwischen Inanna und Dumuzi zugleich die Wachs-
tumskräfte im Land. Dieser Ritus wurde alljährlich zum Neujahrsfest vollzogen, zur
Zeit der herbstlichen Tag- und Nachtgleiche (zu der die Juden bis heute ihr Neujahrs-

fest feiern!). Der Herbst bezeichnet im Vorderen Orient die Zeit des Wachstums, wenn nach den ersten Regengüssen zum Ende der trockenen Sommerzeit die neue Saat sich wieder regt. Dann sagte man, Dumuzi sei auf die Erde zurückgekehrt. Und das Leben konnte neu beginnen. Denn es war Dumuzi, den die Göttin an ihrer Stelle in die Unterwelt hinabschickte. Da er der einzige war, der während ihrer Unterweltszeit nicht um sie getrauert, ja ihre Abwesenheit nicht einmal bemerkt hatte. Nun sollte er gezwungenermaßen ihre Erfahrung teilen. Von den Dämonen der Unterwelt, den *galla*, wird er zerstückelt, ein deutlicher Hinweis auf seinen Getreideaspekt. In der gleichen Art und Weise spricht man auch vom Zerstückeln des Osiris, das immer ein Zerteilen zum Zwecke der Fruchtbarkeit meint; wie das Korn, das sich in der Erde aufspalten muß, um den neuen Keim freizugeben, wie das reife Getreide, das gedroschen und gemahlen werden muß, um den Menschen bekömmlich zu werden; wie das Brot, das schließlich gebrochen wird, damit wir es teilen können. So vollzieht sich die Heilige Hochzeit gleichzeitig als Wiedergeburt für Menschen, Tiere und Pflanzen, und so wie nichts mehr in Liebe zusammenfindet, solange Dumuzi in der Unterwelt weilt, so gedeiht das Leben ringsum zu neuem Wachstum, sobald er wieder auf Erden erscheint. Die Liebe, eine kosmogonische, welterschaffende und -erhaltende Kraft. Vollzogen wurde diese »Heilige Hochzeit« in Sumer auch rituell zwischen dem jeweils amtierenden König als Dumuzi und der jeweils amtierenden Hohepriesterin als Vertreterin Inannas. »Dieser Vorstellung kommt in ihrer Grundform ein sehr hohes Alter zu. Möglicherweise reicht sie sogar noch weiter als die Auffassung vom König als dem irdischen Verwalter des göttlichen Eigentums in die Vorgeschichte zurück« (Falkenstein/v. Soden, S. 35). Durch Dumuzi, der als König (mit dem Beinamen »Hirte seines Volkes«) zugleich die Menschenwelt repräsentiert, werden die Menschen in das Erlösungsgeschehen um Inanna mit einbezogen. Denn obwohl Inanna den säumigen Dumuzi zunächst unnachgiebig und ungnädig und im wahrsten Sinne des Wortes »in die Wüste« schickt, was man getrost als Einweihungsgeschehen, als Initiation in die Geheimnisse von Leben und Tod, deuten kann, überläßt sie ihn nicht einfach seinem Schicksal. Sie geht ihm nach, sucht und findet ihn und bringt ihn an die obere Welt zurück. Die nun an seiner Statt und wiederum aus eigenem Entschluß in die Unterwelt hinabsteigt, ist Dumuzis Schwester *Geschtinanna*, eine schriftkundige Traumdeuterin und nicht zufällig die Göttin des Weinstocks. Inanna entscheidet, daß beide im Wechsel ein halbes Jahr unter der Erde verbringen sollen; was im Naturkreislauf durchaus Sinn macht.

In den Texten erscheinen die Göttinnen und Frauen – oder die vergöttlichten Frauen – nicht nur als die bewußteren, sondern auch als die zuverlässigeren und leidensfähigeren Gestalten. Inanna kann sich auf ihre getreue Freundin Ninschubur weitaus mehr verlassen als auf ihren Gemahl Dumuzi; Dumuzis Schwester Geschtinanna wiederum hält zu ihm in der Not, während sein Freund ihn schmählich im Stich läßt. »Wo hätte sich auch je eine Schwester gefunden, die ihren Bruder verraten und ausgeliefert hätte?« kommentiert dazu prinzipiell der mythische Text.

Auch scheint *die Stellung der Frau in Sumer*, obwohl patriarchale Einflüsse in der Gesellschaft bereits unverkennbar sind, keineswegs untergeordnet gewesen zu sein. Frauen stand sogar eine eigene literarische Hochsprache zu, das *Emesal*, was etwa »breite Sprache« heißt. In Emesal abgefaßte (*erschemma-*)Lieder und Gedichte wurden ursprünglich von Priesterinnen und Sängerinnen vorgetragen (vgl. ebd. S. 29). In diesem Dialekt trug beispielsweise der Gott Enlil den Namen *Mullil* (vgl. ebd. S. 416). In den Tempeln gab es Priesterinnen, Musikerinnen, Sängerinnen und Hierodulen (sog. Tempelprostituierte), aber auch »männliche Prostituierte« und, wie bei der kleinasiatischen Kybele, »Kastraten«, vielleicht sogar als eigene Priesterkaste. »In den königlichen Webereien arbeiteten hauptsächlich Frauen, während der Hofstaat sich fast nur aus Männern zusammensetzte. Frauen hatten auch einen wesentlichen Anteil am Handel, und das Bankwesen und die Geldverleihungsinstitute wurden von Priesterinnen betrieben, die im Staatsauftrag arbeiteten. Im freien Sektor finden wir Frauen im Getränkehandel« (Du Ry, S. 88). Auch rechtlich sehen wir sumerische Frauen durchaus berücksichtigt und abgesichert. Frauen verfügten über eigenen Besitz, konnten Handel und Gewerbe betreiben und als Zeuginnen vor Gericht auftreten. Bei Kinderlosigkeit war dem Mann gestattet, eine zweite Frau zu nehmen, allerdings schien auch die Adoption von Kindern durchaus üblich zu sein. Männern gestand man wohl das Recht zu, ihre gesamte Familie in die Sklaverei zu verkaufen, wenn auch allerhöchstens für drei Jahre. Wie weit man von diesem Recht allerdings tatsächlich Gebrauch machte, steht dahin (vgl. Wolkstein / Kramer, S. 120 f.).

Inanna erscheint im »Venusstern« zugleich als Göttin der Liebe und des Krieges, wobei ihr Hervortreten als Abendstern Menschen, Tiere und Pflanzen zur Liebe verlockt, ihr Aufleuchten als Morgenstern dagegen eher ihre kämpferische Seite betont. In beiden Fällen erscheint sie als die große Wegbereiterin und Vorläuferin von Sonne und Mond, die im sumerischen Pantheon als männlich vorgestellt wurden. Heldenhaft und ganz alleine wagt sie sich an den Himmel hinaus, wenn dort noch kein Gestirn zu sehen ist. Sinnbild für die mutige Streiterin, die als »wilde Kuh« gegebenenfalls die Feinde in Grund und Boden zertrampeln kann und deren Symboltier der Löwe ist, auf dem sie thront oder reitet. Doch es gibt auch Zeiten im Jahr, in denen der Venusstern nicht sichtbar ist. Dann verschwindet die Himmelskönigin in der »Unterwelt«, von wo sie wiederkommen wird, um sich mit Dumuzi und der ganzen belebten Welt neu zu vereinen. »Wo du hinblickst, wird der Tote lebendig, steht der Kranke auf, kommt, der nicht in Ordnung ist, zurecht, wenn er dein Antlitz sieht«, wird die Göttin später

Schrein, umgeben von den charakteristischen Symbolen der Inanna: die Rosetten, ihr Gesicht und ihre Torpfosten. (Zylindersiegel, Mesopotamien, gefunden in Tell Agrab, ca. 3000 v. Chr.)

unter ihrem akkadischen Namen Ischtar gepriesen. Sie ist (auch im moralischen Sinne) die »Leuchte von Himmel und Erde«, die sämtliche »sieben« me-Kräfte zusammengefaßt hat. Die Zahl Sieben ist hier als symbolisch anzusehen, denn als Ausdruck der Fülle war sie in Sumer offensichtlich eine heilige Zahl, wie auch die Zahlen Drei und Vier, die im literarischen Aufbau der Mythen eine bedeutende Rolle spielen. Das Wort me leitet sich ab aus der Sanskrit-Wurzel medha, Weisheit, die sich u. a. auch im Namen der griechischen Weisheitsgöttin Metis, der (von Zeus verschluckten schwangeren) Mutter der Göttin Athene, wiederfindet. Auch im Wort medusa, die weibliche Form zu medon, Herrscher, erkennen wir denselben Stamm (vgl. auch Medea!). Die me-Kräfte repräsentieren die Ordnungskräfte, welche die Welt im Innersten und Äußersten zusammenhalten. Damit entsprechen sie der ägyptischen Göttin Maat, jener kosmischen Ordnung und Gesetzlichkeit, ohne die kein Leben möglich ist (vgl. Keller, S. 69 u. 77). Wer in ihrem Besitz ist, regiert nicht nur die Welt, sondern vergegenwärtigt zugleich ihre charakterlichen Qualitäten. Im übrigen findet sich Inannas doppelseitiges Wesen noch einmal trefflich im Charakter ihrer beiden Söhne gespiegelt: Schara, der Sohn, der ihr Hymnen vorsingt, ihre Nägel schneidet und ihr Haar glättet, verkörpert eher die musische Seite der Liebesgöttin, während Lulal, »ihr rechter und linker Arm« und »ein Anführer unter Männern«, wohl eher ihre kämpferische Seite repräsentiert.

II. Mythologische Texte

1. Inanna und der Weisheitsgott Enki

Inanna setzte sich die *schugurra*, die Krone der Steppe, auf ihr Haupt.
Sie wandte sich zur Schafhürde, hin zum Hirten der Schafe.
Sie lehnte sich an den Apfelbaum.
Als sie sich an den Apfelbaum lehnte, war ihre Vulva wunderschön anzusehen.
Die junge Frau Inanna jauchzte über ihre wundervolle Vulva
    und beglückwünschte sich selbst zu ihrer Schönheit.

Sie sprach zu sich selbst:
    »Ich, die Königin des Himmels, werde dem Gott der Weisheit einen Besuch abstatten.
    Ich werde zum Abzu (der Wassertiefe) gehen, zum Heiligtum in Eridu.
    Ich werde Enki, dem Weisheitsgott, in Eridu Ehre erweisen.
    An den tiefen Süßwassergründen werde ich ein Gebet an Enki richten.«

Also machte Inanna sich auf den Weg.
Schon war sie nahe am Abzu, als

Der, dessen Ohren weit offen sind,
Der um die *me*, die heiligen Gesetze von Himmel und Erde weiß,
Der die Herzen der Götter kennt,
Enki, der Gott der Weisheit, der alles weiß,
Seinen Diener Isimud herbeirief:
>>Komm zu mir, mein *sukkal*,
Diese junge Frau wird gleich den Abzu betreten.
Sobald Inanna den heiligen Schrein betritt,
Biete ihr Butterkuchen zu essen an.
Spende ihr einen Trunk kühlen Wassers, um ihr Herz zu erfrischen.
Schenke ihr Bier ein vor dem Standbild des Löwen.
Behandle sie wie eine Gleiche unter Gleichen.
Begrüße Inanna am heiligen Tisch, am Tisch des Himmels.<<

Isimud folgte Enkis Worten.
Sobald Inanna den Abzu betrat,
Gab er ihr Butterkuchen zu essen,
Brachte ihr kaltes Wasser zu trinken,
Schenkte ihr Bier ein vor dem Standbild des Löwen.
Er behandelte sie mit großem Respekt.
Er begrüßte Inanna am heiligen Tisch, am Tisch des Himmels.

Enki und Inanna tranken zusammen Bier.
Noch mehr Bier tranken sie zusammen.
Zusammen tranken sie immer mehr Bier.
Ihre bronzenen Trinkgefäße waren bis zum Überfluß voll.
Sie feierten sich gegenseitig in Trinksprüchen; sie maßen sich aneinander.

Enki, schwankend vor Trunkenheit, prostete Inanna zu:
>>Im Namen meiner Macht! Im Namen meines heiligen Schreines!
Meiner Tochter Inanna werde ich geben
Das heilige Priestertum! Göttliche Ehren und Würden!
Die vortreffliche, Zeiten überdauernde Krone! Den Königsthron!<<

Inanna antwortete:
>>Ich nehme alles an!<<

Enki hob seinen Becher und prostete Inanna ein zweites Mal zu:
>>Im Namen meiner Macht! Im Namen meines heiligen Schreines!
Meiner Tochter Inanna werde ich geben
Wahrheit!
Abstieg in die Unterwelt! Auferstehung aus der Unterwelt!
Die Kunst des Liebens! Das Küssen des Phallus!<<

Inanna antwortete:
> »Ich nehme alles an!«

Enki hob seinen Becher und prostete Inanna ein drittes Mal zu:
> »Im Namen meiner Macht! Im Namen meines heiligen Schreines!
> Meiner Tochter Inanna werde ich geben
> Die heilige Himmelspriesterin!
> Herzeleid und Herzensfreude!
> Richterspruch und Entscheidungsfreude!«

Inanna antwortete:
> »Ich nehme alles an!«

(Vierzehnmal trank Enki Inanna zu.
Vierzehnmal bot er seiner Tochter fünf *me*, sechs *me*, sieben *me* an.
Vierzehnmal nahm Inanna die heiligen *me* von ihm an.)

Vor dem Angesicht ihres Vaters
Bestätigte Inanna den Empfang der *me*, die Enki ihr überantwortet hatte:

> »Mein Vater hat mir die *me* übergeben:
>
> Er hat mir das Hohepriestertum gegeben.
> Er hat mir die Gotteswürde gegeben.
> Er hat mir die vortreffliche, Zeiten überdauernde Krone gegeben.
> Er hat mir den Königsthron gegeben.
>
> Er hat mir das vortreffliche Zepter gegeben.
> Er hat mir den (Militär)Stab gegeben.
> Er hat mir die heilige Meßrute und Richtschnur gegeben.
> Er hat mir den hohen Thron gegeben.
> Er hat mir das Hirtentum gegeben.
> Er hat mir das Königtum gegeben.
>
> Er hat mir die Prinzessin-Priesterin gegeben.
> Er hat mir die heilige Königin-Priesterin gegeben.
> Er hat mir den Beschwörungs-Priester gegeben.
> Er hat mir den Hohenpriester gegeben.
> Er hat mir den Trankopfer-Priester gegeben.
>
> Er hat mir Wahrheit gegeben.
> Er hat mir den Abstieg in die Unterwelt gegeben.
> Er hat mir die Auferstehung aus der Unterwelt gegeben.
> Er hat mir die *kurgarra* gegeben.

Er hat mir Dolch und Schwert gegeben.
Er hat mir das schwarze Gewand gegeben.
Er hat mir das farbenfrohe Gewand gegeben.
Er hat mir das Lösen des Haares gegeben.
Er hat mir das Binden des Haares gegeben.

Er hat mir das Banner gegeben.
Er hat mir Zittern und Beben gegeben.
Er hat mir die Kunst des Liebens gegeben.
Er hat mir das Küssen des Phallus gegeben.
Er hat mir die Kunst der Prostitution gegeben.
Er hat mir die Kunst der Schnelligkeit gegeben.

Er hat mir die Kunst aufrichtiger Rede gegeben.
Er hat mir die Kunst verleumderischer Rede gegeben.
Er hat mir die Kunst ausschmückender Rede gegeben.
Er hat mir die Kultprostituierte gegeben.
Er hat mir die heilige Schenke gegeben.

Er hat mir den heiligen Schrein gegeben.
Er hat mir die heilige Himmelspriesterin gegeben.
Er hat mir das volltönende Musikinstrument gegeben.
Er hat mir die Kunst des Gesangs gegeben.
Er hat mir die Kunst der »Presbyter / innen« gegeben.

Er hat mir die Kunst des Helden gegeben.
Er hat mir die Kunst der Macht gegeben.
Er hat mir die Kunst der Treulosigkeit gegeben.
Er hat mir die Kunst der Redlichkeit gegeben.
Er hat mir die Plünderung der Städte gegeben.
Er hat mir das Anstimmen von Klageliedern gegeben.
Er hat mir die Freude des Herzens gegeben.

Er hat mir Lug und Trug gegeben.
Er hat mir das rebellische Land gegeben.
Er hat mir die Kunst der Freundlichkeit gegeben.
Er hat mir Wanderungen und Reisen gegeben.
Er hat mir einen sicheren Wohnsitz gegeben.

Er hat mir das Handwerk des Holzbearbeiters gegeben.
Er hat mir das Handwerk des Kupferbearbeiters gegeben.
Er hat mir das Handwerk des Schreibers gegeben.
Er hat mir das Handwerk des Schmiedes gegeben.
Er hat mir das Handwerk des Gerbers gegeben.

Er hat mir das Handwerk des Walkers gegeben.
Er hat mir das Handwerk des Baumeisters gegeben.
Er hat mir das Handwerk des Riedarbeiters gegeben.

Er hat mir das wahrnehmungsvermögende Ohr gegeben.
Er hat mir die Macht der Aufmerksamkeit gegeben.
Er hat mir die heiligen Reinigungsriten gegeben.
Er hat mir die Schreibfeder gegeben.
Er hat mir das Aufhäufen heißer Kohlen gegeben.
Er hat mir die Schafhürde gegeben.
Er hat mir Furcht gegeben.
Er hat mir Bestürzung gegeben.
Er hat mir Schrecken gegeben.

Er hat mir den reißenden Löwen gegeben.
Er hat mir das Anzünden des Feuers gegeben.
Er hat mir das Auslöschen des Feuers gegeben.
Er hat mir den müden Arm gegeben.
Er hat mir die versammelte Familie gegeben.
Er hat mir Zeugungskraft gegeben.

Er hat mir das Entfachen von Streit gegeben.
Er hat mir das Erteilen von Rat gegeben.
Er hat mir das Besänftigen des Herzens gegeben.
Er hat mir Urteilskraft und Rechtsprechung gegeben.
Er hat mir Entscheidungsfreude gegeben.«

Enki (noch immer mit Alkoholfahne) sprach zu seinem Diener Isimud:
    »Mein *sukkal*, Isimud –
    Die junge Frau – schickt sich an – nach Uruk aufzubrechen.
    Es ist mein Wunsch, daß sie ihre Stadt – sicher – erreichen soll.«

Inanna sammelte alle *me* um sich.
Die *me* wurden auf das Himmelsboot geladen.
Das Himmelsboot, mit den heiligen *me*, wurde vom Kai abgestoßen.

    * * *

Sobald das Bier den Körper desjenigen, der Bier getrunken hatte, verlassen hatte,
Sobald das Bier Vater Enki verlassen hatte,
Sobald das Bier den großen Weisheitsgott verlassen hatte,
Ließ Enki seine Augen über den Abzu schweifen.
Die Augen des »Königs über den Abzu« durchforschten Eridu.
König Enki blickte sich in Eridu um und rief nach seinem Diener Isimud, zu dem er sprach:

»Mein *sukkal*, Isimud –«

»Mein König Enki, ich stehe zu Euren Diensten.«

»Das Hohepriestertum? Gottesverehrung?
Die vortreffliche, Zeiten überdauernde Krone?
Wo sind sie?«

»Mein König hat sie an seine Tochter übergegeben.«

»Die Kunst des Helden? Die Kunst der Macht?
Verrat? Betrug?
Wo sind sie geblieben?«

»Mein König hat sie an seine Tochter weitergegeben.«

»Das wahrnehmungsbereite Ohr? Die Kraft der Aufmerksamkeit?
Entscheidungsfreude?
Wo sind sie geblieben?«

»Mein König hat sie an seine Tochter weitergegeben.«

(Vierzehnmal befragte Enki seinen Diener Isimud;
Vierzehnmal antwortete Isimud ihm so:
»Mein König hat sie an seine Tochter weitergegeben.
Mein König hat alle *me* zusammen an seine Tochter Inanna weitergegeben.«)

Enki sprach darauf:
»Isimud, das Himmelsboot mit den heiligen *me*,
Wo befindet es sich jetzt?«

»Das Himmelsboot befindet sich (nur einen Kai entfernt von Eridu).«

»Geh hin! Nimm die *enkum*-Geschöpfe mit.
Sie sollen das Himmelsboot nach Eridu zurückbringen!«

Isimud sprach zu Inanna:
»Meine Königin, Euer Vater hat mich zu Euch gesandt.
Die Worte Eures Vaters sind Worte des Gesetzes.
Sie dürfen nicht mißachtet werden.«

Inanna antwortete:
»Was hat mein Vater gesagt?
Was hat Enki hinzugefügt?
Wie lauten seine Gesetzesworte, die nicht mißachtet werden dürfen?«

Isimud sprach:
»Mein König hat gesagt:
›Heiße Inanna ihre Reise nach Uruk fortsetzen;
Bringe das Himmelsboot mit den heiligen *me* zurück nach Eridu.‹«

Inanna schrie auf:
>>Mein Vater hat nicht Wort gehalten!
Er hat seinen Eid verletzt, – sein Versprechen gebrochen!
In betrügerischer Absicht sprach mein Vater mit mir!
In betrügerischer Absicht rief er aus:
›Im Namen meiner Macht! Im Namen meines heiligen Schreines!‹
In betrügerischer Absicht hat er dich zu mir gesandt!<<

Kaum hatte Inanna diese Worte ausgesprochen,
Als die wild-behaarten *enkum*-Geschöpfe auch schon das Himmelsboot ergriffen.

Inanna rief ihre Dienerin Ninschubur herbei und sprach zu ihr:
>>Komm her, Ninschubur, einstmals warst du die Königin des Ostens;
Nun bist du die treue Dienerin des heiligen Schreins von Uruk.
Kein Wasser hat deine Hand berührt,
Kein Wasser hat deine Füße benetzt.
Meine *sukkal*, die mir weisen Rat erteilt,
Meine Kriegerin, die an meiner Seite kämpft,
Rette das Himmelsboot mit den heiligen *me*!<<

(Ninschubur durchschnitt die Luft mit ihrer Hand.
Sie stieß einen erderschütternden Schrei aus.)
Die *enkum*-Geschöpfe wurden im Handstreich nach Eridu zurückgeschickt.

Daraufhin rief Enki seinen Diener Isimud ein zweites Mal und sprach zu ihm:
>>Mein *sukkal*, Isimud –<<
>>Mein König Enki, ich stehe zu Euren Diensten.<<
>>Wo befindet sich das Himmelsboot jetzt?<<
>>Es befindet sich (zwei Kais entfernt von Eridu).<<
>>Geh hin! Nimm die fünfzig *uru*-Giganten mit,
Befiehl ihnen, das Himmelsboot fortzutragen.<<

Die fünfzig fliegenden *uru*-Giganten ergriffen das Himmelsboot.
Doch Ninschubur rettete das Boot für Inanna.

Enki rief ein drittes Mal nach seinem Diener Isimud und sprach zu ihm:
>>Mein *sukkal*, Isimud –<<
>>Mein König Enki, ich stehe zu Euren Diensten.<<
>>Wo befindet sich das Himmelsboot jetzt?<<
>>Es ist gerade in Dulma angekommen.<<
>>Schnell! Nimm die fünfzig *lahama*-Monster mit,
Befiehl ihnen, das Himmelsboot fortzutragen.<<

Die fünfzig *lahama*-Meer-Monster ergriffen das Himmelsboot.
Doch Ninschubur rettete das Boot für Inanna.

Beim vierten Mal sandte Enki die schrill schreienden *kugalgal* aus.
Beim fünften Mal schickte er die *enunun*.
Doch jedes Mal rettete Ninschubur das Boot für Inanna.
Enki rief ein sechstes Mal nach seinem Diener Isimud und sprach zu ihm:

>»Mein *sukkal*, Isimud –«
>»Mein König Enki, ich stehe zu Euren Diensten.«
>»Wo befindet sich das Himmelsboot jetzt?«
>»Gerade fährt es in Uruk ein.«
>»Schnell! Nimm die Wächter des Iturungal Kanals mit,
>Befiehl ihnen, das Himmelsboot fortzutragen.«

Isimud und die Wächter des Iturungal Kanals ergriffen das Himmelsboot.
Doch Ninschubur rettete das Boot für Inanna.

Dann sprach Ninschubur zu Inanna:

>»Meine Königin, sobald das Himmelsboot
>Zum Nigulla Tor von Uruk hinein ist,
>Laß Hochwasser unsere Stadt überfluten;
>Auf daß die tiefliegenden Boote schnell durch unsere Kanäle segeln.«

Inanna antwortete Ninschubur:

>»An dem Tag, an dem das Himmelsboot
>Zum Nigulla Tor von Uruk hereinfährt,
>Laß Hochwasser die Straßen dahinfegen;
>Laß Hochwasser die Wege überfluten.
>Laß die alten Männer Rat erteilen,
>Laß die alten Frauen Besänftigungen des Herzens anbieten.
>Laß die jungen Männer die Macht ihrer Waffen zeigen;
>Laß die Kinder lachen und singen.
>Laß ganz Uruk festlich sein!
>Laß den Hohenpriester das Himmelsboot mit Gesang begrüßen.
>Laß ihn große Gebete von sich geben.
>Laß den König Ochsen und Schafe schlachten.
>Laß ihn Bier aus dem Becher ausschenken.
>Laß Trommel und Tamburin erklingen.
>Laß die süße *tigi*-Musik spielen.
>Laß alle Länder meinen edlen Namen ausrufen.
>Laß mein Volk meine Lobpreisungen singen.«

Und so geschah es.
An dem Tag, als das Himmelsboot zum Nigulla Tor von Uruk hereinfuhr,
Flutete Hochwasser über die Straßen dahin;
Hochwasser überflutete die Wege.

Das Himmelsboot legte an am heiligen Schrein von Uruk;
Das Himmelsboot legte an am heiligen Haus von Inanna.

Schließlich rief Enki ein siebtes Mal nach seinem Diener Isimud und sprach:
>>Mein *sukkal*, Isimud –<<
>>Mein König Enki, ich stehe zu Euren Diensten.<<
>>Wo ist das Himmelsboot jetzt?<<
>>Das Himmelsboot hat am Weißen Kai angelegt.<<
>>Geh hin! Sie hat dort Wunder erstehen lassen.
Die Königin hat Wunder erweckt am Weißen Kai.
Für das Himmelsboot hat Inanna Wunder erwirkt am Weißen Kai.<<

Die heiligen *me* wurden nach und nach ausgeladen.
Während die *me*, welche Inanna von Enki empfangen hatte, ausgeladen wurden,
Wurden sie dem Volk von Sumer verkündet und dargeboten.
Dabei kamen noch mehr *me* zum Vorschein – mehr *me*, als Enki Inanna übergeben hatte.
Und auch diese wurden verkündet,
Und auch diese wurden dem Volk von Uruk dargeboten:
>>Inanna brachte die *me* herbei:
Sie brachte das Ausbreiten des Gewandes auf dem Boden.
Sie brachte Verlocken und Liebreiz.
Sie brachte die Kunst der Frauen.
Sie brachte die vollkommene Ausführung der *me*.
Sie brachte die *tigi*- und *lilis*-Trommeln.
Sie brachte die *ub*-, die *meze*-, und die *ala*-Tamburine ...<<

Inanna sprach und sagte:
>>Die Stelle, an der das Himmelsboot vor Anker ging,
diese Stelle soll Der Weiße Kai genannt werden.
Die Stelle, an der die heiligen *me* dargeboten wurden,
diese Stelle werde ich Lapis-Lazuli Kai nennen.<<

Enki sprach darauf zu Inanna und sagte:
>>Im Namen meiner Macht! Im Namen meines heiligen Schreines!
Die *me*, die du mitgenommen hast, sie sollen im heiligen Schrein deiner Stadt
verbleiben.
Auf daß der Hohepriester seine Tage mit Gesang vor dem heiligen Schrein
verbringen möge.
Auf daß es den Bewohnern deiner Stadt wohlergehe,
Auf daß die Kinder von Uruk sich freuen mögen.
Die Leute von Uruk sind Verbündete des Volkes von Eridu.
Auf daß die Stadt von Uruk wiederhergestellt werde zu ihrer alten Größe.<<

2.   *Das Liebeswerben von Inanna und Dumuzi*

Der Bruder sprach zu seiner Schwester.
Der Sonnengott Utu, sprach zu Inanna und sagte:

> »Junge Frau, der Flachs in seiner Reife ist lieblich.
> Inanna, das Getreide steht gleißend in der Furche.
> Ich will es für dich hacken.
> Ein Leintuch, groß oder klein, kann man immer brauchen.
> Inanna, ich will es dir bringen.«

>> »Bruder, wenn du den Flachs zu mir gebracht hast,
>> Wer wird ihn für mich kämmen?«

> »Schwester, ich will ihn gekämmt zu dir bringen.«

>> »Utu, wenn du ihn gekämmt zu mir gebracht hast,
>> Wer wird ihn für mich spinnen?«

> »Inanna, ich will ihn gesponnen zu dir bringen.«

>> »Bruder, wenn du den gesponnenen Flachs zu mir gebracht hast,
>> Wer wird ihn für mich flechten?«

> »Schwester, ich will ihn geflochten zu dir bringen.«

>> »Utu, wenn du ihn geflochten zu mir gebracht hast,
>> Wer wird ihn für mich anscheren?«

> »Inanna, ich will ihn angeschoren zu dir bringen.«

>> »Bruder, wenn du den angeschorenen Flachs zu mir gebracht hast,
>> Wer wird ihn für mich weben?«

> »Schwester, ich will ihn gewoben zu dir bringen.«

>> »Utu, wenn du ihn gewoben zu mir gebracht hast,
>> Wer wird ihn für mich bleichen?«

> »Inanna, ich will ihn gebleicht zu dir bringen.«

>> »Bruder, wenn du mir das Brautlaken gebracht hast,
>> Wer wird mit mir zu Bett gehen?
>> Utu, wer wird mit mir zu Bett gehen?«

> »Schwester, dein Bräutigam wird mit dir zu Bett gehen.
> Der geboren wurde aus einem fruchtbaren Schoß,
> Der empfangen wurde auf dem Thron der heiligen Hochzeit,
> Dumuzi, der Hirte! Er wird mit dir zu Bett gehen.«

>> * * *

Inanna sprach:

>>Nein, Bruder!
Der Mann meines Herzens arbeitet mit der Hacke.
Der das Land bestellt! Der ist der Mann meines Herzens!
Er sammelt das Getreide zu großen Haufen.
Er bringt das Getreide rechtzeitig in meine Speicher.<<

Utu sprach:

>>Schwester, heirate den Hirten.
Was hast du gegen ihn?
Seine Sahne ist gut; seine Milch ist gut.
Was auch immer er anrührt, leuchtet hellauf.
Inanna, heirate Dumuzi.

Du, die du dich selbst schmückst mit der Achat-Halskette der Fruchtbarkeit,
Was hast du gegen ihn?
Dumuzi wird seine reiche Sahne mit dir teilen.
Du, die du dazu bestimmt bist, die Beschützerin des Königs zu sein,
Was hast du gegen ihn?<<

Inanna sprach:

>>Der Hirte! Ich will den Hirten nicht heiraten!
Seine Kleider sind grob; seine Wolle ist rauh.
Ich will den Ackerbauern heiraten.
Der Ackerbauer zieht Flachs für meine Kleider.
Der Ackerbauer zieht Gerste für meinen Tisch.<<

Dumuzi sprach:

>>Warum sprichst du nur vom Ackerbauern?
Warum sprichst du nur von ihm?
Wenn er dir schwarzes Mehl gibt,
Will ich dir schwarze Wolle geben.
Wenn er dir weißes Mehl gibt,
Will ich dir weiße Wolle geben.
Wenn er dir Bier gibt,
Will ich dir süße Milch geben.
Wenn er dir Brot gibt,
Will ich dir honigschmeckenden Käse geben.
Ich will dem Ackerbauern meine überschüssige Sahne geben.
Ich will dem Ackerbauern meine überschüssige Milch geben.
Warum sprichst du nur vom Ackerbauern?
Was hat er mir voraus?<<

Inanna spach:

>>Hirte, ohne meine Mutter, Ningal, wärest du davongetrieben worden,
Ohne meine Großmutter, Ningikuga, wärest du in die Steppe hinausgetrieben worden,
Ohne meinen Vater, Nanna, hättest du kein Dach über dem Kopf,
Ohne meinen Bruder, Utu . . .<<

Dumuzi sprach:

>>Inanna, fang nicht an zu streiten.
Mein Vater Enki, ist so gut wie dein Vater Nanna.
Meine Mutter Sirtur, ist so gut wie deine Mutter Ningal.
Meine Schwester Geschtinanna, ist so gut wie deine.
Königin des Palastes, laß uns darüber reden.

Inanna, wir wollen zusammensitzen und miteinander sprechen.
Ich bin so gut wie Utu.
Enki ist so gut wie Nanna.
Sirtur ist so gut wie Ningal.
Königin des Palastes, laß uns darüber reden.<<

Das Wort, das sie gesprochen hatten,
War ein Wort des Begehrens.
Mit den ersten Worten des Streites
entstand das Begehren der Liebenden.

* * *

Der Hirte ging zum königlichen Haus mit Sahne.
Dumuzi ging zum königlichen Haus mit Milch.
Draußen vor der Tür rief er laut:

>>Öffne das Haus, Meine Herrin, öffne das Haus!<<

Inanna lief eilends zu Ningal, der Mutter, die sie geboren hatte.
Ningal beriet ihre Tochter und sagte:

>>Mein Kind, der junge Mann wird dein Vater sein.
Meine Tochter, der junge Mann wird deine Mutter sein.
Er wird dich behandeln wie ein Vater.
Er wird für dich sorgen wie eine Mutter.
Öffne das Haus, Meine Herrin, öffne das Haus!<<

* * *

Inanna, auf Anraten ihrer Mutter,
Badete und salbte sich mit duftendem Öl.
Sie bedeckte ihren Körper mit der königlichen weißen Robe.
Sie machte ihre Mitgift fertig.

Sie legte ein Band von kostbaren Lapisperlen um ihren Hals.
Sie nahm ihr Siegel in die Hand.

Dumuzi wartete hoffnungsvoll.
Inanna öffnete ihm die Tür.
Im Inneren des Hauses leuchtete sie vor ihm
Wie das Licht des Mondes.

Dumuzi sah sie voller Freude an.
Er preßte seinen Hals eng an ihren Hals.
Er küßte sie.

　　　　* * *

Inanna sprach:
　　　»Was ich dir erzähle,
　　　Soll der Sänger in ein Lied verweben.
　　　Was ich dir erzähle,
　　　Es soll von Ohr zu Mund fließen,
　　　Es soll von Alt zu Jung weitergegeben werden:

　　　Meine Vulva, das Horn,
　　　Das Boot des Himmels,
　　　Es ist von Begierde erfüllt wie der junge Mond.
　　　Mein unbebautes Land liegt brach.

　　　Was mich betrifft, Inanna,
　　　Wer wird meine Vulva pflügen?
　　　Wer wird mein reifes Feld pflügen?
　　　Wer wird meinen feuchten Boden pflügen?

　　　Was mich betrifft, die junge Frau,
　　　Wer wird meine Vulva pflügen?
　　　Wer wird seinen Ochsen daran anschirren?
　　　Wer wird meine Vulva pflügen?«

Dumuzi anwortete ihr:
　　　»Große Fürstin, der König wird deine Vulva pflügen.
　　　Ich, Dumuzi der König, will deine Vulva pflügen.«

Inanna:
　　　»Dann los, pflüge meine Vulva, Mann meines Herzens!
　　　Pflüge meine Vulva!«

Im Schoß des Königs stand die aufgerichtete Zeder.
Pflanzen wuchsen hoch an ihrer beider Seite.

Getreide wuchs hoch an ihrer beider Seite.
Gärten blühten verschwenderisch.

    * * *

Inanna sang:
    »Er ist aufgesprossen; er hat Knospen getragen;
    Er ist eine Salatpflanze, die am Wasser gezogen wurde.
    Er ist der eine, den mein Schoß am meisten liebt.

    Mein wohl bestellter Garten in der Ebene,
    Meine Gerste, die hoch in der Furche heranwächst,
    Mein Apfelbaum, der Früchte bis in die Krone hinauf trägt,
    Er ist eine Salatpflanze, die am Wasser gezogen wurde.

    Mein Honig-Mann, mein Honig-Mann versüßt mir das Leben allezeit.
    Mein Edelmann, der Honig-Mann der Götter,
    Er ist der eine, den mein Schoß am meisten liebt.
    Seine Hand ist Honig, sein Fuß ist Honig,
    Er versüßt mir mein Leben allezeit.

    Mein heftiger und ungestümer Liebkoser des Nabels,
    Mein Liebkoser der weichen Schenkel,
    Er ist der eine, den mein Schoß am meisten liebt,
    Er ist eine Salatpflanze, die am Wasser gezogen wurde.«

    * * *

Dumuzi sang:
    »O Herrin, deine Brust ist dein Feld.
    Inanna, deine Brust ist dein Feld.
    Dein weites Feld gießt Pflanzen aus.
    Dein weites Feld gießt Getreide aus.
    Wasser fließt von hoch hinunter für deinen Diener.
    Brot fließt von hoch hinunter für deinen Diener.
    Gieß es aus für mich, Inanna.
    Ich will alles trinken, was du mir gibst.«

    * * *

Inanna sang:
    »Mach deine Milch süß und dick, mein Bräutigam.
    Mein Hirte, ich will deine frische Milch trinken.
    Wilder Stier, Dumuzi, mach deine Milch süß und dick.
    Ich will deine frische Milch trinken.

Laß die Ziegenmilch in die Schafhürde hineinfließen.
Fülle mein heiliges Butterfaß mit honigschmeckendem Käse.
Edler Mann, Dumuzi, ich will deine frische Milch trinken.

Mein Gatte, ich will meine Schafhürde für dich bewahren.
Ich will wachen über dein Lebenshaus, die Schatzkammer,
Der leuchtende und bebende Ort, der Sumer entzückt ...
Das Haus, welches die Geschicke des Landes entscheidet,
Das Haus, welches dem Volk seinen Lebensatem gibt.
Ich, die Königin des Palastes, will über dein Haus wachen.«

* * *

Dumuzi sprach:
»Meine Schwester, ich möchte mit dir in meinen Garten gehen.
Inanna, ich möchte mit dir in meinen Garten gehen.
Ich möchte mit dir in meinen Obstgarten gehen.
Ich möchte mit dir zu meinem Apfelbaum gehen.
Dort möchte ich die süße, honigbedeckte Saat pflanzen.«

Inanna sprach:
»Er brachte mich in seinen Garten.
Mein Bruder, Dumuzi, brachte mich in seinen Garten.
Ich schlenderte mit ihm unter den stehenden Bäumen umher,
Ich stand mit ihm bei den gefällten Bäumen,
Unter einem Apfelbaum kniete ich nieder, wie es sich gehört.

Vor den Augen meines Bruders, der singend auf mich zukam,
Der mir entgegenwuchs aus den Pappelblättern,
Der zu mir kam in der Mittagshitze,
Vor meinem edlen Herrn Dumuzi,
Schüttete ich Pflanzen aus meinem Schoße aus.
Ich legte Pflanzen vor ihn hin,
Ich schüttete Pflanzen vor ihm aus.
Ich legte Getreide vor ihn hin,
Ich schüttete Getreide vor ihm aus.
Ich schüttete Getreide aus meinem Schoße aus.«

Inanna sang:
»Vergangene Nacht, als ich, die Königin, hell und klar leuchtete,
Vergangene Nacht, als ich, die Königin des Himmels, hell und klar leuchtete,
Als ich hellauf schien und tanzte,
Loblieder anstimmte auf das Herannahen der Nacht ...

Er war mit mir zusammen – wir beide haben uns getroffen!
Mein Edelmann Dumuzi war mit mir zusammen.
Er legte seine Hand in meine Hand.
Er preßte seinen Hals gegen meinen Hals.

Mein Hoherpriester ist bereit für die heiligen Lenden.
Mein edler Herr Dumuzi ist bereit für die heiligen Lenden.
Die Pflanzen und Kräuter in seinem Feld sind reif.
O Dumuzi! Deine Fülle ist mein Entzücken!«

* * *

Sie begehrte es, sie rief es herbei, sie verlangte nach dem Bett!
Sie wünschte das Bett herbei, welches das Herz erfreut.
Sie wünschte das Bett herbei, welches den Lenden wohltut.
Sie verlangte nach dem Bett des Königtums.
Sie verlangte nach dem Bett des Königinnentums.
Inanna zeigte Verlangen nach dem Bett:
>Das Bett, welches das Herz erfreut, es soll bereitet werden!
Das Bett, welches den Lenden wohltut, es soll bereitet werden!
Das Bett des Königtums, es soll bereitet werden!
Das Bett des Königinnentums, es soll bereitet werden!
Das königliche Bett, es soll bereitet werden!«

Inanna breitete das Brautlaken über das Bett.
Sie rief dem König zu:
>Das Bett ist bereit für dich!«

Sie rief ihrem Bräutigam zu:
>Das Bett wartet auf dich!«

* * *

Er legte seine Hand in ihre Hand.
Er legte seine Hand auf ihr Herz.
Süß ist es, Hand in Hand zu schlafen.
Süßer noch als Herz bei Herz zu schlafen.

* * *

Inanna sprach:
>Ich habe mich für den wilden Stier gebadet,
Ich habe mich für den Hirten Dumuzi gebadet,
Ich habe meine Seiten mit Salbe parfümiert,

Ich habe meinen Mund mit duftendem Bernstein bedeckt,
Ich habe meine Augen mit Kohle ummalt.

Er umfaßte meine Lenden mit seinen schönen Händen,
Der Hirte Dumuzi füllte meinen Schoß mit Sahne und Milch,
Er streichelte mein Schamhaar,
Er wässerte meinen Schoß.
Er legte seine Hände auf meine heilige Vulva,
Er glättete mein schwarzes Boot mit Sahne,
Er belebte mein schmales Boot mit Milch,
Er liebkoste mich auf dem Bett.

Nun will ich meinen Hohenpriester auf dem Bett liebkosen,
Ich will liebkosen den getreuen Hirten Dumuzi,
Ich will seine Lenden liebkosen, das Hirtentum des Landes,
Ich will ein süßes Schicksal ihm beschließen.«

Die Himmelskönigin,
Die heldenhafte Frau, die größer ist als ihre Mutter,
Der die *me* von Enki dargereicht wurden,
Inanna, die Erste Tochter des Mondes,
Bestimmte das Schicksal für Dumuzi:

»Im Kampf bin ich deine Führerin,
In der Schlacht bin ich deine Waffenträgerin,
In der Versammlung bin ich deine Fürsprecherin,
Im Feldzug bin ich deine Inspriration.
Du, der erwählte Hirte des heiligen Schreines,
Du, der König, der getreue Fürsorger von Uruk,
Du, das Licht von An's großem Schrein,
Auf jede erdenkliche Weise bist du befugt:
Dein Haupt hochzuhalten auf dem erhabenen Podium,
Auf dem Lapislazuli-Thron zu sitzen,
Dir die heilige Krone aufs Haupt zu setzen,
Lange Kleider am Leib zu tragen,
Dich zu binden mit den Gewändern des Königtums,
Amtsstab und Schwert zu tragen,
Kraftvoll den langen Bogen und Pfeil zu führen,
Wurfstock und Schlinge an deiner Seite zu befestigen,
Über die Straße zu rennen mit dem heiligen Zepter in deiner Hand,
Mit den heiligen Sandalen an deinen Füßen,
Auf der heiligen Brust einherzustolzieren wie ein Lapislazuli Kalb.

Du, der Läufer, der erwählte Hirte,
Auf jede erdenkliche Weise bist du begabt.
Möge dein Herz sich langer Tage erfreuen.

Was An für dich bestimmt hat – das möge nicht geändert werden.
Was Enlil dir verliehen hat – das möge nicht geändert werden.
Du bist der Liebling Ningals.
Inanna hält dich, Lieber.«

Ninschubur, die getreue Dienerin des heiligen Schreins von Uruk,
Führte Dumuzi zu den süßen Schenkeln von Inanna und sprach:

»Meine Königin, hier ist die Wahl deines Herzens,
Der König, dein geliebter Bräutigam.
Möge er lange Tage in der Süße deiner heiligen Lenden verbringen.
Gib ihm eine gewogene und ruhmvolle Herrschaft.
Verleihe ihm den Königsthron, der fest steht in seinen Fundamenten.
Verleihe ihm den Hirtenstab der Rechtsprechung.
Verleihe ihm die langwährende Krone mit dem strahlenden und edlen Diadem.

Von Sonnenaufgang bis zu Sonnenuntergang,
Von Süden bis Norden,
Vom Oberen bis zum Unteren Meer,
Vom Land des *huluppu*-Baumes bis zum Land der Zeder,
Des Hirten Stab soll ganz Sumer und Akkad beschützen.

Als Ackerbauer soll er die Felder fruchtbar machen,
Als Hirte soll er die Schafhürden vervielfältigen,
Unter seiner Herrschaft soll die Vegetation gedeihen,
Unter seiner Herrschaft soll es reiches Getreide geben.

Im Marschland sollen Fische und Vögel schnattern,
Im Rohr-Dickicht sollen junges und altes Ried hoch wachsen,
In der Steppe sollen die maschgur-Bäume hoch wachsen,
In den Wäldern sollen Rotwild und Wildziegen zahlreich werden,
In den Obstgärten soll es Honig und Wein geben,
In den Gärten sollen Salat und Kresse hoch wachsen,
Im Palast soll es langes Leben geben.
Es soll Flutwasser in Euphrat und Tigris sein,
Auf daß die Pflanzen an ihren Ufern hoch wachsen und die Wiesen füllen,
Auf daß die Herrin der Vegetation das Getreide zu Haufen und Wällen
    aufschichten kann.

O meine Königin von Himmel und Erde,

Königin des ganzen Universums,
Möge er lange Tage genießen in der Süße deiner heiligen Lenden.«

Der König ging erhobenen Hauptes zu den heiligen Lenden.
Er ging erhobenen Hauptes zu Inannas Lenden.
Erhobenen Hauptes ging er zur Königin.
Weit öffnete er seine Arme für die heilige Himmelspriesterin.

Inanna sprach:
»Mein Geliebter, das Entzücken meiner Augen, war mit mir zusammen.
Wir erfreuten uns aneinander.
Er hatte sein Vergnügen mit mir.
Er brachte mich in sein Haus.

Er legte mich auf das duftende Honigbett.
Mein süßer Geliebter, der an meinem Herzen liegt,
Zungen-spielend, eins beim anderen,
Mein schöner Dumuzi tat dies fünfzig Mal.

Jetzt ist mein süßer Liebling gesättigt.
Jetzt sagt er:
›Gib mich frei, meine Schwester, gib mich frei.
Du wirst meinem Vater eine kleine Tochter sein.
Komm mit, meine geliebte Schwester, ich möchte mit dir zum Palast gehen.
Gib mich frei ...‹«

* * *

Inanna sprach:
»Mein Blütenträger, deine Reize waren süß.
Mein Blütenträger im Obstgarten,
Mein Fruchtträger im Apfelgarten,
Dumuzi-*abzu*, deine Reize waren süß.

Mein furchtloser Held,
Mein heiliges Standbild,
Mein Standbild, das ausgestattet ist mit Schwert und Lapislazuli-Diadem,
Wie süß waren deine Reize ...«

3.   *Inannas Abstieg in die Unterwelt:*
     Aus höchster Höhe hinab zum tiefsten Grunde

Hoch droben im Großen Oben stellte Inanna die Ohren auf und horchte auf das Große Unten.
Hoch droben im Großen Oben hielt die Göttin ihr Ohr weit offen für das Große Unten.
Hoch droben im Großen Oben stellte Inanna die Ohren auf und lauschte auf das Große Unten.

Meine Herrin verließ Himmel und Erde, um in die Unterwelt hinabzusteigen.
Inanna verließ Himmel und Erde, um in die Unterwelt hinabzusteigen.
Sie verließ ihr Amt der heiligen Priesterin, um in die Unterwelt hinabzusteigen.

In Uruk verließ sie ihren Tempel, um in die Unterwelt hinabzusteigen.
In Badtibira verließ sie ihren Tempel, um in die Unterwelt hinabzusteigen.
In Zabalam verließ sie ihren Tempel, um in die Unterwelt hinabzusteigen.
In Adab verließ sie ihren Tempel, um in die Unterwelt hinabzusteigen.
In Nippur verließ sie ihren Tempel, um in die Unterwelt hinabzusteigen.
In Kisch verließ sie ihren Tempel, um in die Unterwelt hinabzusteigen.
In Akkad verließ sie ihren Tempel, um in die Unterwelt hinabzusteigen.

Sie faßte die sieben *me* zusammen.
Sie nahm sie in ihre Hände.
Mit den *me* in ihrem Besitz bereitete sie sich vor:

Sie setzte sich die *schugurra*, die Krone der Steppe, aufs Haupt.
Sie ordnete die dunklen Haarlocken auf ihrer Stirn.
Sie band die kleinen Lapisperlen um ihren Hals,
Und ließ den doppelten Perlenstrang auf ihre Brust hinunterfallen,
Sie umhüllte ihren Körper mit der königlichen Robe.
Sie bemalte ihre Augen mit der Schminke, die da heißt »Er soll kommen, er soll kommen«,
Sie band den Brustschmuck mit dem Namen »Komm, Mann, komm!« vor,
Streifte den Goldring über ihr Handgelenk
Und nahm Meßrute und Richtschnur aus Lapis in ihre Hand.

Inanna machte sich auf den Weg in die Unterwelt.
Ninschubur, ihre getreue Dienerin, ging mit ihr.
Inanna sprach zu ihr und sagte:

> »Ninschubur, meine treue und zuverlässige Stütze,
> Meine *sukkal*, die mir weisen Rat erteilt,
> Meine Kriegerin, die an meiner Seite kämpft,
> Ich schicke mich an, in den *kur*, in die Unterwelt, hinabzusteigen.
> Für den Fall, daß ich nicht zurückkehre,
> Stimme Wehklage bei den Ruinen für mich an,
> Schlage die Trommel auf den Versammlungsplätzen für mich.
> Umkreise die Götterhäuser.
> Reiße an deinen Augen, an deinem Mund, an deinen Schenkeln.
> Ziehe nur ein einziges Gewand an, wie eine Bettlerin.
> Geh hin nach Nippur, zu Enlils Tempel.
> Sobald du seinen heiligen Schrein betreten hast, sollst du laut aufschreien:
>
> > ›O Vater Enlil, lass doch nicht zu, daß deine Tochter
> > In der Unterwelt zu Tode kommt.

Laß doch nicht zu, daß dein glänzendes Silber
Mit dem Staub der Unterwelt bedeckt wird.
Laß doch nicht zu, daß dein Edelstein
In Steine für Steinmetze auseinandergebrochen wird.
Laß doch nicht zu, daß dein duftender Buchsbaum
In Holz für Holzarbeiter gespalten wird.
Laß doch nicht zu, daß die heilige Himmelspriesterin
In der Unterwelt zu Tode kommt.‹

Falls Enlil dir nicht helfen will,
Geh nach Ur, zu Nannas Tempel.
Weine vor Vater Nanna.
Falls Nanna dir nicht helfen will,
Geh weiter nach Eridu, zu Enkis Tempel.
Weine vor Vater Enki.
Vater Enki, der Weisheitsgott, kennt die Speise des Lebens,
Er kennt das Wasser des Lebens;
Er kennt die Geheimnisse.
Ganz sicher wird er mich nicht sterben lassen.«

Weiter folgte Inanna ihrem Weg hinab in die Unterwelt.
Dann hielt sie an und sagte:
»Verlass mich jetzt, Ninschubur –
Vergiß nicht die Worte, die ich dir aufgetragen habe.«

Als Inanna die äußeren Tore der Unterwelt erreichte,
Klopfte sie laut an.
Mit wilder Stimme rief sie aus:
»Öffne die Tür, Torwächter!
Öffne die Tür, Neti!
Nur ich allein will eintreten.«

Neti, der oberste Torwächter des *kur*, fragte:
»Wer bist du?«

Sie antwortete:
»Ich bin Inanna, die Königin des Himmels,
Auf meinem Weg nach Osten.«

Neti sagte:
»Wenn du wirklich Inanna, die Königin des Himmels, bist,
Auf deinem Weg nach Osten,
Warum hat dein Herz dich auf den Weg geführt,
Von dem kein Wanderer jemals zurückkehrt?«

Inanna antwortete:

> »Es ist wegen ... meiner älteren Schwester, Ereschkigal,
> Ihr Gatte, Gugalanna, der Himmelsstier, ist gestorben.
> Ich bin gekommen, um den Bestattungsriten beizuwohnen.
> Möge das Bier seiner Bestattungsriten in den Becher gegossen werden.
> Es soll getan werden.«

Neti sprach:

> »Bleib hier, Inanna, ich will mit meiner Königin reden.
> Ich will ihr deine Botschaft überbringen.«

Neti, der oberste Torwächter des *kur*,
Betrat den Palast Ereschkigals, der Königin der Unterwelt, und sagte:

> »Meine Königin, eine Jungfrau
> So hoch wie der Himmel,
> So weit wie die Erde,
> So stark wie die Fundamente der Stadtmauer,
> Wartet draußen vor den Palasttoren.
>
> Sie hat die sieben *me* zusammengefaßt.
> Sie hat sie in ihre Hände genommen.
> Mit den *me* in ihrem Besitz, hat sie sich vorbereitet:
>
> Auf ihrem Kopf trägt sie die *schugurra*, die Krone der Steppe.
> Sorgfältig hat sie die dunklen Haarlocken auf ihrer Stirn geordnet.
> Um ihren Hals trägt sie die kleinen Lapisperlen.
> Auf ihrer Brust trägt sie den doppelten Perlenstrang.
> Ihr Körper ist mit der königlichen Robe umhüllt.
> Ihre Augen sind mit der Schminke bemalt, die da heißt ›Er soll kommen,
>   er soll kommen‹.
> Sie hat den Brustschmuck mit Namen ›Komm, Mann, komm!‹ umgelegt.
> An ihrem Handgelenk trägt sie den Goldring.
> In ihrer Hand hält sie Meßrute und Richtschnur aus Lapis.«

Als Ereschkigal dies hörte,
Klatschte sie sich auf ihre Schenkel und biß sich auf die Lippen.
Sie nahm sich die Angelegenheit zu Herzen und brütete darüber.
Dann sprach sie:

> »Komm her, Neti, mein oberster Torwächter des *kur*,
> Achte auf meine Worte:
> Verriegele die sieben Tore der Unterwelt.
> Dann, eins nach dem anderen, öffne jedes Tor einen Spalt breit.

Laß Inanna herein.
Sobald sie eintritt, zieh ihr die königlichen Gewänder vom Leib.
Auf daß die heilige Himmelspriesterin tief gebeugt eintrete.«

Neti befolgte die Worte seiner Königin.
Er verriegelte die sieben Tore der Unterwelt.
Dann öffnete er das äußere Tor.
Er sagte zu der jungen Frau:
»Komm her, Inanna, komm herein.«

Als sie durch das erste Tor eintrat,
Wurde ihr die *schugurra*, die Krone der Steppe, vom Haupt genommen.

Inanna fragte:
»Was ist das?«

Man erklärte ihr:
»Still, Inanna, die Wege der Unterwelt sind vollkommen.
Sie dürfen nicht in Frage gestellt werden.«

[Beim zweiten Tor werden ihr die kleinen Lapisperlen vom Hals genommen.
Beim dritten Tor nimmt man ihr den doppelten Perlenstrang von der Brust.
Beim vierten Tor nimmt man ihr die Brustschmuckplatte mit dem Namen
»Komm, Mann, komm!« ab.
Beim fünften Tor streift man ihr den Goldring vom Handgelenk.
Beim sechsten Tor verliert sie Meßrute und Richtschnur aus Lapis.
Beim siebten Tor endlich muß sie ihr königliches Gewand ablegen.

Jedes Mal fragt die Göttin aufs neue:
»Was ist das?«

Und jedes Mal erhält sie zur Antwort:
»Still, Inanna, die Wege der Unterwelt sind vollkommen.
Sie dürfen nicht in Frage gestellt werden.«]

Nackt und tief gebeugt kam Inanna zum Thronsaal hinein.
Ereschkigal erhob sich von ihrem Thron.
Inanna ging auf den Thron zu.
Die *Anunna*, die Richter der Unterwelt, umringten sie.
Sie verurteilten sie.

Dann heftete Ereschkigal die Augen des Todes auf Inanna.
Sprach Worte des Ingrimms gegen sie aus.
Schleuderte ihr Schreie der Anklage ins Gesicht.

Sie schlug sie nieder.

Inanna wurde zum Leichnam,
Ein Stück faulenden Fleisches,
Und an einem Haken in der Wand aufgehängt.

* * *

Als Inanna, nach drei Tagen und drei Nächten, immer noch nicht zurückgekehrt war,
Stimmte Ninschubur eine Wehklage bei den Ruinen für sie an.
Sie umkreiste die Götterhäuser.
Sie riß an ihren Augen; zerrte an ihrem Mund; riß an ihren Schenkeln.
Sie zog ein einziges Gewand an, wie eine Bettlerin.
Ganz alleine machte sie sich auf den Weg nach Nippur und zum Tempel Enlils.

Als sie den heiligen Schrein betrat,
Schrie sie laut:
    »O Vater Enlil, laß doch nicht zu, daß deine Tochter
    In der Unterwelt zu Tode kommt.
    Laß doch nicht zu, daß dein glänzendes Silber
    Mit dem Staub der Unterwelt bedeckt wird.
    Laß doch nicht zu, daß dein Edelstein
    In Steine für Steinmetze gebrochen wird.
    Laß doch nicht zu, daß dein duftender Buchsbaum
    In Holz für Holzfäller gespalten wird.
    Laß doch nicht zu, daß die heilige Himmelspriesterin
    In der Unterwelt zu Tode kommt.«

Vater Enlil antwortete zornig:
    »Meine Tochter hatte Sehnsucht nach dem Großen Oben.
    Inanna hatte Sehnsucht nach dem Großen Unten.
    Wer je die *me* der Unterwelt empfangen hat, kehrt niemals wieder.
    Wer je in die Dunkle Stadt hinuntergegangen ist, bleibt für alle Zeiten da.«

Vater Enlil wollte nicht helfen.
Ninschubur ging nach Ur und zu Nannas Tempel.
Als sie den heiligen Schrein betrat,
Schrie sie laut:
    »O Vater Nanna, laß doch nicht zu, daß deine Tochter
    In der Unterwelt zu Tode kommt.
    Laß doch nicht zu, daß dein glänzendes Silber
    Mit dem Staub der Unterwelt bedeckt wird.
    Laß doch nicht zu, daß dein Edelstein
    In Steine für Steinmetze auseinandergebrochen wird.

Laß doch nicht zu, daß dein duftender Buchsbaum
In Holz für Holzfäller gespalten wird.
Laß doch nicht zu, daß die heilige Himmelspriesterin
In der Unterwelt zu Tode kommt.«

Vater Nanna antwortete zornig:
»Meine Tochter hatte Sehnsucht nach dem Großen Oben.
Inanna hatte Sehnsucht nach dem Großen Unten.
Wer je die *me* der Unterwelt empfangen hat, kehrt niemals wieder.
Wer je in die Dunkle Stadt hinuntergegangen ist, bleibt für alle Zeiten da.«

Vater Nanna wollte nicht helfen.
Ninschubur ging nach Eridu und zu Enkis Tempel.
Als sie den heiligen Schrein betrat,
Schrie sie laut:
»O Vater Enki, laß doch nicht zu, daß deine Tochter
In der Unterwelt zu Tode kommt.
Laß doch nicht zu, daß dein glänzendes Silber
Mit dem Staub der Unterwelt bedeckt wird.
Laß doch nicht zu, daß dein Edelstein
In Steine für Steinmetze auseinandergebrochen wird.
Laß doch nicht zu, daß dein duftender Buchsbaum
In Holz für Holzfäller gespalten wird.
Laß doch nicht zu, daß die heilige Himmelspriesterin
In der Unterwelt zu Tode kommt.«

Vater Enki sagte:
»Was ist geschehen?
Was hat meine Tochter getan?
Inanna! Königin aller Länder! Heilige Himmelspriesterin!
Was ist geschehen?
Ich bin bekümmert. Ich gräme mich.«

Unter seinen Fingernägeln brachte Vater Enki Schmutz hervor.
Er formte den Schmutz in ein *kurgarra*, ein Geschöpf, das weder männlich noch weiblich ist.
Unter den Fingernägeln seiner anderen Hand brachte er Schmutz hervor.
Er formte den Schmutz in ein *galatur*, ein Geschöpf, das weder männlich noch weiblich ist.
Er gab dem *kurgarra* die Speise des Lebens.
Er gab dem *galatur* das Wasser des Lebens.
Enki sprach zu den *kurgurra* und *galatur* und sagte:

»Geht hinab in die Unterwelt,
Huscht zur Tür hinein wie Fliegen.

Ereschkigal, die Königin der Unterwelt, liegt dort und stöhnt vor sich hin
Mit Schreien wie sie Frauen ausstoßen, die kurz vor der Geburt stehen.
Kein Leintuch ist über ihren Leib gebreitet.
Ihre Brüste sind unbedeckt.
Die Haare schwirren um ihren Kopf herum wie Lauchringe.
Wenn sie schreit, ›Oh! Oh! Mein Inneres!‹
Schreit mit ihr, ›Oh! Oh! Dein Inneres!‹
Wenn sie schreit, ›Oh! Oh! Mein Äußeres!‹
Schreit mit ihr, ›Oh! Oh! Dein Äußeres!‹
Darüber wird die Königin sich freuen.
Sie wird euch ein Geschenk anbieten.
Bittet sie nur um den Leichnam, der vom Haken an der Wand herunterhängt.
Eins von euch wird ihn mit der Speise des Lebens besprengen.
Das andere wird ihn mit dem Wasser des Lebens besprengen.
Inanna wird auferstehen.«

Kurgarra und *galatur* befolgten Enkis Worte.
Sie machten sich auf in die Unterwelt.
Wie Fliegen schlüpften sie durch die Spaltbreitöffnungen der Tore.
Sie gelangten in den Thronraum der Unterweltskönigin.
Kein Leintuch war über ihren Leib gebreitet.
Ihre Brüste waren unbedeckt.
Die Haare schwirrten um ihren Kopf herum wie Lauchringe.

Ereschkigal stöhnte:
       »Oh! Oh! Mein Inneres!«

Sie stöhnten mit ihr:
       »Oh! Oh! Dein Inneres!«

Sie stöhnte:
       »Ohhhh! Oh! Mein Äußeres!«

Sie stöhnten mit ihr:
       »Ohhhh Oh! Dein Äußeres!«

Sie ächzte:
       »Oh! Oh! Mein Bauch!«

Sie ächzten mit ihr:
       »Oh! Oh! Dein Bauch!«

Sie ächzte:
       »Oh! Ohhhh! Mein Rücken!«

Sie ächzten mit ihr:
>>Oh! Ohhhh! Dein Rücken!<<

Sie seufzte:
>>Ah! Ah! Mein Herz!<<

Sie seufzten mit ihr:
>>Ah! Ah! Dein Herz!<<

Sie seufzte:
>>Ah! Ahhhh! Meine Leber!<<

Sie seufzten mit ihr:
>>Ah! Ahhhh! Deine Leber!<<

Ereschkigal hielt inne.
Sie starrte sie an.
Sie fragte:
>>Wer seid ihr,
Die ihr mit mir stöhnt, ächzt und seufzt?
Wenn ihr Gottheiten seid, will ich euch segnen.
Wenn ihr Sterbliche seid, will ich euch ein Geschenk geben.
Ich will euch die Wasser-Gabe schenken, den Fluß in seiner Fülle.<<

Kurgarra und *galatur* antworteten:
>>Das ist es nicht, was wir uns wünschen.<<

Ereschkigal sagte:
>>Ich will euch die Getreide-Gabe schenken, die Felder in Reife.<<

Kurgarra und *galatur* sagten:
>>Das ist es nicht, was wir uns wünschen.<<

Ereschkigal sagte:
>>So sprecht denn! Was wünscht ihr euch?<<

Sie antworteten:
>>Wir wünschen uns nur den Leichnam, der von dem Haken an der Wand
herunterhängt.<<

Ereschkigal sagte:
>>Dieser Leichnam gehört Inanna.<<

Sie sagten:
>>Ganz gleich, ob er unserer Königin gehört,
Ganz gleich ob er unserem König gehört,
Aber den genau wollen wir haben.<<

Der Leichnam wurde ihnen übergeben.

Das *kurgarra* besprengte den Leichnam mit der Speise des Lebens.
Das *galatur* besprengte den Leichnam mit dem Wasser des Lebens.
Inanna stand auf ...

Inanna war gerade dabei, aus der Unterwelt emporzusteigen,
Als die Anunna, die Richter der Unterwelt, sie ergriffen.
Sie sagten:
>> Niemand steigt ungezeichnet aus der Unterwelt herauf.
Wenn Inanna aus der Unterwelt zurückkehren will,
Muß sie einen Ersatz für sich stellen.<<

Als Inanna aus der Unterwelt emporstieg,
Klammerten sich die *galla*, die Dämonen der Unterwelt, an ihre Seite.
Die *galla* waren Dämonen, die weder Speise noch Trank brauchen,
Die keine Opfergaben essen und keine Trankopfer zu sich nehmen,
Die keine Geschenke annehmen.
Sie machen sich nichts aus Liebe.
Sie haben keine süßen Kinder, die sie küssen können.
Sie reißen die Frau aus den Armen ihres Mannes,
Sie reißen das Kind von den Knien seines Vaters,
Sie stehlen die Braut aus dem Brautgemach.

Diese Dämonen klebten an Inanna wie die Kletten.
Die kleinen *galla*, die Inanna begleiteten,
Hatten die Größe von Ried, das man für niedrige Pfahlzäune verwendet.
Die großen *galla*, die Inanna begleiteten,
Hatten die Größe von Ried, das man für hohe Pfahlzäune verwendet.

Derjenige, der vor Inanna einherschritt, war kein Staatsdiener,
Aber dennoch trug er ein Zepter.
Derjenige, der hinter Inanna einherschritt, war kein Krieger,
Aber dennoch trug er einen Streitkolben.
Ninschubur, die sich in schmutziges Sackleinen gekleidet hatte,
Wartete draußen vor den Palasttoren.
Als sie die von den *galla* umringte Inanna erblickte,
Warf sie sich in den Staub zu Inannas Füßen.

Die *galla* sagten:
>> Geh weiter, Inanna,
Wir wollen Ninschubur an deiner Stelle nehmen.<<

Inanna schrie auf:
>> Nein! Ninschubur ist meine treue und zuverlässige Stütze.

Sie ist meine *sukkal,* die mir weisen Rat erteilt.
Sie ist meine Kriegerin, die an meiner Seite kämpft.
Sie hat meine Worte nicht vergessen.

Sie hat Wehklage für mich angestimmt bei den Ruinen.
Sie hat die Trommel für mich geschlagen auf den Versammlungsplätzen.
Sie hat die Götterhäuser umkreist.
Sie hat an ihren Augen, an ihrem Mund und an ihren Schenkeln gerissen.
Sie zog nur ein einziges Gewand an, wie eine Bettlerin.

Ganz alleine machte sie sich auf nach Nippur und zu Enlils Tempel.
Sie ging nach Uruk und zu Nannas Tempel.
Sie ging nach Eridu und zu Enkis Tempel.
Nur ihr habe ich es zu verdanken, daß mein Leben gerettet wurde.
Niemals will ich Ninschubur an euch ausliefern.«

Die *galla* sagten:
    »Geh weiter, Inanna,
    Wir wollen dich nach Umma begleiten.«

In Umma, am heiligen Schrein,
Hatte auch Schara, Inannas Sohn, schmutziges Sackleinen angezogen.
Als er die von den *galla* umringte Inanna erblickte,
Warf er sich in den Staub zu ihren Füßen.

Die *galla* sagten:
    »Geh weiter zu deiner Stadt, Inanna,
    Wir wollen Schara an deiner Stelle nehmen.«

Inanna schrie auf:
    »Nein! Nicht Schara!
    Er ist mein Sohn, der mir Hymnen vorsingt.
    Er ist mein Sohn, der meine Nägel schneidet und mein Haar glättet.
    Niemals will ich Schara an euch ausliefern.«

Die *galla* sagten:
    »Geh weiter, Inanna,
    Wir wollen dich nach Badtibira begleiten.«

In Badtibira, beim heiligen Schrein,
Hatte auch Lulal, Inannas Sohn, schmutziges Sackleinen angezogen.
Als er die von den *galla* umringte Inanna erblickte,
Warf er sich in den Staub zu ihren Füßen.

Die *galla* sagten:
>>Geh weiter zu deiner Stadt, Inanna,
Wir wollen Lulal an deiner Stelle nehmen.<<

Inanna schrie auf:
>>Nicht Lulal! Er ist mein Sohn.
Ein Anführer ist er unter Männern.
Er ist mein rechter Arm. Er ist mein linker Arm.
Niemals will ich Lulal an euch ausliefern.<<

Die *galla* sagten:
>>Geh weiter zu deiner Stadt, Inanna.
Wir wollen dich bis zum großen Apfelbaum von Uruk begleiten.<<

In Uruk, beim großen Apfelbaum,
Weilte Dumuzi, Inannas Gemahl, und war angetan mit leuchtenden *me*-Gewändern.
Er saß auf seinem prächtigen Thron; (er wegte sich nicht von der Stelle).

Die *galla* packten ihn bei den Schenkeln.
Sie schütteten die Milch aus seinen sieben Butterfässern.
Sie brachen die Rohrflöte entzwei, die der Hirte gerade spielte.

Inanna heftete auf Dumuzi die Augen des Todes.
Worte des Ingrimms sprach sie gegen ihn aus.
Den Anklageschrei schleuderte sie ihm ins Gesicht.
>>Nehmt ihn! Fort mit Dumuzi!<<

Die *galla*, die weder Speise noch Trank brauchen,
Die keine Opfergaben essen und keine Trankopfer zu sich nehmen,
Die keine Geschenke annehmen, packten Dumuzi.
Sie hießen ihn aufstehen; sie hießen ihn sich setzen.
Sie schlugen Inannas Gemahl.
Sie zerstückelten ihn mit Äxten.
Dumuzi erhob Klage.
Er streckte seine Hände gen Himmel zu Utu, dem Gott der Gerechtigkeit, und flehte ihn an:

>>O Utu, du bist mein Schwager,
Ich bin der Gatte deiner Schwester.
Ich brachte Sahne in das Haus deiner Mutter,
Ich brachte Milch in Ningals Haus.
Ich bin es, der Speise zum heiligen Schrein getragen hat.
Ich bin es, der Hochzeitsgeschenke nach Uruk gebracht hat.
Ich bin es, der auf den heiligen Knien getanzt hat, auf den Knien von Inanna.

Utu, du, der du ein gerechter Gott, ein gnädiger Gott bist.

Verwandle meine Hände in Schlangenhände.
Verwandle meine Füße in Schlangenfüße.
Rette mich vor meinen Dämonen;
Laß nicht zu, daß sie mich festhalten.«

Der barmherzige Gott Utu nahm Dumuzis Tränen an.
Er verwandelte Dumuzis Hände in Schlangenhände.
Er verwandelte Dumuzis Füße in Schlangenfüße.
Dumuzi entkam seinen Dämonen.
Sie konnten ihn nicht halten ...

[Ein nachfolgender Teil des Textes (ca. 20 Zeilen) ist nicht erhalten. Das Ende der Geschichte bietet S. 62 ff. (ab dem Auftauchen der Fliege).]

4.   Dumuzis Traum

Sein Herz war voll der Tränen.
Des Hirten Herz war tränenüberströmt.
Dumuzis Herz war voll der Tränen.
Dumuzi stolperte dahin über die Steppe und weinte:

»O Steppe, wehklage um mich!
O ihr Krabben im Fluß, trauert um mich!
O ihr Frösche im Fluß, ruft nach mir!
O meine Mutter, Sirtur, weine um mich!

Wenn sie die fünf Perlen nicht findet,
Wenn sie die zehn Perlen nicht findet,
Wenn sie meinen Todestag nicht kennt,
Du, o Steppe, erzähl es ihr, erzähle meiner Mutter davon.
In der Steppe wird meine Mutter Tränen für mich vergießen.
In der Steppe wird meine kleine Schwester um mich trauern.«

Er legte sich nieder um auszuruhen.
Der Hirte legte sich nieder um auszuruhen.
Dumuzi legte sich nieder um auszuruhen.

Als er zwischen Knospen und Binsen lag,
Träumte er einen Traum.
Er erwachte von seinem Traum.
Seine Vision ließ ihn erzittern.
Er rieb sich erschreckt die Augen.

Dumuzi rief aus:

>>Bringt ... bringt sie her ... bringt meine Schwester her.

Bringt meine Geschtinanna, meine kleine Schwester her,

Meine tafel-kundige Schreiberin,

Meine Sängerin, die viele Lieder kennt,

Meine Schwester, welche die Bedeutung der Worte kennt,

Meine weise Frau, welche die Bedeutung von Träumen kennt.

Ich muß mit ihr sprechen.

Ich muß ihr meinen Traum erzählen.<<

Dumuzi sprach mit Geschtinanna und sagte zu ihr:

>>Ein Traum! Meine Schwester, höre dir meinen Traum an:

Binsen wachsen um mich herum; Binsen wachsen dicht um mich herum.

Ein vereinzelt wachsendes Rohr zittert um mich.

Von einem doppelt-gewachsenen Rohr wird zuerst das eine, dann das andere ausgerissen.

In einem bewaldeten Hain schrecken mich hohe Bäume.

Wasser wird über meinen heiligen Herd gegossen.

Der Boden meines Butterfasses fällt herunter.

Mein Trinkbecher bricht vom Henkel.

Mein Hirtenkrummstab ist verschwunden.

Ein Adler packt ein Lamm aus der Schafhürde.

Ein Falke fängt einen Sperling auf dem Ried-Zaun.

Meine Schwester, deine Ziegen schleifen ihre Lapis-Bärte durch den Staub.

Deine Schafe zerkratzen die Erde mit geknickten Füßen.

Still liegt das Butterfaß; keine Milch wird ausgegossen.

Zerschmettert liegt der Krug; Dumuzi ist nicht mehr.

Die Schafhürde [Schafhürde und Butterfaß als Synomym für Inannas Vulva] wird ein
    Spiel der Winde.<<

Geschtinanna sprach:

>>Mein Bruder, erzähle mir deinen Traum lieber nicht.

Dumuzi, erzähle mir doch nicht einen solchen Traum.

Die Binsen, die sich rings um dich her erheben,

Die Binsen, die dicht um dich herum wachsen,

Das sind deine Dämonen, die dich verfolgen und angreifen werden.

Das vereinzelt wachsende Ried, das um dich zittert,

Ist deine Mutter; sie wird um dich trauern.

Das Zwillingsrohr, von dem zuerst das eine und dann das andere ausgerissen wird,
    Dumuzi,

Das sind du und ich; wir werden dahingerafft werden, erst der eine, dann die andere.

Der Schrecken hochgewachsener Bäume, der sich um dich herum erhebt,
Das sind die *galla;* sie werden in der Schafhürde über dich herfallen.

Wenn das Feuer auf deinem heiligen Herd verlischt,
Wird die Schafhürde zum Haus der Verwüstung werden.

Wenn der Boden deines Butterfasses herunterfällt,
Wirst du von den *galla* festgehalten werden.

Wenn dein Trinkbecher vom Henkel bricht,
Wirst du zur Erde niederfallen, auf die Knie deiner Mutter.

Wenn dein Hirtenkrummstab verschwindet,
Werden die *galla* alles zum Verwelken bringen.

Der Adler, der ein Lamm aus der Schafhürde schlägt,
Ist der *galla,* der deine Wangen zerkratzen wird.

Der Falke, der einen Sperling auf dem Ried-Zaun fängt,
Ist der *galla,* der über den Zaun klettern wird, um dich mit sich fort zu nehmen.

Dumuzi, meine Ziegen schleifen ihre Lapis-Bärte durch den Staub.
Meine Haare werden im Himmel für dich herumwirbeln.
Meine Schafe zerkratzen die Erde mit geknickten Füßen.
O Dumuzi, ich werde an meinen Wangen reißen vor Gram über dich.

Still liegt das Butterfaß; keine Milch wird ausgegossen.
Zerschmettert liegt der Krug; Dumuzi ist nicht mehr.
Die Schafhürde wird ein Spiel der Winde –«

Kaum hatte sie diese Worte ausgesprochen,
Als Dumuzi laut aufschrie:
»Meine Schwester! Schnell, geh den Hügel hinauf!
Gehe aber nicht gemessenen, edlen Schrittes.
Schwester, lauf!
Die *galla,* die von allen Menschen gehaßt und gefürchtet werden,
Kommen auf Booten daher.
Sie führen Holz mit sich, um die Hände zu binden;
Sie führen Holz mit sich, um den Nacken zu binden.
Lauf, Schwester, lauf!«

Geschtinanna ging den Hügel hinauf.
Dumuzis Freund war mit ihr.

Dumuzi schrie:
»Seht ihr sie?«

Der Freund rief:
>>Sie kommen;
Die großen *galla*, die Holz tragen, um den Nacken zu binden,
Sie kommen, um dich zu holen.<<

Geschtinanna rief:
>>Schnell, Bruder!
Verbirg deinen Kopf im Gras.
Deine Dämonen kommen, um dich zu holen.<<

Dumuzi sagte:
>>Meine Schwester, gib niemandem mein Versteck preis.
Mein Freund, gib niemandem mein Versteck preis.
Ich will mich im Gras verbergen.
Ich will mich zwischen kleinen Pflanzen verbergen.
Ich will mich zwischen großen Pflanzen verbergen.
Ich will mich in den Gräben von Arali verbergen.<<

Geschtinanna und Dumuzis Freund antworteten:
>>Dumuzi, falls wir dein Versteck preisgeben sollten,
Sollen deine Hunde uns verschlingen,
Deine schwarzen Hunde des Hirtentums,
Deine königlichen Hunde des Königtums,
Sie mögen uns verschlingen!<<

Die kleinen *galla* sprachen zu den großen *galla*:
>>Ihr *galla*, die ihr weder Mutter noch Vater,
Weder Schwester, Bruder, Frau noch Kind habt,
Die ihr über Himmel und Erde flattert wie Aufseher,
Die ihr euch den Menschen an die Fersen heftet,
Die ihr keine Gnade kennt,
Die ihr nicht Gut von Böse unterscheiden könnt,
Sagt uns doch,
Wer hat jemals die Seele eines furchtsamen Menschen
In Frieden leben sehen?
Wir wollen nach Dumuzi Ausschau halten im Hause seines Freundes.
Wir wollen nach Dumuzi Ausschau halten im Hause seines Schwagers.
Wir wollen nach Dumuzi Ausschau halten im Hause seiner Schwester, Geschtinanna.<<

Die *galla* klatschten fröhlich in die Hände.
Sie gingen Dumuzi suchen.
Sie gelangten zu Geschtinannas Haus. Sie riefen aus:
>>Zeig uns, wo dein Bruder ist!<<

Geschtinanna weigerte sich zu sprechen.

Sie boten ihr die Wasser-Gabe an.
Sie wies sie zurück.
Sie boten ihr die Getreide-Gabe an.
Sie wies sie zurück.

Der Himmel wurde nahe herangebracht.
Die Erde wurde nahe herangebracht.
Geschtinanna weigerte sich zu sprechen.

Sie rissen ihr die Kleider vom Leib.
Sie gossen Pech in ihre Vulva.
Geschtinanna weigerte sich zu sprechen.

Die kleinen *galla* sagten zu den großen *galla*:
>>Wer – seit Beginn der Zeiten –
Hat jemals eine Schwester gekannt, die das Versteck ihres Bruders verraten hätte?
Auf, wir wollen Dumuzi im Hause seines Freundes suchen.<<

Die *galla* gelangten zu Dumuzis Freund.
Sie boten ihm die Wasser-Gabe an.
Er nahm sie an.
Sie boten ihm die Getreide-Gabe an.
Er nahm sie an.
Er sagte:
>>Dumuzi hat sich im Gras versteckt,
Aber den genauen Ort kenne ich nicht.<<

Die *galla* suchten Dumuzi im Gras.
Sie fanden ihn aber nicht.
Der Freund sagte:
>>Dumuzi hat sich zwischen den kleinen Pflanzen versteckt,
Aber den genauen Ort kenne ich nicht.<<

Die *galla* suchten Dumuzi zwischen den kleinen Pflanzen.
Sie fanden ihn aber nicht.
Der Freund sagte:
>>Dumuzi hat sich zwischen den großen Pflanzen versteckt,
Aber den genauen Ort kenne ich nicht.<<

Die *galla* suchten Dumuzi zwischen den großen Pflanzen.
Sie fanden ihn aber nicht.
Der Freund sagte:
>>Dumuzi hat sich in den Gräben von Arali versteckt.
Dumuzi ist gefallen in den Gräben von Arali.<<

In den Gräben von Arali fingen die *galla* Dumuzi ein.
Dumuzi wurde bleich und weinte.
Laut rief er aus:
>>Meine Schwester rettete mein Leben.
Mein Freund ist Schuld an meinem Tod.
Wenn das Kind meiner Schwester über die Straße geht,
Soll ihr Kind geschützt sein – soll ihr Kind gesegnet sein.
Wenn das Kind meines Freundes über die Straße geht,
Soll sein Kind verloren sein – soll sein Kind verflucht sein.<<

Die *galla* umringten Dumuzi.
Sie banden seine Hände; sie banden seinen Nacken.
Sie schlugen Inannas Gemahl.
Dumuzi erhob seine Arme zum Himmel, zu Utu, dem Gott der Gerechtigkeit, und rief laut:
>>O Utu, du bist mein Schwager,
Ich bin der Gatte deiner Schwester.
Ich bin es, der Speise zum heiligen Schrein getragen hat.
Ich bin es, der Hochzeitsgaben nach Uruk gebracht hat.
Ich küßte die heiligen Lippen,
Ich tanzte auf den heiligen Knien, den Knien von Inanna.

Verwandle meine Hände in Gazellenhände.
Verwandle meine Füße in Gazellenfüße.
Hilf mir, meinen Dämonen zu entrinnen.
Hilf mir, nach Kubiresch zu entfliehen.<<

Der barmherzige Utu nahm Dumuzis Tränen an.
Er verwandelte seine Hände in Gazellenhände.
Er verwandelte seine Füße in Gazellenfüße.
Dumuzi entkam seinen Dämonen.
Er entfloh nach Kubiresch.

Die *galla* sagten:
>>Wir wollen nach Kubiresch gehen!<<

Die *galla* gelangten nach Kubiresch.
Dumuzi entkam seinen Dämonen.
Er entfloh zu *Alt-Belili*.

Die *galla* sagten:
>>Wir wollen zu Alt-Belili gehen!<<

Dumuzi betrat das Haus von Alt-Belili. Er sagte zu ihr:
>>Alte Frau, ich bin kein gewöhnlicher Sterblicher.
Ich bin der Gemahl der Göttin Inanna.

Gib mir Wasser zu trinken.
Versprenge Mehl für mich zum Essen.«

Nachdem die alte Frau Wasser ausgegossen
Und Mehl für Dumuzi versprengt hatte,
Verließ sie das Haus.

Sobald die *galla* sie weggehen sahen, betraten sie das Haus.
Dumuzi entkam seinen Dämonen.
Er entfloh zur Schafhürde seiner Schwester Geschtinanna.

Als Geschtinanna Dumuzi in der Schafhürde fand, weinte sie.
Sie brachte ihren Mund nah an den Himmel heran.
Sie brachte ihren Mund nah an die Erde heran.
Ihr Kummer bedeckte den Horizont wie ein Gewand.

Sie riß an ihren Augen.
Sie riß an ihrem Mund.
Sie riß an ihren Schenkeln.

Die *galla* kletterten über den Ried-Zaun.
Der erste *galla* schlug Dumuzi mit einem durchbohrenden Nagel,
Der zweite *galla* schlug Dumuzi auf die andere Wange mit dem Hirtenkrummstab.
Der dritte *galla* zerschmetterte den Boden des Butterfasses,
Der vierte *galla* brach den Henkel des Trinkbechers ab,
Der fünfte *galla* zertrümmerte das Butterfaß,
Der sechste *galla* zerschlug den Becher.
Der siebente *galla* schrie:
>Steh auf, Dumuzi!
Gatte der Inanna, Sohn der Sirtur, Bruder der Geschtinanna!
Erhebe dich von deinem falschen Schlaf!
Deine Mutterschafe sind beschlagnahmt! Deine Lämmer sind beschlagnahmt!
Deine Ziegen sind beschlagnahmt! Deine Zicklein sind beschlagnahmt!
Nimm deine heilige Krone vom Haupt!
Leg dein *me*-Gewand ab!
Laß dein königliches Zepter zu Boden fallen!
Zieh deine heiligen Sandalen aus!
Nackt sollst du mit uns gehen!«

Die *galla* packten Dumuzi.
Sie umzingelten ihn.
Sie banden seine Hände. Sie banden seinen Nacken.

Still lag das Butterfaß. Keine Milch wurde ausgegossen.
Zerschmettert lag der Krug. Dumuzi war nicht mehr.
Die Schafhürde wurde ein Spiel der Winde.

5.   Die Wiederkehr

Klage erhob sich in der Stadt:
>Bitterlich weint meine Herrin um ihren jungen Gatten.
Bitterlich weint Inanna um ihren jungen Gatten.
Wehe für ihren Gatten! Wehe für ihre junge Liebe!
Wehe für ihr Haus! Wehe für ihre Stadt!

Dumuzi wurde in Uruk gefangen genommen.
Nie wieder wird er in Eridu baden.
Nie wieder wird er sich vor dem heiligen Schrein einseifen.
Nie wieder wird er Inannas Mutter wie seine Mutter behandeln.
Nie wieder wird er seine süße Pflicht erfüllen
Unter den Jungfrauen der Stadt.

Nie wieder wird er mit den jungen Männern der Stadt wetteifern.
Nie wieder wird er sein Schwert über die *kurgarra* Priester erheben.
Groß ist der Kummer all derer, die um Dumuzi trauern.«

Inanna weinte um Dumuzi:
»Dahin ist mein Gatte, mein süßer Gatte.
Dahin ist meine Liebe, meine süße Liebe.
Mein Geliebter ist aus der Stadt entfernt worden.
O, ihr Fliegen der Steppe,
Mein geliebter Bräutigam ist von mir genommen worden,
Bevor ich ihm ein angemessenes Sterbehemd überziehen konnte.

Der wilde Stier lebt nicht mehr.
Der Hirte, der wilde Stier lebt nicht mehr.
Dumuzi, der wilde Stier, lebt nicht mehr.

Befragt die Hügel und Täler:
    >Wo ist mein Gemahl?‹
Ich sage ihnen:
    >Ich kann ihm keine Speise mehr bringen.
    Ich kann ihm keinen Trunk mehr reichen.‹

Der Schakal legt sich in sein Bett.
Der Rabe nistet in seiner Schafhürde.
Ihr fragt mich nach seiner Rohrflöte?
Der Wind muß sie für ihn spielen.
Ihr fragt mich nach seinen süßen Liedern?
Der Wind muß sie für ihn singen.«

Sirtur, Dumuzis Mutter, weinte um ihren Sohn:
>»Mein Herz spielt die Rohrflöte der Trauer.
Einstmals wanderte mein Junge so frei über die Steppe,
Jetzt ist er ein Gefangener.
Einstmals wanderte Dumuzi so frei über die Steppe,
Jetzt ist er gebunden.
Das Mutterschaf gibt sein Lamm auf.
Die Ziege gibt ihr Zicklein auf.
Mein Herz spielt die Rohrflöte der Trauer.

O trügerische Steppe!
An der Stelle, wo er einstmals sagte:
     ›Meine Mutter wird nach mir fragen‹,
Dort kann er jetzt nichtmals seine Hände bewegen.
Kann seine Füße nicht regen.

Mein Herz spielt die Rohrflöte der Trauer.
Ich will zu ihm gehen,
Ich will mein Kind sehen.«

Die Mutter ging zu der verwüsteten Stätte.
Sirtur ging dorthin, wo Dumuzi lag.
Sie blickte nieder auf den dahingeschlachteten Stier.
Sie blickte in sein Gesicht. Sie sagte:
     »Mein Kind, es ist immer noch dein Gesicht.
     Doch der Geist ist daraus gewichen.«

Trauer ist im Haus.
Kummer ist in den inneren Gemächern.

Die Schwester wanderte in der Stadt umher und weinte um ihren Bruder.
Geschtinanna wanderte in der Stadt umher und weinte um Dumuzi:
     »O mein Bruder! Wer ist deine Schwester?
     Ich bin deine Schwester.
     O Dumuzi! Wer ist deine Mutter?
     Ich bin deine Mutter.
     Der Tag, der für dich heraufdämmert, wird auch für mich heraufdämmern.
     Den Tag, den du sehen wirst, werde auch ich sehen.

     Ich will meinen Bruder finden! Ich will ihn trösten!
     Ich will sein Schicksal mit ihm teilen!«

Als Inanna den Gram der Schwester erblickte,
Als Inanna den Gram Geschtinannas erblickte,
Sprach sie sanft zu ihr:

»Das Haus deines Bruders ist nicht mehr.
Dumuzi ist von den *galla* hinweggerafft worden.
Ich würde dich zu ihm führen,
Aber ich kenne den Ort nicht.«

Dann tauchte eine Fliege auf.
Die heilige Fliege durchkreiste die Luft über Inannas Haupt und sprach:
»Wenn ich dir erzähle, wo Dumuzi ist,
Was gibst du mir dafür?«

Inanna sagte:
»Wenn du es mir erzählst,
Sollst du ein häufiger Gast in den Bier-Häusern und Tavernen sein.
Sollst du den Gesprächen der Weisen beiwohnen.
Sollst du dich unter die Lieder der Spielleute mischen.«

Die Fliege sprach:
»Erhebe deine Augen hin zu den Rändern der Steppe,
Laß deine Augen bis hin nach Arali schweifen.
Dort wirst du Geschtinannas Bruder finden,
Dort wirst du den Hirten Dumuzi finden.«

Inanna und Geschtinanna gingen bis zu den Ausläufern der Steppe.
Sie fanden den weinenden Dumuzi.
Inanna nahm Dumuzi bei der Hand und sagte:
»Du wirst in die Unterwelt gehen
Für ein halbes Jahr.
Deine Schwester, weil sie darum gebeten hat,
Wird während der anderen Hälfte gehen.
Am Tag, da du gerufen wirst,
Am selben Tag wirst du genommen werden.
Am Tag, da Geschtinanna gerufen wird,
Am selben Tag wirst du freigelassen werden.«

Inanna legte Dumuzi in die Hände der Ewigkeit.

Heilige Ereschkigal! Groß ist dein Ruhm!
Heilige Ereschkigal! Dir will ich lobsingen!

[Aus: Wolkstein / Kramer, S. 11–89, Übersetzung v. Vera Zingsem.]

6. Ischtars Abstieg in die Unterwelt

Auf das Land ohne Wiederkehr, das Reich Ereschkigals,
Richtete Ischtar, die Tochter Sins, ihr Sinnen und Trachten.
Auf das dunkle Haus, den Wohnsitz *Irkallas [d.i. Ereschkigal]*,
Auf das Haus, das niemand, der es betreten hat, jemals wieder verlassen wird,
Auf die Straße, von der es kein Zurück gibt,
Auf das Haus, in dem die Eintretenden des Lichts beraubt sind,
Wo Staub ihre Kost und Lehm ihre Nahrung ist,
Wo sie kein Licht sehen und für immer im Dunkeln wohnen,
Wo sie wie Vögel gekleidet sind, mit Flügeln anstelle von Kleidern,
Wo Tor und Riegel mit Staub bedeckt sind.

Sobald Ischtar das Tor zum Land ohne Wiederkehr erreicht hatte,
Sprach sie zum Torwächter die folgenden Worte:
>>O Torwächter, öffne die Tür,
Öffne die Tür, damit ich eintreten kann!
Falls du das Tor nicht öffnen willst und ich nicht eintreten kann,
Will ich die Tür zerschmettern und den Riegel zerschlagen,
Will ich den Türpfosten zerschmettern und die Tore bewegen,
Will ich die Toten aufwiegeln, die Lebenden zu verspeisen,
So daß die Toten die Lebenden an Zahl übertreffen werden.<<

Der Torwächter öffnete seinen Mund zum Sprechen
Und antwortete der erhabenen Ischtar:
>>Halt, meine Herrin, schmettere doch nicht die Tür zu Boden!
Ich will hingehen und der Königin Ereschkigal deinen Namen ankündigen.<<

Der Torwächter trat ein und meldete Ereschkigal:
>>Sieh da, deine Schwester Ischtar wartet draußen vor dem Tor,
Sie, welche die großen Feste ausrichtet
und die Tiefen aufwühlt vor König Ea.<<

Als Ereschkigal dies vernahm,
Erbleichte sie wie eine gefällte Tamariske,
Wobei ihre Lippen so dunkel wurden wie ein zerquetschtes *kuninu*-Ried.

>>Was hat ihr Herz zu mir geführt? Was trieb ihren Geist hierher zu mir?
Lo, sollte ich etwa Wasser trinken mit den Anunnaki?
Sollte ich Lehm anstelle von Brot und brackiges Wasser anstelle von Bier trinken?
Sollte ich die Männer beklagen müssen, die ihre Frauen zurückließen?
Sollte ich die Mädchen beklagen müssen, die vom Schoß ihrer Liebhaber fortgerissen
wurden?
Sollte ich das zarte Kleinkind beklagen müssen, das vor seiner Zeit dahingerafft wurde?<<

Der Torwächter ging hinaus, um ihr die Tür zu öffnen:
>>Tritt ein, meine Herrin, auf daß *Cutha [anderer Name für die Unterwelt]* sich an dir
        freuen möge,
    Auf daß der Palast des Landes ohne Wiederkehr seine Freude an deiner Gegenwart
        haben möge.<<

Als er sie zum ersten Tor hereinließ,
Nahm er ihr die große Krone vom Haupt.
    >>Warum, o Torwächter, nimmst du mir die große Krone vom Haupt?<<
    >>Tritt ein, meine Herrin, so sind nun einmal die Gesetze der Unterweltsherrscherin.<<

Als er sie zum zweiten Tor hereinließ,
Nahm er ihre Ohranhänger ab.
    >>Warum, o Torwächter, nimmst du mir die Ohranhänger weg?<<
    >>Tritt ein, meine Herrin, so sind nun einmal die Gesetze der Unterweltsherrscherin.<<

Als er sie zum dritten Tor hereinließ,
Nahm er ihre Halsketten ab.
    >>Warum, o Torwächter, nimmst du mir meine Halsketten weg?<<
    >>Tritt ein, meine Herrin, so sind nun einmal die Gesetze der Unterweltsherrscherin.<<

Als er sie zum vierten Tor hereinließ,
Nahm er die Schmuckstücke von ihrer Brust.
    >>Warum, o Torwächter, nimmst du die Schmuckstücke von meiner Brust weg?<<
    >>Tritt ein, meine Herrin, so sind nun einmal die Gesetze der Unterweltsherrscherin.<<

Als er sie zum fünften Tor hereinließ,
Entfernte er von ihren Hüften den Gürtel mit Geburtssteinen.
    >>Warum, o Torwächter, nimmst du von meinen Hüften den Gürtel mit Geburtssteinen?<<
    >>Tritt ein, meine Herrin, so sind nun einmal die Gesetze der Unterweltsherrscherin.<<

Als er sie zum sechsten Tor hereinließ,
Zog er die Spangen von ihren Händen und Füßen.
    >>Warum, o Torwächter, ziehst du die Spangen von meinen Händen und Füßen?<<
    >>Tritt ein, meine Herrin, so sind nun einmal die Gesetze der Unterweltsherrscherin.<<

Als er sie zum siebenten Tor hereinließ,
Zog er ihr die Beinkleider *[wörtl.: den Lendenschurz]* aus.
    >>Warum, o Torwächter, ziehst du mir die Beinkleider aus?<<
    >>Tritt ein, meine Herrin, so sind nun einmal die Gesetze der Unterweltsherrscherin.<<

Kaum war Ischtar in das Land ohne Wiederkehr hinabgestiegen,
Als Ereschkigal sie auch schon erblickte und über ihre Anwesenheit in Wut ausbrach.
Besinnungslos vor Angst ergriff Ischtar die Flucht vor ihr.
Ereschkigal öffnete ihren Mund zum Sprechen
Und sprach folgende Worte zu ihrem Wesir, Namtar *[sein Name bedeutet auch: Schicksal]*:

»Namtar, geh und setze sie in meinem Palast gefangen!
Lasse gegen sie, Ischtar, die sechzig Übel los:
Die Trübsal der Augen gegen ihre Augen,
Die Trübsal der Seiten gegen ihre Seiten,
Den Jammer des Herzens gegen ihr Herz,
Das Elend der Füße gegen ihre Füße,
Das Elend des Kopfes gegen ihren Kopf ...
Gegen jedes einzelne ihrer Körperteile, gegen ihren ganzen Leib!«

Nachdem Ischtar in die Unterwelt hinabgestiegen ist,
Bespringt der Stier nicht mehr die Kuh, (schwängert der Esel nicht mehr die Eselin),
Auf den Straßen (schwängert der Mann nicht mehr) das junge Mädchen.
Es liegt der Mann (für sich in seinem eigenen Zimmer, das junge Mädchen liegt allein
      auf ihrer Seite), ...

      * * *

Papsukkal, der Wesir der großen Götter, hatte seine Fassung verloren,
Sein Gesicht war (umwölkt).
Er war angetan mit Trauerkleidern und trug das Haar lang.
Weinend trat Papsukkal vor seinen Vater Sin,
Seine Tränen flossen vor König Ea:
    »Ischtar ist in die Unterwelt hinabgestiegen und nicht wieder heraufgekommen.
    Seit Ischtar hinab ist ins Land ohne Wiederkehr,
    Bespringt der Stier nicht mehr die Kuh, schwängert der Esel nicht mehr die Eselin,
    Schwängert auf den Straßen der Mann nicht mehr das junge Mädchen.
    Es legt sich der Mann in sein eigenes Zimmer,
    Das junge Mädchen liegt für sich allein.«

Ea, in seinem weisen Herzen, dachte sich ein Bild aus
Und erschuf Asuschunamir, einen Eunuchen:
    »Auf, Asuschunamir, wende dein Gesicht zum Land ohne Wiederkehr;
    Die sieben Tore des Landes ohne Wiederkehr sollen dir offenstehen.
    Ereschkigal soll dich sehen und sich deiner Gegenwart erfreuen.
    Wenn ihr Herz besänftigt ist, ist sie in glücklicher Stimmung,
    Laß sie den Eid der großen Götter schwören.
    Hebe dann den Kopf und deute auf den Behälter mit Lebenswasser:
      ›Bitte, Herrin, kann ich nicht den Behälter mit Lebenswasser bekommen,
      Damit ich Wasser aus ihm trinken kann?‹«

[Die List hat offenbar Erfolg, denn Ereschkigal, abgelenkt durch Asuschunamirs Schönheit –
»Sein Aussehen ist blendend« –, entdeckt sie erst, als es schon zu spät ist.]

Sobald Ereschkigal dies hörte, schlug sie sich auf die Schenkel und biß in ihren Finger:
»Du erbatest etwas von mir, worum du besser nicht bitten solltest.
Komm her, Asuschunamir, ich werde dich mit einem machtvollen Fluch bedenken!
Die Nahrung der Gosse in den Städten soll deine Nahrung sein,
Die Abwässer der Stadt sollen dein Getränk sein.
Der Schatten der Mauer soll dein Aufenthaltsort sein,
Die Türschwelle soll deine Wohnung sein,
Der Betrunkene und der Durstige sollen dich auf die Wange schlagen!«

Ereschkigal öffnete ihren Mund zum Sprechen
Und sagte folgendes zu ihrem Wesir, Namtar:
»Auf, Namtar, klopfe an die Tore von Egalgina [d. i. der »Palast der Gerechtigkeit«],
Schmücke die Türschwellen mit Korallensteinen,
Bring die Anunnaki herzu und heiße sie Platz nehmen auf goldenen Thronsitzen,
Besprenge Ischtar mit dem Wasser des Lebens und schaffe sie mir aus den Augen!«

Namtar ging hin, klopfte an die Tore von Egalgina,
Schmückte die Türschwellen mit Korallensteinen,
Brachte die Anunnaki herbei und hieß sie Platz nehmen auf goldenen Thronsitzen,
Er besprengte Ischtar mit dem Wasser des Lebens und schaffte sie aus Ereschkigals Nähe.

Als er sie zum ersten Tor hinausgelassen hatte,
Gab er ihr die Beinkleider für ihren Leib zurück.
Als er sie zum zweiten Tor hinausgelassen hatte,
Gab er ihr die Spangen für ihre Hände und Füße zurück.
Als er sie zum dritten Tor hinausgelassen hatte,
Gab er ihr den Gürtel mit Geburtssteinen für ihre Hüften zurück.
Als er sie zum vierten Tor hinausgelassen hatte,
Gab er ihr die Schmuckstücke für ihre Brust zurück.
Als er sie zum fünften Tor hinausgelassen hatte,
Gab er ihr die Ketten für ihren Hals zurück.
Als er sie zum sechsten Tor hinausgelassen hatte,
Gab er ihr die Anhänger für ihre Ohren zurück.
Als er sie zum siebenten Tor hinausgelassen hatte,
Gab er ihr die große Krone für ihr Haupt zurück.

»Falls sie dir kein Lösegeld bezahlt, bringe sie wieder hierher zurück.
Was Tammuz, den Liebhaber ihrer Jugendzeit angeht,
So wasche ihn mit reinem Wasser, salbe ihn mit süßem Öl;
Kleide ihn in ein rotes Gewand, laß ihn auf der Lapisflöte spielen.
Die Kurtisanen wenden seine Stimmung.« (...)

Als Belili dabei war, ihre Juwelen aufzureihen,
Und ihr Schoß voll von »Augen-Steinen« war,

Da hörte sie Klagelaute ihres Bruders und schlug die Juwelen auf (...),
So daß die »Augen-Steine« den (...) füllten ...

> »Mein einziger Bruder, mach mir doch keinen Kummer!
> Am Tag, an dem Tammuz zu mir heraufkommt,
> Wenn zusammen mit ihm die Lapisflöte und der Karneolring heraufkommen,
> Wenn zusammen mit ihm die Klagemänner und Klagefrauen heraufkommen,
> Mögen die Toten auferstehen und den Duft des Weihrauchs riechen.«

[Aus: Pritchard 1973, S. 80–85; Übersetzung v. Vera Zingsem.]

7. Ereschkigal und Nergal

Der sumerische Name *Nergal* bedeutet »Herr der großen Wohnstätte«, er gilt als Sohn Enlils und Gott der Unterwelt, wurde bei den Babyloniern aber zugleich als Lichtgottheit verehrt (vgl. Falkenstein/v. Soden, S. 416). Ein anderer Name für Nergal war *Erra* (s. u.)

(Die Königin des Menschengeschlechts ...) will ich preisen
(...) ohne Ende.
(Ereschkigal, die Königin des Menschengeschlechts) will ich preisen
(...) ohne Ende.
(...) ...
(...) unter allen Göttinnen.
(...) du bist barmherzig.

[Hier gibt es eine Textlücke von ungefähr dreizehn Zeilen, in denen sehr wahrscheinlich die Vorbereitungen für ein Göttergelage beschrieben wurden.]

(Anu öffnete seinen Mund, um Kaka etwas mitzuteilen:)
> *(»Ich will dich, Kaka, hinabsenden in das Land ohne Wiederkehr,)*
> *(Zu Ereschkigal ... sollst du sagen:)*
> > *(›Du bist nicht imstande heraufzukommen,)*
> > *(In deinem Jahr kannst du nicht zu uns aufsteigen,)*
> > *(Und wir können nicht hinuntergehen,)*
> > *(In unserem Monat können wir nicht zu dir hinabsteigen.)*
> > *(Deshalb schicke uns deinen Boten,)*
> > *(Er möge Speise vom Tisch nehmen und deinen Anteil nehmen.)*
> > *(Was immer ich ihm gebe, wird) er dir (überbringen.)‹«*

(Kaka stieg zur langen) Himmels(treppe hinab).
(Sobald) er (Ereschkigals Tor errei)chte, (sagte er):
> *(»Pförtner), ö(ffne m)ir das Tor!«*
> *(»Komm herein, Kaka,) und möge das Tor (dich) seg(nen)!«*

Er führte (den Gott K)aka durch (das erste To)r,
Er führte (den Gott) Kaka durch (das zweite) Tor,
Er führte (den Gott) Kaka durch (das dritte) Tor,
Er führte den Gott Kaka durch das vierte Tor,
Er führte den Gott Kaka durch das fünfte Tor,
Er führte den Gott Kaka (durch) das sechste Tor,
Er führte den Gott Kaka (durch) das siebente Tor.
Er betrat ihren weiten Hof,
Er beugte sich nieder, er (küßte) den Boden vor ihr.
Er richtete sich auf und sagte zu ihr:
>   »Anu, (dein) Vater, hat mich
>   Mit folgenden Worten zu dir gesandt:
> > >Du bist nicht imstande heraufzukommen,
> > In deinem Jahr kannst du nicht zu uns hinaufsteigen,
> > Und wir können nicht hinunterkommen,
> > In unserem Monat können wir nicht zu dir hinabsteigen.
> > (Darum) laß deinen Boten zu uns kommen,
> > Er möge Speise vom Tisch nehmen und deinen Anteil nehmen.
> > Was ich ihm auch gebe, er wird dir alles überbringen.‹«

Ereschkigal tat den Mund auf und sagte zu K(aka):
>   »O du Bote Anus, unseres Vaters, der du zu uns gekommen bist,
>   Steht es gut mit Anu, Enlil und Ea, den großen Göttern?
>   Steht es gut mit Nammu und Nasch, dem reinen Gott?
>   Steht es gut mit dem Gatten der Himmelsherrin?
>   Steht es gut mit Nin(urta, dem Mächtigsten) im Land?«

Kaka tat den Mund auf und sagte zu Ereschkigal:
>   »Es steht gut mit Anu, Enlil und Ea, den großen Göttern.
>   Es steht gut mit (Namm)u und Nasch, dem reinen (Gott),
>   Es steht gut (mit dem Gatten der H)immelsherrin,
>   Es steht gu(t mit) Ni(nurta, dem Mäch)tigsten im Land.«

(K)aka öffnete (noch einmal) den Mund und sagte zu Ereschkigal:
>   »(…) möge es auch dir gut ergehen!«

(Ereschkiga)l sagte zu ihrem Wesir Namtar:
>   *»O mein (Wesir), Nam(tar), ich will dich (zum) Himmel unseres Vaters Anu*
> >   *hinaufsenden.*
>   *Steige, Namtar, zur langen (Himmelstreppe) hinauf,*
>   Nimm (Speise) vom Tisch, (nimm meinen Anteil),
>   Was immer Anu dir *gebe(n wird, das sollst du alles mir überbringen).«*

[Es schließt sich eine lange Textlücke von etwa sechsundzwanzig Zeilen an, die von Namtars Aufstieg in den Himmel und seinen Eintritt in die Gegenwart der oberen Gottheiten zu handeln schien. Im Anschluß an diese Lücke findet sich ein Abschnitt, in dem erzählt wird, wie sich alle Götter, mit Ausnahme von Nergal, vor Namtar verbeugten. Aufgrund dieser Beleidigung muß Nergal in die Unterwelt hinabsteigen, um sich bei Ereschkigal zu entschuldigen. Ea berät ihn, wie er sich auf dieser Reise verhalten soll:]

»Wenn sie dir einen Thron bringen,
Darfst du dich nicht darauf setzen;
Wenn ein Bäcker (dir) Brot bringt, (darfst du nicht) von diesem Brot essen;
Wenn ein Metzger (dir) Fleisch bringt, (darfst du nicht) von diesem Fleisch essen;
Wenn ein Brauer dir Bier bringt, darfst du nicht von diesem Bier (tr)inken;
Wenn man dir Wasser für (deine) Füße bringt, darfst du deine (Füße) nicht damit
    waschen;
(Wenn) sie (Ereschkigal) gegangen ist, sich zu baden
Und ihr ... -Gewand anzulegen,
Wird sie dir ihren Körper offenbaren.
Du darfst nicht ... (was normal ist für M)ann und Frau.«

[Etwa zwölf Zeilen fehlen.]

(Nergal wandte sein Gesicht zum Land ohne Wiederkehr,)
(Zum dunklen Haus, dem Wohnsitz Irkallas,)
(Zum Haus, das niemand je verläßt, der es betreten hat,)
(Zur Straße, von der) es keinen Weg zurück gibt,
(Zum Haus, in dem die Eintretenden) ohne Licht sind,
(Wo Staub ihre Kost und) Lehm (ihr)e Nahrung ist,
(Wo sie wie Vögel gewandet sind), mit Flügeln als Kleidern,
(Wo sie kein Licht erblicken,) weil sie (im) Dunkeln wohnen,
(...) und klagen,
(... sie klagen) wie (T)auben.

(Der Pförtner tat seinen Mund auf und s)prach zu Nergal:
»Ich will einen Bericht mitnehmen (über einen Reisenden, der) am Tor (steht).«

(Der Pförtner ging zu Ereschkiga)l und sprach zu ihr:
»(O Herrin, ein gewisser Reisender) ist (zu uns ge)kommen,
(...), we(r wird) (feststellen, wer) er (ist)?«

[Einige Zeilen fehlen. Als der Text wieder lesbar ist, gibt Ereschkigal gerade ihrem Wesir, Namtar, Anweisungen:]

(»...) pack ihn!«

(»...) (ich will) feststellen, wer er ist.

. . .

(Er soll) das Brot der An(unnaki essen
Und das Wasser der Anunnaki trinken).
Geh und (bringe) diesen Gott (vor mich)!«

(Er führte Nergal durch das er)ste Tor, das Tor von N(edu),
(Er führte Nergal durch das zweite To)r, das Tor von K(ischar),
(Er führte Nergal durch das dritte Tor, das Tor von Endaschurimma),
(Er führte Nergal durch das vierte Tor, das Tor von) En(urulla),
(Er führte Nergal durch das fünfte Tor), das Tor von Endu(kuga),
(Er führte Nergal durch das sechste) Tor, das Tor von Endu(schuba),
(Er führte Nergal durch das sieben)te Tor, das Tor von Ennug(igi).
Er betrat (ihren) weiten (Hof),
Er verbeugte sich vor ihr, er küsste den Bode(n vor ihr) und sprach:
      »Dein Vater Anu, hat mich gesandt (...)«

(Ereschkigal antwortete):
      »Setze dich auf einen Thron (...)
      Bestimme die Urteilssprüche ... (... der großen Götter),
      Der großen Götter, die (in Irkalla woh)nen.«

Als man (einen Thron für ihn herbeigebracht hatte),
Ließ er sich nicht (darauf nieder);
Als ein Bäcker ihm Brot brachte, aß er nicht davon;
Als (ein Metz)ger (ihm) Fleisch bra(chte), aß er nicht davon;
(Als ein Brauer ihm Bier brachte), (tr)ank er nichts von seinem Bier;
(Als man ihm Wasser für seine Füße brac)hte, (wusch er seine Füße) nicht darin;
(Als) sie – Ereschkigal – (ins B)ad (gi)ng,
Um ihr (... Gewand) anzulegen,
(...) offenbarte sie ihm (ihren Körper).
(Er, was normalerweise zwischen Mann und Fr)au geschieht (...) sein Herz.

[Es fehlen etwa zehn Zeilen.]

Die (beiden) umarmten (einander),
Voller Leidenschaft gaben sie sich einander hin.
Einen Tag lang, zwei Tage lang, lagen sie zusammen (Königin Ereschkigal und Erra);
(Drei) Tage lang, vier Tage lang, (lagen sie zusammen, Königin Ereschkigal und Erra);
(Fünf Tage lang), sechs Tage lang, (lagen sie zusammen, Königin Ereschkigal und Erra);
(Erra ist ein anderer Name für Nergal)
(Als der siebte) Tag (heraufzog),
Seitdem Nergal nicht da war (...),
Nachdem ihn ... (...) weggetragen hatte ...

»Gib mich frei, (meine) Schwester, (...)

Mach (keinen) Lärm

Ich will weggehen und (später zurückkehren) ins Land ohne Wiederkehr.«

. . .

Tränen rannen über ihre Wangen.

»O Erra, mein wollüstiger Gefährte!

Längst noch hatte ich nicht genug von seinen Reizen, (und) schon hat er mich wieder
verlassen.

O Erra, mein wollüstiger Gefährte!

Längst noch hatte ich nicht genug von seinen Reizen, (und) schon hat er mich wieder
verlassen.«

Namtar tat seinen Mund auf und sagte zu Ereschkigal:

»(...) ... (...) ich will diesen Gott ergreifen,

(..., auf daß er dich k)üssen möge.«

(Ereschkigal öffnete ihren Mund zum Sprechen),

(Und sagte zu ihrem Wesir Namtar):

(»Geh, Namtar, ...)

Richte dein Gesicht (auf) Anus, Enlils und Eas (Tor),

(Und sage): ›Seit ich, deine Tochter, jung war,

Habe ich nicht die Spiele der Jungfrauen gekannt,

Habe ich nicht die Fröhlichkeit junger Mädchen gek(annt).

(Jenen Gott, den) du zu mir gesandt hast und der mit mir geschlafen hat,

Den laß doch bei mir liegen,

Schicke (diesen Gott) zu mir, damit er mein Gatte werde

Und bei mir wohne.

Ich bin sexuell entehrt, ich bin nicht rein

[Anspielung auf ihre frühere Vergewaltigung durch Enlil],

Ich kann die Urteilssprüche der großen Götter nicht bestimmen,

Die Urteilssprüche der großen Götter,

Der großen Götter, die in Irkalla wohnen, kann ich nicht entscheiden.

Falls (du mir nicht) d(iesen) Gott senden willst,

Werde ich – gemäß (den Satzungen Irkall)as und der großen Unterwelt –

Die Toten heraufschicken, die Lebenden zu verschlingen,

Werde ich die Toten zahlreicher machen als die Lebenden.‹«

Namtar stieg die lange Himme(ls)treppe hinauf.

Als er zu Anus, Enlils und Eas Tor gelangte,

Sahen (An)u, Enlil und Ea ihn an und (sagten):

»Warum bist du gekommen, Namtar?«

»Deine Tochter hat mich geschickt,

Euch folgende Worte auszurichten: ›Seit ich, deine Tochter, jung war,

Habe ich nicht die Spiele der Jungfrauen gekannt,
Habe ich nicht die Fröhlichkeit junger Mädchen gekannt.
Diesen Gott, den du mir geschickt hattest und der (mit mir) geschlafen hat,
Den (laß) doch (bei mir) liegen,
Sende diesen Gott zu mir, auf daß er (mein) Gatte werden
Und (mit mir wohnen) kann.
Ich bin sexuell entehrt, ich bin nicht (rein),
Ich kann die Urteilssprüch(e der großen Götter),
Der großen Götter, die in Irkal(la) w(ohnen) nicht entscheiden.
Wenn du (nicht) diesen Gott zu mir sendest,
Werde ich (die Toten heraufschicken), die Lebenden (zu verschlingen),
(Werde ich) die Toten zahlreicher (machen) als die Lebenden.‹«

Ea tat seinen Mund auf und sprach zu (Namtar):
>»Namtar, tritt ein in Anus Hof.«

[In Anus Hof findet Namtar Nergal wieder und es gelingt ihm schließlich, ihn zur Rückkehr zu bewegen. Er stattet ihn mit sieben Gegenständen aus, die er anstelle seiner eigenen Kleidungsstücke an den Toren der Unterwelt abgeben kann.]

Nergal betrat ihren weiten Hof,
Er ging auf sie zu und lachte.
Er fuhr ihr durch die Haare,
Er (zog) sie vom (Thron herunter).
Er griff (in) ihre Locken,
... Liebe seines Herzens.
Beide umarmten sie einander,
Leidenschaftlich schliefen sie miteinander.
Einen Tag lang, zwei Tage lang, lagen sie beieinander, Königin Eresch(kigal und E)rra;
Drei Tage lang lagen sie zusammen, Königin Eresch(kigal und E)rra;
Vier Tage lang lagen sie zusammen, Königin Eresch(kigal und E)rra;
Fünf Tage lang lagen sie zusammen, Königin Eresch(kigal und E)rra;
(Sechs Tage lang) lagen sie zusammen, Königin Eresch(kigal und E)rra;
(Als der siebente Tag) heraufzog,
(Tat Anu seinen Mund auf) und sprach
(Zu seinem Wesir Kaka):
>»Ich will dich, (Kaka, ins Land ohne Wiederkehr) entsenden,
(In das Haus Ereschkiga)ls, die in Irkalla wohnt.
(Mit diesen Worten: ›Jener Gott), den ich zu dir gesandt habe,
(Er soll für) immer (mit dir zusammenleben).‹«

[Der Rest des Textes ist verlorengegangen. Aus: Pritchard 1975, S. 5–17; Übersetzung v. Vera Zingsem.]

Strahlende Inanna, in vollem Ornat, stellt sie triumphierend einen Fuß auf den Rücken eines brüllenden Löwen. Ihr Haupt ziert eine Krone aus verschiedenen Hörnern. Waffen kommen hinter ihren Schultern hervor, an ihrem Rücken sind riesige Flügel sichtbar. (Mesopotamien, arkadische Periode, ca. 2334–2154 v. Chr.)

III.   Hymnen und Gebete

1.   Hymnen auf Inanna

Die heilige Himmelspriesterin

»Heil dir!« sage ich zu der Heiligen Frau, die am Himmel erscheint!
»Heil dir!« sage ich zu der Heiligen Himmelspriesterin!
»Heil dir!« sage ich zu Inanna, der Großen Himmelsherrin!

Heilige Fackel! Du erfüllst den Himmel mit Licht!
Du erhellst den Tag zur Zeit der Morgendämmerung!

»Heil dir!« sage ich zu Inanna, der Großen Himmelsherrin!

Ehrfurchtgebietende Herrin der Anunna-Götter! Gekrönt mit großen Hörnern,
Erfüllst du Himmel und Erde mit Licht!

»Heil dir!« sage ich zu Inanna, der Ersten Tochter des Mondes!

Machtvoll, majestätisch und strahlend,
Scheinst du prächtig am Abend auf,
Du erhellst den Tag zur Zeit der Morgendämmerung,
Du stehst am Himmel wie Sonne und Mond,
Deine Wunder sind oben und unten bekannt.
Für die Größe und Stärke der heiligen Himmelspriesterin,
Für dich, Inanna, singe ich!

Laut donnernder Sturm

Stolze Königin der Erdgötter, Höchste unter den Himmelsgöttern,
Laut donnernder Sturm, du gießt deinen Regen über alle Länder und Völker aus.
Du läßt die Himmel erzittern und die Erde erbeben.
Große Priesterin, wer kann dein aufgewühltes Herz besänftigen?

Wie der Blitz fährst du über die Hochländer; wirfst deine Feuerbrände über die Erde.
Dein betäubender Befehl, pfeifend wie der Südwind, zersplittert große Gebirge.
Wie ein wilder Stier zertrampelst du die Abtrünnigen; Himmel und Erde erzittern.
Heilige Himmelspriesterin, wer kann dein aufgewühltes Herz besänftigen?

Dein furchterregender Schrei, der vom Himmel herabfährt, verschlingt seine Opfer.
Deine bebende Hand ist Ursache für die Mittagshitze, die über dem Meer flimmert.
Wenn du zur Nachtzeit am Himmel einherstolzierst, verschaffst du den Ländern Kühlung
        mit deiner dunklen Briese.
Heilige Inanna, die Flußufer quellen über von den Flutwellen deines Herzens ...

Am siebenten Tag, wenn der zunehmende Mond seine Fülle erreicht,

Badest du und benetzt dein Gesicht mit heiligem Wasser.
Du umhüllst deinen Leib mit den langen wollenen Gewändern des Königinnentums.
Du befestigst (Zwei-)Kampf und Schlacht an deiner Seite;
Du bindest sie zusammen in einen Gürtel und läßt sie ausruhen.

In Eridu hast du die *me* vom Gott der Weisheit in Empfang genommen,
An seinem heiligen Schrein in Eridu hat Vater Enki dir die *me* dargeboten.
Gotteswürde und Königinnentum legte er in deine Hände.

Du steigst die Stufen zu deinem hohen Thron hinauf.
In all deiner Hoheit regierst du dort
Mit deinem geliebten Gemahl Dumuzi an deiner Seite.

Die Götter des Landes erscheinen vor dir, weil sie von dir ihr Schicksal erfahren wollen.
Die Götter von Himmel und Erde knien vor dir nieder.
Alle lebenden Geschöpfe und die Leute von Sumer treten vor dein Angesicht.
Die Leute von Sumer, die in Prozessionen vor dich hinkommen,
Sind von deinem Anblick gefesselt
Und in deinem heiligen Joch gehalten.

Die Heilige

Die Leute von Sumer treten in Prozessionen vor dich hin.
Die süßen *ala*-Trommeln schlagen sie für dich.
Die Leute von Sumer treten in Prozessionen vor dich hin.

»Heil dir!« sage ich zu Inanna, der Großen Himmelsherrin!

Die heilige Trommel und das Timpani spielen sie vor dir.
Die Leute von Sumer treten in Prozessionen vor dich hin.

»Heil dir!« sage ich zu Inanna, Erste Tochter des Mondes!

Die männlichen Prostituierten kämmen ihre Haare vor dir.
Sie schmücken ihren Hals mit bunten Tüchern,
Sie ordnen den Mantel der Götter in Falten um ihre Schultern.
Die rechtschaffenen Frauen und Männer treten vor dich hin.
Sie bringen die besänftigende Harfe mit.
Die Nachfolgenden tragen den Schwertgurt.
Sie halten Speere in der Hand.
Die Leute von Sumer treten in Prozessionen vor dich hin.

Die Frauen schmücken ihre rechte Seite mit Männerkleidern.
Die Leute von Sumer treten in Prozessionen vor dich hin.

»Heil dir!« sage ich zu Inanna, der Großen Himmelsherrin!

Die Leute wetteifern mit Springseilen und bunten Bändern.
Die Leute von Sumer treten in Prozesssionen vor dich hin.

»Heil dir!« sage ich zu Inanna, Erste Tochter des Mondes!

Die jungen Männer, die Reifen tragen, singen für dich.
Die jungen Mädchen und die frisierten Priesterinnen treten vor dich hin.
Sie tragen Schwert und Doppelaxt.
Die heraufkommenden *kurgarra*-Priester erheben ihre Schwerter vor dir.
Der Priester, der sein Schwert mit Blut bedeckt, versprengt Blut,
Er versprengt Blut über den Thron des fürstlichen Gemachs.
Die *tigi*-Trommel, die *sem*-Trommel und die *ala*-Tamburine erschallen!

An den Himmeln erscheint die Heilige ganz für sich alleine.

In süßem Staunen schaut Meine Herrin vom Himmel herunter.
In süßem Staunen sieht sie auf alle Länder herab
Und auf die Leute von Sumer, die so zahlreich sind wie Schafe.

Die Herrin des Abends

Am Ende des Tages erscheint der Strahlende Stern, das Große Licht, das den Himmel erfüllt,
Die Herrin des Abends zeigt sich in den Himmelsgegenden.
In allen Teilen des Landes erheben die Leute ihre Augen zu ihr.
Die Männer reinigen sich; die Frauen säubern sich.
Der Ochse in seinem Joch brüllt ihr zu.
Die Schafe rühren den Staub in ihrer Hürde auf.
Alle lebende Kreatur der Steppe,
Die Vierbeiner der hohen Steppe,
Die üppigen Gärten und Obstbäume, die grünen Schilfrohre und Bäume,
Die Fische der Tiefe und die Vögel des Himmels -
Meine Herrin bewirkt, daß sie eilends ihre Schlafplätze aufsuchen.

Die lebendigen Geschöpfe und die zahlreichen Leute von Sumer knien vor ihr nieder.
Die von den alten Frauen dazu ausersehen sind, bereiten große Platten mit Speise und Trank
    für sie zu.
Die Herrin erfrischt sich im Land.
Darüber herrscht große Freude in Sumer.
Die jungen Männer liebkosen ihre geliebten Frauen.

In süßem Staunen schaut Meine Herrin vom Himmel herunter.
Die Leute von Sumer treten in Prozessionen vor die heilige Inanna.
Inanna, die Herrin des Abends, erstrahlt in hellem Glanze.
Heilige Inanna, dir will ich lobsingen.
Die Herrin des Abends strahlt auf am Horizont.

Die Herrin des Morgens

Geehrte Ratgeberin, Zierde des Himmels, Freude Ans!
Wenn der süße Schlummer in der Schlafkammer zu Ende gekommen ist,
Erscheinst du wie das helle Licht des Tages.

Wenn alle Ländereien und die Leute von Sumer sich versammeln,
Jene, die auf den Dächern schlafen und jene, die bei den Mauern schlafen,
Wenn sie deine Loblieder singen und ihre Angelegenheiten vor dich bringen,
Denkst du eingehend über ihre Worte nach.

Du verhängst ein grausames Gericht gegen die Übeltäter;
Du zerstörst die Böswilligen.
Du blickst mit freundlichen Augen auf die Rechtschaffenen;
Ihnen erteilst du deinen Segen.

In süßem Staunen schaut Meine Herrin vom Himmel herunter.
Die Leute von Sumer treten in Prozessionen vor die heilige Inanna.
Inanna, die Herrin des Morgens, erstrahlt in hellem Glanze.
Heilige Inanna, dir will ich lobsingen.
Die Herrin des Abends erstrahlt am Horizont.

Die Herrin, die zum Himmel aufsteigt

Meine Herrin, das Staunen des Landes, der einsame Stern,
Die Tapfere, die als erste an den Himmeln erscheint -
Alle Teile des Landes fürchten sie.

An den reinen Plätzen der Steppe,
Auf den hohen Dächern der Wohngebäude,
Auf den Tribünen der Stadt
Bringen sie ihr Opfergaben dar:
Stapel von Räucherwerk, das wie süß-duftende Zedern riecht,
Vorzügliche Schafe, fette Schafe, Langhaarschafe,
Butter, Käse, Datteln und Früchte aller Art.

Sie reinigen die Erde für Meine Herrin.
Sie feiern sie mit Gesängen.
Sie füllen den Tisch des Landes mit den ersten Früchten.
Sie gießen dunkles Bier für sie aus.
Sie gießen helles Bier für sie aus.
Dunkles Bier, Emmer-Bier,
Emmer-Bier für Meine Herrin.
Ihr zuliebe lassen das *sagub*-Faß und das *lamsari*-Faß blubbernde Laute los.

Ihr zuliebe bereiten sie *gug*-Brot in Dattelsirup zu.
Mehl, Mehl in Honig, Bier zur Zeit der Morgendämmerung.
Bei Sonnenaufgang gießen sie Wein und Honig für sie aus.

Die Götter und die Leute von Sumer nähern sich ihr mit Speise und Trank.
Sie nähren Inanna an dem reinen sauberen Platz.

In süßem Staunen schaut Meine Herrin vom Himmel herunter.
Die Leute von Sumer treten in Prozessionen vor die heilige Inanna.
Inanna, die Herrin, die zum Himmel aufsteigt, erstrahlt in hellem Glanze.
Heilige Inanna, dir will ich lobsingen.
Die Herrin, die zum Himmel aufsteigt, erstrahlt am Horizont.

> *Die Freude Sumers*
> *Das Ritual der Heiligen Hochzeit*

Die Leute von Sumer versammeln sich im Palast,
Im Haus, welches das Land regiert.
Der König errichtet einen Thron für die Königin des Palastes.
Er sitzt neben ihr auf dem Thron.

In der Absicht, für das Leben aller Ländereien Sorge zu tragen,
Wird der genaue erste Tag des Monats haarscharf beobachtet,
Und am Tag, an dem der Mond verschwindet,
Am Tag, an dem der Mond schläft,
Werden die *me* vollkommen ausgeführt,
So daß der Neujahrstag, der Tag der Riten,
Angemessen bestimmt,
Und ein Schlafplatz für Inanna errichtet werden kann.

Die Leute reinigen die Binsen mit süß-duftendem Zedernöl,
Sie legen die Binsen für das Bett zurecht.
Sie breiten ein Brautlaken über das Bett.
Ein Brautlaken, das dem Herzen Freude bringt,
Ein Brautlaken, das die Lenden süß macht,
Ein Brautlaken für Inanna und Dumuzi.

Die Königin badet ihre heiligen Lenden,
Inanna badet für Dumuzis heilige Lenden,
Sie wäscht sich mit Seife.
Sie besprengt den Boden mit süß-duftendem Zedernöl.

Erhobenen Hauptes nähert sich der König den heiligen Lenden,
Erhobenen Hauptes nähert sich Dumuzi Inannas heiligen Lenden.

Er legt sich neben sie auf das Bett.
Zärtlich liebkost er sie und murmelt Worte der Liebe:
»O mein heiliger Juwel! Meine wundervolle Inanna!«

Nachdem er in ihre heilige Vulva eingegangen ist und die Königin aufjauchzen ließ,
Nachdem er in ihre heilige Vulva eingegangen ist und Inanna aufjauchzen ließ,
Drückt Inanna ihn an sich und raunt ihm zu:
»O Dumuzi, dich liebe ich wirklich und wahrhaftig.«

Der König bittet die Leute, in die große Halle einzutreten.
Die Leute bringen Speiseopfer und Schalen.
Sie verbrennen Wacholderharz, vollziehen Reinigungsriten
Und schichten süß-duftendes Räucherwerk auf.

Der König umarmt seine geliebte Braut,
Dumuzi umarmt Inanna.
Inanna, auf dem königlichen Thronsitz, leuchtet wie das Tageslicht.
Der König, wie die Sonne, erstrahlt an ihrer Seite.
Überfluß, Üppigkeit und Fülle breitet er vor ihr aus.
Er versammelt die Leute von Sumer.

Die Musiker spielen der Königin zu Ehren:
Sie spielen das laute Instrument, das selbst den südlichen Sturm überdröhnt,
Sie spielen das süße *algar*-Instrument, die Zierde des Palastes,
Sie spielen das Saiteninstrument, das allen Menschen Freude bringt,
Sie spielen Lieder für Inanna, die zu Herzen gehen.

Der König streckt seine Hand nach Speise und Trank aus,
Dumuzi streckt seine Hand nach Speise und Trank aus.
Der Palast ist in festlicher Stimmung. Der König ist voll Freude.
Am reinen sauberen Platz feiern sie Inanna mit Gesängen.
Sie ist die Zierde der Versammlung, die Freude Sumers!

Die Leute verbringen den Tag in Überfluß.
Voller Freude steht der König vor der Versammlung:
Er grüßt Inanna mit den Lobliedern der Götter und der Versammlung:
»Heilige Priesterin! Die mit Himmel und Erde zusammen erschaffen wurde,
Inanna, Erste Tochter des Mondes, Herrin des Abends!
Deine Loblieder will ich singen.«

In süßem Staunen schaut meine Herrin vom Himmel herunter.
Die Leute von Sumer treten in Prozessionen vor die heilige Inanna.
Die Herrin, die zum Himmel aufsteigt, Inanna erstrahlt in hellem Glanze.

Machtvoll, majestätisch, strahlend und allzeit jugendlich –
Dir Inanna will ich lobsingen!

> *[Aus: Diane Wolkstein / Samuel Noah Kramer, Inanna, Queen Of Heaven And Earth,*
> *New York 1983, S. 91–110; Übersetzung v. Vera Zingsem; (vgl. zum letzten Text: »Lied*
> *auf Inanna und Iddindagan von Isin als Tammuz«, bei Falkenstein / v. Soden, S. 90–99)].*

Hymnisches Gebet Enheduannas, der Hohepriesterin des Mondgottes Nanna:
Anbetung der Göttin Inanna von Ur

Königin aller *me*-Kräfte, strahlendes Licht,
Leben spendende Frau, Geliebte des An (und) Urasch,
Ans Hierodule, mit Juwelen reich geschmückt,
Welche die lebenspendende Tiara liebt, gestärkt für das *en*-tum *[das Amt der Hohenpriesterin]*,
Die alle sieben *me* im Griff hält,
Du hast die *me* hoch erhoben, hast die *me* auf deine Hände gebunden,
Hast die *me* gesammelt und sie fest an deine Brust gepreßt.

Mit (Schlangen-)Gift hast du das Land erfüllt, wie ein Drache.
Wenn du donnerst wie *Ischkur*, gedeiht das Wachstum der Pflanzen,
Du, die du die große Flut vom Berge herab bringst,
Allerhöchste du, Inanna von Himmel (und) Erde,
Die flammenden Feuerregen über das Land streut,
Der die *me* von An übergeben wurden, Königin, die auf wilden Tieren reitet,
Die – auf Ans heiligen Befehl hin – göttliche Worte ausspricht,
Wer kann deine erhabenen Riten ergründen!

Zerstörerin der Fremdländer, du hast dem Sturm Flügel gegeben,
Geliebte Enlils, du ließest den Sturm über die Lande dahinbrausen,
Du hast die Anweisungen Ans ausgeführt.
Meine Königin, die Fremdländer gehen in Deckung vor deinem Schrei,
In Furcht und Schrecken vor dem Südwind,
Brachten die Menschen ihr ängstliches Rufen vor dich,
Brachten ihren ängstlichen Aufschrei vor dein Angesicht,
Schütteten dir ihr Herz aus mit Klagen und Weinen,
Brachten die »großen« Wehklagen aus der Städte Straßen vor dein Angesicht.

In der Schlachten Vorhut wurde alles und jedes vor dir niedergestreckt,
Meine Königin, allverschlingend bist du in deiner Macht,
Du wurdest nicht müde, anzugreifen wie ein angreifender Sturm
Und dabei (lauter) zu blasen als der heulende Sturm,
(Lauter) zu donnern als Ischkur,

Und (lauter) zu stöhnen als die üblen Winde,
Deine Füße ermatteten nicht,
Du warst schuld an den Klageliedern, die auf der *Lyra der Wehklage* angestimmt wurden.

Meine Königin, die Anunna, die großen Götter,
Stoben vor dir auseinander wie flatternde Fledermäuse,
Konnten deinem furchterregenden Anblick nicht standhalten,
Konnten deiner ehrfurchtgebietenden Stirn nicht nahen.
Wer kann dein zorniges Herz besänftigen!
Dein unheilvolles Herz ist jenseits von Beschwichtigung!
Königin, an »Leber« glücklich und von Herzen froh,
Deren Zorn trotz allem nicht besänftigt werden kann, Tochter Sins,
Königin, Oberste des Landes, wer hätte dir jemals genügend Ehre erwiesen!

Der Berg (Ebih), der davon abstand, dir Ehrerbietung darzubringen, blieb für immer kahl,
Du hast seine großen Zugänge niedergebrannt,
Nur wegen dir liefen seine Flüsse über von Blut, seine Leute hatten nichts mehr zu trinken,
Seine Truppen ließen sich bereitwillig in deine Gefangenschaft führen,
Seine Streitkräfte lösten sich bereitwillig vor dir auf,
Die Vergnügungsplätze seiner Städte waren voll von Unruhen,
Seine erwachsenen Männer wurden als Gefangene vor dein Angesicht getrieben.

Gegen die Stadt, die sich weigerte, »dein ist das Land« zu sagen,
Und nicht bekennen wollte: »Es gehört dem Vater, der dich zeugte«,
Sprachst du dein heiliges Wort aus, wandtest dich ab von ihr.
Bliebst fern von ihrem (Mutter)Schoß,
Ihre Frauen sprachen kein Wort der Liebe mehr zu ihren Männern,
Flüsterten nicht mehr zärtlich mit ihnen zu tiefster Nachtstunde,
Und offenbarten ihnen nicht mehr die »Heiligkeit« ihres Herzens.

Zügellose Wildkuh, ältere Tochter Sins,
Königin, größer als An, der dir (stets genügend) Ehrerbietung erwiesen hat!
Große Königin der Königinnen, die du – in Übereinstimmung mit den lebenspendenden
      me und
(Vom Augenblick, da) du aus dem heiligen Schoß herausgekommen bist –
Größer geworden bist als deine Mutter, die dich geboren hat,
Verständnisvolle, weise, Königin aller Länder,
Die (alle) lebenden Geschöpfe (und) Völker vermehrt –
Ich habe dein heiliges Lied angestimmt.
Lebenspendende Göttin, fähig, die *me* auszuführen, deren Beifall erhaben ist,
Barmherzige, lebenspendende Frau, von Herzen strahlend, ich habe es angestimmt für dich in
      Übereinstimmung mit den *me*.

Ich bin vor dich hingetreten in meinem heiligen *gipar [Teil des Tempels, der dem Hohenpriester
    oder der Hohenpriesterin vorbehalten war]*,
Ich, die *en*, Enheduanna,
Die den *masab*-Korb trägt, ich habe ein fröhliches Lied angestimmt,
(Jetzt aber) wohne ich nicht mehr an der ansehnlichen Stätte, die du eingerichtet hast.
Es kam der Tag, da die Sonne mich versengte,
Es kamen die Schatten (der Nacht), der Südwind überwältigte mich,
Meine honigsüße Stimme ist schrill geworden,
Was auch immer mir Freude bereitete, hat sich zu Staub verkehrt.

Oh Sin, König des Himmels,
Tue doch An mein (bitteres) Geschick kund, An wird mich befreien,
Bitte, tue es doch An kund, er wird mich befreien.

Die Frau (Inanna), zu deren Füßen das Flutland liegt,
Hat das Königinnentum des Himmels ergriffen.
Diese Frau (Inanna), so hoch erhaben, die mich zusammen mit der Stadt (Ur) erzittern ließ,
Halte sie auf, gib, daß ihr Herz von mir besänftigt werde,
Ich, Enheduanna, will ihr demütige Bitten anbieten,
Meine Tränen, wie süße Getränke.
Wenn ich der heiligen Inanna meine Gaben anbiete, will ich sie in Frieden grüßen,
Laß doch Aschimbabbar (Sin) nicht bekümmert sein.

Sie (Inanna) hat die Riten des heiligen An ganz und gar verändert,
Sie hat sich des Eanna (Inannas Tempel in Erech) bemächtigt, den sie von An erhalten hat,
Sie fürchtete sich nicht vor dem großen An,
Fürchtete nicht jenes Haus (Eanna), dessen Zauber unwiderstehlich war und dessen
    Verlockungen unendlich waren,
Jenes Haus hat sie der Zerstörung anheimgegeben,
Ihr ..., das sie dorthin brachte ...
Meine Wildkuh (Inanna) hat dort seine Männer angefallen und sie zu Gefangenen gemacht.
Ich aber, was zähle ich schon unter den lebenden Geschöpfen!
Möge An die rebellischen Länder, die deinen (Inannas) Nanna verabscheuen, (der Bestrafung)
    ausliefern,
Möge An ihre Städte auseinanderreißen,
Möge Enlil sie verfluchen,
Mögen ihre zu Tränen bestimmten Kinder nicht von ihren Müttern beruhigt werden,
Oh Königin, die das Wehklagen eingesetzt hat,
Dein *Boot der Wehklagen* hat angelegt bei feindlichen Landen,
Dort will ich sterben, mit deinem heiligen Lied auf den Lippen.
Was mich betrifft, so hat mein Nanna nicht genügend auf mich achtgegeben,
In höchst grausamer Weise bin ich angegriffen worden.

Aschimbabbar hat mein Urteil nicht gesprochen.
Doch was macht es schon aus, ob er es gesprochen hat oder nicht!
Ich, die ich an Siegesjubel gewöhnt war, bin aus (meinem) Haus vertrieben worden,
Wie eine Schwalbe wurde ich gezwungen, mein Nest zu verlasssen, mein Leben ist aufgezehrt,
Ich wurde gezwungen, zwischen den Dornsträuchern der Berge umherzugehen,
Die lebenspendende *tiara* des *en*-tums wurde mir abgenommen,
Eunuchen wurden mir zugewiesen – »Die sind gerade recht für dich«, hat man mir gesagt.

Liebste Königin, Geliebte Ans,
Wende mir doch dein heiliges und edles Herz wieder zu,
Geliebte Frau Uschumgalannas (Dumuzis),
Große Königin von Horizont und Zenith,
Die Anunna haben sich vor dir niedergeworfen.
Obwohl du der Geburt nach nur die jüngere Schwester bist,
Um wievieles größer bist du geworden als die großen Götter, die Anunna!
Die Anunna küssen den Boden vor dir.
Es ist nicht mein eigenes Geschick, das sich jetzt erfüllt hat, es ist ein fremder Urteilsspruch,
        der sich nur in meinen verkehrt hat,
Das fruchtbare Bett hat man abgeschafft,
So daß es mir nicht möglich war, einem Mann die Befehle Ningals nahezubringen.
Du, die du die geliebte Königin Ans bist,
Mögest du doch für mich, die strahlende *en* Nannas, dein Herz besänftigen.

»Du bist berühmt, du bist berühmt« – nicht Nannas wegen habe ich dies rezitiert, sondern dir
        zuliebe habe ich es vorgetragen.

> »Berühmt bist du durch deine himmelgleiche Höhe,
> Berühmt bist du durch deine erdengleiche Weite,
> Berühmt bist du durch die Zerstörung der rebellischen Länder,
> Berühmt bist du durch die Blutbäder an (ihren Bewohnern),
> Berühmt bist du dadurch, daß du (ihre) Toten verschlungen hast wie ein Hund,
> Berühmt bist du durch deine wilden Gesichtszüge.
> Berühmt bist du durch deine aufblitzenden Augen.
> Berühmt bist du durch deine Streitsüchtigkeit und deinen Ungehorsam,
> Berühmt bist du durch deine zahlreichen Triumphzüge« –

Nicht Nannas wegen habe ich dies alles rezitiert, sondern dir zuliebe habe ich es vorgetragen.
Meine Königin, ich habe dich erhoben, die allein erhaben ist,
Du von An geliebte Königin, deine Hochsitze habe ich aufgerichtet,
Habe Kohlen aufgehäuft und die heiligen Bräuche ausgeführt,
Ich habe das Brautgemach für dich eingerichtet, möge sich dein Herz für mich besänftigen,
Genug, mehr als genug Neuerungen habe ich für dich, große Königin, ins Werk gesetzt.
Was ich in tiefster Nacht vor dir rezitiert habe,

Wird der *gala*-Sänger dir am Mittag wiederholen.
Nur wegen deines gefangenen Gatten, deines gefangenen Sohnes,
Ist dein Zorn so groß und dein Herz so unversöhnlich.

Die höchste Königin, die Stütze der Versammlung,
Erhörte ihr Gebet.
Inannas Herz wurde wiederhergestellt (gesund),
Der Tag war ihr günstig, sie war mit Schönheit angetan und erfüllt mit Frohlocken,
Und wie sie (ihre) Schönheit zur Schau trug – wie das aufgehende Licht des Mondes!
Nanna, der in ehrlichem Staunen hervorkam,
(Und) ihre Mutter Ningal richteten Gebete an sie
Und grüßten sie an der Türschwelle (des Tempels).

Die Tempelpriesterin *[Hierodule]*, deren Befehle erhaben sind,
Die Zerstörerin der Fremdländer, welche die *me* von An zum Geschenk erhielt,
Meine Königin, die angetan ist mit Liebreiz, o Inanna, dich will ich preisen!

[Aus: James B. Pritchard, The Ancient Near East. A New Anthology of Texts and Pictures,
Volume II, London 1975, S. 126–132; Übersetzung von Vera Zingsem. – Die folgenden Texte
sind entnommen dem Werk von A. Falkenstein / W. v. Soden, Sumerische und akkadische Hym-
nen und Gebete, Zürich 1953.]

Lied Inannas: Die Himmelsherrin bin ich

Mein Vater hat mir den Himmel gegeben, hat mir die Erde gegeben: Die Himmelsherrin bin ich.
Mißt sich einer, ein Gott, mit mir?
Mullil hat mir den Himmel gegeben, hat mir die Erde gegeben: Die Himmelsherrin bin ich.
Die Herrenschaft hat er mir gegeben, die Herrinnenschaft hat er mir gegeben,
die Schlacht hat er mir gegeben, das K[ampfgetümme]l hat er mir gegeben,
den Orkan hat er mir gegeben, den Wirbelwind hat er mir gegeben.
Den Himmel hat er mir als Krone aufs Haupt gesetzt,
die Erde als Sandale an meinen Fuß gelegt,
den leuchtenden Göttermantel hat er mir umgetan,
das strahlende Szepter in die Hand gegeben.
Die Götter sind wie (ängstliche) Vögel – ich aber bin die Herrin,
die Anunna-Götter laufen (aufgeschreckt) umher – ich aber bin die hehre Wildkuh:
Die hehre Wildkuh Enlils bin ich,
seine hehre Wildkuh, die allem vorangeht.
Wenn ich ins Ekur, ins Haus Mullils, eintrete,
hält mich der Pförtner nicht zurück,
spricht der Kämmerer nicht: ›Warte!‹
Der Himmel ist mein, die Erde ist mein – ich bin die Heldin,
in Unug ist das E'anna mein,

Zabalam und Kullaba sind (dort) mein,
in Nibru ist Duranki mein,
in Ur ist das Edilmuna mein,
in Girsu ist das Eschdamku mein,
in Adab ist das Esarra mein,
in Kischi ist Chursangkalama mein,
in Der ist das Amaschkuga mein,
in Akschak ist das Anzagar mein,
in Umma ist das Ebgal mein,
in Akkade ist das Ulmasch mein,
Mißt sich einer, ein Gott, mit mir?
(*balbale*-Lied Inannas) (S. 67–68)

Inanna-Lied: Herrin, von Ningal jubelnd zur Freude geboren

Herrin, von Ningal jubelnd zur Freude geboren,
gleich einem Drachen ist dir Zerstörungs(kraft) gegeben,
Inanna, von Ningal jubelnd zur Freude geboren,
wie einem Drachen ist dir Zerstörungs(kraft) gegeben.
Auf einem Sturmwind thronst du, hast aus dem Abzu die ›göttlichen Kräfte‹ erlangt,
hast den König Ama'uschumgalanna auf deinem heiligen Hochsitz Platz nehmen lassen,
Inanna, auf einem Sturmwind thronst du, hast aus dem Abzu die ›göttlichen Kräfte‹ erlangt,
hast den König Ama'uschumgalanna auf deinem heiligen Hochsitz Platz nehmen lassen.
Göttin, dem Helden hast du. [...] gesetzt, hast deine ›göttlichen Kräfte‹ im Himmel
    unerreichbar gemacht,
hast vom Leibe deiner Mutter an Wehr und Waffen ergriffen,
Inanna, dem Helden hast du. [...] gesetzt, hast deine ›göttlichen Kräfte‹ im Himmel
    unerreichbar gemacht,
hast vom Leibe der Ningal an Wehr und Waffen ergriffen.
Dem König, der im Lande Sumer die Nacht über scheint, sind wie dem Sonnengott alle
    Menschen gut,
wenn er sich über dem Bergland erhebt, freut sich das Bergland über ihn,
Ama'uschumgalanna, der im Lande Sumer die Nacht über scheint, sind wie dem Sonnengott
    alle Menschen gut,
wenn er sich über dem Bergland erhebt, freut sich das Bergland über ihn.
Meine Herrin, als Gatten hat er ihn dir gegeben – freu dich über ihn! –,
Enlil hat ihn dir zugeführt, ihn, den ›Berg des Großen‹,
Himmelsherrin, deine Kraft hast du ihm, dem König, verliehen,
Ama'uschumgalanna erstrahlt dir (darob) in leuchtendem Glanz,
Inanna, deine Kraft hast du ihm, dem König, verliehen,
Ama'uschumgalanna erstrahlt dir (darob) in leuchtendem Glanz.

Wenn er gegen das aufsässige Land, das ferne Bergland, auszieht, verbringt er die Tage im
    Kampfesgetümmel,
wenn Ama'uschumgalanna gegen das ferne Bergland auszieht, verbringt er die Tage im
    Kampfesgetümmel.
Wenn er wie die Sonne vom Zederngebirge aufgeht, bringt ihm (die Hürde) reichliches Fett,
wenn Ama'uschumgalanna vom Zederngebirge aufgeht, bringt ihm (die Hürde) reichliches
    Fett. *(sagidda)*
Herrin, der niemand im Kampfe standhält, große Tochter Su'ens, die am Himmel aufgeht,
    schrecklichen Glanz ausstrahlt,
dir jauchzt er, der in seiner Manneskraft unerreichbar dasteht, beim Kampf wie bei einem
    Feste zu,
vernichtet für dich die Lehmhäuser des aufsässigen Landes,
Ama'uschumgalanna, der mächtige Held, tötet für dich mit der strahlenden Waffe ungezählte
    (Feinde),
Inanna, der niemand im Kampfe standhält, große Tochter Su'ens, die am Himmel aufgeht,
    schrecklichen Glanz ausstrahlt,
dir jauchzt er, der in seiner Manneskraft unerreichbar dasteht, beim Kampf wie bei einem
    Feste zu,
vernichtet für dich die Lehmhäuser des aufsässigen Landes,
Ama'uschumgalanna, der mächtige Held, tötet für dich mit der strahlenden Waffe ungezählte
    (Feinde).
Herrin, wer kennt in allen Himmeln, auf allen Erden, was dein hoher Sinn plant?
Vor deinem Wort, das wie einen doppelten Faden niemand zerreißt, zittert der ganze Himmel.
So hat es dir dein Vater Enlil verliehen.
Ama'uschumgalanna, der in der Schlacht (die Feinde) in Haufen niederwirft, kämpft für dich
    wie ein Held.
Inanna, Herrin, wer kennt in allen Himmeln, auf allen Erden, was dein hoher Sinn plant?
Vor deinem Wort, das wie einen doppelten Faden niemand zerreißt, zittert der ganze Himmel.
So hat es dir dein Vater Enlil verliehen.
Ama'uschumgalanna, der in der Schlacht (die Feinde) in Haufen niederwirft, kämpft für dich
    wie ein Held.
Meine Herrin, Ama'uschumgalanna kämpft für dich wie ein Held,
hat sich mit einem Götterkleid gleich dem deinen bekleidet,
allmonatlich am Neulichttag erschafft ihn dir An wie den Mond (aufs neue):
Den König Ama'uschumgalanna, den Geliebten deines Herzens, preisen (die Menschen) wie
    die aufgehende Sonne.
Inanna, meine Herrin, meine Herrin, Ama'uschumgalanna kämpft für dich wie ein Held,
hat sich mit einem Götterkleid gleich dem deinen bekleidet,
allmonatlich am Neulichttag erschafft ihn dir An wie den Mond (aufs neue):
Den König Ama'uschumgalanna, den Geliebten deines Herzens, preisen (die Menschen) wie
    die aufgehende Sonne. *(sagarra – ›Paukenlied‹ auf Inanna) (S. 73–76)*

Lied auf Inanna und
Schicksalsbestimmung für Urninurta von Isin

[Göttin], Erste, die alle ›göttlichen Kräfte‹ (*me*) besitzt, die den Herin[nen] vorangeht:
[Die Rege]ln des Königtums zu vollenden, sie wiederher[zustellen],
die ›Schwarz[köpfigen]‹ recht zu leiten, sie bester Führung teilhaftig zu machen,
darauf richtete sie ihren [Si]nn, darauf wandte sie in Treuen ihr [Herz] hin.
Urninurta berief sie zum Hirten über alles, was lebt, unter den zahlreichen Menschen.
[Die Herrin], die das Schicksal entscheidet, die um der guten, den Göttern zugeteilten
         ›göttlichen Kräfte‹ willen
das Ekur, die heilige Wohnstätte Ans und Enlils mit schrecklichem Glanz bekleidet hat,
reichte dem König die Hand, führte ihn dort demütig ein.

Die Himmelsherrin, [ohne] die auf Erden kein Schicksal entschieden wird,
besprach sich mit An und Enlil auf ihrem Hochsitz:

›Großer An, dein Wort ist das höchste – wer könnte es ändern?
Vater Enlil, ein Geschick, das du herrlich entschieden hast, stößt niemand um:
Urninurta, dem Jüngling, der eure Weisungen auszuführen versteht,
schenkt auf ewig das Hirtentum über die zahlreichen Menschen!
Rat, der alle Städte (richtig) erbaut, der die Menschen sicher wohnen läßt, hat er vom reinen
         Mutterleib an mitgebracht,
alle Länder kennen seine Weisungen: Mächtig möge er die Weisungen erteilen!
Sein Stab möge das aufsässige Land beugen, feste Führung möge ihm zuteil werden lassen,
das Land Sumer möge er von unten bis oben wie in eine Klammer einspannen,
wie den Schafen möge er (den Menschen) Nahrung zum Essen sammeln, Wasser zum Trinken
         geben!‹

Urninurta, auf lange Jahre mögest du wie die Sonne strahlend aufgehen!

Der Gott, der den Samen ausgehen läßt, der Vater von allem,
sprach zum König den feststehenden Spruch, entschied ihm das Geschick:
›Auserlesene Zeder, Zier im Hofe des Ekur,
Urninurta, das Land Sumer möge deinen Schatten scheuen,
aller Länder guter Hirte seist du,
auf deine gerechte richterliche Entscheidung mögen sie wie auf die des Sonnengottes schauen!
Wenn du, Urninurta, auf dem festen Fundament des königlichen Hochsitzes thronst,
mögest du stolz das Haupt zum Himmel erheben,
mögest du im guten Hause, (im Ekur), alles, was nötig, sein lassen,
mögest du schrecklichen Glanz, den ›Löwen des Königtums‹, als Herrscherkleid anziehen!‹
         …

Zur Schicksalsentscheidung Ans und [N]unamnirs, der Herren von allem, was lebt,
sprachen die (A)nunna-Götter, die großen Götter: ›So sei es!‹

Die ›Schwarzköpfigen‹ in ihren Wohnstätten zu festigen, die Feindländer einträchtig
    zu machen,
die Menschen des [unbotmäßigen Landes] eines Sinnes zu machen, sie unter seinen Fuß
    zu beugen,
hat Inanna, die große Tochter [Su'e]ns, seine geliebte Gemahlin,
erhobenen Hauptes die [vollendeten] ›göttlichen Kräfte‹ eingesammelt, sie ihm in die Hand
    gelegt.
Beide gehen sie in Freude von Enlil weg,
[...] aus dem Wohnsitz ..., haben dort sich niedergelassen,
in immerwährender [Lieb]e zu ihrem König spricht sie in Treuen:

›Schöner [Jüng]ling mit prächtigen Gliedern, König, der in [schreck]lichem [Gl]anz das Haupt
    erhebt, ...,
mit ewiger Schönheit geziert, Schmuck des Königtums, der die reine ... vollendet,
Urninurta, deine hohen ›göttlichen Kräfte‹ habe ich dir gebracht,
habe dich freundlich [an]geschaut, dich berufen, dir den Namen genannt,
in großer [Pracht] habe ich dich bis ans Ende der Welt für immer unerreichbar gemacht.
Mein [Gemahl], dem der heilige [Spr]uch des Lebens gegeben, daß deine Tage lange währen,
haben [A]n und Enlil im Ekur angeordnet.
Mein [Kö]nig, den ich getreulich gehegt habe,
mögest du ewig bleiben!
Der du [als Herr] im heiligen Himmel strahlend erschienen, der im Lande Sumer zu aller
    Staunen [dasteht],
mein Urninurta, alle Länder mögen dir üppige (Gaben) bringen!‹ *(S. 105–109)*

2.   Zwei Klagelieder auf Tammuz

Um den Fernen erhebe ich Klage,
um meinen Sohn, den Fernen, erhebe ich Klage,
um meinen Damu, den Fernen,
um meinen *gudu*-Priester, den Fernen,
von der heiligen Zeder, dem Ort, an dem die Mutter ihn geboren,
von E'anna aus zum Himmel und zur Erde erhebe ich Klage.

Die Klage um das Haus des Mannes erhebe ich, die Klage erhebe ich,
die Klage um die Stadt des Mannes erhebe ich.
Diese Klage ist die Klage um den Hanf – hat er doch ... hervorgebracht,
diese Klage ist die Klage um die Gerste – hat er doch die Saatfurchen hervorgebracht,
ist die (Klage) um die Schatzkammer – hat er doch die Schatzkammer hervorgebracht,
ist die (Klage) um Frau und Kind – hat er doch Mann und Frau hervorgebracht,
diese Klage ist die (Klage) um den großen Fluß – hat er doch die ›Karpfenflut‹ hervorgebracht,
diese Klage ist die (Klage) um das bestellte Feld – hat er doch die ›scheckige Gerste‹
    hervorgebracht,

diese Klage ist die (Klage) um den Sumpf – hat er doch Karpfen und Barsch hervorgebracht,
diese Klage ist die (Klage) um das Röhricht – hat er doch Schilf und Binsen hervorgebracht,
diese Klage ist die (Klage) um die Wälder – hat er doch Bergziegen und Bergschafe
     hervorgebracht,
diese Klage ist die (Klage) um die Steppe – hat er doch Tamarisken hervorgebracht,
diese Klage ist die (Klage) um Obstpflanzung und Garten – hat er doch Honig und Wein
     hervorgebracht,
diese Klage ist die (Klage) um das Beet – hat er doch Salat und Kresse hervorgebracht,
diese Klage ist die (Klage) um den Palast – hat er doch langes Leben hervorgebracht.

    * * *

Klagend, klagend geht mein Herz nach der ›Steppe‹.
Die die Feindländer zerstört, die Herrin von E'anna bin ich,
die Mutter des Herren, Ninsuna, bin ich,
die Mutter des hohen Jünglings, Geschtinanna, bin ich.

Klagend geht mein Herz nach der ›Steppe‹,
geht nach dem Orte des Jünglings,
geht nach dem Orte Dumuzis,
nach der Unterwelt, dem Aufenthaltsorte des Hirten.

Klagend geht mein Herz nach der ›Steppe‹,
nach dem Ort, an dem der Jüngling gebunden ist,
nach dem Ort, an dem Dumuzi gefesselt ist,
nach dem Ort, an dem mir das Schaf sein Lamm gab.

Klagend geht mein Herz nach der ›Steppe‹,
nach dem Ort, an dem mir die Ziege ihr Zicklein gab,
zum Gott dieses Ortes, dem ›Fernen‹,
nach dem ..., an dem die Mutter den ... – Vogel gehegt hat.
Klagend geht mein Herz nach der ›Steppe‹. *(S. 185–187)*

3.   *Hymnen, Buß- und Klagepsalmen an Ischtar*

    An Ischtar (altbabylonisch)

Eine Göttin besingt, besonders ehrfurchtgebietend unter den Göttinnen;
gerühmt werde die Herrin der Menschen, die Größte der *Igigu*!
Die Ischtar besingt, besonders ehrfurchtgebietend unter den Göttinnen;
gerühmt werde die Herrin der Frauen, die Größte der Igigu *[Himmelsgötter]*!

Sie, mit schwellender Kraft (und) Liebreiz angetan,
hat Fruchtbarkeit die Fülle, verführerischen Reiz und Üppigkeit;

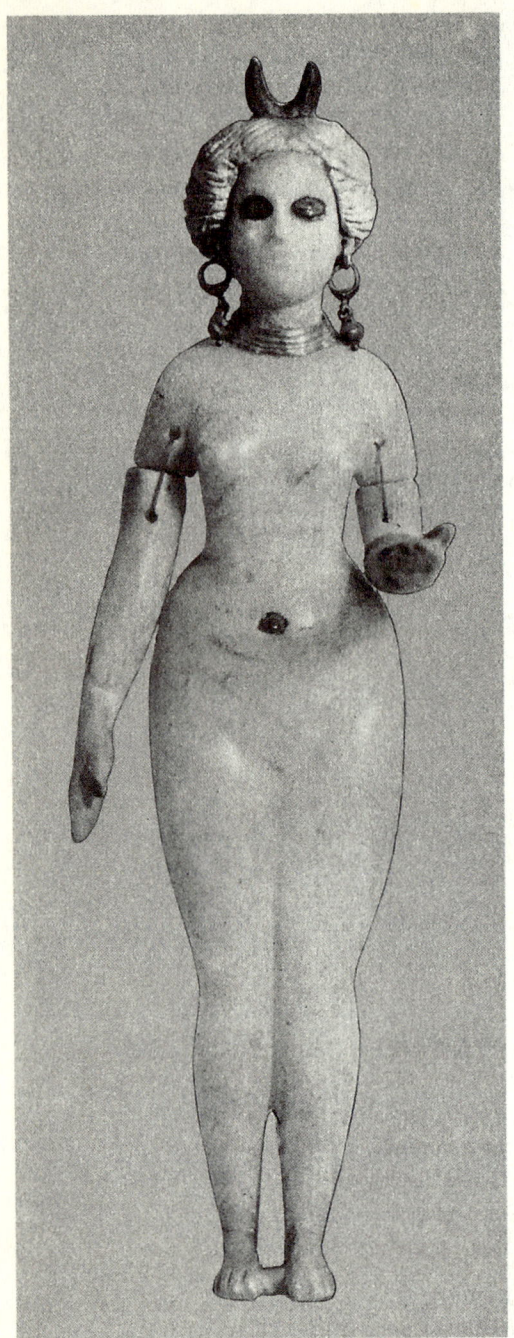

Ischtar-Astarte.
Statuette der Göttin Ischtar, sichtbar
ist das typische goldene Halsband der
Aphrodite. (Alabaster mit Rubine-
inlagen, Höhe 23 cm, Babylon,
4. Jhd. v. Chr.)

Ischtar ist mit schwellender Kraft (und) Liebreiz angetan,
hat Fruchtbarkeit die Fülle, verführerischen Reiz und Üppigkeit.

Honigsüß ist sie an ihren Lippen, Leben ist ihr Mund;
an ihrer Erscheinung wird voll das Lachen.
Prächtig ist sie; ... sind über ihr Haupt gelegt.
Schön sind ihre Farben, bunt ihre Augen und schillernd.

Bei dieser Göttin ist Rat zu finden,
die Geschicke von allem faßt sie in ihrer Hand.
Wo sie hinsieht, ist Heiterkeit geschaffen,
Lebenskraft, Pracht, Fortpflanzungskraft von Mann und Frau.
Sie liebt Erhörung, Liebeserweisungen, Freundlichkeit;
auch das einander Gewähren hat sie in der Hand.
Das Mädchen, das eben ausgesetzt wurde, bekommt eine Mutter (in ihr),
sie benennt es unter den Menschen, spricht aus ihren Namen.

Wer ist es, der ihrer Größe gleichkäme, wer?
Überlegen stark, hoch erhaben (und) sichtbar sind ihre Ordnungen.
Ischtar, wer käme ihrer Größe gleich?
Überlegen stark, hoch erhaben (und) sichtbar sind ihre Ordnungen.
Sie, unter den Göttern ist ihre Stellung übergroß,
ist ihr Wort von Gewicht; freundlicher noch als diese ist sie.
Ischtar, unter den Göttern ist ihre Stellung übergroß,
ist ihr Wort von Gewicht; freundlicher noch als diese ist sie.

Ihre Königin ist sie; (denn) von ihr lassen sie sich stets die Geheiße geben,
liegen allesamt vor ihr auf den Knien.
Den von ihr ausgehenden Glanz nehmen sie von ihr in Empfang;
Frau und Mann fürchten ganz besonders sie.

In ihrer Versammlung hat der Spruch von ihr überragend gebietende Kraft,
dem Anum, ihrem König, gleich sitzt sie unter ihnen.
Durch Einsicht, tiefe Weisheit (und) Verstand ist sie weise;
untereinander beraten sie sich, sie und ihr Gatte.
Sie bewohnen zusammen einen Hochsitz
im Hochtempel, der Wohung des Jauchzens;
vor ihnen beiden stehen die Götter,
wobei auf ihrer beider Ausspruch ihre Ohren gerichtet sind.

Der König, ihr Günstling, der Liebling ihres Herzens,
opfert ihnen immer wieder prächtig sein reines Opfer.
Ammiditana stattet das reine Opfer seiner Hände
vor ihnen zur Sättigung aus mit Stieren und Schafen, (nur) Masttieren.

Bei Anum, ihrem Gatten, verlangte sie (daraufhin) für ihn dauerndes, langes Leben;
viele Jahre des Lebens hat dem Ammiditana
Ischtar geschenkt, immer wieder gegeben.
Durch ihr Geheiß hat sie ihm unterworfen
die vier Weltufer zu seinen Füßen;
dazu noch schirrte sie die Gesamtheit aller Ortschaften
an sein Joch an.

Das, was ihr Herz wünscht, das Lied von ihrer Fülle
ist das Rechte für seinen Mund; das Geheiß des Ea führte er (damit) für sie aus.
Der hörte, wie er sie rühmte, jauchzte über ihn:
»Es lebe sein König!« Für ewig liebe er (bzw. sie) ihn!

Ischtar, schenke dem Ammiditana, dem König, der dich liebt,
langes, dauerndes Leben!
Er möge leben! *(S. 235–237)*

Weihungshymne an Ischtar des Königs Assurnassirpal II.

Der Landesherrin, der großen Herrin,
der Ersten von Himmel und Erde, der Königin aller Götter,
der überlegen starken, deren Geheiß in den Tempeln Gewicht hat,
deren Geschöpfe unter allen Göttinnen überragend gestaltet sind;
ihr, die mit hell-leuchtendem Gesicht wie ihr Lieblingsbruder Schamasch
den Gesamtumfang von Himmel und Erde allzumal überschaut;
der tüchtigsten der Anunnaku, der Erstgeborenen des Anu,
der größten der Götter, die ihre Feinde beherrscht;
die vorangeht, die Meere aufrührt, die Berge erbeben läßt,
der kriegerischsten der Igigu *[Himmelsgötter]*, der Herrin von Kampf und Schlacht,
ohne die man in Escharra ein Strafgericht nicht bewilligt;
die Sieg gewinnen, für jeglichen Herzenswunsch Genüge finden läßt,
die das Wahre liebt, Gebete erhört,
das Flehen entgegennimmt, das Beten annimmt;

Ischtar, der leuchtenden, vollkommenen, überragenden,
die Himmel (und Erde) überschaut,
deren Name an den Ufern aller Länder genannt ist;
der Schenkerin des Lebens, der barmherzigen Göttin,
zu der zu beten schön ist, die in Kalach wohnt, meiner Herrin:

Assurnassirpal, der König der Welt, der König ohne gleichen,
der König des Gesamtbereichs der vier Weltufer, die Sonne aller Menschen,

der Augapfel von Ellil und Ninurta, der Liebling von Anu
(und) Dagan, dem gewaltigsten der großen Götter;
der Demütige, der Liebling deines Herzens, der von dir begünstigte Fürst,
dessen Priestertum deiner großen Gottheit gefiel, so daß du seiner Regierung festen Grund
    schufst. (S. 259–260)

Hymnus an Ischtar
und Klagegebet des Assurnassirpal I.

Die Leistungen, die von mir in Empfang nahm ..., die Worte will ich sagen
der Schöpferin von Weis[heit, der ...] der Ruhmeslieder;
der Bewohnerin von Emaschmasch, [der Göttin, die] meinen Namen herrlich macht,
der Königin der Götter, in deren Hand die Kultordnungen für [die Götter] gegeben sind;
der Herrin von Nineveh, der hohen ...,
der Tochter des Sin, der Lieblingsschwester des Schamasch, die über das gesamte Königtum
    verfügt;
die da Entscheidungen fällt, der Göttin des ganzen Alls,
der Herrin von Himmel und Erde, die das Gebet annimmt;
der Erhörerin von Gebeten, die das Flehen annimmt,
der barmherzigen Göttin, die Gerechtigkeit liebt:
Der Herrin Ischtar, deren Teil es ist, Leben zu schenken:
Die Schlaflosen, soviel ich ihrer immer wieder sah, habe ich vor dir stets betreut.
Auf meine matten Worte möge dein Ohr gerichtet sein,
auf meine schmerzerfüllte Rede hin dein Gemüt besänftigt werden!
Sieh mich an, Herrin, denn ob deiner Abwendung möchte das
Herz deines Knechtes betrübt werden!

Assurnassirpal bin ich, dein hochbetrübter Knecht,
der demütige, der deine Gottheit fürchtet, der umsichtige, dein Liebling;
der die Brotopfer für dich regelmäßig darbringt (und) Opfer für dich unaufhörlich hingibt,
der deine Festfeiern begehrt, deinen Hochsitz ausstatten läßt;
der reichlich fließen läßt das edle Getränk, deinen Herzenswunsch, das du liebst,
der Sohn des Schamschi-Adad, des Königs, der die großen Götter fürchtete.
Geschaffen wurde ich inmitten der Berge, die niemand kennt;
nicht dachte ich an deine Herrschaft, betete nicht dauernd;
die Menschen Assyriens wußten nicht Bescheid, wandten sich nicht immer an deine Gottheit.

Du bist Ischtar, die ehrfurchtgebietende Alleinherrscherin der Götter;
durch das Aufheben deiner Augen bestimmtest du mich und begehrtest meine Herrschaft.
Du holtest mich aus dem Gebirge und beriefst mich zum Hirtentum über die Menschen;
du bestätigtest ein rechtmäßiges Szepter, auf daß die Wohnstätten Dauer hätten.
Du, Ischtar, machtest prächtig meinen Namen,

schenktest mir, die Wahrhaftigen zu retten (und) zu schonen.
Aus deinem Munde ging aus (das Gebot), die zahlreich abgestellten Götter(bilder) zu erneuern;
die ihrem Zweck entzogenen Tempel erneuerte ich.
Die umgestürzten Götter(bilder) baute ich auf, machte ihre Stätte übergroß;
Anteile und Brotopfer setzte ich ihnen für alle Zukunft fest.
Ich ließ herstellen ein Bett aus Buchsbaumholz, ein Prachtlager, das deine Gottheit
        beschwichtigt,
dessen Inneres mit recht bearbeitetem gediegenem Gold bedeckt war.
Mit erlesenem, sehr kostbarem Berggestein stattete ich sie aus wie . . .,
reinigte sie und . . . sie zwecks genauer Betachtung . . .
Wie den hellen Sonnenglanz ließ ich sie erstrahlen . . .,
gründete sie fest in Emaschmasch, der Wohnung ihrer Fülle . . ...

        . . .

Wodurch habe ich dich vernachlässigt, daß . . ...
[weil] du mich der Krankheit überantwortet hast . . ..

Bis wann, o Herrin, hast du eine Krankheit, die nicht aufhört, in mich hineingelegt?

Ich, Assurnassirpal, der aufgescheuchte, der dich fürchtet,
der den Gewandsaum deiner Gottheit ergreift, zu dir als Herrin betet:
Blicke mich an, Herrin, dann will ich deine Entscheidung (?) anbeten;
die du zürntest, erbarme dich, daß dein Gemüt besänftigt werde!
Auf Schonung steht dein Sinn. Mag es mir auch Schmerz bereiten,
so treib doch meine Krankheit aus, mach meine Sünde unwirksam;
aus deinem Munde, o Herrin, möge Linderung für mich herabkommen!
Mit dem Stadtfürsten, dem unabänderlich ständig von dir Begünstigten,
habe Erbarmen, vertreibe seine Schlaflosigkeit;
lege Fürsprache für ihn ein bei dem von dir geliebten Göttervater, dem Krieger Aschschur!
Für alle Zunkunft will ich (dann) deine Gottheit preisen,
[deinen Namen] hoch erheben unter den [Göttern] von Himmel und Erde! *(S. 264–268)*

Gebetsbeschwörung an Ischtar

Beschwörung. Ich flehe dich an, Herrin der Herrinnen, Göttin der Göttinnen,
Ischtar, Königin sämtlicher Wohnstätten, die die Menschen in Ordnung hält!
Irnini, du bist hoch erhoben, du größte der Igigu;
du bist überlegen stark, du bist Herrscherin, dein Name hat den höchsten Rang.
Du bist die Leuchte von Himmel und Erde, die kriegerische Tochter des Sin,
die die Waffen zu handhaben weiß, den Kampf bewirkt,
die (aber auch) sämtliche ›Ordnungskräfte‹ zusammenfaßt, die Königsmütze
        der Herrschaft trägt.

Herrin, herrlich sind deine Großtaten, von einer die (Taten) aller anderen Götter überragenden
    Bedeutsamkeit,
du Stern des Kampfgeschreis, der die einträchtigen Brüder einander schlagen läßt,
der (aber auch) immer wieder einen Freund schenkt.
... Herrin der Feldschlacht, die die Berge immer wieder niederstößt,
Gusche'a, die mit Kampf bekleidet, mit Schreckensschauern angetan ist!
Du vollstreckst Strafgericht und Entscheidung, die Anweisung für die Erde und den Himmel;
Kapellen und Heiligtümer, Kultsockel und Hochsitze achten auf dich.
Wo ist nicht dein Name, wo sind nicht deine Kultordnungen?
Wo sind deine Fügungen nicht vorgezeichnet, wo Hochsitze für dich nicht gegründet?
Wo bist du nicht groß, wo nicht hervorragend an Rang?
Anu, Ellil und Ea haben dich unter den Göttern erhöht, deine Herrschaft groß gemacht;
sie haben dich unter allen Igigu erhoben, deine Stellung überragend gemacht.
Beim Gedenken an deinen Namen erbeben Himmel und Erde,
wird es den Göttern schwindlig, beben die Anunnaku.
Deinen ehrfurchtgebietenden Namen rühmen die Menschen;
denn du bist groß und hervorragend an Rang.
Alle Schwarzköpfigen, die Lebewesen, die Menschen lobpreisen deine Kampfestaten.
Das Gericht der unter der Herrschaft Stehenden richtest du in Wahrhaftigkeit und
    Gerechtigkeit;
du blickst auf den Entrechteten und den Mißhandelten (und) verhilfst ihm zu dem Seinen
    täglich.
Dein (gnädiges) »genug!«, o Herrin von Himmel und Erde, du Hirtin der umwölkten
    Menschen!
Dein »genug!«, o Herrin des hochheiligen E'anna, des reinen Schatzhauses!
Dein »genug!«, o Herrin, da doch deine Füße nicht ermüden, deine Kniee immer in
    Bewegung sind!
Dein »genug!«, o Herrin der Schlacht und aller Kämpfe!
Herrliche, Löwin unter den Igigu, die die zornig abgewandten Götter sich dienstbar macht,
die alle Herrscher meistert, das Leitseil der Könige ergreift,
die den Schleier aller Mädchen öffnet:
ob du (hoch) erhoben stehst oder niedergelegt bist, kriegerische Ischtar, sind deine
    Kampftaten (doch immer) groß.
Leuchtende Fackel von Himmel und Erde, Strahlenglanz für alle Wohnstätten,
die wütend im unwiderstehlichen Angriff ist, umjubelt in den Kämpfen!
Himmelsfeuer, das gegen die Feinde entfacht ist, das die Vernichtung der Angriffsstollen
    bewirkt;
Ischtar, die es vor den Augen flimmern läßt, die die Schar zusammenschart!
Göttin der Männer, Ischtar der Frauen, deren Ratschluß niemand ergründet:
Wo du hinblickst, wird der Tote lebendig, steht der Kranke auf,
kommt, der nicht in Ordnung ist, zurecht, wenn er dein Antlitz sieht.

Ich habe dich gerufen, (ich), dein müder, ermatteter, schmerzerfüllter Knecht:
Sieh mich doch an, meine Herrin, nimm an mein Flehen;
getreulich blicke auf mich, hör mein Gebet an!
Sprich ein »genug!« für mich, daß dein Gemüt gegen mich besänftigt werde;
ein »genug!« für meinen elenden Leib, der voll der Wirrnisse und Verstörungen ist;
ein »genug!« für mein schmerzerfülltes Herz, das voll von Tränen und Seufzen ist;
ein »genug!« für meine elenden Eingeweide, die so angegriffen und verstört sind;
ein »genug!« für mein aufgescheuchtes Haus, das von dauernden Klagen widerhallt;
ein »genug!« für mein Gemüt, das sich immer nur mit Tränen und Seufzen quält!
Irnin-Göttin du, dein zornrasendes, wild aufgebrachtes Herz beruhige sich gegen mich;
du zornmütiger Stier, dein Gemüt besänftige sich gegen mich!
Deine guten Augen mögen über mir sein,
mit deinem glänzenden Antlitz blicke getreulich auf mich!
Vertreibe die bösen Behexungen von meinem Leibe, daß ich dein helles Licht sehen mag!
Wie lange noch, meine Herrin, sehen meine Widersacher mich finster an und
planen mit Lügen und Unwahrheiten Böses gegen mich?
Meine Verfolger (und) meine Neider frohlocken über mir!
Bis wann noch, meine Herrin, kann (sogar) der Blöde (und) der Krüppel (achtlos) an mir
        vorbeigehen?
Überaus langes Harren hat mich geformt, dadurch geriet ich ins Hintertreffen;
die Schwachen wurden stark, ich aber wurde schwach.
Ich woge wie eine Flutwelle, die der böse Wind auftürmt;
mein Herz flattert und fliegt hin und her wie ein Vogel des Himmels.
Ich klage wie eine Taube nachts und am Tage;
ich glühe (?) und weine bitterlich,
in Weh und Ach ist mein Gemüt gar schmerzerfüllt.
Was habe ich (denn) getan, o mein Gott und meine Göttin?
Gleich als ob ich meinen Gott und meine Göttin nicht fürchtete, bin ich behandelt!
Über mich gebracht sind Krankheit, Kopfkrankheit, Verderben und Vernichtung;
über mich gebracht sind Schrecknisse, Abwendung des Antlitzes und rasender Zorn,
Aufgebrachtheit, Grimm (und) zornige Abwendung seitens der Götter und der Menschen.
Erlebt habe ich nun, o meine Herrin, in Dunkel gehüllte Tage, verfinsterte Monate und Jahre
        der Bekümmernis;
erlebt habe ich, o meine Herrin, ein Strafgericht, Verwirrung und Aufruhr,
es hält mich der Tod und die bittere Not.
Öd und erstarrt liegt mein heiliger Raum da, öd und erstarrt mein Heiligtum;
über mein Haus, Tor und Gefilde ist Stille ausgegossen.
Das Angesicht meines Gottes hat sich anderswohin abgewandt;
zersprengt ist meine Sippe, mein Schutzdach auseinandergerissen.
Ich harre auf dich, meine Herrin, auf dich waren meine Ohren gerichtet;
ich flehe dich an, löse doch meine Verschuldung!

Löse meine Sünde, meine Missetat, meinen Frevel und meine Verfehlung,
achte gering meine Frevel, nimm an mein Flehen!
Mach meine Bande los (und) veranlasse meine Freilassung;
mach meinen Gang richtig, daß ich freundlich wie ein Herrscher mit den Lebenden (meine)
       Straße ziehe!
Befiehl, daß auf deinen Befehl der zürnende Gott sich versöhne,
die Göttin, die sich zornig von mir abgewandt hatte, zu mir zurückkehre!
Mein finster gewordenes, rauchendes Kohlenbecken möge hell leuchten,
meine erloschene Fackel (wieder) entzündet werden!
Meine zersprengte Sippe möge sich (wieder) sammeln,
das Gehöft sich erweitern, die Hürden sich ausdehnen!
Zeige dich willfährig gegenüber meiner kniefälligen Demütigung, erhöre meine Gebete;
blicke getreulich auf mich, nimm mein Flehen an!
Wie lange noch zürnst du, meine Herrin, und ist dein Angesicht abgewandt?
Wie lange noch bist du, meine Herrin, zornerregt und ist dein Gemüt ergrimmt?
Wende deinen Nacken zurück, den du gleichgültig gegen mich hieltest, (und) geh auf ein
       gutes Wort (für mich) aus!
Wie Wasser eines Flußfilters möchte sich dein Gemüt gegen mich besänftigt klären!
Die angriffstoll gegen mich sind, möge ich wie den Erdboden zertreten!
Die zornig von mir Abgewandten unterwirf mir und laß sie unter meinem Fuß zu Boden
       sinken!
Meine Gebete und mein Flehen mögen zu dir gelangen,
deine linde Verzeihung möge mir zugute kommen!
Die mich auf der Straße sehen, mögen deinen Namen hoch erheben,
und ich (selbst) will den Schwarzköpfigen deine Gottheit und deine Kampfestaten
       verherrlichen (also):

    »Ischtar ist hoch erhaben, Ischtar ist Königin;
    die Herrin ist hoch erhaben, die Herrin ist Königin!
    Irnini, die kriegerische Tochter des Sin, hat nicht ihresgleichen!« (S. 328–333)

An Ischtar

Kriegerische Ischtar, gehegteste der Göttinnen,
Fackel des Himmels und der Erde, Strahlenglanz der Weltufer!
Innin, Erstgeborene des Sin, Kind der Ningal,
Zwillingsschwester des bärtigen, herrlichen Kriegers Schamasch!
Ischtar, du bist Anu-gewaltig, so daß du den Himmel beherrschst;
[zusammen mit] dem König Ellil waltest du über die Wohnstätten.
Mummu (bist du), der Schöpfer der ›Ordnungskräfte‹ und der Reinigungskulte;
unterwiesen von Ea hältst du in der Wassertiefe die Gefüge.
Wo immer eine Grundmauer Form gewann und Ziegelwerk daraufgelegt wurde,

nimmst du die mit der Sprache begabten in Obhut wie die Sonne.

Sei es (nun) unter den Igigu: wer könnte dir entgegentreten?

Oder sei es unter den Anunnaku: wer käme dir gleich?

Du selbst (steuerst) innerhalb des Gehöftes der Menschen der Armut, schenkst stetigen
    Gewinn;

vertauschst du die Geschicke, so geht es dem Unglücklichen gut.

Ich suchte unter den Göttern: da waren dir die Gebete geweiht;

ich wandte mich um unter den Göttinnen: nun gilt dir mein Flehen.

Vor dir steht der Schutzgeist, hinter dir die Schutzgöttin;

zu deiner Rechten ist die Gerechtigkeit, zu deiner Linken das, was (uns) gut ist.

Ständig sind zu deinen Häupten Erhörung, Gewährung (und) Freundlichkeit;

deine Seiten sind allzeit umflossen von Leben und Gesundheit.

Wie schön sind doch Gebete an dich, wie nah ist dein Gehör!

Dein Blick ist Erhörung, dein Befehlswort Licht.

Erbarm dich meiner, Ischtar, und befiehl darum, daß ich gedeihe;

getreulich blicke auf mich und nimm mein Flehen an!

Ich folgte deiner Richtschnur: möge mein Gewinn von Dauer sein!

Dein Zugseil packte ich an: möge ich Herzensfreude erlangen!

Ich nahm dein Joch auf mich: schaffe mir Befriedung!

Ich harrte deines Winks: möge mir rechte Freundlichkeit zuwachsen!

Ich achtete auf deinen Strahlenglanz: möchte das Erhörung und Gewährung (bedeuten)!

Ich suchte immer wieder deinen Lichtglanz: möge mein Gesicht leuchten!

Ich forschte deiner Herrschaft nach: möge Leben und Gesundheit (daraus erwachsen)!

Möge ich (als Helfer) bekommen den guten Schutzgeist, der vor dir steht;

die Schutzgöttin, die hinter dir einhergeht, möge ich (gleichfalls) bekommen!

Von deiner Rechten den Reichtum möge ich doppelt erhalten,

das Gute für mich erlangen, das zu deiner Linken ist!

Befiehl, daß meine Rede erhört werde,

daß dem Wort, das ich spreche, so, wie ich es spreche, willfahrt werde!

In Gesundheit und Herzensfreude führe mich Tag für Tag;

meine Lebenstage verlängere, das Leben schenke mir!

Leben und gesund sein möchte ich, dann will ich deine Gottheit rühmen,

wie immer ich es wünschen mag, möge ich es erreichen!

Der Himmel freue sich deiner, die Wassertiefe jauchze über dich!

Die Götter des Alls mögen dich segnen,

die großen Götter dein Herz erfeuen! *(S. 333–336)*

Beschwörung an Ischtar

Beschwörung. Hohe Ischtar, Schöpferin der Menschen,

die den ›Ordnungskräften‹ Dauer verleiht, auf Hochsitzen thront!

Majestätische Ischtar, prächtigste der Igigu,
Schöpferin aller Menschen, die die Lebewesen in Ordnung hält!
Die prächtige Irnina, die kriegerische bist du,
die gegen den Kampf die Fehde setzt, den Widerstand immer wieder niederstößt.
Der Fluß, der die Fülle bringt, wird [ohne] dich nicht geöffnet und auch nicht ab[gedämmt];
der Kanal, aus dem die Menschen trinken, wird [ohne] dich weder geöffnet noch auch
        [abgedämmt];
Ohne dich kommt der böse Gallu nicht an den Menschen heran,
ohne [dich] kommen Chum, Lilu, [Lilit] und Mädchen des Lilu dem Kranken nicht näher.
Ich, dein müder, ermatteter [Knecht], habe auf dein Angesicht geblickt;
Ischtar, die du über Fruchtbarkeit verfügst und einen Götterrock trägst, ich habe auf dein
        Angesicht [geblickt],
dir mein Leben [dargebracht].
Auf deinen hehren Befehl, der nicht geändert wird, und dein zuverlässiges Jawort, das nicht
        umgestoßen wird:
reiß den bösen ›Späher‹, den ›Versorger zum Bösen‹,
der in mich fuhr, mich dauernd verfolgte, ohne abzulassen,
am heutigen Tage aus meinem Leibe heraus und überliefere ihn deinem ergrimmten Herzen!
        (S. 336)

Beschwörung an Ischtar

Beschwörung. Reine Ischtar, höchste der Igigu-Götter,
die die Schlacht macht, den Kampf stiftet,
prächtigste, vollkommenste der Göttinnen!
Auf deinen Befehl, o Ischtar, werden die Menschen in ihrer Ordnung erhalten,
kommt der Kranke wieder zum Leben, der dein Antlitz anschaut,
wird seine Sündenschuld getilgt, und er steht eilends auf.
Auf deinen Befehl, o Ischtar, erblickt der Blinde (wieder) das göttliche Licht,
erhält, o Ischtar, der, dem die Zeugung versagt war, seine Kraft (wieder), wenn er dein
        Antlitz anschaut.
Ich schwer Leidender kniete vor dir nieder, trat hin;
daß du mein Urteil sprechest, o Fackel der Götter, suchte ich dich,
schaute dein Antlitz an, daß meine Gebundenheit gelöst werde.
Mach es nicht …! Ich bin verstört und verwirrt;
wie bei einem, der mit Pflöcken geschlagen wurde, ist mein Leben geworden,
(und doch) habe ich, was du zu tun befahlst, getan, o Ischtar!
Entweder der Hexenmeister oder die Hexe,
die du kennst, ich aber nicht kenne,
haben mit ihrer Zauberzurüstung (für) die böse Krankheit »Lebensabschneidung«,
die sie vor dir aufgestellt haben,

Bilder von mir ins Grab gelegt,
treten hin, um mir den Lebenshauch abzuschneiden.
Sie haben wie ein Dieb an mir gehandelt, möge ich in herrlicher Weise sie ... behandeln!
Auf deinen hehren, unabänderlichen Befehl,
und dein zuverlässiges Jawort, das nicht umgestoßen werden kann,
möge [alles], was ich sage, zur Wahrheit werden,
möge aus deinem reinen Mund mein Leben(swort) kommen!
Dein »genug!« (sprich), denn du bist die Göttin ...

>   (S. 337–338)

IV.   Verbindungen zu anderen Mythologien

1.   *Astarte – Anat – Aphrodite – Hathor*

Aphrodite, die erst spät in die griechische Götterwelt Eingang fand, ist ganz sicher keine Göttin griechischen Ursprungs. In ihr vermischen sich die sumerisch-babylonische Inanna-Ischtar, die bei den Phönikern *Astarte* hieß, die philistäische *Atargatis*, deren hebräischer Name *Aschtoreth* (bzw. *Aschera* oder Astarte) lautete und die syrische *Anat* und verschmelzen zu einer neuen Einheit. Ihr Gemahl Dumuzi-Tammuz wird dem (as)syrischen *Hadad-Baal* und schließlich dem griechischen *Adonis* gleichgesetzt, dessen Name allerdings so wenig griechischer Herkunft ist wie der seiner göttlichen Geliebten. Als klassischer Wohnsitz der Göttin gilt die Insel Zypern, die auch geographisch ein ideales Bindeglied zwischen Orient und Okzident darstellt. Ihr ältester Tempel aber stand wohl auf der Insel Kythera, vor der Südostspitze der Peloponnes. Nach dieser Insel erhielt sie ihren Beinamen, *Kythera* oder *Kythereia*, so wie sie nach der Insel Zypern *Kypris* hieß. Nach Paphos auf Zypern, einem ihrer anderen Hauptheiligtümer, wird sie später auch *paphische Venus* genannt und als solche mit der Isis gleichgesetzt. Allem Anschein nach ist sie durch die handelsreisenden Phöniker, zunächst noch unter dem Namen Astarte, nach Zypern, Kythera, Athen und Korinth gelangt, das später für seinen Aphrodite-Kult berühmt geworden ist.

Die Philister, die – obgleich selbst keine Phöniker – dennoch phönikische Gottheiten verehrten, nannten diese selbe Göttin Atargatis. Die Zyprioten jedenfalls erzählten später Herodot (5. Jhd. v. Chr.), ihre eigene Aphrodite sei ursprünglich eben jene Atargatis gewesen. »In Askalon (wie auch in anderen Städten) gab man ihr die Gestalt einer Nixe, deren Leib in einem Schuppenschwanz auslief. In Tempelbassins und Teichen wurden Fische gezogen, ihre heiligen Tiere. Wasser und Fische symbolisieren ihre göttliche Fruchtbarkeit. ... Auch Delphine wurden mit Atargatis in Verbindung gebracht, als Sinnbild ihrer Macht über das Meer. Ihre Fähigkeit, den Schiffen glückliche Fahrt zu gewähren, war für die Seefahrer von Askalon, die den Ägyptern während der Regierungszeit Ramses III. (1198–1166 v. Chr.) so viel Unruhe brachten, von großer Bedeutung« (Grigson, S. 18). Archäologische Funde zeigen, daß Griechen, Achäer aus der Gegend von Mykene, bereits seit Beginn des 13. Jhds. v. Chr. Zypern besiedelten und sich dort mit der einheimischen Bevölkerung sowie den nachdrängenden Tjekkern und Pelestern vermischten, so daß die Insel zwischen 1230 und 1190 v. Chr. schließlich vollständig hellenisiert war. »Die Städte Zyperns, die sich Idalion, Soli Marion, Krition und Salamis nannten, wurden von Ramses II. zu seinen Feinden gezählt, was vermutlich bedeutet, daß sie zu den Stützpunkten der Seevölker gehörten. Später wurden sie samt und sonders als Zentren des Aphroditekults bekannt. Marion ist das moderne Polis, Kitios ist das spätere Larnaka, wo Archäologen unter Straßen und Häusern einen großen Tempel der Aphrodite oder Astarte ausgruben, der im 9. Jhd. v. Chr. erbaut wurde, als überall auf der Insel Astarte und Aphrodite miteinander verschmolzen« (ebd. S. 20).

So durchmischt wie ihre geographische Abstammung zeigt sich auch die mythologische Herkunft der Göttin. Aphrodite, die Schaumgeborene; von griechisch *aphros* für Schaum, ein Wort, geboren aus den vergeblichen Mühen der Griechen mit der Aussprache des hebräischen Aschtoreth. (»Atargatis verwandelten sie auf ähnliche Weise in *Derketo*«; ebd.).

Von Anfang an waren verschiedene Geschichten über die Entstehung der Göttin in Umlauf. Zwei davon hatten nichts mit ihrem Ursprung aus dem Meer zu tun: Nach der ersten dieser Versionen galt Aphrodite als Tochter des Zeus und der Erdgöttin *Dione*. Damit wäre die Göttin ein Kind der Vereinigung von Himmel und Erde. Mit ihrer geheimnisvollen Geburt aus einem Ei wartet dagegen in sehr viel späterer Zeit (2. Jhd. n. Chr.) der christliche Schriftsteller Hyginus auf. Er reflektiert dabei noch einmal ihre Abstammung aus dem Zweistromland.

> »Es wird erzählt, ein Ei von gewaltiger Größe sei vom Himmel in den Fluß Euphrat gefallen. Fische rollten es an Land, Tauben setzten sich darauf, wärmten es und brüteten Venus aus, die später als die Syrische Göttin bekannt wurde. Venus war von unerreichter Hoheit und Heiligkeit, und Jupiter gewährte den Fischen, sich zu den Sternen zu gesellen. Aus diesem Grund gelten den Syrern Fische und Tauben heilig und dürfen nicht verzehrt werden.« *(Ebd. S. 21)*

Die bekannteste Geschichte aber erzählt Hesiod in seiner *Theogonie* (8. Jhd. v. Chr.). Danach entstand Aphrodite aus dem Schaum, der sich um die abgeschnittenen Geschlechtsteile des *Uranos* legte, während diese auf dem Meer herumtrieben:

Gaia, die Göttin der Erde, entzweite sich zu ewiger Feindschaft mit ihrem Sohn und Gatten Uranos, der Verkörperung des himmlischen Vaters. Gaia hatte nicht nur die Titanen und die einäugigen Zyklopen auf die Welt gebracht, sondern daneben auch drei Monster mit hundert Armen, die von Uranos verstoßen wurden, indem er sie in den Leib seiner Gemahlin zurückstieß. Gaia bäumte sich unter Schmerzen auf und schwor Rache an Uranos. Sie fertigte eine große Sichel mit Flintsteinzähnen und bat ihre Söhne um Hilfe gegen den schrecklichen Vater. Einzig *Kronos* hatte keine Angst vor ihm. Die Erdgöttin gab ihm die Sichel, und er lauerte seinem Vater auf, während dieser mit Gaia schlafen wollte. Kaum hatte sich der lüsterne Uranos wie gewöhnlich zur Nacht auf der Erde ausgestreckt, da bekam Kronos gerade noch rechtzeitig seine Genitalien zu fassen und schnitt sie mit der Sichel ab. Die Teile warf er hinter sich ins Meer, wo sie lange Zeit umhergetrieben wurden:

»Und ihr unsterblich Fleisch
schlug um sich her einen weißen Schaum.
Aus ihm wuchs ein Mädchen,
das zuerst getrieben wurde zum hochheiligen Kythera
und von dort weiter nach der Insel Zypern im Meer,
wo sie als herrliche und allmächtige Göttin ans Ufer stieg,
daß das Gras unter ihren schlanken Füßen sproß.
Götter und Menschen gaben ihr den Namen Aphrodite,
weil sie aus *aphros*, dem Schaum, erwuchs,
und Kytheraia, weil sie nach Kythera kam,
und Kyprogenes Philomedes, die Genitalienliebende,
weil Genitalien ihr Ursprung waren.
Eros war ihr Gefährte, und holdes Begehren
folgte ihr vom Augenblick ihrer Geburt
bis zu ihrer Vereinigung mit dem Göttergeschlecht.
Und von Anbeginn wurde sie geehrt
und angenommen unter den unsterblichen Göttern und Menschen
in den Gesprächen, die Mädchen miteinander führen,
im verführerischen Lächeln,
in süßer Erfüllung,
in Liebe und Zärtlichkeit.« *(Hesiod, bei Grigson, S. 23)*

Etwa vier Jahrhunderte nach Hesiod wird aus der Schaumgeborenen zusätzlich die Muschelgeborene, und dieser Name verleiht ihr die Gestalt, die Aphrodite auch in der Kunstgeschichte unsterblich machen sollte: Wie eine Perle im Schutz der Muschelschalen, so reift die Göttin im Schoß des Meeres heran. Die beiden Hälften öffnen sich und geben den Blick auf die Göttin frei, die darin nicht steht, sondern kniet, bereit, nackt und frisch wie der glitzernde Morgentau den Wogen des Meeres zu entsteigen.

Phönikischer Aphrodite-Tempel in Paphos mit der heiligen Kona. Zyprische Münze aus der römischen Kaiserzeit.

So wird sie in kleinen bemalten Figuren, die als Grabbeigaben oder Opfergaben für Altäre dienten, seit dem 2. vorchristl. Jhd. immer wieder dargestellt. *Margarito*, Perle, oder Herrin der Perlen wurde schon Atargatis genannt. *Kteis*, das griechische Wort für Muschel bezeichnet gleichzeitig auch die Geschlechtsorgane der Frau; was wiederum zu einem anderen ihrer Beinamen paßt, demzufolge sie *Philomedes*, die Genitalienliebende ist. »Aphrodites Geburt aus einer *kteis* nähert sich auch jener anderen, meerverbundenen Vorstellung vom Ei, das die Fische aus dem Euphrat ans Ufer rollen, und die Muschel als Mutterleib paßt gewiß zu einer Göttin des Wassers, der Fische, der heiligen Delphine und des glückvollen Reisens in Raum und Empfindung« (ebd. S. 26), die bezeichnenderweise auch als Schutzpatronin der Seefahrt verehrt wurde (vgl. ebd. S. 38). Das Meer ist überall weiblich und wird – ganz wie es unserer Naturgeschichte entspricht – allerorts mit dem entstehenden Leben in Zusammenhang gesehen. Schon das sumerische Wort *mar* bedeutet zugleich Schoß und Bauch (vgl. Johnson, S. 89 f.). Bei den Ausgrabungen von Aphrodites Tempelstätte in Paphos, fand man eine vergoldete Bronzenadel aus dem 2. Jhd. v. Chr., das Weihegeschenk einer Eubola, Frau des Aratos: »Der eiförmige Kopf der Nadel besteht aus ägyptischem Porzellan und wird von einer Perle gekrönt. Unter dem Ei breiten vier Tauben ihre Flügel aus und trinken aus vier Lotosblumen, die zwischen vier Ziegenköpfen blühen. Herrin der Perlen, Herrin des Eies, das in den Euphrat fiel, Aphrodite der Ziegen und Lämmer, deren Eingeweide in Alt-Paphos von Aphroditepriestern beschaut wurden, Aphrodite der Tauben, Aphrodite, die den süßen Duft der Lotosblume von der ägyptischen Göttin Isis borgte – so viele Eigenschaften der paphianischen Göttin wurden selten in einem so kleinen Gegenstand auf einmal symbolisiert!« (Grigson, S. 28).

In den alten Tempeln zu Kythera oder Paphos zeigt ein schlichter weißer Konus oder eine weiße Pyramide zwischen zwei Säulen Aphrodites Gegenwart an, wie noch auf einer Münze aus der römischen Kaiserzeit zu sehen ist. Das erste Abbild der Göttin auf Zypern – und möglicherweise auch in der Ägäis und in Griechenland – scheint ein ungeformter Naturstein gewesen zu sein. Solche »beseelten« Steine (bisweilen auch Baumstämme, wie bei den kanaanitischen Ascheren) oder Betyle (v. hebr. Beth-El – »Haus Gottes«) wurden in Phönikien und Kleinasien (Kybele!) als Gottheiten verehrt. Die Vorstellung mag dabei ähnlich gewesen sein wie bei der in einem – etwa handtellergroßen – schwarzen Meteorstein verehrten Kybele. Der Stein, vom Himmel zur Erde gefallen, vereinigte in sich himmlische und irdische Kräfte. Entsprechend wurden im alten Tempel zu Orchomenos auch die drei Grazien in Gestalt von Steinen verehrt, die einst vom Himmel gefallen sein sollten. Am Löwentor von Mykene ist Aphrodite symbolisch als eine zwischen zwei Löwen aufragende Säule dargestellt, womit sie sich ihrer großen Vorläuferin Ischtar wieder annähert, als deren Symboltier der Löwe galt (in dessen Begleitung wiederum auch Kybele dargestellt wurde). Wie diese erscheint auch Aphrodite niemals in der Rolle als Ehefrau, sie duldet – allen Zuordnungen (*Hephaistos-Vulkan, Ares-Mars*) zum Trotz – keine Ehe auf Dauer, bzw. sucht sich ihren Fallstricken wieder zu entwinden (vgl. Giebel, S. 141; Grigson, S. 149 f.; Johnson, S. 93). Wie die ägyptische Isis repräsentierte sie so eine Göttin, von der alle Frauen sich angenommen wissen durften, die Hetären und Prostituierten nicht minder als die Ehefrauen. Und alle gemeinsam brachten sie ihr auch ihre Verehrung dar. Ovids *Fasti* (»Festkalender«) zufolge, war es am ersten April

> »Pflicht der Frauen, Mädchen und Dirnen, die Standbilder der Venus gründlich zu waschen, ihnen wieder ihre goldenen Halsbänder anzulegen, ihnen Rosen und andere Blumen zu geben. Danach sollten sie sich, wie es die Göttin befahl, unter einem grünen Myrtenbaum waschen. Die Myrte wird deshalb genannt, weil Venus-Aphrodite, als sie an Land kam und sich das Wasser aus dem Haar wrang, entdecken mußte, daß sie von einer Schar lüsterner Satyre beobachtet wurde:
>
>> ›Und so versteckte sie ihren Körper hinter Myrten
>> und war geschützt. Jetzt befiehlt sie euch, das gleiche zu tun.‹« *(Grigson, S. 183)*

Aphrodites heilige Tiere und Glücksvögel sind Taube (als häufigstes Symbol), Schwan und Gans, deren symbolischer Charakter wohl austauschbar war. In ihrer weißen Farbe liegt eine Andeutung von Würde und Reinheit und sicherlich (wie beim Demeterritus) auch Festfreude. Die Göttin fliegt, auf diesen Tieren reitend, durch die Lüfte und nimmt bisweilen sogar selbst ihre Gestalt an. Auch ziehen diese Vögel ihren Wagen, mit dem sie durch den Äther eilt. Alle drei sind überdies Wahrsagevögel (siehe auch im Kap. über Freyja) und in ihrem Erscheinungsbild durchaus doppeldeutig, sanft und aggressiv zugleich, eine Doppelbödigkeit, die der griechischen Aphrodite im Gegensatz zu Inanna und Ischtar im Laufe ihrer Entwicklung immer mehr abgehen wird. Alle großen Liebesgöttinnen des Vorderen Orients (und nicht nur da) erscheinen zugleich auch als große Kämpferinnen und Kriegsgöttinnen, stets bereit, die Ihren mit Leib und Leben zu schützen. Ja, ihre Kampfbereitschaft scheint bisweilen fast Bedingung oder Ausdruck ihrer Liebesfähigkeit zu sein. Zumindest schließen Aggression und Liebesbereitschaft sich bei diesen großen Symbolgestalten weiblichen Lebens noch nicht aus. Anders Aphrodite. Als sie in das griechische Pantheon aufgenommen wird, ist der Platz der Kriegerinnen bereits von *Athene* und *Artemis* besetzt, jene beiden Göttinnen, denen bezeichnenderweise die ansonsten unbezwingbare Macht der Liebesgöttin nichts anzuhaben vermag (s. u.). Zum »Ausgleich« gesellte man ihr den Kriegsgott *Ares* (*Mars*) als Gatten zu; aus ihrer Verbindung erwächst die Tochter *Harmonia*, ein Ausdruck der Gegensatzvereinigung. Ein anderer Gemahl, den man

Aphrodite zudachte, war *Hephaistos* (*Vulkanus*), der hinkende Gott der Schmiede-kunst, Symbol der damals aufkommenden Eisenzeit (ab dem 13./12. Jhd. v. Chr.); auch er war nicht griechischer, sondern lykischer Abkunft. Hephaistos war körperlich ver-unstaltet und teilweise gelähmt, weil Zeus ihn in einem Wutanfall (weil er einen Streit zwischen ihm und Hera provoziert hatte) vom Himmel auf die Erde heruntergestürzt hatte. Aphrodite »betrog« ihn unablässig, meist mit Ares (vgl. Ovid, *Metamorphosen* IV, 169 ff.), der dann wiederum eifersüchtig auf den bezaubernden jungen Adonis wurde.

Die Ehe ist nicht Aphrodites Werk. Sie ist zu größeren Aufgaben bestimmt, die jen-seits kleinlicher »Haushälterei« liegen. Ist sie doch im Grunde – auch und gerade als Liebesgöttin – nichts Geringeres als die Schöpferin des Kosmos, die durch immer neue »Mischungen« (bei Menschen, Tieren und Pflanzen) für die Erhaltung aller Wesen und Welten sorgt. Deshalb verehrte man sie auch als Schutzherrin der Geburt (vgl. Case, S. 59). Wie schon Euripides im *Hippolytos* die Macht der Liebesgöttin beschwö-rend besingt (im Band über Sappho, S. 71):

> »Eros. dein Sohn mit den schillernden Schwingen.
> fliegt mit dir über Täler und Hügel.
> fliegt mit dir übers brausende Meer.
> Goldglanz umflutet ihn. jeden bestrickt er.
> jeden entflammt er zu rasender Gier.
>
> Alles. was lebt im Lichte der Sonne.
> alles bezwingt er. das Wild in den Wäldern.
> zwingt die Geschöpfe im Schoße der See.
> zwingt auch den Menschen. du. Aphrodite.
> du nur allein bist die Herrin der Welt.«

Ähnlich Lukrez, der (im 1. Jhd. v. Chr.) sein Gedicht über das Universum mit einer An-rufung Aphrodites einleitet. Als Römer ist ihm zusätzlich daran gelegen, die Göttin als Mutter des Aeneas (s. u.), des Gründers von Rom, herauszustreichen:

> »Mutter des Aeneas, Liebling der Götter und Menschen,
> Venus unsere Hüterin, unter den kreisenden Sternen des Himmels
> erfüllst du das schiffetragende Meer
> und das fruchtbare Land mit Leben.
> Durch dich erst wird alles Lebendige empfangen,
> um geboren zu werden, das Tageslicht zu erblicken.
> Göttin, vor dir weichen Stürme.
> Bei deinem Kommen öffnen sich die Schleusen des Himmels,
> Daedalus' süße Erde läßt ihre Blumen sprießen

für dich. Besänftigt lächeln Meereswogen dir,
und aus des Himmels Frieden strömt Licht.
Die Quelle kommt zum Leben wie des Westwinds
zeugungskräftiger Atem, die Vögel in der Luft
verkünden deine Ankunft, ihr Herz ergriffen
von deiner Macht. Der neue Überfluß
läßt wilde Tiere Freudensprünge tun.
Gefangene deiner Güte folgen dir, wohin du führst,
durch Meer und Höhen, Ströme, Blätterwerk,
wo Vögel wohnen, und grüne Felder.
In alle Herzen dringet unausweichlich
deine Liebe, damit sich alle Arten
auf Erden freudig mehren.«

Weiter teilt uns Lukrez mit, daß die Göttin allein über die Natur der Dinge herrscht:
»Ohne sie kann nichts in unser Lichtreich gelangen, sie ist die Voraussetzung aller
Dinge, die erfreulich und schön sind, und so hofft er auf ihre Unterstützung bei der
Entstehung seines Gedichts« (Grigson, S. 93 f.). Zu dieser weltenerschaffenden, kos-
mogonischen Kraft der Aphrodite paßt auch ihr Begleiter *Eros*, der zu Beginn seiner
Verehrung keineswegs als der flatterhafte und verspielte Knabe gegolten hat, als der er
später in die Geschichte eingegangen ist. Hesiods Stammtafel der Götter kennt und
nennt Eros noch als jene ursprüngliche Gottheit, die zeitlich unmittelbar nach der
Erde selbst entstanden ist und damit selbst noch Kronos und Rhea voranging. Wie
Gaia, die Erdgöttin, war auch Eros dem Chaos entsprungen, ohne ihn hätte es keine
Fortpflanzung und folglich überhaupt kein Leben auf der Erde gegeben (Zitat nach
Grigson, S. 57):

»Als erster vor allen andern war Chaos,
aber als nächste die weitbrüstige Erde,
der unerschütterliche Grund allen Seins,
und tief in der verästelten Erde der finstere Tartaros
und Eros, der schönste unter den unsterblichen Göttern,
der die Glieder löst und Geist und Sinn
aller Götter und Menschen bezwingt.«

Ganz in diesem Sinne dichtet noch Sappho (612–557 v. Chr.) in ihrer *Ode an Atthis*
(S. 45):

»Eros treibt wieder mich um
löst meine Glieder. das erstarrte Blut.
bittersüß. unbezähmbar. ein wildes Tier.«

Ähnliche Gedanken finden sich bereits in einem frühen Lied an ihre Mutter *Kleis* (S. 23 f.):

> »Ach Mutter. nicht mehr weben mag ich mit dir am gemeinsamen Teppich.
> Kypris. die Allmächtige. überfiel mich
> weckte in mir das Verlangen nach einem Geliebten.
> Geschüttelt hat Eros mir die Sinne
> wie der Wind
> der von den Bergen herab in die Eichen fällt . . .«

Als Aphrodite dem Meer entstieg, wurde sie nach Hesiods Auslegung sofort von Eros begleitet; dennoch blieben beide über lange Zeit voneinander unabhängige Gottheiten und Mittler/in der Liebe. Wobei Aphrodites Macht und Einfluß von größerer Bedeutung schienen. Eros' Abstieg von einer kosmogonischen, in einer hohen Phallussäule verehrten Kraft zu jenem schalkhaften und ruhelos umherstreifenden Knaben begann erst seit dem 5. Jhd. v. Chr. Damals begann man auch, ihn mit Köcher und Pfeilen statt mit Fackeln auszustatten. Ein gefährlicher und mächtiger Gott blieb er trotz alledem, so unberechenbar und unbezähmbar eben wie die Liebe selber (vgl. Grigson, S. 56–60).

Die Liebe als subversive und umstürzlerische Kraft zu preisen, ist wiederum Anliegen der beiden folgenden Gedichte. Zunächst Sapphos *Ode an Anaktoria* (S. 51 f.):

> »Einer meint. Reiter. ein andrer. Soldaten mit Lanzen.
> Schiffe seien die stärkste Macht. sagt ein dritter.
> was aber mich allein zu bezwingen vermag
> das ist die Liebe.
>
> Leicht zu begreifen für jeden ist mein Geständnis.
> denn auch Helena. die alle sterblichen Frauen
> weit überstrahlte an Schönheit. floh ihren Gatten
> ohne zu zögern.
>
> Treulos war sie. und ungehorsam den Eltern.
> selbst die Tochter verließ sie. folgte dem Rufe
> Paris'. des Priamos Sohn. ließ sich verführen
> willig und gern.
>
> Heilig allein war ihr Aphroditens Gebot.
> wenn auch darüber das prächtige Troja zerfiel.
> so bin auch ich. hörig der Kypris und denke
> nur an mein Mädchen.
>
> Mehr als die Streitkräfte Lydiens entzückten mich stets
> Gang und Gestalt und die Augen Anaktorias.

teurer sind mir Gefühle als Schiffe und Krieger
Fußvolk und Waffen.«

Und noch einmal Euripides im *Hippolytos* (Grigson, S. 91):

> »Ist Kypris unwiderstehlich doch, wenn sie mit Macht heranstürmt.
> Und wer ihr nachgibt, dem geht milde sie zur Seite;
> doch wen sie überheblich trifft und stolz, den packt sie,
> bevor man dessen sich versieht, und wirft ihn nieder.
> Am Himmel wandelt Kypris, wohnt im Wogenschwall
> des Meeres, alles wächst heran durch ihre Kraft.
> Sie streut den Samen und erweckt den Liebestrieb,
> von dem wir allesamt auf dieser Erde stammen.«

Ihre umstürzlerische Seite aber führt direkt zu jener Aphrodite »von den Gräbern« (*Epitymbia*), als die sie u. a. in Delphi verehrt wurde. In Argos und Lakonike hieß sie Grabräuberin (Aphrodite *Tymborochos*), weil man ihr die Macht zuschrieb, Gräber öffnen und Tote zurückholen zu können. Aphrodite *Skotia* (die Dunkle) nannte man sie in Ägypten und Kreta; schließlich Aphrodite *Melainis* (Schwarze Aphrodite) im arkadischen Mantinea, in Thespiai und in Korinth. »Ein Tempel dieser Schwarzen Aphrodite stand am Rand von Korinth neben dem Grabmal der Lais in einem Hain von Zypressen,« einem »Baum, der Tod und Trauer« symbolisierte (Grigson, S. 201) und der Venus geweiht war (vgl. Case, S. 61). Auch die süß duftende Myrte, der Ischtar wie der Aphrodite heilig, gehörte sowohl zum Symbolbereich der Fruchtbarkeit und hochzeitlicher Wonnen wie auch des Todes, weshalb nicht zuletzt die Teilnehmer / innen an den Demeterriten (welche die Einheit und gegenseitige Bedingtheit von Leben und Tod vergegenwärtigen) Myrtenzweige und -kränze trugen. In dieselbe Richtung weisen auch zwei weitere Pflanzenattribute der Göttin: Granatapfel und Lotosblume. Der Granatapfel, ein Symbol des fruchtbaren Mutterleibs, verweist zugleich auf Persephones unterirdisches (Toten)Reich; in Kleinasien gehörte er überdies zum Kult der *Kybele* (vgl. ebd. S. 190). Am Granatapfelbaum zeigen sich Blüte und Frucht zur selben Zeit; somit ist er ein äußerst sprechendes Symbol für die Einheit von Leben und Tod, Reife und Erneuerung. Die Lotosblume, ein Attribut, das Aphrodite von der ihr gleichgesetzten Isis übernommen hat, galt den Ägyptern als Symbol für Leben, Geburt und Wiedergeburt. Ägyptische Schöpfungsmythen erzählen von der Lotosknospe, die sich dereinst aus den Wassertiefen erhob. Als ihre Blätter sich auseinanderfalteten, gaben sie die neugeborene Sonne frei.

Ganz besonders vereinen sich Leben und Tod jedoch auch in jener Blume, die bis in unsere Zeit als Symbol der Liebe schlechthin gilt: die Rose. Von Aphrodite wurde erzählt, daß sie stets duftende Rosen in ihr langes Haar flicht, und Ovid erwähnt, daß man ihr die ersten Frühlingsrosen darbrachte. Die Entstehungsgeschichten dieser Pflanze bringen allerdings zugleich auch ihre Doppeldeutigkeit zum Ausdruck. Verbreitet war bei den Griechen der Glaube, die Rosen seien zeitgleich mit Aphrodites Geburt aus der Erde hervorgewachsen. Die Götter sahen den neuartigen Busch und verschütteten Nektar auf seine Zweige, jeder Tropfen aber wurde zu einer Rose. Eine eher zypriotische Überlieferung läßt die Rose aus dem Blut des von einem Eber getöteten *Adonis* hervorgehen, womit sie eine Leben-im-Tod-Pflanze wäre. Mit dieser Zweiseitigkeit hat auch die Verwandlung ihrer Farbe zu tun: Ursprünglich sollen alle Rosen weiß gewesen sein. Als Aphrodite jedoch herbeieilte, um ihren Geliebten, Adonis, vor den Angriffen des Ebers zu schützen, stach sich ihr Fuß an Rosendornen, und ihr Blut färbte die weißen Blütenblätter rot. Die Bewegung, mit der die Göttin sich den Dorn aus dem Fuß zieht, wurde in zahlreichen ihrer Statuen verewigt. Nach einer anderen Version derselben Geschichte, war es Eros, der bei einem Fest der Götter den Tanz anführte und dabei einen Nektarbecher umstieß. Die zur Erde fallenden Tropfen verwandelten die weißen in rote Rosen (vgl. Grigson, S. 179–181). Und selbstverständlich galten die Dornen auch als Symbol von Liebeskummer und -schmerz, was sich bis hin zum Rosenkranz der christlichen Madonna erhalten hat, dem allerdings der Duft der Liebeswonnen wiederum schmerzlich abgeht.

Unter den Tierattributen ist es vor allem der Schwan, der die Doppeldeutigkeit der Liebe und ihrer Göttin zu Ausdruck und Erscheinung bringt; ist doch dieser Vogel zugleich ein Symbol von Liebe, Glück und Heiterkeit wie auch von düsterer Vorahnung und Tod. Sein langer Hals gründelt tief hinab in die »jenseitige« Welt. Der »Schwanengesang« galt auch als Todesgesang. »Aristoteles hat diese bittersüße Musik einst von einem Schwarm Schwäne über dem Libyschen Meer gehört. Sie sangen im Chor, und als das Lied verklungen war, legten sich einige von ihnen zum Sterben nieder« (Grigson, S. 192). Auch der germanischen *Freyja*, einer direkten Verkörperung der Liebesgöttin in ihrem Doppelaspekt, ist der Schwan in ihrer Eigenschaft als Totengöttin beigegeben (s. u.). Ein Hinweis auch auf Tod und Verwandlung (des Ich) als dunkle und unabsehbare Seite der Liebe.

»Der Weg, der zu Persephone führt, ist breit und von den Sterbenden ziemlich ausgetreten. Unter ihm führt ein anderer Pfad, holprig und kaum benutzt, geheiligt, beschmutzt, doch der beste«, zu Aphrodites »lieblichem Hain« (Johnson, S. 94). Hier wird die Göttin selbst – wie schon ihr großes Vorbild Inanna-Ischtar – zur Königin der Unterwelt, in deren Geheimnisse sie gleichzeitig einweiht. Die Swastiken (»Hakenkreuze«) auf den Schwingen ihrer schwarzen Schwäne sind Zeichen für die Austauschbarkeit von Leben und Tod, denn sie erscheinen sowohl rechts- als auch links-

Astarte-Aphrodite auf Zypern.
Die Göttin trägt den Goldkreis auf der
Brust, ein Sonnensymbol, mit dem sie
sich als Himmelsgöttin zu erkennen gibt.
(Votivstatuette der Göttin aus Kytherea,
Anfang 6. Jhd. v. Chr.)

läufig (vgl. ebd.). Interessant, aber nur folgerichtig ist in diesem Zusammenhang auch die Einrichtung eines Venusheiligtums auf dem Gelände der späteren Jerusalemer Grabeskirche: In Hadrianischer Zeit (ca. 135 n. Chr.) bis zur Regierung Konstantins (325 n. Chr.) wurde beinahe über 200 Jahre lang auf Golgotha, am Platz der Wiederauferstehung Jesu und auf dem Felsen seiner Kreuzigung, eine Statue der Venus verehrt! Wie auch zur selben Zeit in der Bethlehemer Geburtsgrotte Tod und Auferstehung von Tammuz-Adonis feierlich begangen wurden (vgl. Hoade, S. 471), was den Christen mit ihrer Abneigung gegen die Liebe und deren göttliche Verkörperung selbstverständlich ein Greuel sein mußte.

Aphrodite allein auf den Bereich der körperlichen Liebe einzugrenzen, bedeutet mithin, ihren umfassenderen Bezug zur Gesamtheit von Leben und Tod zu leugnen. Andererseits sollte auch nicht vergessen werden, daß es gerade der Bereich der sexuellen Liebe sein kann, der uns die Pforten zu diesem umfassenderen Verständnis des Weltganzen öffnen kann. Körperliche Liebe im Geist der Aphrodite bleibt ein heiliges und numinoses Geschehen, das uns ebenso faszinieren wie (heilsam) erschüttern kann, immer aber im besten Sinne grenzüberschreitend wirkt.

»Von allen griechischen Göttinnen ist allein Aphrodite eine dem Wesen nach strahlende Gestalt« (Johnson, S. 88). Bereits Hesiod (im 8. Jhd. n. Chr.) beschreibt sie als goldene und Wohlwollen ausstrahlende Gestalt. »Ihre mit der Sonne vergleichbare Erscheinung gemahnt an das Licht« (ebd.). Ihr Beiname ist deshalb *Die Goldene* und wie bei der ägyptischen Göttin *Hathor*, die dasselbe Epitheton führte, weist die goldene Farbe zugleich auf den himmlischen Charakter der Gottheit, wie es andererseits auch ihre »unterirdische« Seite betont, denn Gold ist ein »Bodenschatz« par excellence. Und auch Hathor galt den Ägyptern ja als Todesgöttin und war zugleich (wie in Timna) Schutzherrin der unterirdischen Türkisminen, (eine Zweigleisigkeit, die sich bei der germanischen Freyja wiederholen wird!). *Das Gold* oder *Das große Gold* sind Beinamen der Hathor als Göttin der Liebe, der Musik und des Tanzes und des Rausches.

> »O Gold, Herrin der Trunkenheit,
> du bist glücklich über einen,
> der auf Erden rechtschaffen war«,

preisen die Sängerinnen der Hathor am Tempel zu Der el Bahari die Göttin (Schulze 1990, S. 161).

> »Ich verehre die Goldene
> und preise ihre Majestät.
> Ich rühme die Gebieterin des Himmels,
> ich künde Lob der Hathor und Ruhm der Herrin«,

heißt es in einem (von einem Mann angestimmten) ägyptischen Liebeslied (Manniche, S. 122).

> »Er kennt nicht meine Wünsche, ihn zu umarmen,
> und daß er zu meiner Mutter sende.
> Geliebter, ach, wäre ich dir anbefohlen
> vom Golde, (der Göttin) der Frauen«,

singt eine andere Ägypterin (ebd. S. 122). Und wieder in einem anderen Gedicht bittet die Geliebte (ebd. S. 126):

> »Mögest du deine Höhle erreichen,
> ehe deine Hand viermal geküßt werden kann!
> Du suchst die Liebe der Geliebten,
> denn die Goldene befiehlt es dir mein Freund!«

Eine Votivstatuette der Aphrodite aus Kythera (Anf. 6. Jhd. v. Chr.) – nur eine unter zahlreichen gleichgearteten Figurinen – zeigt die Göttin nackt mit wohlgeformten Brüsten und leicht vorgewölbtem (schwangerem?) Unterleib. »Sie trägt den Goldkreis auf der Brust, ein Sonnensymbol, ihr altes Epitheton ist auch *Urania* = die Himmlische. In diesem Aspekt ist sie jungfräulich und wird Himmelskönigin genannt« (Weis, S. 71). Es ist jener berühmte und schon in der Ilias (s. u.) beschriebene *kestós himás proikílos*, das kunstvoll gefertigte Zauberband, das die Göttin um Brust und Hals gelegt hat und das Gottheiten wie Sterbliche gleichermaßen in seinen Bann schlägt. Wer es trägt, ist für andere unwiderstehlich. Ein ebenso kostbares Geschmeide mit Namen *Brisingamen* besaß die – mit Aphrodite gleichgesetzte – germanische Göttin Freyja. Goldene Halsketten gehörten zu beinahe jeder Marmorstatue der Aphrodite in den Innenkammern der Tempel; und – wie man an einer babylonischen Votivstatuette aus dem 4. Jhd. v. Chr. sieht – auch bereits zu Ischtar (siehe Abb. S. 90 in diesem Band). »Als Lukian sich im 2. Jahrhundert mit der Verehrung der Atargatis befaßte, der ›Syrischen Göttin‹, von der Aphrodite abzustammen scheint, schrieb er, daß eine ihrer Tempelstatuen in Hieropolis den *kestós* trug, der nur solchen Statuen umgelegt wurde, die man als die Aphrodite des Ostens anerkannte, die Aphrodite des Himmels, die Liebesgöttin« (Grigson, S. 80). Sie wird von Sappho (6. Jhd. v. Chr.) folgendermaßen besungen (S. 39):

> »Goldbekränzte, herrliche Aphrodite
> um dich zu preisen, will ich das Fett
> einer weißen Ziege verbrennen
> und mit Hekate. der dunklen Magd
> dir ein loderndes Opfer bringen.

Als wir Mädchen uns abends
um den Altar versammelten
erhob sich Selene silbern zum Himmel
leuchtete voll und rein
über der nachtdunklen Erde
überstrahlte die blassen Sterne . . .«

2.   *Ostara – Göttin der aufgehenden Sonne*

Gold aber galt von jeher als Sonnensymbol (»die güldene Sonne«). Und das führt uns
zu einer anderen germanischen Göttin, die unmittelbar mit dem Frühling zu tun hat
und deren Name mit dem der Ischtar zusammenzuhängen scheint: *Ostara, Eostra*
oder ags. *Eastre*, die unserem Osterfest den Namen gegeben hat. »*Ostar* bedeutet die
richtung gegen morgen« (Grimm, S. 241), also Osten, die Region der aufgehenden
Sonne. Im Osten lag auch die Stadt Ur oder Uruk, der Hauptwohnsitz Inanna-Ischtars,
deren Wahrzeichen der Morgenstern war. Das Wort *Ur* bedeutet wortwörtlich
»Osten« (wie auch im Namen von Ninschub-ur, der »Königin des Ostens«), mit dem
wiederum das hebräische Wort *Or* für Licht und die lateinischen Wörter *aurora* für
Morgenröte und Osten (griech. *Eos* !) sowie *aurum* für Gold zusammenhängen: Der
Osten – die dem vierten Buchstaben des hebräischen Alphabeths *Dalet* zugeschrie-
bene Richtung – ist der Geburtsort des Lichtes. »Im Hebräischen heißt das Substantiv
für Osten UR (ausgesprochen *aur*), und das Wort für Licht weist dieselbe Schreibweise
und eine fast gleiche Aussprache auf. Leuchtende Intelligenz ist die kabbalistische Bezeichnung für den Bewußtseinszustand, der durch Dalet dargestellt wird« (Case,
S. 60). Im selben Sinne galt auch Ostara, Eastre als »gottheit des strahlenden morgens,
des aufsteigenden lichts . . ., eine freudige, heilbringende erscheinung. . . . freudenfeuer
wurden zu ostern angezündet, und, nach dem lange fortdauernden volksglauben, thut
die sonne in des ersten ostertages frühe, so wie sie aufgeht, drei freudensprünge, sie
hält einen freudentanz. wasser, das am ostermorgen geschöpft wird, ist gleich dem
weihnächtlichen, heilig und heilkräftig. . . . weißgekleidete jungfrauen, die sich auf
ostern, zur zeit des einkehrenden frühlings, in felsklüften oder auf bergen sehen lassen, gemahnen an die alte göttin« (Grimm, S. 241). Die zu Ostern angezündeten Freudenfeuer nannte man in Norwegen *brising*, was direkt an *Brisingamen*, den Namen
des leuchtenden (Gold)Halsbands der Freyja erinnert (vgl. ebd. S. 518). »Dem oster-
feuer ist berg und hügel wesentlich« und das Rad, das von ihrer Höhe heruntergerollt
wird, »als ob die sunn von dem himmel lief« (ebd. S. 521 f.). Die Anfertigung eines solchen brennenden Wagenrads gehörte mancherorts auch zu den Fastnachtsbräuchen,

und der Tag hieß dann Funkentag. Nach Ostara/Eostra wurde der April ahd. *Esturmonath* oder *Ostarmânoth* genannt, wohingegen der März nach einer anderen leuchtenden Göttin *Hrêd* oder *Hruod*, von *hruod* – Glanz und Gloria – *Retmonat* oder *Redimonet* hieß. Grimm vermutet, daß mit dieser Göttin die personifizierte *Viktoria* gemeint gewesen war (vgl. S. 240f.).

Auch Aphrodite wurde jedenfalls, ganz wie ihre Vorläuferin, im Morgen- und Abendstern verehrt: *phosphoros aster*, der lichtbringende (Morgen)Stern, der die Welt wieder ins rechte Licht setzt. Und *hesperis aster*, der Abendstern, der mit der Nacht zugleich die Liebe heraufführt.

> »Morgenstern, Künder des Tags, auf Wiedersehn! –
> Die du jetzt fortnimmst,
> bring sie als Abendstern bald heimlich mir wieder zurück!«

dichtete (um 150 v. Chr.) der syrisch-griechische Liebesdichter Meleager (Grigson, S. 198). Und sein Zeitgenosse Bion, dem man auch die Adonisklage zuschreibt, steht ihm nicht nach (ebd. S. 198f.):

> »Hesperos, goldenes Licht der Lieblichen, aus dem Schaum Geborenen,
> freundlicher Hesperos, heiliger Glorienschein der blauen Nacht,
> nicht so hell wie der Mond, aber strahlendster
> aller Sterne, guten Abend, freundlicher Stern. Gib mir,
> wenn ich zu meinem Schäfer gehe, dein Licht, denn neu
> ist der Mond, und er geht früh unter
> heute nacht. Ich bin nicht ein Dieb im Dunkeln,
> ich tue nicht Leides den andern der Nacht,
> aber ich bin verliebt, und Liebende brauchen der Hilfe.«

3. *Exkurs:*
    Freyja, Berchta und der jüdische »Erev-Schabbat«

> »Jetzt naht der Tag, den die Franzosen nach der Göttin der Schönheit Venus = vendredi nennen. Für die Germanen ist es der Frei-Tag, nach Freja, der großen Magierin der Liebe genannt. Die russischen Zauberer ... nannten den fünften Wochentag gern ›lichtstrahlende Kaiserin, heilige Frau Freitag‹ (swetlaja zariza, swjataja pjatnitza).« *(Golowin, S. 19)*

Vielleicht steht auch die jüdische Sitte, am Vorabend des Schabbat »Gefillte Fisch« darzureichen, mit »aphrodisischen« Traditionen in Verbindung. In seinem Buch *The Jewish Festivals* jedenfalls bringt Hayyim Schauss das Backen der Schabbatbrote direkt mit der Verehrung der *Berchta* in Zusammenhang. Bei den deutschen Juden, so erwähnt er, tragen die kastenförmigen, geflochtenen Schabbatbrote den Namen *ber-*

ches oder *barches*, und diese Bezeichnung wird anerkannterweise auf die germanische Göttin Berchta zurückgeführt. Die germanischen Frauen des frühen Mittelalters, so erzählt er weiter, buken geflochtene Brotlaiber zu Ehren dieser Göttin und riefen ihren Namen an. Die jüdischen Frauen buken ebensolche Brote und nannten sie beim selben Namen. Ebenso eng verbunden ist mit dem Schabbat das Essen von Fisch. Zahlreiche Gelehrte, so wiederum Schauss, sind der Meinung, daß diese Sitte daher rührt, daß der Fisch ganz allgemein als Fruchtbarkeitssymbol angesehen wurde (vgl. H. Schauss, S. 31 f.).

Der Autor weiß noch von einer anderen, aufschlußreichen, kabbalistischen Tradition, die er mindestens auf das 3. nachchristliche Jahrhundert zurückführt: Dort legte man am Freitagabend Schabbatkleider an und begrüßte den Schabbat mit folgenden Worten: »Kommt, laßt uns hinausgehen und die Schabbat-Königin treffen«, oder: »Komm, Braut; komm, Braut!«. Am späten Freitagnachmittag zogen sie in einer Prozession vor die Stadt, um dort die Königin und Braut mit Namen Schabbat zu begrüßen. Ihre Psalmen und Gesänge endeten stets mit dem Ruf: »Komm, Braut; komm, Braut!« (vgl. ebd. S. 19 f.).

Gehen wir nun davon aus, daß Berchta nur ein anderer Name der germanischen Göttin Freyja war (s. u.; vgl. auch Koch, S. 10) und diese wiederum mit Venus – Aphrodite – Ischtar, der Göttin der Liebe, gleichzusetzen ist, dann sehen wir, wie wenig das Verbot des Propheten Jeremias, »der Himmelskönigin Kuchen zu backen« (Jer 7,18) bis heute befolgt wurde, daß vielmehr uralter Göttinnenglaube auch im Judentum nicht ganz verdrängt werden konnte.

Die Beziehungen, die den Schabbat mit der Göttin der Liebe verbinden, sind jedoch noch weitreichender: Schon nach Gn 1, der ersten Schöpfungsgeschichte, ist der »Freitag«, als sechster Tag, der Tag der Landtiere, der Erschaffung von Mann und Frau und der Liebe! Am Erev-Schabbat (dem Sabbatabend) war den Juden traditionellerweise vorgeschrieben, die eheliche Liebe zu vollziehen (vgl. Koltuv, S. 75). »Im pythagoreischen System war die 7, geschrieben als Hauchlaut H, die Zahl des Lichts, und die 6, geschrieben als Digamma F (im Hebräischen als W), war die Zahl des Liebens. Doch 6 stand auch für den Glanz und sieben für den Frieden.« Robert v. Ranke Graves deutet deshalb das zweite H im Namen des biblischen Gottes JHWH (in Anlehnung an pythagoreische und kabbalistische Überlieferungen) als die *Schechina*, den »Glanz Gottes, die mystische weibliche Emanation« des männlichen Gottes (repräsentiert durch das erste im Gottesnamen enthaltene H), »außerhalb derer kein Leben ist, die aber mit der Weisheit identisch ist, dem Glanz seiner Mediation« (v. Ranke-Gr., 1981, S. 565).

»Es blieb nicht aus, auch in den irdischen Geschlechtspartnern die Abbilder Gottes und der Schechina zu finden. Der kabbalistische Rabbi Eliahu di Vidas sagte, daß keiner die Liebe Gottes erlangen kann, bevor er nicht ›die Macht der leidenschaftlichen Liebe zu seiner Frau erfährt.‹ Die Schechina offenbarte sich als überirdische Mutter in der Ehefrau, die am Schabbat ... von ihrem Mann geliebt werden solle. Durch diese Vereinigung ›gewinnen die sechs übrigen Tage der Woche ihren Segen‹« (Walker, S. 64). Auch der kabbalistische Tarotinterpret Eliphas Lévi (1854 erschien sein Werk »Dogma und Ritual der transzendentalen Magie«) behauptete, »der 21. Trumpf sei die Braut Gottes als die kabbalistische Schechina in Form der Nackten Göttin.« Es gibt sogar ältere kabbalistische Zeugnisse für den Glauben, »daß Gott dem Bösen in der Welt nicht gewachsen sei, weil ihm die weibliche Seite fehle« (ebd. S. 65).

Auch der sechszackige »Davidsstern«, das Wahrzeichen Israels bis auf den heutigen Tag, war ursprünglich ein Symbol der körperlichen Vereinigung von Frau und Mann. Im indischen Raum gilt es als altes Symbol für die Vereinigung von Gott und Göttin, Schiva und Schakti. Entsprechend hat sich in der kabbalistisch-rabbinischen Tradition eine Vorstellung entwickelt, derzufolge »ein Bild in die Bundeslade an die Seite der Gesetzestafeln gelegt werden solle, welches einen Mann und eine Frau in der Art eines Hexagramms in inniger Umarmung zeigt« (ebd. S. 64).

V.   Aphrodite

»Aphrodite. Allmächtige. komm vom Äther herab ...
zu deinem Tempel. einst von Kretern erbaut.

Unter den Apfelbäumen des heiligen Hains.
als sie dir Opfer brachten auf den Altären.
schwelten damals der kühlenden Quelle entlang
Wolken von Weihrauch.

Immer noch rinnt das Wasser. von Zweigen beschattet.
zum Garten hinab und tränkt mir die Rosen der Laube.
wo ich voll Seligkeit (*[Koma!]*, während sie lautlos entblättern Kypris erwarte.

Drüben. dort auf der Weide tummeln sich Pferde.
grasen im Klee und in den reifenden Ähren.
süßer Geruch von Blumen weht von der Wiese
hierher zu mir.

Göttin der Liebe! Empfange mein Blumengebinde.
komm und erscheine uns. fülle die goldenen Schalen.
mische mit Nektar den Wein und schenke uns ein
himmlische Freude. (*Sapphos »Lied auf der Scherbe«*)

1.   Aphrodite bei Homer

[Wie alle »Homerischen Hymnen« stammt auch die folgende nicht von Homer selber, sondern wurde ihm erst nachträglich zugeschrieben. Der vorliegende Text, wie auch die Hymne an Demeter, stammt frühestens aus dem 7. Jhd. v. Chr., ist also mindestens ein Jhd. jünger als die Ilias.]

Große Homerische Hymne an Aphrodite

»Nenne mir, Muse, die Taten von Aphrodite, der goldnen
Kypris, die die Götter mit süßem Sehnen beseligt
und auch die Geschlechter der sterblichen Menschen bewältigt,
ja, auch alles Getier, die luftdurchfliegenden Vögel,
alles, was da rings dem Land und dem Meere entsprossen:
Kythereia gehorchen sie alle, der prächtigbekränzten.

Drei nur kann sie niemals bewältigen oder betören:
Pallas, des donnernden Vaters hellaugenleuchtende Tochter.
Liebt sie doch nicht die Taten der goldenen Aphrodite,
nein, ihr sind nur Kämpfe vertraut und Taten des Ares,
Schlachten und Männergewühl und köstliche Künste zu treiben.
Lehrte sie doch zuerst auf Erden die bildenden Menschen
erzgeschmückte Wagen zum Streit und zum Fahren zu bauen.
Und auch in den Häusern die zarten, blühenden Jungfraun
lehrte sie und begabte ihr Herz zu köstlichen Künsten.
Artemis auch, die Göttin der Jagd mit den goldenen Pfeilen,
kann sie zur Liebe nicht zwingen, die lächelnde Aphrodite.
Liebt doch jene den Bogen und Jagden auf Tiere im Bergwald,
Leier und Reigentänze und lautes, hallendes Jauchzen,
schattige Haine dazu und rechtliche Männer in Städten.
Histia *[Hestia]* aber auch, die züchtige Jungfrau, verachtet
Aphrodites Taten. Der listige Kronos erzeugte
sie zuerst und zuletzt nach Zeus', des donnernden, Ratschluß.
Und die heilige Göttin umwarben Poseidon und Phoibos,
aber sie wollte nicht, und, hart und trotzig sich weigernd,
schwor sie den mächtigen Eid, der sich auch wirklich erfüllte,
während sie das Haupt des donnernden Vaters berührte:
Jungfrau wolle sie bleiben, die heilige Göttin, auf immer.
Zeus aber gab ihr an Stelle der Ehe herrliche Ehre:
mitten im Hause zu thronen und sich von Opfern zu nähren.
So ist sie hochgefeiert in allen Tempeln der Götter,
gilt auch als würdigste Göttin bei allen sterblichen Menschen.

Diese drei kann sie nicht bewältigen oder betören,
aber kein anderer kann sich Aphrodite entziehen,
weder der Seligen einer noch auch der sterblichen Menschen.
Ja, sie berückte sogar den donnererfreuten Kronion *[Zeus]*,
der doch der größte ist, der größten Ehre teilhaftig.
Wenn sie es will, verblendet sie seine bedächtigen Sinne
und führt ihn gar leicht mit sterblichen Weibern zusammen,
daß er Here sogar vergißt, die Schwester und Gattin,
die an Gestalt die Schönste im Kreis der unsterblichen Götter,
sie, die Erhabenste, die der verschlagene Kronos erzeugte
mit ihrer Mutter Rheia. Und Zeus, des Ewigen kundig,
machte sie zur keuschen und treugesinnten Gemahlin.

Zeus aber weckte in Kypris selber süßes Verlangen,
sich einem sterblichen Mann zu ergeben, damit sie aufs schnellste
nicht getrennt mehr bliebe vom sterblichen Lager der Menschen;
daß sie sich nicht rühme im Kreise der ewigen Götter,
Aphrodite, die liebliche Göttin mit fröhlichem Lachen:
Himmlische habe sie ja mit sterblichen Weibern vereinigt,
die dann sterbliche Söhne den ewigen Göttern geboren,
Göttinnen habe sie gar gesellt zu den sterblichen Männern.
Nach Anchises weckte er ihr ein süßes Verlangen,
der auf den ragenden Höhen der Gipfel des quelligen Ida
weidete seine Rinder, so schön wie einer der Götter.
Wie die lächelnde Göttin nun diesen erblickte, da liebte
sie ihn gleich, ihre Sinne befiel eine brennende Sehnsucht.
Und sie eilte nach Kypros und schritt in den duftigen Tempel,
wo ihr Bezirk und Altar voll Duft im Haine von Paphos *[Zypern]*.
Eingekehrt, verschloß sie dort die schimmernden Türen,
und es badeten sie die Chariten *[Göttinnen, die Gunst, Anmut und Liebreiz spenden]*
     und salbten die Göttin
mit ambrosischem Öl, dem Schmelz der ewigen Götter,
das ambrosisch und süß ihr immer duftend bereitlag.

Herrlich sodann den Leib gehüllt in köstliche Kleider,
goldgeschmückt verließ die lächelnde Aphrodite
das schönduftende Kypros und schwang sich nach Troias Gefilden.
Hoch mit den Wolken durchschritt sie schnell die himmlischen Pfade,
und so kam sie zum Ida, der quelligen Mutter des Wildes.
Schnell gelangte sie da zu dem Hof in den Bergen; ihr folgten
wedelnd graue Wölfe und Löwen mit funkelnden Augen,
Bären und schnelle Pardel, die unersättlich nach Rehen

gierig; und dieser Anblick erfreute die Sinne der Göttin,
und sie erweckte in ihnen so süße Begierde, daß alle
paarweis sich zueinander in schattige Lager gesellten.
Selber gelangte die Göttin indes zu den trefflichen Hütten,
und, allein von den andern gelassen, fand in den Hürden
sie den hehren Anchises in gottgespendeter Schönheit.
Jene waren hinaus auf die grasigen Wiesen den Rindern
alle gefolgt, doch er, allein bei den Ställen geblieben,
wandelte hin und her und spielte tönend die Leier.
Und da trat vor ihn hin die Tochter des Zeus, Aphrodite,
als eine reine Jungfrau gestaltet an Größe und Ansehn,
daß er am Ende nicht gar beim Anblick der Göttin erschräke.
Als Anchises sie sah, da faßte ihn wunderndes Staunen
über ihr Ansehn und auch ihre Größe und lichten Gewänder.
Trug sie doch ein Kleid, das hell wie Feuer erstrahlte,
reich umwunden mit Schmuck und leuchtenden Ohrgehängen.
Ihren zarten Nacken umschlang ein köstlich Geschmeide,
goldig und schön und schimmernd in Buntheit, und über den zarten
Brüsten glänzte es gleich dem Mond, ein Wunder zu schauen.
Liebe erfüllte das Herz des Anchises, und also begann er:
›Heil, o Herrin! Wer von den Seligen naht meinem Hause?
Artemis, Leto oder die goldene Aphrodite
oder die edle Themis, die augenleuchtende Pallas,
oder kam von den Chariten wohl eine, die sich zu allen
Göttern gesellen und die wir auch Unsterbliche nennen?
Bist du eine der Nymphen, die hausen in lieblichen Hainen,
oder von denen, die hier das schöne Gebirge bewohnen
oder den Lauf der Flüsse und bachdurchflutete Auen?
Einen Altar will ich auf rundumschauender Warte
dir erbauen und will dir heilige Opfer verrichten
jederzeit im Jahr; du aber gib mir Gnade,
daß ich als trefflicher Mann mich unter den Troern beweise
und ein blühend Geschlecht hinterlasse, aber mir selber
gib, daß ich lange und glücklich das Licht der Sonne erblicke
und gesegnet im Volk des Alters Schwelle erreiche.‹«

[Aphrodite gibt vor, eine Sterbliche zu sein, von einer troischen Amme erzogen, nun aber von Hermes geraubt, der sie gezwungen habe, sich dem Anchises als Gattin zuzugesellen. Sie fordert Anchises auf, Hochzeitsvorbereitungen zu treffen:]

»Sprach's, die Göttin, und regte in ihm ein süßes Verlangen;
Liebe ergriff Anchises, er sprach und sagte die Worte:

›Bist du denn sterblich und bist von irdischer Mutter geboren,
und ist, wie du erzählst, dein Vater der rühmliche Otreus,
bist du durch die Macht eines Gottes, den leitenden Hermes,
hergelangt, so wirst du auf immer Gattin mir heißen.
Dann wird keiner der Götter und keiner der sterblichen Menschen
hier mir wehren, mich gleich auf der Stelle in liebender Wonne
dir zu gesellen, und wollte sogar der Schütze Apollon
von dem silbernen Bogen die schmerzlichen Pfeile entsenden,
wollte ich doch, o Weib, du götterähnliches, gerne
sinken in Hades' Haus, sobald ich dein Lager bestiegen.‹

Rief's und griff ihre Hand. Die lächelnde Aphrodite
wandelte abgewandt mit niedergeschlagenen Augen
zu dem gebreiteten Lager des Fürsten, wo es schon vorher
ihm aus weichen Decken bereitet, aber darüber
lagen die Felle von Bären und lautaufbrüllenden Löwen,
die er selber früher erschlagen auf ragenden Bergen.
Aber nachdem sie sodann das treffliche Lager bestiegen,
nahm er ihr zuerst vom Leib das helle Geschmeide,
Spangen, gewundene Bänder und Ohrgehänge und Ketten,
löste ihr dann den Gürtel und tat ihr die glänzenden Kleider
ab und legte sie nieder auf silbergenageltem Sessel,
er, Anchises. Und dann, nach Schickung und Willen der Götter,
ruhte der Sterbliche ahnungslos bei der ewigen Göttin.

Während zum Hofe zurück von den blumigen Wiesen die Hirten
wieder die Rinder lenkten und all die kräftigen Schafe,
goß die Göttin süßen, erquickenden Schlaf auf Anchises
nieder und hüllte den Leib aufs neu in die schönen Gewänder.
Als die erhabene Göttin den Leib nun völlig bekleidet,
stand sie in der Hütte, und bis zur gezimmerten Decke
ragte ihr Haupt, es strahlte unsterbliche Schönheit von ihren
Wangen, wie sie zu eigen der schönbekränzten Kythere,
und sie weckte ihn auf aus dem Schlaf und sagte die Worte:
›Dardanide, erwache! was schläfst du unweckbaren Schlummer?
Sprich! erscheine ich dir auch jetzt noch immer die gleiche,
wie du zuerst mich sahst, als mich dein Auge gewahrte?‹
Rief's; er aber vernahm's und fuhr empor aus dem Schlummer.
Wie er nun aber den Nacken, die herrlichen Augen erblickte,
zitterte er und wandte voll Scheu die Augen zur Seite,
und sein schönes Antlitz verbarg er unter dem Mantel.
Flehentlich bittend rief er die beflügelten Worte:

›Gleich zuerst, o Göttin, als dich mein Auge gewahrte,
wußt ich, du wärest ein Gott, du aber sprachst nicht die Wahrheit.
Aber nun flehe ich dich bei dem donnernden Vater Kronion:
Laß nicht bresthaft mich mein Dasein unter den Menschen
führen, erbarme dich mein! Wird doch ein blühendes Leben
keinem zuteil, der je bei unsterblichen Göttinnen ruhte.‹

Ihm erwiderte drauf die Tochter des Zeus, Aphrodite:

›O Anchises, Erlauchter der erdgeborenen Menschen,
tröste dich, sei guten Mutes und fürchte dich gar nicht,
hast du doch keinen Anlaß, von mir ein Übel zu fürchten,
auch von den andern Seligen nicht, da du ihnen lieb bist.
Dir wird ein Sohn beschert, wird herrschen über die Troer.
Kinder werden und Enkel von ihm stets weiter entstammen,
und sein Name wird sein Aineas *[v. griech.: ainos – schrecklich, unglücklich]*,
        weil es ein schweres Leid mir war,
das Lager des sterblichen Mannes zu teilen.
Ähnlich den Göttern am meisten von allen sterblichen Menschen
war ja immer euer Geschlecht an Wuchs und Gestaltung.
. . .

Aber wenn du immer wie jetzt in gleicher Gestaltung
weiter leben würdest und würdest mein Gatte geheißen,
würde mir nie ein Gram die geborgene Seele umwölken.
Nun aber wird dich bald das schlimme Alter erfassen,
das erbarmungslos zu allen Menschen herantritt,
unheilvoll und lastend, und das die Götter verabscheun.
Mir aber wird nun stets sich bei den ewigen Göttern
starkes Schmähen erheben um deinetwegen ohn Ende.
Haben sie früher doch die schmeichelnden Listen, mit denen
ich unsterbliche Götter zu sterblichen Weibern gesellte,
lang gefürchtet, denn alle sind meinen Listen verfallen.
Nun aber darf ich nicht mehr die Stimme erheben und solches
bei den Göttern erwähnen, so groß ist mein eigener Fehltritt.
Schrecklich hab ich gefehlt, unaussprechlich, verlor die Besinnung;
unter dem Gürtel trag ich ein Kind aus sterblichem Lager.
Dieses, sobald es einmal das Licht der Sonne gesehen,
werden in ihren Bergen vollbusige Nymphen erziehen,
die allhier das große, geweihte Gebirge bevölkern
und die nicht zu den Menschen und nicht zu den Göttern gehören.
Lange leben sie hier, genießen himmlischer Speise,

und sie schwingen sich oft in schönen Reigen mit Göttern.
Den Silenen jedoch und dem trefflichen Späher Hermeias
schenken sie ihre Gunst im Grunde lieblicher Grotten.
Mit den Nymphen zugleich auf menschennährender Erde
sind die Fichten entstanden, die hohen Wipfel der Eichen.
Herrlich in ihrem Grün auf ragenden Gipfeln der Berge
stehen sie stolz und hoch, und die Bezirke der Götter
nennt man sie, und so darf kein Eisen der Menschen sie fällen.
Aber naht auch ihnen einmal das Schicksal des Todes,
dann im Boden verdorren zuerst die herrlichen Bäume,
ihre Rinde vertrocknet, die Zweige fallen hernieder,
und es scheiden zugleich vom Licht die Seelen der Nymphen.
Diese werden den Sohn in ihrem Kreise erziehen.
Ist er aber sodann zu blühender Jugend erwachsen,
werden die Göttinnen dir den Knaben bringen und zeigen.
Ich jedoch, daß mein Herz dies alles noch einmal durchdenke,
werde im fünften Jahr dir mit dem Sohne erscheinen.
Sah dann zum erstenmal dein Auge den blühenden Sprößling,
wird dich Freude erfüllen, so herrlich gleicht er den Göttern.
Führen wirst du ihn gleich zu Ilios' luftigen Höhen.
Will dann aber einer der sterblichen Menschen erforschen,
welche Mutter den Sohn in ihrem Schoße getragen,
denke dann meines Gebots und rede, wie ich dich heiße:
einer der rosenwangigen Nymphen, so sagen die Leute,
sei er entsprossen, die hier die waldigen Höhen bewohnen.
Aber verkündest du frei und rühmst dich törichten Herzens,
daß du geruht in den Armen der schönen, bekränzten Kythere,
dann wird Zeus im Zorn mit flammendem Blitze dich treffen.
Alles hab ich dir nun gesagt; bewahr es im Herzen!
Hüte dich, nenne mich nicht und scheue den Ingrimm der Götter!‹

Also sprach sie und schwang sich auf zum luftigen Himmel.

Heil dir, Göttin, die du beherrschst das heilige Kypros,
du meines Liedes Beginn; nun schreit ich zu anderm Gesange.«
    (Homerische Götterhymnen, S. 94–104)

Kleine Homerische Hymne an Aphrodite

»Aphrodite, die schöne, die goldbekränzte, besing ich,
sie, die rings die Höhen des meerumflossenen Kypros
alle beherrscht, wohin sie des Zephirs schwellender, feuchter
Windhauch über die Wogen des lautaufrauschenden Meeres

trug im schmeichelnden Schaum. Die Horen *[Göttinnen des Jahreszeitenlaufs]*
   im goldenen Stirnreif
nahmen sie freudig auf, sie hüllend in göttliche Kleider,
taten ihr auf das unsterbliche Haupt den prächtigen, goldnen,
schöngefertigten Kranz, und in die durchstochenen Ohren
fügten sie Blüten aus Messing und aus gepriesenem Golde.
Ihren zarten Hals und den silberschneeigen Busen
schmückten sie mit goldnem Geschmeide, mit dem sie ja selber
prangen, die Horen im goldenen Stirnreif, wenn zu der Götter
lieblichem Reigen sie schreiten und zu dem Hause des Vaters.
Aber nachdem sie mit Schmuck den Leib der Göttin umkleidet,
führten sie sie den Unsterblichen zu. Die sahen sie, boten
freudig zum Willkommen ihr die Hände, und jeglicher wünschte
sie als ehelich Weib zu seiner Behausung zu leiten,
staunend über die Schönheit der veilchenbekränzten Kythere.

Heil dir, du Augenschöne, du Liebliche. Laß mich im Wettkampf
hier den Sieg erringen, gib Segen meinem Gesange.
Ich aber werde deiner und andrer Gesänge gedenken.« *(Ebd. S. 125 f.)*

Hera überlistet Zeus
mit Hilfe von Aphrodites Liebeszauber

[Mitten im Trojanischen Krieg, in dem die Göttin Hera auf seiten der Danaer und Achaier ge-
gen Troja Partei ergreift, erbittet sie von Aphrodite, die den Troern beisteht, deren Liebesgürtel,
um damit Zeus zu bestricken. Zeus soll in tiefen Schlaf fallen, damit er den Troern nicht gegen
die Achaier beistehen kann, auf deren Seite auch Heras Bruder und Schwager (Poseidon)
kämpft. Durch diese ihre List verhilft sie den Danaern zu einem entscheidenden Sieg über die
Troer, bei dem auch Hektor schwer verwundet wird.]

»Here aber, die goldthronende, trat hin und blickte mit den Augen
Vom Olympos herab, von der Kuppe, und erkannte sogleich,
Wie der sich abmühte in der Schlacht, der männerehrenden,
Der eigene Bruder und Schwager *[Poseidon]*, und freute sich im Mute.
Den Zeus aber sah sie sitzen auf dem höchsten Gipfel
Des quellenreichen Ida, und verhaßt wurde er ihr im Mute.
Und sie überlegte alsbald, die Kuhäugige, die Herrin Here,
Wie sie täuschen könnte den Sinn des Zeus, des Aigishalters.
Und dieses schien ihr in ihrem Mute der beste Rat:
Zum Ida zu gehen, nachdem sie sich gut zurechtgemacht,
Ob ihn wohl irgend verlangen würde, zu schlafen in Liebe

Bei ihrem Leib, und sie ihm einen Schlaf, einen leidlosen und sanften,
Über die Augenlider gieße und die klugen Sinne.

Und sie schritt hin und ging in die Kammer, die ihr der eigene Sohn gefertigt,
Hephaistos, und hatte dichte Türen an die Pfosten gefügt
Mit verborgenem Riegel: den konnte kein anderer Gott öffnen.
Dort trat sie ein und legte davor die schimmernden Türen.
Mit Ambrosia wusch sie sich zuerst von der liebreizenden Haut
Alle Unreinigkeiten und salbte sich glatt mit dem Öl,
Dem ambrosischen, köstlichen, wohlriechenden, das sie hatte;
Wurde es auch nur geschüttelt im Haus des Zeus mit der ehernen Schwelle,
So gelangte doch der Duft bis zur Erde wie auch zum Himmel.
Als sie sich damit die schöne Haut gesalbt hatte und die Haare
Gekämmt, da flocht sie mit den Händen schimmernde Zöpfe,
Schöne, ambrosische, herab von dem unsterblichen Haupt.
Dann legte sie ein ambrosisches Gewand an, das ihr Athene
Gewirkt und geglättet hatte und hineingesetzt viel Bildwerk,
Und befestigte es an der Brust mit den goldenen Nadeln.
Und sie gürtete sich mit dem Gürtel, mit hundert Troddeln versehen,
Und steckte Ohrgehänge in die gutdurchbohrten Ohrläppchen mit drei Kugeln
Wie Augäpfel, maulbeerförmig, viel Anmut strahlte davon aus.
Und in ein Kopftuch hüllte sie sich von oben herab, die Hehre unter den Göttinnen,
Ein schönes, neugefertigtes, weiß war es wie die Sonne.
Und unter die glänzenden Füße band sie sich schöne Sohlen.
Doch als sie nun den ganzen Staat um den Leib gelegt hatte,
Schritt sie hin und ging aus der Kammer und rief Aphrodite
Beiseite von den anderen Göttern und sagte zu ihr die Rede:
›Ob du mir jetzt wohl folgtest, liebes Kind, wie ich es sage?
Oder veweigerst du es, weil du darüber grollst im Mute,
Daß ich den Danaern beistehe und du den Troern?‹

Ihr antwortete darauf des Zeus Tochter Aphrodite:
›Here, würdige Göttin! Tochter des großen Kronos *[Zeit]*!
Sage, was hast du im Sinn? Der Mut heißt mich, es zu erfüllen,
Wenn ich es denn erfüllen kann und wenn es zu erfüllen ist.‹

Da sagte zu ihr mit listigem Sinn die Herrin Here:
›Gib mir jetzt die Liebeskraft und das Verlangen, womit du alle
Bezwingst, die Unsterblichen und die sterblichen Menschen!
Ich will gehen zu den Grenzen der vielnährenden Erde, um zu sehen
Okeanos, den Ursprung der Götter, und die Mutter Tethys,
Die mich in ihren Häusern gut aufgenährt und gepflegt haben,
Als sie mich empfangen von Rheia, als den Kronos der weitumblickende Zeus

Unter die Erde hinabschickte und das unfruchtbare Meer.
Um diese zu sehen, will ich gehen und den ungeschiedenen Streit ihnen schlichten.
Denn schon lange Zeit enthalten sie sich einander
Von Lager und Liebe, da Zorn ihnen den Mut befallen.
Wenn ich den beiden mit Worten bereden könnte ihr Herz
Und sie auf das Lager bringen, sich zu vereinigen in Liebe,
Immer würde ich ihnen lieb und ehrwürdig heißen.‹

Da sagte wieder zu ihr die *gern lächelnde Aphrodite:*
›Unmöglich und auch nicht geziemend, dir ein Wort zu verweigern!
Denn in den Armen des Zeus, des Stärksten, ruhst du.‹
Sprach es und löste von der Brust den bestickten Riemen [Himas],
Den bunten, worin ihr alle Bezauberungen gewirkt waren:
Dort drinnen war Liebeskraft, drinnen Verlangen, drinnen Liebesgeflüster,
Verführung, die auch den verständig Denkenden den Sinn raubt.
Den gab sie ihr in die Hände, sprach das Wort und benannte es heraus:
›Da nimm jetzt! stecke diesen Riemen in deinen Bausch,
Den bunten, in den alles hineingewirkt ist. Und nicht, sage ich,
Kehrst du unverrichteter Dinge zurück, was immer du in deinem Sinn bedenkst.‹

So sprach sie. Da lächelte die Kuhäugige, die Herrin Here,
Und lächelnd steckte sie ihn darauf in ihren Bausch. –
Die nun ging in das Haus, die Tochter des Zeus, Aphrodite.
Here aber schwang sich hinab und verließ die Kuppe des Olympos,
Schritt über Pierien hin und die reizende Emathie
Und stürmte über der rossepflegenden Thraker beschneite Berge,
Über die obersten Gipfel, und berührte nicht die Erde mit den Füßen.
Vom Athos aber schritt sie auf das Meer, das wogende,
Und gelangte nach Lemnos, der Stadt des göttlichen Thoas.
Dort traf sie den Schlaf, den Bruder des Todes,
Wuchs ihm ein in die Hand, sprach das Wort und benannte es heraus:
›Schlaf! du Herr über alle Götter und Menschen!
Ja, da hast du schon einmal mein Wort gehört; so laß dich
Auch jetzt noch bereden, und ich werde dir Dank wissen alle Tage.
Schläfere mir ein des Zeus Augen, die leuchtenden, unter den Brauen,
Sogleich, wenn ich mich zu ihm lege in Liebe!
Und zum Geschenk will ich dir geben einen schönen Lehnstuhl, unvergänglich immer,
Einen goldenen, und Hephaistos, mein Sohn, der Hinkende,
Wird ihn kunstvoll fertigen und unten einen Schemel anbringen für die Füße.‹«

[Der Schlaf jedoch weigert sich zunächst, weil er bei der Episode, auf die Hera anspielt, dem
Zorn des Zeus nur unter Beihilfe der Nacht (jener »Bezwingerin der Götter und Menschen«)

entrinnen konnte. Die Göttin aber versteht es schließlich doch, den Schlaf für sich zu gewinnen, indem sie ihm eine der Chariten verspricht, nach der sein Herz schon seit langem verlangt:]

»Da freute sich der Schlaf, antwortete und sagte zu ihr:
›Auf denn! schwöre mir jetzt bei dem unverletzlichen Wasser der Styx
Und fasse mit der einen Hand die vielnährende Erde
Und mit der anderen das Meer, das blanke, daß uns alle
Die unteren Götter Zeugen sind, versammelt um Kronos,
Daß du mir wahrhaftig geben wirst der Chariten eine, der jugendlichen:
Pasithee, nach der mich auch selbst verlangt alle Tage!‹

So sprach er. Und nicht ungehorsam war die Göttin, die weißarmige Here,
Und sie schwor, wie er verlangte, und nannte die Götter alle,
Die im Tartaros drunten sind und Titanen heißen.
Aber als sie geschworen und den Eid vollendet hatte,
Schritten sie beide hin und verließen die Stadt von Lemnos und Imbros,
In Nebel gehüllt, und vollbrachten schnell den Weg
Und gelangten zur Ida, der quellenreichen, der Mutter der Tiere,
Zum Lekton, wo sie zuerst das Meer verließen, und schritten beide
Über das Festland, und unter ihren Füßen erbebten die Spitzen des Waldes.
Da blieb der Schlaf zurück, bevor die Augen des Zeus ihn sahen, (. . .)
Here aber stieg schnell hinauf zur Gargaron-Spitze
Auf dem hohen Ida, und es sah sie der Wolkensammler Zeus,
Und als er sie sah, da umhüllte ihm Verlangen die dichten Sinne,
So wie damals, als sie zum erstenmal sich vereinten in Liebe,
Zum Lager eilend, verborgen vor den eigenen Eltern.
Und er trat vor sie hin und sprach das Wort und benannte es heraus:
›Here! wo strebst du hin, daß du so vom Olympos daherkommst?
Und hast nicht Pferde und Wagen dabei, sie zu besteigen!‹«

[Hera erzählt ihm dieselbe Geschichte, mit der sie zuvor Aphrodite zur Herausgabe ihres Liebeszaubergürtels veranlaßt hatte.]

»Da antwortete und sagte zu ihr der Wolkensammler Zeus:
›Here! dahin kannst du dich auch noch später aufmachen.
Wir beide aber, komm! wollen uns erfreuen, in Liebe gelagert!
Denn noch nie hat das Verlangen nach einer Göttin oder einer Frau
Mir so den Mut in der Brust rings überströmt und bezwungen! (. . .)
Auch nicht, als es Demeter war, die flechtenschöne, die Herrin,
Noch Leto, die herrlich prangende, noch auch du selber –
So wie ich jetzt dich begehre und das süße Verlangen mich ergreift!‹«

[Hera schlägt ihrem Gatten vor, mit ihr in die von Hephaistos gefertigte Kammer zu gehen, damit niemand ihnen beim Liebesspiel zusehen kann, doch der ungeduldige Zeus, dessen Verlan-

gen keinen Aufschub mehr dulden will, hüllt beide in eine goldene Wolke ein, die selbst die Strahlen der Sonne nicht durchdringen können.]

> »Sprach es, und mit den Armen packte der Sohn des Kronos seine Gattin.
> Und unter ihnen ließ wachsen die göttliche Erde frisch sprossendes Gras
> Und Lotos, tauigen, und Krokos und Hyakinthos,
> Dicht und weich, der sie von der Erde emporhob.
> Darauf lagerten sich beide und zogen über sich eine Wolke,
> Eine schöne, goldene, und es fielen hernieder glänzende Tropfen Tau. (…)
> So schlief er ruhig, der Vater, auf der Gargaron-Spitze,
> Von Schlaf und Liebe bezwungen, und hielt in den Armen die Gattin. –«
> *(Homer, Ilias XIV, 153–353)*

2.   Aphrodite und Adonis

Adonis ist so wenig ein ursprünglich griechischer Name wie Aphrodite. Und wie der ihre ist auch sein Name phönikischen Ursprungs: Dort, wie übrigens auch im Hebräischen, bedeutet das Wort *adon* oder *adoní* soviel wie Herr oder mein Herr. Seine Hauptkultorte waren Byblos an der syrischen Küste und Paphos an der Westküste Zyperns. In Ras Schamra/Ugarit, das etwa 150 km nördlich von Byblos lag, verehrte man (seit ca. 1400 v. Chr. belegt) einen Gott namens *Baal*, was übersetzt ebenfalls Herr und Gebieter heißt (vgl. Virolleaud, S. 41). Baal wird allgemein mit Adonis gleichgesetzt, dessen Kult von den Griechen mindestens seit dem 7. Jhd. v. Chr. übernommen worden ist (vgl. Ringgren, S. 208 f.).

Die älteste Fassung der Sage nach Panyasis

Von Adonis waren die verschiedensten Legenden in Umlauf. Der älteste, uns erhaltene Text stammt von dem in Kleinasien geborenen griechischen Dichter Panyasis (5. Jhd. v. Chr.), der ein Verwandter Herodots gewesen zu sein scheint. Nach Panyasis – wie nach Ovid – war auch Adonis zunächst ein sterblicher Mensch, Sproß einer verbotenen Vater-Tochter-Beziehung. Eine assyrische Prinzessin mit Namen Myrrha war seine Mutter, ihr Vater Theias war zugleich auch Vater ihres Sohnes.

> »Als nun Theias urplötzlich seine Tochter nicht mehr leiden mochte, entwich diese und suchte Zuflucht bei den Göttern. Die Götter aber erhörten Myrrhas Gebet und verwandelten sie in einen Baum, der von nun an den Namen Myrrha, die Myrrhe, trug. Neun Monate später öffnete sich die Rinde dieses Baumes und gebar ein Kind von wunderbarer Schönheit, das Aphrodite zu sich nahm und in ein Kästchen einschloß.« Dieses Kästchen vertraute die Göttin der Unterweltsgottheit Persephone an, verbot ihr aber, einen Blick hinein zu tun. Persephone öffnete die Truhe trotz des Verbots, erblickte das

überaus schöne Kind und weigerte sich, den Knaben zurückzugeben. Zeus entschied schließlich den Streit zwischen den beiden Göttinnen, indem er folgendes verfügte: vier Monate im Jahr solle Adonis bei Aphrodite, vier bei Persephone weilen und über die restlichen vier Monate frei entscheiden dürfen. Er entschloß sich, diese vier Monate Persephone zu widmen. »So sollte er also bloß ein Drittel des Jahres auf der Erde verbringen, bei Aphrodite, der Göttin der Liebe, und die übrigen zwei Drittel unter oder in der Erde verweilen, neben Persephone, der Göttin des Orkus, in jener Unterwelt, wo sich die Toten versammeln, aber zugleich und vor allem dem Orte, aus dem die Kraft quillt, die das Getreide zum Keimen bringt, der lebenspendende Saft, der die Bäume und alle Pflanzen durchdringt, die den Lebewesen zur Nahrung dienen.« *(Virolleaud, S. 23)*

Die Fassung der Legende nach Ovid

Adonis, Sohn der Myrrha, war die Frucht einer verbotenen Liebe zwischen Cinyras, dem König von Paphos, und seiner Tochter. Während der neun Nächte des Ceres-Festes, in denen die Mutter des Mädchens sexuelle Enthaltsamkeit übte, war es Myrrha gelungen, mit Hilfe ihrer Amme den vom Wein beschwerten Vater unerkannt zu verführen. Der Vater entdeckt den Verrat, als er seine jugendliche Geliebte schließlich bei Licht sehen will. Auf der Stelle zieht er sein Schwert gegen seine Tochter, und Myrrha muß fliehen. In ihrer Verzweiflung bittet sie die Götter um Verwandlung und wird zur Myrrhe. Das Kind, das unter der Baumrinde heranwächst und schließlich aus ihr geboren wird, »ist schon bald das schönste Kind, schon Jüngling, schon Mann; schon übertrifft er sich selbst an Schönheit; schon gefällt er sogar Venus und rächt sich an ihr für die Liebesqualen seiner Mutter. Denn während der köcherbewehrte Knabe seine Mutter Venus küßte, streifte er ihr versehentlich mit einem hervorstehenden Pfeil die Brust. Verwundet, stieß die Göttin den Sohn mit der Hand zurück; die Wunde war tiefer, als es den Anschein hatte – zuerst hatte sich auch Venus darüber getäuscht.

Gebannt von der Schönheit des Mannes, kümmert sie sich nicht mehr um die Küsten von Cythera *[Insel vor der Südostspitze des Peloponnes]*, vernachlässigt das meerumschlossene Paphos, das fischreiche Cnidos und Amathus mit seinen reichen Erzgruben; ja, auch vom Himmel hält sie sich fern; sogar dem Himmel zieht sie Adonis vor. Ihn hält sie im Arm, ihn begleitet sie; und sonst gewohnt, sich im Schatten zu erholen und ihre Schönheit zu pflegen, schweift sie in Berg und Wald zwischen Felsen umher, auf denen Gestrüpp wächst. Das Kleid hat sie nach Dianas Art bis zum Knie hochgeschürzt. Sie treibt Hunde an und jagt Tiere, die man ohne Gefahr fangen kann: vorgeneigt flüchtende Hasen, einen Hirsch mit hohem Geweih oder Damwild; fern hält sie sich von den tapferen Keilern, meidet räuberische Wölfe, krallenbewehrte Bären und Löwen, die sich an Rinderblut sättigen. Auch dich, Adonis, ermahnt sie, diese zu fürchten! –, und spricht: ›Sei tapfer gegen flüchtiges Wild; gegen Mutige Mut zu beweisen ist gefährlich. Sei, junger Mann, nicht tollkühn auf meine Kosten, reize keine wilden Tiere, denen die Natur Waffen verliehen hat, damit mich dein Ruhm nicht teuer zu stehen komme. Deine Jugend, dein Aussehen, und was sonst Venus gerührt hat, rührt nicht Löwen oder borstige Schweine, nicht das Auge und Herz wilder Tiere. Der Blitz wohnt in hitzigen Ebern mit ihren krummen Hauern; schnell im Zupacken und maßlos in der Wut sind gelbbraune Löwen – und ihre Gattung ist mir verhaßt.‹ Als er nach dem Grund fragte«, erzählte sie ihm – »indem sie Küsse unter die Worte mischte« – die Geschichte von

Hippomenes und Atalanta

»Vielleicht hast du schon von einer gehört, die im Wettlauf selbst die schnellsten Männer besiegte; das Gerücht war kein Märchen – sie besiegte sie in der Tat –, und man hätte nicht sagen können, ob ihr Ruhm als Wettläuferin oder der Reiz ihrer Schönheit sie mehr schmückte. Auf ihre Frage nach einem Gemahl hatte ihr der Gott verkündet: ›Einen Gemahl brauchst du, Atalanta, keineswegs. Meide die Ehe. Freilich wirst du ihr nicht entrinnen und bei lebendigem Leibe dein Wesen verlieren.‹ Erschrocken über den Orakelspruch, lebt sie ehelos im finstern Walde und vertreibt grausam die aufdringliche Freierschar, indem sie folgende Bedingung stellt: ›Ich bin nur zu erobern, wenn man mich vorher im Wettlauf besiegt hat. Lauft mit mir um die Wette. Dem Schnellen werde ich als Gattin zuteil, die Langsamen erhalten als Lohn den Tod. Das soll die Regel des Wettkampfes sein.‹ Zwar ist die Bedingung grausam, aber so groß ist die Macht der Schönheit: Selbst auf diese Bedingung ging eine Schar tollkühner Freier ein.«

Der junge Hippomenes, der nur als Zuschauer zum Wettkampf gekommen ist, verfällt, als er sie laufen sieht, der anmutigen Atalanta schließlich selbst. Doch auch die junge Frau verliebt sich ihrerseits in ihn. »Und unerfahren, wie sie ist, zum ersten Mal von Verlangen ergriffen, weiß sie nicht, was sie tut: Sie liebt und ist sich ihrer Liebe nicht bewußt. Schon fordern Volk und Vater das gewohnte Rennen, da betet zu mir Neptuns Nachkomme Hippomenes mit aufgeregter Stimme und spricht: ›Es stehe mir Cytherea, so bitte ich, in meinem Wagnis bei und unterstütze die Liebesglut, die sie in mir entzündet hat.‹ Ein Lufthauch, der nicht neidisch war, trug mir die liebenswürdige Bitte zu, und ich wurde gerührt – ich gebe es zu –; doch tat rasche Hilfe not.

Ein Feld gibt es, die Einheimischen nennen es das tamasenische , es ist der beste Teil Cyperns. Die Väter der Vorzeit haben es mir geweiht und als Gabe meinem Tempel zugeschlagen; mitten im Gelände schimmert ein Baum, rötlich belaubt; rötliches Gold raschelt an den Ästen. Von da kam ich gerade, in der Hand trug ich drei goldene Äpfel, die ich dort gepflückt hatte; für keinen anderen sichtbar, trat ich zu Hippomenes und sagte ihm, was er mit den Äpfeln tun sollte. Trompeten hatten das Zeichen gegeben, da stürzen beide vorwärts aus den Schranken. Kaum berührt ihr schneller Schritt die Oberfläche des Sandes: Man möchte meinen, sie könnten trockenen Fußes übers Meer hineilen oder über ein weißliches Kornfeld, ohne die Ähren zu knicken. ...

O wie oft zögerte Atalanta, wenn sie ihn schon überholen konnte, blickte ihm lange ins Gesicht und ließ ihn nur ungern hinter sich! Trocken kam das Keuchen aus dem erschöpften Mund, und das Ziel war noch fern; da endlich warf Neptuns Nachkomme eine der drei Früchte des Baumes. Erstaunt und voll Begierde nach dem glänzenden Apfel geht das Mädchen von der Bahn ab und hebt das rollende Gold auf. Hippomenes überholt sie: Tosender Beifall bei den Zuschauern. Sie aber gleicht den Aufenthalt und die versäumte Zeit aus, indem sie ihre Schritte beschleunigt. Schon hat sie den jungen Mann aufs neue hinter sich gelassen; da hält sie der Wurf des zweiten Apfels auf, doch abermals holt sie den Mann ein und läuft an ihm vorbei. Die letzte Wegstrecke blieb noch. ›Jetzt‹, sprach er, ›steh mir bei, Göttin, Spenderin der Gabe!‹ und warf mit jugendlicher Kraft das gleißende Gold schräg nach der Seite hin ins Feld, damit Atalanta möglichst spät zurückkehre. Das Mädchen schien zu schwanken, ob sie den Apfel holen solle; ich, die Göttin Venus, habe sie gezwungen, ihn aufzulesen, und machte den Apfel, nachdem sie ihn aufgehoben hatte, schwerer. So behinderte ich sie zugleich durch die Last und den Zeitverlust – doch, um meine Erzählung nicht länger auszudehnen als den Wettlauf: Das Mädchen blieb zurück, und der Sieger bekam seinen Lohn.

Verdiente ich nicht, daß er mir dankte, mich mit Weihrauch ehrte, mein Adonis? Der Pflichtvergessene hat mir weder gedankt noch Weihrauch gespendet. Da wandle ich mich plötzlich zur zürnenden Gottheit; voll Schmerz über die Mißachtung will ich die Nachwelt durch ein Beispiel davor warnen, mich geringzuschätzen, und stachle mich selbst gegen die beiden auf.

Die kamen an einem Tempel vorbei, der in dichten Wäldern verborgen war. Einst hatte ihn der berühmte Echion der Göttermutter [Kybele] auf Grund eines Gelübdes erbaut. Der lange Weg mahnte zur Rast. Dort ergreift Hippomenes zur Unzeit die Begierde nach dem Beilager – meine Gottheit erregte ihn. Nah am Tempel war ein Schlupfwinkel, in den nur wenig Licht fiel, einer Höhle ähnlich, von gewachsenem Bimsstein bedeckt, eine uralt heilige Stätte; dorthin hatte der Priester viele hölzerne Bilder altehrwürdiger Götter gebracht. Hier dringt Hippomenes ein und besudelt das Heiligtum mit verbotener Lust. Die heiligen Bilder wandten den Blick ab, und die Mutter mit der Mauerkrone [Kybele] überlegte, ob sie die Schuldigen in den Wellen der Styx versenken sollte; doch diese Strafe schien zu gering. Also umhüllen bald rostfarbene Mähnen die glatten Hälse, die Finger krümmen sich zu Krallen, aus den Schultern wird ein Bug, das ganze Gewicht verlagert sich in die Brust, ein Schwanz fegt über den Sand hin. Zorn spricht aus ihrer Miene, anstelle von Worten stoßen sie ein Knurren aus, statt des Ehegemaches bewohnen sie den Wald. Während alle anderen sie fürchten müssen, beißen sie mit gezähmtem Zahn Cybeles Zügel, die Löwen.

Meide du diese, mein Teurer, und mit ihnen wilde Tiere aller Art, die dir nicht fliehend den Rücken kehren, sondern sich mit der Brust zum Kampfe stellen, daß deine Tapferkeit nicht uns beiden zum Verhängnis werde!‹«

Klage um Adonis

»Mädchen: Wehe. Adonis ist tot. der Kypris Begleiter.
Chorleiterin: Klagt um Adonis. zerreißt das Gewand.

schlagt an die Brust euch. jammert mit mir.
Mädchen: doch ich vermag nicht so ergreifend zu singen.
daß Adonis. zu neuem Leben erwacht.
Noch ist die Zeit nicht gekommen. klagt um Adonis.
stumm bleibt der Frühling. tot sind die Blumen.
weint um Adonis. zerreißt das Gewand.« (*Sappho*)

»Zwar hat sie *[Aphrodite]* ihn gewarnt und enteilt auf ihrem Schwanengespann durch die Lüfte; doch ihren Warnungen widersteht seine Tapferkeit. Zufällig scheuchten die Hunde, die einer sicheren Spur nachgegangen waren, einen Eber aus seinem Versteck auf. Während dieser sich anschickte, das Gehölz zu verlassen, hatte Adonis ihn mit einem Speerwurf von der Seite getroffen; doch im Nu hat der trotzige Eber mit seinem schaufelförmigen Rüssel den Jagdspieß hinweggestoßen, den sein Blut färbte; dann verfolgt er Adonis, der sich angstvoll in Sicherheit bringen will, stößt ihm die Hauer tief in die Weichen, und schon hat er den Sterbenden im rötlichen Sande niedergestreckt. Cytherea, die in ihrem leichten Wagen auf Schwanenflügeln geradewegs durch die Lüfte flog, war noch nicht in Cypern angekommen, da erkannte sie von fern das Stöhnen des Sterbenden und lenkte ihre weißen Vögel dorthin zurück. Sobald sie vom hohen Himmel sah, wie er entseelt dalag und sich in seinem Blute wälzte, sprang sie hinab, zerriß ihr Gewand, raufte sich das Haar, schlug sich mit den Händen, die es nicht verdienten, an die Brust, haderte mit den Schicksalsmächten und sprach: ›Dennoch wird euch nicht alles anheimfallen: Das Andenken meiner Trauer wird ewig währen, Adonis; und die festliche Begehung deines Todes wird alljährlich ein Abbild meiner Klage um dich sein. Dein Blut aber wird zur Blume werden. Es stand einst dir, Persephone, frei, die Glieder einer Frau in duftende Minze zu verwandeln – sollte dann etwa mir die Verwandlung des Adonis mißgönnt sein?‹

Nach solchen Worten besprengte sie das Blut mit duftendem Nektar; davon berührt, quoll es auf, wie sich im braunen Schlamm eine durchsichtige Luftblase erhebt. Und es dauerte nicht länger als eine volle Stunde, da war aus dem Blut eine Blume gleicher Farbe entsprossen, rot wie Granatäpfel, die unter zäher Rinde ihre Kerne verstecken. Doch nur kurz kann man den Anblick der Blume genießen; denn sie haftet nur schwach, fällt ab, weil sie allzu leicht ist, und die Winde, die ihr den Namen geben, wehen sie fort.« *[Gemeint ist die Anemone, von semit. na'amon – »eine, die schön ist«, von den Griechen nachträglich etymologisch mit* anemos *– »Wind« verbunden; vgl. Grigson, S. 48; Quelle: Ovid, Metamorphosen X, 523–740.]*

Was von Adonis geblieben ist, scheint zunächst nur ein Symbol allzufrüh gestorbener Liebe. Dem trug man im Kult Rechnung durch Pflanzung der sog. »Adonisgärtlein«. Während der Festwoche wurden in irdene Töpfe Samen von Fenchel, Getreide,

Lattich oder Anemonen gesät, die innerhalb kürzester Zeit aufblühten und verwelkten – Sinnbilder für Adonis' frühen Tod und die Flüchtigkeit des Lebens überhaupt. Der Hauptakzent des Festes lag jedoch auf Rückkehr und Wiederauferstehung des Adonis. Seinem Sterben galten die Klagelieder der Festteilnehmer/innen, die zugleich ein Einswerden mit dem Schmerz der verlassenen Göttin erlaubten. Nach Lukian (2. Jhd. n. Chr.) währte das dem Adonis gewidmete Fest in seinen Hauptkultorten Byblos und Afka acht Tage lang, wovon allein sieben Tage den Klagen um seinen allzufrühen Tod galten: »Zur Erinnerung an dieses Unglück schlagen sie sich an die Brust und klagen jedes Jahr ... Wenn sie ihr Klagen und Trauern beendet haben, opfern sie zuerst dem Adonis – wie jemandem, der gestorben ist ... Danach behaupten sie, daß er wieder lebendig sei, und zeigen dem Himmel sein Bild«, erläutert Lukian in seinem Werk *De dea Syria*, 6 (bei Ringgren, S. 209).

> »Tränen von der paphianischen Göttin fielen zur Erde,
> Blut von Adonis,
> beide benetzten die Erde und wurden zu Blumen.
> Anemonen wurden aus ihren Tränen,
> Rosen aus seinem Blut.
> Adonis, Adonis, der süße Adonis ist tot.«

Zeilen, die um 100 v. Chr. der Dichter Bion ins Leben rief (bei Grigson, S. 49). Danach sorgen die Tränen der Göttin für Adonis' Verwandlung, wie die Tränen der Isis den Nil – und damit Osiris – wiederbeleben. Und diese Verbindungen zum Osiris-Kult dürfen durchaus als sehr konkret angesehen werden. Seit dem frühen Altertum standen Ägypten und Byblos in engen Beziehungen. In Byblos sollte, der ägyptischen Überlieferung nach, die Lade mit dem toten Osiris gestrandet gewesen sein, die dann von einem Ereikebaum schützend umwachsen wurde. Hier fand Isis die Leiche ihres Gatten wieder und belebte sie aufs neue. Und noch im 2. Jhd. n. Chr. empfing man hier aus dem ägyptischen Alexandrien »die große Nachricht von der Wiedergeburt« (Virolleaud, S. 37). In Antiochien beging man das Fest des Adonis im Monat Juli, in einer Zeit, da man in Ägypten mit der Nilschwemme zugleich Geburts- und Wiederauferstehungstag des Osiris feierte. Der Monat Juli aber trug im orientalischen Kalender bezeichnenderweise den Namen Tammuz!

Auch Adonis war ein Fluß. Dieser Fluß, der seinen Namen trug, mündete bei Byblos ins Meer. An seiner Quelle in Afka oder Aphaca befand sich ein Heiligtum der Astarte oder *Venus aphacite*, die man als Göttin von Byblos verehrte. In beiden Städten scheint man das Fest zu Beginn des Frühlings gefeiert zu haben. Um Ostern blüht an der syrischen Küste die rote Anemone, die ihre Farbe nach des Adonis vergossenem

Blute haben soll. Auch brachte nach der Schneeschmelze im Frühling (wie auch nach heftigen hochsommerlichen Gewittern) der Fluß, der sich seinen Weg durch eisenhaltiges Erdreich bahnen mußte, rötlich gefärbte Erde – das »Blut« des Adonis – mit sich (vgl. Ringgren, S. 208 f.).

Mit dem Anbruch des achten und letzten Festtages begaben sich die Frauen von Byblos zum Hafen, »um den obersten Teil einer Papyrusstaude, einen Papyruskopf«, in Empfang zu nehmen, »den die Frauen in Alexandrien acht Tage vorher speziell für ihre Schwestern in Byblos ins Meer geworfen hatten, als eine Art Botschaft oder Huldigung des Osiris an Adonis. Denn am Ufer des Nils galt der Papyruskopf als eines der Symbole des Osiris. Dieser festliche Gebrauch, der dem achten Tag sein Gepräge verlieh, bezeugt zur Genüge die enge Verwandtschaft zwischen dem Osiriskult und dem Adoniskult. Und es handelt sich dabei keineswegs, wie man glauben könnte, um eine Wirkung des Synkretismus der Spätzeit, sondern weit eher um eine Erinnerung oder einen Rest jener fernen Epoche, da im Grunde Osiris und Adonis ein und dasselbe Wesen gebildet hatten. Nach einer anderen Tradition soll es übrigens ein irdener Topf und nicht ein Papyruskopf gewesen sein, den die alexandrinischen Frauen ins Meer warfen; aber dieser Topf enthielt Papyrusblätter, auf die die Botschaft von der Wiederkunft geschrieben war.

Die Ankunft dieser Botschaft des Osiris war das Zeichen, an dem in Byblos die Adonispilger die Wiedergeburt ihres Gottes erkannten. ... Überall spürte man seine Gegenwart, immer wieder sagten die Männer und mehr noch die Frauen, die den ganzen Tag lang kamen und gingen, die einfachen Worte: ›*Adon* ist wiedererstanden, der Herr ist wiedererstanden‹« (ebd. S. 35 f.). Daß es wohl vor allem Frauen waren, die Klagelieder um den Gott anstimmten, bezeugt noch Ez 8,14 in seiner Vision von den »Sünden Jerusalems«, zu denen selbstverständlich an erster Stelle die Verehrung heidnischer Gottheiten gehörte:

> »Alsdann brachte er mich an den Eingang des Tores des Jahwetempels, das nach Norden liegt, und siehe, da saßen die Weiber, die den Tammuz beweinten«, was im Denken und Glauben des Propheten Ezechiel nur ein Greuel sein konnte.

In Alexandrien, wo die Adonien nur drei Tage lang gefeiert wurden, »wurde am dritten ausschließlich die Rückkehr des Gottes besungen. ... An diesem *dritten Tage*, dem Tage der Rückkehr oder Wiederauferstehung des Adonis, riefen die Frauen Alexandriens einander folgendes zu:

> ›Sobald der Morgen graut, am Rande des fruchtlosen Meeres,
> Freut euch und tanzt in der Runde,
> Singet das göttliche Kind, das aus dem Acheron aufsteigt,
> Umhüllt von glorreichem Schimmer.‹

Weitere Gesänge feierten die Göttin Aphrodite selbst in beflügelten Strophen« (Virolleaud, S. 33).

Dies können wir u. a. einem Gedicht Theokrits zur Auferstehungsfeier des Adonis entnehmen, wie sie im königlichen Palast zu Alexandria stattgefunden haben mag; (der Text stammt aus dem 3. vorchristlichen Jhd.). Das Lied, welches die Sängerin der Aphrodite widmet, richtet sich zugleich an die Königin Arsinoe II, die nach ihrem Tod (270 v. Chr.) von ihrem Gatten Ptolemais II als Pharao göttlich verehrt wurde, und zwar mit allen Rechten eines männlichen Pharao. Bereits zu ihren Lebzeiten wurde Arsinoe mit Aphrodite und Isis identifiziert (vgl. Schuller, S. 100 f. u. Grigson, S. 52).

Rückkehr des Adonis

»Herrscherin! die du Golgos erkorst und Idalions Haine,
Auch das Eryx Gebirg, goldspielende, du, Aphrodita!
Sage, wie kam dir Adonis von Acherons ewigen Fluten
Nach zwölf Monden zurück, im Geleit sanftwandelnder Horen?
Langsam gehn die Horen vor andern seligen Göttern;
Aber sie kommen mit Gaben auch stets und von allen ersehnet.
Kypris, Dionas Kind, du erhobst, so meldet die Sage,
In der Unsterblichen Kreis, die sterblich war, Berenika *[Mutter von Arsinoe II]*
Hold Ambrosiaduft in die Brust der Königin träufelnd,
Dir zum Dank, vielnamige, tempelgefeierte Göttin,
Ehrt Berenikas Tochter, an Liebreiz Helenen ähnlich,
Ehrt Arsinoa heut mit allerlei Gaben Adonis.
Neben ihm liegt anmutig, was hoch auf dem Baume gereifet;
Neben ihm auch Lustgärtchen, umhegt von silbergeflochtnen
Körben, auch goldene Krüglein, gefüllt mit syrischen Düften;
Auch des Gebackenen viel, was Frauen in den Formen bereitet,
Mischend das weißeste Mehl mit mancherlei Würze der Blumen,
Was sie mit lieblichem Öl getränkt und der Süße des Honigs.
Alles ist hier, das Geflügel der Luft und die Tiere der Erde.
Grünende Laubgewölbe, vom zartesten Dille beschattet,
Bauete man; und oben als Kinderchen fliegen Eroten,
Gleichwie der Nachtigall Brut, von üppigen Bäumen umdunkelt,
Flattert umher von Zweig zu Zweig, die Fittige prüfend.
Sehet das Ebenholz! Und das Gold! Und die reizenden Schenken
Herrlich aus Elfenbein vom Adler entführt zu Kronion!
Auf den purpurnen Teppichen hier (noch sanfter wie Schlummer
Würde Milet sie nennen und wer da wohnet in Samos)
Ist ein Lager bereitet, zugleich dem schönen Adonis.

Achtzehn Jahre nur zählt ihr Geliebtester oder auch neunzehn;
Kaum schon sticht sein Kuß, noch säumet die Lippen ihm Goldhaar.
Jetzo mag sich Kypris erfreun des schönen Gemahles.
Morgen tragen wir ihn, mit der tauenden Frühe versammelt,
Alle hinaus in die Flut, die herauf schäumt an die Gestade;
Und mit fliegendem Haare, den Schoß bis tief auf die Knöchel,
Offen die Brust, so stimmen wir hell den Feiergesang an.«
            (Übersetzung nach Mörike, bei Grigson, S. 52 f.)

3.   *Aphrodite Euploia –*
      die Schutzpatronin der Seefahrt und ihr heiliger Delphin

      »Verehre die Cyprin, und ich will einen sanften Wind
      für deine Liebe senden und für das strahlenäugige Meer.«
            (Anonym)

Wie es sich für die Schaumgeborene, von Meereswogen an Land getragene Göttin geziemt, blieb Aphrodite der Welt des Ozeans verbunden. Wie die später mit ihr gleichgesetzte ägyptische Göttin *Isis* wurde sie als Herrin und Schutzpatronin der Seefahrt
verehrt. Gefährliche und dem Meer ausgesetzte Bergeshöhen und -plateaus waren die
bevorzugten Plätze ihrer Tempel. Von diesen Hochsitzen aus sorgte Aphrodite Pela-
gaia – die Meergöttin – unter dem Beinamen *Euploia* für eine gute Schiffahrt und als
Galenaia für ruhige Winde. »Der älteste und heiligste aller ihrer Tempel in Griechenland stand auf der felsigen, ziemlich unwirtlichen Insel Kythera vor der Ostspitze des
Peloponnes. Er war so hoch auf einer Berg- und Hügelterrasse gelegen, daß jedes Han-
delsschiff aus Libyen oder Ägypten oder von der phönikischen Küste ihn sehen
konnte, das in den darunterliegenden Hafen von Skandeia einfuhr« (Grigson, S. 119).
Auch auf Zypern finden sich mehrere Aphroditetempel an exponierter Stelle. Am eindrucksvollsten, weil aus jeder Richtung die Blicke auf sich ziehend, auf dem »blauen
Berg« von Stavrovouni, am Rande der Ebene von Larnaka, der heutzutage nicht zufällig von einem Kloster gekrönt wird. Besonders charakteristisch ist außerdem der kleinere Tempel von Idalion, der auf einem beengten Felsenplatz an der äußersten Ostspitze Zyperns errichtet wurde und dem die Göttin u. a. den Titel *Akraia* (v. griech.
akra = Vorgebirge, Gipfel, Burg) verdankt. »Das äußerste Ende Zyperns, das in Felsen
und kleine Inseln ausläuft und den Stürmen aus Nord und Süd ausgesetzt ist, war
außerordentlich gefährlich. Von ihrem hohen Plateau aus blickte Aphrodite hinab auf
die vorbeigleitenden Schiffe und die Schiffe in Not, ganz die Wächterin oder Herrin
der Brandung« (ebd.); wie es ein Gedicht der Anyte von Tegea aus dem 4. Jhd. v. Chr.
beschreibt (ebd. S. 121):

»Kypris gehört dieser Ort. Denn ihr gefiel es, vom Festland
Immer hinauszuschaun auf das glänzende Meer,
Daß sie freundliche Fahrt den Schiffern bereite.
Doch ringsum
Sieht des heiligen Bildes Pracht und erschauert die Flut.«

Hier wie anderswo, sei es auf der Akropolis von Korinth oder im Heiligtum auf dem
Berge Eryx (Monte San Giuliano) in Nordwestsizilien, erfüllten Lage und Bauweise
der Tempel zugleich die Funktion von religiösen Leuchttürmen und Wegweisern, die –
allegorisch gesehen – auch die Klippen der Liebe umschiffen halfen; wie sie andererseits Liebenden »heimleuchteten«, die das Meer voneinander trennte:

»Dieser Tempel, in dem ich
an mächtiger Woge als Herrin
über das feuchte Gestad hier
mich erhebe, ist klein,
aber mir lieb. Gern
seh ich's, wenn Schauer verbreitend die weite
Meerflut sich aufbäumt
und wenn Schiffer sich retten zu mir.
Bete zu mir, dieser Kypris!
Dann sende ich dir in der Liebe
oder in Meeres Azur
gerne behilflichen Wind.« *(Antipatros v. Sidon, 2. Jhd. v. Chr.)*

»Hort vor Klippen im Meer,
dir leg ich den wenigen Kuchen
und dies schlichte Geschenk
meiner Verehrung hierher.
Morgen will ich die Wogen
des Jonischen Meeres durchfahren,
meine Eidothea ruft
zu ihrem Busen mich hin.
Fächle mir freundliche Schimmer
aufs Schiff wie über die Liebe,
Herrin des Ehegemachs,
Kypris, und Herrin der See.« *(Gaetulicus I, 1. Jhd. n. Chr.; ebd. S. 122)*

Zu dieser Rolle als Besänftigerin der Meeresfluten paßte wiederum ausgezeichnet der
Delphin als heiliges Tier der Aphrodite, der immer wieder auch ihre Statuen
schmückt.

»Das ruhigste, stillste Meer legt sich in Sorgenfalten,
wenn die Delphine es verlassen und ihm Freude rauben.
Sobald die Reizenden jedoch im Tanz sich wieder necken,
wird jede Welle fröhlich, und die Wasser lächeln.«
(William Diaper in Anlehnung an ein Gedicht von Oppian; ebd. S. 125)

Delphine waren — und sind bis heute — Seismographen für günstige Witterungs-
verhältnisse. In dieser Gestalt sind sie ein Symbol für das ruhige Meer als Geschenk
der Aphrodite. »Das Schiff, das auf seiner Fahrt zum Nil oder zu den Säulen des Her-
kules in Not geriet, hoffte, symbolisch gesprochen, auf den rettenden Delphin. Denn
sobald die Delphine auftauchten, bestand Aussicht, daß die Wellen sich legten« (ebd.
S. 128). Auch waren speziell in Griechenland jede Menge von Geschichten in Umlauf,
in denen die Meeressäuger sich als Retter in der Not erwiesen. Sie galten als musiklie-
bende, »musische« Tiere, die zu mißachten, einer Beleidigung der Musen und Grazien
gleichkam. Einen Delphin zu verletzen oder zu töten, galt deshalb als Sakrileg und
Vergehen gegen die Liebesgöttin.

Im übrigen wurde der Delphin als Symboltier bereits mit der phönikischen Astarte
in Zusammenhang gebracht, auch sie eine Göttin des Meeres, die im Baalskult mit
dem Titel *Herrin Aschera des Meeres* auftritt (Pritchard 1973, S. 98). Mit der babylonischen Ischtar und der phönikischen Astarte scheint Aphrodite noch eine andere Ge-
meinsamkeit zu verbinden:

4.   *Sakrale Prostitution*

Von Herodot erfahren wir, daß es in einem der von ihm beschriebenen babylonischen
Ischtar-Tempel für Frauen Brauch war, sich einmal in ihrem Leben im Tempel der Göttin der freien Liebe hinzugeben. Jede Frau, ob arm oder reich, mußte, vermutlich an
speziellen bedeutungsvollen Festtagen, zum Tempel hinaufsteigen, sich dort niederset-
zen, mit einem Band um den Kopf gewunden, und warten, bis sie von einem Mann er-
wählt wurde. Der Mann warf eine Silbermünze in ihren Schoß und forderte die junge
Frau »im Namen der Göttin« zur körperlichen Liebe auf. Ein Fest, von dem man annimmt, daß es im Frühling gefeiert wurde und damit zugleich von kosmischer, welt-
erhaltender und wachstumsanregender Bedeutung war. Herodot erwähnt noch, daß
die gleichen Riten auch auf Zypern, vor allem in Paphos Brauch waren, »möglicherweise als Hauptbestandteil eines jährlichen Festes, bei dem die Pilger in lyrischer Prozession vom Hafen Nea Paphos heraufkamen« (vgl. Grigson, S. 109 f.).

Obgleich von orientalischer Herkunft und von den Griechen stets nur halbherzig
gebilligt, gab es sakrale Prostitution vor allem in den griechischen Aphrodite-Tempeln

der Hafenstädte Korinth und Knidos in Kleinasien. Als Aphrodite *Porne* oder *Hetaira* war die Liebesgöttin auch für diesen Berufszweig zuständig.

> »In den *Fasti* für April – Aphrodites Monat – erinnert Ovid die Dirnen von Rom daran, daß sie am 22. April Venus ihre Opfergaben zu bringen hätten. Da die Göttin ihnen zu ihrem Verdienst verholfen habe, müßten die Mädchen ihr Räucherwerk, Myrten, Rosenkränze, Binsen und ihre Lieblingspflanze sisymbrium (Wasserminze) bringen und zu ihr beten, daß die Göttin sie schön, begehrenswert und beliebt erhalte.« *(Grigson, S. 187)*

Berühmte Kurtisanen standen sogar Modell für die größten Bilder und Statuen der Aphrodite. Daß diese Hetären nicht nur von Männern, sondern auch von Frauen geschätzt wurden, zeigen Gedichte der Poetin Nossis (3. Jhd. v. Chr.), in denen sie ihrer Bewunderung für die Schönheit solcher Frauen Ausdruck verlieh (bei Schuller, S. 114):

> »Kommt, wir treten zum Tempel und wollen der kyprischen Göttin
> herrliches Standbild beschaun, wie es vom Golde erglänzt.
> Polyarchis stiftete es; von des eigenen Leibes
> Liebreiz erntete sie solch eine Fülle von Gut.«

Und:

> »Kallo weihte im Tempel der blonden Kythere ihr eignes,
> wundervoll ähnliches Bild, das sie sich selber gemalt.
> Wie sie doch dasteht! So lieb! O sieh nur, welch blühende Grazie!
> Heil ihr, der Guten! Ihr Weg führt sie der Schande nicht zu.«

Für den Aphroditetempel zu Knidos schuf Praxiteles eine berühmte Statue der nackten Göttin, für die ihm seine Geliebte, Phryne aus Thespia, Modell gestanden hat. »Sie saß auch Apelles für sein oft kopiertes Bild von Aphrodite, wie sie gerade aus dem Meer steigt und ihre Haare auswringt, so daß die Wassertropfen um ihren Körper einen Schleier weben« (Grigson, S. 104). Auch sie war offensichtlich reich und erhielt, zum Dank für ihre Dienste, von Praxiteles eine Eros-Statue als Geschenk, die sie wiederum ihrer Heimatstadt Thespia vermachte.

Knidos wird jedoch auch in dem aufschlußreichen Dialog *Die Eroten* hervorgehoben, den man einem Pseudo-Lukian aus dem 4. Jhd. n. Chr. zuschreibt. Danach besaß der dortige Aphrodite-Tempel einen duftenden Garten mit Lauben, in denen Paare ungehindert und im Namen der Göttin zu körperlichen Freuden zusammenkommen durften:

> »Einer der Sprecher beschreibt einen Besuch, den er und einige seiner Freunde dem Aphroditetempel in Knidos abstatteten, weil sie die Statue des Praxiteles sehen wollten.

Als sie sich dem Heiligtum näherten, sei ihnen eine ›süße aphrodisische Brise‹ entgegengeschlagen, direkt aus dem temenos *[dem heiligen Bezirk]*, denn anstatt des üblichen fliesenbelegten Raumes war das Innere dieses Tempels ein lieblicher Garten mit Bäumen und Büschen, ein typisches temenos Aphrodites. Es gab vor allem Myrten, denn die Myrte war der Aphrodite heilig, aber auch Platanen, Zypressen, Lorbeerbäume und Efeu und traubenschwere Reben des Dionysos in Fülle (war er mit seinem Wein doch ein Helfershelfer Aphrodites). ... Ein Sprecher des Dialogs erwähnt beiläufig, daß es im tiefsten Schatten dieses Gartens Lustbänke oder Lust-Hütten gegeben hätte, für Paare, die sich dort miteinander vergnügen wollten. Gelegentlich hätten Leute von Stand davon Gebrauch gemacht, aber an Festtagen sei das Volk von Knidos dorthin geströmt, um sich ›in Aphrodites Namen‹ zu vereinigen *[der Pseudo-Lukian benutzt den Ausdruck aphrodiazein]*.« *(Ebd. S. 135)*

Ein Geschehen, das im Pervigilium Veneris (frühes 4. Jhd. n. Chr.), der Darstellung eines Liebes- und Frühlingsfestes, wie es sich in einem sizilianischen Venustempel begab, seine Bestätigung zu finden scheint (ebd. S. 136):

»Morgen im Schatten der Bäume
werden die grünen Hütten mit
Myrten geschmückt von der,
die Liebende einander zuführt.«

Lassen wir zum Schluß noch einmal Sappho zu Wort kommen, jene bereits in der Antike in ihrer Bedeutung mit Homer verglichene Dichterin (vgl. Schuller, S. 114), auf deren Epitaph es heißt (S. 16):

»Es gibt kein Licht, das sie nicht besungen hat,
es blüht keine Rose, die sich nicht ihrer erinnert.«

Daß von ihren insgesamt 9 Büchern (ca. 12 000 Zeilen) heute nur mehr 600 Zeilen erhalten sind, die in mühsamster Kleinarbeit rekonstruiert werden müssen, verdanken wir der Verfolgung und beinahe restlosen Ausrottung ihrer Werke durch die Christen. Insbesondere war den Christen (allen voran Gregor von Nazianz u. später Gregor VII) Sapphos Verehrung der Aphrodite ein Dorn im Auge. Sie behaupteten, »allein schon ihr Name bedrohe die Moral« (S. 15). Und so hoffte die Kirche, zusammen mit den Werken der Dichterin vielleicht auch jene Aphrodite vernichten zu können, die als Göttin der Liebe zugleich auch Göttin von Wiedergeburt und Auferstehung war und in dieser Eigenschaft als eine der größten Konkurrentinnen der neuen und so ganz anders gearteten »Liebes«-Religion wirken mußte. Daß die Kirche andererseits sogar das Fisch-Symbol von dieser Göttin übernahm, wenn auch natürlich auf Jesus Christus umdeutete, spricht trotz allem Bände (das griech. Wort für Fisch ist *ichtýs;* seine einzelnen Buchstaben wurden in der frühen Christenheit die Abkürzung für eine Kurz-

Isis-Aphrodite (Demeter)
im schwarzen (Trauer-)-
Gewand, Vorbild der
»Schwarzen Madonna«.
(schwarzgrauer Marmor,
hellenistisch-römische Zeit)

formel des Glaubens: *Iesoús christós theós yiós sóter,* Jesus Christus Sohn Gottes Erlöser).

Sapphos *Anrufung der Aphrodite* ist die einzige Ode, die uns von ihr überhaupt so weit vollständig erhalten geblieben ist (S. 54 f.), und bildet somit einen würdigen Abschluß dieses Kapitels:

> »Golden im Lichte. thronende Aphrodite.
> listiges Kind des Zeus. ich rufe dich an.
> laß mich nicht länger in Not und Verzweiflung
> bitten und klagen.
>
> Hilf mir und eile herbei. so wie du früher
> meinen flehenden Liedern gnädig gelauschet hast.
> da kamst du gleich aus des Vaters Haus mit dem
> schimmernden Wagen
> schirrtest ihn an mit bunten. schwirrenden Vögeln
> die durch das strahlende Blau. durch die Helle des Äthers
> brachten dich über die dunklen Länder der Erde
> eilends zu mir.
>
> Und du erschienest mir. Himmlische. mit einem Lächeln
> auf dem unsterblichen Antlitz fragtest du huldvoll
> was ich wieder erdulden müsse. warum ich so flehentlich riefe?
>
> Wen soll Peitho in deine Arme führen?
> welches schöne Mädchen verweigert sich dir?
> Sappho. gesteh deinen Wunsch. wer wagt es. wer
> durfte dich kränken?
>
> Flieht sie heute vor dir. bald wird sie dir folgen.
> weist deine Liebe sie ab. sie soll dich beschenken.
> wehre sie sich noch so heftig dagegen. morgen
> wird sie dich lieben.
>
> So wirst du sprechen. Kypris. wenn du mich findest
> um mich von unerträglichem Schmerz zu befreien.
> warte nicht länger. steh mir kämpfend zur Seite
> mächtige Göttin.«

DEMETER
KORE
PERSEPHONE

(CERES – PROSERPINA)

»In mir beginnen alle Pfade
Und münden wieder in mich ein.
Ihr sollt am nächtlichen Gestade
Für eine Zeit wie schlafend sein.

Dem Korn, das in der Erde ruhte,
Entsteigt der Keim, des Stengels Schaft.
Ich nähre ihn mit meinem Blute,
Ich treibe ihn mit meiner Kraft.

So steigt er aus dem engen Kerne
Ins Weite drängend an den Tag.
Doch wie ein Klang aus großer Ferne
Bewegt ihn meines Herzens Schlag.

Die Blüte wächst, die Ähren wehen,
Der Same fällt, es bricht das Reis,
Und Wälder werden und vergehen
Auf mein Geheiß.

Was einst der Sonne zugewendet
Des Lebens hohes Glück genoß,
Was immer sich im Licht vollendet,
Es kehrt zurück in meinen Schoß.

Ewig steigt und pocht mein Blut,
Auch was schlimm erscheint, ist gut.
Alle, die in mir beginnen,
Werden einst das Licht gewinnen,
Steigen, Sinken, Auf und Nieder,
Alle, alle kommen wieder ...«

(Marie Luise Kaschnitz, Bei der Erdmutter)

I.   Kurze Erläuterungen zur Geschichte des Demeterkultes

Bereits in der Antike wurde der Name *De-meter* etymologisch mit dem Wort Ge-me-ter erklärt und entsprechend als »Erdmutter« (von griech.: *gä* = Erde) gedeutet. Nach Hesiod, *Theogonie* (968 ff.), verband sie sich auf Kreta mit dem sterblichen Helden *Jasion* in Liebe auf dreimal geackertem Saatfeld (gemeint ist das zu den Zeiten von Frühling, Sommer und Aussaat gepflügte Feld), wo sie mit ihm den sog. Hierosgamos vollzog. »Dieser Göttin stand das selbstverständliche Recht zu, sich einen sterblichen Liebespartner zu wählen, auf den sie in der heiligen Hochzeit ihre lebenspendende Kraft übertrug.« Ihm gebar Demeter den *Plutos*, »die Verkörperung des Getreidesegens, der Reichtum bedeutete« (Giebel, S. 17 f.). Aus Eifersucht wird Zeus später den Jasion mit einem Blitzstrahl töten, denn er verübelte es der Göttin, sich einen Liebespartner unter den Sterblichen gesucht zu haben (vgl. *Odyssee* V, 125–128).

Der Demeterkult stammt wahrscheinlich aus dem mediterranen und vorderasiatischen Kulturkreis des 2. vorchristlichen Jahrtausends, insbesondere aus Kreta, worauf nicht zuletzt der homerische Demeterhymnus hinweist, demzufolge die Göttin sich selber als von kretischer Herkunft zu erkennen gibt. Nach einer Notiz des Aristoteles sollen in Eleusis bereits in der frühen athenischen Königszeit (um 1500–1300 v. Chr.) die Mysterien der Demeter gefeiert worden sein, die ältesten in Griechenland überhaupt. Faßbar sind sie uns allerdings erst seit dem Tempelneubau in Eleusis, der etwa ins 7. Jahrhundert v. Chr. datiert wird. Ab dieser Zeit wurde der Name Demeter allmählich zum bloßen Synonym für Ernte und Getreide. Als »Demeter Schönhaar« mit strahlend-blonder Lockenpracht erscheint sie in der Farbe des reifen Getreides, insbesondere der Gerste (vgl. Homers *Ilias* V, 500, wo von der »blonden Demeter« die Rede ist). Wohingegen sie ursprünglich in ihrem Doppelaspekt als Korn- und Erdmutter in einem noch viel umfassenderen Sinne verehrt wurde: Als Kornmutter schenkte sie den Lebensunterhalt, als Erdmutter jedoch war sie prinzipiell gegenwärtig im Wachsen, Blühen und Gedeihen, aber auch im Welken und Absterben der Natur. Im Erdenschoß (griech.: *chton*) barg und verwandelte sie das Abgestorbene und sandte neues Leben empor. Der stetige Wandlungscharakter des Lebens wurde insbesondere in der Zweiheit von Mutter und Tochter, von Demeter und Kore-Persephone erkannt und verehrt. Das Paar Demeter-Kore (*kore* bedeutet im Griechischen einfach: Mädchen; vgl. das engl. Wort *core* als Bezeichnung für Kerngehäuse, Kern und Herz) war ein Symbol für die beständige Verjüngung des weiblichen lebenspendenden Prinzips der Welt, für die polare Einheit von Leben und Tod. Dies wurde auch sprachlich in dem Dual *tó theó* ausgedrückt, mit dem die beiden Göttinnen zugleich erfaßt und benannt wurden. Im Eintreten in ihren Kult wirkten die Eingeweihten selbst mit an Ordnung und Erneuerung der Welt.

Über Jahrhunderte hinweg galt Eleusis als der zentrale Kultplatz der Demeter. Als um die Wende zum 6. Jhd. v. Chr. Eleusis jedoch seine politische Vorrangstellung an Athen verlor, wurde die Feier der Mysterien auch auf Athen ausgedehnt: Am Flüßchen Ilissos, am Südrand von Athen, im Ort Agrai, wurden zu Frühlingsbeginn die sog. Kleinen Mysterien abgehalten. Ab dem 6. Jhd. v. Chr. war der Kult offen für alle: Frauen, Männer Sklavinnen und Sklaven. Nur zwei Bedingungen mußten erfüllt werden: Die angehenden Mysten sollten die griechische Sprache beherrschen und frei von Blutschuld sein.

Der lateinische Name der Demeter lautet *Ceres* (noch heute präsent im engl. Ausdruck »cereal« für Getreide oder »cereals« für »Cornflakes« und ähnliche Produkte), der für Persephone Proserpina.

Die Weihen, die Demeter zum Heile der Menschen gestiftet hat, werden im homerischen Hymnus *órgia* genannt, was soviel bedeutet wie: heiliges Tun. Erst in der christlichen Ära wurde daraus das verunglimpfende Wort Orgie (vgl. Giebel, S. 17–29).

II.   Mythologische Texte

1.   *Der Demetermythos nach Homer (spätes 7. Jhd. v. Chr.)*

Preisen werd ich Demeter Schönhaar, sie, die erhabene
Göttin selbst und die Tochter mit den hohen Knöcheln, die Hades
Raubte, dem Zeus sie, der weitumblickende Donnerer, schenkte.
Fern von Demeter, der golden Behängten, mit Früchten Geschmückten,
Trieb sie ihr Spiel mit Okeanos' üppigen Töchtern und pflückte
Blumen, Rosen, Narzissen, Krokos, Iris und schöne
Veilchen und Hyazinthen im weichen Polster der Wiese.
Gaia stellte die Falle dem Mädchen mit blumigem Antlitz;
Gunst doch erwies sie dem Wirt der Vielen, weil Zeus es beschlossen.
Wunderbar prunkte die Falle, daß alle unsterblichen Götter,
Alle sterblichen Menschen betroffen staunten beim Anblick.

Sproßten doch dort gleich hundert Blütenköpfchen aus einer
Wurzel; lieblichste Düfte erfüllten das lachende Weltall,
Droben den breiten Himmel, die Erde, die schwellende Salzflut.
Zauberumsponnen will sie mit beiden Händen die Schönheit
Raffen: Da barst die von breiten Straßen durchzogene Erde
Plötzlich in Nysas Gefild; hochauf mit unsterblichen Rossen
Stürmte der Herrscher, der Wirt der Vielen, der vielfach Benannte,
Sohn des Kronos, raubte das Mädchen trotz Jammers und Sträubens,
Rief den Kroniden, den Höchsten, den Besten, den Vater. Vergeblich!
Sterbliche hörten es nicht und nicht die unsterblichen Götter,
Auch kein Ölbaum prangend von Früchten. Nur Hekate, Perses‹
Tochter, vernahm es in ihrer Grotte, die kindlich Gesinnte,
Zart Umschleierte; auch der strahlende Sohn Hyperions,
Herrscher Helios hörte das Mädchen schreien: Kronide,
Vater! Doch dieser saß weitab von den Göttern in seinem
Tempel bei betenden Scharen und nahm dort von sterblichen Menschen
Schöne Opfer entgegen. Doch jene entführte, weil Zeus es
So befohlen, trotz allen Sträubens, sein leiblicher Bruder
Mit den unsterblichen Rossen; er, der große Gebieter,
Sohn des Kronos, Wirt der Vielen, der vielfach Benannte.
Während ihr Blick die Erde noch traf, den Himmel, die Sterne,
Auch das brandende Meer voller Fische, die strahlende Sonne;
Während die Göttin noch hoffte, sie werde der trefflichen Mutter,
Werde den Scharen der ewigen Götter wieder begegnen,
Ließ sie ihr leidendes, großes Gemüt von Hoffnung berücken.
Doch die unsterbliche Stimme durchhallte die Gipfel der Berge,
Drang in die Tiefe der See: Nun hört sie die waltende Mutter.
Scharf wie ein Stachel traf sie das Leid ins Herz; ihre lieben
Hände zerfetzten den Schleier auf ihren ambrosischen Haaren,
Beide Schultern behing sie sich dann mit dunkler Umhüllung,
Raste fort übers Feste und Nasse, wie Vögel es können,
Immer suchend. Doch wollte ihr niemand Treffendes sagen,
Weder einer der Götter, noch einer der sterblichen Menschen,
Auch von den Vögeln kam keiner zu ihr mit treffender Botschaft.
Neun lange Tage durchwandelt das Land die waltende Deo,
Brennende Fackeln trug sie in Händen, in leidvoller Stimmung
Wies sie ambrosische Speise zurück, verschmähte des Nektars
Honigsüßes Getränk und badete niemals den Körper.
Erst als die leuchtende Eos zum zehnten Male heraufzog,
Traf sie auf Hekate, die sie suchte mit Licht in den Händen;
Kunde wollte sie geben und ließ die Worte vernehmen:

»Waltende Mutter des Jahrs, umstrahlt von Gaben, Demeter,
Wer von den himmlischen Göttern, wer wars von den sterblichen Menschen,
Der dir Persephone raubte? das liebende Herz dir betrübte?
wohl vernahm ich ein Rufen, doch konnt ich selber nichts sehen,
Wer es wohl war; doch dir sag ich alles eilig und ehrlich.«

Hekate sprachs, doch der lockigen Rheia Tochter gab keine
Antwort. Eilig stürmte sie weiter mit ihr nun zusammen,
Brennende Fackeln in den Händen. Zu Helios kamen sie beide,
Alles erspäht er, was vorgeht bei Göttern und Menschen. Sie traten
Vor sein Rossegespann. Da fragte die himmlische Göttin:

»Helios, Ehrfurcht hast auch du vor mir, einer Göttin!
Hab ich wirklich je mit Wort oder Taten das Herz dir,
Je das Gemüt erwärmt – meine Tochter, die ich geboren,
Stattlich von Aussehn, mein süßes Geschöpf – ihre Stimme vernahm ich
Laut im rastlos wogenden Äther – man tat ihr Gewalt an -
Sehen konnt ich sie nicht, doch du strahlst über die Meere,
Über das ganze Land herunter vom göttlichen Äther:
Sag mir die Wahrheit! Hast du mein liebes Kind gesehen?
Wer hat die Sträubende ohne mein Jawort gepackt und genötigt?
Wer von den Göttern? den sterblichen Menschen? und ist nun verschwunden?«

Also rief sie; der Sohn Hyperions gab ihr zur Antwort:

»Herrin Demeter, Tochter der lockigen Rheia, du sollst es
Wissen. Groß ist wirklich mein Mitleid, groß meine Ehrfurcht
Vor deinem Leid um die Tochter mit hohen Knöcheln. Doch ist kein
Andrer Unsterblicher schuld als Zeus, der Wolkenversammler,
Der sie dem Hades gab, daß sie blühende Gattin ihm heiße,
Seinem Bruder. Der zog sie hinab ins dämmernde Dunkel,
Führte sie weg auf seinem Gespann, so sehr sie auch kreischte.
Doch, meine Göttin! Stille dein heftiges Jammern! Es steht dir
Wahrlich doch gar nicht dieser endlose Zorn! Aidoneus
Ist kein verächtlicher Schwiegersohn, der große Gebieter
Unter den Göttern, dein echter, leiblicher Bruder. Und Ehre
Hat er erlost, als die Teilung zu dritt sie vollzogen; er ist jetzt
Herrscher und Hausherr jener, die ihm die Losung vermachte.«

Sprachs und rief seinen Rossen; die folgten dem Zuruf und zogen
Eilig wie schwingenspreitende Vögel das schnelle Gefährte.
Ihr aber ward das Gemüt noch weher vom grausigen Elend.
Hündischer fühlte sie sich. Dem dunkel umwölkten Kroniden
Grollte sie, mied dann der Götter Verein und den weiten Olympos,

Ging in die Städte der Menschen, zu ihren fetten Gefilden,
Schändete selbst für lange ihr Aussehn. Wer sie erblickte,
Kannte sie nicht, kein Mann, nicht tiefgegürtete Frauen,
Bis sie endlich ins Haus des klugen Keleos eintrat.
Herrscher war er damals im dufterfüllten *Eleusis.*
Nahe am Wege, am *Parthenosbrunnen* ließ sie sich nieder;
Traurig ward ihr zumut. Ein Ölbaumwäldchen erhob sich
Drüber; die Bürger holten am schattigen Platz dort ihr Wasser.
Uralt sah sie aus, wie ein Weib, das nichts von Gebären
Weiß, an Geschenken der gern sich bekränzenden Aphrodite
Darbt, wie die Ammen der Könige sind, der Wahrer des Rechtes,
Wärterinnen von Kindern in Häusern mit hallenden Räumen.
Sie nun sahen des Eleusiners Keleos Töchter,
Als sie kamen, das quellende Wasser in ehernen Krügen
Aufzufangen fürs liebe Haus ihres Vaters. Es waren
Vier: Kallídike und Kleisídike, Demo voll Anmut
Und als Älteste aller Kallíthoë. Mädchenhaft blühend
Sahen sie aus wie Göttinnen. Aber es gab kein Erkennen:
Schwer nur lassen sich Menschen von Göttern erschauen. Sie traten
Nahe heran und sprachen zu ihr die geflügelten Worte:

> »Greisin, wer bist du? woher? du gehörst zu den uralten Menschen.
> Warum gingst du heraus aus der Stadt, bleibst ferne den Häusern?
> Dort gibt es Weiber, so alt wie du, in den schattigen Sälen,
> So wie du bist und rüstiger noch; die werden wohl alle
> Lieb zu dir sein beim Reden und Handeln.«

So sprachen sie; doch jene
Gab ihnen Antwort und sagte, die waltende Göttin:

> »Geliebte Kinder, wer ihr auch seid von den freundlichen Weibern, ich grüß euch!
> Ja, ich will euch berichten! Es ist fürwahr nur geziemend,
> Da ihr mich fragt, die Wahrheit euch zu berichten. Ich heiße
> Doso; den Namen gab mir die waltende Mutter. *Von Kreta*
> *Komm ich eben hierher auf dem breiten Rücken des Meeres.*
> *Ich hab es nicht gewollt und sträubte mich heftig, doch Räuber*
> *Schleppten gewaltsam mich weg.* Sie nahmen auf eilendem Schiffe
> Richtung auf Thórikos, wo dann sämtliche Weiber das Festland
> Wieder betraten, indessen jene sich selbst ihre Mahlzeit
> Richteten neben den Steinen am Strand, wo die Schiffe vertaut sind.
> Ich doch empfand keine Lust, die Gedanken mit Speise zu süßen,
> Rüstete heimlich zur Flucht vor den übermütigen Quälern
> Über die schwarze Erde; sie sollten nicht mich verkaufen,

Nicht ein Geschäft mit mir machen, da sie mich geholt ohne Kaufpreis.
Also kam ich hierher, auf Wanderung, ohne zu wissen
Was für Leute dies sind und welche Menschen hier wohnen.
Euch aber mögen sämtliche Herrn im Palast des Olympos
Männer zur Ehe geben, auf daß ihr Kinder gebäret,
So wie die Eltern es wollen. Doch mir zeigt gütiges Mitleid,
Mädchen, liebe Kinder! Zu wem kann ins Haus ich wohl kommen –
Sei es zu Mann oder Weib – damit ich gern für sie schaffe
Alles dort für sie tue, was Pflicht einer alternden Frau ist?
Kann auf den Armen halten das neugeborene Kindlein,
Ammendienste trefflich verrichten, Häuser auch kann ich
Wohl betreun, kann Weiber schulen in Pflichten, den Hausherrn
Lager bereiten im Winkel der festgefügten Gemächer.«

Sprachs und das unberührte Mädchen Kallidike, unter
Keleos Töchtern die beste Erscheinung, gab gleich zur Antwort:

»Mütterchen, Menschen sind wir und tragen der Götter Geschenke
Auch mit Verdruß, wenn es sein muß; sie sind ja weitaus die Stärkern.
Folgendes aber will klar ich berichten: Ich nenne mit Namen
Jene Männer, bei denen die Ehre der höchsten Gewalt ruht.
Sie überragen das Volk, ihr Rechtspruch wie ihre Pläne
Gehen gradaus aufs Ziel; sie schirmen die Zinnen der Heimat.
Da ist Triptolemos, klug und gediegen, da Polyxeinos,
Dioklos auch, der tadellose Eumolpos und neben
Unserem mutigen Vater noch Dolichos. All dieser Männer
Frauen sorgen und schaffen daheim und keine von ihnen
Wird auf den ersten Blick mißachten deine Erscheinung,
Oder vom Hause dich weisen; man wird dir Einlaß gewähren;
Denn du erscheinst wie ein göttliches Abbild. Ist dirs gefällig,
Warte, damit zum Palaste des Vaters wir gehen und gründlich
Alles von hier erzählen der tiefgegürteten Mutter
Metaneira. Vielleicht, daß sie dann den Befehl gibt, Du solltest
Zu uns kommen, nicht lange in anderen Häusern dich umtun.
Pflegt sie ja doch im festgezimmerten Saale ein Söhnchen,
Heiß geliebt und erfleht, willkommen und spät erst geboren.
Zögst du es auf und käms in die Jahre der Jugend, es würde
Manches der fraulichen Weiber wohl eifersüchtig, das sähe,
Was sie als Lohn dir gibt für gute Erziehung des Kindes.«

Sprachs. Die Göttin nickte ihr zu mit dem Haupt. Doch die Mädchen
Füllten mit Wasser die blinkenden Krüge und trugen in stolzer
Haltung sie weg, waren hurtig im großen Hause des Vaters,

Sagten in Eile der Mutter, was dort sie gehört und gesehen.
Diese befahl ihnen eiligst zu gehen, zu rufen, zu bieten
Unermeßliche Löhnung. Wie wenn im Lenz auf der Wiese
Hirsche und Kälber springen und satt sich fressen am Futter,
Grad so durchstürmten die Mädchen die ausgefahrene Straße,
Hielten die weiten Falten der reizenden Kleider zusammen,
Während die Haare wie Krokosblüten die Schultern umdrängten.
Nahe am Wege trafen sie dann die stattliche Göttin,
Wo sie seitdem geblieben, und gingen voran in des Vaters
Lieben Palast, dahinter sie, betrübten Gemütes,
Schritt für Schritt, das Haupt verhüllt, die dunkle Gewandung
Ringelte sich um der Göttin bewegliche Füße. Sie kamen
Rasch zum Palast des zeusentsprossenen Keleos, schritten
Dann durch die Halle. Da saß mit dem Kind ihre waltende Mutter,
Neben der Säule, der Stütze des festgezimmerten Daches,
Hielt das junge Geschöpf an der Brust. Jetzt liefen die Mädchen
Neben sie. Aber die andere trat mit den Füßen den Boden,
Reichte jedoch mit dem Scheitel ans Dach und erfüllte die Tür mit
Göttlichem Glanz. Verehrung und Scheu und blasses Erschrecken
Packten die Mutter; sie bot ihren Lehnstuhl, hieß sie sich setzen.
Aber die Mutter des Jahrs, die von Früchten umstrahlte Demeter,
Wollte nicht sitzen im glänzenden Lehnstuhl, harrte in Schweigen,
Senkte die Augen, bis endlich Iámbe, die trefflich Erfahrne,
Ihr einen festen Sitz hinschob und darüber ein Vließ warf,
Glänzend, als wär es von Silber. Darauf ließ jene sich nieder,
Hielt mit den Händen das Kopftuch sich vor die Augen und saß so
Voller Betrübnis lang auf dem Sitz und ließ nichts verlauten.
Keinen begrüßt sie, weder mit Worten noch mit Gebärden;
Ohne zu lächeln, ohne zu essen, ohne zu trinken,
Voller Sehnsucht und Harm um die tiefgegürtete Tochter
Sitzt sie, bis endlich die trefflich erfahrne Iambe mit Scherzen,
Oft auch mit leisem Spott die Waltende, Heilige umstimmt,
Endlich zu lächeln, zu lachen, ihr gütiges Herz zu erschließen.
Später noch mocht' sie Iambe ob ihres lebendigen Treibens.
Metaneira aber füllte den Becher und bot ihr
Honigsüßen Wein; doch die Göttin verneinte und sagte,
Roten Wein zu trinken sei ihr nicht gestattet, sie solle
Gerste und Wasser mit zarter Minze ihr mischen zum Schlürfen [»Kykeon« !].
Diese rührt wie befohlen den Trank und gab ihn der Göttin.
Deo nahm ihn des heiligen Brauches wegen und trank ihn.
Metaneira, die schön Gegürtete sprach nun zu ihnen:

»Gruß dir, oh Weib, denn ich habe die Hoffnung, du stammst nicht von schlechten,
Sondern von guten Eltern. Dein Auge leuchtet von Selbstzucht,
Leuchtet von Huld, wie Könige schauen, die Wahrer des Rechtes.
Aber Menschen sind wir und tragen der Götter Geschenke.
Auch mit Verdruß, wenn es sein muß; es drückt ja ihr Joch unsern Nacken.
Jetzt aber, da du gekommen, wird alles Meinige dein sein.
Zieh mir das Kind hier nun auf, das spät und wider Erwarten
Uns die Unsterblichen schenkten; gar viel hab darum ich gebetet.
Zögst du es auf und käms in die Jahre der Jugend, es würde
Manches der fraulichen Weiber wohl eifersüchtig, das sähe,
Was ich als Löhnung dir gebe für gute Erziehung des Kindes.«

Ihr entgegnete drauf Demeter, die herrlich Bekränzte:

»Innigen Gruß auch dir, oh Weib! Dich segnen die Götter!
Sorgsam nehm ich dein Kind in Schutz, wie du es mir aufträgst,
Will es erziehn und hoffe, es wird keiner boshaften Amme
Zauber ihm schaden, kein unten abgeschnittenes Kräutlein;
Weiß doch das Gegenkraut, viel stärker als das aus dem Walde,
Weiß aber edle, schützende Abwehr leidvollen Zaubers.«

Also sprach sie und legt ihn mit ihren unsterblichen Händen
Sich an die duftende Brust; es freute sich herzlich die Mutter.
Sie nun erzog im Palast das strahlende Söhnchen des klugen
Keleos, Demophon, den die schön gegürtete Mutter
Metaneira gebar. Er gedieh wie ein göttliches Wesen,
Aß aber keine Speise und ließ sich nicht stillen. Demeter
Freilich salbte ihn oft mit Ambrosia grad wie ein Gottkind,
Schmiegte ihn sich an die Brust und blies ihm süß ins Gesichtchen.
Jede Nacht aber steckte sie ihn, als wäre er ein Holzscheit,
Mitten in kräftiges Feuer; den Eltern blieb es verborgen,
Wenn sie auch heftig staunten, wie frühreif täglich er zunahm,
Grad wie ein Gott. *Nun hätte Demeter unsterblich und ewig*
Jung ihn gemacht; doch die schön gegürtete Metaneira
Ging ohne Vorsicht nachts, um zu schauen, aus dem duftenden Schlafraum
Sah es und heulte und schlug sich auf beide Schenkel und bangte
Für ihren Sohn; ihr Gemüt geriet in wilde Verblendung.
Hellauf jammernd sprach sie sodann die geflügelten Worte:

»Demophon, mein Kind! In den Feuerhaufen steckt dich
Unsere Fremde! Das schafft mir Klage und elende Sorgen.«

Trauernd sprach sies; die himmlische Göttin vernahm es und grollt ihr.
Da nun zog Demeter, die herrlich Bekränzte, den lieben

Knaben aus dem Feuer heraus in furchtbar wütender Stimmung,
Legt ihn weg auf den Boden mit ihren unsterblichen Händen,
Sprach zugleich zur schön gegürteten Metaneira:

>»Törichte Menschen! Ohne Verständnis, das Schicksal zu ahnen,
Mag es euch nun zum Vorteil kommen oder als Unheil!
Weitsicht kanntest auch du nicht, drum bist du für immer verblendet.
Unerbittliches Wasser der Styx, du göttlicher Schwurort,
Wisse! Jung alle Tage, unsterblich hätt ich den lieben
Sohn dir gemacht, ihm unvergängliche Ehren gestiftet.
Jetzt aber kann er nimmer entrinnen dem Tod und dem Schicksal.
Unvergängliche Ehre soll dennoch ihm werden; er ist ja
Mir auf den Knieen gestanden und hat mir in Armen geschlummert.
Ihn zu ehren werden im Laufe der Jahre in jedem
Frühling alle Tage untereinander Eleusis‹
Söhne immer Krieg beginnen und schreckliche Feldschlacht.

[Hierbei handelt es sich nach Anton Weiher »wohl um auch anderswo bezeugte kultische Scheinkämpfe.«]

Ich aber bin Demeter, die Ehrenvolle, zur größten
Freude und Hilfe für Götter und Menschen geschaffen. Wohlan denn!
Euer ganzes Volk soll mir einen mächtigen Tempel
Baun, den Altar daneben, nahe der Stadt, eine steile
Mauer werde erstellt auf Kallíchoros' ragendem Hügel.
Weihen aber will selber ich stiften, damit ihr in Zukunft
Schuldlos in Handel und Wandel mein Herz zur Versöhnung bereit macht.«

Also sprach die Göttin, änderte Größe und Aussehn,
Warf ihr Alter ab und Schönheit wehte und wallte
Um sie herum, gar lieblich entströmt es den duftenden Kleidern,
Weithin strahlt es von Licht aus ihrem unsterblichen Körper.
Blonde Haare fielen herab auf die Schultern, das feste
Haus erfüllte ein strahlendes Funkeln, als wären es Blitze.
So verließ sie den Saal; gleich knickten jener die Kniee,
Lange konnte kein Wort sie sprechen, nicht an ihr Söhnchen
Denken, das heiß geliebte, daß auf sie es höbe vom Boden.
Aber sein klägliches Schreien vernahmen die Schwestern und stürzten
Her aus den trefflich gerichteten Betten. Dann hob mit den Händen
Eine das Kind in die Höhe und legte es sich an den Busen,
Feuer entzündet die andre, auf zarten Füßen die dritte
Rennt aus dem duftenden Schlafraum, aufzuhelfen der Mutter.
Alle sammelten sich um ihn und wuschen den Zappler

Streichelnd und kosend, doch stillten sie nicht sein Begehren; es hielten
Eben doch schlechtere Ammen und Pflegerinnen den Kleinen.

Sie nun versuchten, von Furcht geschüttelt, die stattliche Göttin
Während der ganzen Nacht zu versöhnen. Als Eos sich zeigte,
Meldeten sie dem weithin mächtigen Keleos ehrlich,
Wie es die Göttin befohlen, Demeter, die herrlich Bekränzte.
Er aber rief sein erfahrenes Volk zum Rat und befahl ihm,
Gleich einen reichen Tempel zu baun, den Altar daneben,
Beide auf ragendem Hügel zu Ehren Demeter Schönhaar.
Diese gehorchten eiligst, hörten sein Wort und besorgten,
Wie er befahl; der Bau aber wuchs durch die Gnade der Gottheit.
Als sie das Werk dann getan, nach der Plage Erholung sich gönnten,
Gingen sie alle nach Hause. Jedoch die blonde Demeter
Blieb am Ort und saß entfernt von den Seligen allen,
Voller Sehnsucht und Harm um die tiefgegürtete Tochter,
Schickte den Menschen ein Jahr, so grausig und hündisch wie keines
Über die Welt, die so viele ernährt. Kein Samen im Boden
Keimte; die schön bekränzte Demeter ließ ihn verkommen.
Rinder zogen vergeblich über die Äcker die vielen
Krummen Pflüge; nutzlos fiel in die Erde das weiße
Korn. *Und sie hätte das ganze Geschlecht der sterblichen Menschen*
Ausgerottet durch gräßlichen Hunger, hätt‹ rühmende Ehren,
Opferspenden entzogen dem Herrn im Palast des Olympos.
Da bemerkte es Zeus und beriet sich in seinem Gemüte.
Zunächst drängt er die golden geflügelte Iris, sie solle
Rufen Demeters Schönhaar anmutvolle Erscheinung.
Sprachs und Iris gehorchte dem dunkel umwölkten Kroniden
Zeus, durchmaß die Entfernung auf hurtigen Füßen, gelangte
Hin zur Stadt des dufterfüllten Eleusis und fand dort
Angetan mit dunklen Gewändern Demeter im Tempel,
Redet sie an und spricht zu ihr die geflügelten Worte:

> »Zeus, der Vater, der weiß, was bestehn bleibt, ruft dich, Demeter.
> Kommen sollst du zur Schar der unvergänglichen Götter!
> Geh, nicht bleibe erfolglos, was Zeus durch mich dir verkündet!«

Bittend sprach sies. Demeters Herz aber wollte nicht hören.

Darnach schickte der Vater die seligen, ewigen Götter
Alle noch einmal zu ihr. Sie kamen hintereinander,
Riefen sie an und boten ihr allerherrlichste Gaben,
Ehren im Kreis der Unsterblichen sollte sie wählen beliebig.

Aber Denken und Absicht vermochte ihr keiner zu ändern,
Groll im Herzen, verbat sie sich ohne Rührung die Reden.
Nie betrete sie mehr den dufterfüllten Olympos,
Bringe auch keine Frucht der Erde jemals zum Keimen,
Eh nicht vor Augen ihr stehe die Tochter mit reizendem Antlitz.

Da dies Zeus, der weithinblickende Donnerer, hörte,
Schickt er zum Erebos Hermes, den schimmernden Gott mit dem Goldstab,
Daß er den Hades mit schmeichelnden Worten berede, aus seinem
Nebligen Dunkel mög er die heilige Persephoneia
Aufwärts führen ins Licht zu den Göttern, damit sie der Mutter
Leibhaft stehe vor Augen und diese des Grolls sich entschlage.
Hermes gehorchte genau, verließ den Sitz des Olympos,
Eilte stürmisch hinab in die bergenden Tiefen der Erde,
Traf den Herrscher drinnen im Hause. Er saß auf dem Lager
Neben der ehrbaren Gattin, die tiefbetrübt nach der Mutter
Immer sich sehnte. Doch diese war ferne und dachte und plante,
Wie sie den Werken der seligen Götter grollend begegne.
Nahe trat nun herzu und sprach der Schimmernde, Starke:

> »Hades, Dunkelgehaarter, Herrscher über die Toten!
> Vater Zeus befiehlt, die erlauchte Persephoneia
> Solle ich zu ihm bringen, herauf aus dem Erebos, daß sie
> Ihrer Mutter vor Augen stehe und diese dann endlich
> Nicht den Unsterblichen weiter grausig zürne und grolle.
> Plane sie doch gewaltige Untat, wolle die schwachen
> Völker der erdgeborenen Menschen vernichten, indem sie
> Samen im Boden verkommen läßt, der Unsterblichen Ehrung
> Hindert. Schrecklich grollt sie, geht nicht zu den Göttern und sitzt nun
> Abseits im duftenden Tempel der felsigen Stadt von Eleusis.«

Sprachs. Aidoneus nickte lächelnd, der Herrscher der Toten.
Mit seinen Brauen, hörte genau das Begehren des Königs
Zeus und befahl dann eiligst der klugen Persephoneia:

> »Geh, Persephone, geh, zur Mutter, der dunkel Umhüllten,
> Geh mit Milde im Herzen, in gütiger Stimmung und nähre
> Bittre Gefühle nicht allzusehr und mehr als die andern.
> Ich bin kein verächtlicher Gatte unter den Göttern,
> Bin der leibliche Bruder des Vaters Zeus. Aber du wirst
> Herrscherin sein hier unten für alles, was lebt und was wandelt.
> Größte Ehren bei den Unsterblichen wirst du genießen,
> Übeltäter werden für immer der Rache verfallen,

Wenn sie dein Herz nicht versöhnen und Opferspenden dir bringen,
Schuldlos in Handel und Wandel gebührende Gaben entrichten.«

Also sprach er; da jubelt die kluge Persephoneia,
Tat einen raschen Sprung vor Freude. *Der Herr aber gab ihr*
Einen honigsüßen Kern der Granate zu essen,
Heimlich, und dachte dabei an sich, daß jene nicht dauernd
Dort bei Demeter bleibe, der Ehrbaren, dunkel Umhüllten.
Zunächst machte zurecht Aidoneus, der große Gebieter,
Seine unsterblichen Rosse an seinen goldenen Wagen.
Sie aber stieg ins Gefährt, neben ihr der Schimmernde, Starke.
Fort gings aus dem Palaste. Zügel und Peitsche in lieben
Händen jagt er voran; sie flogen dahin ohne Zuruf.
Schwungvoll durchdrangen sie weiteste Räume, nicht Meere, nicht Ströme,
Grasige Schluchten, steilste Gipfel konnten nicht hemmen
Diese drängende Fahrt. Die unsterblichen Renner darüber
Kreuzten und furchten die Tiefe des Luftmeers. Erst wo Demeter
Saß, die schön Bekränzte, vor ihrem duftenden Tempel,
Rief der Führer halt. *Da schoß sie empor bei dem Anblick,*
Wie die Mänade in schattigen, waldigen Bergen. Die Tochter
Sprang aus dem Wagen entgegen, sobald sie die Mutter erblickte,
Stürzt auf sie zu und hängt ihr am Hals, umschlingt sie in Tränen.
Aber während sie noch sich fest mit den Armen umschlangen,
Wars der Mutter, als stiege ein Argwohn auf im Gemüte,
List vermutete sie, bekam ein schreckliches Zittern,
Hörte auf zu liebkosen und stellte sofort ihr die Frage:

»Kind, du hast doch nicht etwa im Hades Speis genossen?
Sprich! Verhehl es mir nicht, es ist besser, wir wissen es beide.
Kamst du nüchtern herauf aus dem häßlichen Reiche, dann kannst du
Oben wohnen bei mir, beim dunkel umwölkten Kroniden,
Hochgeehrt von allen Unsterblichen. Aßest du aber,
Mußt du wieder zurück in die bergenden Schluchten der Erde,
Jährlich von den Jahreszeiten drunten ein Dritteil,
Zwei aber dann bei mir und den anderen Unsterblichen weilen.
Wenn die Erde sich schmückt mit buntesten, duftenden Blumen,
Wie sie der Frühling bringt, dann wirst du aus dämmrigem Düster
Wiederum auferstehn, – ein Wunder für Götter und Menschen.
Und wie betrog dich listg der Wirt der Vielen, der Starke?«

Ihr entgegnete die wunderschöne Persephoneia:
»Also, Mutter, will ich dir alles sagen, in Wahrheit.
Hermes kam, der hurtige, rasche Bote; entsteigen

Sollt ich dem Érebos; leibhaft solltest du mich erblicken,
Dann den Unsterblichen nicht mehr grausig zürnen und grollen.
Vater Kronion und andere Himmlische gaben den Auftrag.
Gleich sprang ich auf vor Freude; indessen steckte er heimlich
Mir in den Mund einen Kern der Granate und zwang mich gewaltsam
Trotz meines Sträubens, die honigsüße Speise zu essen.
Wie er mich aber entführte vom festen Beschluß des Kroniden,
Meines Vaters, gefördert und dann in den Schluchten der Erde
Wieder verschwand mit der Beute, das sollst du gründlich erfahren,
Wie du mich fragst. Auf lieblicher Wiese spielten wir alle:
Phaino war es, Leukippe, Elektra und auch Ianthe,
Auch Kallirhoë spielte, Melite, Iache, Rhodeia,
Melobosis und Tyche, Okyrhoes blumiges Antlitz,
Dann noch Chryseis und Ianeira, Akaste, Admete,
Rhódope, Pluto, die sehnsuchtsvolle Kalypso, dazu noch
Uranos Tochter, Styx, die liebliche Galaxaure,
Pallas, die Kampfmaid, Artemis auch, die fröhliche Schützin,
Alle spielten wir da und pflückten liebliche Blumen,
Wahllos mit unseren Händen: milden Krokos und Iris,
Lilien, Hyazinthen, Rosenknospen – ein Wunder
War es zu schauen. Narzissen sproßten wie Krokos in Fülle
Weithin über das Land. Voll Jubels pflückte ich – plötzlich
Klaffte die Erde vor mir, hoch stürmte der mächtige Herrscher.
Unter die Erde zog mich der Wirt der Vielen auf seinem
Goldenen Wagen, trotz meines Sträubens und schrillen Gekreisches,
Tief betrübt erzähle ich alles, wies wirklich gewesen.«

Gleichgestimmt verbrachten nun beide die Stunden des Tages,
Eine wärmte der anderen Herz und Sinn zur Genüge,
Fest umarmten sie sich, das Leid verebbt im Gemüte,
Freude schenkten und Freude nahmen sie untereinander.
Hekate aber trat, die zart Verschleierte, nahe,
Koste innig die Tochter der heiligen Göttin Demeter.
Dafür wurde sie Herrin in ihrem Dienstgefolge.
Zeus nun, der weithinblickende Donnerer, schickte als Botin
Seine schöngelockte, dunkel bekleidete Mutter
Rheia, sie wieder einzuführen im Kreise der Götter.
Vor den unsterblichen Göttern versprach er ihr jegliche Ehre,
Die sie begehre; er nickte, die Tochter solle ein Dritteil
Jedes laufenden Jahres im dämmrigen Düster verbringen,
Zwei aber dann mit der Mutter vereint und den anderen Göttern.

Also sprach er. Der Botschaft des Zeus gehorchte die Göttin,
Stürmte eilig herab von den Höhn des Olympos, erreichte
Rharion dann, ein Fruchtland, voll wie ein Euter an Nahrung,
Früher einmal; doch damals, wahrlich, war es kein Fruchtland.
Müßig lag es, restlos entlaubt, es keimt nicht das weiße
Korn nach dem Willen Demeters, der Göttin mit reizenden Knöcheln.
Aber gleich wieder sollte es prangen in mannshohen Ähren,
Frühling sollte es werden, die fetten Furchen im Felde
Sollten strotzen von Ähren und diese sich bündeln zu Garben.
Nieder stieg hier die Göttin vom rastlos wogenden Äther.
Freundlich verlief das Wiedersehn, sie freuten sich herzlich.

Rheia aber, die zart Verschleierte, sprach zu ihr also:

> »Komm, mein Kind, der weitumblickende Donnerer Zeus ruft.
> Kehr in den Kreis der Götter zurück! Denn Zeus hat versprochen
> Vor den unsterblichen Göttern, er gebe dir jegliche Ehre
> Die du begehrst; er nickte, die Tochter solle ein Dritteil
> Jedes laufenden Jahres im dämmrigen Düster verbringen,
> Zwei aber dann mit der Mutter vereint und den anderen Göttern.
> So soll es werden, sprach er; und nickte dazu mit dem Haupte.
> Also komm, mein Kind, und gehorche und grolle nicht zu sehr
> Ohne aufzuhören dem dunkel umwölkten Kroniden!«

Also sprach sie, die schön bekränzte Demeter gehorchte,
Ließ in den großen Schollen der Äcker sogleich wieder Früchte
Wachsen, daß weithin die Erde strotzte von Blättern und Blüten,
Ging zu den Königen dann, den Wahrern des Rechtes, und *zeigte*
Erst dem Triptolemos, Diokles dann, dem Meister der Pferde
Keleos auch, dem Führer der Männer, der Kraft des *Eumolpos,*
Allen den Opferdienst und beschrieb die erhabenen Weihen,
Erst dem Triptolemos, dann Polyxeinos, Diokles wieder.
Keiner darf je sie verletzen, erforschen, verkünden; denn große
Ehrfurcht vor den Göttern läßt Menschenrede verstummen.
Selig der Erde bewohnende Mensch, der solches gesehen!
Doch wer die Opfer nicht darbringt, oder sie meidet, wird niemals
Teilhaft solchen Glücks; er vergeht in modrigem Düster.

Aber als nun alles die himmlische Göttin gestiftet,
Brachen sie auf zum Olympos, zum Kreise der anderen Götter.
Dort wohnen sie beide bei Zeus, dem Meister des Blitzes,
Ehrbar und hehr. Hochselig die Erde bewohnenden Menschen,
Denen die beiden sich gütig und liebend erzeigen; sie schicken

Plutos bald in ihr großes Haus als Genossen am Herde;
Der aber stiftet reiches Vermögen den sterblichen Menschen.

Ihr aber, denen das Volk des duftumwölkten Eleusis,
Paros im Meer und Antron im Felsengebirge gehören,
Waltende Herrin, Deo, Mutter des Jahres, von Gaben
Strahlende! Wunderschöne Tochter Persephoneia!
Spendet gütig zum Lohn für mein Lied erfreuende Nahrung.
Ich aber werde deiner und anderen Sanges gedenken.
    (Homerische Hymnen, 1951, S. 7–33)

2.   Der Ceres-Mythos nach Ovid (frühes 1. Jhd. n. Chr.)

Als erste hat Ceres die Scholle mit krummem Pfluge geritzt, als erste hat sie den Landen Getreide und unblutige Nahrung geschenkt. Als erste hat sie Gesetze gegeben. Alle Dinge sind ihr Geschenk. Sie will ich besingen. O könnte ich ein Lied vortragen, das der Göttin würdig wäre! Aber gewiß ist die Göttin eines Liedes würdig.

Die große Insel Trinacris ist auf Gigantenglieder geworfen worden und bedrängt unter ihrer gewaltigen Masse den Typhoeus, der es gewagt hat, einen Sitz im Himmel zu erhoffen. Er stemmt sich zwar dagegen und ringt oft darum, sich wieder zu erheben, doch seine rechte Hand ist unter dem ausonischen Kap Pelorus eingezwängt, auf der linken lastet der Pachynus, auf den Schenkeln Lilybaeum. Der Aetna beschwert ihm das Haupt; darunter liegt er auf dem Rücken, schleudert Sand aus dem Mund und speit Feuer, der trotzige Typhoeus. Oft müht er sich ab, die schweren Erdmassen wegzuschieben, Städte und hohe Berge von seinem Leibe abzuwälzen. Dann bebt die Erde, und sogar der König der stummen Schatten *[Hades – Pluto – Dis]* fürchtet, daß sie aufspringe, daß ein breiter Riß die Tiefe enthülle und eindringendes Tageslicht die aufgeregten Schatten erschrecke. Aus Furcht vor diesem Unheil hatte der Tyrann seinen düsteren Wohnort verlassen und fuhr in einem Wagen mit schwarzen Rossen sorgfältig prüfend rings um Siziliens Grundfesten. Nachdem er sich hinreichend überzeugt hat, daß keine Stelle wankt, sieht ihn die *Venus vom Eryx*, wie er, von seiner Angst befreit, umherschweift. Auf ihrem Berge thronend, umarmte sie ihren geflügelten Sohn und sprach:

»Du meine Wehr, meine rechte Hand, du meine Stärke, mein Sohn! Nimm, Cupido, die Waffen, mit denen du alle besiegst, und ziele mit den schnellen Pfeilen auf die Brust des Gottes, dem bei der Dreiteilung der Weltherrschaft das letzte Los zugefallen ist. Du überwältigst die Himmlischen, sogar Iuppiter, du besiegst und bezähmst die Meergottheiten und sogar den Beherrscher der Meergottheiten. Warum fehlt immer noch die Unterwelt? Wieso erweiterst du nicht das Reich deiner Mutter, dein Reich? Es geht um ein Drittel der Welt! Dabei werden wir im Himmel verschmäht – so geduldig sind wir schon geworden! –, und man beschneidet meine und Amors Macht! Siehst du nicht, daß Pallas und die Jägerin Diana sich mir entzogen haben? Auch die Tochter der Ceres wird Jungfrau bleiben, wenn wir uns das gefallen lassen; sie spielt nämlich auch schon mit solchen Gedanken. Ich beschwöre dich bei unserer gemeinsamen Weltherrschaft, wenn sie dir etwas bedeutet: Vereinige die Göttin mit deinem Oheim!«

Soweit Venus. Er öffnete den Köcher, ließ die Mutter wählen und legte von den tausend Pfeilen einen beiseite. Es gibt keinen schärferen, keiner trifft genauer ins Ziel, keiner gehorcht besser dem Bogen. Dann krümmte er das biegsame Horn, indem er das Knie dagegen stemmte, und traf Dis mit dem hakigen Pfeil ins Herz.

Unweit von Hennas Mauern gibt es einen See mit tiefem Wasser; er heißt Pergus. Mehr Schwäne hört auch der Caystros in seinen gleitenden Wellen nicht singen als dieser See. Wald umkränzt das Gewässer rings von allen Seiten und hält mit seinem Laub wie mit einem Sonnensegel die Strahlen des Phoebus fern. Kühle spenden die Zweige, der feuchte Boden purpurrote Blumen; ewiger Frühling herrscht. Während Proserpina in diesem Hain spielte, Veilchen oder weiße Lilien pflückte, mit mädchenhaftem Eifer Körbchen und Kleid damit anfüllte und die gleichaltrigen Gespielinnen im Sammeln zu übertreffen suchte, sah, begehrte und raubte sie Pluto – alles fast gleichzeitig. So schnell wurde die Liebe zur Tat. Erschrocken ruft die Göttin mit trauriger Stimme die Mutter und die Begleiterinnen, doch öfter die Mutter. Da sie ihr Gewand vom obersten Saum an zerrissen hatte, fielen die gepflückten Blumen aus dem losgelassenen Kleid, das hinabglitt. Und so groß war die Einfalt ihres kindlichen Gemütes: Selbst dieser Verlust schmerzte das Mädchenherz. Der Räuber treibt das Gespann zur Eile, ermuntert die Rosse, ruft jedes beim Namen, schüttelt die dunklen, rostfarbenen Zügel über Hals und Mähne und stürmt durch den heiligen See, den Teich der Palicen, der nach Schwefel riecht und in einem Erdspalt brodelt. Dann fährt er durch die Gegend, in der die Bacchiaden zwischen ungleichen Häfen Mauern gegründet haben, ein Geschlecht, das aus Corinth, der Stadt zwischen zwei Meeren, stammt.

Mitten zwischen Cyane und der aus Pisa stammenden Arethusa liegt eine Bucht, von schmalen Landzungen umschlossen: Dort wohnte Cyane, nach der auch ihr Teich benannt ist – die berühmteste unter den sizilischen Nymphen. Sie erhob sich inmitten des Gewässers bis über die Hüften aus den Wellen und erkannte die Göttin.

> »Keinen Schritt weiter!«, sprach sie. »Du kannst nicht gegen Ceres‹ Willen ihr Schwiegersohn werden; du hättest um Proserpina werben, nicht sie rauben sollen. Darf ich Kleines mit Großem vergleichen? So hat Anapis mich geliebt. Doch durch Bitten wurde ich seine Frau, nicht durch Einschüchterung wie diese hier.«

Sprach's, breitete die Arme nach beiden Seiten aus und stellte sich ihm in den Weg. Da konnte der Sohn Saturns seinen Zorn nicht länger beherrschen, ermunterte seine schreckenerregenden Rosse und schleuderte mit starkem Arm das Königsszepter in die tiefe Flut. Auf diesen Stoß hin gab die Erde den Weg in die Unterwelt frei und nahm den steil abwärts fahrenden Wagen mitten in einem Krater auf.

Doch Cyane grämt sich; über die Entführung der Göttin und über die Mißachtung der Rechte ihrer Quelle, trägt still im Herzen eine unheilbare Wunde, verzehrt sich ganz in Tränen und verflüchtigt sich zu dem Wasser, dessen große Gottheit sie eben noch gewesen war. Man hätte sehen können, wie ihre Glieder weich werden, Knochen sich biegen lassen, Nägel die Härte verloren haben. Zuerst löst sich von der ganzen Gestalt jeweils das Feinste auf: das bläuliche Haar, die Finger, die Beine, die Füße – denn schlanke Glieder können leicht in kühle Wellen übergehen –; danach zerschmelzen die Schultern, der Rücken, die Hüfte und die Brust zu feinen Rinnsalen; schließlich dringt in die durchlässig gewordenen Adern Wasser statt des lebendigen Blutes, und nichts Greifbares ist mehr übrig.

Inzwischen hat die Mutter, die sich ängstigt, ihre Tochter vergeblich in allen Ländern und auf allen Meeren gesucht. Weder die Morgenröte, die mit feuchtem Haar aus der Tiefe emporstieg, noch der Abendstern sah sie ruhen. *Lichtspendende Fackeln aus Fichtenholz entzündete sie mit beiden Händen am Aetna und trug sie rastlos durch den nächtlichen Rauhreif.* Hatte dann wieder das liebe Tageslicht die Sterne erbleichen lassen, suchte sie ihre Tochter vom Land der sinkenden Sonne bis zum Ort ihres Aufgangs.

Von der Mühsal erschöpft, war sie durstig geworden; noch keine Quelle hatte ihr die Lippen genetzt, als sie zufällig eine mit Stroh gedeckte Hütte gewahrte und an die kleine Tür klopfte. Da tritt eine Alte heraus und erblickt die Göttin. *Auf ihre Bitte um Wasser gab sie ihr ein süßes Getränk, das sie vorher mit gerösteten Gerstengraupen bestreut hatte.* Während die Göttin trank, was man ihr gegeben hatte, pflanzte sich ein trotzig blickender, dreister Junge vor ihr auf, lachte und nannte sie gierig. Sie war gekränkt. Da sie einen Teil noch nicht ausgetrunken hatte, übergoß sie den Jungen, während er noch redete, mit den Gerstengraupen, die unter die Flüssigkeit gemischt waren. Sein Gesicht färbten Flecken, anstelle der Arme hat er jetzt Beine, der verwandelte Leib bekam einen Schwanz. Die Gestalt im ganzen schrumpft, um nicht viel Schlimmes anrichten zu können, und seine Größe ist geringer als die der kleinen Eidechse. Während die Alte staunt, weint und das Wundertier berühren will, flieht es vor ihr und verkriecht sich in einen Schlupfwinkel. Es trägt einen Namen, der zu seiner Färbung paßt; sein Leib ist mit mancherlei Tropfen wie mit Sternen übersät.

Es würde zu weit führen, zu berichten, welche Länder und welche Meere die Göttin durchirrt hat. Für ihre Suche war die Welt zu klein. Endlich kehrt sie nach Sizilien zurück. Während sie wandernd dort alles durchforschte, kam sie auch zu Cyane. Wäre diese nicht verwandelt gewesen, hätte sie alles erzählt; doch als sie sprechen wollte, standen ihr Mund und Zunge nicht zu Gebote, und sie hatte keine Möglichkeit zu reden. Dafür gab sie ein deutliches Zeichen: Den der Mutter wohlbekannten Gürtel, der Persephone gerade hier in der heiligen Quelle entglitten war, zeigte Cyane ganz oben auf dem Wasser. Kaum hatte Ceres ihn erkannt, zerzauste sich die Göttin das ungeordnete Haar, als hätte sie jetzt erst erfahren, daß ihr die Tochter geraubt worden war, und schlug sich wiederholt mit den Händen an die Brust. Noch weiß sie nicht, wo ihr Kind ist, doch macht sie allen Ländern Vorwürfe, nennt sie undankbar und nicht wert ihrer Gabe, des Ackerbaus, an erster Stelle Sizilien, wo sie die Spuren ihres Verlustes entdeckte. Darum zerbrach sie dort mit grausamer Hand die Pflüge, welche die Schollen umbrechen, und ließ die Bauern sterben samt den Rindern, die das Feld bestellen, befahl den Äckern, das anvertraute Saatgut zu unterschlagen, und verdarb den Samen. Siziliens weltberühmte Fruchtbarkeit wird Lügen gestraft: Im ersten Keim sterben die Saaten; bald rafft sie allzu viel Sonne, bald allzu viel Regen dahin; Gestirne und Winde stiften Schaden, und gierig picken Vögel den ausgesäten

Samen auf; Schwindelhafer, Burzeldorn und das unausrottbare Gras lassen die Weizenernte nicht gedeihen.

Da hob die Geliebte des Alpheus das Haupt aus ihrem Wasser, das aus Elis kam, strich sich das tropfende Haar aus der Stirn zu den Ohren und sprach:

> »O Mutter der Jungfrau, welche du auf dem ganzen Erdkreis suchst, und Mutter des Kornes, mache der unermeßlichen Mühsal ein Ende und zürne nicht grausam dem Lande, das dir treu ergeben ist! Hat sich doch das Land nichts zuschulden kommen lassen; ohne es zu wollen, war es der Ort für den Raub. … Ich kann durch die Erdentiefe dringen; dort tut sich mir ein Weg auf, und wenn ich unten durch die untersten Höhlen hindurchgeschlüpft bin, erhebe ich hier wieder mein Haupt und sehe die mir fremd gewordenen Gestirne. Während ich also in stygischer Tiefe unter der Erde hinglitt, sahen dort meine Augen deine Proserpina. Wohl war sie noch traurig und trug Spuren der Angst im Gesicht, doch war sie Königin, die Mächtigste im Reich der Finsternis, die gewaltige Gemahlin des Königs der Unterwelt.«

Sobald sie diese Worte hörte, erstarrte die Mutter, als wäre sie versteinert, und stand lange wie vom Donner gerührt. Kaum hat das schwere Leid die schwere Benommenheit vertrieben, schwingt sie sich mit dem Wagen in die ätherischen Lüfte auf. Dort trat sie vorwurfsvoll mit finster umwölktem Antlitz und offenem Haar vor Iuppiter hin und sprach:

> »Ich bin zu dir gekommen, Iuppiter, als Bittflehende für mein und dein Fleisch und Blut. Findet die Mutter keine Gnade, so mag die Tochter den Vater rühren! Und kümmere dich, bitte, nicht deswegen weniger um sie, weil *ich* sie geboren habe! Endlich habe ich nun meine lang gesuchte Tochter gefunden, wenn du das ›finden‹ nennst, was treffender ›verlieren‹ heißt, oder wenn du ›wissen, wo sie ist‹ schon ›finden‹ nennst. Daß sie geraubt worden ist, will ich hinnehmen, wenn er sie mir nur zurückgibt! Denn einen Räuber zum Gemahl verdient *deine* Tochter nicht – wenn sie schon nicht mehr meine Tochter ist.«

Iuppiter versetzte:

> »Die Tochter ist eine Lust und eine Last, die ich mit dir gemeinsam trage. Aber will man die Dinge beim rechten Namen nennen, ist diese Tat kein Unrecht, sondern Liebe. Wir werden uns dieses Schwiegersohnes nicht schämen müssen, wenn du, Göttin, es nur willst. Gesetzt, alles andere fehle ihm – wieviel bedeutet es doch, daß er Iuppiters Bruder ist! Dabei fehlt es ihm ja gar nicht an anderen Dingen, und er steht mir nur nach, weil das Los so entschied. Doch wenn dein Wunsch nach Scheidung so heftig ist, *wird Proserpina in den Himmel zurückkehren; freilich nur unter einer bestimmten Bedingung: wenn sie dort unten keine Speisen genossen hat.* So ist es nämlich im Ratschluß der Parzen vorgesehen.«

Sprach's, doch Ceres ist fest entschlossen, ihre Tochter heraufzuführen. Aber das Schicksal erlaubt es nicht, weil die Jungfrau nicht gefastet hatte, sondern, während sie in ihrer Einfalt in den gepflegten Gärten umherstreifte, von einem Baum, der sich unter seiner Last beugte, einen purpurnen Granatapfel gepflückt und aus der bleichen Schale sieben Kerne genommen und zerkaut hatte. Das sah als einziger von allen Ascalaphus, den einst Orphne, nicht ganz unberühmt unter den Nymphen des Avernus, ihrem geliebten Acheron in schwarzen Wäldern geboren haben soll; er sah es, zeigte es an und raubte ihr grausam die Rückkehr. Da seufzte die Königin des Erebus, verwandelte den Zeugen in einen unheiligen Vogel, besprengte ihm das Haupt mit Wasser vom Phlegethon und versah es mit einem Schnabel, Flaumfedern und großen Augen. Er verliert sein Wesen, wird in gelbbraune Flügel gehüllt, schwillt am Kopf an, die Nägel wachsen in die Länge und biegen sich zurück; kaum kann er die Federn, die ihm an den untätigen Armen wuchsen, bewegen. So wird er ein häßlicher Vogel, der Vorbote künftiger Trauer, der scheue Uhu, ein böses Vorzeichen für die Sterblichen.

Er wenigstens scheint seine Strafe mit seiner verräterischen Zunge verdient zu haben; doch woher bekamt ihr, Töchter des Achelous, Flaum und Vogelkrallen, obwohl ihr die Gesichter von Mädchen habt? Etwa deswegen, weil ihr, sangeskundige Sirenen, unter den Gespielinnen wart, als Proserpina Frühlingsblumen pflückte? Nachdem ihr sie vergeblich auf der ganzen Welt gesucht hattet, wünschtet ihr alsbald, über den Wasserfluten auf dem Ruderwerk der Flügel schweben zu können, damit das Meer eure sorgende Liebe spüre. Die Götter waren euch geneigt, und ihr saht, wie eure Glieder von plötzlich gewachsenen Federn gelb wurden. Damit aber jener Wohlklang, der dazu geschaffen ist, dem Ohr zu schmeicheln, und damit solch hohe Sangesgaben nicht ihr Werkzeug, die Zunge, verlieren, blieb euch das mädchenhafte Antlitz und die menschliche Stimme.

Doch als Vermittler zwischen seinem Bruder und seiner betrübten Schwester teilt Iuppiter das rollende Jahr gleichmäßig auf; jetzt ist die Göttin als ein Wesen, das beiden Reichen gemeinsam angehört, ebenso viele Monate mit ihrer Mutter zusammen wie mit ihrem Gemahl. Unversehens wandelt sich ihre Stimmung und ihr Aussehen; ist doch die Stirn, die eben noch selbst dem Pluto traurig erscheinen konnte, jetzt heiter, wie die Sonne, die zuvor wasserreiche Wolken verdeckten, aus den besiegten Wolken hervortritt.

Triptolemus

Die Göttin der Fruchtbarkeit aber spannte zwei Schlangen vor ihren Wagen, legte ihnen Zaumzeug ums Maul, fuhr durch die Luft, die zwischen Himmel und Erde ist, schickte den leichten Wagen in die Stadt der Tritonis zu Triptolemus und gebot ihm, Samen, den sie ihm gab, teils auf bisher unbebautes Land zu streuen, teils auf Land, das nach langer Zeit wieder bebaut wurde. Schon war der Jüngling hoch über Europa und Asien geflogen; da wendet er sich Scythiens Küsten zu. Dort herrschte Lyncus als König. Seinen Palast betritt Triptolemus. Auf die Frage, wie er hergekommen sei und was ihn herführe, wie er heiße und wo seine Heimat sei, sprach er:

»Meine Heimat ist das berühmte Athen, ich heiße Triptolemus. Ich kam weder zu Schiff übers Meer noch zu Fuß über Land. Mir stand als Weg der Himmel offen. Ich bringe Gaben der Ceres, die, auf die weiten Felder gestreut, ertragreiche Ernten und unblutige Nahrung bringen sollen.«

Demeter (links) hält in der linken Hand das Szepter, mit der rechten übergibt sie das Korn als Geschenk an Triptolemos. Kore-Persephone (rechts) hält in der Linken eine Fackel, die Rechte legt sie segnend auf den Kopf des jungen Mannes. (Relief aus Telesterion von Eleusis)

Den Barbaren packte der Neid. Um selbst der Stifter dieser großen Gabe zu sein, nimmt er Triptolemus gastlich auf und überfällt ihn im Schlafe mit dem Schwert. Während er ausholte, um ihm die Brust zu durchbohren, machte ihn Ceres zum Luchs und gebot dem athenischen Jüngling, sein heiliges Gespann durch die Lüfte heimwärts zu jagen.

(*Metamorphosen V, 332–571, 642–661*)

3.   *Ceres und die Cerialia nach Ovid (»Festkalender«: 12. April)*

Dann folgen die Spiele der Ceres. Es ist nicht erforderlich, den Grund zu deuten, das Geschenk und das Verdienst der Göttin sind ohnedies bekannt. – Die Nahrung für die ersten Menschen waren grüne Kräuter, die der Boden spendete, ohne daß man ihn bemühte, und bald rupften sie frisches Gras vom Rasen, bald waren Zweigspitzen mit zartem Laub ihre Speisen. Später wuchs die Eichel; als man sie gefunden hatte, war das Leben schon erträglich, und die harte Eiche hatte wunderbaren Vorrat. Ceres rief zuerst den Menschen zu einer besseren Ernährung und gab anstatt der Eicheln das nützlichere Brot. Sie zwang die Stiere, ihren Nacken unters Joch zu beugen; da zum ersten Male sah die aufgerissene Erde das Licht der Sonne. Die Bronze stand im Wert, das Eisen kannte man noch nicht. Ach, es hätte immer verborgen bleiben müssen! *Ceres freut sich am Frieden, und ihr, Bauern, betet für den ewigen Frieden und den Fürsten, der den Frieden brachte! (Etwas) Spelt, eine Gabe von knisterndem Salz und Weihrauchkörner mögt ihr der Göttin auf die alten Opferherde bringen, und wenn der Weihrauch nicht zur Stelle ist, zündet mit Pech getränkte Fackeln an: Kleine Gaben, wenn sie nur von reinem Herzen kommen, sind der guten Ceres eine Freude. Laßt, ihr Opferdiener mit den aufgeschürzten Kleidern, eure Opfermesser von dem Rind! Das Rind muß pflügen, opfert das träge Schwein!* Der Nakken (des Rindes), der das Joch trägt, soll nicht vom Beil getroffen werden; (das Rind) soll am Leben bleiben und oft im harten Boden arbeiten.

An dieser Stelle muß ich nun von dem *Raub der Jungfrau* erzählen; das meiste ist bekannt, es läßt sich nur wenig Neues berichten. – Das Land Trinacria erhielt seinen Namen von der Form des Umrisses; es dringt mit drei Felsenspitzen auf das gewaltige Meer hinaus. Ceres wohnt dort gern, viele Städte sind ihr eigen, darunter Henna, das fruchtbar ist durch gepflegten Ackerboden. – Die kühle Arethusa hatte (einst) die Mütter der Götter eingeladen, auch die blonde Göttin war zum heiligen Mahl erschienen. Ihre Tochter lief (unterdes) mit ihren gewohnten Begleiterinnen bloßen Fußes hin und her durch ihre Auen. – Tief im Schatten eines Tals liegt eine Stelle, feucht von vielem Sprühen eines Wassers, das von der Höhe herabspringt. Alle Farben, die die Natur besitzt, erstrahlten hier, und der Boden leuchtete bunt. Als sie ihn erblickte, rief sie: »Kommt her, ihr Gespielinnen, und nehmt mit mir das Kleid voll Blumen heim!« Der Tand der Beute freut die Mädchenherzen, und der Eifer läßt die Mühe vergessen, die eine schüttet die Blumen hier in einen Korb aus rankem Weidenflechtwerk, die eine füllt da ihren Schoß und eine dritte dort den Bausch des leicht geöffneten Gewandes. Diese sucht sich gelbe Ringelblumen, eine andere müht sich um die Felder von Veilchen, und die nächste trennt mit spitzem Fingernagel Mohnköpfe (vom Stengel). Hyazinthen fesseln hier die Blicke, Amaranten halten dort (die Mädchen) auf; ein Teil sucht Thymian, ein anderer wilden Mohn, ein anderer Steinklee. Rosen pflücken sie besonders viel, [es gibt] auch Blumen ohne Namen. Sie selbst (Proserpina) sucht zarten Krokus und weiße Lilien, und wie sie (so) voller Eifer pflückte, schritt sie langsam weiter vor, durch Zufall folgte keine der Gespielinnen ihrer Herrin. Der Bruder ihres Vaters sah sie, und sobald er sie erblickt hatte, entführte er sie in aller Eile und brachte sie mit seinen dunklen Rossen in sein Reich. Sie rief zwar: »Liebste Mutter, weh, ich werde entführt«, und zerriß das Kleid an ihrem Busen. Dann öffnete sich für Dis der Weg (in die Tiefe), kaum noch hielten die Rosse dem ungewohnten Licht des Tages stand. Die Schar der gleichaltrigen Mädchen aber rief, die Körbe überhäuft mit Blumen: »Komm her, Proserpina, (schau an,) was wir dir schenken!« Als diese auf das Rufen keine Antwort gab, erfüllten sie die Berge mit ihrem Wehgeschrei und schlugen in ihrer Trauer mit der Hand die nackte Brust.

Ceres, die eben erst nach Henna heimgekehrt war, hörte, starr vor Schreck, die Klagen. Auf der Stelle rief sie: »Weh mir Unglücklichen! Kind, wo bist du?« Ihrer Sinne nicht mehr mächtig, stürzte sie davon, wie wir oft von thrakischen Mainaden hören, daß sie mit aufgelösten Haaren laufen. Wie die Kuh brüllt, wenn man ihr das Kalb vom Euter riß, und in allen Wäldern ihr Junges sucht, so hielt die Göttin mit ihren Klagen nicht zurück, eilte in schnellem Lauf dahin und suchte zuerst in den Gefilden von Henna. Hier fand sie die Eindrücke des Mädchenfußes und sah, daß der Boden von der (Spur der) bekannten Gestalt (der Tochter) gezeichnet war. Vielleicht wäre dieser Tag der letzte ihrer Irrwege gewesen, *wenn nicht Schweine die gefundene Spur zertreten hätten.* Jetzt lief sie und ließ Leontinoi hinter sich, den Strom des Amenanos und die grasbewachsenen Flußufer des Akis. Auch an Kyane eilte sie vorbei, an den Quellen des milden Anapos und am Gelas, dem man sich wegen der Strudel nicht nähern soll. Sie hatte Ortygia und Megara durcheilt, (den Fluß) Pantagias, die Mündung des Symaithos, die Höhlen der Kyklopen, schwarzgefärbt vom Rauch der Essen, die sie (dort) errichtet hatten, den Ort, der den Namen der gebogenen Sichel trägt, und Himera, (die Insel) Didyme, Akragas und Tauromenion, auch Melas mit den fetten Auen der heiligen Rinder. Von dort eilte sie nach Kamerina, Thapsos und zum Gebirgstal des Heloros, und wo der Eryx liegt, der dem Westwind stets ausgesetzt ist. Schon hatte sie Pelorias und Lilybaion, schon Pachynos, die spitzen Hörner ihres Landes, durchsucht. Wohin sie geht, alle Orte erfüllt sie mit jammervollen Klagen, wie die Nachtigall um den Verlust des Itys trauert, und im Wechsel ruft sie bald: »Proserpina!« bald: »Tochter!« Sie ruft und nennt abwechselnd beide Namen. Proserpina aber hört Ceres nicht, noch hört die Tochter ihre Mutter, und ungehört verhallen wechselweise beide Namen. Gleich, ob sie einen Hirten oder einen Bauern sah, der seinen Acker baute, sie fragte nur dies eine: »Kam vielleicht ein Mädchen hierher?« Schon bedeckt die gleiche (graue) Farbe die Natur, Schatten hüllen alles ein, schon sind die wachsamen Hunde verstummt: Hoch liegt der Aetna über dem Rachen des gewaltigen Typhoeus, von dem Feuer, das er ausspeit, brennt die Erde. *Hier zündet sie zwei Fichten an (, damit sie ihr) als Fackel (dienen). Daher hat die Fackel heute noch im Kult der Ceres ihren Platz.* Es gibt (dort) eine Höhle, rauh durch ihr Gefüge von ausgefressenem Bimsstein, einen Platz, nicht zugänglich für Mensch und Tier: Als sie hierhin gekommen war, *spannte sie gezäumte Schlangen vor den Wagen und fuhr trockenen Fußes über die Fluten des Meeres. Sie* mied die Syrten (rechts) und (links) die Zankläische Charybdis und die Hunde des Nisaios, die schiffezertrümmernden Ungeheuer, die sich weithin öffnende Adria und Korinth, das an zwei Meeren liegt. So erreichte sie die Häfen des attischen Landes; dort nahm sie, tief betrübt, zum ersten Mal, auf einem kalten Felsen Platz. Die Enkel des Kekrops nennen ihn noch jetzt den ›Trauerfelsen‹. Viele Tage hielt sie unbeweglich unter freiem Himmel aus. Sie ertrug den Mond (in der Nacht) und das Wasser des Regens.

Eleusis und Triptolemos. Jeder Ort hat sein Schicksal. Was jetzt das Eleusis der Ceres genannt wird, das war (einst) das Land des alten *Keleus.* Dieser brachte (gerade) Eicheln und Brombeeren heim, die er sich von den Stäuchern gesammelt hatte, dazu trockenes Holz, um ein Feuer auf dem Herd anzufachen. Die kleine Tochter trieb zwei Ziegen vom Berge heimwärts, und der zarte Sohn lag krank in der Wiege. »Mutter«, sprach das Mädchen (da) – die Göttin horchte auf, als man sie Mutter nannte – »was tust du allein hier in der Einsamkeit?« Obgleich die Last ihn drückte, blieb auch der Alte stehen und bat sie, sie möge doch in seine Hütte kommen, sei diese auch noch so klein. Die Göttin lehnte ab. *Sie hatte sich in eine alte Frau verwandelt und die Haare mit einem Tuch aufgebunden.* Als er drängte, gab sie zur Antwort: »Geh in Frieden, möge nichts dein Glück als Vater trüben! Mir hat man meine Tochter geraubt. Weh mir! Wieviel glücklicher ist doch dein Los als das meine!« So sprach sie und ein heller Tropfen fiel tränengleich – denn Götter können ja nicht weinen – in den feuchten Busen. Weichen Herzens weinten gleichzeitig das Mädchen und der alte Vater, und von ihnen sprach der biedere Greis die Worte: »So soll dir die Tochter, die du suchst, weil sie geraubt ist, wohlbehalten (und gerettet) sein, (wie ich dich bitte), daß du aufstehst und das Dach der armen Hütte nicht verachtest!« Ihm entgegnete die Göttin: »Geh voran! Du hast herausgefunden, wie du mich bewegen konntest.« Sie erhob sich vom Felsen und folgte dem Alten. Wie er voran ging, erzählte er seiner Begleiterin, wie krank ihm sein Sohn sei, wie er nicht schlafen könne und vor Schmerzen wach liege. (Da) sammelte Ceres, bevor sie in die kleine Hütte trat, sanften schlafbringenden Mohn von dem unbebauten Boden. Als sie ihn auflas, so erzählt die Sage, kostete versehentlich ihr Mund davon, und, ohne es zu wissen, stillte sie nach langer Zeit ihren Hunger: *Weil sie zum Beginn der Nacht das Fasten brach, gilt den Mysten das Erscheinen der Sterne als die Zeit für ihr Mahl.* – Als sie die Schwelle überschritt, sah sie das ganze Haus erfüllt von Jammer: Für den Knaben gab es keine Hoffnung auf Rettung mehr. Sie begrüßte seine Mutter – sie hieß *Metaneira* – und *legte gnädig ihren Mund auf den des kranken Knaben. Die Todesbleiche wich, und sie sahen in seinem Körper plötzlich (neue) Kräfte: Solche Macht ging von dem Munde der Göttin aus.* Voller Freude war das ganze Haus, das ist Mutter und Vater und Tochter: diese drei waren das ganze Haus. Dann setzten sie (ihr) Speisen vor: Lab in Milch zerlassen, Obst und goldenen Honig, noch in den Waben. Die milde Ceres rührte die Speisen nicht an, und dem Knaben gab sie Mohn zum Schlafen, als Trank in lauwarmer Milch. – Es war Mitternacht, und es herrschte die Ruhe friedlichen Schlafes. Da nahm sie den *Triptolemos* auf ihren Schoß, streichelte ihn dreimal mit der Hand und sprach drei Sprüche – Sprüche, die Menschenwort nicht nennen darf – *und deckte den Körper des Knaben im Herde mit glühender Asche zu, damit das Feuer die Bürde der Sterblichkeit (von ihm) nehme.* Da erwachte die töricht sich sorgende Mutter aus dem Schlaf, rief von Sinnen: »Was tust du?« und riß den Körper aus dem Feuer. Die Göttin sprach zu ihr: »Wenn du es auch nicht wolltest, deine Tat war Unrecht. Meine Gabe ist wirkungslos durch die mütterliche Angst. Nun bleibt er sterblich: *doch er wird als der erste pflügen, säen* und seinen Lohn von dem Boden empfangen, den er bebaute.« (So) sprach Ceres, und beim Gehen hüllte eine Wolke sie ein; sie eilte zu ihrem Schlangenwagen und erhob sich auf geflügelter Achse (in die Lüfte).

Sie ließ das kühn aufragende Sunion, die sichere Bucht des Peiraieus und die Küste hinter sich, die rechter Hand liegt. Von hier aus erreichte sie das Meer des Aigeus, wo sie alle Kykladen (liegen) sah, dann streifte sie das wilde Meer von Ionien und das Meer des Ikaros, und durch die Städte Asiens flog sie auf den langgestreckten Hellespontos zu: Hoch (in den Lüften) fuhr sie planlos ihren Weg hierhin und dorthin: Denn bald blickte sie herab auf die Weihrauch sammelnden Araber, bald auf die Inder; hier lag Libyen ihr zu Füßen, dort Meroe und die Wüste. Dann besuchte sie im Westen den Rhein, die Rhône, den Po und den Tiber, – den Vater eines in Zukunft mächtigen Stromes. Wohin trägt mich das Gedicht? Es führt ins Maßlose, die Länder aufzuzählen, die sie auf der Irrfahrt aufsuchte; es gab auf Erden keine Stelle, an der Ceres vorüberging. Selbst am Himmel irrte sie umher und sprach die Sterne an, die dem kalten Pol am nächsten stehen und nie ins klare Meer versinken: »Sterne aus Parrhasien – denn ihr könnt alles wissen, da ihr niemals in den Meeresfluten untergeht – zeigt mir Proserpina, (zeigt) der unglücklichen Mutter die Tochter!« So hatte sie gesprochen; Helike gab ihr zur Antwort: »Die Nacht ist frei von Schuld. Frage den Sonnengott nach dem geraubten Mädchen! Dieser sieht, was sich weit und breit bei Tage ereignet.« Da fragte sie die Sonne und erhielt die Antwort: »Damit du dich nicht vergebens mühst: Die, die du suchst, herrscht (in der Unterwelt,) im dritten Reiche, vermählt mit (Pluto,) dem Bruder des Iuppiter.«

Sie (Ceres) klagte lange (still) für sich, dann wandte sie sich an den Donnerer, und tiefe Spuren des Schmerzes zeigten sich in ihrem Antlitz: »Wenn du daran denkst, wem ich Proserpina geboren habe, dann hat sie zur Hälfte auch auf deine Sorge Anrecht. Ich habe den Erdkreis (ganz) durchwandert: Nur die Ungerechtigkeit der Tat kam mir zu Ohren; der Entführer hat sein Ziel erreicht. Doch weder hat Proserpina sich einen Räuber als Gemahl verdient, noch ist dies für uns die rechte Weise, einen Schwiegersohn zu finden. Was hätte ich Ärgeres ertragen müssen, wenn Gyges (im Gigantenkampf) gesiegt hätte, als was ich jetzt habe leiden müssen, wo du das Zepter des Himmels trägst? Doch mag er straflos ausgehen, ich will dieses ohne Rache tragen, wenn er (sie) nur zurückgibt und seine Tat durch eine neue wieder gutmacht.« Iuppiter beruhigt sie und entschuldigt die Tat mit der Liebe: »Er ist als Schwiegersohn für uns keiner, dessen wir uns schämen müssen«, spricht er, »ich selbst bin nicht vornehmer; mir gehört das Reich im Himmel; der eine (meiner Brüder) herrscht über die Gewässer, der andere im leeren Schattenreich. Wenn aber etwa dein Sinn nicht zu ändern ist und du entschlossen bist, die Bande der (nun) einmal eingegangenen Ehe zu zerreißen, wollen wir auch dieses versuchen, *wenn sie (drunten) nüchtern blieb;* wenn nicht, bleibt sie mit ihrem unterirdischen Manne vermählt.« Da legte der Götterbote mit dem Heroldstab seine Flügel an und eilte auf (Iuppiters) Befehl zum Tartarus; er kehrte schneller als erwartet heim und brachte eine sichere Kunde her von dem, was er gesehen hatte: »Die Geraubte hat das Fasten durch drei Kerne gebrochen, die der Punierapfel mit seiner zähen Hülle einschließt.« (Da) ergriff ein Schmerz die gramgequälte Mutter, nicht anders, als ob (die Tochter ihr) eben erst entrissen worden wäre, nur mit Mühe und erst spät erholte sie sich und sprach: »Ich will auch nicht mehr im Himmel wohnen. Gib auch mir den Zutritt zum Tal des Tainaros frei!« Und sie hätte (ihren Willen) ausgeführt, *wenn Iuppiter nicht versprochen hätte, daß sie (Proserpina) sechs Monate (im Jahr) im Himmel bleiben sollte.* Da erst hellte sich die Miene der Ceres wieder auf, und sie faßte neuen Mut: *Sie drückte ihren Ährenkranz ins Haar – und auf der Flur, die brach gelegen hatte, sproß eine reiche Ernte,* und die Scheuern faßten kaum den eingebrachten Segen.

Weiß ist die Farbe der Ceres. Legt am Fest der Ceres weiße Kleider an! Jetzt trägt niemand (ein Gewand aus) dunkle(r) Wolle.

(*Die Fasten, Bd. I, 4. Buch, 393–620*)

III. Der Ritus der Demeter-Mysterien

»Es feierten die frommen Mütter das jährliche Ceresfest, an dem sie, in weiße Kleider gehüllt, Ährengewinde als Erstlingsopfer ihrer Ernte darbringen und neun Nächte lang Venus und männliche Berührung für verboten halten.«
(*Ovid, Metamorphosen, X, 432–435*)

Zu Frühlingsbeginn wurden in Agrai, am Südrand von Athen, zunächst die sog. *Kleinen Mysterien* gefeiert, was wir uns als eine Art Exerzitien vorstellen können. Die Einweihungswilligen wurden von Priesterinnen und Priestern in der heiligen Geschichte der Göttin unterwiesen, unterzogen sich Reinigungszeremonien, fasteten, brachten Opfer dar und verehrten die beiden Göttinnen mit Gebeten, Hymnen und Tänzen.

Die *Großen Mysterien*, an denen bis zu 3000 Menschen teilnehmen konnten, fanden stets im Herbst – September/Oktober – statt und erstreckten sich über die Dauer von neun Tagen. Während dieser Zeit wurde ein allgemeiner »Gottesfriede« im Lande ausgerufen, d. h. alle Kriegshandlungen mußten ruhen. Und offensichtlich »ruhte« in dieser Periode auch die körperliche Begegnung zwischen Frauen und Männern.

Seit Eleusis politisch zu Athen gehörte, nahmen die Feierlichkeiten dort ihren Ausgang und wurden am dritten Tag mit einer Prozession nach Eleusis fortgesetzt. Doch zuvor wurden am 14. des Monats die Kultgegenstände und Götterbilder in einer Prozession von Eleusis nach Athen überführt. Dort wurden sie im Eleusinion-Heiligtum aufbewahrt, wo am nächsten Morgen die Feierlichkeiten mit einem Opfer und der Proklamation an die Einweihungwilligen begannen. Alle, die an den Mysterien teilnehmen wollten, erschienen gemeinsam mit ihren Mystagogen und bekundeten öffentlich ihren Willen, sich einweihen zu lassen.

Und hier die weitere Reihenfolge der kultischen Begehungen während der Großen Mysterien:

Am nächsten Tag erscholl der Ruf »Zum Meer, ihr Mysten!«, der die Einweihungs-willigen zu einem Reinigungsbad im Meer aufforderte. Alle trugen je ein Ferkel bei sich, das gewaschen und dann als Einweihungsopfer – stellvertretend für die Mysten, die durch die Weihe eine neue Existenz eingingen, – dargebracht wurde. Bei dem den Frauen vorbehaltenen Demeterfest der *Thesmophorien* war es sogar Brauch gewesen, Ferkel als Versenkungsopfer in Erdspalten zu werfen oder sie zerstückelt über die Fel-der zu verteilen. »Das fruchtbarste Haustier sollte jeweils die Fruchtbarkeit der Äcker gewährleisten. Da Fruchtbarkeits- und Sühneriten eng zusammenhängen, leitete man aus dem Brauch der Ferkelopfer den Glauben ab, Ferkel hätten besonders reines Blut und könnten das Unreine im Menschen gewissermaßen absorbieren« (S. 33). Auch wurden der Göttin kleine Votivstatuetten in Schweineform geweiht, die Vorläuferin-nen unserer Glücksschweine?!

An den folgenden Tagen wurden Opferkuchen aus Weizen und Gerste dargebracht. Den Rest des Tages verbrachten die Mysten in ihren Häusern und Quartieren. »In der Nachfolge der trauernden Demeter fasteten sie und breiteten den *Kykeon*, einen Trank aus Gerstenmehl oder Graupen mit Minze, wie ihn sich Demeter im Palast des Keleos zubereiten ließ« (S. 34).

Schließlich beginnt, vom Heiligen Tor ausgehend, die Prozession auf der Heiligen Straße, die sich über einen mehr als 20 km langen Weg in nordwestlicher Richtung von Athen nach Eleusis hinzieht. Allen voran schreiten die Priester mit den Kultbil-dern und die Priesterinnen mit Körben, welche die heiligen Gegenstände des Kultes in sich verbergen. Ein solcher Korb hieß *kisté* oder *cista mystica*, in diesem Fall »ein zy-linderförmiges Gefäß mit Deckel, das die Priesterinnen auf dem Kopf trugen« (ebd.). Es müssen hier beeindruckende Scharen unterwegs gewesen sein, denn außer den Mysten und ihren Mystagogen gaben noch Freunde und Verwandte den Einwei-hungswilligen ihr Geleit bis zum heiligen Bezirk, dazu Eingeweihte, die sich ein weite-res Mal an der heiligen Schau erfreuen wollten.

Die Votivtafel einer Spenderin mit Namen Niinnion (4. Jhd. v. Chr.) vermittelt einen Eindruck vom Zug der Mysten: Alle trugen sie Stäbe, die mit Myrtenzweigen und Blumenrosetten umwunden waren; daran befestigt waren Bündel mit Proviant und neuen Kleidern, die am Tag nach der Weihenacht angelegt wurden, wenn die My-sten zu »neuen Menschen« geworden waren. Zahlreiche Teilnehmer/innen trugen zudem Opferschalen mit verschiedenen Sorten von Getreidekörnern, Honig und Früchten, die geweiht und anschließend gemeinsam verzehrt wurden. Alle Prozession-steilnehmer/innen aber waren mit Myrtenkränzen geschmückt, jener Pflanze, die seit alters her der Göttin Ischtar heilig war und die symbolisch sowohl dem Bereich der Fruchtbarkeit als auch der Totenwelt zugehört. Hier in Eleusis galt die Myrte als Symbol für die polare Einheit von Ober- und Unterwelt, wie sie im sumerisch-akkadischen Bereich durch das Paar Ischtar-Ereschkigal und in Griechenland u. a. durch das Paar Demeter-Persephone vergegenwärtigt wird.

Bevor der Zug am Abend Eleusis erreichte, mußte er das Flüßchen Kephissos überschreiten. Dort wurden zu Ehren Jambes, der Magd im Palast zu Eleusis, der allein es gelungen war, die trauernde Demeter durch ihre Scherze aufzuheitern, die sogenannten Brückenspässe (*Gephyrismoi*) aufgeführt. »Das Aussprechen derber, ja obszöner Schelt- und Spottreden diente ursprünglich der Abwehr des Bösen. Die Scherzreden bewirkten gleichzeitig eine Entlastung von der emotionalen Hochstimmung; zur Zeit der athenischen Polisdemokratie machten sich die Bürger bei den Brückenspäßen von Eleusis Luft gegenüber prominenten Teilnehmern, die kräftig durchgehechelt wurden und dies schweigend hinnehmen mußten, eine Art ›Narrenfreiheit‹« (S. 37).

Das Flüsschen Kephissos markierte den Übergang zum alten Hoheitsgebiet von Eleusis. »Es wurde der Festruf ›Iakchos‹ angestimmt. Aus einem ursprünglich unartikulierten Segensruf hörte man später einen Namen heraus: Iakchos als ein göttlicher Begleiter der Demeter. Sein Bild wurde in der Prozession mitgeführt; auf der Niinnion-Tafel ist er als jugendlicher Fackelträger abgebildet. Bei Aristophanes wird er Schirmer der Chöre und Erfinder des fröhlichen Festliedes genannt, gewissermaßen als die Personifikation der Festesfreude« (ebd.).

Im Tempelbezirk angelangt, erhielten die Mysten einen roten Wollfaden, der um die rechte Hand und den linken Fuß geschlungen wurde, zum Zeichen dafür, daß sie nun als Opfer der Göttin gebunden waren und ganz ihr gehörten.

Noch im profanen Bereich, im Vorhof des heiligen Bezirks befand sich der *Kallichoros-Brunnen*, der »Brunnen der schönen Tänze« (der heute noch sichtbare Bau stammt aus der 2. Hälfte des 6. Jhds v. Chr.). Dort hatte Demeter sich auf ihrer Suchwanderung ausgeruht und war von den Eleusinierinnen durch Tänze zu erheitern gesucht worden. Die Mysten aber tanzten um den Brunnen herum, aus Freude, endlich am Ziel ihrer Wünsche angekommen zu sein. Mit dem Erscheinen der Sterne wurde das Fasten mit dem Kykeontrunk gebrochen, das einzige, was die Mysten vor ihrer Einweihung zu sich nehmen durften. Im Vorhof des heiligen Bezirks warteten die Priesterinnen und Priester im Schein von Fackeln. Nun wurden die Mysten von den Uneingeweihten getrennt, denen es bei Todesstrafe verwehrt war, einen Fuß in den heiligen Bezirk zu setzen.

Die Feier der heiligen Weihenacht begann: Durch die Großen Propyläen zogen die Mysten in den von einer hohen Mauer umfriedeten heiligen Bezirk ein. Die Fackeln der Priester waren dabei ebensosehr Werkzeuge der Erleuchtung wie auch der Reinigung: Mit verhülltem Haupt sollten die Mysten den feurigen Reinigungsritus ertragen, bei dem die Fackeln gegen sie gerichtet wurden. Solchermaßen blind und ausgesetzt, konnten sie lernen, sich loszulassen und mit sich geschehen zu lassen, was der Ritus von ihnen verlangte und was sie in eine größere Nähe zu den beiden Göttinnen brachte.

Anscheinend noch verhüllt durften die Mysten darauf unter dem Beistand ihrer Mystagogen die heiligen Gegenstände (*hierá*) aus der *cista mystica* nehmen. Die dazu gesprochene Einweihungsformel, die allerdings ebensoviel verbirgt wie enthüllt, soll den Überlieferungen zufolge etwa so gelautet haben: »Ich habe gefastet, ich habe vom Kykeon getrunken, ich nahm [etwas] aus der Cista (dem Deckelgefäß), hantierte damit, legte es dann in den Kalathos (einen offenen Korb) und aus dem Korb wieder in die Cista« (S. 39). Auf bildlichen Darstellungen ringelt sich eine Schlange um das Gefäß, das die Mysten furchtlos zu berühren hatten (vgl. die Beschreibung der Isis-Prozession bei Apuleius!). Bis heute ist nicht geklärt, welche Gegenstände genau die berühmte *cista mystica* enthielt, denn die Mysten durften nach vollzogener Einweihung ja nichts mehr darüber erzählen; die meisten Vermutungen beruhen daher auf Spekulationen. Am wahrscheinlichsten scheint zu sein, daß es sich bei den Gerätschaften, mit denen die Mysten hantierten, um Werkzeuge zum Zermahlen des Getreides handelte, wie etwa Mörser und Stößel (gleichzeitig Symbole für Mutterschoß und Phallus?!). Mit ihrer Handhabung konnten die Mysten sich einerseits die Gabe der Demeter zu eigen machen und sich zugleich selber symbolisch in einen Prozeß der Umwandlung hineinbegeben, in dessen Verlauf sie werden wie das Weizenkorn, das stirbt, um neue Frucht zu bringen.

Danach schritten die Prozessionsteilnehmer/innen weiter zur sog. *Grotte des Hades*, die auch heute noch sichtbar ist, eine große Höhle mit zwei Kammern, die als Bezirk des Hades und als Eingang zur Unterwelt galt. Eine gemauerte Plattform nahe der Höhle und schmale, in den Fels gehauene Treppen, die bis hinter die Kammern der Höhle hinaufführen, lassen den Schluß zu, daß hier unter Mitwirkung der Demeterpriesterin der Raub der Kore mit allen Schrecken der Unterwelt vergegenwärtigt und von den Teilnehmer/inne/n, die dramatisch in das Geschehen miteinbezogen wurden, hautnah miterlebt werden konnte. »Die geheimnisvolle Einheit der Mutter und der Tochter als Zentralthema der Weihehandlung beginnt hier schon aufzuscheinen« (S. 40).

Nachdem die Mysten solchermaßen am Raub der Kore Anteil genommen hatten, wurden sie schließlich auch im Suchen und Umherirren mit der Göttin Demeter eins. »Mit Fackeln in den Händen zogen sie das letzte Stück der Heiligen Straße bis zum Heiligtum, wo sie dann die Wiedervereinigung der Gottheiten miterleben sollten. Dieses Umherirren (*planai*), Suchen und Finden, unter Trauer und Freude, gehört zum innersten Kern der Mysterienerfahrung. – Erst nachdem die Mysten durch Schrecken und Trauer hindurchgegangen waren, also aktiv an der heiligen Geschichte der Gottheit teilgenommen hatten, konnten sie die verwandelnde Kraft der Mysterienweihe an sich erfahren. Die Weihe vollzog sich vor Schauenden, aber nicht vor Zuschauern« (S. 41 f.).

Auf einer Terrasse am Osthang der Akropolis, des Burgberges von Eleusis, befand sich *die Weihehalle, das Telesterion* (von griech. *teleté* = Weihe). Hier vollzog sich die Feier des innersten Geheimnisses der Weihenacht. Die heute noch sichtbaren Ruinen stammen von dem Bau, den Perikles um 440 v. Chr. (nach Plänen des Parthenon-Architekten Iktinos) errichten ließ; er erweiterte damit, das von Peisistratos und Solon im 6. Jhd. angelegte Gebäude, das nunmehr bis zu 3000 Menschen in sich beherbergen konnte. »Der perikleische Bau war 54 m lang und 52 m breit, von 42 Säulen getragen und von acht Stufenreihen umzogen, die, zum Teil in den Fels gehauen, den Teilnehmern an den Weihen Platz zum Sitzen boten (Säulenstümpfe und Sitzreihen sind noch erhalten). Kultisches Zentrum des Tempels war das Anáktoron (›Ort der Herrin‹, ›Götterwohnung‹), eine kleine Kapelle von etwa 3 × 2 m, das ›Allerheiligste‹, das während der Feier zur Aufbewahrung der Kultgegenstände diente und nur vom Oberpriester betreten werden durfte. Im Innern befand sich ein Rundherd, auf dem das heilige Feuer entzündet wurde« (S. 42 f.). An diesem Herd, der Bestandteil bereits des ersten Demeter-Tempels war, hatte dem Mythos zufolge die Göttin selbst gesessen und um ihre Tochter getrauert.

Nach dem Einzug ins Telesterion sprachen die Mysten wahrscheinlich im Chor den Eid der Geheimhaltung und die bereits erläuterte Bekenntnis- und Zugehörigkeitsformel: »Ich habe gefastet, vom Kykeon getrunken . . .« Es folgte die *Schau der heiligen Gegenstände*, die der Hierophant aus dem ihm allein zugänglichen Anaktoron herausholte und vor aller Augen in Erscheinung treten ließ. Wobei es sich um ganz und gar unspektakuläre Dinge gehandelt haben mag, die allein durch den besonderen Rahmen, in den sie gestellt waren, ihre Bedeutung erhielten. Gezeigt wurden möglicherweise: Opferkuchen aus den verschiedenen Getreidesorten vom rharischen Feld als Gabe der Kornmutter, ein Granatapfel als Symbol für die innere Einheit von Fruchtbarkeit und Tod, eine Schlange als das uralte heilige Tier von Wandlung und Unsterblichkeit, außerdem die Gegenstände, welche die Mysten zuvor berührt hatten, darunter vielleicht Mörser und Stößel, die im Prozeß des Zermalmens die Verwandlung in der Vernichtung gegenwärtig werden lassen: Im Tod ist das (neue) Leben (vgl. die Vorstellung von Tod und Zerstückelung des Osiris im Zermahlen des Getreides)! In der Weihe geht es (laut Aristoteles) nicht zuförderst um lernbares Wissen, sondern vor allem um *patheín*, um ein innerliches, mit Erschütterung verbundenes Erleiden und Durchleben, zu dem die Worte der Priester / innen – als Einweihungsworte der Gottheiten selber – nicht viel mehr als eine Einstimmung bieten konnten (für Wortgottesdienst und kultische Unterweisungen waren überdies die kleinen Mysterien da). Das allergrößte, in staunendem Schweigen zu schauende und hinzunehmende Mysterium ist letztlich eine geschnittene Ähre, als In- und Sinnbild des aus dem Erdenschoß neu erstehenden Lebens, der Verwandlung und Neubelebung im Durchgang durch den Tod. Die Ähre verweist zugleich auf den Getreidesegen als Reichtum (*plútos*) der unteren Welt (vgl. die Getreide-Gabe der Ereschkigal!), jener Reichtum, den die Göttinnen von Eleusis ihren Eingeweihten im Überfluß versprochen haben:

> »Und wem von den irdischen Menschen
> jene gnädig gewogen, oh, der ist selig zu preisen,
> und sie senden ihm schnell zum häuslichen Herde den Plutos,
> der mit reichen Gaben beschenkt die sterblichen Menschen.«
> *(Homerische Hymnen, 1987, S. 123 f.)*

Das letzte und tiefste Geheimnis der Weihenacht ist allerdings die *Epiphanie der Kore* selbst. Mitten in das undurchdringliche, schreckenerregende Dunkel lodert die plötzliche Helle des aufflammenden Feuers aus dem Anaktoron, dessen Rauch durch eine große Öffnung im Dach nach außen quoll und weithin sichtbar war. Ein Widder, das Opfertier der Unterirdischen, wird geopfert, der Oberpriester schlägt einen Gong und verkündet mit lauter Stimme:

> »Einen heiligen Knaben gebar die Herrin Brimo, den Brimos!«

– »die Starke, den Starken« übersetzt der christliche Schriftsteller Hippolyt, der dies alles berichtet (In seiner griech. Schrift von der *Widerlegung aller Häresien* referiert Hippolyt, Presbyter in Rom, geb. um 160 n.Chr., die Meinung der gnostischen Sekte der Naassener). Ob dabei die Demeterpriesterin in göttlicher Gestalt auftrat und durch Insignien und Gewänder die Einheit von Mutter und Tochter darstellte, bleibt ungewiß, doch nach Tertullian (in seinem Werk *Ad nationes*) spricht einiges dafür. »Es ist Kore, die erscheint, die Tochter Demeters, die Herrin beider Reiche der Ober- und Unterwelt. Und sie bringt aus dem Dunkel der Tiefe das Kind herauf ins strahlende Licht der Weihenacht: Leben aus dem Bereich des Todes. Ist das göttliche Kind eine Verkörperung des Plutos, des Reichtums und Segens, so wie es auf Vasenbildern zu sehen ist, als kleiner Knabe, der einem Füllhorn entsteigt, mit Blumen und Früchten? Aber wäre die Mutter dann nicht Demeter, die Plutos dem Mythos zufolge dem Iasion gebar? Ist dies das Geheimnis der Erscheinung, daß Kore zugleich auch Demeter ist, die Mutter, die sich, neues Leben spendend, in der Tochter verjüngt, im ewigen Kreislauf des

Lebens?« (S. 45 f.). Die Mysten aber, die an diesem Geheimnis durch die heilige Schau der Dinge nun teilhaben, durften sich fortan selber im Bild des göttlichen Kindes sehen. Sie sind »neugeboren«, haben neues Leben von den Gottheiten erhalten und dürfen hoffen, daß der Tod auch am Ende ihres Lebens nicht das letzte Wort behalten wird:

> »Heilige Bräuche, die keiner verraten, verletzen, erforschen darf,
> denn heilige Scheu vor den Göttern bindet die Stimme.
> Selig, wer von den irdischen Menschen je sie gesehen!
> Wer aber unteilhaftig der Weihen, der findet ein anderes Schicksal,
> wenn verblichen er weilt im dumpfigen Dunkel.«
> *(Homerische Hymnen, 1987, S. 123)*

Die solchermaßen Eingeweihten durften sich als Stammverwandte der Göttinnen fühlen, die gleich Kore dem düsteren Schatten des Totenreiches entkommen waren. Darum heißt es bei Sophokles: »Dreimal selig, sind die unter den Sterblichen, die dies geschaut haben, bevor sie zum Hades gehen. Nur für sie allein ist dort Leben, für die anderen aber ist alles dort schlimm.« Oder bei Pindar: »Glücklich, wer dies gesehen hat, bevor er unter die Erde geht; denn er weiß um das Ende des Lebens, und er weiß um den gottgegebenen Anfang.« Nach Cicero haben die Eingeweihten »in Wahrheit die Grundlagen des Lebens kennengelernt, durch die wir nicht nur mit Freude zu leben, sondern auch mit besserer Hoffnung zu sterben gelernt haben.« Und auf einer in Eleusis gefundenen Inschrift lesen wir: »Wundervoll ist fürwahr das Mysterium, das uns von den seligen Göttern gegeben wurde; der Tod ist für die Sterblichen nicht länger ein Übel, sondern ein Segen« (S. 47).

Am Tag nach der Weihenacht feierte man, dieser Auferstehung von den Toten gemäß, ein großes Gastmahl in den neuen Gewändern. *Am letzten Tag* aber gedachte man der Toten. Wenn der Segen des Lebens von unten kommt, das Reich des Todes sich als Ort des Wachstums entpuppt, dann hat die Unterwelt ihren Schrecken verloren; in Eleusis hat sie den Menschen ihren wohltätig-freundlichen Aspekt offenbart, das Furchtbare ist in Wirklichkeit das Fruchtbare. Das Thema des Demeterhymnus läßt sich von hier aus verstehen als ein Verlieren, Suchen und Zurückgewinnen eines verlorenen und vermißten Seins- und Sinnzusammenhangs. Demeter erkämpft sich »in langer, trostloser Nacht« ihr mütterliches Recht und ihre Tochter – das Sinnbild ihrer Schöpfungskraft – zurück, und sie nimmt durch die Stiftung der Weihen die Menschen in diese Wiedergeburt mit hinein. Selber am Tiefpunkt ihres Lebens angelangt, erwirkt sie dennoch den Menschen, die ihr begegnen, als Heilerin und Totenerweckerin höchstes Heil: Unsterblichkeit als Geschenk des (durchlittenen) Abgrunds.

Diese Weihen, die Demeter stiftet, werden im homerischen Hymnus *órgia* – heiliges Tun, heilige Werke – genannt. Erst die christliche Polemik machte daraus das abwertende Wort »Orgien« und wollte von sexuellen Vereinigungen wissen, die angeblich der Hierophant mit der Demeterpriesterin in einem unterirdischen Gemach unter dem Telesterion betrieben hätten. Doch wie die Ausgrabungen schließlich zutage förderten, hat es einen solchen Raum in Eleusis niemals gegeben. Die Zeremonie einer wie auch immer gearteten »Heiligen Hochzeit« gehörte keineswegs zum Kultrepertoire von Eleusis, wohl aber zu den häufigsten Phantasieerscheinungen christlicher Schriftsteller, die auch und gerade noch in ihrer ablehnenden Haltung letztlich den hohen Rang dieses Kultes bestätigten. (Ursprünglich war »der« Hierophant wohl ohnehin eine Frau; vgl. Riedel, S. 149.)

Politisch gesehen verhalf der Kult von Eleusis Athen dazu, seine politische wie geistige Vorrangstellung zu behaupten. Aufgrund einer von Herodot überlieferten Erscheinung glaubte man, die Göttinnen von Eleusis hätten den Griechen ihren Sieg über die Perser geschenkt (Salamis, der Ort der siegreichen Seeschlacht liegt gegenüber der Bucht von Eleusis). »Die Stiftung des Getreideanbaus und der Mysterien durch Demeter sowie deren Weiterverbreitung (durch Triptolemos) wurde als kulturstiftendes zivilisatorisches Geschenk Athens an die übrige Welt gedeutet« (S. 50). Auch Cicero spricht von der Menschlichkeit und Gesittung, die Athen der ganzen Welt mit den eleusinischen Mysterien geschenkt habe. Das machte die übrige Welt jedoch tributpflichtig, und so forderte Athen seit 420 v. Chr. aus allen griechischen Städten die Erstlingsgaben der Getreideernte ein, die in riesigen Speichern in Eleusis verwahrt wurden und den Reichtum des Heiligtums mehren halfen. Auf dem Höhepunkt der Mysterienfrömmigkeit ließen sich selbst Kaiser einweihen, die dazu noch neue Bauten stifteten. Manche dieser Kaiser, wie Gallienus, gaben sich nach erfolgter Einweihung sogar weibliche Beinamen: *Galliena Augusta;* wie es überhaupt bei Männern Brauch schien, auch während der Einweihungszeremonien weibliche Kultgewänder anzulegen (vgl. Riedel, S. 143).

Erst im Jahre 391 n. Chr (immerhin fast 70 Jahre nach der sog. Konstantinischen Wende!) ließ der christliche Kaiser Theodosius alle heidnischen Kulte verbieten. Vier Jahre später erfolgte die vollständige Verwüstung des Tempelbezirks von Eleusis durch Alarich und die Westgoten. Trotz allem wurden die eleusinischen Mysterien noch bis ins 5. Jhd. weitergefeiert. Als im 19. Jhd. die Archäologen darangingen, die Tempelanlage auszugraben, entdeckten sie die Statue einer weiblichen Gottheit, die von den Einheimischen als heilige Demetra und Schutzpatronin der Felder verehrt wurde. Heute erhebt sich oberhalb der Ruinen des Heiligen Bezirks eine Marienkapelle.

(Alle Zitate, soweit nicht anders vermerkt, aus Giebel, S. 17–53.)

GROSSE GÖTTINNEN
DES NORDISCH-GERMANISCHEN
PANTHEONS

»Sie sind hauptsächlich gedacht als umziehende, einkehrende göttermütter, von denen das menschliche geschlecht die geschäfte und künste des haushalts wie des ackerbaus erlernt: spinnen, weben, hüten den herd, säen und ernten. diese arbeiten führen ruhe und frieden im lande mit sich, und das andenken dran haftet in lieblichen überlieferungen noch fester als an kriegen und schlachten, deren die meisten göttinnen gleich den frauen sich entschlagen.«

(Jacob Grimm, Dt. Mythologie, S. 207)

I. Freyja, die berühmteste und beliebteste Göttin der »Nordländer«

1. *Allgemeines Portrait der Göttin*

Freyja (auch Freya oder Freia geschrieben) galt sowohl als Unterwelts-und Erdgöttin wie auch als Himmelskönigin. »Ihre heiligen Tiere sind Katze und Schwan. Sie ist Herrin der unterirdischen Schätze. Gütig wie die späteren Feen beschenkt sie die Glückskinder« (Koch, S. 10). Der Schwan als Symbol der Aphrodite verweist zugleich auf ihre Identität mit der Göttin der Liebe. Der Freitag (Freia-Tag) galt als der ihr geheiligte Festtag (frz. »vendredi« = »Venustag«). »Er war ursprünglich ein Liebes- und Glückstag, an dem man heiratete, sich vergnügte, jagte und Körperpflege … vornahm« (ebd. S. 9). Ein altes Wort für heiraten ist bis heute »freien«! Sie gehört zu den ältesten (weil vor-asischen) Gottheiten des germanischen Pantheons, und es ist geweissagt, daß sie während der *Götterdämmerung* (*Ragnarök*) erst als letzte von ihnen untergehen wird.

Die Germanen nannten sie *Wanen-Dis* (*Vanadis*) bzw. Wanen-Göttin. Diese Wanen (oder *Vanir*) wiederum verweisen auf eine ältere und friedlichere Ackerbaukultur, die dem eher kriegerischen Gottheitengeschlecht der späteren Asen voranging, das, wie Diederichs meint, »den kriegerischen Gepflogenheiten im Frühmittelalter« entsprach (S. 207). Der Krieg zwischen Wanen und Asen wurde als der erste Krieg überhaupt angesehen und – wie könnte es anders sein – bezeichnenderweise gleich um Gold geführt. Freyja ist dann eine der drei Wanen, die neben ihrem Bruder *Freyr* und ihrem Vater *Njörd* (als Geisel?) zu den Asen überwechselt. Alle drei werden dort zu hochangesehenen Gottheiten der Fruchtbarkeit, des Reichtums und des Glücks. Am Beispiel Njörds, der Freyja und Freyr zusammen mit seiner Schwester gezeugt hatte (*Lokasenna*, 36), wird deutlich, daß bei den Wanen die später von den Asen verbotene Geschwisterehe noch durchaus üblich gewesen sein könnte. *Lokis Zankreden* (= *Lokasenna*, 32) aus der Liederedda geben einen Hinweis darauf, daß auch Freyja zeitweilig die Geliebte ihres Bruders gewesen sei. *Njörd* entspricht im übrigen lautlich der ebenfalls germanischen Göttin *Nerthus* (s. u. im Kap. über Isis: ihr jährlicher Umzug mit dem Kuhgespann). Man könnte also in der Gestalt Nerthus-Njörd eine doppelgeschlechtliche Fruchtbarkeitsgottheit vermuten (vgl. ebd. S. 255 f.). Vieles spricht außerdem dafür, »daß die Vanir nicht im Himmel sondern in der Tiefe der Erde und des Meeres lebten, und die schönen Riesinnen der Unterwelt, die sich mit den Himmelsgöttern vermählten, könnten Manifestationen der Göttin Freyja sein« (ebd. S. 279). Die Wanen jedenfalls, soviel wird aus den Texten deutlich, galten als ein seherisches, weises und weissagendes Geschlecht. Von Njörd heißt es in der Liederedda (*Wafthrudnirlied*, 39):

> »In Wanenheim
> schufen ihn weise Rater
> als Geisel fürs Götterreich:
> beim Weltende
> wird er wiederkehren
> zu den weisen Wanen einst.«

Ebenso wie Freyja war auch die Wanin *Gullweig* zauber- und zukunftskundig, ja, letztere galt den Germanen als berühmteste Zauberfrau überhaupt. Ihr Name bedeutet »die Goldreiche«. Weil die Asen gierig nach dem Golde der Gullweig trachten, kommt der erste Krieg in die Welt. Die Asen stoßen mit Geren nach ihr und versuchen dreimal vergeblich, sie zu verbrennen (*Völuspa*, 15 f., 18):

> »Da kam zuerst
> Krieg in die Welt,
> als Götter Gullweig
> mit Geren stießen
> und in Heervaters
> Halle brannten,
> dreimal brannten
> die dreimal geborne.

> Man hieß sie Heid, *[Seherin]*
> wo ins Haus sie kam,
> das weise Weib;
> sie wußte Künste:
> sie behexte Kluge;
> sie behexte Toren;
> immer ehrten sie
> arge *[= zauberische]* Frauen.

> Den Ger warf Odin
> ins Gegnerheer:
> der erste Krieg
> kam in die Welt;

es brach der Bordwall
der Burg der Asen,
es stampften Wanen
streitkühn die Flur.«

Später vermittelt Freyja den Asen jene Zauberkünste, die bei den Wanen üblich waren und die man unter dem Namen *Seid* kannte, das noch mit unserem Wort »sieden« verwandt sein dürfte. *Seid* meint »ein den schamanischen Séancen vergleichbares Zauberverfahren mit erhitzten Tiegeln, in denen vermutlich eine Mischung von Kräutern, Wurzeln u. a. gesiedet wurde. Eine Kunst, die den Wanen zugeschrieben wird« und allem Anschein nach »eine besonders gefürchtete Art des Zaubers« war (ebd. S. 266 u. 83). Man konnte damit nicht nur die Zukunft voraussagen und heilen, sondern auch Krankheit und Tod bewirken. Im Gegensatz zu diesem Verfahren vollzogen die Asen ihren Zauber als Wortbeschwörung.

Freyja ist außerdem noch Göttin der Fruchtbarkeit, der Liebe und der Zärtlichkeit. Liebende standen unter ihrem Schutz und durften hoffen, nach ihrem Tode »in ihrem Palaste Folkwang und in ihrem lichten Saale *Seßrumnir* Aufnahme und Wiedervereinigung zu finden. ... An dem ihr geheiligten Freitag wurden die meisten Ehen geschlossen, und erst die christlichen Priester erklärten diesen Tag als den Kreuzigungstag Christi für eine unglückliche Zeit. Zuletzt beim Mahle trank man Freya Minne, d. h. man weihte ihr den Becher der Liebe und Erinnerung zum Abschiede, was später auf Maria überging« (Göll, S. 374). Die Prosaedda erzählt:

> »Freyja ist die berühmteste der Asinnen. Sie besitzt im Himmel das Gehöft Folkwang. Wo immer sie zu einem Kampf geritten kommt, da gehört ihr die Hälfte der Gefallenen, die andere Hälfte Odin, wie hier (*Grimnirlied*, 12) gesagt ist:
>
> Folkwang heißt es,
> Freyja waltet
> Dort der Sitze im Saal;
> Tag für Tag
> Kiest sie der Toten Hälfte,
> Doch die andre fällt Odin zu.
>
> Ihr Saal Seßrumnir ist groß und schön. Wenn sie reist, so lenkt sie ihre Katzen und sitzt im Wagen. Sie leiht den Menschen das geneigteste Ohr, wenn sie sie anrufen, *und von ihrem Namen stammt die Ehrenbezeichnung vornehmer Weiblichkeiten: Frauen.* Sie fand viel Gefallen an Liebesliedern, und Liebende tun gut, sie anzurufen.« *(Diederichs, S. 143)*

An einer anderen Stelle der Prosaedda wird Freyja als sechste der insgesamt achtzehn Asinnen genannt (gegenüber dreizehn Asen!) und »die angesehenste neben *Frigg*«:

> »Sie wurde die Frau des Od *[= Wut; Erregtheit]*, und beider Tochter ist Hnoss, deren Schönheit so groß ist, daß nach ihrem Namen das, was schön und kostbar ist, ›Hnoss‹ (Kleinod) heißt. Od wanderte in weite Ferne, und Freyja weint ihm nach, ihre Tränen sind rotes Gold. Freyja hat *viele Namen* deswegen nämlich, weil sie sich selber verschieden nannte, als sie durch unbekannte Lande zog, um Od zu suchen; so heißt sie Mardöll und Hörn, Gefn, Syr (›Sau‹). Sie war die Besitzerin des Brisingamen und heißt auch Wanen-Dis.« *(Ebd. S. 149)*

Eine Geschichte, die wohl nicht zufällig an die auch hierzulande einst verehrte Isis erinnert. Unklarheit herrscht allerdings über Freyjas Gemahl *Od*. Während Diederichs (im Anschluß an Jan de Vries) geneigt ist, Od als früheren, vanischen Namen des *Odin/Wotan* anzusehen (vgl. S. 257), hält Grimm ihn für einen sterblichen Mann, der in jedem Fall nicht zu den Asen gehörte (vgl. S. 253). Noch eine andere Version bietet Göll (S. 375 f.). Seinen Angaben zufolge war die Göttin »mit *Odur* (Geist) vermählt:

> Nach einer Sage kam Odur dann als fremder Wanderer nach Folkwang zurück und erzählte, daß ... ihn der Nornen unabänderlicher Spruch in die Ferne und wieder zurückgeführt hätte. Nach einer anderen Legende sucht ihn Freya in allen Ländern und findet ihn zu ihrer Freude endlich auf grüner Matte. Aber Odur bleibt dennoch nicht bei ihr und *verläßt sie in jedem Jahr nach der Herbsttagundnachtgleiche.*«

Der Name Freyja bedeutet übersetzt Herrin (*domina*). Nach Snorris Prosaedda leitet sich unser Wort »Frau« – im Unterschied zu *wîp*-»Weib« – als weibliche Ehrenbezeichnung von dieser Göttin ab: »Wîp bezieht sich mehr auf das geschlecht, frau auf die würde; noch heute ist uns frau edler als weib«, erklärt Grimm und hebt gleich darauf noch den Zusammenhang »des wortes frau mit froh und freude« hervor (S. 248 f.). Vornehme Frauen waren *freyjur* und das Wort *hûsfreyja* bezeichnete die Hausfrau, in deren Händen – wie schon Caesar auffiel – sogar die Wahrsagekunst lag (vgl. ebd. S. 346). Die enge Beziehung von Frau und Freyja erlaubte allerdings auch einen weiteren und weiterreichenderen Schluß: Die Frau ist ihrem Namen nach bereits Göttin (vgl. ebd. S. 330), ein Gedanke, auf den später noch zurückzukommen ist.

Freyjas Tränen sind golden, das Gold heißt nach ihnen, und sie selbst wiederum wird – in der Skaldenpoetik – »die tränenschöne Göttin« genannt. »In den kindermärchen werden perlen und blumen geweint oder gelacht und frau Holla begabt mit solchen thränen«, heißt es bei Grimm, der damit einmal mehr die weitgehende Identität von Freyja und »Frau Holle« bestätigt sieht. Eines ihrer Wahrzeichen ist der kostbare Halsschmuck *Brisingamen*, der von vier kunstreichen Zwergen angefertigt wird. Zum Dank dafür darf jeder von ihnen eine Nacht mit der Göttin verbringen. Der daraufhin eifersüchtige Odin, beauftragt den ebenso listenreichen wie heimtückischen Gott *Loki*, ihr den Schmuck zu stehlen:

»Die Wanin ruhte in ihrer verschlossenen Kammer, und Loki verwandelte sich in eine Fliege, um hineinzukommen, dann aber in einen Floh, um Freya, die mit der Brust auf der Kette lag, zum Umdrehen zu bestimmen. . . . Heimdal, der treue Wacht an der Brücke Bifröst hielt, hatte den Raub beobachtet und eilte Loki nach. Dieser stürzte sich als Robbe ins Meer, aber Heimdal that dasselbe, und in dem nun entbrannten Kampfe siegte er und nahm dem Räuber das Kleinod ab. Idun *[Göttin der ewigen Jugend]* heilte dann des Siegers Wunden und brachte den Halsschmuck der weinenden Freya zurück.« *(Göll, S. 375; vgl. Diederichs, S. 213, 222f., 234)*

Als *Thor*, der Gott des Donners, eines Tages seinen berühmten Hammer an den Riesen Thrym verloren hat, fordert der Riese als Entgelt für die Rückgabe, daß er ihm Freyja als Gemahlin beschaffe (Zitate aus dem *Thrymlied*, 12–16):

»Sie schritten hin	Grimm ward da Freyja,
zur schönen Freyja,	grollend schnob sie,
und also war	der ganze Saal
sein erstes Wort:	der Götter bebte,
›Binde dich, Freyja,	hinsprang der breite
mit Brautlinnen!	Brisingenschmuck:
Wir reisen zu zweit	›Die mannstollste
nach Riesenheim!‹	müßte ich sein,
	reist ich mit dir
	nach Riesenheim.‹«

Da Freyja sich nicht überreden läßt, beschließen die Asen, daß Thor selbst sich in Brautgewänder kleiden und die Halskette anlegen soll:

»Da sprach Heimdall,	Lassen wir Schlüssel
der hellste Gott –	am Leib ihm klirren
er wußte die Zukunft,	und Frauenkleider
den Wanen gleich:	aufs Knie fallen
›Binden wir Thor	und breite Steine
mit Brautlinnen!	auf der Brust liegen,
Er trage den breiten	türmen wir hoch
Brisingenschmuck!	den Hauptschmuck ihm!‹«

Die List hat Erfolg, und Thor gewinnt am Ende seinen Hammer zurück. Sichtbar wird aber auch in dieser Episode, wie weitgehend Freyja mit ihrem Halsschmuck identifiziert wurde. Außerdem muß die Göttin dem gewaltigen und »trutzstarken« Thor in irgendeiner Weise auch in ihrer äußeren Gestalt gleichgekommen sein, denn andernfalls hätte ihm selbst seine Verkleidung nichts nützen können. Von einer Verkleinerung Thors ist im Thrymlied jedenfalls nicht die Rede.

Brisingamen erinnert zudem, wie wir bereits sahen, an den Gürtel oder den Brustschmuck der Aphrodite, »dessen zauber alle Götter und sterbliche bewältigt« (Grimm, S. 255; vgl. Ilias, 14, 214–217), und weist damit Freyja einmal mehr als Göttin der Liebe aus. Wir erinnern uns, daß »die Goldene« sowohl ein Beiname der Aphrodite als auch der ägyptischen Liebesgöttin Hathor war! Entsprechend wurden in Germanien auch Frauen nach ihrem Schmuck an Gold und Edelsteinen benannt.

Ein Halsband ziert aber auch die Erde, die im germanischen Denken als Göttin vorgestellt wird: *Erda* oder Nerthus. Und das Halsband (*men*) der Erda ist der grüne Rasen (*Iardar men*), heilig an Kraft, ganz wie die Göttin selber. Als solches hat das *Iardar men* sogar Eingang in die Rechtssprache gefunden: »Eidesablage erfolgte auch bei andern völkern, z. B. Ungern und Slaven, indem sich der schwörende erde oder rasen aufs haupt legte« (ebd. S. 535). Selbst nach dem Welt- und Götteruntergang *Ragnarök* wird die Erde weiter bestehen bleiben: »Die Erde steigt aus dem Meere empor und ist grün und schön; auf den Feldern wächst es ohne Aussaat«, weiß die Prosaedda vorherzusagen (Diederichs, S. 175).

Freyjas Töchter heißen bezeichnenderweise Hnoss (»Kleinod«) und Gersimi (»Schatz«). Von Hnoss strahlte so viel Schönheit aus, daß alles, was nur schön und kostbar war, nach ihr (*hnossir*) benannt wurde. Auch *gersimi* oder *gersemi* bedeutet kostbaren Schmuck (im Sinne von *thesaurus* – Schatz) und ging als Begriff sogar in die alten Rechtsbräuche und Rechtsurkunden ein. Wir haben hier also Begriffe vor uns, denen nach unserer Auffassung sächliche Wirklichkeiten zugrundelagen, die aber in der germanischen Vorstellungswelt »persönlich gedacht und vergöttert wurden« (Grimm, S. 738; vgl. Diederichs, S. 222).

Daß Freyja immer wieder in die verschiedensten Liebesaffairen verwickelt schien, wurde ihr oft zum Vorwurf gemacht, so z. B. *Lokasenna*, 30–33, wo Loki ihr in gehässigem Tone vorwirft:

»Schweig doch, Freyja!
Zuviel von dir weiß ich,
kein Fehl ist dir fremd:
mit den Asen und Alben
hast du allen gebuhlt,
die im Saal hier sind.
(...)
Eine Frevlerin [*Zauberin*] bist du
und mit Argem angefüllt:

da beim Bruder dich ertappten
die trauten Gebieter,
da entwich dir wohl ein Wind.«
Worauf Njörd seine Tochter verteidigt:
»Wenig macht's,
ob ein Weib einen Mann,
Buhlen oder beides wählt;
doch schmählich ist's,
daß der Schamlose herkam,
der Bastarde gebar.«

Die alten Texte betonen auch die kriegerische Seite der Freyja. Nach der Skaldenpoetik ist ein anderer Name für die Göttin auch *Eigentümerin fallender Krieger* (ebd. S. 222). Auf ihrem Katzengespann zieht sie zur Kampfstätte und teilt sich mit Odin / Wotan in die erschlagenen Krieger und Kriegerinnen. In dieser Eigenschaft trägt sie den Namen *valfreyja* und ist Oberhaupt aller Walküren (*valkyrien*), die Odin in jeder Schlacht begleiten (vgl. Grimm, S. 253 u. 348). Gerüstet mit Helm und Schild ziehen sie aus und erhalten in der nordischen Mythologie »lauter beinamen, die schönheit und goldnen helmschmuck ausdrücken. Helm und schild steht diesen helmfrauen und schildfrauen gleich den helden zu, sie fahren in schildes amt« und werden u.a. »Schildmädchen« oder gar »Wunschkind« oder »Wünschelweib« genannt, wobei die letzten beiden Benennungen darauf anspielen, daß sie (wie Wotan, der den Namen *Wunsc* führte) durch Wunsch in Windeseile und dank übermenschlicher Kräfte dorthin gelangen, wo sie hin wollen (ebd. S. 347 f.). Nach Grimm bedeutet »wal niederlage der leichen auf dem schlachtfeld, inbegrif der erschlagenen: den val in empfang nehmen, holen nannte man kiosa, kiesen« (S. 346). Deshalb bedeutet Walküre auch *Totenwählerin*. Während die einen Walküren die dem Odin zugeteilten Gefallenen (die *Einherjer* = Einzelkämpfer) nach Walhall begleiten, führen die der Freyja unterstehenden Totenwählerinnen die von ihnen Erkorenen zu Freyjas Jenseitswohnung *Folkwang* (= das Gefilde, auf dem sich Volksscharen versammeln), die als besonders geräumig geschildert wird. Der größte Saal darin heißt *Seßrumnir*, was soviel bedeutet wie »viele Sitze habend«:

> »Der Freyja saal ist Sessrymnir, der sitzräumige, die menge des volks aufnehmende: sterbende frauen glauben nach dem tod in ihre gesellschaft zu gelangen.« Nach der Egilssaga weigert sich bspw. Thorgerdr, weiterhin irdische Nahrung zu sich zu nehmen, da »sie denkt bald bei Freyja zu speisen.« *(Ebd. S. 253 f.)*

[Diese Hinweise sind insofern interessant und wichtig, als sie von den meisten männlichen Autoren, die sich mit diesem Thema befassen, konsequent vernachlässigt werden. Sie sind so auf den Verbleib der Helden konzentriert, daß sie sich um die anderen Menschen, speziell Frauen (die ja – wie Moorfunde belegen – durchaus auch als Kriegerinnen auftreten konnten) gar nicht mehr kümmern].

Mit dem Saal *Seßrumnir* bringt Grimm noch die Kitzkammer auf dem hessischen Meisner in Verbindung:

> »Der Freyja saal heißt Sessrymnir, Sessvarnir. Sn. 28 und da ihr die katze heilig war, darf man vielleicht unter ihre oder Holdas wohnungen auch die Kitzkammer auf dem Meisner rechnen.« *(Bd. III, S. 92)*

Katzen durfte man kein Leid antun, weil sie Freyjas Tiere und ihre (Glücks-)Botinnen waren. Schien einer Braut zur Trauung die Sonne, so hieß es: »die hat die katze gut gefüttert« (Grimm, S. 254), wie man auch umgekehrt von denen sagte, denen es an ihrem Hochzeitstag regnete, sie hätten »die katze nicht gefüttert, folglich die botin oder dienerin der liebesgöttin beleidigt« (ebd. S. 919). Daß der Freyja die Katze (wie dem Wotan der Wolf) heilig war, erklärt nach Grimm, »warum diese für das thier der nachtfrauen und hexen gilt, und donneraas, wetteraas genannt wird« (S. 254). »Das volk sagt: eine zwanzigjährige katze werde zur hexe, eine hundertjährige hexe wieder zur katze. . . . Wie bei den nachtfrauen kommen in fast allen hexenprocessen beispiele vor, und besonders oft wird von verwundeten katzen erzählt, die man hernach an verbundenen weibern wieder erkannte« (ebd. S. 918 f.). Als Beispiel mag hierfür die schwäbische Sage *von der abgehauenen Katzenpfote* stehen, die zudem noch den Zusammenhang zur Freyja erkennen läßt, da die geschilderte Verwandlung an einem Freitag geschieht:

> »In Bühl erzählt man sich, ein Soldat habe eine Magd liebgehabt und sie, wenn sein Dienst es zuließ, jeden Abend besucht. Er versprach ihr auch die Heirat, und die beiden schienen miteinander glücklich zu sein.
>
> Eines Tages nun bat das Mädchen den Burschen, des Freitags fernzubleiben, und als er nach dem Grund fragte, wurde es verlegen und sagte, es sei ihm an dem Abend nicht geschickt. Da wurde der Soldat argwöhnisch und glaubte, das Mädchen hätte noch einen anderen Liebhaber.
>
> Als der Freitagabend kam, machte er sich deshalb trotzdem auf den Weg zu seiner Liebsten. Wie er nun in der Dämmerung dem Dorf zu wanderte, kam plötzlich eine weiße Katze aus dem Gebüsch, lief zuerst neben ihm her und versuchte, ihn wegzulocken. Weil er sich aber nicht vom Weg abbringen ließ, begann das Tier ganz fürchterlich zu fauchen und den Burschen anzuspringen. Der Soldat zog seinen Säbel und wehrte sich, und als die Katze nicht von ihm abließ, schlug er nach ihr und hieb ihr dabei eine Pfote ab. Da humpelte das Tier wehklagend davon, dem Dorfe zu.
>
> Der Soldat fand die Kammer seiner Liebsten dunkel, und als er eintrat, sah er sie im Bette liegen, als ob sie große Schmerzen leide. Er fragte, was ihr fehle, bekam aber eine ganz wirre Antwort. Zugleich bemerkte er am Boden der Kammer eine Blutspur. Da packte ihn das Grauen. Er zog dem Mädchen die Bettdecke weg und entdeckte voller Entsetzen, daß ihm der Fuß abgehauen war. ›Ha, so steht es mit dir, du Hexe!‹ rief er und ging fort. Die Magd aber starb am dritten Tag« (Wetzel, S. 98; vgl. im selben Buch auch die Tübinger Geschichte »Die Hexe und das Kind«, S. 127: Hier wird eine Katze geschildert, die ein neugeborenes Kind an sich gerissen hat. Der Vater kann sein Kind retten, indem er der Katze einen Säbelhieb gegen die Brust versetzt. »Anderntags erfuhr man, daß die Nachbarsfrau mit einer schweren Wunde auf der Brust darniederlag. Da wußte der Mann, wer die Katze war.«).

Das von Ludwig Bechstein aufgezeichnete Märchen *Das Kätzchen und die Stricknadeln* (S. 27 f.) erzählt dagegen von einer Glück und Reichtum spendenden Katze:

Vorzeiten »ging eine arme Frau in den Wald, um Holz zu lesen. Als sie mit ihrer Bürde auf dem Rückwege war, sah sie hinter einem Zaun ein krankes Kätzchen liegen, das kläglich schrie.

Die arme Frau tat es in ihre Schürze und nahm es mit nach Hause.« Aus Sorge, sie könnten es quälen, vertraute sie es nicht einmal ihren beiden Kindern an. Zu Hause legte sie das Tierchen »auf alte weiche Kleider und gab ihm Milch zu trinken. Als das Kätzchen sich gelabt hatte und wieder gesund war, war es mit einem Male fort und verschwunden. Nach einiger Zeit ging die arme Frau wieder in den Wald, und als sie mit ihrer Bürde Holz auf dem Rückwege an die Stelle kam, wo das kranke Kätzchen gelegen hatte, da stand eine ganz vornehme Dame dort, winkte die arme Frau zu sich und warf ihr fünf Stricknadeln in die Schürze.

Die Frau wußte nicht recht, was sie denken sollte, und wunderte sich über diese absonderliche, geringe Gabe. Doch nahm sie die Stricknadeln und zeigte sie ihren Kindern und legte sie des Abends auf den Tisch.«

Am nächsten Morgen fand sie dort »ein Paar neue, fertig gestrickte Strümpfe«. Über alle Maßen verwundert, legte sie die Nadeln abends wieder auf den Tisch, und »am Morgen darauf lagen neue Strümpfe da. Jetzt merkte sie, daß ihr zum Lohn ihres Mitleids mit dem kranken Kätzchen diese fleißigen Nadeln beschert worden waren, und ließ sie nun jede Nacht stricken, bis sie und die Kinder Strümpfe genug hatten. Dann verkaufte sie auch Strümpfe und hatte genug zum Leben bis an ihr seliges Ende.«

Zur Wehrhaftigkeit der Freyja gehört wohl auch, daß sie der Sage nach ein so starkes Gemach besaß, »daß, wenn die thür verschlossen war, niemand ohne ihren willen hineinkommen konnte« (Grimm, S. 255; s. o. im Kap. über Aphrodite).

2. Freyja und Frigg

Wie ist nun Freyjas Verhältnis zu Frigg, die allgemein als Göttermutter, Odins Frau, Schützerin der Ehe und Mutter der Lichtgestalt *Balder* (*Baldur*) gilt?

Allgemein wird angenommen, daß es schon zu der Zeit, da die germanisch-nordischen Mythen aufgeschrieben wurden, keine klare Trennung zwischen beiden Göttinnen mehr gab und man sich von beiden folglich ähnliche Geschichten erzählte. Grimm wie auch Diederichs legen dar, »daß formen und sogar bedeutungen beider namen nahe zusammenstoßen. Freyja sagt aus die frohe, erfreuende, liebe, gnädige göttin, Frigg die freie, schöne, liebenswürdige; an jene schließt sich der allgemeine begrif von frau (herrin), an diese der von frî (weib). Holda von hold (lieb), Berhta von berht (leuchtend schön) gleichen beiden« (ebd. S. 251; vgl. Diederichs, S. 223).

Beide Göttinnen gelten als Geburtshelferinnen, beide besitzen ein Falkengewand, das sie ab und an an Loki ausleihen, auch das kostbare Halsband *Brisingamen* befindet sich mal in Freyjas und mal in Friggs Besitz (auch von Frigg wird erzählt, daß sie zu seiner Erlangung die Ehe gebrochen habe; und in *Lokasenna*, 26 wird sie beschimpft, sie sei »lüstern nach Liebe stets«.). Beide sind Göttinnen der Liebe wie auch Schicksals- und Weisheitsgottheiten. Odin selbst fragt Frigg um Rat, bevor er gegen den Riesen *Wafthrudnir* zu Streite zieht (*Wafthrudnirlied*, 1), und in *Lokasenna*, 29 sagt Freyja über Frigg:

> »kund ist Frigg
> das künftige all,
> wenn sie's auch selbst nicht sagt.«

Wie Freyja hat Frigg einen eigenen Wohnsitz in *Asgard*, der den Namen *Fensalir* trägt und als äußerst stattlich und prächtig beschrieben wird.

Auch der nach den Göttinnen benannte Wochentag, unser Freitag oder Venustag, wird einmal nach Freyja *Freyjudagr* und ein andermal nach Frigg *Frîadagr*, *Frîatac* oder *Friggjardagr* genannt. Außerdem verweist Grimm noch auf die goth. Wurzel *frijón* für lieben, mit welcher der Name der Frigg in Verbindung steht. Ferner scheinen *frî* und das altnord. *frekr* (im Sinne von frei oder frech) altnord. *frîdr* (schön) und *fridr* (Frieden) mit dem Namen der Göttin verwandt zu sein. Außerdem wurde das Wort *frî* auch zur Bezeichnung einer schönen Frau verwendet (vgl. Grimm, S. 250f.).

> »Darum schwanken die benennungen eines gestirns und einiger pflanzen. Orions gürtel, sonst auch Jacobsstab und Spindel (colus) genannt, heißt unter dem schwed. volk Friggerock oder Frejerock« (im Sinne von Spinnrocken). ... »eine pflanze aus welcher liebestränke gekocht werden, ist Friggjargras, sonst auch hionagras (herba conjugalis). Die spätere christliche ansicht ersetzt die heidnische göttin durch Maria. der gemeine mann auf Seeland benennt jenes gestirn Mariärok, Marirok. mehrere arten des farrenkrauts, adiantum, polypodium, asplenium heißen frauenhaar, jungfrauenhaar, Mariengras, capillus Veneris *(Venus-Haar)*, isl. Freyjuhâr, dän. Fruehaar, Venusstraa, Venusgräs, norweg. Marigras ..., sie zeigen, wie man Venus durch Frigg, Freyja und Maria übersetzte. Und auf Maria gieng nicht nur der begrif höchster schönheit über (frîo scóniósta, idiso scónióst), sie hieß auch in vorragendem sinn frau, domina, donna ... sie läßt in den kindermärchen nähen und spinnen wie Holda und Berhta, und Holdas schnee scheint mit Marien schnee gleichviel.« *(Ebd. S. 251; vgl. S. 224)*

Wie Freyja wird auch Frigg, deren Wesen sonst eher »in den begrif einer erdgöttin übergeht« (ebd. S. 224), durch ihre Verehrung in Orion und Venusstern zugleich zur Himmelskönigin. Sie »nimmt eide ab, dienerinnen vollziehen ihr geheiß, sie steht den ehen vor und wird von kinderlosen angefleht« (ebd. S. 252). Andere Namen für Frigg sind: *Fricca, Frikka, Frigga, Frikkia, Frîa, Frîja*, aber auch die niedersächsische *fru Freke*, die meist in den Rollen auftritt, die sonst *Frau Holle* zugeschrieben werden:

»zugleich die triftigste bestätigung der göttlichen natur dieser letzteren« (ebd. S. 253). In der Ukermark hieß sie *Fruike*, in der Mittelmark *fru Harke* und in der Prignitz *fru Gode* (vgl. ebd. S. 252, Anm. 3). Harke und Freke aber stehen wiederum in Zusammenhang mit *Herke, Erce, Hera, Erda, Hertha* oder *Nerthus*, die in den zwölf Nächten zwischen dem 25. Dezember und dem 6. Januar (den *Zwölften*) »durchs land fliegen und die fülle irdischer güter verleihen« (ebd. S. 210) und denen allen zusammen man Frieden und die Fruchtbarkeit der Äcker beilegte: »Fruchtbar wird das jahr, wenn es in den zwölften durch die luft rauscht« (ebd. Bd. III, S. 87).

Aufgrund ihres stärkeren Bezugs zur Institution Ehe versucht Grimm, die Göttin Frigg eher mit der griechischen Hera / Juno, Freyja dagegen eher mit Aphrodite / Venus gleichzusetzen. In der Schweiz und im Schwabenland wurde Frau Venus auch *Frau Frene* oder *Vrene* oder *Verena* genannt:

> »Nur wenige hundert Schritt vom Sibyllenloch auf der Teck entfernt liegt das ›Verenenloch‹ am ›Gelben Felsen‹. Dieses heißt nach der hl. Verena, welche die Schutzheilige des alemannischen Bistums Konstanz war und dem Ort Hausen ob Verena den Namen gegeben hat. Sie wird häufig mit der christlichen Himmelskönigin zusammengenannt in der Verbindung ›Unsere liebe Frau und St. Verena‹. Die Sagengestalten, die ihr entsprechen, Frena, Vrin oder ähnlich, sind Nachklänge der alten Freia. Die teckische Vrene war eine Unterweltsgöttin und als solche Wächterin der ungeborenen Kinder, welche ›aus dem Berg‹ oder ›aus dem Brunnen‹ geholt werden. Leider schützte das heilige Mäntelchen die Verena von der Teck nicht davor, als Hexe erklärt zu werden. Die handfesten alten Sagen wurden im 16. Jahrhundert unter dem Einfluß des pietistischen Protestantismus durch kindliche Fabeln von einer Verena Beutlin oder gar einer schlimmen Veronika überdeckt. Sie laufen darauf hinaus, daß Verena nicht eine Heilige war, sondern eine Hexe, die denn auch gebührendermaßen anstelle der alten Freia verbrannt wurde.« *(Koch, S. 9, vgl. Grimm, S. 254, Anm. 1)*

Interessant ist, daß nach der griechischen Mythologie nicht nur Aphrodite ihren berühmten Brustschmuck trägt, sondern diesen auch ab und zu an Hera verleiht (vgl. Ilias, 14, 214–221), was Grimm zu der Feststellung veranlaßt: »Die identität der Frigg und Freyja mit Here und Afrodite muß nach diesem mythus wirklich einleuchten« (S. 256).

In Zusammenhang mit Freyja und Frigg stehen ferner die Göttinnen *Fulla* (Volla) und *Sif*. Fulla, auch Foll, ist – wie ihr Name schon sagt – Göttin der Fülle und zugleich Dienerin der Frigg. Grimm setzt sie deshalb gleich mit der *Abundia* oder *dame Habonde*: »Wie frau Herke verlieh sie den sterblichen segen und überfluß, ihr war der göttermutter kiste (eski) anvertraut, aus der ihnen gaben gespendet wurden« (ebd. S. 256). Gleich Frigg und Freyja trug Fulla ein goldenes Band um Hals oder Stirn, denn

das Gold nannte man auch *höfudband Fullu*, Halsband der Fulla (ebd. Bd. III, S. 92).
Nach der Prosaedda verwaltet Fulla (als 5. Asin) »die Truhe der Frigg mit deren
Schuhwerk und kennt ihre geheimen Pläne« (Diederichs, S. 148).

Sif, Frau des Thor, die der Riese Hrungnir zusammen mit Freyja begehrte, wurde
ebenso wie diese und Frigg als Göttin der Schönheit und Liebe verehrt. In der Edda
heißt sie »die Schönhaarige« oder »die haarschöne Göttin«, und dieser Beiname bezieht sich auf ihr Goldhaar:

> »*Warum heißt das Gold Haar der Sif?* – Loki, Laufeys *[Laubinsel]* Sohn, hatte in boshaf-
> ter Absicht es erreicht, der Sif all ihr Haar abzuschneiden. Als Thor das bemerkte, ergriff
> er Loki und hätte sämtliches Gebein in ihm zertrümmert, wenn Loki nicht geschworen
> hätte, es bei den Schwarzalben durchzusetzen, daß sie für Sif ein Haupthaar aus Gold
> machten, das wachsen sollte wie anderes Haar.« Dieses Goldhaar fertigten zwei Zwerge,
> die Iwaldis Söhne genannt wurden, und seither wächst Sifs Haar wieder. Darum nennt
> man das Gold auch »Sifs Haar«. *(Ebd. S. 188; vgl. S. 228 u. 266)*

Wie die reife Gerste mit dem Haar der Demeter, so konnte auch das wallende Getreide
mit dem Haar der Sif verglichen werden. Nach Grimm führt auch ein Kraut, *polytri-
chum aureum*, den Namen Haar der Sif. »Die erklärer sehen hierin die vom feuer verbrannte wieder aufwachsende goldne frucht der erde und halten Sif zu Ceres, zu der
»Xanthé Demeter«, der blonden Demeter oder Demeter Schönhaar.« In »Sn. 220 findet sich das bloße Sif für erde« (S. 257; vgl. S. 471). Ansonsten leitet sich der Name Sif
von ahd. *sippia, sippa* ab und bedeutet Friede, Freundschaft und Verwandtschaft (vgl.
S. 257).

Selbst noch in Litauen verehrte man eine der Demeter ähnliche Göttin: »Die litth.
Krumine wandert nach ihrer verlornen tochter durch die ganze erde und lehrt die
leute den feldbau« (ebd. Bd. III, S. 87).

Auch der schwäbische Sagenschatz (Wetzel, S. 38) hütet in der Geschichte *vom
Mädchenfelsen* bis heute eine ähnliche Geschichte:

> »Vor langer, langer Zeit, als Pfullingen und Eningen noch kleine Dörfer waren, sah man
> oft auf dem mächtigen Felsen des Übersbergs eine wunderschöne Jungfrau sitzen. Ihr
> Kleid war glänzend weiß, und ihr seidenes Haar leuchtete im Sonnenschein wie Gold.
> Das Mädchen soll zu den Fräulein gehört haben, die im nahen Ursulaberg hausten. Es
> strickte mit blitzenden Nadeln an einem Schleier aus zartesten Silberfäden. Zuweilen
> ließ es die Arbeit ruhen und schaute hinab in den jähen Abgrund zu seinen Füßen und
> hinaus ins Land, das sich weithin vor ihm ausbreitete.
> Da geschah es, daß die Hunnen in unsere Heimat einbrachen. Mit ihren schnellen Pfer-
> den ritten sie alles nieder, was sich ihnen in den Weg stellte, raubten und mordeten, und
> allnächtlich war der Himmel rot vom Widerschein der brennenden Dörfer.

Voller Angst flohen die Menschen in die Wälder, verbargen sich im Dickicht, in Schluchten und Höhlen. Aber die raubgierigen Krieger folgten ihnen. So kam es, daß eines Tages ein Hunne über die einsame Höhe des Übersbergs ritt, und als er an den Waldrand kam, sah er drüben auf dem nahen Felsen die Jungfrau sitzen.

Sie schien ihm eine leichte Beute. Rasch stieg er vom Pferd und lief auf sie zu, um sie zu packen. Das Mädchen sprang entsetzt auf, als es den wilden Gesellen erblickte, und rannte davon, dem Abgrund zu. Behend hüpfte es von Klippe zu Klippe. Der Reiter stürzte ihm nach. Als er es aber zu erhaschen vermeinte, warf es sich todesmutig in die gähnende Tiefe. Sein weites Gewand breitete sich aus wie eine Nebelwolke, und unverletzt kam es unten an. Der Hunne glaubte, den kühnen Sprung auch wagen zu können und folgte ihm, blieb aber zerschmettert am Fuße der Bergwand liegen.«

Auch später noch sah man des öfteren die Jungfrau auf ihrem Felsen sitzen, und man nannte ihn deshalb den ›Mädchenfelsen‹.«

Ähnliche Sagen sind von der *Lorelei* bei Kaub am Rhein in Umlauf, hier allerdings bereits mit deutlich negativen Beiklängen (Bechstein, S. 229 f.):

Sie »ist in den Felsen gebannt, doch erscheint sie oft den Schiffern, strählt mit goldenem Kamme ihr langes flachsenes Haar und singt dazu ein süß betörendes Lied. Hoch oben auf ihres Felsens höchster Spitze sitzt sie – im weißen Kleide, mit fliegendem Schleier, mit wehendem Haar, mit winkenden Armen. Keiner aber kommt ihr nahe, wenn auch einer den Felsgipfel erstiege, sie weicht vor ihm – sie schwebt zurück, sie lockt ihn durch ihre zaubervolle Schönheit bis an des Abgrunds jähen Rand, er sieht nur sie, er glaubt sie vor sich auf festem Boden, schreitet vor und stürzt zerschmetternd in die Tiefe.«

Andererseits errettet gerade die Lorelei den Rhein – und damit die Schiffahrt – vor den Zerstörungsgelüsten des Teufels, indem sie dem Unhold eine betörende Melodie vorsingt. »Der Teufel hörte den Gesang, und es wurde ihm seltsam zumute. Er hielt inne mit seiner Arbeit und hielt es fast nicht länger aus. Gern hätte er sich selbst die Lorelei zum Liebchen erkoren und geholt, aber er hatte keine Macht über sie. Als der Lorelei Lied schwieg, eilte der Teufel von dannen; er hatte schon gedacht, an den Fels gebannt bleiben zu müssen.«

Auch in den beiden folgenden Sagen aus der Wetzelschen Sagensammlung wird noch einmal der Zusammenhang zwischen Gold und Getreide deutlich:

Unter der Überschrift *Die Gerstenkörner* wird von einem Bauern aus Kiebingen bei Rottenburg erzählt. Als der einmal auf seinen Acker ging, »sah er am Boden etwas im Sonnenlicht glänzen. Er bückte sich und fand eine Kappe voll überaus schöner Gerstenkörner. Weil sie so hübsch anzusehen waren, las er einige auf und schob sie in seine Tasche, um sie daheim zu zeigen.

Wie er aber zu Hause in die Tasche griff und die Körner wieder herausholen wollte, waren lauter Goldstücke daraus geworden. Rasch eilte der Mann zu seinem Acker, um noch

mehr Gerstenkörner aufzusammeln. Aber so sehr er auch suchte, er fand kein einziges
mehr.« *(S. 99)*

Spreu wurde zu Gold in der folgenden Geschichte:

»Ein Bub aus Rottenburg mußte einmal seinem Vater das Essen aufs Feld bringen. Unterwegs fand er neben der Straße einen Haufen Spreu, und weil es so schön glänzte, lief
er hinzu, spielte damit und steckte schließlich eine Handvoll davon in die Tasche.

Der Vater schimpfte, als sein Sohn so spät auf das Feld kam, und fragte streng nach dem
Verbleib. Da erzählte der Bub von der glänzenden Spreu und holte aus der Tasche, was er
eingesteckt hatte. Voller Verwunderung bemerkten die beiden, daß aus der Spreu lauter
blanke Goldstücke geworden waren.

Eilends ließ sich der Vater den Platz zeigen, wo der Spreuhaufen gelegen hatte, aber nicht
einmal eine Spur war davon geblieben.« *(S. 123)*

3.   *Freyja als Herrin der unterirdischen Schätze*

Von der göttlichen Weiblichkeit des Wassers

Freyja ist Herrin der unterirdischen Schätze, und der Segen der Tiefe oder unteren
Welt wirkt zuallererst im Getreide und im Wasser, ohne deren beständige Güte die
Menschen nicht lebensfähig wären. Erde und Wasser, als Grundlagen des Lebens sind
folglich auch der germanischen Mythologie nach eher auf Göttinnen bezogen (vgl.
Grimm, S. 735) bzw. mit ihnen gleichgesetzt (wobei jedoch auch Göttinnen als Winds-
bräute und Wirbelwinde auftreten, gleich Wotan das wilde Heer anführen, Wind, Wetter und Sturm erregen können, s. u.). Dem entspricht, daß auch hierzulande Flüsse
und Quellen als weibliche Wesen vorgestellt wurden, folglich auch die meisten Fluß-
namen weiblich sind. Sogar der Rhein heißt eddisch noch die *Rîn*, in ihrem Schoß »liegen schätze und gold ...; die Franken beim überschreiten eines flusses brachten ihm
opfer« (ebd. S. 499). Selbst Brunnen galten als von wasserholden bewohnt, und nach
estnischer Sitte warf »die neue ehefrau in den brunnen des hauses ein geschenk« (ebd.
S. 497). Und selbstverständlich hängt Wasser in jeder Form wiederum mit der Be-
fruchtung der Felder zusammen.

Auch hierzulande sind noch volkstümliche Sagen über Geschenke von Flußmüt-
tern in Umlauf:

> *Der seltsame Fund* schildert, wie dereinst eine arme Schusterstochter aus Zwiefalten am
> Ufer der Zwiefalter Ach »ein überaus zierlich gearbeitetes Kästchen, voll von schönen
> farbigen ›Gluckern‹« entdeckte. Sie »wunderte sich über den seltsamen Fund. Weil sie
> nun aber an den Schuhen genug zu schleppen hatte und deshalb das Kästchen nicht mit-
> nehmen konnte, steckte sie ein paar Glucker zu sich und gedachte, das Übrige auf dem
> Heimweg mitzunehmen.

Das Mädchen vergaß nicht, was es sich vorgenommen hatte, und als es zu jener sumpfigen Stelle kam, suchte es eifrig nach dem Fund, fand auch seine eigenen Fußstapfen im Morast, das Kästchen indes war verschwunden. Da glaubte es geträumt zu haben und griff in die Tasche. Gott sei Dank, die Glucker waren noch da! Es holte sie hervor und betrachtete sie, da bemerkte es mit Erstaunen, daß die Kugeln alle aus purem Gold waren. Eilends lief das Mädchen nach Hause und brachte sie seinen Eltern. Die verkauften den Schatz und wurden reiche Leute.« *(Wetzel, S. 161)*

Das Geschenk der Flußmutter, nach mündlicher Erzählung aufgezeichnet von Sigrid Früh (1993; S. 326–328), beschreibt ein ähnliches Geschick. Dort ist es eine arme siebzehnjährige Waise, die in ihrer großen Not einem Fluß ihr Herzleid anvertraut. Die »Flußmutter« schenkt ihr Kieselsteine, die sie in eine Truhe legen soll. Als die junge Frau anläßlich ihrer Hochzeit später die Truhe öffnet, findet sie diese bis zum Rand mit Silberstücken gefüllt! Sie erweist sich dieses Geschenks als würdig, indem sie fortan allen Menschen hilft, die in der Not zu ihr kommen.

Zum Segen des Wassers gehört nicht zuletzt seine heilende und wiederbelebende Kraft. Lange vor Einführung der christlichen Taufe war es unter germanischen und nordischen Völkern bereits Brauch, neugeborene Kinder zu heiligen, indem man sie mit Wasser begoß (vgl. Grimm, S. 492). Noch die Christen verbreiteten den Glauben, daß sich in der Weihnachts- oder Osternacht »brunnenwasser in wein« verwandle. Das solcherart bis Mitternacht geschöpfte Wasser nannte man *heilawāc* oder *heilwag,* und sprach ihm hohe Wirkmacht zu: »es sollte krankheiten, wunden heilen und nicht verderben« (ebd. S. 486). Ganz dasselbe erzählte man vom Osterwasser, das am ersten Ostertage frühmorgens vor Sonnenaufgang, stromabwärts und stillschweigend geschöpft werden sollte: »Dieses wasser verdirbt nicht, verjüngt, heilt ausschläge, kräftigt das junge vieh« (ebd. S. 487). Damit in Zusammenhang steht wiederum die mittelalterliche Vorstellung vom Jungbrunnen: »Wer darin badet, heilt von krankheiten und wird davor bewahrt ...; ein solcher brunne hat zuweilen auch die kraft, das geschlecht der badenden zu verändern« (ebd. S. 488 f.), eine Kraft, die man im übrigen auch indischen Flüssen, insbesondere der heiligen Ganga nachsagt! Sogar das vom Mühlrad abspringende Wasser galt als in dieser Weise heilig: »Sie glauben alles böse und schädliche werde von ihrem leib abprallen, wie das wasser vom mülrad« (ebd. S. 493). Eine Erinnerung an solchen Glauben hat noch das deutsche Märchen vom *Waldminchen* bewahrt, das heutzutage kaum noch bekannt sein dürfte.

Dieses Märchen handelt von einer beeindruckenden Waldfrau (mit Namen Waldminchen), die drei sonderbare Mühlen besitzt, unter denen es auch eine Männer- und eine Frauenmühle gibt. Sobald sie jemanden auf das Mühlrad setzt, spricht Waldminchen dazu die Worte:

> »Was jung ist, wird alt,
> Was alt ist, wird jung!«

Und schon setzt sie einen Verwandlungsprozeß in Gang, bei dem Kinder zu Greisen und Greisinnen, alte Menschen dagegen wieder jung werden. Auch sie selbst besitzt dank der Mühlen die Fähigkeit steter Erneuerung und Verjüngung. *(Vgl. Tetzner, S. 119–122)*

Städtenamen wie Heilbronn, Heilbrunn, Heilborn oder Heiligenbrunn zeugen noch heute von der verjüngenden und heilenden Wirkung der an solchen Orten aufgefundenen Quellen.

Als ganz besonders machtvoll wurde *Ran*, die Göttin des Meeres vorgestellt, als deren Gatte der Meeresriese *Ägir* oder *Oegir* gilt. Die Wellen sind ihre Töchter, und die Edda nennt neun mit Namen, die alle zusammen den Gott Heimdall auf die Welt bringen. Ran beherrscht ein eigenes, von der Hel getrenntes Totenreich. Sie verfügt über ein Netz, mit dem sie die Schiffbrüchigen und Ertrunkenen aus dem Meer herausfischt. »Zur Ran fahren« war deshalb gleichbedeutend mit Ertrinken (vgl. Diederichs, S. 261). Die Prosaedda erzählt dazu folgende Geschichte:

> »*Warum nennt man das Gold ›Ägirs Feuer‹?*« – Ägir war von den Asen nach Asgard eingeladen worden und lud sie im Gegenzug mit dreimonatiger Frist in sein eigenes Reich ein. »An dieser Reise nahmen teil Odin, Njörd, Freyr, Tyr, Bragi, Widar, Loki; dazu die Asinnen Frigg, Freyja, Gefjon, Skadi, Idun, Sif. . . . Als nun die Götter in Ägirs Halle Platz genommen hatten, da ließ dieser Leuchtgold (d. i. Goldblech) auf die Hallentenne bringen, das die Halle wie Feuer erleuchtete und strahlend machte, und das diente als Beleuchtung bei seinem Gastmahl, . . .
> Da zankte Loki mit allen Göttern und erschlug Ägirs Knecht Fimafeng; sein anderer Knecht hieß Eldir. Ran heißt Ägirs Frau, und sie haben neun Töchter, . . .
> Bei diesem Gelage trug sich alles von selber auf, Speisen und Bier und alles, was man beim Gelage brauchte.
> Da wurden die Asen gewahr, daß Ran ein Netz besaß, womit sie alle fischte, die im Meer ertranken.
> Diese Geschichte also erklärt es, daß das Gold Feuer oder Licht oder Glanz Ägirs, der Ran oder der Ägirtöchter heißen kann.« *(Ebd. S. 188)*

Gold, Edelsteine oder sonstige Reichtümer, wozu auch Kindersegen zählt, liegen der germanisch-nordischen Mythologie nach unter Wasser oder in der Erde und damit auch »im Berg«. Sie künden davon, daß der Segen von unten kommt. Brunnen gelten als Kanäle und Pforten zur unteren, jenseitigen Welt: Im Märchen von *Frau Holle* springen die Mädchen durch den Brunnenschacht und gelangen in eine Art von Paradies, aus dem allerdings nur die eine den Goldschatz zu heben vermag (vgl. das finnische Märchen von den *Spinnerinnen am Eisloch*, das einen ähnlichen Verlauf nimmt, nur daß die Mädchen hier durch ein Eisloch im See »nach unten« gelangen; Goldberg, S. 73–80). Andererseits geht auch umgekehrt die Sage, daß Göttinnen, Halbgöttinnen oder weise Frauen kleine Kinder durch Höhlen oder Brunnenschächte, sog. Kindles-brunnen, auf die Menschenwelt bringen. »Neugeborene kinder holen die hebammen aus frau Hollenteich« (Grimm Bd. III, S. 88) oder »Verenenloch« oder wie die Namen auch immer sein mögen. Im Innern der Erde kommt Tod einer Verwandlung gleich.

> »Unter den göttinnen wird die badende Nerthus und Holda zunächst auf wassercultus zu beziehen sein, Holda wohnt in brunnen; dann gehören hierher schwanjungfrauen, meer-minnen, wasserholden, brunnenholden, wassermuhmen und nixen. Ihnen allen können einzelne flüsse, bäche, weiher, quellen geweiht und zum aufenthalt angewiesen sein.«
> *(Grimm, S. 495)*

Mit diesen »begeisterten« Gewässern hängt wiederum die Vorstellung von Meer-frauen (*merwîp, merfrouwe, merminne*), Waldfrauen (*waltminne*) oder Wilden Frauen (*wildiu wîp*) zusammen, die allesamt als Weise Frauen (*wîsiu wîp*) erscheinen, die weissagen und heilen können. Eine solche *merminne* hatte nach »Ulrichs *Lanzelet* ... 10 000 unverheiratete frauen unter sich, sie hausen auf einem berg am meer, in ewig blühendem lande« (ebd. S. 360). Schon daß diese Meerfrauen oder Wilden Frauen Ei-gennamen wie Hadburc oder Sîglint führen, stellt sie Grimms Auffassung nach in eine Reihe mit den Walküren und Nornen (s. u.). Dazu kommt noch, daß sie wie diese spin-nen und weben, was sie wiederum in Beziehung und Verwandtschaft zu großen Göt-tinnen, speziell Freyja, bringt, was zu betonen Grimm (S. 361) ein besonderes Anlie-gen ist:

> »Gleich den nornen und valkyrien spinnen und weben Holda, Berhta, Freyja, die göttin-nen, und ... auch riesinnen.«

Auch eine Stelle aus dem *Wafthrudnirlied*, 48 f., die von den Kommentatoren nicht weiter erläutert wird, scheint mir hierher zu passen:

> »›Wer sind die Mädchen,
> die übers Meer schweben –
> voll Weisheit wandern sie?‹
>
> ›Drei starke Ströme
> stürzen übern Hof
> der Mädchen Mögthrasirs;
> Schutzgeister sind sie
> dem Geschlecht der Menschen,
> wohnend in der Riesen Reich.‹«

Bei der Darstellung der Walküren und der von den Germanen angenommenen Heiligkeit des Waldes im allgemeinen, wird auf diese Zusammenhänge noch zurückzukommen sein.

Wie die Walküren und Schwanjungfrauen ihren Schwanenfuß (oder Gansfuß) haben, so erkennt man weibliche Flußgeister oder Nixen an ihrem nassen Kleidersaum oder dem nassen Zipfel ihrer Schürze, auch wenn sie sonst wie menschliche Frauen daherkommen. Bei den Russen heißt der weibliche Flußgeist *Rusalka*. *Rusalki* sind

> »schöne jungfrauen mit grünem oder bekränztem Haar, auf der wiese am wasser sich kämmend und im see oder fluß badend. sie erscheinen zumal am pfingsttage, in der pfingstwoche, und das volk pflegt dann unter tanz und gesang ihnen zu ehre kränze zu flechten und ins wasser zu werfen. dieser brauch hängt mit dem deutschen flußcultus auf Johannistag zusammen. die pfingstwoche selbt hieß den Russen *rusaldnoju* und böhm. *rusadla*, sogar walachisch *rusalie*.« *(Grimm, S. 407)*

Alle Wassergeister erfreuen sich gleichermaßen an Tanz, Gesang und Musik; abends steigen sie sogar aus den Gewässern, um am Tanz der Menschen teilzunehmen (vgl. ebd.).

Freyja und der »Venusberg«

Brunnen, Quellen, Flüsse – sie alle entspringen am Fuße oder im Inneren von Bergen oder Gebirgen und verweisen damit auf eine »jenseitige« Welt, die sich im Bergesinneren verborgen hält. Schließlich wohnen auch zahlreiche Merminnen in Bergen oder ausgehöhlten Steinen!

Einer der berühmtesten »Jenseits«-Berge ist der sog. Venus- oder Hörselberg, auch Hosel- oder Horselberg genannt. Sein Inneres galt dem Volksmund offensichtlich als Paradies, denn »in einem hexenprocess von 1620 heißt es: auf Venesberg oder paradies faren« (ebd. S. 282). Grimm macht darauf aufmerksam, daß der Venusberg noch bis ins 15., 16. Jhd. bei uns »frau Hollen hofhaltung« hieß, die man erst von da an mit der Venus gleichzusetzen begann:

> »in unterirdischen hölen hauset sie, stattlich und prächtig gleich zwergkönigen; einzelne menschen finden sich noch bei ihr ein und leben da in wonne. man erzählt von dem edlen Tanhäuser, der hinab gegangen war, ihre wunder zu schauen.« *(S. 780 f.)*

Venusberge dieser Art muß es in Deutschland eine ganze Menge gegeben haben, nach Grimm »besonders in Schwaben«, wobei er Waldsee oder auch Ufhausen bei Freiburg nennt (ebd.). In Bonn heißt noch heute ein Stadtteil Venusberg.

Die Christen, die solche Traditionen für Teufelswerk halten mußten, dichteten den Venusberg in einen Aufenthaltsort von Hexen, Zauberinnen und nachtfahrenden

Frauen um. Dort soll allerdings »gutes leben, tanzen und springen« sein. »Von der ungeheuren Zahl solcher Naturgeister gibt eine Vorstellung die Legende von der Hl. Ursula, deren 11000 Gefährtinnen in der Kirche von St. Ursula zu Köln am Rhein bestattet worden sein sollen. An viele Stellen der Schwäbischen Alb knüpfen sich ähnliche Überlieferungen von Elfen-, Wichtel oder Hexentänzen, z. B. an die ›Spielburg‹ unterhalb des Hohenstaufens, den ›Tanzplatz‹ dicht unterhalb des Hohenstaufengipfels …, an das Linkenboldsloch bei Onstmettingen, den Rangenberg bei Eningen, den Teufelsfelsen beim Reußenstein und den Hohberg bei Heubach. Auf der Teck, in der Nähe des Sibyllenlochs, tanzen die Hexen besonders in den Adventsnächten. Dies ist auffallend, weil sonst die Hexentänze meist in der Walpurgisnacht vom 30. April auf 1. Mai stattfinden« (Koch, S. 12 f.).

Eine sehr anschauliche Geschichte vermittelt dazu die Tübinger Sage vom *Hexentanz auf dem Heuberg* (Wetzel, S. 116):

> »In Derendingen erzählte man sich früher, auf dem Heuberg bei Rottenburg kämen freitags in der Nacht die Hexen zusammen und tanzten um einen großen, knorrigen Apfelbaum, den man das ›Hexenbäumle‹ nennt.«
>
> Einst war ein Seebronner Bauer »zu Besuch in Rottenburg gewesen. Als er auf dem Heimweg spät in der Nacht am Heuberger Turm vorbeikam, vernahm er plötzlich eine wunderschöne Musik, die aus dem alten Gemäuer drang. Neugierig trat er näher. Da bemerkte er, daß das Turminnere, in dem sonst nur alte und morsche Balken herumlagen, in prächtige Säle verwandelt war. Dort wimmelte es von vornehmen Gästen, die an reich gedeckten Tafeln saßen und aus kostbaren Tellern und Bechern die besten Speisen und Getränke sich munden ließen oder einen wilden Reigen tanzten.
>
> Der Bauer war ganz verwirrt über diese Herrlichkeit; als man ihm aber auch zu essen und zu trinken anbot, setzte er sich und ließ sich's schmecken. Das bunte Treiben um ihn war so kurzweilig, daß er darüber die Zeit vergaß. Plötzlich aber fiel ihm ein, daß man zu Hause auf ihn wartete. Da sagte er laut vor sich hin: ›O Jesses, jetz muoß i doch ao amol hoamgao!‹
>
> Kaum aber hatte er ›O Jesses‹ gesagt, da waren Gäste und Musik verschwunden, und tiefe Finsternis umgab ihn. Er spürte, daß er nicht mehr in einem gepolsterten Sessel saß, sondern auf einem harten Balken, und als er aufstehen wollte, kam er nicht los. Da fing er jämmerlich an zu schreien und um Hilfe zu rufen.
>
> … Man half ihm herab und brachte ihn nach Hause. Anderntags ging der Bauer aufs Rathaus und gab dort die Geschichte zu Protokoll. Das Schriftstück soll bis zum heutigen Tag in Seebronn aufbewahrt sein.«

Eine Erzählung von einigem Symbolwert, nicht zuletzt auch, was die Entzauberung unserer Wirklichkeit angeht, denn »Welt« erscheint immer auch so, wie wir sie sehen (wollen).

In der Gleichsetzung von Venusberg und Paradies liegt bereits ein Hinweis auf eine jenseitige Wirklichkeit, die – vergleichbar der keltischen *Anderswelt* – gar nicht so weit von der Welt der Lebenden entfernt sein muß. Zu bestimmten Zeiten weist uns ein Spalt im Berg eine wunderbare Blume, ein seltsames Licht ... den Weg dorthin; unter der Voraussetzung, daß wir selber offen sind, bereit, uns von Unvorhersehbarem die Augen öffnen zu lassen oder im Alltäglichen das Wunderbare zu entdecken. Dann sind wir ver-rückt oder entrückt und vergessen Zeit und Raum.

Eng verknüpft mit der Vorstellung einer jenseitigen Welt im Bergesinneren ist selbstverständlich auch die Entrückung im Tod. »Die mütterliche erde birgt in ihren schoß die todten, und seelenwelt ist eine unterirdische« (Grimm, S. 795). Auch Brynhilds Halle, »zu der man geht um sich träume deuten zu lassen, steht auf dem berg« (ebd. Bd. III, S. 115). In christlicher Zeit faßte man diese Art von Entrückung als Verwünschung auf. Die alten Gottheiten dachte man sich als in die Berge hineinverwünscht, von wo es ihnen nur noch zu bestimmten Zeiten (etwa zu den *Zwölften*) erlaubt war auszufahren. Zu den »Unterirdischen« zu gelangen, wurde nicht mehr als Segen, sondern als Fluch angesehen, und auch sie selbst galten allmählich als verdammte Wesen.

Zahllos sind auch die Geschichten von verwünschten Schätzen, die mit den alten Gottheiten in die Tiefen gesunken sein sollen. Manchmal, vor allem an Freitagen im März, bei Vollmond oder in den *Zwölften*, sollen sie von selbst aus dem Boden steigen, sich in Kesseln darbieten oder selbst das Aussehen von Braukesseln voll roten Goldes haben. Häufig ist auch die Rede von weißen Jungfrauen, die vor allem armen Leuten erscheinen, um sie mit Schätzen aus dem Erdinneren reich zu beschenken: Wir haben sie uns als göttliche oder halbgöttliche Wesen vorzustellen, die den Blicken der Menschen noch zu bestimmter Zeit sichtbar werden und am liebsten bei warmer Sonne erscheinen. Daß unser Sagengut voll ist von derlei Geschichten, verrät nur, daß sie im Volke festeste Verankerung besaßen.

»Den ursprung dieser weißen frau braucht man nicht von celtischen matronen und feen herzuholen, die ihnen sehr nah verwandt sind; unser eignes alterthum leitet auf noch nähere wesen. elbinnen und schwanfrauen erscheinen in weißem, leuchtendem gewande, unter den göttinnen dürfen besonders drei genannt werden, aus denen sich die weiße frau und zuletzt die norne niederschlagen konnte, Holda, die sich gerade so in der mittagssonne kämmt und badet, Berhta, die schon im namen weiße, die spinnt und webt, Ostara, der das volk maiblumen opferte. Holda und Berhta schenken unscheinbare sachen, die sich in gold wandeln, gern führen die weißen frauen goldne ringe und stäbe, haufen geldes liegen auf ihrem schoß, sie begaben mit schachteln voll goldsand. wie Berhta als weiße ahnfrau erscheint, wenn ein todesfall bevorsteht, gilt dasselbe von den weißen jungfern.« *(Grimm, S. 808 f.)*

Wer in christlichen Zeiten solche Güter heben oder sich von weißen Frauen beschenken lassen will, muß zuvor die verdammten heidnischen Gottheiten selbst erlösen, was in der Regel aber nicht gelingt. Damit wird der unterirdische Segen zum Fluch und der Schatz zum Teufelswerk erklärt. Wobei die Volkssagen durchaus noch Mitgefühl mit den Verwünschten durchblicken lassen.

Hierher gehören auch die Sagen von der weisen oder lichten *Urs* oder *Ursula vom Urselberg* bei Pfullingen am Fuße der Schwäbischen Alb. »Ursula«, die »Kleine Bärin« oder »Bärengöttin« (nach der auch die Stadt Bern benannt sein soll) wird von Koch als eine weitere Erscheinungsform der Göttin Freyja gedeutet. Von ihr sind folgende exemplarische Erzählungen überliefert:

> »Wenn man vom Georgenberg zum Ursulaberg hinüberschaut, so gleicht dessen langgestreckter Höhenrücken der Gestalt einer schlafenden Frau.« Dies ist die verwunschene Urschel, »die mit ihren Gespielinnen seit langer Zeit im Innern des Berges hausen soll.«

Die Geschichten der *Nachtfräulein vom Ursulaberg* erklären u.a., wie die Urschel dorthin kam (Wetzel, S. 43–50):

> »Auf dem Hörnle, einem Hügel am Fuße des Berges, findet man eine tiefe Grube, das ›Nachtfräuleinsloch‹. Die Höhle soll der Eingang zu einem prächtigen Schloß im Berge sein, das einst auf seiner Höhe stand, durch einen bösen Fluch aber mit all seinen Bewohnern und Schätzen eines Tages in die Tiefe sank. In ihm wohnt die Urschel mit ihren Nachtfräulein, und wer früher an dem Ort vorbeikam, durfte nicht versäumen, einen Stein in das Loch zu werfen und zu sagen: ›Wir wollen den Nachtfräulein ein Opfer bringen.‹ Dann konnte er getrost seines Weges ziehen. Vergaß er aber das Opfer, dann legten die Fräulein ihm Steine in den Weg, daß er darüberfiel, oder spielten ihm sonst einen üblen Streich. Wenn einmal die Grube ganz von Opfersteinen ausgefüllt ist, so sagt man, sind die verwunschenen Fräulein erlöst.
>
> Als eine Frau aus Reutlingen einst des Nachts an dem Ort vorbeikam, sah sie plötzlich ein wunderschönes Schloß vor sich. Das Tor stand weit offen, und die Säle waren festlich beleuchtet. Sie trat neugierig näher und bemerkte prächtig gekleidete Damen und Herren, die sie freundlich zu Tische luden. Sie durfte von den köstlichen Speisen essen, soviel sie wollte. Als sie sich schließlich verabschiedet hatte und nach Pfullingen hinunterkam, fragte sie dort, wem denn das Schloß da oben am Berge gehöre, wo sie zu Gast gewesen. Aber die Leute schauten sie nur verwundert an und konnten ihr keine Auskunft geben.«

Die mißlungene Erlösung erzählt von dem unaufhebbaren Fluch, der auf der Urschel liegt, macht aber am Ende gleichzeitig ihre Verbindung zu Freyja und Aphrodite klar. Als eines Abends ein junger Bursche namens Frieder auf dem Ursulaberg Holz fällte, erschien ihm die Urschel leibhaftig: Sie war »klein und zierlich, *trug ein glänzend weißes Kleid mit einem goldenen Gürtel,* an dem ein großer Schlüsselbund hing.« Sie nahm ihn mit auf ihr Schloß, tief im Bergesinnern. »Und auf einmal standen sie in einem prächtigen Saal mit goldenen Wänden und Leuchtern aus glänzenden Kristallen. Die Tafel war voll köstlicher Speisen, und der Frieder ... ließ sich's schmecken.« Die Urschel stellt sich ihm vor: »›Einst wohnte ich in einem prächtigen Schloß droben auf der Höhe, bis meine böse Schwester mich verwünschte und mit all meinem Gesinde in den Berg verbannte. In dem Augenblick aber, als alles in die Tiefe sank, fand ich gerade noch Zeit, eine Eichel in den Boden zu treten und den Segen darüber zu sprechen. Aus der Frucht ist nun ein Baum geworden, und als er groß und mächtig war, erlaubte ich deinem Vater, ihn zu fällen und aus seinem Holz eine Wiege zu fertigen. Du, Frieder, wurdest einst darin gewiegt, und darum kannst allein du mich erlösen.‹«

Dreimal soll der Bursche zu ihr in den Berg kommen, und jedesmal wird sie ihm in schrecklicherer Gestalt erscheinen. Er soll sich aber davon nicht beirren lassen, denn nach jedem Kuß wird sie ihm umgehend wieder menschlich erscheinen. Da er sie nun einmal gesehen hat, wird er übers Jahr sterben müssen, gleich ob er sie erlöst hat oder nicht.

Der Junge hat Mitleid mit der Urschel und verspricht mit Tränen in den Augen, ihr zu helfen. Von da ab ruht ein Segen auf seiner Arbeit, und das Holzfällen geht ihm so leicht von der Hand wie noch nie. Dennoch gelingt es ihm nicht, die Urschel zu erlösen. Nachdem er schon zwei Küsse gewagt hat, offenbart er sich seiner Mutter, die wiederum Rat beim Pfarrer einholt. Der beschwört den Frieder, von dem Teufelswerk zu lassen. Widerwillig gibt er schließlich nach und verspricht mit einem heiligen Eid, das Fräulein nicht mehr zu besuchen, obwohl er diese Entscheidung schon gleich darauf bereut.

Am Abend des Tages aber, »an dem der Frieder zum dritten Mal das Fräulein hätte besuchen sollen, fand man ihn tot in seiner Stube. ... Als man ihn begrub, ereignete sich etwas Wunderliches: Wie man den Sarg in die Grube hinabließ, *flog etwas Weißes, eine Taube oder ein anderer großer Vogel*, auf die Kirchhofmauer und flatterte und klagte zum Erbarmen, und erst als die Schollen auf den Sarg fielen, wurde es still.«

Die Verwandlung in einen Vogel, speziell Taube und Ente, weist auch die Urschel als Göttin aus, denn wie wir sahen, waren beide Tiere der Aphrodite zugehörig, mit der ja wiederum auch Freyja gleichgestellt wird. Auch die dreizehnte Sibylle des Ulmer Chorgestühls hat einen Entenfuß. Sie stellt die Königin von Saba dar, der Salomo das Hohelied der Liebe gewidmet haben soll! Frau Berchta als Hüterin der Abgeschiedenen besitzt einen Gänsefuß und Freyja im Schwanhemd ist Hüterin der Nornen. Ein Vogelfuß ist das Kennzeichen sämtlicher weiblicher Gestalten im Umkreis Freyjas. Als Drudenfuß ist er zugleich Hinweis auf ihre wahrsagerischen Fähigkeiten.

4.   *Freyja im Vogelkleid – Herrin der Walküren und Nornen*

   Das Falkengewand als Wahrzeichen der Freyja

Das Vogelgewand weist Freyja auch als Herrin der Lüfte aus. Neben dem Schwanenkleid schreibt man ihr (und Frigg) als besonderes Kennzeichen das Falkengewand zu (wie der finnischen Göttin *Louhi* das Adlergewand). Sowohl Loki als auch Thor leihen dieses Gewand von ihr aus, häufig in Notsituationen, womit Freyjas Kraft auf sie übergeht. Als der Riese *Thjazi* eines Tages die Göttin *Idun* mit ihren Äpfeln der Verjüngung in seine Gewalt gebracht hat, ist Freyjas Falkenkleid die letzte Rettung:

>»Es fing damit an, daß drei Asen einmal von Hause aufbrachen, Odin, Loki und Hönir, über Berge und Odmarken wanderten und wenig zu essen hatten.« Als sie schließlich versuchten, einen Ochsen im Seydir zuzubereiten, wurde das Fleisch nicht gar. Ein »nicht ganz kleiner« Adler, der ihnen zugesehen hatte, versprach ihnen Hilfe, falls sie ihm von dem Fleisch etwas abgeben würden. Sie willigten ein, und der Adler riß große Teile des Ochsen an sich. »Da ergrimmte Loki, ergriff eine große Stange, schwang sie mit voller Kraft und schlug damit den Adler auf den Leib. Dieser wich dem Hiebe aus und flog auf: da war die Stange an seinem Steiß fest und Lokis Hände am anderen Ende der Stange.
>Der Adler flog in einer solchen Höhe, daß Lokis Füße über Steine, Geröllhaufen und Holz hinschleiften; in seinen Armen aber hatte er ein Gefühl, als müßten sie jeden Augenblick aus den Achseln reißen.« In seiner Not versprach Loki dem Adler (der in Wirklichkeit der Riese Thjazi war), für ihn die Göttin Idun mit ihren Äpfeln aus Asgard zu entführen.
>»Zur verabredeten Zeit lockte Loki die Idun vor die Tore von Asgard und in einen Wald. Er erzählte ihr nämlich, er habe dort Äpfel gefunden, die ihr sehr gefallen würden, und schlug ihr vor, ihre Äpfel mitzunehmen, um sie mit jenen zu vergleichen. Da erschien dort der Riese Thjazi in Adlergestalt, ergriff Idun und flog mit ihr weg nach Thrymheim zu seinem Gehöft.
>Den Asen bekam Iduns Verschwinden schlecht; sie wurden schnell grau und alt. Da hielten sie ein *Ding* ab und fragten einander, was man als letztes von Idun wisse. Zuletzt hatte man gesehen, daß sie mit Loki Asgard verließ. Da wurde Loki ergriffen und auf das *Ding* gebracht, und man drohte ihm mit Tod oder Folterung. Da er Angst bekam, erklärte er, in Riesenheim nach Idun suchen zu wollen, falls Freyja ihm ihr Falkengewand leihen wolle. Er bekam das Falkengewand, flog damit nordwärts nach Riesenheim und kam eines Tages zu dem Riesen Thjazi. Dieser war aufs Meer hinausgerudert, und Idun war allein zu Hause. Loki verwandelte sie in Nußform, nahm sie zwischen die Klauen und flog aus Leibeskräften davon.
>Als Thjazi heimkam und Idun vermißte, nahm er sein Adlergewand und flog hinter Loki her, laut rauschend, wie die Adler tun. Die Asen sahen den Falken mit der Nuß und den Adler fliegen; da gingen sie hinaus vor den Wall von Asgard und schafften Armevoll von Hobelspänen dahin. Als nun der Falke über der Burg erschien, ließ er sich innerhalb des Walles fallen. Dann setzten die Asen die Späne in Brand. Der Adler konnte seinen Flug nicht schnell genug hemmen, als ihm der Falke entgangen war. Sein Gefieder fing Feuer, und er mußte das Fliegen einstellen. Die Asen waren bei der Hand und erschlugen den Riesen Thjazi innerhalb des Asentors.«
>Skadi jedoch, des Riesen Tochter, »nahm Helm und Brünne und alle Kriegswaffen und

kam nach Asgard, um ihren Vater zu rächen. Die Asen boten ihr Vergleich und Buße, und zwar als erstes, daß sie unter den Asen sich einen Mann solle wählen dürfen«, den sie allerdings nur nach den Füßen aussuchen durfte. So wurde sie Njörds Frau und Freyjas »Stiefmutter«.

»Ferner hatte sie das zur Bedingung gemacht, daß die Asen etwas bewirken sollten, was sie ihnen nicht zutraute: nämlich sie zum Lachen bringen. Da verfiel Loki darauf, einer Ziege einen Strick um den Bart zu binden und das andere Ende sich selber um die Schamteile. Die beiden zogen sich nun hin und her und schrien beide laut. Dann ließ Loki sich der Skadi in den Schoß fallen, und da lachte sie. Nun schlossen die Asen mit ihr den Friedensvertrag.« *(Diederichs, S. 178–180)*

Fliegen und Zauberei werden in allen Kulturen auf der ganzen Welt zusammengesehen. Die Fähigkeit zum Flug ist ein Zeichen für die Überwindung der Gesetze von Raum und Zeit und wurde daher in erster Linie Gottheiten zugeschrieben. Menschen, die ein vergleichbares Vermögen ausgebildet haben, nennt man heutzutage Schamaninnen und Schamanen. Ihnen wird vor allem die Fähigkeit zuerkannt, jenseitige Welten unter Zurücklassung ihrer körperlichen Hülle erreichen und somit »durch die Lüfte fliegen« zu können. Dabei konnten die Grenzen zwischen göttlichen, halbgöttlichen und menschlichen Wesen zunächst noch fließend gedacht werden, was sich für den germanischen Raum mit Bestimmtheit nachweisen läßt. Auffallend ist ferner die weltweite Übereinstimmung, die Kunst zu schamanisieren, mit der ja auch das Orakelwesen zusammenhängt, zuallererst Frauen zuzusprechen. Auch ist das rituelle Schamanengewand häufig ein Frauenkleid. Selbst Apollo erhält seine Macht von *Phoibe*, Prophetin am Orakel zu Delphi. Sie vermacht ihm ihre Sehergabe als Geschenk, weshalb er sich später ihr zu Ehren *Phoibus* nennt. Doch Phoibes Vorgängerin war *Gaia*, die Göttin Erde selbst, wie Aischylos gleich zu Beginn seiner *Eumeniden* sagen läßt:

>»Zuerst durch Anruf von den Göttern ehr ich hoch
>Die Urwahrsagrin Gaia; nach ihr Themis dann,
>Die ja als zweite dies, der Mutter, Heiligtum
>In Hut nahm, wie es heißt; darauf als dritte nahm
>Der Reih, mit Willen jener und ohn allen Zwang,
>Auch ein Titanenkind der Erde, ein den Sitz,
>Phoibe. Die gibt ihn am Geburtstag als Geschenk
>Phoibos; und Phoibes Name wird Beiname ihm.« *(Zitiert nach Voit, S. 137)*

Auch der berühmte »Hexenflug« ist im Rahmen des Schamanismus zu deuten. Jenseitige Wesen erscheinen als Vögel und verleihen Menschen die Begabung zum »Vogelflug«.

Einer tungusischen Mythe zufolge bringt der Adler im Auftrag des Himmelsvaters Lebenskraft und Allweisheit auf die Erde. Und der erste Mensch, dem er diese Fähigkeiten vermittelt, ist eine Frau, die unter einem Baum schläft:

> »Der Adler übermittelte ihr die Lebenskraft sowie die Allweisheit und kleidete sie in das Schamanengewand ›Orge‹. Als sie erwachte, besaß sie schon eine solche Kraft, daß sie auf der Innenfläche ihrer Hand alles das erblicken konnte, was auf der Welt vorging.«
> *(Findeisen, S. 175)*

Die folgende Geschichte von der *Schwanfrau als Stammutter der burjatischen Schamanen* (ebd. S. 170–173; die Burjaten leben im Gebiet des Baikalsees) ist insofern interessant, als sie auch im hiesigen Raum zahllose Parallelen und Abwandlungen findet und im übrigen bis nach China verfolgt werden kann (vgl. das *Fest der mythischen Weberin*).

> Ein Chorin-Burjate mit Namen Tangkalshing »hatte fünf Söhne und fünf Töchter. In der Nähe seines Wohnplatzes befand sich ein See. Zu diesem See kamen einmal fünf Schwäne herbeigeflogen. Die Leute sahen sie und dachten: ›Die wollen nach Norden fliegen, es sind Zugvögel.‹
> Als Tangkalshing sie sah, bemerkte er, daß es fünf Mädchen waren, die sich entkleideten, um zu baden. Da kam ihm der Gedanke einem dieser Mädchen die Schwanenkleider wegzunehmen. Er schlich sich deshalb unbemerkt zum Ufer, ergriff eines der Kleider und versteckte sich hinter den Sträuchern.
> Nachdem die Mädchen zu baden aufgehört hatten, ergriff jedes ihr Kleid und war, nachdem es sich angezogen hatte, plötzlich wieder ein Schwan. Das eine Mädchen jedoch suchte vergeblich nach seinem Gewand. Nachdem es dieses nirgends hatte finden können, begann es zu weinen und sagte:
> ›Wenn jemand mein Kleid weggenommen hat, der gebe es mir zurück!‹
> Denn ohne ihr Kleid kann sie nicht fliegen. Die anderen vier Schwanenmädchen flogen endlich fort, nur das eine blieb nackt am Ufer zurück. Und es sagte weiter:
> ›Derjenige, der mein Kleid weggenommen hat, möge sich von mir erbitten, was es auch sei, ich gebe es ihm!‹
> Da kam Tangkalshing herbei und sagte, daß er ihr Kleid entwendet hätte. Aber er brachte ihr nur die Unterhosen und das Leibchen, den Rock jedoch nicht. Dann machte er ihr den Vorschlag:
> ›Werde meine Frau!‹
> Sie war schließlich damit einverstanden. Und er legte den Rock in den Eisenkasten.
> Das Schwanenmädchen gebar ihm fünf Söhne und fünf Töchter. ...
> Einmal nun sagte die Schwanenfrau zu ihrem Mann:
> ›Wir haben nun soviele Kinder. Mache Milchbranntwein, wir wollen trinken!‹
> Und sie begannen, den Tarassun auszutrinken. Da sagte die Frau zu ihrem Mann:

›Wieviele Jahre wir zusammen gelebt haben, soviele Kinder haben wir. Jetzt fliege ich nicht mehr weg von dir. Jetzt kannst du mir ruhig einmal den Rock, den du mir damals weggenommen hast, wiedergeben.‹

Tangkalshing öffnete die Kiste, wo er den Rock verborgen hatte und gab ihn ihr. Dann tranken sie weiter Tarassun. Sie saßen in der Jurte, dem runden burjatischen Filzzelt. In der Mitte lagen drei große Steine, und darauf die Schüssel, der Brennereiapparat. Jetzt zog die Frau den Rock an und schrie dreimal mit Schwanenstimme: ›Gü, gü!‹

Die älteste Tochter war damit beschäftigt, den Tarassun-Apparat einzulehmen. Und gerade in diesem Augenblick flog die Schwanfrau weg. Die Tochter ergriff sie noch gerade an den Beinen, als sie aus dem Rauchloch davonfliegen wollte und kam mit ihren Lehmhänden daran. Seit dieser Zeit haben die Schwäne keine roten, sondern etwas schmutziggelb aussehende Beine. Die Tochter konnte sie aber nicht mehr festhalten, und sie entkam. Sie machte noch einige Kreise über der Jurte und sprach:

›Meine Kinder, meine Töchter, werdet Schamaninnen; meine Söhne, werdet Schamanen!‹

Darauf flog sie weg. Und ihre Kinder wurden Schamanen. Seitdem erscheinen überhaupt erst Schamanen. Mit ihnen beginnt der Schamanismus. Diese Schamanen fanden das Bestehen der Götter schon vor. Es waren acht außerordentlich große Schamanen. Sie konnten sich unsichtbar machen, konnten sich den Kopf abschneiden und dabei schamanisieren, sie konnten sich den Leib aufschlitzen und dabei schamanisieren, und sie konnten fliegen.

Als sie gestorben waren, wollten sie zu den fünfundfünfzig Himmeln fliegen, um an dem Schöpferwerk teilzunehmen. Als sie nun so dahinflogen, lebte bei den Kudinischen Burjaten ein großer Schamane namens Gabne Barlak. Seine Frau hieß Suután Njilcharachschan. Diese beiden sahen die Tangkalshingkinder wegfliegen, und sie merkten auch, wohin sie fliegen wollten. Das aber sahen die beiden nicht gern, weil Menschen zu den Göttern wollten, und sie meinten, daß die Tangkalshingkinder auf Erden bleiben und nicht im Himmel leben sollten. Deshalb sagten sie zu ihnen:

›Bleibt auf Erden und werdet Schöpfer der hiesigen Welt. Werdet Helfer der fünfundfünfzig Himmel!‹

Gabne Barlak zeichnete fünf von ihnen auf Goldplättchen und sagte:

›Bleibt hier, hier werden die Menschen euch anbeten!‹

Außer Tangkalshing lebte da noch ein Burjate namens Als'chng. Er war etwas älter als ersterer und hatte zehn Kinder, vier Töchter und sechs Söhne. Diese wollten ebenfalls mit den Tangkalshingkindern wegfliegen. Barlak zeichnete auch diese, und sie blieben daraufhin auf Erden. Diese Zeichnungen werden gehalten, damit eine Frau viele Kinder bekommt. Und wenn eine Frau erkrankt, betet der Mann zu diesen Zeichnungen, damit sie wieder gesund wird. Diese Kinder des Als'chng haben keine bestimmten Namen. Ihre Onkel und Tanten waren richtige Schwäne.«

Auch in der germanischen Mythologie spielen Schwäne, insbesondere Schwanjungfrauen, die als Nornen, Walküren und Wahrsagerinnen auftreten, eine zentrale Rolle. Von Anfang an scheinen Schwäne dabei mit der Welt des Jenseits und der Toten verbunden. Was auch damit zusammenhängt, daß der Schwan zu den ältesten Orakeltieren unseres Kulturkreises zählt. »Mir schwant etwas«, im Sinne einer bestimmten Vorahnung, ist noch immer eine geläufige Redensart. Im gleichen Sinn konnte man auch sagen »es wachsen mir Schwansfedern«.

Freyja im Schwanenhemd

Freyja im Schwanenhemd ist nicht nur Herrin der Nornen und Oberhaupt der Walküren, sondern auch Totengöttin. Als Totengöttin wird sie häufig mit Schwan dargestellt (vgl. Diederichs, S. 24 u. 177). Auch galt der Schwanengesang als »Sterbegesang der Todgeweihten«. In der altgermanischen Zeit erscheinen die Schicksalsjungfrauen, die den Helden ihr Los verkünden und sie nach *Walhalla* (Odins Totenstätte) oder *Folkwang* (Freyjas Himmel) geleiten, »in der Form von Schwänen; später haben sie Menschengestalt, aber Schwanenfüße« (Koch, S. 11) und kleiden sich zumeist in weiße Gewänder. Daher wird auch verständlich, warum im Umkreis der germanischen Mythologie so viele »weiße Frauen« auftreten.

Gerade den Walküren (*valkyrien*) wird die Gabe zu fliegen und zu schwimmen nachgesagt. Und dabei nehmen sie vor allem den Leib eines Schwans an; sie weilen an Seeufern und Weihern und üben Wahrsagekunst.

> »In Völundarqvida wird gesagt: drei frauen saßen am strand, spannen flachs und hatten neben sich ihre âlptarhamir, ihre schwanhemde, um augenblicklich wieder als schwäne fortfliegen zu können. ...; eine unter ihnen hat sogar den beinamen svanhvît (schwanweiß) und trägt schwanfedern.« Eine bestimmte Walküre mit Namen Kâra, »worin nach der edda Svava *[eine andere Walküre]* wiedergeboren ward, tritt ... als zauberin mit schwanhemd auf und schwebt singend über den helden. Helgi hatte durch ihren beistand immer gesiegt, es geschah aber, daß er in einem kampf mit dem schwert zu hoch in die luft fuhr und seiner geliebten den fuß abhieb: da fiel sie zu boden, sein glück war zerronnen. Brynhild gleicht dem schwan auf der welle; das gleichnis verräth uns noch, daß sie wirklich die gabe hatte sich in den vogel zu wandeln. manche erzählungen von schwanfrauen leben noch unter dem nord. volk. Ein jüngling sah drei schwäne sich am strand niederlassen, ihr weißes vogelhemd ins gras legen und sich in schöne jungfrauen wandeln, dann im wasser baden, das hemd wieder nehmen und in schwangestalt fortfliegen. er lauerte ihnen ein andermal auf und entwandte der jüngsten das hemd, da fiel sie vor ihm auf die knie und flehte darum; er aber führte sie mit sich heim und heiratete sie. als sieben jahre verstrichen waren, zeigte er ihr das bisher verborgen gehaltne hemd: kaum hatte sie es in

der hand, so entflog sie als schwan durch das ofne fenster, und der trauernde gatte starb kurz hernach ...« *(Grimm, S. 354f.)*
Auch auf dem Urdbrunnen, dem Wohnsitz der Nornen am Fuße der Weltesche Yggdrasil, schwimmen zwei Schwäne.

Berta oder *Berchta* als Hüterin der Abgeschiedenen hat einen Schwan- oder Gänsefuß, wobei in ihrem Namen bereits die Idee der leuchtend weißen Farbe mitgegeben ist, denn Wörter wie *berht* oder *peraht* (Percht) bedeuten nichts anderes als glänzend (von Schnee) oder leuchtend weiß. Von Berta oder Holda wird gesagt, daß sie den glänzenden Schnee erzeugen (vgl. ebd. S. 226). Wenn Schnee fällt, schüttelt Frau Holle ihr Bett, heißt es im Volksmund, und wenn Nebel auf dem Berge hängt, sagt man, Frau Holle hat Feuer im Berg. Und auch Frau Holle oder Holla wohnt nicht nur im Berg, sondern auch in Brunnen und Weihern. (vgl. ebd. S. 819). Schneewittchen wiederum kann in manchen Überlieferungen auch Swanwitchen heißen (ebd. S. XIII). Weise Frauen sind immer auch weiße Frauen. Und der Vogelfuß ist ihr Wahrzeichen und Symbol ihrer höheren Natur.

Auch das Pentagramm oder Pentakel, häufig »Drudenfuß« genannt, hat »ähnlichkeit mit zwei gans- oder schwanfüßen« und war ein druidisches Symbol (ebd. S. 356, Anm. 4).

Schwäne, insbesondere weiße Vögel, galten auch als glückbringendes Vorzeichen, so im schottisch-gälischen »Omen der Schwäne«, wo es heißt:

> »Solltest du einen Schwan an einem Freitag sehen, früh am glücklichen, freudvollen Morgen, wird dein Besitz sich mehren und auch deine Verwandtschaft, dein Vieh wird nicht immer wieder sterben.« *(Johnson, S. 91f.)*

Vor allem lag das Schlachtenglück in den Händen der Walküren oder Schwanfrauen. Sie ritten in der Schlacht den Kämpfenden voran, entschieden über Sieg oder Niederlage und geleiteten die Gefallenen zum Himmel. Sie heißen auch *valmeyjar*, Schlachtmädchen, denn ihnen wird eine »unwiderstehliche sehnsucht nach diesem kriegerischen geschäft« (Grimm, S. 349) nachgesagt, wobei sich ihr eigenes Sehnen, Trachten und Wünschen in den Erzählungen oft mit den Wünschen der Helden deckt; weshalb man sie auch *Wünschelweiber* nannte. In dieser Eigenschaft kommen sie Schutzgottheiten gleich, denn nach germanischem Glauben standen göttliche Wesen augenblicklich bei, sobald nur ihr Name genannt wurde. »So nimmt die valkyrie sich ihres erkornen helden an, wenn er ihren namen ausruft, sie ist seine schutzgöttin geworden und gleichsam von den göttern entsandt ihm beistand zu bringen« (ebd. S. 331).

In Staufenbergers Dichtung zeigt sich dem Ritter »eine jungfrau mit weißem gewand ...;

sie hat seiner von jugend her in gefahr und krieg gehütet und war unsichtbar um ihn; jetzt wird sie seine geliebte und ist bei ihm, so oft er nach ihr wünscht.« *(Ebd. S. 348)*

Nach Snorra-Edda, 66 (abgekürzt: Sn.) können die Walküren auch zusammen mit Frigg und Odin und dessen Raben im Wagen fahren. Wie Helden und Götter reiten sie in den Krieg, gleich Odin von Adlern und Raben umringt. Sie ziehen durch die Lüfte und reiten in den Wolken, und wenn sich dabei ihre Pferde schütteln, trieft von deren Mähnen der Tau in die Täler und fruchtbarer Hagel auf die Bäume, so daß sie auch in dieser Hinsicht segensreich für die Welt wirken. Der Krieg wurde sogar dichterisch nach ihnen benannt: *ala gögl gunna systra*, was soviel bedeutet wie »die Vögel der Kriegsschwestern füttern« (ebd. S. 350, vgl. S. 911).

Als nachtfahrende bzw. nachtreitende Walküre tritt auch die Göttin Freyja im *Hyndlalied* auf (vgl. Diederichs, S. 114–118): Hier weckt sie die höhlenbewohnende Riesin *Hyndla* (Hündchen) auf, damit diese große Zauberin ihr die Stammtafeln aufzähle, die ihr Schützling (und Liebhaber?) Ottar wissen muß, um im Erbstreit gegen Angantyr bestehen zu können. Freyja verwandelt den jungen Helden in einen borstenglühenden Eber, auf dem sie neben der Riesin, die auf einem Wolf sitzt, zu nächtlicher Stunde nach Walhall reitet. Während sie reiten, sagt Hyndla aus ihrem großen Zaubergedächtnis Ottars gesamten Stammbaum auf, und damit er sich die Einzelheiten besser merken kann, fordert Freyja die Riesin auf, dem Gedächtnis ihres Schützlings, d. h. dem Eber, mit einem Gedächtnistrank nachzuhelfen, das ihn alle ihre Angaben behalten läßt: Dies ist das sog. *Minnebier*, wobei Minne hier den Sinn von Erinnerung hat. Am Ende wird die Riesin mißtrauisch und will das Bier verweigern. Doch Freyja setzt sie in Flammen, worauf Hyndla nachgibt, jedoch droht, das Gebräu mit Gift zu vermischen. Die Göttin aber spricht einen Gegenwunsch, der die Verwünschung alsbald aufhebt und in ihr Gegenteil verkehrt. (Im folgenden werden nur die Strophen 1, 5–11 u. 31–36 als Rahmenerzählung zitiert, die Aufzählungen des Stammbaums aber weggelassen).

»Freyja:
Wache nun, Maid!
Wache, Freundin,
Schwester Hyndla,
die in der Höhle wohnt!
Nacht ist's der Nächte:
nun laß uns reiten
zum heilgen Weihtum
nach Walhall hin!
. . .

Hol deinen Wolf
her aus dem Stall,
eilen laß ihn
mit dem Eber mein!

Hyndla:
Träg ist dein Eber
auf dem Asenweg;
ungern drück ich
mein edles Roß.

Freyja auf ihrem Katzengespann, Herrin der Walküren.

Voll Falschheit, Freyja,
forschst du bei mir:
dein Auge schaut
also auf mich,
als weilte bei dir
auf dem Walpfade
der junge Ottar,
Innsteins Sohn.

Freyja:
Töricht bist du,
du träumst wohl gar,
wähnst du Ottar
auf dem Walpfade,
da Hildiswin,
den behend mir schufen,
mit Borsten von Gold,
die beiden Zwerge,
Nabbi und Dain,
durch die Nacht erglänzt.

Sagen wir's im Sattel!
Sitzen laß uns
und von der Fürsten
Vorfahrn sprechen,
jener Edeln,
die von Asen stammen!

Gewettet haben
um welsches Erz
der junge Ottar
und Angantyr;
helfen muß ich,
daß der junge Held
seiner Ahnen
Erbteil habe.

Er stellte das Weihtum
aus Stein mir auf,
dem Glase gleich
glänzt nun der Stein;
er rötet ihn frisch
mit Rinderblut:

Ottar ehrte
die Asinnen stets.

Zähl auf die alten
Ahnenreihen
und melde mir
der Männer Sippen!
Was stammt von Freien,
was stammt von Fürsten,
erlesne Männer
in Midgards Reich?

...

Freyja:
Gib meinem Eber
das Minnebier [Erinnerungsbier],
daß er wohl bewahrt
die Worte all
deiner Rede
am dritten Morgen,
wenn mit Angantyr
er die Ahnen zählt.

Hyndla:
Wende dich weg!
Ich will schlafen;
wenig gutes
gewinnst du von mir.
Du treibst dich nächtlich,
Traute, umher,
wie die brünstige Geiß
mit Böcken rennt.

Od liefst du nach,
ewig lüstern;
dir unters Kleid
krochen noch mehr.

Freyja:
Mit Feuer bann ich
die Felsriesin,
daß du nimmer heil
von hinnen kommst.

Hyndla:
Seh Feuer brennen,
die Flur in Glut:
nach Lebenslösung
verlangt jeder:
so biet ich Ottar
das Bier denn dar –
mit Gift gemischt,
zu grimmem Lohn!

Freyja:
Wirkungslos soll
die Verwünschung sein,
rätst auch Böses
du Riesenweib:
trefflichen Trank
trinken soll er.
Mögen alle Asen
Ottar beistehn!«

5.   Andere berühmte Walküren

Eine der berühmtesten und göttlichsten Walküren ist *Hild*, die der Sage nach sogar die Gabe der Totenerweckung besaß. In ihrem Namen liegt bereits ihre Bestimmung: Hild heißt übersetzt Kampf und Tapferkeit. Von ihr erzählt die Prosaedda folgende Geschichte:

>»Ein König namens Högni hatte eine Tochter, die hieß Hild. Sie nahm als Heerbeute ein König, welcher Hedin hieß, Hjarandis Sohn; Högni war gerade zu einer Königsversammlung gefahren. Und als er hörte, es sei in seinem Reiche geheert und seine Tocher weggeführt, da brach er mit seiner Mannschaft auf, den Hedin zu suchen, und hörte, der sei die Küste entlang nordwärts gefahren. Als König Högni nach Norwegen kam, hörte er, Hedin sei westwärts übers Meer gesegelt. Da segelte Högni ihm nach bis hinüber zu den Orkaden, und als er zu der Insel Haey kam, da lag dort Hedin mit seinen Schiffen.
>Da kam Hild ihren Vater aufsuchen und bot ihm in Hedins Namen ein kostbares Halsband an zur Versöhnung, aber im zweiten Satz sprach sie aus, Hedin wäre zur Schlacht gerüstet und Högni hätte von ihm keine Schonung zu erwarten. Högni gab seiner Tochter eine schroffe Antwort, und als sie zu Hedin zurückkam, sagte sie zu ihm, Högni wolle keine Versöhnung, und forderte ihn auf, sich zum Kampf zu rüsten. Das taten beide Parteien, gingen hinauf auf die Insel und ordneten ihre Mannschaft. Da rief Hedin seinen Schwiegervater Högni an und bot ihm Versöhnung und viel Gold als Buße. Högni antwortete: ›Zu spät botest du dies, wenn du Versöhnung willst, denn jetzt habe ich Dainsleif gezogen. Zwerge schmiedeten ihn, und er muß eines Mannes Töter werden, so oft er die Scheide verläßt; niemals versagt er im Hieb, und keine Wunde heilt, die er ritzt!‹ Da sagte Hedin: ›Des Schwertes rühmst du dich, doch nicht des Sieges! Das nenne ich ein gutes Schwert, das seinem Herrn treu ist.‹
>Da hoben sie die Schlacht an, die Hjadningawig heißt, und schlugen sich den ganzen Tag. Und am Abend gingen die Könige zu den Schiffen, Hild aber ging auf die Walstatt und weckte durch Zauber alle Toten auf. Und am nächsten Tag kamen die Könige wieder auf das Kampffeld und schlugen sich, und ebenso alle, die am Tage vorher gefallen waren. So

ging die Schlacht weiter, einen Tag nach dem anderen: alle Gefallenen und alle Waffen, die auf dem Kampffeld lagen, wurden zu Stein, auch die Schilde, aber wenn es Tag wurde, standen alle Toten wieder auf und schlugen sich, und alle Waffen waren dann brauchbar. So, heißt es in Gedichten, sollen die Hajdninge die Zeit verbringen bis Ragnarök.« *(Diederichs, S. 199f.)*

Andere Walküren heißen – mit zum Teil bezeichnenden Namen – *Geirahöd*/Lanzenkampf, *Göll*/Ruferin, *Gondul*/Wölfin, *Herfjöt*/Heerfessel, *Hlökk*/Frohlocken, *Hrist*/Sturm, *Mist*/Nebelgrau, *Radgrid, Randgrid, Reginleif, Skeggjöld, Skögul* und *Thrud*/Gewalt und Stärke. Sie besitzen einen eigenen Wohnsitz mit Namen *Wingolf*, was »Halle der Freundschaft« bedeutet (Die Walküren nennen sich auch selbst »Freundinnen«, s. u. im Walkürenlied). Dort wohnen auch noch andere Asinnen (vgl. ebd. S. 278 u. 282).

Neben den kämpferischen Tätigkeiten erfüllen die Walküren zudem Aufgaben von Mundschenkinnen. Sie bewirten die Helden in Walhall und schenken ihnen bei Tisch den *Äl*, den süßen Met, ein, darin vergleichbar der Freyja, die ja auch Walfreyja heißt und beim Gelage der Asen einschenkt (vgl. ebd. S. 150).

Die genaue Anzahl der Walküren ist unbekannt. Fest scheint nur zu stehen, daß sie immer zu mehreren – mindestens zu dritt, häufig auch zu neunt – auftreten, manchmal aber auch »zu zwölfen oder zwanzigen miteinander« reiten (Grimm, S. 881). Sie sind weder klar von Göttinnen noch von menschlichen Frauen abzugrenzen, denn offensichtlich zählte man auch Geliebte und Gemahlinnen edler Helden zu ihnen, die menschlicher Abkunft und/oder Königstöchter waren. Auch ihre Namen sind teilweise bekannt: »*Svava, Sigrlinn, Kâra, Sigrn, Sigrdrîfa*, und heißen ausdrücklich valkyrien« (ebd. S. 351). Auch Brynhild (Kämpferin in der Brünne) wird allgemein zu dieser Schar gerechnet.

»Noch bis in spätere Volkslieder ist die erinnerung an solche schildjungfrauen hinabgedrungen, bei Arvidsson 1, 189 erlöst Kerstin sköldmö mit ihren 8000 jungfrauen den verlobten aus der gefangenschaft, andre mal ist es eine schwester, die ihren bruder befreit, womit keine leibliche schwester, sondern wieder eine valkyrie gemeint wird, da diese höheren wesen überall schwestern heißen und sich ihren schützlingen verbrüdern« *[korrekter müßte es wohl heißen »verschwestern«!].* »Aber die frauen in den gedichten unsers mittelalters, deren anblick zum siege stärkt, deren name nur ausgesprochen zu werden braucht, um sie, so schnell ein wunsch geschehen und sich erfüllen kann, herbeizuführen, sind offenbar solche schildfrauen.

Odinn nahm also in seine valkyrienschar sterbliche jungfrauen aus königlichem geschlecht auf, vergötterte frauen den vergötterten helden zur seite stehend; doch glaube ich nicht, daß alle valkyrien dieser herkunft waren, sondern die ältesten und berühmtesten, gleich den nornen, von göttern und elben stammten.« *(Ebd. S. 352)*

Was hier bereits anklingt, ist die Verwandtschaft der Walküren mit den (drei) *Nornen*, den Schicksalsgöttinnen, welche die Geschicke der Menschen lenken, weben und vorherbestimmen, und allen ihre Lebenszeit zumessen. »Daß auch bei den valkyrien, wie bei den nornen, dreizahl und schwesterliches beisammensein vorherscht« (ebd. S. 353), scheint ein deutlicher Hinweis auf die Ähnlichkeit ihres Wirkens. Viel schwerer wiegt aber noch, daß *Skuld*, die jüngste der drei Nornen, eindeutig als Walküre in Erscheinung tritt, womit sich Überschneidungen beider Wirkungskreise ganz von selbst ergeben. Insbesondere beim Spinnen und Weben, das auch in anderen Kulturen gern mit dem Schicksal und den zu seiner Erkundung nötigen Tätigkeiten des Weissagens verknüpft wird. Die Entscheidung über Sieg oder Niederlage war natürlich in besonderem Maße Teil des Schicksals. Folglich stellte man sich nicht nur die Nornen an Webstuhl und Spindel vor, sondern ebenso die Walküren. Ein sehr anschauliches Beispiel gibt dafür das Walkürenlied der sog. *Njalssaga*, die allerdings nicht zur Eddasammlung gehört. Hier wirken zwölf singende Walküren an einem Webstuhl, der in seiner Art an Schilderungen der indischen Göttin *Maya-Kali* in ihrem verschlingenden Aspekt erinnert: Seine Spannfäden bestehen aus Menschengedärm, seine Webgewichte sind Männerschädel, Pfeile dienen als Kamm und Schwerter als Spule. Mit ihrem Gewebe bestimmen sie gleichzeitig die von ihnen gelenkte Schlacht, denn kraft einer Zauberwirkung befinden sie sich zur selben Zeit auch auf dem Schlachtfeld, wo sie in diesem Falle den in Irland wütenden christlichen Heeren eine empfindliche Niederlage beibringen und damit entscheiden, daß »der junge König« Sigtrygg den Sieg davontragen wird (Diederichs, S. 120–122):

> »Am Tage der Brjansschlacht sah ein Mann in Nordschottland zwölf Gestalten auf eine Webekammer zureiten und drin verschwinden. Er schaute durch ein Guckloch hinein und sah zwölf Weiber an einem Webstuhl grausiger Art. Sie trugen zu ihrer Arbeit dieses Lied vor:

Weit ist gespannt
zum Waltode
Webstuhls Wolke;
Wundtau *[Blut]* regnet.
Nun hat an Geren
grau sich erhoben
Volksgewebe
der Freundinnen *[Walküren]*
mit rotem Einschlag *[Blut]*
des Randwertöters.

Geflochten ist es
aus Fechterdärmen
und stark gestrafft
mit Streiterschädeln;
Kampfspeere sind
die Querstangen,
der Webebaum Stahl,
das Stäbchen ein Pfeil;
schlagt mit Schwertern
Schlachtgewebe!

Hild geht weben
und Hjörthrimul,
Sangrid, Swipul
mit Siegsschwertern.
Schaft soll brechen,
Schild soll krachen,
durch Harnische
der Helmwolf dringen.

Webet, webet
Gewebe des Speers *[= Schlacht]*,
das der junge König
von je gekannt!
Vorwärts stürmet
ins Feindesheer,
wo unsre Freunde
wir fechten sehn!

Webet, webet
Gewebe des Speers!
Folget hinfort
dem Fürstensohn!
Voll Blut erblickt man
blanke Schilde,
wo den König Gunn
und Gondul schirmen.

Webet, webet
Gewebe des Speers,
wo kühner Fechter
Fahnen schreiten!
Laßt sein Leben
ihn nicht verlieren!
Walküren lenken
der Walstatt Los.

Die Leute werden
der Lande walten,
die mit am Strande
hatten gehaust.
Der mächtige Herrscher
muß nun sterben:
Jäh ist vom Speer
der Jarl gefällt.

Und es wird Unheil
die Iren treffen,
das nie erlischt
in der Leute Sinn.
Das Werk ist gewoben,
die Walstatt rot;
Volkverderben
fährt durch das Land.

Nun ist Schrecken
rings zu schauen:
blutige Wolke
wandert am Himmel;
rot ist die Luft
von der Recken Blut,
denen unsre Lose
zum Leid fielen.

Dem jungen König
kündeten wir
Siegeslieder;
wir singen Heil!
Doch der es hört,
behalte wohl
der Walküren Sang
und sag ihn den Mannen!

Spornt die Rosse
zu raschem Lauf!
Mit bloßen Schwertern
schwingt euch davon.«

Zum Schluß zerreißen sie ihre Arbeit und reiten davon, sechs nach Süden und sechs nach Norden. Die Schlacht selbst wird ins Jahr 913 n. Chr. datiert.

Walküren können nicht nur weben und spinnen, sondern werden auch als stickend und malend vorgestellt. Wenn sie, wie es ihrem Ruf entsprach, wirklich sinnvoll in die Kämpfe eingreifen wollten, so durften ihnen Weisheit und übernatürliche Kräfte nicht abgehen:

> »Ihre weisheit erspäht, ja sie lenkt und ordnet verflechtungen unseres schicksals, warnt vor gefahr und räth in schwieriger lage. bei der geburt des menschen erscheinen sie weissagend und begabend, in kampfes nöthen hilfreich und sieg verleihend. darum heißen sie kluge, weise frauen.« *(Grimm, S. 331)*

In dieser Hinsicht könnte man sogar die sumerische Inanna als Walküre bezeichnen, denn in ihrer Beziehung zu Dumuzi (als dem jeweils amtierenden König) erfüllt sie alle Aufgaben, die in der germanischen Vorstellungswelt eine Walküre auszeichnen: Als Inanna das Schicksal für ihren Geliebten bestimmt (s. o.), sagt sie ihm gleichzeitig zu:

> »Im Kampf bin ich deine Führerin,
> In der Schlacht bin ich deine Waffenträgerin,
> In der Versammlung bin ich deine Fürsprecherin,
> Im Feldzug bin ich deine Inspiration.«

Wie stark mit den Walküren der glückliche Ausgang einer Schlacht verbunden wurde, zeigt sich außerdem in ihren, mit »Sieg« verbundenen Namen wie *Sigrn, Sigrdrífa, Sigrlinn, Sigelint* oder *Sigeminne.* Grimm (S. 358) schließt daraus,

> »daß ahd. siguwîp, ags. sigevîf, altn. sigrvîf allgemeine bezeichnung aller weisen frauen war. . . . gleich nornen, unter versprechung von gaben, werden sie ins haus geladet.«

Deutlich müßte in jedem Fall geworden sein, daß die Walküren an einer Nahtstelle zwischen Göttinnen, Nornen (die als Schicksalsfrauen wiederum Göttinnen gleichen) und menschlichen Frauen anzusiedeln sind, wobei die verbindende Idee zwischen all diesen Wesen ihre von den Germanen und anderen nordischen Völkern angenommene Göttlichkeit ist. Die Bereiche des Göttlichen, Halbgöttlichen und Menschlichen sind in dieser Vorstellungswelt deshalb nicht streng geschieden, weil göttliches Wesen den Menschen insbesondere über weibliche Wesen vermittelt wird, und zwar auf allen Ebenen des Kosmos. Die Frau war nicht nur ihrem Namen nach Göttin, sondern auch in Sprüchen wurde ihre Verehrung der von Gottheiten gleichgesetzt, wovon im folgenden einige Beispiele genannt sein sollen (nach Grimm, S. 330):

> »Éret got und diu wîp!«
> »Durch got und durch der wîbe lôn.«
> »Dienen got und alle frouwen êren.«

»Von Parzivâl wird sogar gesagt: ›er getrûwete wîben baz dan gote‹
[er vertraute mehr auf Frauen als auf Gott]!«

Im Kampf brauchte der Held nur den Namen seiner Geliebten auszusprechen und war des Sieges gewiß, weil sich allein durch die Nennung ihres Namens bereits seine Stärke vervielfachte. Deshalb befahlen sich Krieger im Angesicht drohender Gefahren »in der liebsten gnad und huld«. Frauen sollte man darum nichts Übles nachsagen und sie auch nicht schelten (vgl. ebd. S. 330 f.).

Mit diesem Zug der germanischen Mythologie hängt auch zusammen, daß »halbgöttinnen höher stehen als halbgötter«, ja, daß überhaupt der gesamte Bereich der Verkündigung und Weissagung in weibliche Hände gelegt war:

> »Nach deutscher ansicht scheinen aussprüche des schicksals im munde der frauen größere heiligkeit zu erlangen, weissagung und zauber in gutem wie bösem sinn sind vorzugsweise gabe der frauen, und vielleicht hängt damit noch zusammen, daß die sprache tugenden und laster durch frauen allegorisiert. Wenn es in der natur des menschen überhaupt gelegen ist, dem weiblichen geschlecht eine höhere scheu und ehrfurcht zu beweisen, so war sie den deutschen völkern von jeher besonders eingeprägt. männer verdienen durch ihre thaten, frauen durch ihre weisheit vergötterung.« *(Ebd. S. 329)*

6.   *Die Nornen als Schicksalskünderinnen*

Als Schicksalskünderinnen par excellence aber galten unseren Vorfahren die Nornen, jene Schicksalsschwestern, die – oft als Spinnerinnen dargestellt – ans Bett der neugeborenen Kinder treten, um ihnen ihr Geschick zu weissagen und gute Gaben zu verleihen. Ihre Ähnlichkeit mit den Göttinnen zeigt sich u. a. darin, daß sie wie diese als Geburtshelferinnen verehrt wurden und sogar einen eigenen Tempel besaßen, in dem man ihr Orakel befragte (vgl. ebd. S. 345). In der Prosaedda (*Gylfis Betörung*) heißt es dazu (Diederichs, S. 136; vgl. S. 106):

> »Am Fuß der Esche *[Yggdrasil]* beim Brunnen steht ein schöner Saalbau, aus dem kommen die drei Mädchen, deren Namen sind Urd, Werdandi und Skuld. Diese Mädchen bescheren den Menschen das Leben; wir nennen sie Nornen. Es gibt noch andere Nornen, die zu jedem Kinde kommen, das geboren wird, um ihm das Leben zu bescheren, und diese sind teils aus Götter-, teils aus Alben-, teils aus Zwergenstamm, wie es im Gedichte heißt:

>> Nicht einer Abkunft
>> Sind alle die Nornen,

Sie sind verschiednen Geschlechts:
Die stammen von Asen,
Die von den Alben,
Die von Dwalin ab
[letzterer vertritt die Zwerge als Schutzgeister].

Da sagte Gangleri *[eigentlich König Gylfi]*: ›Wenn die Nornen das Schicksal der Menschen bestimmen, so verteilen sie es mächtig ungleich, denn manche Menschen haben ein gutes und behagliches Leben, andere wenig zu beißen und zu brechen; manche haben ein langes Leben, andere ein kurzes.‹ Hoch sagte: ›Gute Nornen aus vornehmem Geschlecht bescheren gutes Leben; wen aber Unglück heimsucht, der verdankt das den bösen Nornen.‹«

Die Namen der drei bedeutendsten Nornen heißen *Urd, Werdandi* und *Skuld:* »Das gewordne, werdende und werdensollende, oder vergangenheit, gegenwart und zukunft« (Grimm, S. 335). Von ihnen reitet Skuld, die jüngste, auch als Walküre den Kämpfenden in der Schlacht voran. Als Älteste galt offensichtlich Urd, denn nach ihr heißt auch der Brunnen am Fuße der Weltesche Yggdrasil, der gemeinsame Wohnsitz der drei Schicksalsschwestern, Urdbrunnen. Hier befindet sich auch die Gerichtsstätte der Asen.

Diese Weltesche dachte man sich als einen immergrünen Baum mit drei Wurzeln und stellte sich vor, daß unter einer dieser Wurzeln der Himmel (anderen Versionen zufolge die Menschenwelt, *Midgard*) liege:

»Die dritte Wurzel der Esche liegt im Himmel, und unter dieser Wurzel ist ein besonders heiliger Brunnen, der Urdbrunnen. Dort haben die Götter ihre Gerichtsstätte.« *(Diederichs, S. 135)*
»Ferner erzählt man, daß die Nornen, die am Urdbrunnen hausen, täglich Wasser aus dem Brunnen schöpfen und dazu den Schlamm, der um die Quelle herum liegt, und dies über die Esche ausgießen, damit ihre Zweige nicht verdorren oder verfaulen. Dies Wasser ist so heilig, daß alle Dinge, die in jene Quelle geraten, so weiß werden wie die Haut, die man Skjall nennt, und die innen an der Eischale sitzt. So wie es im Gedicht heißt:

Eine Esche weiß ich,
Sie heißt Yggdrasil,
Die hohe, umhüllt
Von hellem Nebel;
Von dort kommt der Tau,
Der in Täler fällt,
Immergrün steht sie
Am Urdbrunnen.

Den Tau, der von da auf die Erde fällt, nennen die Menschen Honigtau (Blatthonig), davon nähren sich die Bienen. Im *Urdbrunnen leben zwei Vögel, die heißen Schwäne,* und von ihnen stammt die Vogelart dieses Namens.« *(Ebd. S. 137)*

»Von dort kommen Frauen,
vielwissende,
drei, aus dem Born,
der unterm Baume liegt:
Urd heißt man eine,
die andre Werdandi -
sie schnitten ins Scheit -,
Skuld die dritte;
Lose lenkten sie,
Leben koren sie
Menschenkindern,
Männergeschick.« *(Völuspa, 14)*

[Auch die anderen Füße der Weltesche werden aus wunderbaren Brunnen gespeist: aus dem Mimirbrunnen unter der Wurzel, die zu den Reifriesen hinüberliegt, und aus dem Hwergelmir(brunnen), unter der Wurzel, die nach Niflheim (Nebelheim), dem Aufenthaltsort der Unterweltsgöttin Hel hinüberreicht. Im Mimirbrunnen sind Scharfsinn und Verstand verborgen. Odin trinkt jeden Morgen aus dieser Quelle, nachdem er sein Auge als Pfand darin hinterlassen hat. Aus Hwergelmir dagegen ergießen sich die Eisströme der nördlichen Polarwelt, mit der Niflheim identifiziert wird (vgl. ebd. S. 135 u. 256).]

Grimm macht darauf aufmerksam, daß auch die Nornen selbst als Richterinnen auftreten: »Sie weisen das urtheil und sind weise. darum wird ihnen, wie den urtheilern, ein stul beigelegt. Jedem neugebornen kinde nahen sie, und fällen über es ihr urtheil« (S. 338). Sie wandern zu Gruppen im Land umher unter den Sterblichen und spinnen und weben oder drehen und festigen deren Lebens- bzw. Schicksalsfäden. Außer von Skuld wird jedoch von keiner gesagt, daß sie reitet.

Ihre Urteile sprechen die Nornen charakteristischerweise so aus, daß die ersten von ihnen günstige Begabungen versprechen, die von der letzten teilweise wieder aufgehoben oder vereitelt werden. In der romanischen Sprachwelt wachsen diese Schicksalsdeuterinnen bereits in römischer Zeit mit den Feen zusammen: »Diese feen, ursprünglich von verkündigung des schicksals benannt, sind aber bald überhaupt geisterhafte frauen geworden, ganz was unsere *idisî [Göttinnen, s.u.]* und *völur [Seherinnen, s.u.]* waren. ...« (ebd. S. 340–343). Ähnliches wird auch von den romanischen Feen erzählt.

Nach Grimm verweist uns »das weben der nornen und die spindel der feen ... auf häusliche, mütterliche gottheiten.« Ihr plötzliches Erscheinen aber und insbesondere ihr Verweilen an Brunnen und Quellen bringt sie eng in Zusammenhang mit »frau Holda, Berhta und ähnlichen göttinnen . . ., die sich des spinnens befleißigen, säuglinge und kinder begaben« (ebd. S. 345) und Brunnen und Quellen als bevorzugte Aufenthaltsorte wählen, wie allgemein auch von den Musen und Sanggöttinnen angenommen wurde (vgl. ebd. S. 337, Anm. 3). Die Tätigkeiten, die mit Holda und Berhta verbunden wurden, sind wiederum häufig auf die christliche Maria übertragen worden, wobei häufig auch gleich von *drei Marien* gesprochen wird.

Als drei Schicksalsgöttinnen treten auch die Moiren bei den Griechen in Erscheinung: *Klotho, Lachesis* und *Atropos*, die immer an der Wiege standen und das Schicksal der neugeborenen Menschenseele spannen. Klotho (von: ich spinne, zwirne) spann den Faden, Lachesis (Los-Entscheid) zupfte ihn aus und führte ihn ins Gewebe, Atropos (die Unabwendbare) schnitt ihn ab, wenn das Lebenslicht erlöschen sollte. Nach Plato sind die drei Moiren Töchter der *Anángke*, der Notwendigkeit oder des Schicksals, »auf deren knien die spindel gedreht wird; sie sitzen weißgekleidet, gekränzt und singen das schicksal«: Lachesis das Gewordene, Klotho das Seiende, Gegenwärtige, Atropos das Zukünftige. Von Hesiod wird sie als die Mächtigste hervorgehoben (vgl. ebd. S. 343 f.).

II.   Freyjas Zauberkunst und der Kessel der keltischen Göttin Cerridwen

1.   *Freyja und die Kunst des Seid*

Mit Freyja, so wird gesagt, kam die Kunst des *Seid* von den Wanen zu den Asen. Odin insbesondere, der ja als der größte Schamane unter den Asen galt, wird von der Göttin in diese spezielle Form des Kultes eingeweiht, die den Asen offensichtlich so bedeutungsvoll erschien, daß sie nicht darauf verzichten konnten. Der Krieg zwischen Asen und Wanen soll jedenfalls u.a. auch um den Besitz der Göttin Freyja geführt worden sein (vgl. Mühlmann, S. 83). Man nannte sie *seid-berendr* (Seid-gebärend), »d.i. seidr-Vulvae; vulva = volva ist die Gebärmutter der Sau, und Freyjas Tier, auf dem sie reitet, ist der Eber« (ebd.). »Sau« (*Syr*) war nach der Prosaedda einer der Beinamen Freyjas (s.o.). Mit dem Wort *vulva* hängt etymologisch wiederum zusammen der Name *Wölwa* (*Völva* oder *Volva*) als Berufsbezeichnung für Seherinnen und Prophetinnen, die bei den germanischen und nordischen Völkern in hohem Ansehen standen (s. u.).

Wie bereits oben erwähnt, beschreibt *Seid* ein Zauber- oder Wandlungsverfahren durch Erhitzen in Tiegeln. Es diente der Herstellung heilkräftigen Suds, der – je nach Dosierung – allerdings als Gift auch den Tod herbeiführen konnte (Hyndlalied!), und ferner konnte man mit seiner Hilfe die Zukunft voraussehen. Eine ebenso machtvolle wie doppeldeutige Kunst mithin, die sich sogar bis in die Opferbräuche hinein fort-setzte, und deshalb ebenso begehrt wie gefürchtet. Dabei spielten Frauen und nicht Männer die Hauptrolle, wie auch Grimm (S. 867 ff.) immer wieder betont:

> »Die verschiednen benennungen des zaubers haben uns auf die begriffe thun, opfern, spähen, weissagen, singen, segnen (geheimschreiben), verwirren, blenden, kochen, heilen und loßen geführt.
>
> Sie zeigen, daß er von männern wie von frauen getrieben wurde. Unser frühstes alter-thum hat ihn aber schon vorzugsweise frauen zugeschrieben«, die als weit einflußreicher galten als ihre Kollegen, »ja es treten andere, fast bloß auf weibliche zauberkunst be-zügliche namen hinzu.
>
> Frauen, nicht männern, war das auslesen und kochen kräftiger heilmittel angewiesen wie die bereitung der speise ihnen oblag.«
>
> Noch in unseren Kindermärchen findet sich die Bezeichnung *alte Köchin* als Synonym für Hexe. *(Vgl. ebd. Bd. III, S. 307)*

Auch ist in diesem Zusammenhang die Kunst des Salzsiedens als geheiligte Tätigkeit zu erwähnen. Salzquellen und salzhaltige Flüsse im allgemeinen galten den Germanen als heilig. Sie waren *heilawāc* (heilkräftiges Wasser), und heilig war auch die Gewin-nung und Austeilung des Salzes, das als unmittelbares göttliches Geschenk angesehen wurde und sogar dem Schutz des Völkerrechts unterstand. Flüsse und Orte, in deren Namen die Wurzel *hal* oder *sal* für Salz erkennbar ist, gibt es in Deutschland und Österreich noch heute zur Genüge. Salz aber wurde, sowohl in Germanien als auch in Gallien, »durch aufguß auf glühenden brand gewonnen, versichert Plinius 31. 7, 39; darum können auch die gebräuche dabei Celten und Deutschen gemein gewesen sein« (ebd. S. 875). Daß die Kirche später das Salzsieden als Hexenwerk verteufelte und die Heiligung und Weihung des Salzes fortan selbst übernahm, ist zudem ein deutlicher Hinweis darauf, daß wahrscheinlich »frauen oder priesterinnen die bereitung des sal-zes verwalteten« und »der salzkessel unter ihrer aufsicht und sorge stand« (ebd.). In christlicher Zeit hieß es dann (ebd.):

> »An gewissen festtagen stellen sich die hexen in dem heiligen wald, auf dem berge ein, wo das salz sprudelt, kochgeräthe, löffel und gabeln mit sich führend; nachts aber glüht ihre salzpfanne.«

Den Frauen, die jetzt Hexen genannt wurden, sprach die Kirche das wohltätige Salz nun ab und verwendete es statt dessen selbst als Sicherungsmittel gegen alle Zauberei, was sich bis in unsere Zeit hinein im Taufritus erhalten hat, wenn man den Täuflingen Salz an den Mund gibt.

Vielleicht kann man sogar die Gewinnung des Goldes, um dessen Besitz die Asen Krieg gegen die Wanen führten, in Zusammenhang mit der *Seid*-Kunst sehen. Immerhin versuchten noch unsere Alchemisten, ihr Gold mit Hilfe von erhitzten Tiegeln zu gewinnen! Und in der Prosaedda ist von zwei zauberkräftigen Riesinnen – Fenja und Menja – die Rede, die zunächst Gold und dann Salz mahlen (Diederichs, S. 196). Zumindest, so könnte man folgern, war Salz damals soviel wert wie Gold.

»Warum heißt das Gold Mehl des Frodi?
Frodi war ein Urenkel Odins. Dieser erbte das Königreich seines Vaters Fridleif »zu der Zeit, als Kaiser Augustus über alle Welt Frieden verbreitete; damals wurde Christ geboren. Weil aber Frodi der mächtigste aller Könige in den Nordlanden war, so wurde im ganzen dänischen Sprachgebiet der Friede nach ihm benannt, das ist, was man den Frodifrieden nennt. Keiner kränkte da den andern, und ob er seines Vaters oder Bruders Töter frei oder gebunden vor sich sah. Es gab auch keine Diebe und Räuber, so daß ein Goldring lange unangetastet auf der Heide von Jellinge lag. König Frodi besuchte einst ein Gastmahl in Schweden bei dem König Fjölnir und kaufte dort zwei Mägde, die Fenja und Menja hießen; sie waren groß und stark. Damals gab es in Dänemark ein Paar so große Mühlsteine, daß niemand stark genug war, um sie von der Stelle zu schleppen. Und sie hatten die Natur, daß die Mühle das mahlte, was der Müller ihr vorsprach. Die Mühle hieß Grotti, und Hengikjöpt hieß jener, der die Mühle dem König Frodi geschenkt hatte. König Frodi ließ die Mägde zu der Mühle führen und hieß sie Gold mahlen, und das taten sie auch, mahlten zuerst Gold und Frieden und Glück für Frodi. Da erlaubte er ihnen nicht länger Ruhe oder Schlaf, als der Kuckuck schwieg oder als man braucht, um eine Strophe zu sprechen. Wie man erzählt, trugen sie das Lied vor, das *Grottasöng* (Mühlensang) heißt, und dessen Anfang lautet:

> Nun sind wir gekommen,
> Rund der Zukunft,
> Fenja und Menja,
> Zum Fürstenhaus;
> Als Mägde müssen
> Die starken Mädchen Frodi dienen,
> Dem Fridleifsohn.

Und ehe das Gedicht zu Ende war, mahlten sie ein Heer gegen Frodi heran, so daß in derselben Nacht der Seekönig Mysing erschien, Frodi erschlug und große Beute davontrug. Da war der Frodifriede zu Ende. Mysing führte den Grotti mit und dazu Fenja und Menja und *hieß sie Salz mahlen.* Um Mitternacht fragten sie, ob es dem Mysing nicht zu viel Salz werde. Er hieß sie weitermahlen. Sie mahlten noch eine kurze Weile, da ging das Schiff unter. Im Meere blieb ein Strudel zurück, da, wo die Strömung in das Mühlsteinloch stürzt.«

Fenja und Menja erscheinen hier als zauber- und wahrsagekundige Frauen. Ihr doppeldeutiges Wesen ist Folge der Gier, mit der die beiden Könige sie ohne Pause zur Arbeit antreiben wollen.

Mühlen standen am Wasser. Auf die heilbringende und verwandelnde, ja verjüngende Kraft des Wassers wurde oben schon hingewiesen. Was ihre Wirkung anbelangt, liegen also Mühlen und Zauberkessel gar nicht so weit auseinander!

2.   Der Kessel der Cerridwen

Zauberübende Frauen fand das Christentum nicht nur bei Griechen, Römern und Germanen vor, sondern gleichfalls bei den Kelten. Noch in Skakespeares »Macbeth« (IV, 1) kommen drei Hexen – *weirdsisters* (Schicksalsschwestern) – vor, die sich auf der Heide in einer Höhle treffen, um in ihrem Kessel ein Gebräu zu brodeln, mit dessen Hilfe sie das Schicksal des Königs heraufbeschwören:

»Double, double toil and trouble;	»Spart am Werk nicht Fleiß und Mühe,
Fire burn an caldron bubble.«	Feuer sprühe, Kessel glühe!«
»And now about the caldron sing,	»Um den Kessel tanzt und springt,
Like elves and fairies in a ring,	Elfen gleich den Reigen schlingt,
Enchanting all that you put in.«	Und den Zaubersegen singt.«

Grimm hält diese drei Gestalten weniger für teuflische Zauberweiber als für schicksalkündende weise Frauen oder gar Priesterinnen, die aus dem Kessel weissagen (vgl. S. 874).

Die Kelten aber schrieben ihren berühmten mythischen Kessel, der vor allem ein Kessel der Verwandlung war, ihrer großen Göttin *Cerridwen* (*Keridwen*) zu. Er galt als Kessel des Überflusses, der Wiedergeburt und Lebenserneuerung. Schon sein Ursprung ist geheimnisumwoben. Es heißt, er gehörte zu jenen vier wunderbaren Gaben, welche die sagenumwobenen und halbgöttlichen *Tuatha de Dannan* (wörtl. die Söhne der Göttin Danu) als die Eroberer von Irland mit ins Land gebracht hätten:

> »Von Falias stammte der Stein von Fâl, der sich in Tara befand: er schrie unter jedem König, der über Irland herrschte. Von Gorias stammte die Lanze des Lug: es war unmöglich, einen Kampf gegen denjenigen zu gewinnen, der sie in seiner Hand hielt. Von Findias stammte das Schwert des Nuada: niemand konnte ihm entgehen, wenn es aus seiner Scheide gezogen worden war … Von Murias stammte der Kessel des Dagda: nie zog eine Gruppe fort, ohne ihm dankbar zu sein.« *(Markale 1985, S. 120)*

In einem Gedicht des berühmten keltischen Barden Taliesin, das den Titel trägt *Die Beute der Unterwelt* (oder des Abgrunds), heißt es (Text nach Emma Jung, S. 124):

> »Das erste Wort vom Kessel, wann ward es gesprochen?
> Durch den Atem von neun Mädchen wurde er sanft erwärmt.
> Ist es nicht der Kessel der Unterwelt?

Welcher Art ist er?
Ein Reif von Perlen liegt um seinen Rand.
Er kocht keinem Feigling Speise, auch nicht einem Wortbrüchigen.«

Ein weiteres irisches Gedicht (eingeschoben in die Erzählung vom *Tod des Curoi*) bezieht sich wiederum auf den vorigen Text und sagt über denselben Kessel (Markale 1985, S. 122):

»In der Festung gab es einen
von Gold und Silber perlenden Kessel.
Welch wundervolle Entdeckung!
Von der Tochter des Königs
erhielten wir diesen Kessel als Geschenk ...«

Erst recht ist die Geschichte des Barden und Poeten *Taliesin* selbst untrennbar mit dem wunderbaren Kessel verbunden, der hier ausdrücklich als Kessel der Keridwen genannt ist (ebd. S. 114–117 u. 150).

»Einst lebte in Penllyn ein Edelmann mit Namen Tegid Voel (der Kahle). Er hauste inmitten des Sees Tegid und seine Frau hieß Keridwen. Sie gebar ihm einen Sohn namens Morvran ab Tegid und eine Tochter namens Creirwy [= *Kleinod, Juwel!*], das schönste Mädchen auf der ganzen Welt. Diese beiden Geschwister hatten aber noch einen Bruder: er hieß Afang-Du und war von abstoßender Häßlichkeit. Seine Mutter Keridwen erkannte, daß es sehr unklug wäre, diesen häßlichen Sohn in die Gesellschaft einzuführen, ohne ihn nicht wenigstens mit außergewöhnlichen Gaben und seltenen Kenntnissen auszustatten ...
Daher beschloß Keridwen, nach den geheimen Lehren der Bücher von Fferyllt einen Kessel der Inspiration und des Wissens für ihren Sohn zu bauen, wollte sie doch, daß ihm in der menschlichen Gesellschaft Ehre gezollt würde aufgrund seines Wissens um die zukünftige Entwicklung der Welt. Sie selbst machte sich daran, den Kessel zu erhitzen. Um die drei magischen Tropfen der Anmut und der Inspiration zu erhalten, mußte dieser ein ganzes Jahr und einen ganzen Tag lang kochen.
Dann beauftragte sie Gwyon Bach [= *der kleine Wissende*], den Kessel zu überwachen, und einem Blinden namens Morda gab sie den Befehl, das Feuer unter dem Kessel in Gang zu halten. Diese beiden waren dafür verantwortlich, daß der Kessel ein Jahr und einen Tag lang unentwegt vor sich hin kochte. Sie selbst sammelte täglich alle möglichen Zauberkräuter während der Planetenstunden, wie es in den Büchern der Sternkundigen geschrieben steht. Nun geschah es aber eines Abends gegen Ende des Jahres, als Keridwen gerade Kräuter sammelte und Zaubersprüche murmelte, daß die drei Tropfen des magischen Tranks aus dem Kessel flossen und auf den Finger von Gwyon Bach fielen. Weil sie so heiß waren, steckte er den Finger in den Mund, und in dem Augenblick, als die Wundertropfen ihn berührten, konnte er in die Zukunft sehen und wußte, daß er sich

vor den Künsten der Keridwen zu hüten hätte, denn gewaltig war nun sein Wissen. Von panischer Angst getrieben, floh er in seine Heimat. Und der Kessel brach auseinander, denn die ganze Flüssigkeit, die er enthielt, war vergiftet, – mit Ausnahme der drei Wundertropfen ...

Als Keridwen zurückkehrte, sah sie sofort, daß die Arbeit eines ganzen Jahres verloren war. Sie ergriff einen hölzernen Stock und schlug den blinden Morda solange, bis ihm die Augen aus den Höhlen traten. Da sagte er zu ihr: Du hast mich grundlos verunstaltet, denn ich bin unschuldig! – Du hast Recht, antworrete Keridwen, Gwyon Bach allein ist der Schuldige! Und sie verfolgte den Gwyon Bach, so schnell sie nur konnte. Er erblickte sie, verwandelte sich in einen Hasen und verschwand; sie aber verwandelte sich in einen Windhund und holte ihn ein. Darauf stürzte er sich in einen Fluß und wurde ein Fisch. Keridwen jedoch verfolgte ihn unter Wasser in Gestalt eines Fischotters, sodaß er sich schließlich gezwungen sah, sich in einen Vogel zu verwandeln. Sie aber jagte ihn im *Kleid eines Falken* und gönnte ihm am Himmel weder Rast noch Ruhe. Gerade als sie im Begriff war, sich auf ihn zu stürzen, sah er in seiner Todesangst auf der Tenne einer Scheune einen Haufen Getreidekörner, die gerade gedroschen worden waren. Da ließ er sich fallen und verwandelte sich in ein Getreidekorn. Aber Keridwen nahm die Gestalt eines schwarzen Huhnes an, gekrönt von einem großen Kamm, und hörte nicht auf zu kratzen, bis sie das Korn gefunden hatte, und sie verschlang es.

Wie die Erzählung berichtet, wurde sie daraufhin schwanger. Als die Stunde ihrer Niederkunft gekommen war, hatte sie nicht den Mut, das Kind zu töten, denn es war wunderschön. Deshalb steckte sie es in einen Ledersack und warf den Sack ins Meer. Nun war es der Gnade Gottes ausgeliefert. Das geschah am 29. Tag im Monat April ...

Der junge Elffin, Gwyddons Sohn, nimmt *[am 1. Mai]* an einem traditionellen Wettfischen teil; er hält sich für den Unglücklichsten unter allen jungen Leuten, denn er hat niemals Glück. So ist er auch diesmal davon überzeugt, daß sein Netz leer sein wird, und es ist tatsächlich leer. Aber Elffin entdeckt den Ledersack, öffnet ihn und findet das Kind, das er Taliesin nennt und aufzieht. Das Neugeborene hat übrigens *schon die Gabe, sprechen und in die Zukunft schauen zu können.*«

Später wird Taliesin dichten:
»Neun volle Monde lebte ich
im Schoß der Keridwen.
Gwyon war ich einst,
Taliesin bin ich jetzt.«

An anderer Stelle betont er:

»Der Kessel brodelte und floß über:
es waren die drei bedeutenden Inspirationen von Gogyrwen.«

oder:

»Mit Wissen begabt
wurde ich durch den Kessel von Keridwen.«

Aus dem »Kleinen Wissenden«, Gwyon Bach, wurde auf diese Weise ein großer Wissender. Der Inhalt des Kessels barg eine gewaltige Macht, wobei auch hier seine Doppeldeutigkeit zu beachten ist: Nur drei Tropfen des Gebräus wirkten inspirierend und belebend, der Rest war vergiftet und damit todbringend. Womit die Göttin ihren Anspruch als Herrin über Leben und Tod geltend macht. Und erst wer selber durch den Tod hindurch gegangen ist, hat auch umfassende Kenntnis vom Leben, so war es Lehre aller Mysterienkulte. In seinen Verwandlungen durcheilt und durchlebt Gwyon Bach sämtliche vier Elemente (nach Markale zählte man Korn zum Element des Feuers, ebd. S. 116) und verbindet sich dadurch mit dem ganzen Raum des Menschlichen und Außermenschlichen. Keridwen, die ihn zu diesen Verwandlungen herausfordert, weiht ihn also auf echt schamanische Weise in die größeren Zusammenhänge des Lebens ein. Aus ihrem Schoß, der ja im Grunde auch einen Kessel der Verwandlung darstellt, gewinnt er neues Leben. Eine Vorstellung, die sich im übrigen auch mit dem Wort Meer verbindet.

Keridwen oder Cerridwen war die große Göttin der Kelten, und sie galt als Besitzerin und Spenderin des heiligen Kessels. Ihren Namen leitet Cazenave (im Anschluß an v. Ranke-Graves) her »aus den Worten *cerrd* und *wen*: ›wen‹ heißt ›weiß‹, und ›cerrd‹ bedeutet sowohl im Irischen als auch im Walisischen zunächst ›Gewinn‹, dann aber auch ›die schönen Künste‹; wie die griechischen Worte *cerdos* und *cerdera* bezeichnet es vor allem die Poesie« (S. 91). Es ist die Gabe der Inspiration« der Weisheit und der Dichtkunst, die Cerridwen in ihrem Kessel zum Sieden und Überfließen bringt. Doch der Kessel bringt auch den Tod, eine Anspielung auf den Unterweltsaspekt der Göttin. Sie ist die Beherrscherin des Lebens in seiner umfassenden Gestalt. Nur weil sie Macht hat über den Tod, kann sie andererseits auch Leben schenken und zuletzt: Unsterblichkeit.

Selbst in der Unterwelt, im keltischen Sinne – Anderswelt (*autre monde*) – kann man der Göttin in ihrer strahlenden Erscheinungsform begegnen. Eine Vision des Ma'el Duin Curach und seiner Gefährten beschreibt diese Erfahrung mit folgenden Worten (ebd. S. 95):

> »Da kam ihnen eine Frau entgegen, edel und von weißer Brust, ihre Art war ohne Fehl und gerecht ihr Tun; sie war gekleidet in prächtiges Tuch von schwanengleichem Glanz. Ihr Umhang, leuchtend und schön, war gesäumt von einer Borte aus rotem Golde. Ihre Füße ruhten in Sandalen von Silber. Auf ihrem Haupt schimmerte gold-gelbes Haar wie Gold; Edel war ihr Gang und königlich ihre würdevolle Bewegung.«

In der beliebten Gestalt des »häßlichen Fräuleins« (eine Vorstellung, die auch in der Grallegende eine Rolle spielt) gedachte man jedoch auch ihrer abgründigen Seite:

»In der Geschichte von Niall, des jüngsten Sohnes von Eochaid, König von Tara, begegnen ihr die fünf Söhne des Königs nacheinander auf der Suche nach Trinkwasser während einer Jagd. Niall trifft sie als letzter, und im Gegensatz zu seinen Brüdern willigt er ein, ihre Bedingung zu erfüllen und sie zu küssen. Da verwandelt sie sich plötzlich vor seinen Augen: aus der Hexe mit den ›rauchschwarzen und finster blickenden Augen, die eine platte Nase mit aufgeblähten Nüstern hatte, dazu einen rauhen, von Warzen übersäten und von Krankheit zerfressenen Körper‹ wird plötzlich eine wunderschöne, majestätische Frau mit einer Haut, so weiß wie Schnee, mit langen, schmalen Händen, riesigen Augen, Perlenzähnen und einem Mund, so rot wie die Früchte der Eberesche. Völlig überrascht von ihrer überwältigenden Schönheit fragt der junge Mann, wer sie denn sei. ›Ich bin das Gesetz und die Herrschaft‹, antwortet sie und fügt hinzu: ›König von Tara, kehre nun zu deinen Brüdern zurück und bringe ihnen Wasser. Dein ist das Königreich, dein ist die höchste Macht, – Dir und Deinen Nachkommen sei sie verliehen auf ewig ...« *(Ebd. S. 90)*

Mit dieser Göttin müssen sich auch der walisische *Peredur* oder der deutsche *Parzival* der Gralssagen auseinandersetzen. Beiden erscheint sie in der Gestalt des »häßlichen Maultierfräuleins« (*Kundrie la Surzière*), das sie als Dummköpfe schilt, weil sie es versäumt haben, nach Wesen und Sinn des Grals zu fragen. Ihre Schelte treibt die Helden jeweils erneut auf Suchwanderung.

In seinem Unterweltsaspekt ist der Kessel der Cerridwen ein Kessel der Wiedergeburt, der die Menschen ins Leben zurückrufen kann (wenn auch vielleicht »nur« noch in das jenseitige Leben der Anderswelt). Geschichten über den Kessel zeugen von dessen totenerweckender Wirkung:

»Ich werde dir einen Kessel schenken, der folgende Eigenschaften hat: wenn man dir heute einen deiner Männer tötet, wirf ihn getrost in diesen Kessel, und morgen wird es ihm wieder so gut gehen wie zuvor, nur daß er nicht mehr sprechen kann« (woraus Markale, 1985, auf eine Wiedergeburt in der »autre monde« schließt; S. 119). Diesen Kessel erhält nach dem *Mabinogion* der Gott Bran von seiner Schwester Branwen (= weißer Rabe) geschenkt.
Das Mabinogi von Branwen erzählt vom Kampf Brans um den verlorengegangenen magischen Kultkessel, den er an die Gälen verloren hatte, die ihn inzwischen zu ihrem eigenen Vorteil nutzen konnten: »Die Gälen zündeten ein Feuer unter dem Kessel der Auferstehung an, dann füllten sie ihn mit den Leichen der Krieger. Am nächsten Morgen waren die Leichen wieder zum Leben erwacht; sie erhoben sich, um so tapfer wie zuvor weiterzukämpfen, aber sie konnten nicht reden.« *(Ebd. S. 122; Mab. I, 143)*

Ein solcher Kessel setzte auch den walisischen Peredur (ein Pendant unseres Parzival) in höchstes Erstaunen:

»Er sah ein Pferd herantraben, das eine Leiche im Sattel trug. Eine der Frauen erhob sich, nahm den Leichnam aus dem Sattel, badete ihn in einem Zuber heißen Wassers, der ein wenig niedriger war als die Tür, und bestrich den Körper mit einer kostbaren Salbe. Der Mann erwachte zu neuem Leben, grüßte und machte ein heiteres Gesicht.« Ähnlich verfährt die Frau noch mit anderen hereingetragenen Kriegern. *(Ebd. S. 119)*

Dem Kessel ähnlich ist in irischen Sagen auch das *Motiv des Kelches*. Nach Markale tritt dieses Motiv schon früh in verschiedenen irischen Sagen auf, die alle mit dem Thema der Souveränität und der sie verleihenden Herrscherin des Landes verbunden sind. D. h., daß eine Frau, die als Souveränität Irlands vorgestellt wird, dem von ihr erwählten König einen (goldenen) Kelch reicht und ihm damit die Herrschaft überträgt. Dabei enthüllt sie ihm u. U. zugleich das Schicksal seiner Nachfahren (vgl. Markale 1984, S. 293 f.).

3.   Kessel und Gral

Endlich sehen wir auch das Gralssymbol nach Art der Überlieferungen über den Kessel gestaltet: In der Begründung für das Verschwinden der Gralsburg begegnet uns (in den sog. *Elucidations*, den Erweiterungen des Perceval) aufs neue das Motiv der *Terres Vaines*, des verdorrten und unfruchtbaren Landes, das hier – ganz nach Art des Demeter-Mythos – mit einer Vergewaltigung verbunden wird.

Früher, so bemerkt eine der Erweiterungen zum Text des Perceval von Chrétien de Troyes, »war die Gralburg für jeden sichtbar und zugänglich. Die Reisenden wurden von Jungfrauen empfangen und erhielten von ihnen einen stärkenden Trank aus goldenen Kelchen. Eines Tages aber vergewaltigte der König Amangon eine der Jungfrauen und raubte ihr den Kelch. Seit dieser hirnlosen Tat ist das Königreich wüst und leer, die Bäume haben alle Blätter verloren, die Wiesen sind verdorrt, die Wasserläufe ausgetrocknet. Die Gralburg selbst ist mitsamt ihren Jungfrauen verschwunden, und niemand kennt mehr den Weg, der zu ihr führt.« *(Ebd. S. 295)*

Allen Versionen der Grallegende ist etwa folgender Ablauf gemeinsam: Nachdem das Land verwüstet und brach liegt, das Reich des Königs in Unordnung geraten und der König selbst krank, hinfällig und regierungsunfähig geworden ist, tritt ein junger Mann auf (Peredur, Parzival, Perceval), der sich anschickt, das Land mitsamt dem König aus seiner Notlage zu befreien, indem er sich auf die Suche nach dem verlorenen Gral begibt. Auf seinem Wege muß er vielerlei Arten von Prüfungen bestehen, die samt und sonders in den Händen von Frauen liegen: Frauen stärken oder strafen ihn, Frauen sind die Trägerinnen des Grals und Teilnehmerinnen an der Gralsprozession, und die Vereinigung mit einer Frau, der Gralsträgerin oder Königin des Landes, ist das Ziel seiner Suchwanderung.

Der Gral, ganz eindeutig ein Gefäß, tritt dabei in verschiedenen Gestalten auf: Im walisischen Peredur, der eher die volkstümliche Version der Geschichte erzählt, ist der Gral ein Teller, in dem sich der Kopf eines Mannes befindet, der in seinem Blut schwimmt. Das Gefäß wird von zwei Jungfrauen gehalten (vgl. ebd. S. 261). Wesentlich prächtiger wird die Szene bei Chrétien de Troyes ausgeschmückt (ebd. S. 257):

> »Dann erschien ein graal. Er wurde mit beiden Händen getragen von einem wunderschönen, wohlgeborenen und in edelste Gewänder gekleideten Fräulein, das den Dienern folgte. Als es mit dem graal eintrat, wurde der Saal von einer so gewaltigen Helligkeit erfüllt, daß die Fackeln und Kerzen verblaßten wie die Sterne oder der Mond, wenn die Sonne aufgeht. Nach diesem Fräulein erschien eine weitere Jungfrau, die eine Tranchierplatte von kostbarem Silber trug. Der vor ihr hergetragene graal war aus reinstem Gold und mit kostbarsten und buntesten Edelsteinen besetzt, die es auf Erden, zu Wasser und zu Lande gibt; keine noch so kostbare Gemme läßt sich mit der des graal vergleichen.«

Hier wird zwar nocht nicht der Inhalt, wohl aber die Helligkeit beschrieben, die er mitsamt seiner Trägerin, die im Grunde eine Einheit zu bilden scheinen, ausstrahlt. Noch stärker beinahe wird diese Verbindung bei Wolfram von Eschenbach hervorgehoben (S. 120–122):

> »Am Ende des Saales wurde eine stählerne Tür aufgeschlossen. Daraus hervor traten zwei edle Kinder ... es waren klare Jungfrauen. Zwei Kränze auf dem offenen Haar schmückten ihre Häupter ... Jede trug in der Hand einen goldenen Leuchter. Ihr Haar war lockig, lang und blond. Sie trugen brennende Lichte. ...
> Danach kam eine Herzogin mit einer Begleiterin. Sie trugen zwei Bänklein von Elfenbein. Ihr Mund leuchtete wie Feuer so rot. ...
> Seht, inzwischen waren vier weitere Frauenpaare hereingetreten. Die waren dazu bestimmt, daß vier von ihnen große Kerzen trugen, die andern vier aber *trugen achtsam einen kostbaren Stein [in Form eines Tisches], durch den am Tage das Sonnenlicht durchscheinen konnte*. ... es war ein Granathyazinth, der lang und breit war.«
> Als achtzehn Frauen beisammen sind, »sieht man abermals sechs hereinkommen, in kostbaren Kleidern, die waren halb aus golddurchwirkter Seide, halb aus Pfellelseide von Ninive. ... Nach ihnen kam die Königin. *Von ihrem Antlitz ging ein Schein aus, daß alle meinten, es beginne zu tagen.* ... Auf grüner Achmardiseide trug sie *des Paradieses Vollkommenheit*, Wurzel war es zugleich und Reis. Das war ein Ding, das hieß der Gral, alles Erdensegens Überschwang« *[wörtl.: »Erdenwunsches Überwall«]*. Die aber, von welcher der Gral sich tragen ließ, war Repanse de Schoye. Es war des Grales Art, daß er von reiner Hand verwahrt werden mußte; die ihn in rechte Obhut nehmen sollte, die mußte ohne Falsch sein.«

Der Gral hat also Paradies-Charakter, d. h. er erfüllt alles, was man sich vom Paradies wünscht. Was das bedeutet, erklärt Wolfram einige Zeilen später (S. 123):

»Man sagte mir ..., daß vor dem Grale jedesmal bereitlag ..., wonach ein jeder die Hand ausstreckte, und daß er fertig vor sich fand warme Speisen, kalte Speisen, neue Speisen, alte Speisen, von zahmem Getier, von wildem Getier ... Denn der Gral war der Seligkeiten reife Frucht, eine solche Fülle irdischer Süßigkeit, daß er fast dem gleichkam, was man vom Himmelreiche sagt.«

Der Gral wird hier verglichen mit einem Füllhorn, dessen Fülle und Reichtum in Ewigkeit nicht versiegt. Welche Macht wirklich in ihm steckt, erfährt Parzival erst, als er dem Einsiedler Trevrizent begegnet (ebd. S. 241 f.):

»Ich will euch sagen, wovon sie [die Gemeinschaft der Gralshüterinnen] leben: sie leben von einem Steine, der von ganz reiner Art ist. ... Er heißt Lapsit exillis. Durch dieses Steines Kraft verbrennt der Phönix zu Asche. Die Asche aber macht ihn flugs wieder lebendig. Diese Erneuerung aus der Asche ist beim Phönix dasselbe, was bei anderen Vögeln die Mauserung ist. Danach beginnt er hell zu strahlen und wird wieder schön wie zuvor. *Dieselbe Kraft wie beim Vogel Phönix bewährt der Gral bei den Menschen.* Es mag einem Menschen noch so schlecht gehn, wenn er eines Tages den Stein sieht, so wird er in der Woche, die auf diesen Tag folgt, nicht sterben. Auch bleibt sein Aussehen dasselbe, das er hatte, als er den Stein erblickte, und zwar so, wie er in seiner besten Zeit aussah – Frau wie Mann –, und wenn sie den Stein zweihundert Jahre lang sähen; nur das Haar wird grau. Solche Kraft gibt der Stein dem Menschen, daß Fleisch und Bein flugs Jugend empfängt. Der Stein wird auch genannt der Gral. Gerade heute erscheint auf dem Steine wieder eine Botschaft, und das ist seine höchste Kraft. Es ist ja heute Karfreitag, da erwartet man auf Munsalwäsche eine Taube, die sich vom Himmel herabschwingt. Sie bringt auf den Stein eine kleine, weiße Oblate herab. Die läßt sie auf dem Steine. Die Taube ist durchscheinend weiß. Sie schwingt sich wieder in den Himmel hinauf. Jeden Karfreitag bringt sie das, wovon ich euch eben erzählte, auf den Stein, und davon empfängt der Stein eine besondere Kraft: alles zu spenden, was an Trank und Speise gut riecht auf Erden, wie des Paradieses Vollkommenheit, ich meine: alles, was die Erde gebären mag.«

Der Gral hat also zwei herausragende Eigenschaften:

– Er schafft nach Art des Füllhorns Speise und Trank im Überfluß.
– Er wirkt als eine Art Jungbrunnen und ruft die Toten ins Leben zurück.

Der Gral ist das Lebenselixier schlechthin, das im weitesten Sinn das Mysterium von Leben und Tod vergegenwärtigt. Dabei erweist er sich jedoch auch selber als giftig und bedrohlich. Im *Lancelot-Graal* wird erzählt, wie jemand, der den Gral ungeschützt anschauen wollte »und näher hinzutrat, als erlaubt war, seines Augenlichts und der

Herrschaft seiner Glieder beraubt wurde, so daß er ganz hilflos war.« Nach der *Queste del Saint Graal*

> »kommt Lancelot einmal in die Graalsburg, wo er, durch einen hellen Lichtschein ange-
> lockt, in einem Gemach auf einem silbernen Tisch das heilige Gefäß stehen sieht. Auch er
> trat zu nahe heran; da blies ihm ein heißer Windhauch ins Gesicht, so daß er es ver-
> brannt glaubte. Hören und Sehen verging ihm, er fiel wie tot nieder, verlor die Sprache
> und blieb vierundzwanzig Tage und Nächte, ohne zu sprechen und ohne sich bewegen zu
> können.« *(E. Jung, S. 153)*

Nach Art der antiken Mysterienkulte wurde auch die Schau auf den Gral mit einem Tabu belegt, das Unbefugten und Unwürdigen den Zutritt verwehrte. Und ganz wie im homerischen Demeterhymnus heißt es auch hier (in Wauchiers *Continuation*, zi-tiert nach E. Jung, S. 153 f.):

> »Von dem Wunder, das er fand,
> Über das er so oft erschrak,
> Darf niemand sprechen,
> Denn es ist das Geheimnis des Graals;
> Es könnte einem übel ergehen,
> Der davon erzählen wollte,
> Außer so, wie es sein muß.«

Auch die *Elucidations* zum Perceval (nach E. Jung, S. 154) betonen eigens das Myste-rium

> »Vom Graal, dessen Geheimnis
> Niemand sagen oder erzählen darf.«

Die genannten Charakteristika des Grals decken sich genauestens mit den Funktionen, die auch der Kessel der Cerridwen erfüllte: Er war ein Gefäß des Überflusses und der Lebenserneuerung, vermittelt durch die Gaben von Inspiration und Poesie, die er gleichzeitig spendete. Und wie die Eigenschaften, die ihrem Kessel beigelegt wurden, war auch die große Göttin der Kelten *Seherin, Kriegerin und Mutter* in einem. Diesen drei Wesenszügen entsprechen die drei Aspekte ihres sakralen Gefäßes. Der Kessel ist

– Quelle der Inspiration und Poesie,
– Quelle des Überflusses an Speise und Trank,
– Quelle von Tod und Wiedergeburt.

Ihre kriegerische Seite ist letztlich, wie bei allen großen Göttinnen, nur die Kehrseite ihres mütterlichen Wesens und ergibt sich außerdem aus ihrem Charakter als Todes-göttin, die durch den Tod hindurch das neue Leben schafft. »Selbst die sanfte Brigida,

Muse der Dichter und Schützerin der Gesundheit, verwandelt sich in eine Kriegsgöttin, wenn es darum geht«, ihr Land zu schützen (Cazenave, S. 88).

In den christlichen Minneliedern schließlich wird *Maria* selbst mit dem Gral verglichen, oder die Geliebte wird als des Herzens Gral bezeichnet.

In der mittelalterlichen Alchemie aber versuchte man, den sog. »Stein der Weisen« herzustellen, der ebenfalls als universales Lebenselixier gedacht wurde. Das dazu erforderliche Gefäß mußte rund sein »in Anlehnung an die Himmelssphäre, damit die Gestirnseinflüsse am Werk teilnehmen können. Es wird auch oft eine Matrix oder Uterus genannt,« wobei es auf geheime Weise mit seinem Inhalt als identisch gilt (E. Jung, S. 149). In diesem Gefäß wollte die mittelalterliche Alchemie jenen kostbaren, roten, blutschwitzenden Stein erzeugen, der die Welt zu Gold verwandeln soll.

4.   Der Skaldenmet und die Entstehung der Dichtkunst

Keltische und germanische Mythologie stehen in naher Verwandtschaft, und so muß es nicht verwundern, wenn wir in beiden ähnliche Motive wiederfinden. Auch die Germanen kennen einen wiederbelebenden Kessel – *Eldhrimnir* (Kohlenruß), der in diesem Fall die Bewohner Walhalls gleich einem Füllhorn ernährt. In seinem Inneren wird tagtäglich das Fleisch des Ebers *Sährimnir* gesotten, dessen Speck niemals zu Ende geht. Der Eber wird jeden Morgen frisch geschlachtet und ist abends wieder heil (vgl. Diederichs, S. 152).

Ähnlich wird auch die Entstehung der Dichtkunst mit dem Inhalt eines Gefäßes in Verbindung gesehen. Mit seinem Gebräu, dem sog. *Skaldenmet*, wird das Friedensbündnis zwischen Wanen und Asen besiegelt. Dies Getränk, das sich aus dem Speichel sämtlicher Gottheiten zusammensetzt, ist dermaßen inspirierend, daß aus seiner Substanz der weiseste aller Menschen geschaffen wird (vgl. Diederichs, S. 180–183):

> *»Wie ist jene Kunst entstanden, die ihr Poesie nennt?*
> Bragi *[Gott der Dichtkunst]* erwiderte: ›Es fing damit so an, daß die Götter sich verfehdet hatten mit dem Volk der sogenannten Wanen. Sie hielten dann Friedensverhandlungen ab und schlossen einen Vergleich in der Weise, daß beide Parteien an eine Schüssel herantraten und ihren Auswurf hineinspien.
> Als man auseinander ging, nahmen die Götter dieses Friedensdenkmal, da sie es nicht verlorengehen lassen wollten, und schufen daraus einen Menschen. Der heißt Kwasir. Er ist so klug, daß niemand ihm eine Frage stellte, die er nicht beantworten kann. Er ist weithin durch die Welt gezogen, um die Menschen Wissen zu lehren. Als er einmal bei ein paar Zwergen zu Besuch war, Fjalar und Galar, da nahmen sie ihn zum Gespräch beiseite und erschlugen ihn, ließen sein Blut in zwei Schüsseln und einen Kessel rinnen, dieser heißt Odrerir *[Erreger des Geistes]*, und die Schüsseln heißen Son und Bodn,

vermischten das Blut mit Honig, und daraus entstand ein Met, den man nur zu trinken braucht, um Skalde oder Gelehrter zu werden. Den Asen erzählten die Zwerge, Kwasir sei in lauter Verstand ertrunken; denn es war ja niemand so wissend, daß er ihm sein Wissen abfragen konnte.« Daher nannte man die Poesie auch dichterisch umschreibend »Kwasirs Blut« oder »Zwergentrank«.‹

Dichtkunst war somit ein heiliges, zu den Gottheiten unmittelbar in Beziehung stehendes, mit Zauber(trank) und Weissagung verbundenes Tun, ein Schöpfungswerk, das nach Grimm auch »an die schaffende norn erinnert« (S. 749). Den Met vergleicht er in seiner Wirkung mit dem Trank der Unsterblichkeit, sei er Amrita, Ambrosia oder Nektar genannt (vgl. S. 754 f.).

5. Exkurs: Medeas Kessel der Wiedergeburt

Einen solchen Kessel der Wiedergeburt setzt übrigens in beeindruckender Weise auch die berühmte Medea in Gang, deren Werk zugleich Dichtung ist, jene Poesie, die durch ihre Verbindung mit dem Gesang zur Wortbeschwörung wird. Nachdem sie auf diese Weise bereits den Drachen, der das Goldene Vlies bewachte, eingeschläfert hatte, damit ihr späterer Gemahl *Iason* sich in den Besitz des kostbaren Stückes bringen konnte, verhilft sie auch seinem alten Vater zu neuer Jugend (Ovid, *Metamorphosen* VII 159–297).

Zur Vorgeschichte der Ereignisse: Medea war eine Prinzessin aus Colchis, die sich in Iason, den Führer der Argonauten, verliebte, als dieser in ihre Heimat gekommen war, um das sagenhafte *Goldene Vlies* zu erobern. Gegen den Willen ihres Vaters steht Medea dem Helden bei der Bewältigung seiner schwierigen Aufgaben bei und rettet ihn aus Todesgefahr. Danach flieht sie mit ihm nach Griechenland.

Eines Tages spricht also Iason zu Medea: »›Liebe Frau, ich bekenne, daß ich dir meine Rettung verdanke. Ich bitte dich, obwohl du mir alles gegeben hast und die Fülle deiner Verdienste um mich schon allen Glauben übersteigt – wenn aber deine Zauberlieder das vermögen (und was vermögen Zauberlieder nicht?), so nimm von meinen Lebensjahren einige weg und gib sie meinem Vater!‹ Und er konnte die Tränen nicht zurückhalten. Die Sohnesliebe des Bittenden rührte sie. ... ›Ich will zusehen und dir, Iason, ein Geschenk machen, größer als das, worum du bittest. Durch meine Kunst, nicht durch deine Jahre will ich versuchen, den hochbetagten Schwiegervater zu verjüngen, sofern nur die dreigestaltige Göttin *[Hecate]* mir beisteht und dem gewaltigen Unterfangen durch ihre Gegenwart Gewährung zunickt.‹

Drei Nächte fehlten noch, ehe sich die Hörner des Mondes zum Kreis schlossen. Als er in vollem Glanze strahlte und mit seinem ganzen Rund zur Erde hinabblickte, verläßt Medea in gürtellosen Gewändern barfuß das Haus; unbedeckt wallt ihr Haar auf die Schultern herab. Ohne Gefolge geht sie mit schweifenden Schritten durch die Stille der Mit-

ternacht. Menschen, Vögel, wilde Tiere lagen gelöst in tiefem Schlummer, der ohne das leiseste Murmeln heranschleicht. Unbewegt schweigt das Laub, es schweigt die feuchte Luft, nur die Sterne blinken; zu ihnen hat sie die Arme ausgestreckt. Dreimal wandte sie sich um, dreimal betaute sie sich das Haar mit Wasser aus dem Fluß, zu dreimaligem Heulen öffnete sie den Mund und sprach, indem sie die Knie zur harten Erde beugte: ›Nacht, treue Hüterin der Geheimnisse! Ihr goldenen Sterne samt dem Mond – ihr Nachfolger des feurigen Tagesgestirns! Du, dreihäuptige Hecate, die du kommst als Mitwisserin meines Tuns, als Helferin im Gesang und der Kunst der Magier, und du, Erde, die du für Zauberer kräftige Kräuter sprießen läßt! Ihr Lüfte und Winde, ihr Berge, Flüsse und Seen, all ihr Götter der Haine und all ihr Götter der Nacht! Steht mir bei! Mit eurer Hilfe sind, wenn ich es wollte, die Flüsse – zum Erstaunen ihrer Ufer! – zu ihren Quellen zurückgekehrt. Mit eurer Hilfe bringe ich durch Gesang die bewegte See zum Stehen und peitsche das stille Meer auf, vertreibe Wolken und ziehe sie herbei, verjage und rufe Winde, breche die Macht von Schlangenrachen durch Spruch und Zauber, bewege gewachsenen Fels, reiße Eichen aus ihrem Grund und ganze Wälder, lasse Berge erzittern, den Boden dröhnen und die Toten ihre Gräber verlassen. Dich auch, Luna, ziehe ich herab. ... Jetzt tun Säfte not, durch die das Greisenalter erfrischt zur Jugendblüte zurückkehrt und die ersten Jahre wiederfindet. Ja, ihr werdet es gewähren! Blinkten doch die Sterne nicht vergeblich, und nicht umsonst ist, von fliegenden Drachen gezogen, der Wagen da!‹ Da stand, vom Himmel herabgekommen, der Wagen. Kaum hat sie ihn bestiegen, die aufgezäumten Drachenhälse gestreichelt und die leichten Zügel mit den Händen geschwungen, wird sie in die Höhe entführt, blickt hinab auf das thessalische Tempeltal, das unter ihren Füßen liegt, und lenkt die Schlangen nach bestimmten Gegenden.« So sammelt und schneidet sie Kräuter und »lebenspendendes Gras«. »Und schon hatten der neunte Tag und die neunte Nacht sie auf dem Wagen mit den geflügelten Drachen alle Felder durchmustern sehen, als sie zurückkehrte; und die Drachen hatten nur den Duft eingeatmet und streiften doch schon ihre greisenhafte Haut ab.
Draußen vor der Schwelle, vor der Tür hat sie bei ihrer Ankunft Halt gemacht, duldet nur den Himmel als Dach über sich, meidet männliche Berührung und errichtet je zwei Altäre aus Rasenstücken, rechts für Hecate, links für die Jugendkraft. Kaum hat sie diese mit heiligen Zweigen und ländlichem Grün umwunden, vollzieht sie in zwei Gruben, die sie in der Nähe ausgehoben hat, das Opfer, stößt einem schwarzen Schaf das Messer in die Kehle und läßt das Blut in die breiten Gräben fließen. Dann gießt sie darüber einen Becher klaren Weins und einen Becher lauwarmer Milch; zugleich läßt sie ihre Zauberworte strömen, besänftigt die Gottheiten der Erdentiefe und bittet den König der Schatten und seine geraubte Gemahlin, [Hades u. Persephone] die Seele des Alten nicht zu bald aus den Gliedern entfliehen zu lassen. Nachdem sie diese Götter durch Beten und langes Gemurmel beschwichtigt hatte, ließ sie Aesons altersschwachen Leib ins Freie hinaustragen, versenkte ihn durch ein Zauberlied in den tiefsten Schlaf und legte ihn, der einem Toten glich, auf eine Streu aus Kräutern. Darauf heißt sie Aesons Sohn und die Diener sich entfernen und alle Uneingeweihten die Augen von dem Geheimnis fernhal-

ten. Sie verziehen sich, wie befohlen. Mit offenem Haar, wie eine Bacchantin, umkreist Medea die brennenden Altäre, taucht die fein gespaltenen Fackeln in die schwarze Blutgrube, entzündet sie dann auf den zwei Altären und reinigt den Greis dreimal mit Feuer, dreimal mit Wasser und dreimal mit Schwefel. Inzwischen siedet das starke Zaubermittel im aufgesetzten Kessel, brodelt und wird weiß von aufquellendem Schaum. Dort läßt sie Wurzeln, die sie im haemonischen Tal geschnitten hat, Samen, Blüten und schwarze Säfte kochen. Sie gibt noch Steine aus dem fernen Osten hinzu und Sand, über den das zurückströmende Wasser des Ozeans hinspülte. ... Nachdem die Barbarin mit diesen und tausend anderen Dingen, die keinen Namen haben, ihr übermenschliches Unterfangen vorbereitet hatte, rührte sie alles mit einem schon längst verdorrten Ast des friedlichen Ölbaums um und mischte das Unterste mit dem Obersten. Siehe, da wird der alte Stock, der sich im heißen Kessel im Kreise bewegt, zuerst grün, bald darauf belaubt er sich und wird plötzlich schwer von schwellenden Oliven; wo immer das Feuer aus dem hohlen Kessel Schaum hervorspritzen ließ und glutheiße Tropfen auf die Erde fielen, wird es am Boden Frühling, Blumen und weicher Rasen sprießen auf. Kaum hat sie dies gesehen, schneidet Medea mit gezücktem Schwert dem Greis die Kehle auf, läßt das alte Blut entweichen und füllt Säfte nach. Nachdem Aeson diese teils durch den Mund, teils durch die Wunde aufgenommen und in sich eingesogen hatte, verloren Bart und Haare die weiße Farbe und wurden im Nu schwarz. Weit entflieht die Magerkeit; Blässe und Altersschwäche verschwinden; was eingefallen und runzelig ist, füllt sich mit nachwachsendem Fleisch, und die Glieder strotzen vor Kraft: Aeson staunt und fühlt sich wieder wie vor vierzig Jahren.
Von der Höhe des Himmels hatte Liber [*Bacchus*] das erstaunliche Wunder gesehen; da fällt ihm ein, man könne seinen Ammen die Jahre der Jugend zurückgeben, und die Colcherin tut ihm den Gefallen.«

Medea – schon ihr Name ist Programm, denn er bedeutet nichts anderes als »Die mit dem guten Rat« (Rinne 1988, S. 10). Wir erkennen in der Silbe *me* die alten *me*-Kräfte, die bereits Inanna und die griechische Weisheitsgöttin Metis auszeichneten! Mit dieser Wortwurzel stehen in sprachlichem Zusammenhang »Namen weiser und heilkundiger Frauen in der griechischen Mythologie, die auf -*mede* enden wie Polymede und Agamede. Von Agamede sagt Homer in der Ilias, daß sie alle Heilmittel kannte, die auf Erden wachsen. ›Unverkennbar gehören alle diese Namen zu (dem altgriechischen Wort) *midomai*, in ihnen liegt das Ersinnen, verbunden mit der Verwirklichung des Gedankens; es sind Frauen, die sich und anderen Rat wissen‹« (kommentiert Olga Rinne 1988, S. 141, in Anlehnung an Paulys Realencyclopädie der classischen Altertumswissenschaften).

In Begriff und Bild des Kessels finden drei Wirklichkeiten zusammen, die ihn als Ur-Symbol des Weiblichen schlechthin in Erscheinung treten lassen. Er ist einerseits ein vor allem den weisen und wissenden Frauen unterstehendes Kultgerät, andererseits Symbol iher Vulva und schließlich noch Symbol der Erde selbst (wie uns noch die chinesische Mythologie lehrt). Und aus allen drei Gefäßen fließen »Ströme lebendigen Wassers«.

Daß der Kessel bzw. der mit ihm verbundene *Seid*zauber in der germanischen Mythologie ausgerechnet Freyja als Göttin der Liebe zugesprochen wird, hat nicht zuletzt mit der verwandelnden Kraft von Liebesrausch und Liebessehnsucht zu tun, die in gewisser Weise auch »Tod« und Neubelebung des Ich herbeiführen. In der Ekstase gleiten wir aus unserem Tagbewußtsein hinüber ins »Koma« der Liebesbegegnung, das noch bei Homer und Sappho die Selbstversunkenheit des Paares heraufbeschwört, das alles andere um sich herum vergißt. Der Liebestrank konnte auch Vergessenheitstrank genannt werden, und selbst dem Kuß sagte man nach, daß er alles andere vergessen mache (vgl. Grimm, Bd. III, S. 318). Ein Biß in den Apfel sollte dieselbe Wirkung tun, wenn er nicht gleich – wie in manchen keltischen Feengeschichten – ein unwiderstehliches Verlangen nach der »Autre Monde« auslöste (vgl. Markale 1984, S. 325). Dazu paßt, daß auch der Name der Liebesgöttin Venus zunächst nichts anderes bedeutet als *die Kraft von Zauberei* und *venenum* einen Zaubertrank oder eine Droge bezeichnete, »jedenfalls ein Mittel, um sich die göttliche Gunst zu erhalten« (Grigson, S. 204). In Venus verehrte man die Macht von Beschwörung und Wunsch, die Erfüllung unserer geheimsten und leidenschaftlichsten Bitten.

Die Liebe, als eine göttliche Kraft, kann heilen und verzaubern, wie die Salben und Tinkturen, die aus den »Kochtöpfen« kommen. So war der Kessel schließlich, wie der Gral, symbolisch mit der Macht der Einweihung in Tod und Jenseits verbunden.

Tod und Jenseits aber hatten in der germanisch-nordischen Mythologie viele Gesichter. Und eines davon zeigte sich als *Niflhel*. Dort regierte eine weitere große germanische Göttin:

III.   Hel als Personifikation des Totenreiches

Hels Herrschaftsbereich heißt *Niflheim* (Nebelheim) und hatte bereits lange vor der Erde Bestand. Er liegt unter einer der drei Wurzeln der Weltesche Yggdrasil, an deren Fuß sich der Brunnen Hwergelmir befindet, aus dem sich zwölf eisige Ströme ergießen, von denen Gioll (Gell) Hels Wohnung am nächsten kommt. Grimm vergleicht diesen Fluß mit der *Styx*, jenem Unterweltsstrom der griechischen Mythologie, bei dessen heiligen Wassern sogar die Gottheiten selbst schworen (vgl. Grimm, S. 670). Hwergelmir bildet die Mitte von Niflheim. Sein Name bedeutet bezeichnenderweise rauschender oder alter Kessel (vgl. ebd. S. 664). Und selbst dieser »Kessel« hat sowohl nährende als auch gebärende Funktionen: Zum einen hält er einen Teil der Weltesche am Leben, zum anderen dachte man sich aus den Strömen, die er entsendet, das Geschlecht der Riesen entsprungen (vgl. ebd. S. 467). Doch wird dieser Brunnen interessanterweise nicht nur von unten, sondern gerade auch aus der Krone der Weltesche angereichert. In der Prosaedda wird nämlich erzählt, daß ein Hirsch, *Eichdorn*, hoch oben auf Walhall steht und dort von demselben Baum *Lärad* abbeißt, von dessen Zweigen sich auch die Met-spendende Ziege *Heidrun* ernährt. Vom Geweih des Hirsches träufelt es so stark, daß diese Tropfen bis hinab in den Hwergelmir dringen. Der Brunnen nimmt sie auf und verwandelt ihre Flüssigkeit in die zwölf Eisströme, die u. a. auch durch das Asenland fließen. Zu diesen zwölf Flüssen (deren Namen im nächsten Abschnitt aufgezählt werden) kommen noch weitere dreizehn hinzu, mit z. T. so bezeichnenden Namen wie: *Wein, Höll, Woge, Wegschnell, Volksräuberin* (vgl. Diederichs, S. 153).

Niflheim bezeichnet die nördliche Polarwelt als Inbegriff von Kälte und Todesdunkel. Es liegt tief unten in der »neunten Welt« und noch nördlicher als der leere Raum (*Ginnungagap*), der vor der Schöpfung von Himmel und Erde bestand und nun als Abgrund die nördliche von der südlichen, ganz in Flammen stehenden »Feuerwelt« (*Muspellheim*) trennt. Wie in *Völuspa*, 3 gesagt ist:

»Urzeit war es,	Nicht Erde unten
Da nichts noch war:	Noch oben Himmel,
Nicht war Sand noch See	Gähnung grundlos,
Noch Salzwogen,	Doch Gras nirgend.«

Die Prosaedda fährt darauf fort (ebd. S. 126 f.):

> »Es war viele Menschenalter vor Erschaffung der Erde, daß das Nebelheim geschaffen wurde; mitten darin liegt ein Brunnen, der Hwergelmir heißt, und aus diesem strömten Flüsse, die so heißen: Kühl, Kampfgier, Fjörm, Fimbulthul, Reißend und Schauer, Schlund und Wölfin, Weit, Blitz – endlich Gell, die fließt ganz nahe am Helgatter.
> Doch zu allererst gab es auf der Südseite die Welt, die Muspell heißt; die ist hell und hat heiteren Himmel, die ganze Gegend loht und brennt und ist unbetretbar für die, die dort fremd sind und nicht den dortigen Adelssitzen entstammen. Einer namens Surt *[der Schwarze]* wohnt dort an der Grenze als Landesverteidiger. Er hat ein lohendes Schwert, und am Ende der Welt wird er kommen und heeren, alle Götter besiegen und die ganze Welt mit Feuer verbrennen; in der Wöluspa heißt es:

Von Süden kommt Surt	Riesinnen fallen,
Mit sengender Glut;	Felsen brechen;
Von der Götter Schwert	Zur Hel ziehn Männer,
Scheint die Sonne.	Der Himmel birst.«

Aus dem Zusammentreffen dieser beiden uranfänglichen Polaritäten entstand schließlich die gesamte Welt.

Von Muspellheim geht also Licht und Wärme, von Niflheim dagegen Finsternis und grimmige Kälte aus. Man muß sich Niflheim folglich als unterirdischen, von ewiger Nacht bedeckten Raum vorstellen, von zwölf rauschenden Flüssen durchzogen und von leuchtendem Gold (Feuer) nur stellenweise matt erhellt. Ein kaltes Schattenland zwar, doch durchaus noch nicht der Ort von Qual und Strafe, zu dem er in christlicher Zeit unter dem Namen Hölle wurde. Auch sind es zunächst keineswegs nur böse Menschen, die dorthin gelangen, denn selbst der vortreffliche Balder, der Inbegriff alles Guten, muß nach seinem Tod hinab zur Hel, und auch Brynhild fährt nach ihrem Verbrennungstod auf einem geschmückten Wagen dorthin. Ursprünglich wurde die »Hölle« wohl eher nach Art einer Herberge oder eines Gasthauses vorgestellt, in das die Sterbenden noch am Abend ihres Todes einkehrten. Dabei ritten oder fuhren sie den sog. *Hellweg* hinab, der sie direkt in die Unterwelt führte. In den Niederlanden hieß sogar das Sternbild des Großen Bären nicht nur Himmelwagen, sondern auch Hellewagen. Interessanterweise wird die strafende und brennende Hölle sogar eher als ein männliches Wesen phantasiert, wie auch Schnee und Reif männlich aufgefaßt wurden. Was damit zusammenhängen kann, daß die germanisch-nordische Vorstellungswelt allgemein dazu neigte, dem Weiblichen eher gutartige und tugendhafte Eigenschaften anzudichten, bösartige Dämonen dagegen eher dem Männlichen zuzuschreiben (vgl. Grimm, S. 664–673; 740–746).

Mit Niflheim ist sprachlich Niflhel verbunden. Dort ist »der Gestorbnen Stätte« (Diederichs, S. 41). Erst seit dem 12./13. Jhd. bezeichnet dieses Wort definitiv einen Ort der Dunkelheit und der Strafen, wohin nach der Prosaedda die Bösen verbannt werden (ebd. S. 126):

> »Und alle Menschen, die die rechte Sitte haben, werden leben und bei ihm selber *[Odin]* sein dort, wo es Gimle heißt, die bösen Menschen aber kommen zur Hel und von da zur Nebelhel, das ist ganz unten in der neunten Welt.«

Gimle bildet mithin einen weiteren Kontrast zum Reich der Totengöttin. Es bezeichnet die wunderbarste aller Himmelsregionen und ist auf dem dritten Himmel nach Süden zu gelegen, schöner und glänzender als die Sonne selbst. *Gimle* wird sogar den Weltuntergang *Ragnarök* überstehen. »Dann bewohnen ihn auf ewig gute und gerechte Menschen« (ebd. S. 138 u. 226):

> »Da fragte Gangleri: ›Was geschieht danach, wenn die ganze Welt verbrannt ist, alle Götter tot, alle Einherjer und alles Menschenvolk? Ihr habt doch früher gesagt, jeder Mensch solle in einer der Welten ewig leben.‹

Es antwortete Dritt: ›Viele von diesen Wohnungen sind gut und viele schlimm. Am besten ist man aufgehoben zu Gimle im Himmel, und es gibt reichlich gutes Getränk für diejenigen, denen das Freude macht, in dem Saale Brimir, der erhebt sich auf Okolnir *[heißer Grund]*. Es gibt noch einen schönen Saal, der steht auf den Nidabergen, ist aus rotem Golde und heißt Sindri. In diesen Sälen sollen die Guten und Gesitteten wohnen. Am Totenstrand steht ein großer, häßlicher Saal mit der Tür nach Norden. Der ist ganz aus Schlangenrücken geflochten, wie ein Gebäude aus Flechtwerk; die Schlangenköpfe blicken ins Innere und blasen Gift, so daß den Saal entlang Giftflüsse strömen, und diese werden durchwatet von Meineidigen und Mordtätern.
... Am schlimmsten aber ist es im Hwergelmir:
Dort saugt Nidhögg *[der »Neiddrache« und leichenfressende Dämon]*
Entseelte Leiber.‹« *(Ebd. S. 175)*

Ähnlich wie Ereschkigal galt auch Hel als eine »gestürzte Gottheit«, von wo sich auch ihr angeblicher Haß gegen die Asen erklärt. Von Odin sei sie dereinst nach Niflheim hinabgestürzt worden, wo sie fortan alle Krieger in sich aufnehmen soll, die nicht in einer Schlacht gefallen sind. Wer einmal das Helgatter, das ihren Bezirk vergittert, durchschritten hat, kehrt nie mehr zu den Lebenden zurück.

Nach der Edda war Hel die Tochter Lokis und der Riesin Angrboda (Sorgenbringerin). Deshalb ist ihr Körper zur Hälfte menschenhäutig, zur anderen Hälfte schwarzblau und behaart, denn auch die Riesen konnten zuweilen als schwarz vorgestellt werden. Vom selben Elternpaar stammen auch Hels Geschwister, der götterfeindliche *Fenrirwolf* (der beim Weltende die Sonne und Odin verschlingen wird) und das Meerungeheuer *Midgardschlange* (das mit seinem Schlund Ebbe und Flut regiert und reguliert). Verschlingende Wesen mit gähnendem, klaffenden Rachen sind sie alle drei. Entsprechend schauerlich werden auch die Schrecken der Hel ausgemalt: Ihr Wohnsitz heißt »Elend«, ihr Tisch »Hunger«, ihr Messer »Verschmachtung«, »Langsamtritt« ihr Knecht und »Trägtritt« ihre Magd; ihre Türschwelle nennt man »fallende Gefahr«, »Sarg« ist ihr Bett und »Unheil« der dazugehörige Bettvorhang (vgl. ebd. S. 235; Grimm, S. 259f. u. Bd. III, S. 153).

Hel gilt als von Männern unabhängig und lebt ehelos.

Grimm nennt als andere Namen für Hel noch *Halja, Hellia, Hella* oder *Hell* (S. 259). Daß sie von Odin gestürzt wurde, weist darauf hin, daß sie ursprünglich eine andere, wohl weniger grauenerregende Stellung im germanischen Pantheon innehatte. Darauf könnte nicht zuletzt auch ihre halbriesische Natur hindeuten, denn die Riesen stellten zur Zeit der Asen ein untergehendes und von den neuen Göttern vielfach bekämpftes (Götter-)Geschlecht dar, dem – wie aus zahlreichen Edda-Texten dennoch ersichtlich – »mit der kraft auch die unschuld und weisheit des althertums« zu eigen war (ebd. S. 438). So kommt auch Grimm (S. 259 u. 741) zu dem wohlbegründeten Schluß:

> »Ursprünglich ist hellia weder tod noch ein böses wesen, sie tödtet und verfolgt nicht, sie nimmt die seelen der abgeschiednen in empfang und hält sie unerbittlich fest.«
>
> »*Halja* ist eine bergende, hehlende, in den schoß der unterwelt aufnehmende, ursprünglich gütige gottheit.«

Er vergleicht sie zudem mit der zornigen und trauernden Demeter, die ebenso wie ihre Tochter als schwarze Göttin dargestellt und verehrt wurde, und stellt in diesen Zusammenhang noch die schwarzen Marienbilder, in denen die Hl. Jungfrau »als trauernde erd- oder nachtgöttin« erscheint (vgl. S. 260, Anm. 1).

Was die Hel einmal hat, rückt sie nie wieder heraus; darin gleicht sie Ereschkigal und dem *Land ohne Wiederkehr*.

Wie der Tod reitet Hel auf einem Pferd durch die Lande, um die ihr Anheimgefallenen aufzusammeln. »Es wird ihr auch ein wagen beigelegt, mit dem sie einher fuhr« (ebd. S. 261), und solch ein Wagen wurde allgemein nur gewichtigen Gottheiten zugesprochen.

Ergreifend ist ein Eddalied – *Balders Träume* –, das von Odins Ritt zur Grenze des Totenreiches kündet. Hier beschwört er eine Wölwa aus einem Grabhügel, die nach eigenen Worten schon seit langem tot war und die Grimm mit Hel selbst gleichstellt. Diese Seherin weissagt mit dem Tod Balders (Sohn von Frigg u. Odin), der als Inbegriff des Guten galt, den denkbar schwersten Verlust für die Gottheiten, stellt aber auch die Rache dafür in Aussicht (vgl. Diederichs, S. 51–53).

Auch in der Geschichte von *Balders Tod*, wie sie in der Prosaedda überliefert ist, zeigt sich Hel als ein keineswegs unversöhnliches Wesen. Da diese Erzählung zu den bewegendsten der Prosaedda gehört und außerdem viel von der Hel wie auch vom Zusammenspiel der anderen Gottheiten beschreibt, sei sie hier der Vollständigkeit halber zitiert (ebd. S. 167–170):

> »Die Geschichte fängt so an, daß Balder der Gute schwere Träume hatte, die Gefahr für sein Leben bedeuteten. Als er den Asen die Träume erzählte, da gingen sie zu Rate, und es ward beschlossen, dem Balder Sicherheit vor jeder Nachstellung auszuwirken: Frigg ließ sich Eide schwören, daß Balder verschonen sollten Feuer und Wasser, Eisen und jederlei Metall, Steine, die Erde, die Bäume, die Krankheiten, die Vierfüßler, die Vögel, die Giftschlangen. Als dies getan und klargestellt war, da war es der Zeitvertreib Balders und der Asen, daß er bei den Dingversammlungen sich aufstellte und alle die andern teils nach ihm schossen, teils auf ihn einhieben, teils ihn mit Steinen bewarfen: was man auch tat, es schadete ihm nicht, und darin sahen alle einen großen Gewinn.«

Loki aber war neidisch auf Balders Unversehrtheit und sann darauf, wie er ihm schaden

könnte. Als Frau verkleidet besuchte er Frigg in Fensalir und entlockte ihr mit der schein-
heiligen Frage, ob alle Dinge Eide geleistet hätten, Balder zu schonen, dessen Geheimnis:
»Westlich von Walhall wächst ein Baumschößling, der heißt Mistelzweig: der schien mir
zu jung, einen Eid von ihm zu verlangen.«

Diesen Mistelzweig riß Loki mit den Wurzeln aus und ging damit zum *Ding*. Er über-
redete Höd, den blinden Bruder Balders, »mit diesem Stock« auf den Unverletzlichen zu
schießen und ihm damit Ehre zu erweisen. Da der Blinde nicht sehen konnte, wo Balder
stand, wies er ihm genau die Stelle an. »Höd nahm den Mistelzweig und zielte damit auf
Balder nach Lokis Anweisung. Das Geschoß durchdrang Balder, und er fiel tot zur Erde.

Dies war die unglücklichste Tat, die je getan ward bei Göttern und Menschen. – Als Balder gefallen war, da entfiel allen Asen die Sprache, und auch die Hände, ihn anzupacken,
sanken herab, jeder sah den andern an, und alle waren eines Sinnes gegen den, der die Tat
getan hatte, aber keiner konnte es rächen: dort war eine so heilige (= unverletzliche)
Friedensstätte. Und als die Asen zu reden versuchten, da kam ihnen eher das Weinen,
und so konnte keiner dem anderen von seinem Kummer sagen. Am tiefsten empfand
Odin dieses Unglück, weil er am besten einsah, einen wie großen Verlust und Schaden
Balders Fall für die Asen bedeutete. Als aber die Götter sich besannen, da ergriff Frigg das
Wort und fragte, wer unter den Asen all ihre Gunst und Huld sich erwerben wolle, indem er den Helweg ritte und versuchte, Balder zu finden und der Hel Lösegeld zu bieten,
ob sie ihn wolle nach Asgard heimziehen lassen. Er heißt Hermod der Kühne, der sich zu
diesem Ritt erbot. Da wurde Sleipnir, Odins Roß, genommen und vorgeführt, und Hermod bestieg dieses Roß und sprengte davon.

Die Asen aber nahmen Balders Leiche und schafften sie ans Meer. Balder besaß ein Schiff
namens Hringhorni, das ungeheuer groß war. Dieses wollten die Götter vom Stapel lassen und auf ihm Balder im Feuer bestatten. Aber das Schiff ging nicht von der Stelle.« Da
mußten sie eine Riesin zu Hilfe rufen, die auf einem Wolf ritt und einen Zaum aus Gift-
schlangen hatte, ein Reittier, das von vier Berserkern nur mit Mühe zu halten war. Die
Riesin brachte das Schiff mit einem Ruck von der Stelle, »so daß Feuer aus den Walzen
sprang und alle Lande erbebten.« Dafür hätte Thor ihr beinahe den Schädel eingeschla-
gen, wenn die anderen ihn nicht zurückgehalten hätten.

»Dann ward Balders Leiche auf das Schiff hinausgetragen. Als das seine Frau sah, Nanna,
Neps Tochter, da zersprang ihr das Herz vor Leid, und sie starb. Sie wurde auf den Scheiterhaufen gelegt und dieser angezündet.

... Zu dieser Feuerbestattung kam vielerlei Volk. Zuerst ist von Odin zu erzählen, daß
mit ihm Frigg kam und die Walküren und seine Raben. Frey saß im Wagen und hatte seinen Eber vorgespannt, der Gullinbursti (der Goldborstige) oder Slidrugtanni (Reißend-
zahn) heißt. Heimdall ritt den Hengst Gulltopp. Freyja fuhr ihr Katzengespann. Auch
eine große Schar Reifthursen und Bergriesen erschien. Odin legte auf den Scheiterhaufen einen Goldring, der Draupnir heißt. Er hatte die Natur, daß jede neunte Nacht acht
ebenso schwere Goldringe von ihm abtropften. Auch Balders Roß wurde mit allem Reit-
zeug auf den Holzstoß geführt.«

Hermod aber ritt neun Tage und Nächte lang »durch dunkle, tiefe Täler, wo er nichts sah, bis er zum Flusse Gjöll kam und auf die Gjöll-Brücke ritt, die ist mit blankem Gold belegt. Ein Mädchen namens Modgud *[Götterfeindin]* bewachte die Brücke.« Sie fragte ihn nach Namen und Abkunft und wie er überhaupt auf den Helweg geraten sei, da er nicht wie ein Toter aussehe. »Er antwortete: ›Ich soll zu Hel reiten, um Balder zu suchen – hast du vielleicht Balder auf dem Helwege gesehen?‹ Sie sagte, Balder sei in der Tat dort über die Gjöll-Brücke geritten – ›und der Helweg führt hinab und nordwärts.‹«

Als Hermod zum Helgatter kam, setzten er und sein Pferd mit einem kräftigen Sprung hinüber (wäre er zu Fuß durch die Pforte des Zauns gegangen, hätte die Unterwelt ihn für immer behalten). Darauf ritt er zur Halle, stieg ab und betrat die Halle »und sah dort im Hochsitz Balder, seinen Bruder, sitzen. Hermod weilte dort die Nacht.

Am Morgen verlangte er von Hel, daß Balder mit ihm heimreiten sollte, und berichtete, welches große Klagen bei den Asen sei. Hel sagte, es solle davon abhängen, ob Balder so viel Liebe genieße, wie erzählt werde – ›wenn‹, sagte sie, ›alle Dinge in der Welt, lebendige und tote, ihn beweinen, dann soll er zu den Asen heimkehren, dagegen bei Hel bleiben, wenn jemand sich weigert und nicht weinen will.‹ Da stand Hermod auf, und Balder begleitete ihn zur Halle hinaus und nahm den Ring Draupnir und schickte ihn Odin zum Andenken. Nanna aber schickte der Frigg ihr Tuch (d.i. das kostbare Grobtuch) und noch andere Gaben und der Fulla einen Fingerring.«

Hermod ritt darauf nach Asgard zurück »und berichtete alles, was er gesehen und gehört hatte.« Die Asen aber »sandten Boten aus in alle Welt, um zu fordern, daß Balder aus der Hel geweint werde. Alle taten das, Menschen und Tiere und die Erde und die Steine und das Holz und alles Metall – wie du denn schon gesehen haben wirst, daß diese Dinge weinen, wenn sie aus der Kälte in die Wärme kommen.« Nur eine weigerte sich, den Lichtgott aus der Hel zu weinen: Das war die Riesin Thökk (Dank), die in einer Berghöhle hauste und die niemand anders war als Loki selbst, der auf diese Weise sicherstellte, daß Balder bis zum Weltuntergang in der Hel bleiben müsse. Erst nach *Ragnarök* wird Balder, nun mit Höd versöhnt, in *Gimle* oder auf dem Idafeld, wo früher *Asgard* stand, erscheinen und dort weiterleben.

So wie sich Ereschkigals »Land ohne Wiederkehr« in Hels Reich gespiegelt findet, so gleichen sich auch beider Bedingungen: Inanna schickt als »Lösegeld« ein Wesen, das nicht um sie getrauert hat, zu Ereschkigal. Hel dagegen fordert, daß »alle Welt« um Balder weinen muß, ehe sie ihn freigibt. Die Trauerriten erstrecken sich in beiden Fällen auch auf die außermenschliche Welt, ja schließlich auf die Erde selbst. Loki, der sich weigert zu weinen, trifft in Folge dennoch eine »Unterweltsstrafe«: Gefesselt muß er in einer Höhle liegen. Dort aber hatte die Göttin *Skadi* eine Giftschlange direkt über seinem Kopf befestigt, deren Gift ihm beständig ins Gesicht tropfen sollte. Sigyn jedoch, seine Frau, fängt die Tropfen mit einer Waschschüssel ab. Nur wenn die Schüssel voll ist und sie das Gift wegschütten geht, träufelt das Gift ihm ins Gesicht.

Dann zuckt Loki vor Schmerz so heftig zusammen, daß die Erde bebt. In dieser Stellung muß er verharren bis zum Weltuntergang (vgl. ebd. S. 171).

Abschließend aber könnte man mit Grimm (S. 262) sagen:

> »Je höher in unser alterthum hinaufzudringen aber vergönnt sein wird, desto weniger höllisch und desto göttlicher kann Halja erscheinen. Dafür bürgt ganz besonders ihre gemeinschaft mit der indischen Bhavani, die gleich Nerthus und Holda herumfährt und badet und daneben Kâlî oder Mahakâlî, die große schwarze göttin heißt.«

IV. Die »Disen«

1. Zur Bedeutung des Wortes ›Dis‹

Dis (im Plural Disir oder Disen) galt dem germanisch-nordischen Sprachraum als Kollektivbezeichnung für Göttinnen im allgemeinen und speziell auch für Geburtshelferinnen. Daher trägt auch Freyja den Namen Wanen-Dis. Ihr zu Ehren wurde in Norwegen (Mitte Oktober) und in Schweden (Februar) das Disenopfer als großes Opferfest (dîsablôt) gefeiert. Desgleichen können alle Asinnen mit diesem Sammelnamen belegt werden (vgl. Diederichs, S. 215).

Grimm führt den Begriff auf die ahd. Wurzel itis, ags. ides (mit den entsprechenden Pluralformen itisî, idisî oder idesa) zurück, welches Frau überhaupt bedeutet. Vorzugsweise bezeichnete er jedoch halbgöttliche Wesen, weshalb eine Dis auch Norne oder Walküre sein konnte. Auch tote Frauen konnten dîsir genannt werden (vgl. S. 332 f. u. 349). Tacitus weiß sogar von einem berühmten Schlachtfeld an der Weser, das »Frauenwiese« – Idisiaviso hieß, weil dort vorzeiten unter Leitung hehrer Frauen ein Sieg errungen worden war.

> Andere idisî »hielten das heer auf, noch andere pflückten nach ketten oder kränzen, d. i. nach bindenden, fesselnden pflanzen und reisern, aus welchen sie hemmende binden oder kränze dem sieger zu winden gedachten. ihr geschäft war also … hier ein hemmendes, aufhaltendes; … sicher stand es auch in ihrer gewalt zu lösen und zu fördern, wie zu binden und zu hemmen.« (Grimm, S. 332)

Dem entspricht, daß auch die nordischen Disir bald als gütige und beschützende, bald als feindliche und verhindernde Wesen erschienen. Wer die Gunst der Disen verloren hatte, hatte häufig damit auch sein Leben verwirkt. Wie es noch in der letzten Strophe des Grimnirliedes heißt (Diederichs, S. 49):

> »Dein Leben verlierst du nun;
> unhold sind dir die Disen.«

Manches spricht dafür, daß selbst noch der Name *Idun* mit dem ursprünglichen *idis* verwandt sein könnte. Dies scheint eine mhd. Erzählung zu bestätigen, die eine Jungfrau mit Namen *îdîs* nennt, die eine Linde mit einem Jungbrunnen besitzt (vgl. Grimm, S. 333 u. Bd. III, S. 115).

Sowohl im althochdeutschen als auch im altnordischen Sprachgebrauch finden sich zudem zahlreiche Frauennamen, die mit *itis* bzw. *dîs* zusammengesetzt sind. Grimm nennt hier u. a. Itisburg, Hiltipurc, Sigilant, Idislind, Thôrdîs, Asdîs, Halldîs, Freydîs. Letztere zeigen vor allem das beträchtliche Alter der einsilbigen Form *dîs*.

Mit dieser schillernden und fließenden Bedeutung des Wortes *Itis/Dis* könnte schließlich zusammenhängen, daß in der germanisch-nordischen Mythologie so schwer zwischen Göttinnen, Halbgöttinnen und sterblichen Frauen zu unterscheiden ist, daß auch Gestalten wie Holda einmal eher einer Göttin, dann wieder einer weisen Frau ähnlich sehen. Wobei die Etymologie des Wortes *Dis* im großen und ganzen die göttliche Natur weiblichen Wesens, wie sie in diesem Kapitel immer wieder anklang, unterstreicht. Eine Verbindung, die sich im übrigen auch für andere Kulturen aus dem indoeuropäischen Sprachraum nachweisen läßt. Am augenfälligsten noch immer in Indien, wo das Wort *Devi* – Göttin – bis heute noch hinter vielen weiblichen Eigennamen erscheint. Von *devi* abgeleitet erscheint ferner das russische Wort *dévuschka* für Mädchen (gesprochen: djewuschka), serbokroatisch *djévojka*.

2.   Die achtzehn Asinnen

Die germanische Mythologie kennt eine Vielzahl von Disen. Da sind zunächst die achtzehn Asinnen (gegenüber dreizehn Asen) zu nennen. Von ihnen heißt es in der Prosaedda: sie »sind nicht weniger heilig und vermögen nichts Geringeres« als die Asen (Diederichs, S. 139). Dorthin gelangen auf Odins Geheiß auch Einherjer, die er nicht mit nach Walhall nimmt. Ihr gemeinsamer Wohnsitz in der Burg Asgard heißt Wingolf – die Halle der Freundschaft. In der Prosaedda (ebd. S. 148 ff.) werden die Asinnen in folgender Reihenfolge aufgezählt:

> »Die vornehmste ist *Frigg*. Ihr Gehöft, *Fensalir* mit Namen, ist äußerst stattlich.
> Die zweite ist *Saga*, sie wohnt in *Sturzbach* (*Sökkvabekk* = Kleinodbank), »und auch das ist ein großes Gehöft.« In der 7. Strophe des *Grimnirliedes* wird es folgendermaßen beschrieben:
>
>> »Kleinodbank heißt der vierte [Saal],
>> doch kühle Wellen
>> rauschen über ihm.
>> Odin und Saga

trinken dort alle Tage
glücklich aus Goldbechern.«

Die dritte der Asinnen »ist *Eir*, die große Ärztin.

Die vierte ist *Gefjon*, eine Jungfrau, der alle dienen, die als Jungfrauen sterben.« Gleich
Odin weiß sie um das Schicksal der Welt. In *Lokasenna*, 20f. wird sie von Loki beschimpft:

»Schweig doch, Gefjon!	Worauf Odin sie verteidigt:
Den Göttern erzähl ich's,	»Wirr bist du, Loki,
wer dich zur Liebe verlockt:	und wahnbetört,
Schmuck schenkte	da du Gefjons Groll erweckst:
dir der schöne Knabe;	denn der Welt Schicksal,
mit den Schenkeln umschlangst du ihn.«	mein ich, weiß sie alles
	ebenso wie ich.«

Zu Beginn der Prosaedda, in der Geschichte von *Gylfis Betörung* spielt Gefjon eine zentrale Rolle in der ätiologischen Sage um die Entstehung Seelands, des Öresunds und des
Mälarsees in Schweden (Diederichs, S. 124):

»König Gylfi *[der spätere Gangleri = Wildniswanderer der Prosaedda]* herrschte dort,
wo das Land jetzt Schweden heißt. Von ihm wird erzählt, *er habe einer fahrenden Frau
als Lohn für ihre Unterhaltung Ackerland in seinem Reiche geschenkt*, so viel, wie vier
Ochsen pflügen könnten einen Tag und eine Nacht. Diese Frau war aber eine aus dem
Asengeschlecht; sie hieß Gefjon. Sie holte sich vier Ochsen aus dem hohen Norden, aus
Riesenheim, das waren ihre eigenen Söhne mit einem Riesen, und spannte sie vor einen
Pflug, und der Pflug schnitt so breit und tief ein, daß das Land sich ablöste und die Och-
sen es aufs Meer hinauszogen und weiter in westlicher Richtung, bis sie in einem Sund
stehen blieben. Dort machte Gefjon das Land fest, gab ihm einen Namen und nannte es
Seeland. Und da, wo das Land losgegangen war, da blieb ein See zurück; der heißt jetzt in
Schweden der Mälar, und die Buchten im Mälar entsprechen den Halbinseln von Seeland. So spricht der Skalde Bragi der Alte:

Gefjon zog von Gylfi,
glückhaft beredt, kraftvoll –
von der Fahrt das Vieh rauchte
fernhin Dänemarks Kernland.
Acht Stirnsterne *[Augen]* tragen
die Stiere, vier Häupter,
wie vor der Wiesenaue
weitem Raub sie schreiten.«

Die fünfte der Asinnen »ist *Fulla*, ebenfalls eine Jungfrau, sie geht im losen Haar und mit
einem goldenen Band um den Kopf; sie verwaltet die Truhe der Frigg mit deren Schuhwerk und kennt ihre geheimen Pläne.

Die sechste, *Freyja*, ist die angesehenste neben Frigg ...

Die siebente, *Sjöfn*, ist besonders darauf bedacht, den Sinn der Menschen, Frauen wie Männer, zur Liebe zu wenden, und nach ihrem Namen heißt das Liebesverlangen ›*Sjafni*‹.« Sjöfn ist damit hinter Freyja die zweite Göttin der Liebe!

»Die achte, *Lofn*, ist so freigebig und dem Anrufenden so gnädig, daß sie von Allvater *[Odin]* oder von Frigg die Erlaubnis erwirkt zum Verkehr von Mann und Frau, auch wenn dieser vorher für verboten oder verweigert galt; dies heißt dann nach ihrem Namen ›*Lof*‹ *[Erlaubnis]*, und auch daß die Menschen sie hoch loben, kommt daher.« Lofn versöhnt auch entzweite Paare und ist Göttin ehelicher Liebe und Eintracht (vgl. ebd. S. 247).

»Die neunte, *War*, lauscht auf die Versprechungen, die Männer und Frauen heimlich austauschen, und die daher *várar* (Treuelöbnisse) heißen; und sie nimmt Rache an solchen, die sie brechen.« Sie gilt daher auch als Göttin der Treue und Schutzgöttin von Verträgen überhaupt. »Mit der Hand der War weiht uns zusammen!« heißt es im *Thrymlied*, Str. *30.*

»Die zehnte, *Wör*, ist klug und findig, so daß man nichts vor ihr verbergen kann. Es ist eine Redensart, von einer Frau zu sagen, daß sie das, dessen sie inne wird, gewahr wird.« Die meisten Interpreten halten Wör und War für identisch.

»Die elfte, *Syn*, wacht über die Türen der Halle und schließt sie vor denen, denen der Eintritt versagt sein soll (*synja* ›verweigern‹). Auf dem Ding ist sie da für die Einrede gegen Klagen, die sie entkräften will. Wenn jemand etwas verweigert, so pflegt man zu sagen, er erhebe ›*Syn*‹ (Weigerung).« Grimm erklärt Syn zur »Göttin der Gerechtigkeit und Wahrheit« und Schutzgöttin aller Angeklagten, wobei er auch auf die im Gothischen vorhandene Unterscheidung zwischen *sunja* (Wahrheit) und *sunjôns* (Abwehr und Verteidigung) hinweist (vgl. S. 257 u. 741).

»Die zwölfte, *Hlin*, ist zur Obhut bestellt über Menschen, die Frigg gegen eine Gefahr schützen will; daher der Ausdruck *hleina* für ›sich schützen‹«, (indem man sich an die Schutzgöttin anlehnt).

»Die dreizehnte, *Snotra*, ist klug und von feinem Benehmen; nach ihr heißen Männer und Frauen, die Maß zu halten wissen, snotr.

Die vierzehnte ist *Gna*. Diese wird von Frigg in die verschiedenen Welten auf Botschaft ausgeschickt. Ihr Hengst Hufwerfer rennt über Luft und Meer. Einmal, als sie unterwegs war, sahen einige Wanen ihren Ritt oben in der Luft. Da sprach einer von ihnen:

> Was fliegt da?
> Was flitzt da
> Und eilt leicht durch die Luft?

Sie antwortete:

> Nicht flieg ich,
> Doch flitz ich,
> Eile leicht durch die Luft,
> Auf Hufwerfer,

Den Haarstruppig
Zeugte mit Zaunspringe.

Nach Gnas Namen heißt es *gnaefa*, wenn etwas hoch dahinfährt.« Somit könnte sie auch die Personifikation des »Hochtrabenden«, »Beflügelten«, vielleicht sogar des wehenden Gerüchtes sein. *(Vgl. Grimm, S. 747)*

»Auch *Sol* und *Bil* rechnet man zu den Asinnen.« Dazu noch »*Jörd*, die Mutter Thors, und *Rind*, die Mutter Walis« (Diederichs, S. 150). Die Göttin *Nott* als personifizierte Nacht wird nicht als Asin genannt, weil sie als Mutter der ihrerseits bereits vorarischen Jörd schon lange vor ihnen regierte.

Im Unterschied zu den Völkern des Mittelmeerraumes, denen die mit der Sonne verbundene Gottheit zumeist als Wesen männlichen Geschlechts erscheint, verehrten die Germanen eine Sonnengöttin namens *Sol*, die in der Volkssprache auch »Frau Sonne« (oder *Sunn*- nach dem Merseburger Lied) genannt wird. In der Prosaedda heißt es über ihre Entstehung (ebd. S. 131):

»Es war ein Mann namens Mundilfari, der zwei Kinder hatte; die waren so blond und schön, daß er seinen Sohn Mani (Mond) nannte und seine Tochter Sol (Sonne), und diese gab er einem Mann namens Glen *[der Glänzende]* zur Frau. Doch die Götter wurden zornig über diese Anmaßung *[bei der Namengebung]*, nahmen die Geschwister und versetzten sie an den Himmel, und Sol mußte die Rosse lenken, die den Wagen jener Sonne zogen, welche die Götter, damit sie die Welten erleuchte, aus einem Funken geschaffen hatten, der aus Muspellsheim geflogen kam. Diese Rosse heißen Frühwach und Allbehend, und unter ihrem Bug brachten die Götter zwei Blasebälge an, um ihnen Kühlung zu verschaffen, das heißt in gewissen alten Überlieferungen ›Erzkühle‹.«
Auch besitzt Sol einen eigenen Schild mit Namen *Svalinn*, der Sänftiger, wie im *Grimnirlied*, 35 erklärt wird:

»Sänftiger heißt er,
der Sonne Schild,
der vor der Strahlenden steht;
Berge und Brandung
müßten verbrennen ganz,
wenn er von ihr fällt.«

In der Prosaedda (ebd. S. 132) befragt König Gylfi, der sich in Asgard als *Gangleri* ausgibt, seine Lehrer über den Sonnenlauf:

»›Schnell zieht die Sonne dahin, fast als wäre sie geängstigt; sie könnte ihren Lauf nicht mehr beschleunigen, wenn der Tod hinter ihr her wäre!‹ Da antwortete Hoch: ›Das ist nicht zu verwundern, daß sie es eilig hat; der Angreifer ist ihr auf den Fersen, und es gibt für sie keine Rettung als die Flucht.‹

Da sagte Gangleri: ›Wer ist das, der ihr dieses Ungemach zufügt?‹ Hoch erwiderte: ›Das sind zwei Wölfe. Der, der hinter ihr her ist, heißt Skoll, diesem gilt ihre Angst, und er wird sie eines Tages einholen; der andere, Hati, rennt vor ihr her und will den Mond erschnappen, und das wird eines Tages auch geschehen‹.« *(Vgl. Grimnirlied, 36; Völuspa, 32 f.)*

Ehe es jedoch zum endgültigen Untergang unserer augenblicklichen Welt kommt, wird die Sonne eine ihr ebenbürtige Tochter auf die Welt bringen, die ihr Werk in der neuen Welt fortsetzen wird (ebd. S. 176):

»Das aber wird dich wundern, daß die Sonne eine Tochter geboren hat, die nicht weniger schön ist als sie selbst und die Straße ihrer Mutter geht, so wie es hier heißt:

›Eine Tochter
Hat die Tagesleuchte,
Eh sie Fenrir erfaßt;
Reiten soll sie,
Wenn die Rater sterben,
Der Mutter Bahn, die Maid.‹

Ihrem Charakter nach wird die Sonne trotz aller Verfolgungen, die sie erleiden muß, als »froh, lieb und gnädig dargestellt« (Grimm, S. 588). Ein Gedicht aus dem 13. Jhd. (ebd.) preist sie mir den Worten:

»wol dir frouwe Sunne
du bist al der werlt wunne!«

Die Fröhlichkeit der Sonne wird noch dadurch untermalt, daß ihr der Volksmund an hohen Festtagen Freudensprünge und Tänze nachsagte. Auch werden Sonnenauf- oder -untergang mit ihrer tiefen Freude erklärt. »Die untergehende sonne freut sich oder glänzt«, wenn sie nicht gar vergoldet geht, d. h. vor Freude glänzt (ebd. S. 618). Die aufgehende Sonne, das Licht des Tages, wird sogar direkt mit dem Klang in Verbindung gebracht: »Die süßen töne der aufgehenden sonne übertreffen saitenklang und vogelgesang wie gold das kupfer« (ebd. S. 619). Als Mutter der Sonne aber galt nach ältestem Glauben das Meer, dem sie zur Nacht in die Arme sinkt, um in seinen kühlen Fluten ihre Glut zu kühlen. »Und wie andere göttinnen nach ihrem zug durch das land im see gebadet werden (Nerthus, Holda), bezeugt das eben die göttlichkeit der Sonne, daß sie zu bade geht«, um sich in den wiegenden Wogen zu reinigen (ebd.). Anderen Formeln zufolge geht sie hinter die Berge oder hinunter zur Erde.

Weitere Namen für Sonne sind auch: *Allglanz, Immerglüh, Heilschein, Schönrad,* bzw. *das schöne, lichte Rad* oder *der schöne Himmelsschild,* woraus u. a. hervorgeht, daß man sich die Sonne nach Art eines Rades, meist als Feuerrad, vorstellte (vgl. ebd. u. Diederichs, S. 271). Woraus sich wiederum der Brauch ergab, zur Sommersonnen-wende, als der festlichsten Zeit des gesamten Jahres, nicht nur die Sonnenwend- (später Johannis-)feuer zu entfachen, sondern auch Feuerräder bergab in Richtung Flußufer zu rollen (vgl. Grimm, S. 513–515).

Auch keltische Völker verehrten im übrigen eine Sonnengöttin. Bei den Galliern hieß sie *Belisama* – »die blendend Strahlende«. Dieselbe Göttin wurde im englischen Bath *Sul* genannt (vgl. Markale 1984, S. 143).

Obwohl der Mond (*Mani*) als Bruder der Sonne und damit insgesamt männlich vorgestellt wird, verkörpert die Göttin *Bil* eine seiner Phasen. Und das kam so (Diederichs, S. 132):

> »Mani lenkt den Gang des Nachtgestirns und bewirkt die Mondphasen. Er entführte von der Erde die beiden Kinder Bil und Hjuki, als sie von dem Brunnen Byrgir weggingen und auf den Achseln die Tragstange Simul und den Zuber Sög trugen. Ihr Vater heißt Widfinn (›Waldfinne‹). Daß diese Kinder den Mond begleiten, kann man von der Erde aus sehen.«

Bil bedeutet »die Ermattung« und kennzeichnet damit die abnehmende Mondphase, während ihr Bruder Hjuki – »die Erholung« – den zunehmenden Mond bezeichnet (vgl. ebd. S. 212).

Jörd, als siebzehnte Asin, wurde als Personifikation der Erde verstanden. Sie war eine Tochter der Göttin *Nott* (Nacht) und wurde bereits vor Entstehen des Odinglaubens als Naturgottheit verehrt. Später galt sie als Gemahlin Odins, mit dem zusammen sie den Gott Thor zeugte (vgl. ebd. S. 244). Von Jörd und Nott weiß die Prosaedda folgendes zu erzählen (ebd. S. 131):

> »Nörfi oder Narfi war der Name eines Riesen, der in Riesenheim hauste. Er hatte eine Tochter namens Nacht, die war schwarz und dunkel kraft angeborener Natur. Sie war verheiratet mit einem Mann namens Naglfari, und ihr Sohn hieß Aud *[Stoff]*. Danach wurde sie einem andern vermählt, namens Anar, und deren Tochter hieß Jörd. Zuletzt hatte Delling *[Morgentau]* sie zur Frau, der war aus Asenstamm; deren Sohn war Dag *[Tag]*, und dieser war licht und schön kraft Geburt.
> Da nahm Allvater *[Odin]* die Nacht und ihren Sohn Dag, schenkte ihnen zwei Pferde und zwei Wagen und schickte sie damit auf den Himmel hinauf, daß sie in je zweimal zwölf Stunden um die Erde fahren sollten. Die Nacht fährt voran mit dem Hengst Reifmähne, der betaut jeden Morgen die Erde mit dem Schaum seines Gebisses. Der Hengst des Dag heißt Leuchtmähne, von dessen Mähne fällt Glanz auf Himmel und Erde.«

Die Nacht hat somit zwei Söhne, *Stoff* und *Tag* sowie eine Tochter *Erde*. Der Tag aber wird erst aus der Nacht geboren. Woraus wiederum hervorgeht, daß man sich den Tag als von der Sonne unabhängiges Wesen vorstellte. Wie die Sonne, so verfügen auch

Nacht und Tag über je einen eigenen Wagen, wohingegen der Mond ohne Wagen aus-
kommen muß.

> »Wahrscheinlich ließ man den wagen des Tags dem der Sonne vorausgehen, hinter der
> Nacht den Mond folgen. Nicht bedeutungslos mag der wechsel des geschlechts sein, dem
> männlichen Tag zur seite steht die weibliche Sonne, der weiblichen Nacht der männliche
> Mond.« *(Grimm, S. 615)*

Als letzte der Asinnen wird dem fragenden Gangleri noch *Rind (Rinda)* genannt. Sie
ist eine Riesin und verkörpert die »Rinde« der Erde als Erdoberfläche, die Odin, als
Symbol der Sonne, jeden Abend im Westen zu berühren scheint. So kann er mit ihr
den Gott Wali zeugen, der, kaum daß er eine Nacht alt geworden ist, bereits Höd, den
Töter Balders erschlägt. Zusammen mit Balder und Höd wird Wali nach Ragnarök in
der dann heraufziehenden neuen Welt herrschen.

Von Odin und Rind erzählte man sich allerdings auch noch eine drastischere Geschichte: Rind wollte von Odin nichts wissen, egal in welcher Gestalt er sich ihr anzu-
nähern versuchte. Um sie dennoch für sich zu gewinnen, berührte Odin sie mit auf
Baumrinde geritzten Runen und schlug sie dadurch mit Wahnsinn. Schließlich bot er
sich an, die gefesselte Kranke zu heilen. Bei dieser Gelegenheit entstand dann Wali
(vgl. Diederichs, S. 264).

Als Asinnen verdienen ferner noch Beachtung *Nanna* und *Gerd. Nanna* war die
Frau Balders. Als ihrer beider Sohn galt *Forseti*, der Gott des Friedens, der Harmonie
und der Versöhnlichkeit. Aus Schmerz über Balders ganz und gar unvorhersehbaren
Tod stirbt sie bei dessen Leichenbegräbnis und wird mit ihm zusammen feuerbestat-
tet. Daher gilt ihre Gattentreue als sprichwörtlich (vgl. ebd. S. 255 u. 221 f.).

Gerd war von riesischer Abstammung, Tochter des Riesen *Gymir* und seiner Frau
Aurboda. Die zwischen Asen und Riesen bestehende, ständige Feindschaft, konnte
nicht verhindern, daß ausgerechnet *Freyr* sich eines Tages unsterblich in die weithin
strahlende Gerd verliebte. Sie galt als das schönste Mädchen weit und breit. Wenn sie
nur »die Arme hob und die Tür öffnete, da ging von ihren Armen ein Leuchten aus
über Luft und Meer, und alle Welten erhellten sich davon«, weiß die Prosaedda zu berichten (ebd. S. 150 f.). Freyr schickte seinen Freund *Skirnir* mit kostbaren Geschenken
auf Brautwerbung, und Skirnir gelang es schließlich, das Mädchen zu Freyrs Gunsten
umzustimmen. Die Geschichte wird sowohl in der Prosa- als auch in der Liederedda
überliefert, wobei vor allem das *Skirnirlied* (ebd. S. 69–74) zu erkennen gibt, daß die
stolze Gerd sich nur infolge massiver Drohungen gewinnen ließ und auch dann noch
Zeit und Ort des Treffens – sehr gegen den Willen des ungeduldigen Freyr – selbst bestimmte:

»Freyr, der Sohn Njörds und Skadis, hatte sich einmal auf Hlidskjalf, den Sitz Odins gesetzt, von wo man über alle Welten sehn konnte. Da sah er in Riesenheim eine schöne Maid gehen, davon ergriff ihn tiefe Schwermut.

Freyr:
Gehen sah ich
in Gymirs Hof,
die ich minne, die Maid:
die Arme glänzten,
von ihnen strahlten
die Luft und das Land.

Die Maid ist mir lieber,
als ein Mädchen noch
je einem Jüngling war;
von Asen und Alben
nicht einer uns gönnt,
zusammen zu sein.

Skirnir:
Gib mir das Roß,
zu durchreiten die düstre
verwunschne Waberlohe,
die Klinge auch,
die kämpft von selbst
wider der Riesen Reihn!

Freyr:
Ich geb dir das Roß,
zu durchreiten die düstre
verwunschne Waberlohe,
die Klinge auch,
die kämpft von selbst,
gewann sie ein Wissender.

[Skirnir gelangt nach Riesenheim, und es gelingt ihm, Gerds Aufmerksamkeit zu erregen, so daß sie ihn zu sich bittet. Da trat Skirnir ein:]

Gerd:
Bist du einer der Alben
oder der Asensöhne
oder der weisen Wanen?
Warum rittst du allein
durchs rasende Feuer,
unsern Saal zu sehn?

Skirnir:
Bin keiner der Alben
noch der Asensöhne
noch der weisen Wanen;
dennoch ritt ich allein
durchs rasende Feuer,
euern Saal zu sehn.

Der Äpfel elf
hab ich hier, eitel golden,
die will ich dir geben, Gerd,
Frieden zu kaufen,
daß du Freyr nennest
im Leben den liebsten dir.

Gerd:
Die elf Äpfel
werd ich annehmen nie
einem Werber zu Wunsch;
bei Njörds Sohne
werd ich nimmer hausen,
so lange mein Leben währt.

Skirnir:
Ich biete den Ring dir,
der verbrannt einst ward
mit dem jungen Odinssohn [Balder]:
ebenschwere acht
träufen ab davon
jede neunte Nacht.

Gerd:
Nicht brauch ich den Ring,
ob auch verbrannt er ward
mit dem jungen Odinssohn!
Nicht fehlt mir Gold

in Gymirs Hof,
da mit Schätzen ich schalten kann.

Skirnir:
Schaust du dieses Schwert,
das schmale, schmucke,
das ich hier halt in der Hand?
Das Haupt hau ich
dir vom Hals ab,
wenn du dich versöhnt nicht sagst.

Gerd:
Zwang zu dulden,
geziemt mir nimmer
einem Werber zu Wunsch;
doch glaube ich,
wenn dich Gymir findet,
kühner Krieger,
daß es zum Kampf euch treibt.

[Gerd zeigt sich zwar von Skirnirs Drohungen unbeeindruckt, willigt aber schließlich doch in die Verbindung mit Freyr ein:]

Gerd:
Heil sei dir nun, Jüngling!
Hebe den Eiskelch,
mit Firnmet gefüllt!
Nicht hätt ich geahnt,
daß ich einmal sollte
einem Wanen gewogen sein.

Skirnir:
Vollen Bescheid
auf die Frage begehr ich,
eh von hinnen ich heimreite,

wann zum Stelldichein
du dich Njörds starkem
Sohne gesellen willst.

Gerd:
Barri heißt er,
den wir beide kennen,
der Hag der Heimlichkeit;
nach neun Nächten
wird dort Njörds Sohne
Gunst schenken Gerd.«

3.   *Skadi, Idun, Hel, Ran und Sif als vor-asische Göttinnen*

Als Göttinnen von bedeutendem Rang treten ferner auf: *Skadi* und *Idun*, *Hel*, *Ran* und *Sif*, die oben bereits in verschiedensten Zusammenhängen erwähnt und z. T. ausführlicher vorgestellt wurden. Von ihnen sollen Skadi und Idun im folgenden noch einmal eigens gewürdigt werden. Von beiden war bereits in der Geschichte von Iduns Entführung die Rede.

Danach war *Skadi* die Tochter des Riesen Thjazi, dem es gelungen war, mit Lokis Hilfe die Göttin Idun mit ihren Äpfeln der Verjüngung in seine Gewalt zu bringen. Die Asen holten Idun zurück nach Asgard und erschlugen den sie verfolgenden Riesen innerhalb des Asentors. Ohne zu zögern ergriff darauf Skadi Helm und Schild, um ihren Vater zu rächen. Doch die Asen boten ihr zum Ausgleich einen Ehemann aus ihren eigenen Reihen an, den sie allerdings nur nach den Füßen auswählen durfte. In der

Meinung, Balder ausgesucht zu haben, erhielt Skadi statt dessen Njörd zum Gemahl. Beide waren jedoch zu gegensätzlich, um beieinander wohnen zu können. Während Njörd sich dem Meer und seinem dortigen Wohnsitz *Noatun* (Schiffstätte) verbunden fühlte, liebte Skadi ausschließlich das Leben in den Bergen, wo sie ihren eigenen Wohnsitz *Thrymheim* (Lärmheim) besitzt. So einigen sich die Eheleute zunächst darauf, je neun Tage in Thrymheim und dann neun Tage in Noatun zu bleiben. Später trennen sie sich jedoch, weil sie einsehen, daß sie einfach zu verschieden sind: »Da wanderte Skadi wieder hinauf auf die Berge und wohnte fortan in Thrymheim. Sie fährt eifrig Ski, mit dem Bogen bewaffnet, und erlegt Wild. Sie heißt Schneeschuhgottheit oder *Schneeschuhdis*« (auch *Ondurdis*; Diederichs, S. 142). Nach Snorris *Ynglinga saga* verbindet Skadi sich später mit Odin. An Loki aber (den sie für den Tod ihres Vaters verantwortlich macht) rächt sie sich, indem sie den Verursacher von Balders Tod mit einer Giftschlange peinigt (vgl. ebd. S. 268).

Idun, die Göttin ewiger Jugend, ist Hüterin der die Asinnen und Asen verjüngenden Äpfel, wobei Äpfel im allgemeinen als Symbole der Fruchtbarkeit, der nährenden Liebe und des langen Lebens galten (vgl. die Äpfel im *Skirnirlied*). Idun »verwahrt in ihrer Truhe die Äpfel, welche die Götter verzehren werden, wenn sie altern, dann werden sie alle wieder jung und bleiben es bis zum Ragnarök« (ebd. S. 144).

Interessant scheint mir, daß die Kraft zur Verjüngung nach der Geschichte vom Raub der Idun keineswegs den Früchten allein zugeschrieben wird, denn sonst hätte es Thjazi doch reichen können, sich in den Besitz einiger Äpfel zu bringen. Offensichtlich ist die Macht zur Wiederbelebung, die in den Äpfeln liegt, Iduns ureigenes Werk und von ihrer bleibenden Gegenwart abhängig. Den Asinnen und Asen ist diese Göttin unentbehrlich, denn sie beginnen augenblicklich zu altern, als Idun nicht mehr bei ihnen ist.

Die Vorstellung einer weiblichen Gottheit, die sich im Besitz von Früchten befindet, deren Genuß zu Unsterblichkeit, Verjüngung oder Wiedergeburt führt, ist im übrigen weltweit verbreitet:

Der griechischen Mythologie zufolge (vgl. v. Ranke-Graves 1982, S. 122 f.) erhält *Hera* einen Baum mit goldenen Äpfeln von der Mutter Erde zur Hochzeit geschenkt. Er wird von den drei *Hesperiden* auf einer Insel jenseits des Atlasgebirges – weit im Westen – gehütet und von der schlaflosen Schlange *Ladon* bewacht, die sich um seinen Stamm herumwindet und, obzwar zur Gänze Schlange, dennoch mit menschlicher Sprache begabt ist. Einigen Schriftstellern gelten die Hesperiden als Töchter der Nacht, was gut zu ihrem Wohnsitz im Westen passen würde, andere halten sie für die Töchter des Atlas und der Hesperis. Sie wurden gerühmt für ihren süßen Gesang.

Auf der »Apfelinsel« *Avalon* verhalf der Legende nach die Göttin *Morgan* ihrem jüngeren Halbbruder, König Arthur (Artus), zur Unsterblichkeit (vgl. Ashe, S. 304). Morgan aber war das Oberhaupt von neun »Schwestern«, denen sie im Sinne einer Gemeinschaft vorstand. Sie galt als Meisterin der Magie und verstand sich auf die Herstellung von Zaubertränken. Avalon war ihr Hauptwohnsitz. Dort war auch Arthurs Schwert in einer Schmiede des Feenvolkes gefertigt worden.

> Morgan »*hatte die Gabe der Heilkraft, konnte ihre Gestalt verändern und fliegen.* Ihre Gefährtinnen hatten bis zu einem gewissen Grad an diesen Gaben teil, aber sie übertraf alle an Schönheit und Geschicklichkeit und unterrichtete sie in anderen Disziplinen wie beispielsweise der Mathematik. Sie besaß noch andere Heimstätten, darunter die Burg von Maidens bei Edinburgh und sogar eine Zuflucht im Mittelmeerraum, auf Sizilien nämlich, wo sie Fata [Fee] Morgana hieß und ihren Namen einem Trugbild gab, das in der Straße von Messina erscheint und das man ihrem Zauber zuschrieb und auch heute noch zuschreibt.« *(Ebd. S. 267)*

Der Sage nach wurde König Arthur nach seinem Tod nach Avalon entrückt,

> »eine ›Glückliche Insel‹ in Gewässern, die auf keiner Karte zu finden sind. Hier war Morgans wirkliche Heimat, hier herrschte sie über ihre Schwesternschaft von neun Frauen. Sie ließ Arthur auf ein goldenes Bett legen, untersuchte fachmännisch seine Wunde und sagte, sie wolle ihn heilen, wenn er lange genug bleibe. Sie stand zu ihrem Wort. Beide sind unsterblich und leben auf der Insel. Arthur wurde angeblich dadurch geheilt, daß er in Wasser aus dem Tigris badete, der im ›Irdischen Paradies‹ entspringt. Er bleibt durch Besuche des Heiligen Grals jung, der – selbstverständlich – während seiner Regierungszeit aus Britannien verschwand.« *(Ebd. S. 301)*

Selbst in China wurde eine sog. *Königinmutter des Westens* verehrt, die einen Garten mit Pfirsichen der Unsterblichkeit hegte und regelmäßig große Pfirsichfeste ausrichtete, zu denen sie alle Gottheiten einlud (s. u. im Kap. über chinesische Mythologie).

Nach dem bisher Gesagten kommen wir somit für das germanisch-nordische Pantheon auf die beachtliche Zahl von insgesamt 27 weiblichen Gottheiten. Nimmt man dazu noch die zahllosen und z. T. namentlich genannten Halbgöttinnen, Walküren, Nornen und Völven und sogar Riesinnen, so wird unmittelbar einsichtig, wie sehr gerade unsere Vorfahren die Macht des Weiblichen verehrten.

V. Von der Heiligkeit des Weiblichen

1. Die Heiligung von Baum und Wald

Die frühen Germanen kannten keine Tempel, denn ihnen waren Tempel, Hain und Wald ein und dasselbe. Heilige Forste wurden sie auch verschiedentlich genannt. Hier hatte der feierliche, allgemeine Gottesdienst des Volkes seinen geheiligten Raum, wie schon Tacitus (Kap. 9) mit Staunen bemerkt:

> »Im übrigen glauben die Germanen, daß es der Hoheit der Himmlischen nicht gemäß sei, Götter in Wände einzuschließen oder irgendwie der menschlichen Gestalt nachzubilden. Sie weihen ihnen Lichtungen und Haine, und mit göttlichen Namen benennen sie jenes geheimnisvolle Wesen, das sie nur in frommer Verehrung erblicken.«

»Was wir uns als gebautes, gemauertes haus denken, löst sich auf, je früher zurück gegangen wird, in den begrif einer von menschenhänden unberührten, durch selbstgewachsne bäume gehegten und eingefriedigten heiligen stätte. da wohnt die gottheit und birgt ihr bild in rauschenden blättern der zweige …« kommentiert Grimm (S. 55). Dort im Wald wurden den Gottheiten Altäre errichtet, Gottesdienste gefeiert, Opfer dargebracht, aber auch Volksversammlungen und Gericht abgehalten. Bisweilen wurden mit Tüchern verhängte Götterbilder vor den Bäumen aufgestellt oder in deren Zweigen untergebracht.

> »Einzelnen gottheiten, vielleicht allen, waren haine, in dem hain vermutlich noch besondere bäume geweiht. ein solcher hain durfte nicht von profanen betreten, ein solcher baum nicht seines laubes, seiner zweige beraubt und nie umgehauen werden. Auch einzelnen dämonen, elben, wald- und hausgeistern sind bäume geheiligt.« *(Ebd. S. 540)*

> »Bei den Ehsten gilt für ruchlos, im heiligen hain auch nur ein blatt abzubrechen: so weit sein schatten reicht nehmen sie nicht einmal eine erdbeere weg; manche begraben heimlich ihre todten dahin.« *(Ebd. Anm. 1, in Anlehnung an Petri Ehstland 2, 120)*

Diese Heilighaltung der alten Wälder, die im übrigen auch bei den Kelten nachgewiesen wurde, wirkte noch bis ins 11. Jhd. n. Chr. fort und spiegelt sich bis in die mittelalterliche Dichtung.

Schließlich wurden aber nicht nur die Wälder als Ganze, sondern ebenso einzelne Bäume zu göttlichen Wesen erklärt, und dabei ist bemerkenswert, daß beinahe alle Bäume weiblich gedacht und personifiziert wurden (allen voran Eiche und Esche), was sich zum großen Teil noch in unserer heutigen Sprache niederschlägt, insofern die meisten Baumnamen den weiblichen Artikel führen.

Sogar die Namen der beiden Asinnen Hlin und Gna sowie der Walküre Hlöck sollen zugleich Bäume bezeichnen. Hlin könnte zusammenhängen mit »nhd. *leinbaum, leinahorn, lenne*«, was Grimm mit lat. *acer* – Ahorn übersetzt (S. 736).

> »Unter den geheiligten bäumen (im späteren mittelalter sind sie gewöhnlich frau angeredet) steht oben an die eiche, eine eiche oder buche ist die arbor frugifera *[der segenbringende Baum]*. … Nächst der eiche war die esche heilig, wie schon der mythus von der erschaffung des menschen lehrt; … Auch mit frau Hasel führen unsre volkslieder gespräche, und das alte gericht wie noch heute saatfelder zu hegen dienten haseln. nach Östgötalag (bygdab. 30) soll in gemeinem wald jeder hauen dürfen, ohne buße, außer eichen und haseln, die haben friede, d. h. können nicht gefällt werden. … Auch der hollunder … genoß ausgezeichneter verehrung.« Vom Hollunder sprach man auch als Frau Ellhorn: »Arnkiel erzählt 1, 179 unverdächtig: ›also haben unsere vorfahren den ellhorn auch heilig gehalten, wo sie aber denselben unterhauen (die äste stutzen) musten, haben sie vorher pflegen dis gebet zu thun:
>
> > ›frau Ellhorn, gib mir was von deinem holz, dann will ich dir von meinem auch was geben, wann es wächst im walde‹.
>
> welches theils mit gebeugten knieen, entblößtem haupte und gefalteten händen zu thun gewohnt, so ich in meinen jungen jahren zum öftern beides gehört und gesehen‹.« Ebenso heilig wurde der Wacholder (machandelboom) als fraw Weckolter gehalten. Dazu hat Grimm folgende Geschichte aufgezeichnet: In Südermannland war ein Knecht gerade dabei, einen schönen, schattenreichen Wacholderbaum zu fällen, als eine Stimme erscholl: »Hau den Wacholder nicht!« Erschrocken machte sich der Knecht davon. Eine Variante dieser Sage bemerkt, daß auf einen zweiten Hieb des Knechtes Blut aus der Wurzel schoß, der Holzfäller danach zwar von seinem Vorhaben abließ, doch bald dahinzusiechen begann.
>
> »Haut einer die erle, so blutet und weint sie, und hebt zu reden an. ein östr. märchen erzählt von der stolzen föhre, worin eine fee sitzt, welcher zwerge dienen, die unschuldige begabt, schuldige neckt. … zaubersprüche bannen in frau Fichte das kalte fieber.« *(Ebd. S. 542–544)*

Die Baumdryaden oder Baumnymphen der griechischen Mythologie zeugen von ähnlichen Vorstellungen auch bei diesem Volk. Das Leben dieser Dryaden galt als besonders eng mit dem Schicksal der von ihnen bewohnten Bäume verwoben, mit deren Verwelken oder Absterben auch sie selbst dahinscheiden. Eine eindrückliche Geschichte über die *Dryaden der Ceres* findet sich bei Ovid in der Erzählung von *Erysichthons Tochter (Metamorphosen* VIII, 739–878), die hier in Auszügen wiedergegeben sein soll:

> Erysichthon »verachtete die Macht der Götter und verbrannte nie Weihrauch auf den Altären. Er soll sogar die Bäume der Ceres mit dem Beil verletzt und den altehrwürdigen Hain mit dem Eisen entweiht haben. Dort stand eine gewaltige Eiche, ihr Kernholz war

reich an Jahresringen, sie allein war schon ein Wald. Ihre Mitte umgaben Priesterbinden, Gedenktafeln und Blumengewinde, die von erfüllten Gelübden kündeten. Oft tanzten unter ihr die Dryaden den festlichen Reigen, oft faßten sich alle nebeneinander an den Händen und maßen so den Umfang des Stammes, und das Holz war volle fünfzehn Ellen mächtig. Ja, der übrige Wald lag so tief unter dieser Eiche wie das Gras unter dem Walde. Trotz alledem verschonte sie der Sohn des Triopas nicht mit seinem Eisen. Er heißt seine Diener das heilige Holz fällen. Als er sie trotz seines Befehls zögern sah, entriß er einem die Axt und sprach – der Frevler! – folgende Worte: ›Mag der Baum nicht nur von Göttern geliebt, sondern sogar selbst eine Göttin sein, gleich wird er mit dem belaubten Wipfel die Erde berühren.‹ Sprach's, und während er mit der Waffe zum seitlichen Schlage ausholte, erzitterte die Eiche der Ceres und ließ einen Seufzer vernehmen; zugleich begannen die Blätter, zugleich die Eicheln zu erblassen, und Blässe überzog die langen Äste. Doch kaum hatte die gottlose Hand dem Stamm eine Wunde geschlagen, da strömte aus der Rinde Blut, nicht anders, als wenn vor dem Altar ein gewaltiges Opfertier, ein Stier, zusammenbricht und Blut aus dem gefällten Nacken strömt. Starr war alles vor Entsetzen.« Der einzige, der es wagt, Erysichthon in den Arm zu fallen, wird von ihm kurzerhand enthauptet. Als er die Axt darauf erneut an den Baum legt, ertönt eine Stimme mitten aus der Eiche: »Unter diesem Holz lebe ich, Ceres‹ liebste Nymphe. Sterbend weissage ich dir, daß dir die Strafe für deine Taten bevorsteht – mir ein Trost im Tode.« Am Ende wird der Baum gefällt und zu Boden gerissen. »Entsetzt über den Schaden, den der Hain und sie selbst erlitten hatten, treten die Dryaden, alle Schwestern, in schwarzen Gewändern trauernd vor Ceres und bitten sie, Erysichthon zu bestrafen.
Sie nickte zustimmend, und als die Herrliche ihr Haupt bewegte, ließ sie die Äcker, die schwer von lastender Frucht waren, erzittern. Sie verhängt über ihn eine mitleiderregende Strafe – doch dieser Frevler verdient keinerlei Mitleid! –, nämlich: daß er an verzehrendem Hunger hinsieche.
Da nun die Göttin des Hungers von Ceres selbst nicht besucht werden darf – denn Fülle und Hunger dürfen nach dem Spruche des Schicksals nie zusammenkommen –, redet sie eine ländliche Oreade *[Bergnymphe]*, die auf Bergen ihr Wesen treibt, mit folgenden Worten an: ›Am fernsten Rande des eisigen Scythien liegt ein Ort, ein trauriger Boden, wüste Erde, unfruchtbar, ohne Korn und ohne Baum! Dort wohnen der starre Frost, die Blässe, das Zittern und die magere Hungersnot. Befiehl du dieser, sich in der verworfenen Brust des Gotteslästerers einzunisten. Keine Fülle soll sie überwinden können; sie möge nur im Kampf meine Kräfte besiegen. Und damit der weite Weg dich nicht schreckt, nimm den Wagen; nimm auch die Drachen, um sie mit Zügeln hoch durch die Luft zu lenken.‹
Und sie gab ihr alles. Der geliehene Wagen trägt die Oreade durch die Lüfte. Sie gelangt nach Scythien. Auf einem hochragenden Berggipfel – man nennt ihn Kaukasus – hat sie den Schlangenhälsen das Joch abgenommen: Da sah sie auch schon die gesuchte Hungersnot auf steiniger Flur mit Nägeln und Zähnen die spärlichen Grashalme ausrupfen. Struppig war das Haar, hohl die Augen, Blässe im Gesicht, die Lippen grau vor Verfall,

rauh vor Rost die Kehle, hart die Haut, so daß die Eingeweide hindurchschienen: Die Knochen standen dürr unter den eingefallenen Lenden hervor. Statt des Bauches war nur eine leere Stelle da; man hätte meinen können, die Brust hänge und werde nur vom Brustkorb am Rückgrat festgehalten. Hagerkeit hatte die Gelenke groß erscheinen lassen, dick war die Kniescheibe geschwollen, und als maßloser Buckel sprangen die Knöchel vor.

Sobald die Nymphe sie von fern erblickt hat – sie wagte nämlich nicht, nahe heranzutreten –, richtet sie den Auftrag der Göttin aus. . . .

Die Hungersnot erfüllt Ceres' Gebot – obwohl sie doch sonst immer im Widerspruch zu Ceres' Werk steht,« und kehrt nach getaner Tat in ihre armseligen Gefilde zurück.

In Erysichthons Eingeweiden aber beginnt der Hunger zu nagen. »Und was für Städte, ja für ein ganzes Volk ausreichen könnte, genügt dem einen nicht. Immer mehr begehrt er, je mehr er in seinen gierigen Bauch hinabschlingt. . . . Jeder Schmaus ist ihm nur Grund zum Schmausen, und durch das Essen wächst nur die Leere im Magen. . . . Nachdem er all sein Vermögen verschlungen hatte, blieb ihm zuletzt nur noch eine Tochter, die einen besseren Vater verdient hätte. Auch sie verkauft der mittellos Gewordene. Das edle Mädchen will keinem Herrn dienen und ruft, die Arme übers nahe Meer streckend: ›Entreiß mich dem Herrn, o du, dem ich meine Jungfernschaft als Preis bezahlen mußte!‹ Dies war Neptun gewesen. Er verwarf das Gebet nicht; und obgleich der Besitzer, der ihr nachfolgt, sie eben noch gesehen hat, schenkt der Gott ihr eine neue Gestalt. Er leiht ihr ein männliches Gesicht und eine Tracht, wie Fischer sie tragen.« Der Herr befragt nun diesen Fischer nach dem Verbleib des Mädchens und erkundigt sich dabei sozusagen bei ihr selbst nach ihr. Sie aber antwortet ihm: ›So wahr der Meeresgott dieser meiner Kunst beistehen möge, ist außer mir schon lange niemand und vollends keine Frau an diesem Ufer gestanden.‹ Der Herr glaubte es . . . und ging geprellt von dannen. Das Mädchen erhielt seine frühere Gestalt zurück. Doch als der Vater bemerkte, daß seine Tochter einen wandlungsfähigen Körper hatte, verkaufte er sie oft an Sklavenhalter. Sie aber ging bald als Vogel, bald als Rind, bald als Hirsch hinweg und verschaffte so dem gierigen Vater unrechtmäßige Nahrung.

Als die Gewalt des Unheils jedoch alle Vorräte verbraucht und der schweren Krankheit nur immer neue Nahrung gegeben hatte, begann er die eigenen Glieder mit blutigem Biß zu zerfleischen. So ernährte der Unselige seinen Leib, indem er ihn verzehrte.«

Wie Erysichthon bei Ovid, so machten sich auch die den Norden missionierenden Christenvölker zuallererst daran, den »Heiden« ihren Waldkult auszutreiben. Die heiligen Wälder wurden ausgerottet, die heiligen Bäume gefällt oder verbrannt und an ihre Stelle Kirchen gesetzt. Etwaige schon bestehende heidnische Bauwerke, wie etwa der berühmte Nornentempel, müssen dabei dem Erdboden gleich gemacht worden sein (vgl. Grimm, S. 59–71).

»Unter einzelnen heiligen bäumen hat gewis eine zeitlang nach der bekehrung das volk fortgefahren lichter anzuzünden und kleine opfer darzubringen, wie es sie noch heute bekränzt, und reigen darunter führt. das hieß in den kirchlichen verboten: *vota ad arbores facere.*« *[den Bäumen Opfer oder Geschenke darbringen; ebd. S. 540 f.]*

In anderen Fällen nutzte die Kirche die alte Baumverehrung jedoch auch für ihre eigenen Wunder und errichtete an Stelle des heiligen Baumes ein Kloster. Noch bis in unsere Tage begeben sich »Muttergotteserscheinungen« in Birnbäumen!

Entsprechend ihrer Baumverehrung ließen die Germanen auch das erste Menschenpaar, *Ask und Embla*, aus Bäumen hervorgehen. Ask bedeutet Esche und Embla wahrscheinlich Weinstock. Dazu erläutert die Prosaedda (Diederichs, S. 130; vgl. *Völuspa*, 11 f.):

> »Als Bors Söhne *[Odin, Wili u. We]* am Meeresstrand entlang gingen, fanden sie zwei Baumstämme, nahmen sie auf und machten daraus Menschen: der erste Gott gab ihnen Atem und Leben, der zweite Verstand und Bewegung, der dritte Antlitz, Rede, Gehör und Sehkraft; sie gaben ihnen Kleider und Namen ...«

Anders als in der biblischen Schöpfungsgeschichte werden Frau und Mann hier gleichzeitig erschaffen.

Auch das Menschenpaar, das den Weltuntergang Ragnarök überleben soll – *Lif* und *Lifthrasir* – kommt aus einem Baum oder Gehölz hervor, wie uns die Prosaedda wissen läßt (ebd. S. 176):

> »Und dort, wo es ›Hoddmimirs Holz‹ heißt, verstecken sich beim Rasen von Surts Lohe zwei Menschenkinder, Lif und Lifthrasir, und nähren sich vom Morgentau, und von diesem Menschenpaar stammt eine so große Nachkommenschaft, daß die ganze Welt bevölkert wird, so wie hier gedichtet ist:

> Lif und Lifthrasir,
> Ihr Leben bergen sie
> Im Holze Hoddmimirs;
> Morgentau
> Wird ihr Mahl dort sein,
> Sie pflanzen die Völker fort.«

Die enge Verwandtschaft zwischen Bäumen und Menschen wird auch bei den Völkern Nordsibiriens betont, die in ähnlicher Weise schamanisch organisiert waren wie die Germanen, und diese Art von Religiosität bis in unser Jahrhundert hinein beibehalten konnten. Einige dieser Völker führen ihre Abstammung ebenfalls auf Bäume zurück. Die Evenk glauben z. B., daß die Menschen aus einem Baum geboren wurden:

> »Es gab einen Baum, der sich in zwei Stämme spaltete. Zwei Menschen traten heraus. Der eine war ein Mann, der andere eine Frau.

Bei den Negidal kamen die Menschen aus einer Lärche hervor; bei den Sym-Evenk spaltete das mythische Rentier epkachan eine Fichte, und in deren Mitte erschien eine singende Frau.« *(Schlesier, S. 53 f.)*

Im heiligen Schamanenbaum wird nach der allgemeinen Auffassung nordeurasischer Völker die Seele der angehenden Schamaninnen oder Schamanen (manchmal von »Tiermüttern« in Nestern) großgezogen und wiedergeboren.

Schamanische Züge lassen allerdings auch all die »Weisen Frauen« und hilfreichen weiblichen Geister erkennen, die nach germanisch-nordischen Vorstellungen mit den Wäldern in Verbindung gesehen werden. »Fast alle schwanjungfrauen werden im walde angetroffen«, betont Grimm (S. 357 f.), nachdem der zuvor festgehalten hat:

> »Wir sehn die wünschelfrauen auf weihern und seen des tiefen waldes erscheinen, sie sind zugleich waldfrauen, und auch an diese eigenschaft knüpfen sich weitere betrachtungen, der alte heilige wald scheint ihr lieblingsaufenthalt; da in hainen, auf bäumen götter thronten, werden die weisen frauen ihres gefolges und geleites denselben raum gesucht haben. wohnten die goth. aliorunen nicht im wald unter waldgeistern? lag der Veleda thurm nicht auf einem felsen, also des waldes?«

Grimm weist in diesem Zusammenhang auf die Tradition der weisen Waldfrauen und *wildiu wîp* hin, die auch *holzfrowe* oder *waltminne* genannt werden konnten, und betont ihre Verwandtschaft mit Nornen, Walküren und Merminnen. Gleich diesen sind sie heilkundig, jedoch auch

> »todansagende frauen, die noch späterhin klagefrauen, klagemütter genannt werden und der weissagenden Berhta gleichen. in hainen, auf bäumen erschienen weißgekleidete dominae, matronae, puellae, unterscheidbar von den mehr elbischen baumfrauen und dryaden, deren leben an das eines baumes gebunden ist. Die vicentinischen Deutschen verehren eine waldfrau, hauptsächlich zur zeit der zwölften: von den frauen wird für sie flachs am rocken gesponnen und zur sühne ins feuer geworfen: sie ist der Holda und Berhta vollkommen ähnlich.« *(Ebd. S. 359)*

Gleich Berhta und Holda spinnen und weben auch diese »wilden Weiber«. Und sie sind in der Lage, Menschen in »ihr Reich« zu entrücken.

2.   *Die Frau als Verkörperung alles Guten und Schönen*

Die Völker des germanisch-nordischen Kulturkreises verehrten offensichtlich von frühester Zeit an in den Frauen alles Schöne und Gute. So treten auch viele ihrer Göttinnen im Grunde als Personifikationen einzelner Tugenden auf, bzw. darf man sie sich aus sittlichen Begriffen entstanden denken.

»Holda die holde, Berhta die glänzende, Frouwa, Freyja die schöne oder frohe, Sippia, Sif die freundliche. Folla, Fulla, Abundia, fülle des segens spendend, eher als fülle des monds bezeichnend; den Römern war Copia mit dem füllhorn heilig. ... Drei asinnen als schützende, hütende wesen, im sinn der römischen Tutela, werden Sn. 38 angeführt: Vör, ahd. zu vermuten Wara, die wahrende, gewahrende, welcher nichts verborgen bleibt; Syn, die des thüreingangs hütet. ... Auch Hali, Halja ist eine bergende, hehlende, in den schoß der unterwelt aufnehmende, ursprünglich gütige gottheit.« *(Ebd. S. 740 f.)*

»Ehre, liebe, treue, milde, scham, mäßigkeit, erbarmen nehmen aber wiederum die gestalt von göttinnen an sich, weil das volk von altersher gewohnt war alles holde und schöne auf frauen zu übertragen«, wie es auch umgekehrt heißen kann »Wahrheit und Treu sind aus dem land gezogen«, wenn sich ein allgemeiner Sittenverfall ankündigt *(ebd. S. 742)*. Man sprach von frau Gerechtigkeit oder frau Ere, frau Minne (Liebe) und sogar von frou Witze. Auf einem Turm wohnt frau Mildigkeit und ein lied besingt, wie »frau Ere zu gericht sitzt, Treue, Milde und Mannheit zur rechten, Scham, Zucht und Maße zur linken« (ebd. S. 745). Nach der klugen Göttin Snotra konnte jede verständige Frau *snotra* genannt werden.

Da für sämtliche »höheren« Wesen die Vorstellung des Guten überwiegt, treten Untugenden weitaus seltener personifiziert auf, und wenn, dann eher schwächer ausgeprägt. Zudem werden, was Grimm herausstreicht, »bösartige dämone lieber männlich gedacht, wie zorn, haß, neid!« Vor allem aber sticht ins Auge, daß weder Schuld noch Sünde in irgendeiner Weise personifiziert daherkommen und schon gar nicht mit dem weiblichen Wesen als solchem verbunden wurden (vgl. ebd. S. 746). Lieber huldigte man dem allgemeinen Grundsatz ›êre all frouwen fîn‹ und verlieh ihnen allgemeine Ämter von bedeutendem und dauerndem Einfluß:

»Eine ganze reihe anmutiger oder furchtbarer halbgöttinnen vermittelt den menschen die gottheit: ihr ansehn ist offenbar größer, ihr cultus eingreifender, als die verehrung der heroen. es gibt keine eigentlichen heldinnen, doch was unter den frauen den helden entgegentritt, scheint noch erhöhter und geistiger. Brunhild ragt über Siegfried, die schwanjungfrau über den held hinaus, dem sie sich verbindet.« *(Ebd. S. 328)*

Die allgemein postulierte Göttinnengleichheit der Frau findet sich noch einmal in der Skaldenpoetik gespiegelt, nach deren Regeln es darum ging, möglichst vielfältige Benennungen oder Umschreibungen für ein und dieselbe Wirklichkeit oder Wesenheit zu finden. Die im folgenden zitierte Aufzählung kann als Zusammenfassung dieses gesamten großen Kapitels gelesen werden:

»Die Frau umschreibt man mittels aller weiblichen Kleidungsstücke, des Goldes und der Edelsteine, des Bieres, Weines oder anderer Getränke, die sie darreicht oder schenkt ... Sie wird umschreibenderweise durch alle Baumnamen bezeichnet ... Sie wird auch umschrieben mittels aller Asinnen, Walküren, Nornen und Disen.« *(Diederichs, S. 222)*

Die Worte »Frau« und »Göttin« konnten demnach synonym verwendet werden. Die eine wird jeweils durch die andere erklärt. Daß diese Auffassung vom Wesen der Frau der christlichen diametral entgegenstand, muß hier nicht weiter erläutert werden.

3.   *Die Frau als Seherin und Priesterin*

»Tief unten im Sibyllenloch am Fuße des Teckfelsens hauste die Sibylle. In ihrem unterirdischen Schloß hielt sie ungeheure Schätze an Gold und Edelsteinen verborgen. Sie war eine schöne und weise Frau. Sie wußte um alle Dinge und sah die Zukunft voraus. Den Menschen im Tale tat sie Gutes, wo sie nur konnte. Vielen, die sie um Rat baten, half sie in der Bedrängnis, und kein Armer, der sich in seiner Not an sie wandte, stieg vergeblich den steilen Weg zu ihr empor.

Leider aber waren die drei Söhne der Sibylle nicht von der Art ihrer Mutter und bereiteten ihr viel Kummer. Jeder von ihnen baute sich eine eigene Burg nahe der Teck, denn sie lebten untereinander in Unfrieden. Der eine baute seine Burg auf dem Rauber, der andere auf dem Wielandstein, der dritte ließ sich die Diepoldsburg erstellen. Von diesen Felsennestern aus plagten sie die Bauern und plünderten die durchziehenden Kaufleute aus. Auch gegenseitig machten sich die Brüder das Leben schwer und machten sich die Beute streitig. Am ärgsten aber trieb es der Jüngste, der seine Brüder und sogar seine Mutter bestahl, von der er darum den Beinamen ›der Rauber‹ erhielt. Dieser Name ist seiner Burg, von der nur noch wenige Mauerreste stehen, geblieben bis auf den heutigen Tag.

Aus Gram über die Untaten und die Feindschaft ihrer Kinder beschloß Sibylle endlich, ihr Schloß und das Land zu verlassen. Auf einem goldenen Wagen, der von zwei großen Katzen gezogen wurde, fuhr sie eines Abends aus ihrer Höhle talab durch die Lüfte. Ihre langen roten Haare umwehten sie. Niemand weiß, wohin sie gegangen ist.

Alljährlich aber, wenn die Frucht zu reifen beginnt, kann man eine Stunde weit den Teckberg hinab, über den Kahlenberg und den Götzenbrühl und dann weiter die Weinberge empor bis zum Götzenwald den Weg verfolgen, den sie gefahren ist. Die Spur ihres Wagens kann man deutlich sehen: Die Wiesen sind dort üppiger grün, das Korn trägt größere und goldenere Ähren, und das Brot, das daraus gebacken wird, schmeckt besser als alles andere Brot der Welt. Dies ist der letzte Segen, den die gute Sibylle den Menschen drunten im Tal hinterlassen hat. Die Spur ihres Wagens nennt man heute noch die ›Sibyllenfahrt‹.« *(Früh 1988, S. 111f.)*

In den Walküren, Schwanjungfrauen und Nornen wurde prototypisch zugleich die wahrsagerische, wunder- und heilkräftige Intelligenz des weiblichen Wesens verehrt. So sehen wir das Amt der Wahrsagekunst in den germanisch-nordischen Gesellschaften so gut wie ausschließlich mit Frauen verbunden. Frauen wirkten als Seherinnen und Prophetinnen, Sängerinnen und Dichterinnen.

»Die Germanen glauben sogar, den Frauen wohne etwas Heiliges und Seherisches inne«, wundert sich der römische Schriftsteller Tacitus (*Germania* 8); »deshalb achten sie auf ihren Rat und hören auf ihren Bescheid. Wir haben es ja zur Zeit des verewigten Vespasian erlebt, wie Veleda lange Zeit bei vielen als göttliches Wesen galt. Doch schon vor Zeiten haben sie Albruna und mehrere andere Frauen verehrt, aber nicht aus Unterwürfigkeit und als ob sie erst Göttinnen aus ihnen machen müßten.«

Aus der germanischen Geschichte ist uns kein einziger Name eines *vates* (lat. für: Seher oder Prophet, Dichter oder Sänger) überliefert, dagegen kennen wir Namen von Seherinnen (lat. *vatis*) sehr wohl. Die Sibyllen sind uns noch heute ein Begriff, und nach Weleda benennt sich sogar neuerdings eine ganze Heilkosmetik-Branche.

»Wilde kraft der phantasie, und was man den zustand des hellsehens nennt, hat sich vorzüglich in frauen gezeigt«, kommentiert Grimm (S. 78, Anm. 1). Frauen schneiden und lesen Runen; noch im Mittelalter wurde die Kunst des Lesens und Schreibens hauptsächlich von Frauen beherrscht (vgl. ebd. S. 867 u. Bd. III, S. 41). Eine weltweite Erscheinung übrigens, denn inzwischen besteht kein Zweifel mehr darüber, daß all die Künste, die wir heutzutage unter den Sammelbegriff des Schamanismus fassen – und dazu zählen Wahrsagen, Dichten, Singen und Tanzen an vordester Stelle – zuallererst von Frauen ausgeübt wurden (vgl. Schlesier, S. 59; Mühlmann, S. 28). Im Mahayana-Buddhismus bedeutet *prajna*, das dem griechischen Wort *pronoia* (Vorherwissen, Voraussicht) verwandt ist, noch heute die erleuchtete, transzendentale Weisheit als weiblicher Aspekt des universellen Buddhas (s. u. im Kap. über die Göttin Lakschmi). Frauen waren die ersten Mittlerinnen zwischen Menschlichem und Göttlichem, Diesseits und Jenseits, woraus sich ihre eigene »Heiligkeit«, die häufig mit dem priesterlichen Amt einherging, von selbst verstand. Doch heben die nordischen Quellen, wie Grimm (S. 80) betont, »weniger das priesterliche amt der frauen, als ihre gleichsam höhere gabe der weissagung hervor.«

Bezeichnenderweise kennen die germanischen und nordischen Sprachen gleich mehrere Begriffe für die Berufsbezeichnung priesterlicher Wahrsagerinnen, was allein schon als deutliches Zeichen für ihre zentrale Stellung gewichtet werden dürfte: *Sibylle, Völva, Vala, Heid, Walburg* (in Mittel- und Süddeutschland), *Thorbjörg* (im Norden, bis Grönland) – sie alle standen sowohl für eine Institution als auch für geschichtlich greifbare Persönlichkeiten, die dieser Zunft ihren Namen gaben und aus deren Wirken wiederum ein Licht auf den ganzen Berufszweig zurückstrahlte. Für sie war auch die lateinische Bezeichnung *mulier phytonissa* üblich, was unschwer abzuleiten ist von jener Pythia im Orakel zu Delphi, die ebenfalls eine institutionalisierte Wahrsagerin war; geistbegabte Frauen – so sagte man – hatten einen *spiritus phitonis* (vgl. Grimm, S. 78).

Besehen wir zunächst die Sibylle, immerhin ein noch heute gängiger Frauenname. Das großartigste erhaltene dichterische Zeugnis über die *Sibylle von Cumae* in Süditalien ist die Schilderung ihrer Weissagehöhle in Vergils *Aeneis* VI 42 ff.:

> »Ausgehau'n ist die Wand des euböischen Felsens zur Höhle,
> Wo man durch hundert geräumige Gänge und Tore hineingeht,
> Hundertfältig bricht auch hervor der Spruch der Sibylle.
> Eben betrat man die Schwelle, da sprach sie: ›Fordre das Schicksal
> Jetzt! Denn der Gott, o siehe, der Gott!‹ Und als sie am Eingang
> Solches gesagt, da wandeln sich plötzlich Mienen und Farbe,
> Flatternd löst sich das Haar, keucht schwer die Brust, und im Wahnsinn
> Schwillt schon wilder das Herz; und höher scheint sie zu wachsen,
> Irdisches tönt nicht ihr Mund, da die Kraft des nahenden Gottes
> Sie mit dem Hauche berührt ...«

Zum Ritus gehörte auch das Badegemach der Sibylle, eine warme Quelle beim Averner See wird noch heute als Bad der Sibylle gezeigt. Vergil sagt (*Aeneis* VI, 440 ff.):

> »Wenn du von Trinakria (Sizilien) nach Italien kommst und den Mauern von Cumae genaht bist und dem heilgen See, dem waldumrauschten Avernus, wirst du die verzückte Seherin (insanam vatem) schauen, die in der Grotte Schicksale verkündet, mit Zeichen und Namen *[andere Lesart setzt statt nomina – Namen: carmina – Lieder!]* beschreibt sie Blätter, ordnet dann alles und verschließt es im Felsen.« *(Mühlmann, S. 89)*

Noch mänadenhaftere Züge trägt die Sibylle nach der klassischen Beschreibung Heraklits:

> »Die Sibylle mit rasendem Munde Ungelachtes und Ungeschminktes und Ungesalbtes hinausrufend dringt durch Jahrtausende mit ihrer Stimme, getrieben von Gott.« *(Ebd.)*

Hier tritt sie als echte Schamanin auf, die, während sie in Trance weissagt, zur Interpretation ihrer Sprüche gleichwohl auf Dritte angewiesen ist. In derartigen »Besessenheiten« lag der Ursprung mantischer Poesie, die auf der ganzen Welt eng mit Schamanismus und der visionären Kraft von Frauen verbunden wird.

Eine gemäßigtere, wenngleich nicht weniger ergreifende Version von des Aeneas Aufenthalt bei der Sibylle von Cumae bietet Ovid in seinen *Metamorphosen* (XIV, 104–154). Hier ist der Besuch als Abstieg (und Einweihung?) in die Unterwelt geschildert:

> Aeneas betritt »den Strand von Cumae und die Grotte der langlebigen Sibylle und bittet sie, durch den Avernus zum Totengeist des Vaters gehen zu dürfen. Sie blickte lange zu Boden, hob dann das Gesicht und sprach schließlich, von heiliger Raserei ergriffen und vom Gott beseelt: ›Groß ist, was du verlangst; sehr groß bist du, Held, durch deine Taten;

deine Rechte ist im Kampf, dein frommer Sinn im Feuer bewährt. Aber fürchte dich nicht, Troianer: Du sollst das Gewünschte erlangen, Elysiums Hallen und den dritten und letzten Bereich der Welt unter meiner Führung schauen und den teuren Schatten deines Vaters. Der Tugend ist kein Weg verschlossen.‹ Sprach's und zeigte ihm den von Gold glänzenden Zweig im Wald der Juno vom Avernus und hieß ihn diesen von seinem Stamme brechen.

Aeneas gehorchte und sah die Reichtümer des furchtbaren Orcus *[Hades]*, seine Vorfahren und den greisen Schatten des hochgemuten Anchises; er lernte auch die Gesetze kennen, die dort gelten, und die Gefahren, die er in einem neuen Krieg zu bestehen hatte. Während er von dort mit müden Schritten den steilen Pfad hinaufsteigt, versüßt er sich die Mühe, indem er sich mit seiner cumaeischen Führerin unterhält. Und auf dem furchterregenden Weg durch die düstere Dämmerung sprach er: ›Bist du nun selbst eine leibhaftige Göttin oder den Göttern besonders lieb, stets wirst du für mich einer Gottheit gleich sein, und ich werde bekennen, daß ich dir verdanke, was ich bin, da du mich die Stätten des Todes besuchen und mich von dort, nachdem ich dem Tod ins Antlitz gesehen, wieder entrinnen ließest. Dafür will ich dir nach meiner Rückkehr zu den Lüften der Oberwelt noch zu deinen Lebzeiten einen Tempel errichten und dich mit Weihrauch ehren.‹«

Dies Angebot weist die Seherin zurück, da sie sich lediglich zu den Sterblichen zählt. Einst wurde sie von Apollo geliebt, und der versprach ihr ewiges Leben, wenn sie seine Liebe erwidern, d. h. ihm ihre Jungfräulichkeit opfern würde. Sie aber verschmähte sein (Bestechungs-)Geschenk und zog das ehelose Leben vor. Zuvor jedoch hatte sie eine Handvoll Staub genommen und sich von Apollo so viele Geburtstage gewünscht wie sie nun Staubkörner in ihrer Hand hielt. Leider vergaß sie, zusätzlich um bleibende Jugend zu bitten, und so ist sie zur Zeit, da Aenaes sie besucht, bereits siebenhundert Jahre alt. Weitere dreihundert sieht sie noch vor sich und prophezeit ihrem Gesprächspartner und sich selbst: »Die Zeit wird kommen, da werden mir die langen Jahre meine jetzige Größe nehmen und mich klein machen ... Keinem sichtbar, werde ich nur noch an der Stimme erkannt werden; die Stimme wird mir das Schicksal belassen.«

In die Tradition berühmter Seherinnen reiht sich auch die schwäbische *Sibylle von der Teck* ein. Obgleich dem Namen nach nicht germanischen Ursprungs, verkörperte die Sibylle von der Teck dennoch einen Teil des Wesens der germanischen Göttin Freyja, ihre Neigung zur Erforschung des Schicksals und seine Offenbarung durch Orakelsprüche. Wie diese tritt sie als Segnerin der Feldfluren auf und fährt mit einem Katzengespann durch die Lüfte.

»Von weit her sollen die Menschen gekommen sein, um auf der Teck Orakel von der Sibylle zu empfangen. Sie besaß alles geheime Wissen; daher kannte sie die Schicksale der Menschen und die Zukunft der Welt. Leider ist von ihren alten Prophezeiungen nur eine einzige erhalten geblieben. In dieser hieß es, die Welt werde nicht untergehen, bevor nicht alle 12 Sibyllen der Vorzeit wiedergekehrt seien. Im 16. Jahrhundert verhalf der

große Ruf der Sibylle von der Teck einer weiteren, angeblich von ihr stammenden Weis-
sagung zur allgemeinen Verbreitung. Danach sollte ein furchtbarer Krieg zwischen
Deutschen und Türken ausbrechen, in dem zuerst die Deutschen unterliegen müßten.
Doch sollte es ›Drei Stund um Teck herum‹ während dieses großen Krieges sicher sein.
… Über den Ausgang des Krieges prophezeite die Sibylle: ›Zu Köln am Rhein wird des
Türken Untergang sein‹.« *(Koch, S. 4 f.)*

Koch leitet zudem den Namen der Teck vom keltischen Wort *tec* – schön – ab und erklärt: »›Die Schöne‹ war eine keltische Göttin« (ebd. S. 8). Auch die sog. Sibyllenkap-
pel ist seiner Meinung nach ein uralter, heiliger Kultplatz bei Beuren, der sogar durch
einen unterirdischen Gang mit der Teck verbunden gewesen sein soll.

Geschichte gemacht hat die oben bereits erwähnte *Veleda*, die laut Tacitus (*Hist.* 4,
61 u. 65) auch in politischer Funktion auftrat. Als ihre Residenz galt ein hoher Turm
im Lande der Brukterer (südl. Westfalen bis Niederrheingebiet), von dem aus sie beinahe göttliche Verehrung erlangte: »Man verwehrte ihren Anblick, um größere Ehrfurcht vor ihr einzuflößen.« Dahin überbrachte ihr ein Verwandter »Fragen und Antworten, als wäre er Mittler gegenüber einer Gottheit« (*Hist.* 4, 65). In ihrer Gegenwart wurden Verträge geheiligt, und neben dem Weissagen bestand eine ihrer Aufgaben darin, »unter dem volk geschäfte zu schlichten und auszuführen« (Grimm,
S. 334). Ihr hohes Ansehen gründete sich auf die Erfüllung einer Prognose, mit der sie
dem Bataver Civilis bei seinem Aufstand gegen die Römer Erfolg versprochen hatte.
Da der weitere Verlauf des Aufstands unter ihrer mitwirkenden Leitung stand, ge-
wann sie erhebliche politische Macht und erhielt im Gegenzug reiche Anteile aus der
Kriegsbeute. Sie schaltete sich in die Bündnisverhandlungen zwischen Kölnern
(Aprippinensern) und Trenkterern ein und hielt die zu ihr gesandten Unterhändler auf
Distanz. Beide Parteien unterwarfen sich ihrem Schiedsspruch. In ihrer Eigenschaft als
Politikerin geriet sie unter Vespasian schließlich in römische Gefangenschaft (vgl.
Mühlmann, S. 86; Grimm, S. 78; Grünert, S. 268). Nach Tacitus gingen dieser Veleda
in ihrem Beruf etliche andere voraus, von denen er noch eine mit Namen nennt: *Albruna* (was zu Grimms Zeiten noch mit *Aurinia* widergegeben wurde). Eine spätere,
als direkte Nachfolgerin der Veleda bezeichnete Prophetin namens *Ganna* führt Cas-
sius Dio (67,5,3) an. Auch sie erscheint als Politikerin und wirkte im letzten Jahrzehnt
des 1. nachchristlichen Jahrhunderts. Als Beraterin des semnonischen Königs Masyos
gelangte sie vermutlich bis nach Rom (vgl. Grünert, S. 268).

Zeitgleich mit Veleda wurde in der Gegend um Heidelberg eine Seherin *Jettha* verehrt, die wie Veleda in einem Turm auf einem Berg residierte, von dessen Fenster herunter sie auch weissagte, und die »wie Pallas *[Athene]* als Städtegründerin« erschien.
Von Jettha ging in der Pfalz die Sage um, »sie habe im wald einen stein gesucht und

behauen. wer auf den gefeiten stein tritt, muß sich an dem ort niederlassen, kann nicht mehr fort« (Grimm, Bd. III, S. 41). Eine Geschichte, die vielleicht nicht zufällig an jenen ominösen Stein von Tara in der keltischen Mythologie erinnert. In einem Turm auf einem Berg wohnte auch Brynhild, und zu ihrer Halle ging man, um sich Träume deuten zu lassen (vgl. ebd. S. 334 u. Bd. III, S. 115).

Gleichfalls aus römischer Zeit (2. Jhd. n. Chr.) stammt jene semnonische Sibylle *Walburg*, deren Namen sich sogar auf einem Tontäfelchen aus Elephantine am Nil findet und die offensichtlich im Kaiserlich Römischen Ägypten im Dienste eines Landesstatthalters stand (vgl. Koch, S. 14). Einer ebenfalls semnonischen Wahrsagerin mit Namen *Thiota*, die aus Alemannien nach Mainz gekommen war, gedenken die Fuldischen Annalen von 847 n. Chr. (die Semnonen waren ein Hauptstamm der Schwaben). In Mittel- und Süddeutschland ging der Name Walburg schließlich als Berufsbezeichnung auf alle Seherinnen über. Die ihnen geheiligte Nacht war die noch heute gefeierte *Walpurgisnacht* am 30. April.

»Es gibt noch mehr Zeugnisse über germanische Seherinnen in römischer Zeit, die ihren Einfluß auf Kaiser und andere Mächtige sichtbar machen. Und wenn wir fast tausend Jahre überspringen, können wir feststellen, daß diese Macht immer noch besteht!« erklärt Mühlmann am Beispiel der Prophetin *Thorgerd*, die im 10. Jhd. im norwegischen Hardanger eine angesehene Stellung innehatte. »Sie wohnte in einem umzäunten Hause mit Holzschnitzereien, die mit Gold und Silber ausgegossen waren« und war von zahlreichen Götterbildern umgeben (S. 86). Wie die denselben Beruf ausübende *Irpa*, genoß auch Thorgerd beinahe göttliche Verehrung, was Beinamen wie *hörgabrôdr* (Waldnymphe) oder *gud* (Gottheit) zum Ausdruck bringen. Nach der *Nialssaga*, Kap. 89, befanden sich Bildnisse dieser beiden (Halb)Göttinnen in einem norwegischen Tempel, wo sie zusammen mit Thor – »in menschlicher größe und geschmückt mit armspangen« – auf dessen Wagen erscheinen; offensichtlich wurden ihnen sogar (blutige) Opfer dargebracht (Grimm, S. 94; vgl. S. 80 u. 530). Beide sandten Unwetter, Sturm und Hagel, wenn sie darum angefleht wurden, interessanterweise machte man sie allerdings weniger für saatverderbliche als vielmehr für heergefährliche Witterungseinflüsse verantwortlich! Was wiederum damit zusammenpaßt, daß nach Sn. 175 die Zauberfrauen ganz allgemein sogar *El*, im Sinne von (An)Sturm oder geritteter Attacke genannt werden konnten (vgl. ebd. S. 530 u. 911). Dies bringt die Prophetinnen zu guter letzt in die Nähe der Walküren, denen man ja sowohl »Wettermachen« als auch Kriegskünste nachsagte, die – laut Grimm – aber auch selber als Priesterinnen auftraten (vgl. ebd. S. 80). Auch die slavische *phytonissa* schritt dem Heer mit dem Sieb voran und galt zugleich als Wolkensammlerin (vgl. ebd. Bd. III, S. 42). Dem römischen Feldherrn Drusus Germanicus (9. Jhd. v. Chr.) trat, als er die

Weser überschritten hatte und sich der Elbe näherte, im Lande der Cherusker eine übermenschliche Frau – stärker als Menschen Kraft – entgegen, wehrte ihm, weiter vorzudringen, und weissagte sein bevorstehendes Ende (Cass. Dio 55,1). Während seines Rückzugs fand Drusus tatsächlich den Tod, denn er stürzte vom Pferd (vgl. Grünert, S. 268). »Einheimische weise frauen standen wie helden in der noth des vaterlandes auf und schreckten durch ihr erscheinen den feind« (Grimm, S. 334).

In einer Schlechtwetterperiode wird von grönländischen Bauern auch die nordische Prophetin *Thorbjörg* um Hilfe angerufen, die in der eddischen *Saga um Erik den Roten* ausführlich beschrieben wird (nach Mühlmann, S. 90):

> »Sie trägt die Schamanentracht, blauen Mantel, Gürtel mit Feuerzeug und Ledersack mit Zaubermitteln, Edelsteine, schwarze Lammfellmütze, weiße Katzenfelle, Stab, – nimmt auf einem Hochsitz Platz, kann aber erst dann wahrsagen, wenn zuvor die Sängerin Gudrid ein Schutzlied, d. h. ein Geisteranlockungslied gesungen hat:
> ›Und Gudrid sang das Lied so schön, daß niemand von den Anwesenden jemals etwas Schöneres an Gesang gehört zu haben glaubte. Die Seherin dankte ihr für das Lied und sagte, daß dieses viele Geister herbeigerufen habe, die sie früher verlassen hätten und ihr nicht mehr hätten untertan sein wollen, die jetzt aber wiedergekommen seien und das Lied schön gefunden hätten . . .‹
> Thorbjörg prophezeit dann, daß das Mißjahr zu Ende gehen und die herrschende Seuche verschwinden werde. Auch der Sängerin Gudrid weissagt sie eine glückliche Zukunft und gibt noch weitere Wahrsprüche jedem, der zu ihr tritt.«

Thorbjörg wurde auch »die kleine *Völva*« (pl. *völur* od. *Völven*) genannt. Wie die *Walburgen* im Süden, so wurden nach ihr die Seherinnen im Norden *Thorbjörgen* genannt. Und solche kleinen Völven waren »Legion im germanischen Raum« (ebd. S. 91). Sie konnten auch *Thôrdîs(en)* genannt werden (vgl. Grimm, S. 80).

Der Name *Völva* bezeichnete allgemein eine zauberreiche Wahrsagerin. Die ältere Form zu Völva ist *Vala*, so daß manchmal auch von Vala im Sinne von Völva die Rede sein kann. In vergleichbarem Sinne benutzte man Ausdrücke wie *spâkona* oder *seidkona* (letzteres auch ein Titel der Freyja) für dieses Amt. Der allgemeine Name Völva ging dann wiederum auf jene bestimmte mythische Völva über, der man eines der ältesten eddischen Lieder – die *Völuspa* (*Der Seherin Gesicht*) – zuschrieb. Ein großartiges, eschatologisches Epos, das in grandiosem Bogen und kühnem Entwurf Weltschöpfung, Götterlehre und Weltuntergang miteinander verbindet und wohl zu Recht als »Gipfel altgermanischer Dichtkunst« (Diederichs, S. 26) gilt. Gleich ihrem mythischen Spiegelbild sind viele der Völven Untergangsprophetinnen, die das Ende der Welt heraufbeschwören. Doch treten sie auch nach Art von Nornen auf, die im Land umherfahren und den Menschen ihr Geschick bestimmen. Die Leute luden sie zu sich nach Hause ein, bewirteten und beschenkten sie. Oftmals klopften sie auch von sich aus an die Häuser der Menschen, die sie beglücken wollten. Und wie den Nornen ist auch ihnen eigentümlich, daß sie zu mehreren auftreten, wobei die letzte jeweils die günstigen Begabungen ihrer Vorgängerinnen z. T. wieder rückgängig macht (vgl. Grimm, S. 338 f.).

Ein weiterer stehender Ausdruck für Seherinnen war *Heid*. In der *Völuspa* bspw. wird die zauberreiche Gullweig, die von den Asen trotz dreimaliger Tötungsversuche nicht ums Leben gebracht werden konnte, Heid genannt. Doch trat Heid auch als Eigenname auf. So wollte sich etwa der weiter oben bereits erwähnte König Frodi von der Völva Heid wahrsagen lassen, oder wird erzählt, daß Heid mit 15 Jungfrauen und Jünglingen einherfährt. Wie überhaupt das Fahren und Fliegen bei den Völven und weis(sagend)en Frauen eine große Rolle spielt. Der Seid wird nachts bereitet, »wenn die menschen schlafen, von den völven, die samt ihrem gefolge ausfahren« (ebd. S. 871).

Den Zauberinnen stehen für ihre »Flüge« aber auch Vogelgestalt und Federkleid zur Verfügung, insbesondere das von Gans und Schwan, woraus sich auch ihre Nähe zu den Schwanfrauen und Walküren und letztlich wieder zu Freyja ergibt. Mit der Vorstellung des Zaubers, meint Grimm, ist die des Flugs und Ritts durch die Luft untrennbar verbunden. Dies schildern mit einigem Humor auch noch hiesige Sagen, wie *Die Hexenfahrt*:

> »Einem Knecht in Derendingen *[bei Tübingen]* fiel auf, daß die Bäurin freitagnachts nie zu Hause war, und er hegte den Verdacht, die Frau sei eine Hexe. Um Gewißheit zu haben, blieb er einmal am Donnerstagabend still hinter dem Ofen sitzen, als die andern zu Bette gingen, und löschte die Kerze. Stunden vergingen, und nichts geschah. Aber als es Mitternacht schlug, ging leise die Tür auf, und die Bäurin trat in die Stube. Sie langte nach der Ofengabel, holte Fett aus einem Topf und bestrich damit den Gabelstiel. Dazu murmelte sie: ›Oba 'naus – ond neanads 'na!‹ Dann setzte sie sich auf die Ofengabel und flog zum Schornstein hinaus.
> Der Knecht hatte alles genau beobachtet, und weil er ein kecker Bursche war, wollte er die Sache auch ausprobieren, holte sich eine andere Gabel und bestrich sie mit der Salbe aus dem nämlichen Hafen. Weil er aber überall hinreiten wollte, änderte er das Sprüchlein und sagte: ›Oba 'naus – ond überall 'na!‹
> Sofort flog er empor, aber schon im Schornstein wurde er so jämmerlich gegen die Wände und Ecken geworfen und auf seinem Flug durch die Luft so derb gegen alle Bäume, Zäune und Häuser gestoßen, daß er ganz zerschunden auf dem Heuberg ankam. Dort erst konnte er von der Ofengabel springen, und er irrte stundenlang durch die Dunkelheit, bis er den Heimweg nach Derendingen fand.« *(Wetzel, S. 128)*

Ein in Ablauf und Inhalt beinahe tupfengleiches Märchen stammt aus der Provence und heißt *Die schöne Hexentochter*. Dort ist ein wunderschönes Mädchen die Hauptperson, von der es heißt, sie bringe jedem, der sich mit ihr einlasse, den baldigen Tod. Der Charakter der jungen Frau schien jedoch trotz mangelnder Freier nur um so liebenswerter zu werden. In eine solch imposante Persönlichkeit verliebte sich dann ausgerechnet ein braver junger Mann. Auch er bemerkt, daß seine Braut samt ihrer Mutter ihn an bestimmten Tagen immer vor Mitternacht aus dem Haus haben wollen, und beschließt, sich eines Abends einfach schlafend zu stellen.

> Natürlich war es wieder einmal ein Freitag, an dem sich nun folgendes ereignete: Die beiden Frauen holen einen Topf hervor, bestreichen sich mit der darin befindlichen Salbe und fliegen, als Eulen verwandelt, zum Kamin hinaus. Dabei murmeln sie mehrmals: »Über den Zweig, über den Zweig«. Der Jüngling, nicht faul, will ihnen nach, verwandelt sich auch mit Hilfe derselben Salbe in eine Eule, verwechselt aber den Spruch: Statt »über den Zweig« sagt er »unter den Zweig«. Das Ergebnis ist dasselbe wie in der Derendinger Sage. Anstatt über alles hinwegzufliegen, wird er unbarmherzig unter jedes auftauchende Hindernis heruntergezwungen, Zweige und Äste peitschen ihm Kopf, Körper und Flügel, so daß er am Ende – von Wunden und blauen Flecken übersät – mitten auf ein Feld fällt, dankbar, seine menschliche Gestalt überhaupt wiedergewonnen zu haben. Seiner Verlobten tritt er nie wieder unter die Augen. *(Vgl. Früh 1988, S. 42–46)*

Eine Geschichte, die noch zudem an die unglückliche Verwandlung des Lucius in Apuleius' Roman *Der goldene Esel* erinnert, wo der unselige Held, der es ebenfalls einer von ihm heimlich beobachteten Zauberin nachtun will, den falschen Salbentopf erwischt und statt zum erwünschten Adler zum verwünschten Esel wird (s. u. im Kap. über Isis).

Der Flug der Völven ist im Grunde ein schamanischer Flug, und das heißt, eine Reise in »jenseitige« Wirklichkeiten, zu deren Durchführung man sich der Erdenschwere entledigen, die Seele vom Körper trennen muß. Wozu es unter verschiedensten Völkern verschiedenste (Trance-)Techniken gibt. Zum Wesen mächtiger spiritueller Potenzen gehört geradezu die Verschiebung von Raum- und Zeitgrenzen, die Unabhängigkeit von Raum und Zeit. Diese Erfahrung wird weltweit am treffendsten im Bild eines Fluges ausgedrückt.

Solche »Flüge« helfen, die Welt des Göttlichen mit der irdischen Existenz zu verbinden und schließlich selber göttlich zu werden. Desgleichen sind sie der Ursprung von Poesie und Gesang, die ebenso weltweit mit der Zauber- und Wahrsagekunst in eins genannt werden. »Sänger und göttlicher seher sind dasselbe«, sagt Grimm, und die »alten« Sänger / innen sind immer zugleich auch Dichter / innen, ganz wie die mittelalterlichen Trobadore! Die Dichtkunst aber war »ein heiliges, zu den göttern unmittelbar in bezug stehendes, mit weissagung und zauber zusammen hängendes geschäft« (S. 749), bezaubernd und bestrickend, Kummer stillend, Schmerzen lindernd, erheiternd und damit auch heilend in ihrer Wirkung; auf Götter wie Menschen gleichermaßen. Ein Lied, bewegend vorgetragen, rührt selbst die Gottheiten und Geister, die belebte wie die unbelebte Natur. Deshalb singt Gudrid, damit Thorbjörgs Geist und Seele sich öffnen, andererseits göttliche Wesen angelockt und zur Hilfe »überredet« werden. Deshalb bedeutet »Schamanisieren« auch: Gesangsfeste veranstalten, die Gottheiten, Menschen und Tiere vereinen, Sinn, Kultur und Gemeinschaft stiften. Daß den Gottheiten selbst an einem derartigen Austausch mit den Menschen gelegen ist, gehört weltweit zum schamanischen Traditionsgut (vgl. die Geschichte v. d. *Gabe des Adlers*, bei Rinne 1983, S. 79–85).

Von der magischen und verwandelnden Kraft des Gesangs erzählt auch die kanadische Eskimo-Geschichte von *Uvavnuks Einweihung* (ebd. S. 19f.):

> »Der berühmteste Geisterbeschwörer von allen, die ich gekannt habe, hieß Uvavnuk und war eine Frau. An einem dunklen Winterabend war sie hinausgegangen. Da zeigte sich plötzlich eine leuchtende Feuerkugel am Himmel. Sie kam zur Erde niedergefahren, und zwar gerade auf sie zu. Sie wollte fliehen, aber noch ehe sie davonlaufen konnte, wurde sie von der Feuerkugel getroffen. Sogleich merkte sie, daß ihr ganzes Inneres leuchtend wurde. Sie verlor das Bewußtsein und war von diesem Augenblick an eine große Geisterbeschwörerin. Der Geist der Feuerkugel hatte in ihr Wohnung genommen. ... Uvavnuk kam ins Haus gelaufen und sang ein Lied, das seitdem ihre Zauberformel wurde, wenn sie anderen Menschen helfen wollte. Sobald sie sang, war sie wie von Sinnen. Auch die anderen im Haus gerieten außer sich vor Freude, denn sie wurden frei von allem, was sie belastete. Sie hoben die Arme empor und warfen alles von sich, was Arglist und Bosheit hieß. Wie ein Stäubchen von der Handfläche bliesen sie es fort mit dem Lied:
> ›Das große Meer hat mich in Bewegung gebracht, hat mich in Fahrt gebracht. Es treibt mich wie eine Alge im Fluß. Das Himmelsgewölbe und die gewaltige Luft bewegen mich, sie bewegen mein Inneres und haben mich mitgerissen, daß ich zittere vor Freude!‹«

Die Dichtkunst, betont Grimm, »heißt darum die frohe kunst, gesang die freude und wonne« und die Harfe wurde Freudenholz oder Freudenbaum genannt (Grimm, S. 750f.). Im Rumänischen bedeutet das Wort *Joc* – Spiel – (von lat. *jocus* = Spiel und Scherz; vgl. das frz. *jeu*) bis heute zugleich auch Tanz. In den finnischen Epen heißt das Wort für Gesang – *ilo* – eigentlich Freude, und Freude erregen ist gleichbedeutend mit Singen (vgl. ebd.). Indem sie Freude bringen, wirken Gesang und Dichtung zugleich befreiend und darum heilend. Grimm hat eine schöne Sage aufgezeichnet, nach der Gott selber eines Tages erkrankt ist und zur Erde herabsteigt, um sich von Sängern, Dichtern und Gauklern heilen zu lassen. Von ihnen zum Lachen gebracht, fühlt er sich plötzlich wieder gesund (vgl. S. 275).

In diesen Rahmen paßt auch die Begegnung Thors mit der Seherin *Groa*, wie sie in der Prosaedda erzählt wird (vgl. Diederichs, S. 185f.):

Nach einem Kampf mit dem Riesen Hrungnir behält Thor den berühmten Schleifstein in seinem Kopf zurück. Auf seinem Heimweg nach Thrudwang lief ihm die Seherin Groa über den Weg. »Sie sang ihre Zauberlieder über Thor, bis der Schleifstein sich lockerte. Als Thor das merkte und ihm Aussicht schien, den Schleifstein los zu werden, da wollte er der Groa die Heilung lohnen,« indem er ihr nun seinerseits eine Freude machte und ihr die baldige Rückkehr ihres Gatten ankündigte. In diesem Fall hatte Thor sich allerdings zu früh gefreut, denn Groa machte diese Nachricht dermaßen glücklich, »daß sie sich auf keine Zauberlieder mehr besinnen konnte, und so wurde der Schleifstein nicht mehr lockerer und steckt noch heute in Thors Kopf.«

So machtvoll wurde die Vereinigung von Wort und Lied in der Dichtkunst erfahren, daß sie schließlich mit der (göttlichen) Schöpfungskraft selbst gleichgesetzt werden konnte. Ein Zusammenhang, auf den auch im Rahmen der Erforschung des Schamanismus immer wieder hingewiesen wird. Die schamanischen Geschichtenerzähler/innen erschaffen durch ihre Lieder die Welt und schaffen sie ständig neu. In einer Mythe der Achumawi (Pit River Indianer) erschaffen Fuchs und Coyote die Welt, indem sie singen, tanzen und denken (vgl. de Angulo, S. 80 f.). Geschichten, die immer wieder anders erzählt werden können und dadurch auch die Welt in immer neuem Licht erscheinen lassen. Auch unser Wort Poesie kommt von griech. *poiein*, und das heißt soviel wie machen, tun, schaffen, hervorbringen. Die Poetinnen sind also zugleich die »Macher/innen«, die altnord. Bezeichnung *smid* galt auch für sog. »Liedermacher«, und noch der Beruf der Trobadore wird vom altprovençalischen *trobar* – ein Lied erfinden – (frz. *trouver*) abgeleitet. Im ahd. diente zur Bezeichnung dieser Berufsgruppen das Wort *scuof* (dem das altnord. *skald* entsprach), das zugleich an den höchsten Schöpfer aller Dinge und an die schaffende Norne erinnert (vgl. Grimm, S. 749 f.). »Auch die nornen kehren mit den spindeln ein und beim spinnen wird gesungen; die weisen frauen und göttermütter unseres alterthums dürfen als lehrerinnen des gesangs, der sage und spindel betrachtet werden« (ebd. S. 760).

Daß die so verstandenen Dichter/innen, Sänger/innen und Seher/innen durch ihre Mittlerstellung zur göttlichen Welt zugleich auch in priesterlichen Funktionen auftraten, dürfte sich nun beinahe von selbst verstehen. Auch »die vala oder völva ist wahrsagerin, priesterin, norn, ein hochheiliges wesen des alterthums, zugleich auch seidkona«, hebt Grimm hervor (S. 870 f.). »Neben der divination üben sie zugleich priesterliches amt. ihrer genau geschilderten kleidung müsten wir die der priester vergleichen können« (ebd. S. 79). Gegenständliche Hinweise auf die Rolle von Frauen in Kult und Religion könnten zudem die »teilweise stark stilisierten weiblichen Ast-, Pfahl- und Brettidole sein«, die in Mooren und auf Opferplätzen einzeln, aber auch mit männlichen Begleitern gefunden wurden (Grünert, S. 269).

Das germanische Wort für Priesterin war *gydja, hofgydja* bzw. *godi, hofgodi*. Dabei ist interessant, daß zwar Priester als Diener der Göttinnen auftreten, dafür aber Priesterinnen im Gefolge von männlichen Gottheiten erscheinen können. In Schweden bspw. wurde Freyrs unter dem Volk umziehender Wagen von einer Jungfrau begleitet (vgl. Grimm, S. 79 f.). Und ganz offensichtlich haben Frauen bei germanischen Völkern auch an Opferriten aktiv teilgenommen, was damals bei den Römern schon ausgeschlossen war. »Frauen opfern vor dem heer des thrakischen Spartakus (um 67 v. Chr.), der auch Germanen bei sich hatte« (vgl. ebd. Bd. III, S. 41). Eine Priesterin wird auch im *Hyndlalied* bei der Aufzählung von Ottars Ahn(inn)en erwähnt (Diederichs, S. 116):

»Deines Vaters Mutter,	Ihre Mutter hieß
mein ich, war Hledis,	Hildigunn,
die Priesterin,	Swafas Tochter
prangend im Schmuck.	und Sakonungs:
Ihr Vater war Frodi,	alles Ahnen dein,
Frjaut die Mutter;	Ottar, du Tor!«
zu den Großen zählte	
der ganze Stamm.	

Schon in dieser kurzen Passage fällt die häufige Erwähnung der mütterlichen Erblinie des Helden ins Auge. Und das führt uns zu einer letzten, wesentlichen Frage, die hier keineswegs erschöpfend behandelt, aber doch zumindest angerissen werden soll:

4. Zur Stellung der Frau im nordisch-germanischen und keltischen Raum

Jacob Grimm kann das Ansehen, das Frauen bei germanischen wie keltischen Völkern genossen, gar nicht hoch genug rühmen. Seine Meinung, daß wenn überhaupt irgendwo, dann sicher bei diesen Völkern eine tief eingewurzelte Achtung vor dem weiblichen Geschlecht bestanden habe, haben wir schon des öfteren bestätigt gefunden.

> »Gegenüber den harten männern, haben die frauen auch den vorzug, daß sie gütig und erbarmend sind, selbst riesinnen und teufelinnnen.« *(Bd. III, S. 113)*

(Man denke z. B. an die hilfreichen »Teufelsgroßmütter« im Märchen). Frauenverehrung drückt sich – neben den bereits weiter oben zitierten Sprüchen – allerdings auch in folgenden Wendungen aus:

> »ich waen, got niht sô guotes hat als ein guot wîp«,
> »êrt altôs vrouwen ende joncfrouwen«,
> »van vrowen comt ons alle ere«,
> »man sol nimmer frowen übel sprechen«.

Als Begründung für den Frauen entgegengebrachten Respekt wird zuallererst die Tatsache gewürdigt, daß alle Menschen von Frauen geboren wurden:

> »daz wir von den lieben frolîn fîn alsamen komen sîn«,
> »wir wurden von frowen geborn und manger bet gewert«.

Frauen werden von Kriegern und Rittern wie Schutzheilige verehrt:

> »Die frau ist schirm, schild und geleite des ritters, dessen schwert in ihrer hand ist. . . .der geliebten des siegers müssen sich die gefangnen ergeben. . . . die geliebte ist also auch kriegerin wie Freya und schildfrau . . . Schionatulander stärkt sich im kampf und siegt dadurch, daß er an Sigune denkt, wie sie sich ihm in voller schönheit nackt zeigte, und sie gewährte ihm eben das nacktzeigen, um ihn dadurch in gefahren zu sichern.« In der Schlacht soll man zwar zuerst an Gott denken, gleich darauf aber schon »an die süezen mündel rôt und an ir edeln minne, diu verjagt den tôt. . . . die flucht zu frauen rettet.« (Ebd.)

Eine Frauenverehrung, die sich durchaus auch in der Mythologie widerspiegelt, wie wohl zur Genüge klar geworden sein dürfte.

Neuere Untersuchungen weisen entsprechend auf verdeckte bis offene mutterrechtliche Züge bei Kelten und Germanen hin (Grünert, Markale). Wobei sie keineswegs verschweigen, daß die Quellenlage in diesem Punkt durchaus zu wünschen übrig läßt. Viele Äußerungen über die Rolle der Frauen in diesen Ethnien stammen zudem aus den Quellen der römischen Eroberer und zeugen von Unverständnis und Polemik gegenüber Sitten, die ihnen fremd waren. Durch ihre z.T. abschätzigen Bemerkungen bestätigen sie auf der anderen Seite zumindest, daß die Stellung der Frauen bei den eroberten Völkern auffallend anders gewesen sein muß als in ihrer eigenen Kultur. So z.B. wenn Strabo betont, bei Kelten wie auch anderen Barbaren sei es Sitte, »daß zwischen Männern und Frauen die Geschäfte im Gegensatz zur Verteilung bei den Römern vertauscht sind (4,4,4/197), was u.E. bedeutet, daß Frauen auch einflußreiche Wirkungskreise eingenommen haben, die bei den Römern sämtlich Männern vorbehalten waren« (Grünert, S. 254). Nach Tacitus (*Germ.* 17 u. 20) sind Frauen den Männern an Stärke ebenbürtig, und »nicht anders gekleidet als die Männer.« Allerdings lassen sie den oberen Teil ihres Gewandes nicht wie die Männer in Ärmel auslaufen. »Unter- und Oberarm sind nackt, doch auch der anschließende Teil der Brust bleibt frei« (ebd.). Auch daß Frauen und Männer, nur spärlich bekleidet, gemeinsam im Fluß baden, zeugt nicht gerade von (mit starrer Geschlechtertrennung stets einhergehender) Prüderie.

Gleichberechtigung von Frauen und Männern schimmert auch bei der Schilderung von Hochzeitsbräuchen durch:

> »Die Mitgift bringt nicht die Gattin dem Manne, sondern der Mann der Gattin. Eltern und Verwandte sind zugegen und prüfen die Gaben, und zwar Gaben, die nicht für die weibliche Eitelkeit und nicht zum Schmuck der Neuvermählten bestimmt sind, sondern Rinder und ein gezäumtes Roß und einen Schild mit Frame und Schwert. Für diese Gaben erhält der Mann die Gattin, die nun auch ihrerseits dem Manne eine Waffe schenkt. Das gilt ihnen als die stärkste Bindung, als geheime Weihe, als göttlicher Schutz der Ehe. Die Frau soll nicht meinen, sie stehe außerhalb des Trachtens nach Heldentaten und außerhalb des wechselnden Schlachtenglücks: gerade die Wahrzeichen der beginnenden Ehe erinnern sie daran, daß sie als Genossin in Mühen und Gefahren kommt, bereit, Gleiches im Frieden, Gleiches im Kampf zu ertragen und zu wagen. Dies bedeuten die Rinder unter gemeinsamem Joch, dies das gerüstete Pferd, dies das Schenken von Waffen. Demgemäß solle sie leben, demgemäß sterben; ihr werde etwas anvertraut, was sie unentweiht und in Ehren an ihre Kinder weiterzugeben habe, was die Schwiegertöchter zu empfangen und wiederum den Enkeln zu vermachen hätten.« *(Tacitus, Germ. 18)*

Unter Hinzuziehung frühmittelalterlicher Quellen erblicken moderne Interpreten in den hier geschilderten Praktiken »frühe Formen des ›Munt-‹ oder ›Mahlschatzes‹, bzw. des ›Wittums‹«, welches »die Selbständigkeit der Frau im Falle ehrenhafter Trennung oder Verwitwung« sicherstellen sollte (Grünert, S. 259).

Daß Frauen der Umgang mit Waffen durchaus vertraut sein konnte, bezeugen auch zahlreiche germanische Gräber- und Moorleichenfunde, denen zufolge Kriegerinnen mit Waffenbeigaben bestattet worden sind. Offensichtlich trugen sie nicht nur dieselben Waffen (Schilde, Schwerter, Speere, Pfeile und Bögen), sondern auch dieselben Kleider (lange Hosen und Jacken aus Hirschleder) wie die Männer, was Tacitus' Ausführungen weitere Glaubwürdigkeit verleiht.

Frauen zogen mit in die Schlacht und suchten vorher durch Losorakel zu ergründen, ob es überhaupt zweckmäßig sei, eine Schlacht zu beginnen (vgl. ebd. S. 267). Auch den Kelten sagte man nach, daß sie den Rat dazu ausersehener Frauen einholten (und befolgten), wenn es um Krieg und Frieden ging, und daß sie sie auch Streitigkeiten mit Verbündeten schlichten ließen (vgl. ebd. S. 265).

Die Achtung, die Frauen ganz allgemein bei den Germanen entgegengebracht wurde, zeigt sich für Grünert nicht zuletzt in den Zeugnissen über ihre Rolle in kriegerischen Auseinandersetzungen, wie sie auch von Tacitus (*Germ.* 7 f.) beschrieben wird:

»Besonders spornt sie zur Tapferkeit an, daß nicht Zufall und willkürliche Zusammen-
rottung, sondern Sippen und Geschlechter die Reiterhaufen oder die Schlachtkeile bilden. Und ganz in der Nähe haben sie ihre Lieben; von dorther können sie das Schreien
der Frauen, von dorther das Wimmern der Kinder vernehmen. Ihr Zeugnis ist jedem das
heiligste, ihr Lob das höchste: zur Mutter, zur Gattin kommen sie mit ihren Wunden,
und jene zählen oder prüfen ohne Scheu die Stiche; auch bringen sie den Kämpfenden
Speise und Zuspruch. Schon manche wankende und sich auflösende Schlachtreihe
wurde, wie es heißt, von den Frauen wieder zum Stehen gebracht: durch beharrliches
Flehen, durch Entgegenhalten der entblößten Brust und den Hinweis auf die nahe Gefangenschaft, die den Germanen um ihrer Frauen willen weit unerträglicher und
schrecklicher dünkt. Aus diesem Grunde kann man einen Stamm noch wirksamer binden, wenn man unter den Geiseln auch vornehme Mädchen von ihm fordert.«

Aus guten Gründen versuchten deshalb die Römer, als Geiseln vor allem Frauen zu erhalten, weil sie die Erfahrung gemacht hatten, »daß die Barbaren sich um ihre männlichen Geiseln nicht viel kümmerten (Sueton, *Aug.* 21,2; Tacitus, *Ann.* 1, 57; 2, 7).
Noch das Nibelungenlied bezeugt die Gestellung weiblicher Geiseln« (Grünert,
S. 261).

Antike Schriftsteller nahmen allerdings auch wahr, daß Frauen aktiv ins Schlach-
tengetümmel eingreifen konnten. Kam es dabei zum Äußersten und schien eine Niederlage unabwendbar, gaben sie mit bewundernswerter Entschlossenheit lieber ihren
Kindern und hernach sich selbst den Tod, als daß sie Versklavung und Erniedrigung
geduldet hätten. So schreibt Plutarch über die Niederlage der Ambronen bei Aquae
Sextiae:

»An der Wagenburg ... traten ihnen unter furchtbarem Geschrei ... die Frauen mit
Schwertern und Äxten entgegen und wehrten die Fliehenden ebenso wie ihre Verfolger
ab, die einen als Verräter, die anderen als Feinde. Sie warfen sich unter die Kämpfenden,
rissen mit bloßen Händen die Schilde der Römer weg, griffen in ihre Schwerter, hielten
Wunden und tödliche Streiche aus, in ihrem Mute bis zum letzten Hauche ungebrochen.« *(Marius 191)*

Und über die Niederlage der Kimbern bei Vercellae berichtet er im selben Werk (ebd.
27):

»Die Frauen standen ... auf den Wagen und töteten die Fliehenden, ... ihre unmündigen
Kinder erwürgten sie ... und warfen sie unter die Räder und die Füße der Zugtiere. Dann
gaben sie sich selbst den Tod.«

Ein Verhalten, das im übrigen auch von keltischen Frauen (etwa den Helvetierinnen)
bezeugt wird (Grünert, S. 255 f.). Florus, ein anderer römischer Autor weiß von ähnlichen Begebenheiten:

»Der Frauen Tod war nicht weniger rühmlich als ihr Kampf, ... den sie mit Äxten und langen Spießen ... von der Höhe iherer Wagenburg herab geführt hatten.« Und der Autor fügt hinzu, »daß die überlebenden kimbrischen Frauen sich und ihre Kinder töteten, als ihnen ein die körperliche Unversehrtheit gewährender Vestalinnendienst verwehrt wurde.« *(Zitate nach Grünert, S. 260)*

Diese unübersehbar starke Rolle von Frauen in kriegerischen Auseinandersetzungen werten die meisten Forscher als deutlichen Hinweis auf mutterrechliche Strukturen und Prinzipien bei germanischen Völkern. Nicht minder schwer wiegt allerdings die Betonung mütterlicher Abstammungslinien sowie die Institution des sog. Avunkulats, derzufolge besonders enge Bande zwischen Mutterbrüdern und den Kindern ihrer Schwestern bestehen. Eine Beziehung, die auch Tacitus bereits erfaßt und gewichtet hatte (*Germ.* 20):

»Die Söhne der Schwestern sind dem Oheim ebenso teuer wie ihrem Vater. Manche halten diese Blutsbande für heiliger noch und enger und geben ihnen den Vorzug, wenn sie Geiseln empfangen, da man sich so die Herzen fester und die Sippe in weiterem Umfang verpflichte.«

Dazu kommentiert Grünert (S. 259): »Die Institution des Avunkulats war offenbar so gefestigt, daß sie noch in den germanischen Heldenepen (Brunhild, Krimhild; Nibelungenlied 3, 47; 5, 291; 33, 1970; 36, 2100), altisländischen Familiensagen (Gudrun Osvifsdottir) und den Überlieferungen mittelalterlicher Chronisten (Saxo Grammaticus) durch die Betonung starker Bindungen zwischen Mutterbruder und Neffen (Schwestersohn) widergespiegelt wird. Überreste matronymischer Benennungen in den mittelhochdeutschen Epen sind ebenfalls Hinweise auf eine frühere matrilineare Abstammungordnung bei den Germanen.« Ähnlich mutterrechtliche Verhältnisse lassen die französichen Dichtungen des Mittelalters durchblicken, die auf entsprechende keltische Traditionen zurückgehen (vgl. ebd. S. 254).

Mutterrechtliche Gesellschaftsstrukturen (u.a. auch das Avunkulat) lassen sich nämlich auch bei den Kelten nachweisen, wobei sie ihre stärkste Ausprägung bei den Inselkelten, den Bewohnern der britischen Inseln, erfuhren, was sich nach Grünert auch darin zeigt, daß im inselkeltischen Pantheon Göttinnen den vorderen Platz einnahmen und Kriegsgöttinnen eine herausragende Rolle spielten. Wie bei den Germanen traten auch bei den Kelten Frauen als Priesterinnen, Seherinnen und Heilerinnen hervor, lebten teilweise sogar streng isoliert von Männern, die sie nur gelegentlich zum Beischlaf aufsuchten (vgl. S. 264f.).

Die Entdeckung und Erstbesiedelung Irlands wird in den dortigen Heldensagen einer Frau zugeschrieben. Und auch in der Stammessage der Galater nahm eine Frau einen hervorragenden Platz ein. Viele andere Frauen »treten als Stammes- und Orts-gründerinnen, Anführerinnen, Kriegerinnen, Kulturheroen, Seherinnen, Zauberinnen und in anderen Funktionen mit großem Einfluß und ausgeprägtem Selbstbewußtsein hervor« (ebd. S. 257). Dementsprechend hatten bei den (Insel)Kelten Frauen Anspruch auf Land und Besitz, den sie in mütterlicher Erblinie weitervermitteln konnten. Wie schon in den zahlreichen Gralsgeschichten deutlich wurde, war es auch politisch Brauch, daß Ansiedler und Eroberer ihre Herrschaft nur legalisieren konnten, indem sie Verbindungen mit einheimischen Frauen eingingen (vgl. ebd. S. 254).

Frauen werden sogar selbst in politischen Führungspositionen erwähnt, wie jene Budica, Königin der Icener, die den großen Volksaufstand der britischen Stämme ge-gen die römischen Invasoren (60/61 n. Chr.) anführte; oder Cartismandua, Königin der Briganten, die zur Verräterin an ihrem eigenen Volk wurde. Walisische Gesetzgebung sprach der Königin ein Drittel der Kriegsbeute und der Einkünfte aus strafrechtlichen Verfahren zur freien, persönlichen Verfügung zu (vgl. Markale 1984, S. 33).

Keltische Frauen galten als mutig und kühn und den Männern an Kraft beinahe ebenbürtig, wobei es im Lande der Pikten eine Kaste kriegerischer Frauen gab, die so-gar Männer in die Kunst des Waffengebrauchs einweihten. Über die Kampfkraft der Gallierinnen erzählt Ammianus Marcellinus (XV, 12) folgende bezeichnende Anek-dote:

> »Die Gallier sind streitsüchtig und arrogant bis zum Exzeß. Jeder Beliebige von ihnen bietet in einer Streiterei immer zugleich mehreren Gegnern die Stirn und dies ohne eine weitere Hilfe als der Unterstützung seiner Frau, die ein noch fürchterlicher Meister im Kampf ist als er. Man muß diese Mannweiber einmal mit eigenen Augen gesehen haben, wenn ihre Halsschlagadern im Zorn anschwellen, sie ihre schneeweißen und muskulösen Arme schwingen, ihre Fäuste und Füße einsetzen und Schläge und Tritte losprasseln las-sen, die wie von einem Katapult abgeschossen wirken.« *(Ebd. S. 41)*

Frauen stand das prinzipielle Recht zu, sich ihre Gatten selbst zu wählen, und sie durf-ten auch nicht gegen ihren Willen verheiratet werden. Wenn sie wollten, konnten sie ihr ganzes Leben lang ledig bleiben. In jedem Fall waren sie gegenüber ihren Eltern erbberechtigt (vgl. ebd. S. 43). Hinsichtlich ihres ehelichen Einbringens hält bereits Caesar (*De bello gallico* I, 3) fest:

> »Möchte ein Mann eine Frau ehelichen, so hat er eine bestimmte Summe zu zahlen; aber auch die Frau hat ihrerseits einen Betrag gleicher Höhe zu entrichten. Jährlich wird das Vermögen der beiden Parteien geschätzt. Die Gewinne, die daraus hervorgehen, werden aufbewahrt, und der jeweils überlebende Partner erhält nur seinen ursprünglichen Anteil zurück, zuzüglich der im Lauf der Zeit erzielten Gewinne.«

Zusätzlich zu ihrer Mitgift konnte die Frau noch über ein eigenes Nebenvermögen, die sog. Paraphernalien, verfügen. Was die Frau an Vermögen mitbrachte, blieb in den meisten Fällen ihr Eigentum, über das sie auch nach einer Scheidung wieder frei bestimmen konnte. Auch ging, im Gegensatz zum römischen Recht, bei einer Heirat die Frau nicht automatisch in die Familie des Ehemannes über.

Hinsichtlich des Vermögens der Frau bestimmten die irischen Gesetze drei verschiedene Formen der Ehe:

- War sie weniger begütert und von niedrigerem Stande als er, dann hatte sie nur stark eingeschränkte Rechte.
- War sie gleich vermögend und standesgemäß, so war sie ihrem Gatten rechtlich vollkommen gleichgestellt und konnte kraft persönlicher Autorität eigene Verträge abschließen sowie seine Verträge annullieren, wenn sie ihr von Nachteil für die eigene Person zu sein schienen.
- War sie reicher als er, so wurde sie damit automatisch zum Familienoberhaupt und er zum »Untertan« und »Diener«seiner Frau. *(Vgl. ebd. S. 39)*

In Wales und der Bretagne konnten verheiratete Frauen völlig frei über die von ihnen mit eingebrachten Güter verfügen und sie sogar ohne Zustimmung ihrer Gatten veräußern. »Ferner hatten sie das Recht, Erben zu bestimmen, falls sie keine Söhne hatten« (ebd. S. 40). Dabei hatte die Familie der Frau bei der Erbfolge den Vorrang, falls der Gatte vor ihr starb. »Dies zeigt besonders jener alte Brauch, den wir in der irischen und walisischen Literatur immer wieder antreffen, nämlich die Gewohnheit, Helden nach ihrer Mutter und nicht nach ihrem Vater zu benennen. ... Hier scheint tatsächlich noch die Spur einer matrilinearen Erbfolge zugrunde zu liegen, die noch nicht gänzlich aus dem Gedächtnis der Erzähler verschwunden war« (ebd.).

Manches von derlei Bräuchen scheint sich in der inselkeltischen Folklore noch bis ins 20. Jhd. erhalten zu haben. »Beispielsweise kann in Irland und Schottland an Stelle des Vaternamens der Muttername erscheinen ... In Wales wurden entgegen dem herrschenden patronymischen Prinzip bis in die jüngste Vergangenheit matronymische Gebräuche gepflegt. So erhielten einzelne eheliche bzw. aus festen eheähnlichen Verbindungen stammende Söhne häufig den Namen der Mutter bzw. – wenn diese den Namen ihres Mannes trug – den der Mutterfamilie« (Grünert, S. 257).

Frauen besaßen in den Volksversammlungen Stimmrecht. Dabei kam es für sie, nach Art mutterrechlicher Verfassungsprinzipien, nicht unbedingt darauf an, selber Führungspositionen einzunehmen. Wichtiger war vielmehr, daß sie Einfluß auf die Besetzung der (meist von Männern wahrgenommenen) Ämter nehmen und sie gegebenenfalls selbst ausfüllen konnten (vgl. ebd. S. 256).

»Der Weiber Regiment hat von Anfang der Welt nie nichts Gutes ausgerichtet, wie man pflegt zu sagen: Weiber Regiment nimmt selten ein gut End! Da Gott Adam zum Herrn über alle Creaturen gesetzt hatte, da stund es alles noch wol und recht, und alles ward auf das Beste regieret; aber da das Weib kam und wollte die Hand auch mit im Sode haben und klug seyn, da fiel es Alles dahin und ward eine wüste Unordnung ...« *(Martin Luther)*

»Der Basilisk tötet mit seinem giftigen Blicke; das geile Auge des Weibes macht den Mann zu Schanden und dörrt ihn wie Heu. Es ist ein Spiegel des Teufels; wehe auch dem frömmsten Manne, der oft hinein schaut.
Ein Thor, wer einer Schlange traut; hat doch die Schlange Eva betrogen und ist dafür verdammt, über Steine und Dornen zu kriechen. Kein Mann sollte dem Weibe trauen, seitdem es den Adam betrogen hat, weswegen man es ja auch Haupt und Stirn bedeckt tragen läßt, damit es sich schäme.« *(Sammlung mittelalterlicher Sprichwörter, nach Uitz, S. 174)*

Eine neue Zeit und Weltordnung war angebrochen. Vorerst bestanden sie noch nebeneinander, altes und neues Weltbild, konnten die neuen Ideen vor allem im alltäglichen Leben der Bevölkerung zunächst wenig Fuß fassen. Doch römisches Recht und christliche Theologie forderten allmählich ihren Tribut, wenn auch das dort propagierte Denken schon durch die lateinische Sprache der einheimischen Bevölkerung lange Zeit eher fremd blieb und bevorzugt nur in den herrschenden Schichten von Adel und Klerus Gefallen fand. Bis zu Luthers Bibelübersetzung zu Beginn des 16. Jahrhunderts (1522) konnten die meisten Leute die Heiligen Schriften weder selbständig lesen noch verstehen und somit ziemlich ungebrochen ihren alten (mündlichen) Überlieferungen nachhängen. »Wie wenig sich zum Beispiel die ausgeprägt patriarchalische Meinung von der Minderwertigkeit und Schlechtigkeit der Frau in der Bevölkerung durchsetzen konnte, belegen Zahlen und Fakten aus dem 14. und 15. Jahrhundert. Sie zeigen, daß die Frauen im städtischen Leben bis ungefähr 1500 noch fast in allen Berufen vertreten waren und zwar nicht nur als exotische Exemplare oder nur in typischen Frauenberufen, sondern auch in sogenannten Männerberufen. So gab es Wagnerinnen, Küferinnen, Brunnenreinigerinnen, Torwächterinnen und nicht zuletzt Apothekerinnen in großer Zahl, Chirurginnen, Augenärztinnen und Hebammen, die vermutlich auch gleichzeitig allgemeinärztliche Tätigkeiten ausübten. Der ganze Bereich der Medizin lag noch fast ausschließlich in Frauenhänden« (Müller, S. 29). Frauen konnten – insbesondere im Textilgewerbe – eigene Zünfte gründen, wurden selbständige Händlerinnen und Handwerksmeisterinnen, die wiederum eigene Lehrlinge ausbilden durften. Dabei war »das in ganz West- und Mitteleuropa neben den Textilberufen am häufigsten von Frauen ausgeübte Handwerk zweifellos die Bierherstellung« (Uitz, S. 80). Doch wurden auch andere Lebensmittelgewerbe von Frauen selbständig betrieben, »so die Bäckerei mit ihren Spezialisierungen (Kuchen-, Fladen- und Pastetenbäckerei), das Fleischhauerhandwerk, die Fluß- und Binnenfischerei, das Ölschlagen, die Gärtnerei« (ebd. S. 78; vgl. zum Ganzen: ebd. S. 62–116). Selbst noch im Baugewerbe und Schmiedehandwerk waren Frauen zu finden (vgl. ebd. S. 189). Den damals aufkommenden *Beginen* (die wirtschaftlich abgesicherte Gemeinschaften für ehelos lebende Frauen bildeten) sagten christliche Theologen nach, sie hätten »die Geheimnisse der Schriften, die selbst für Leute, die in der heiligen Schrift bewandert sind, kaum zu ergründen sind, in der Volkssprache interpretiert« (ebd. S. 183). Ein Unternehmen, das selbstverständlich nur mit dem Teufel im Bund stehen konnte und deshalb als Ketzerei geahndet werden sollte.

Immer mehr hatte sich unter christlichen Vorzeichen das theologische Verständnis der Geschlechterbeziehungen zuungunsten der Frau verschoben. »Die christlichen Frauen werden ermahnt, ein Leben in Erkenntnis der Erbsünde des Weibes zu führen, die Männer, sich nicht in die Sündhaftigkeit des Weibes verstricken zu lassen« (ebd. S. 171). Da diese neue Anschauung von der Minderwertigkeit der Frau stets auf die sexuelle Natur »des Weibes« schielte, ja die Frau recht eigentlich erst zu einem sexuellen und nur sexuellen Wesen degradierte, wirkte sie direkt oder indirekt prostitutionsfördernd: »Ethisch-moralisch ermöglichte die Herabwürdigung der Frau auch den Ausbau der Prostitution durch weltlichen und geistlichen Adel, einzelne Bürger und zahlreiche Stadträte« (ebd. S. 175).

In den späteren Hexenverfolgungen, die man sprachlich exakter Frauenpogrome nennen sollte, prallten somit zwei religiöse Wertvorstellungen von der Frau aufeinander, die diametral entgegengesetzter kaum hätten sein können. Weshalb auch endgültig nicht mehr verwundern sollte, warum dieser großangelegten Säuberungsaktion in der übergroßen Mehrzahl Frauen zum Opfer fielen. Zwischen den Empfindungen der Schmach, »*inter urines et faeces*« geboren und der Wonne, »*von den lieben frolîn fîn*« gekommen und beschützt gewesen zu sein, liegen in der Tat nicht nur Welten, sondern Abgründe. »So mußten erst nahezu zwei Jahrtausende vergehen, bis die Französin all die Rechte und Privilegien wieder erlangte, die ihre Ahnin, die Gallierin, nach ihrer Unterjochung durch das römische Recht und durch das vom Christentum gepredigte Mißtrauen gegen alles Weibliche, eingebüßt hatte.« Was Markale (1984, S. 43) hier über die Französinnen sagt, mag in Abwandlung auf sämtliche Frauen West- und Mitteleuropas zutreffen. Gerade deshalb wird es von vielen Frauen heute als so wesentlich empfunden, sich an die alten Überlieferungen wieder anzuschließen, die ihnen ein wertvolleres Bild ihrer selbst zu spiegeln vermögen und ein facettenreicheres Bild vom Weiblichen »Wesen« entwerfen, als es die christlichen Konfessionen je konnten und können werden.

ISIS,
DIE GROSSE, MUTTER DES GOTTES;
UNA, QUAE EST OMNIA

»Ich bin Isis, ich bin das All,
das Vergangene, Gegenwärtige und Zukünftige,
meinen Schleier hat noch kein Sterblicher gelüftet.«

»Die Dunkelheit war undurchdringlich, ein gedecktes Schwarz, ohne Sonne oder Mond. Sie wußten nicht, ob es Nacht war oder ein Tag ohne Licht; nach allen Seiten umgab sie ein dichter Wald aus überwucherten Bäumen. Plötzlich kam von irgendwo ein schwaches Licht, vielleicht der Schein einer Lampe in der Hand eines Aufsehers oder des Sicherheitschefs, eben genug, um eine schattenhafte flüchtende Gestalt zu erkennen. Kein Tier, kein Wesen auf vier Beinen, sondern etwas, das auf zwei Beinen rannte, das konnten sie an den Bewegungen erkennen. Sie sahen auch, daß es kein Mann war, sondern eine Frau, vielleicht bemerkten sie die Brüste, rund und fest, oder es gab irgend ein anderes unbestimmtes Merkmal. Sie war jung, sehr jung, feingliedrig, ihre Haut glatt wie die eines Kindes, braun wie der Lehm am Flußufer. Ihr Gesicht war schmal, mit großen schrägstehenden Augen, die Pupillen dunkler als die tiefste Nacht. Eine Göttin aus der Vorzeit. Barfuß rannte sie, ohne innezuhalten. In der rechten Hand hielt sie etwas, das aussah, wie der Zweig eines Baumes. Ihr Körper war nackt, er glänzte auf wie ein silberner Fisch im All; die Fittiche der Nacht oder ein dunkles grünes Blatt verbargen ihre Scham. Ein Blitz erhellte die Nacht. Einen Augenblick lang war sie zu sehen, wie sie in der Nacht entschwand, gefolgt von ihrem Hund. Dann herrschte wieder Finsternis und Stille.

Kurz darauf entstand eine Bewegung in der Dunkelheit, die Bewegung vieler Augen, der forschenden Augen des Imam, geführt vom Sicherheitschef; eine Kette von Männern, mächtige, haarige Gestalten. Jeder hielt in der Rechten einen Stein oder eine scharfe Klinge. Sie rannten, so schnell sie konnten, sie wollten sie einholen, doch sie war rasch wie der Wind und schneller als jeder Mann. Und sie kannte das Land, das sie durcheilte, all seine Geheimnisse. Hier war sie geboren, und hier starb sie …

… Ihr Körper wurde zu Stein; als Felsmonument mit dem Hund an ihrer Seite, überdauerte sie Jahr um Jahr – so wie in der Vorzeit die Höhlenmenschen mit ihren Hunden mehr als dreihundert Jahre in den Tiefen der Erde überlebt hatten.« *(Nawal el Saadawi, Der Sturz des Imam)*

I.   Kurze Erläuterungen zur Entwicklung des Isis-Kultes

1.   *Formen und Orte der Isis-Verehrung*

Der Name der Göttin *Isis* wurde hieroglyphisch verdeutlicht »durch das Zeichen eines hohen Thrones mit weiblicher Endung, und ›Frau‹, ›Göttin‹ (o.ä.) als Determinativ.« Diese Schreibweise blieb von der 5. Dynastie an (Zeit zwischen 2520–2360 v.Chr., in der Chronologie nach Hornung, 1988, S. 219f.) bis in die griechisch-römische Epoche »ungewöhnlich konstant« (LÄ Bd. III, Sp. 186). Im Namen ihres Bruder-Gatten *Osiris* kam – wenn auch weniger durchgängig – dasselbe Thronzeichen (oder das eines niedrigen Thronsessels) vor (vgl. ebd.).

Das bisher einzige sichere Zeugnis eines Isis-Kultes im Alten Reich fand sich in Qusae, wo ein »Priester der Isis und der *Hathor*« – oder »der Isis-Hathor« – für die 6. Dynastie (ab 2360 v. Chr.) belegt ist (vgl. ebd. Sp. 189). Den um diese Zeit entstehenden Pyramidentexten zufolge (in denen sie etwa 70mal erwähnt wird) erhielt die Göttin bereits damals den Beinamen »die Große« (Pyr. 1140c; 1214b; vgl. Münster, S. 203). Auch ist ihre Gleichsetzung mit dem Sternbild der *Sothis* (= Sirius) schon seit den Pyramidentexten nachweisbar (etwa Pyr. 632 a–d; vgl. ebd. S. 153 u. 198). Als Isis-Sothis verehrte man sie unter dem Beinamen »Herrin des Lichts am Ort der Finsternis«. Seit dem Neuen Reich (etwa ab 1500 v. Chr.) konnte der Stern Sothis in astronomischen Darstellungen einfach Isis genannt werden (vgl. ebd. S. 153).

Eine Überlieferung, die auf altes ägyptisches Gedankengut zurückgeht, ist ferner die Vorstellung von Isis als *Erdgöttin*! »Isis ist Erde wie *Geb*«, heißt es bereits in einem Spruch aus den Sargtexten (um 2000 v. Chr.; ebd. S. 198). Die Nilufer wurden verklärt als die »Lippen der Isis«. »Weil die Ufer die Lippen der Isis sind, kann der Text sagen, das Ufer ›esse‹ die Verwesungsflüssigkeit« des Osiris (ebd. S. 199), der im Nil verehrt wurde. Diese Vorstellung wurde offensichtlich noch im ersten nachchristlichen Jahrhundert dem griechischen Schriftsteller Plutarch übermittelt, der in seinem Werk *Über Isis und Osiris*, 38, folgendes erzählt: »Wie sie also den Nil den Ausfluß des Osiris nennen, so halten sie die Erde für den Leib der Isis, doch nicht etwa die ganze Erde, sondern nur, soweit sie der Nil besamt, sich mit ihr vermengt und sie besteigt; aus dieser Beiwohnung lassen sie den Horos gezeugt werden.« Das Wasser befruchtet somit das Land wie Osiris die Isis.

Weniger bekannt, aber nicht weniger interessant, dürfte das Bild von Isis als *Regengöttin* sein. Im mathematischen Papyrus Rhind heißt es dazu: »Jahr 11 ... Geburt der Isis: Es ließ der Himmel regnen.« Maria Münster betont, »daß dieser Textstelle die Auffassung der Isis als Regengöttin zugrundeliegt. Wie der Donner am Tag der Geburt des Donnergottes als auffällig aufgezeichnet wurde, so war wohl auch das besondere des Regens am Tag der Geburt der Isis, daß er dem Wesen der Göttin entspricht« (S. 200).

Bereits im Alten Reich wurde Isis zudem mit der *Totengöttin Tait* gleichgesetzt. In dieser Funktion spann sie den Stoff für das Gewand der Toten, der Götter wie – später – auch der Menschen. Die von Isis und ihrer Schwester, der Göttin *Nephthys*, gefertigten Kleider sollten die Toten umhüllen wie »die Arme der Göttin«. Schließlich galt sogar der im Götterkult allgemein verwendete Stoff nach einem Spruch aus dem täglichen Ritual als von Isis und *Nephthys* hergestellt. So wurden sie zu Spinnerinnen auch für die Lebenden: »Was Isis und Nephthys für den Toten tun, das tun sie im Zauber auch zum Wohl des Lebenden. In den Zaubersprüchen für Mutter und Kind wird ihre Funktion als Spinnerinnen dazu benutzt, einen Knoten zum wirksamen Amulett für das Kind zu machen.« »Isis zwirnte (?), Nephthys spann den Knoten aus Gottesfaden mit sieben Knoten daran, damit du behütet werdest, o Kind« (ebd. S. 150; vgl. zum Ganzen S. 150–152 u. 210).

Als Heimatort der Isis gilt das antike *Iseum*, »das später in *Behbet-el-Hagar* weiterlebt« und das man für identisch mit dem 12. unterägyptischen Gau »*ntrw*« hält, das seit dem Mittleren Reich als Hauptort der Isis formelhaft feststeht. »Die Nähe« dieser Ortschaft »zu Busiris könnte eine Verbindung v. zwei Lokalgöttern Isis und Osiris befördert haben« (vgl. LÄ Bd. III, Sp. 188 f.). Busiris (alt Djedu) jedenfalls, die Stadt im mittleren Nildelta und Hauptstadt des 9. unterägyptischen Gaues, galt als Heimat des Osiris. Hier soll sich – laut Herodot II, 59 – neben dem Tempel des Osiris ein berühmtes Isis-Heiligtum befunden haben (vgl. LÄ Bd. I, Sp. 883).

2.   Der Mythos von Isis und Osiris

Wann genau der Mythos von Isis und Osiris entstanden ist, der die Welt noch bis zu Mozarts Oper *Die Zauberflöte* bewegte, ist heute nicht mehr genau auszumachen.

Dabei ist der Mythos in seinem Kern nichts weiter als ein schlichtes Märchen: Ein Märchen von einem guten König, den sein böser Bruder ermordet. Seine Frau findet seinen Leib und ruft ihn halb ins Leben zurück. Dann erzieht sie im Geheimen den nachgeborenen Sohn, bis der heranwächst, um den Mörder seines Vaters zu rächen und selbst den Thron zu besteigen.

Das Hohelied von der Gattinnenliebe und -treue selbst über den Tod hinaus, die Gewißheit, daß das Gute sich schließlich doch durchsetzen wird, wird hier gefeiert und in Form einer Mysterienlehre schließlich zur Heilsbotschaft für alle von Mühsal und Unglück Verfolgten. So konnte der Mythos über die Jahrtausende hindurch zur Heilslehre für Millionen von Menschen unterschiedlichster Rassen und Nationalitäten werden, die sich alle in ihm wiederfinden konnten.

Die Religion der Isis wurde niemals vereinheitlicht und kannte daher weder bindende heilige Schriften noch feste Dogmen. Die Überlieferungsunterschiede zwischen den einzelnen Kultorten und Gemeinden können beträchtlich gewesen sein. Wir können deshalb auch nicht erwarten, daß die uns bekannte, ausführlichste Darstellung bei Plutarch die einzige Version des Isis-Mythos gewesen ist (zumal sie erst sehr spät auftaucht). Als eine der ältesten Kurzfassungen der Erzählung (ca. 1400 v. Chr.) gilt:

3.   *Der Pariser Osirishymnus*

»Dem Osiris vererbte Geb das Königtum der beiden Länder, da er seine Trefflichkeit sah. Er übertrug ihm, die Länder in vorzüglicher Weise zu leiten, er vertraute ihm diese Länder an, sein (des Geb) Wasser, seine Luft, seine Kräuter, alle seine Herden, alle Vögel, alles Geflügel, die Schlangen, das Wild der Wüste wurden dem Sohne der Nut (d. h. dem Osiris) überantwortet. Die beiden Länder waren erfreut darüber, daß er auf dem Throne seines Vaters erschienen war, wie Re, wenn er im Horizonte aufgeht und Licht spendet nach der Finsternis … Seine Schwester Isis war sein Schutz, die die Feinde fernhielt, die die Anschläge des Unheilstifters mit den Sprüchen ihres Mundes zuschanden werden ließ, die mit sicherer Zunge, deren Wort nicht fehlgeht, die mit wirksamen Befehlen, Isis, die Nützliche, die ihrem Bruder hilft, die ihn suchte, ohne zu ermüden, die dieses Land klagend durchzog, ohne daß sie haltgemacht hätte, bevor sie ihn gefunden hatte, die mit ihren Flügeln Schatten machte und mit ihren Schwingen Luft entstehen ließ, die lobpries und ihren Bruder ans Land brachte, die die Regungslosigkeit des Starren löste, seinen Samen empfing und den Erben hervorbrachte, die das Kind in der Einsamkeit aufzog, man weiß nicht wo, sie, die ihn, als sein Arm stark geworden war, in die Halle des Geb einführte« *[um dort den Rechtsanspruch auf den Thron seines Vaters gegen Seth zu erhalten]* … *(Hopfner 1940, S. 17 f.; vgl. Manniche, S. 88 f.)*

4.   *Die »Tiere« der Isis*

Gewöhnlich wird die Göttin menschlich dargestellt, wobei sie das Zeichen ihres Namens oder das Kuhgehörn der Göttin Hathor auf dem Kopf trägt. Weitere Erscheinungsformen sind:

Vogel, insbesondere Weihe oder Falke und häufig zusammen mit Nephthys, wovon beide Göttinnen den Beinamen »*die beiden Weihen*« erhalten haben. Dies auch in ihrer Funktion als Klagevögel, die zu Häupten und Füßen des Toten (Osiris) hocken.

Mit ihren Flügeln fächelt Isis dem toten Osiris Lebensluft zu. Im Sethostempel von Abydos (dem Hauptkultort des Osiris) ist sie hinter Osiris stehend abgebildet, um den sie ihre Flügel breitet. Dazu spricht sie: »Siehe, ich bin hinter dir, indem (ich meine) Flügel schützend um deinen Leib breite« (Münster, S. 201). Desgleichen kann Isis auch als Schutzgöttin am Bug der Totenbarke sitzen.

Schlange, insbesondere Kobra (*Uräus*), eine Gleichsetzung, die bereits in den Sargtexten belegt ist.

Nilpferd, offenbar aufgrund einer Gleichsetzung mit der Nilpferdgöttin *(Thoeris)*. In der elften Stunde des *Buches des Tages und der Nacht* erscheint sie als Nilpferd in schützender Funktion.

Kuh, aufgrund ihrer Gleichsetzung mit verschiedenen Kuhgöttinnen (wie Hathor)

Isis, die Osiris mit ihren Flügeln beschirmt. (Karnak, 6. Jhd. v. Chr.)

in der Spätzeit. Nach der Erzählung des Papyr. Sallier IV erhält Isis als Ersatz für ihren menschlichen Kopf, den Horus ihr aus Wut über ihre Parteinahme für Seth abgeschlagen hat (s. u.) einen Kuhkopf (vgl. Münster, S. 202 f.).

> »Plötzlich fällt ihm ein, wie Sixo einmal versucht hat zu beschreiben, was er für die Dreißig-Meilen-Frau empfand. ›Sie ist meiner Seele gut. Sie sammelt mich zusammen, Mann. Die Stücke, aus denen ich bestehe, die sammelt sie zusammen und gibt sie mir in der richtigen Reihenfolge zurück. So was ist gut, weißt du, wenn du eine Frau hast, die deiner Seele gut ist.‹« *(Toni Morrison, Menschenkind)*

II.   Mythologische Texte

1.   Der Mythos von Isis und Osiris nach Plutarch, »Über Isis und Osiris«, Kap. 12–21

Rhea (Nut), erzählt man, begattete sich heimlich mit Kronos (Geb); das habe Helios (Re) bemerkt und sie verflucht, daß sie in keinem Monat noch Jahr gebären solle. Aber (auch) Hermes (Thoth) liebte die Göttin und wohnte ihr bei. Als er hierauf mit der Mondgöttin (Selene) Brett spielte und ihr den siebenzigsten Teil jedes Tages abgewonnen hatte, faßte er alle diese Teile zu fünf Tagen zusammen und schaltete sie hinter die 360 Tage (des Jahres), die die Ägypter (deshalb noch) jetzt »die Darangefügten« (Epagomenen) nennen und als Geburtstage der Götter feiern.

Am ersten Tage wurde *Osiris* geboren, und zugleich mit seiner Geburt ließ sich eine Stimme hören, daß der Allherr an das Licht trete; einige aber berichten, eine gewisse Pamyle in Theben habe beim Wasserschöpfen aus dem Tempel des Zeus eine Stimme vernommen, die ihr befahl, laut zu verkünden, daß der große König und Wohltäter Osiris geboren worden sei, und deshalb habe sie den Osiris, den ihr Kronos übergeben hatte, aufgezogen. Ihr zu Ehren werde deshalb das Fest der Pamylien gefeiert.

Am zweiten Tage wurde *Harueris* geboren, den manche den älteren *Horus* nennen, und am dritten Tage *Seth-Typhon*; doch weder zur rechten Zeit noch am rechten Ort, sondern er sprang heraus, indem er mit einem Schlag die Weiche seiner Mutter aufriß. Am vierten Tage ward *Isis* im Ganzfeuchten geboren und am fünften Tage *Nephthys*, die man auch *Teleute* (die Letzte) und *Aphrodite* nennt, einige auch *Nike*. Osiris und Harueris stammen von Helios (Re), Isis von Hermes (Thoth) und Typhon (Seth) und Nephthys von Kronos (Geb). Deshalb betrachteten die Könige den dritten Schalttag als Unglückstag und unternahmen keinerlei Geschäfte noch pflegten sie ihren Körper bis zur Nacht. Dem Typhon hat sich Nephthys vermählt; Isis und Osiris aber liebten einander schon vor ihrer Geburt und wohnten einander im Mutterleibe in der Finsternis bei. Einige behaupten, auf diese Weise sei Harueris gezeugt worden, und er werde von den Ägyptern der ältere Horus genannt, von den Griechen Apollo.

Osiris brachte, als er König war, die Ägypter sogleich von ihrer ärmlichen und rohen Lebensweise ab, *indem er ihnen den Anbau der Feldfrüchte zeigte,* Gesetze gab und sie die Götter zu verehren lehrte. Später durchzog er das ganze Land und entwilderte es, wobei er kaum je Waffen nötig hatte; denn er gewann die meisten, indem er sie durch Überredung und Belehrung, *zugleich mit jeder Art von Gesang und Musik bezauberte.* Deshalb schien er den Griechen derselbe zu sein wie Dionysos.

Seth-Typhon stiftete während seiner Abwesenheit keinerlei Unruhen, weil Isis gar sehr auf der Hut war und ihn scharf im Auge behielt. Doch als Osiris heimgekehrt war, setzte Seth eine Hinterlist ins Werk; dabei hatte er 72 Männer zu Mitverschworenen und eine aus Äthiopien (Nubien) anwesende Königin, die die Ägypter Aso nennen, zur Helferin. Typhon maß nämlich den Leib des Osiris heimlich aus und ließ nach seiner Größe eine schöne reichgeschmückte Lade herstellen. Diese brachte er zum Gelage mit. Als sich nun alle an dem Anblick erfreuten und die Lade bewunderten, versprach Typhon im Scherz, sie dem zum Geschenk zu geben, der sie völlig ausfüllen werde, wenn er darin liege. Als dies alle der Reihe nach versucht hatten und keiner hineinpaßte, stieg auch Osiris hinein und legte sich nieder. Da liefen die Verschwörer herbei, warfen den Deckel zu, verschlossen die Lade von außen mit Nägeln und gossen heißes Blei darüber; dann trugen sie sie zum Flusse hinaus und schickten sie durch die tanitische Mündung ins Meer, die die Ägypter deshalb noch heute für hassenswert und abscheulich halten. Das geschah, erzählt man, am 17. Athyr (13. November), an dem die Sonne den Skorpion durchläuft, während Osiris das 28. Jahr regierte; doch behaupten einige, er habe nur so lange gelebt, aber nicht regiert.

Als Isis davon erfuhr, schnitt sie sich dort eine ihrer Locken ab und legte Trauerkleidung an, woher die Stadt noch jetzt Koptos heiße; andere aber meinen, daß der Name »Beraubung« bedeute, denn berauben heißt (griech.) *koptein.* Überall umherirrend und ratlos, ging sie an niemandem vorbei, ohne ihn anzureden; ja sogar Kinder, auf die sie traf, fragte sie nach der Lade; die aber hatten sie zufällig gesehen und nannten ihr die Mündung, durch die die Freunde Typhons den Behälter ins Meer gestoßen hatten. Daher glauben die Ägypter, daß Kinder über offenbarende Kraft verfügen, und legen sich namentlich aus ihren Ausrufen, wenn sie in den Tempeln spielen, und, was sich trifft, hören lassen, die Zukunft aus.

Als Isis erfuhr, daß Osiris, ohne es zu wissen, ihrer Schwester beigewohnt hatte, als sei sie (Isis) es selbst, und den Honigkleekranz erblickte, den er bei Nephthys zurückgelassen hatte, suchte sie das (dieser Vereinigung entsprossene) Kind, denn Nephthys hatte es gleich nach der Geburt aus Furcht vor Seth-Typhon ausgesetzt. Nachdem Isis es mit Mühe und Not gefunden hatt, indem Hunde sie hinführten, zog sie es auf. Und es wurde ihr Wächter und Begleiter, *Anubis* genannt, von dem es heißt, daß er die Götter ebenso bewache wie die Hunde die Menschen.

Hierauf erfuhr Isis von der Lade, daß die Brandung sie sanft an einem Ereike-Baum abgesetzt habe, als sie von den Meereswogen im Gebiete von *Byblos* an das Land geworfen war. Als die Ereike in kurzer Zeit zum herrlichsten Jungbaum aufgeschossen war, umfing sie die Lade ringsum, wuchs um sie herum und verbarg sie so in sich. Der König von Byblos bewunderte nun die Größe des Baumes, schnitt den Stamm, der die nicht sichtbare Lade umgab, ab und stellte ihn als Stütze unter sein Dach. Das erfuhr Isis, so erzählt man, durch das dämonisch-göttliche Wehen des Gerüchtes und *kam nach Byblos, setzte sich ärmlich und verweint an eine Quelle und sprach mit niemandem. Nur den Dienerinnen der Königin begegnete sie freundlich und liebreich, indem sie ihnen das Haar flocht und ihrer Haut einen wunderbaren Wohlgeruch einhauchte, der von ihr selbst ausströmte. Als die Königin die Dienerinnen sah, befiel sie ein Verlangen nach der Fremden, deren Haar und Haut Ambrosia aushauchte. Sie ließ sie darum holen, wurde mit ihr vertraut und machte sie zur Amme ihres Knäbleins.*

Isis nährte nun das Knäblein, indem sie ihm statt der Brust den Finger in den Mund steckte. Nachts aber verbrannte sie das Sterbliche an seinem Körper, während sie selbst sich in eine Schwalbe verwandelte und klagend den Stützpfeiler umflog, bis die Königin sie dabei beobachtete und laut aufschrie, als sie das Kind in den Flammen sah; dadurch raubte sie ihm die Unsterblichkeit. Jetzt erbat sich die Göttin, da sie offenbar geworden war, den Pfeiler des Daches, zog dann den Ereikestamm ganz leicht unter dem Dache heraus und schnitt ihn ringsum weg. Dann umhüllte sie ihn mit Linnen, goß Salbe darauf und übergab ihn dem Königspaar. Und noch heute verehren die Byblier dieses Holz, das im Tempel der Isis liegt. Dann aber warf sie sich über den Sarg und wehklagte so heftig, daß der jüngere Sohn des Königs starb. Den ältern Sohn nahm sie mit sich. Sie legte den Sarg in ein Schiff und segelte davon. Als der Fluß Phaidros gegen Morgen einen rauheren Wind aufkommen ließ, geriet sie in Zorn und ließ seinen Lauf vertrocknen.

Sobald sie in die Einsamkeit gelangt und mit sich allein war, öffnete sie den Sarg, schmiegte ihr Angesicht an das der Leiche, küßte sie und weinte. Da nun das Knäblein lautlos von hinten dazukam und dies wahrnahm, merkte sie es, wandte sich um und warf ihm im Zorn einen furchtbaren Blick zu; das Kind aber vermochte den Schreck nicht zu ertragen, sondern fiel tot um. Andere indeß erzählen, nicht so sei es gestorben, sondern auf die bereits erwähnte Art ins Meer gefallen. Es genieße aber Ehren wegen der Göttin; denn es sei der Maneros, den die Ägypter bei den Gelagen besingen ...

Als Isis zu ihrem Sohne Horus reiste, der in Buto aufgezogen wurde, stellte sie den Sarg beiseite; aber Typhon stieß auf ihn, während er bei Nacht im Mondscheine jagte. Er erkannte den Leichnam, *zerriß ihn in vierzehn Stücke und streute sie umher. Als Isis das zu Ohren kam, fuhr sie in einem Papyrusboote durch die Sümpfe und suchte die Teile wieder zusammen.* Deshalb werden die auf Papyruskähnen Schiffenden von den Krokodilen nicht verletzt, da diese wegen der Göttin sich entweder fürchten oder heilige Scheu empfinden. Aus diesem Grunde *spricht man auch von vielen Gräbern des Osiris in Ägypten, da Isis für jedes einzelne Glied dort, wo sie es fand, ein Grab errichtete.* Andere leugnen das; sie habe vielmehr einige Nachbildungen der Leiche gemacht und sie den einzelnen Städten geschenkt, als ob sie ihnen den wahren Leichnam gebe. Denn er sollte von mehreren Verehrung genießen und Typhon sollte, falls er die oberhand über Horus gewänne und das wahre Grab suchte, den Mut verlieren, da viele Gräber genannt und gezeigt würden.

Von den Gliedern des Osiris konnte Isis nur das Schamglied nicht finden, denn es war gleich in den Fluß geworfen worden und der Lepidotos-, der Phagros- und der Oxyrynchosfisch hatten davon gefressen, von denen sich die Ägypter unter den Fischen am meisten fernhalten; doch Isis stellte statt des Schamgliedes eine Nachbildung her und weihte den Phallos, dem zu Ehren die Ägypter auch jetzt noch ein Fest feiern.

Dann kam Osiris aus der Unterwelt zu Horos, rüstete ihn für die Schlacht und übte ihn ein. Hierauf fragte er ihn, was er für das Edelste halte. Als er nun antwortete: »Vater und Mutter, denen Böses widerfuhr, zu rächen«, fragte Osiris ihn zum zweiten, welches Tier er für die zum Kampfe Ausziehenden als das nützlichste betrachte. Als nun Horus antwortete: »Das Pferd«, wunderte er sich darüber und fragte, warum er nicht den Löwen, sondern das Pferd genannt habe. Doch Horus sagte, der Löwe sei für den nützlich, der der Hilfe bedürfe, das Pferd dagegen dazu, den fliehenden Feind zu zerstreuen und völlig zu vernichten. Als Osiris das hörte, freute er sich, weil Horus sich demnach genügend vorbereitet hatte ...

Die Schlacht dauerte viele Tage, und Horus blieb Sieger. *Als Isis den gefesselten Typhon in Empfang nahm, tötete sie ihn nicht, sondern löste ihn und ließ ihn frei.* Das ertrug nun Horus nicht mit Gleichmut, sondern legte Hand an seine Mutter und riß ihr die Krone vom Haupt. *Doch Hermes (Thoth) setzte ihr dafür einen kuhköpfigen Helm auf.*

Als Typhon den Horus wegen unehelicher Geburt verklagte, wurde dieser mit Hilfe des Hermes von den Göttern für ehelich erklärt. Typhon aber wurde in zwei weiteren Schlachten niedergekämpft. Isis brachte unterdessen von Osiris, der ihr noch nach seinem Tode beiwohnte, den *Harpokrates* als Frühgeburt und an den unteren Gliedmaßen zu schwach zur Welt.

Das sind so ungefähr die Hauptzüge des Mythos unter Weglassung des Widerwärtigen wie z. B. der gliedweisen Zerstückelung des Horus und der Köpfung der Isis ... (Daß aber alles Erzählte nur symbolisch-allegorisch aufzufassen ist, beweist die Auffassung über die Osirisgräber.) Denn obwohl der Leichnam an vielen Orten liegen soll, behaupten die Ägypter doch, nur ein Städtchen werde genannt, das allein den wahren Leichnam besitze; die reichen und vornehmen Ägypter setzen nämlich ihren Ehrgeiz darein, in Abydos als Grabgenossen der Leiche des Osiris beigesetzt zu werden. Ferner wird in Memphis der Apis (Stier) als Abbild der Seele des Osiris gehalten, wo auch (wieder) sein Leichnam liege; ... Endlich aber sei die Insel bei Philai in der Gegend von Syene sonst für jedermann unbetretbar und unzugänglich, und nicht einmal Vögel ließen sich auf ihr nieder oder Fische näherten sich ihr; doch zu einer bestimmten Zeit setzten die Priester hinüber, brächten das Totenopfer dar und schmückten das Grab (des Osiris), das von einer Medithepflanze beschattet werde, die an Höhe jeden Ölbaum übertrifft.

Eudoxos allerdings behauptet, daß, obwohl viele Gräber in Ägypten genannt werden, der Leichnam doch nur in Busiris liege, denn diese Stadt sei auch die Vaterstadt des Osiris. Bei Taphosiris vollends sei gar keine Begründung notwendig, denn der Name selbst schon bedeutet ja »Grab des Osiris«; das Zerschneiden des Holzes (dort), das Zerreißen des Linnens und das Ausgießen der Spenden aber übergehe ich, weil vieles davon mit der Mysterienlehre zusammenhängt. Die Priester indeß erzählen, daß die Leiber nicht nur dieser, sondern auch der übrigen Götter, die weder ungezeugt noch unvergänglich seien, nach ihrem Tode bei ihnen ruhen und verehrt werden, daß ihre Seelen dagegen als Sterne am Himmel leuchten. Und die Seele der Isis werde von den Griechen Hundsstern, von den Ägyptern Sothis genannt, der Orion sei die Seele des Horus und der Große Bär die Seele des Typhon. *[Übersetzung nach Hopfner, S. 3–13, sowie Brunner-Traut, S. 88–93; der Text wurde in direkte Aussage umgesetzt.]*

Zahlreiche Darstellungen zeigen Isis in Vogelgestalt, wie sie – meist als Falkenweibchen – über dem Glied des toten Osiris schwebt und so Tod in neues Leben verwandelt.

> »Deine Schwester Isis war tätig als Beschützerin für dich. Sie entfernte die Feinde, sie wendete die Zeit [des Unheils] von dir ab, sie rezitierte Formeln mit der magischen Kraft ihres Mundes ... Isis, die Zauberin, verteidigte ihren Bruder. Sie kam, ihn unermüdlich zu suchen. Sie flog rund und rund über die Erde, Klagerufe des Grams ausstoßend, und sie ließ Licht aus ihren Federn ausgehen, sie machte Wind mit ihren Schwingen, ... sie machte, daß sich die hilflosen Glieder dessen, dessen Herz in Ruhe war, erhoben; sie empfing von ihm sein Wesen und machte daraus einen Erben.« *(Osirishymnus bei Ledrain, nach Hopfner 1940, S. 83)*

»Sie (Isis) nahm sein (des Osiris) Wasser und machte daraus ein Kind«, lautet ein anderer Stelentext. *(Ebd. S. 85)*

Oft ist bezeugt, daß Isis nicht nur den Osiris mit Wasser wieder zum Leben erweckte, sondern daß sie auch ihren Sohn Horus lebendig gemacht oder aus lebensbedrohender Krankheit oder Gefahr errettet hat. Wie uns ein Gespräch aus dem Papyrus Ebers (69) vermittelt, in dem es heißt:

»Dein Sohn Horus brennt auf dem Wüstenberge.«

»Ist Wasser da?«

»Es ist kein Wasser da.«

»Wasser ist in meinem Munde, Nil zwischen meinen Beinen. Ich komme, um das Feuer zu löschen.« *(Vgl. Merkelbach 1962, S. 68 f.)*

2. Der Streit zwischen Horus und Seth

Bei diesem Streit geht es um die Thronfolge des Osiris, auf die zwei Götter Anspruch erheben: Horus und Seth. Horus, weil er als des Osiris rechtmäßiger Sohn und Erbe auftritt, für den selbstverständlich auch Isis eintritt. Seth, weil er – obzwar Mörder des Osiris – trotz allem über die größte Kraft unter den Göttern verfügt, weshalb Re auf seiner Seite steht, dessen Sonnenbarke Seth täglich sicher durch die Nacht geleitet. Außerdem verleiht Seth seinen Forderungen durch ein gehöriges Maß an Drohungen Nachdruck: »Ich werde mein Szepter von 4500 Barren nehmen und jeden Tag einen von euch töten!« Der Streit wogt hin und her, und keiner aus der Götterneunheit traut sich eine Entscheidung zu:

Alsdann schwor Seth einen Eid beim Allherrn mit den Worten: »Ich werde nicht weiter vor Gericht verhandeln, solange Isis darin ist!«

Da sprach Re-Harachte zu ihnen (den Göttern der Neunheit): »Fahrt zu der ›Insel in der Mitte‹ und entscheidet dort zwischen ihnen!« und er sagte zu Anti, dem Fährmann: »Setze keine Frau über, die der Isis ähnlich sieht!« Da fuhr die Neunheit zu der ›Insel der Mitte‹ hinüber. Sie setzten sich nieder und aßen ihr Brot.

Nun aber kam Isis, und sie traf Anti, den Fährmann, wie er nicht weit von seinem Boote saß. Sie hatte ihre Gestalt in die eines alten Weibleins verwandelt, ging ganz gebückt und trug einen kleine goldenen Ring an der Hand. Sie sprach zu ihm: »Ich bin zu dir gekommen, damit du mich überfahrest nach der ›Insel der Mitte‹. Denn ich bin gekommen mit dem Topf Mehl da für den kleinen Jungen; er ist hinter einigem Vieh her *[das hier gebrauchte ägypt. Wort i-ut heißt sowohl »Amt« als auch »Viehherde«!]* auf der ›Insel der Mitte‹, und zwar seit fünf Tagen, und er hat Hunger.«

Er aber antwortete ihr: »Man hat mir geboten: ›Fahre keine Frau über!‹« Sie sagte zu ihm: »Man hat dir das doch wohl nur wegen der Isis gesagt, was du da sagst?« Darauf sagte er zu ihr: »Was gibst du mir, wenn man dich zu der ›Insel der Mitte‹ hinüberfährt?« Isis antwortete ihm: »Ich gebe dir dieses Brot.« Er aber sagte zu ihr: »Was soll mir dein Brot! Soll ich dich etwa zu der ›Insel der Mitte‹ übersetzen – indes mir doch geboten ist: ›Fahre keine Frau hinüber!‹ – für weiter nichts als dein Brot?«

Da sagte sie zu ihm: »Ich will dir den goldenen Ring geben, den ich an der Hand trage.« Nun sagte er zu ihr: »Gib mir den goldenen Ring!« und sie gab ihn ihm. Da setzte er sie zu der ›Insel der Mitte‹ über.

Während sie nun unter den Bäumen dahinging, hielt sie Ausschau und erblickte die Neunheit, wie sie dasaßen und ihr Brot aßen vor dem Allherrn in seiner Laube. Da sah Seth auf und erblickte sie dort, wie sie von weitem herankam. *Sie aber sprach mit ihrer Zauberkraft einen magischen Spruch und verwandelte sich in ein junges Mädchen von schönem Leibe, wie es deren im ganzen Lande nicht gab.* Da wurde er (Seth) ganz krank vor Liebe zu ihr.

Seth stand auf vom Essen mit der großen Neunheit und ging los, um ihr zu begegnen. Niemand aber hatte sie gesehen außer ihm. Er trat hinter eine Sykomore, rief sie an und sagte zu ihr: »Ich möchte hier mit dir zusammen leben, schönes Kind!« Und sie antwortete ihm: »Ja gern, mein hoher Herr. Was mich anlangt, ich war verheiratet mit einem Hirten, und ich habe ihm einen Sohn geboren. Mein Mann starb, und der Junge zog hinter dem Vieh seines Vaters her. Schon kam ein Fremder, setzte sich in meinen Stall und sprach zu meinem Sohne folgendermaßen: ›Ich werde dich prügeln, werde das Vieh deines Vaters wegnehmen und dich hinauswerfen.‹ So sagte er zu ihm. Ich möchte dich nun bewegen, für ihn zu streiten.«

Da sprach Seth zu ihr: »Soll man das Vieh dem Fremden geben, während der Sohn des Ehemannes danebensteht?« *Drauf verwandelte sich Isis in eine Weihe,* flog auf und rief, während sie sich auf den Wipfel des Baumes niederließ, dem Seth zu: »Schäm dich! Dein eigener Mund hat es gesprochen, deine eigene Klugheit hat dich gerichtet. Was willst du mehr?«

Da fühlte er sich beschämt und ging dahin, wo Re-Harachte war, (rot vor) Scham. Re-Harachte fragte ihn: »Was hast du schon wieder?«, und Seth antwortete ihm: »Das schlechte Weibsbild hat mir wieder nachgestellt und hat mir wieder einen bösen Streich gespielt. Sie hatte sich vor mir in ein schönes Mädchen verwandelt und hat zu mir gesagt: ›Was mich anlangt, so war ich verheiratet mit einem Hirten. Er starb, ich gebar ihm einen Sohn, der jetzt hinter einigem Vieh seines Vaters herzieht. Eines Tages kam zusammen mit meinem Sohn ein Fremder in meinen Stall, und ich gab ihm zu essen. Viele Tage darauf aber sagte der Eindringling zu meinem Sohn: ›Ich werde dich prügeln, werde das Vieh deines Vaters wegnehmen und es soll mir gehören, so sagte er zu meinem Sohn‹, sagte sie zu mir.«

Re-Harachte fragte ihn darauf: »Und was hast du ihr geantwortet?« Seth sagte zu ihm: »Ich habe ihr geantwortet: ›Soll man denn das Vieh dem Fremden geben, während der Sohn des Ehemannes danebensteht?‹ So sagte ich zu ihr. ›Man soll das Gesicht des Eindringlings mit einem Stock schlagen und ihn hinauswerfen, und man soll deinen Sohn an die Stelle seines Vaters setzen‹, so sagte ich zu ihr.«

Da sprach Re-Harachte zu ihm: »Sieh an, du hast dich selbst gerichtet. Was willst du mehr?« Seth antwortete ihm: »Laß Anti, den Fährmann, herholen und über ihn eine schwere Strafe verhängen mit der Begründung: ›Warum hast du sie überfahren lassen?‹ So soll man zu ihm sagen.«

Nun wurde Anti, der Fährmann, vor die Neunheit gebracht, und man riß die vorderen Glieder seiner Beine ab. Da schwor Anti dem Golde ab – bis auf den heutigen Tag – vor der großen Neunheit mit den Worten: »Gold sei mir und meiner Stadt fortan verbannt!« (Die Verstümmelung des Anti deutet auf sein altertümliches Kultbild; im Gau des Gottes war noch in griechischer Zeit Gold verpönt). Darauf fuhr die Neunheit zum Westufer über, und sie ließen sich im Gebirge nieder.

Als es Abend geworden war, schickte Re-Harachte und Atum, der Herr der beiden Länder, der (Gott) von Heliopolis, an die Neunheit folgendes Schreiben: »Wozu sitzt ihr eigentlich da? wollt ihr vielleicht die beiden jungen Leute ihr ganzes Leben vor Gericht zubringen lassen? Sobald mein Brief euch erreicht, sollt ihr die Weiße Krone unverzüglich auf das Haupt des Horus, des Sohnes der Isis, setzen und sollt ihn auf den Thron seines Vaters Osiris erheben.«

Da ergrimmte Seth ungeheuer, aber die Neunheit sprach zu Seth: »Warum tobst du denn so? Muß man etwa nicht handeln nach der Weisung des Atum, des Herrn der beiden Länder, des Gottes von Heliopolis und des Re-Harachte?« Und man setzte die Weiße Krone auf das Haupt des Horus, des Sohnes der Isis. Darauf brülle Seth laut ins Angesicht der Neunheit und sprach: »Soll man denn das Amt meinem jüngeren Bruder geben, während ich, sein älterer Bruder, danebenstehe?« Er tat einen Eid und sprach: »Man soll die Weiße Krone vom Haupte des Horus, des Sohnes der Isis, herunterreißen und soll ihn ins Wasser werfen, dann will ich mit ihm um das Fürstentum kämpfen!« Und Re-Harachte war damit einverstanden.

Dann sprach Seth zu Horus: »Komm wir wollen die Gestalt von zwei Nilpferden annehmen und ins Wasser tauchen inmitten der grünen Flut. Wer aber auftauchen wird vor Ablauf von drei vollen Monaten, dem soll das Amt versagt werden.« Und sie tauchten unter, die beiden Leute.

Nun saß Isis da in Tränen und sprach: »Seth tötet Horus, mein Kind!« Sie holte ein Stück Seil und machte daraus eine Kordel. Weiter holte sie einen Barren Erz und schmolz ihn zu einer Waffe für das Wasser. Daran knüpfte sie die Kordel und warf sie (die Harpune) ins Wasser an der Stelle, wo Horus und Seth untergetaucht waren. Aber das Erz verbiß sich in den Leib ihres Sohnes Horus. Da schrie Horus laut auf und rief: »Zu Hilfe! Isis, meine Mutter! Befiehl deinem Erz, sich von mir zu lösen! Ich bin doch Horus, Sohn der Isis.« Da stieß Isis einen lauten Schrei aus und befahl ihrer Harpune: »Löse dich von ihm! Siehe, das ist mein Sohn Horus, mein Kind.« Da löste sich ihre Harpune von ihm.

Dann stieß sie wiederum ins Wasser, und sie verbiß sich in den Leib des Seth. Da schrie Seth laut auf und sprach: »Was habe ich dir denn getan, meine Schwester Isis? Befiehl deinem Erz, sich von mir zu lösen. Ich bin doch dein Bruder von der Mutter her, liebe Isis.« Ihr tat nun das Herz sehr weh um seinetwillen. Da rief Seth ihr zu: »Willst du denn Feindschaft haben gegen deinen Bruder von der Mutter her, den Seth?« Daraufhin befahl

Isis ihrer Harpune: »Löse dich von ihm! Siehe, es ist von Mutters Seite her mein Bruder, der der Isis, in den du dich verbissen hast,« und die Harpune löste sich von ihm.

Jetzt aber wurde Horus, der Sohn der Isis, böse gegen seine Mutter Isis. Er kam (aus dem Wasser) heraus mit einem Gesicht, wild wie das eines Leoparden, und mit seinem Messer von 16 Barren Gewicht in der Hand. Er schnitt das Haupt seiner Mutter Isis ab, nahm es in seine Arme und stieg ins Gebirge hinauf. Isis aber verwandelte sich in ein Frauenbild aus Feuerstein ohne Kopf (Das kopflose Bild dient der Erklärung eines entsprechend geformten Wüstenberges).

Die Neunheit stieg in die Berge hinauf, um Horus, den Sohn der Isis, zu suchen. Horus jedoch schlief unter einem Schen-uscha-Baum im Oasenlande. Seth indes fand ihn, packte ihn und warf ihn auf den Rücken, oben auf dem Berge. Dann riß er ihm beide Augen aus den Höhlen und begrub sie auf dem Berge. Seine beiden Augäpfel aber wurden zu zwei Knospen und erblühten zu Lotosblumen, um (als Sonne und Mond) die Erde zu erleuchten. Seth ging weg und log Re-Harachte an: »Ich habe Horus nicht gefunden«, obewohl er ihn doch gefunden hatte.

Nun machte sich Hathor auf, die Herrin der südlichen Sykomore, und sie fand Horus, wie er im Wüstengebirge lag und weinte. Sie griff sich eine Gazelle, molk sie und sprach zu Horus. »Mach deine Augen auf, damit ich diese Milch hineinträufle.« Er öffnete nun seine Augen, und sie träufelte die Milch hinein, träufelte in das rechte, träufelte in das linke Auge und sprach dann wieder zu ihm: »Mach deine Augen auf!« Und er öfffnete seine Augen. Sie schaute ihn an und fand ihn heil.

Dann ging sie, um Re-Harachte zu sagen: »Horus ist gefunden! Seth hatte ihn um seine Augen gebracht, aber ich habe ihn wiederhergestellt. Siehe, da kommt er.« Darauf sprach die Neunheit: »Man rufe Horus und Seth her, damit man zwischen ihnen entscheide«, und man brachte sie vor die Neunheit.

Nun sprach der Herr des Alls vor der großen Neunheit zu Horus und zu Seth: »Geht nun fort und hört auf das, was ich euch sage: Eßt, trinkt und laßt uns in Frieden! Laßt ab, jeden Tag so zu streiten!«

> [Quelle: Papyrus Chester Beatty Nr. 1, Der Text stammt aus der Regierungszeit Ramses' V (ca. 1160 v. Chr., Teile der Geschichte sind sogar noch bis ums Jahr 2000 v. Chr. zurückzuverfolgen. Der vorliegende Text stammt aus: Brunner-Traut, S. 93–102 u. 272 f.]

3.   *Isis sucht Herberge*

Ich bin Isis und floh aus dem Spinnhaus, in das mein Bruder Seth mich gesteckt hatte. Aber Thoth, der große Gott, das Oberhaupt der Wahrheit im Himmel und auf Erden, hat mir gesagt: »Komm doch, göttliche Isis! Es ist gut zu hören, und der eine lebt, wenn der andere ihn leitet. Verbirg dich mit deinem kleinen Sohn, damit er zu uns komme, wenn sein Körper stark und seine Kraft voll entwickelt ist, auf daß man ihn auf seines Vaters Thron setze und ihm das Amt des Herrschers der beiden Länder verleihe.«

Und so floh ich zur Abendzeit, und sieben Skorpione flohen hinter mir her, und sie dienten mir: Tefun und Befun dicht hinter mir; Mostet und Mostetef unter meiner Trage; Pitet, Titet und Matet sicherten mir den Weg. Ich rief ihnen ganz eindringlich zu, und meine Worte drangen in ihre Ohren: »Kennet keinen Schwarzen, begrüßet keinen Roten, machet keinen Unterschied zwischen vornehm und gering! Haltet euer Gesicht nach unten auf dem Weg! Hütet euch, den zu leiten, der mir nachstellt, bis wir das ›Haus des Krokodils‹ erreichen, die ›Stadt der beiden Schwestern‹ vor dem Sumpfgebiet hinter Buto!«

Endlich erreichte ich die Häuser der losen Frauen. Aber sobald mich eine vornehme Dame von weitem sah, schloß sie ihre Türe vor mir. Das verdroß meine Begleiter (die Skorpione). Sie berieten sich miteinander über sie und legten ihr Gift zusammen auf den Stachel der Tefun. Da öffnete mir ein (armes) Sumpfmädchen seine Tür, und während ich in ihre armselige Hütte trat, war Tefun schon unter den Flügeln der (ersten) Tür hineingeschlüpft und hatte den Sohn der Reichen gestochen.

Da brach im Hause der Reichen Feuer aus, und es war kein Wasser da, um es zu löschen. Doch der Himmel goß seinen Regen ins Haus der Reichen, obwohl nicht die rechte (Jahres-)Zeit dazu war und obwohl sie mir nicht geöffnet hatte. Ihr Herz war betrübt, weil sie nicht wußte, ob er (ihr Sohn) am Leben blieb. Sie rannte unter Wehklagen durch ihre Stadt, aber keiner kam auf ihren Ruf herbei.

Da ward auch mein Herz ihretwegen betrübt um den Kleinen; und um den Unschuldigen (wieder) zu beleben, rief ich zu ihr: »Komm zu mir, komm zu mir! *Siehe, mein Mund hat Lebenssprüche.* Ich bin eine Tochter, in ihrer Stadt bekannt, weil sie das giftige Gewürm mit ihrem Spruche austreibt. *Mein Vater hat mich die Wissenschaft gelehrt. Denn ich bin seine geliebte, leibliche Tochter.«*

Dann legte ich meine Hände auf das Kind, um den Verröchelnden zu beleben (und sagte): »Gift der Tefun, komm, fließe aus zu Boden! Kreise nicht herum, und dringe nicht ein (in den Körper). Gift der Befun, komm, fließe aus zu Boden! Ich bin die göttliche Isis, Herrin des Zaubers, die den Zauber ausübt, glänzend im Beschwören. Jedes beißende Gewürm gehorcht mir. Tropfe herab, Gift der Mostet! Sause nicht herum. Gift der Mostetef! Steige nicht auf, Gift der Pitet und der Titet! Wandre nicht herum, Gift der Matet! Falle ab, Biß des Beißenden! ...«

(Zu den Skorpionen:) »Seht, meine Befehle sind euch erteilt seit dem Abend, da ich zu euch gesagt habe: ›Ich bin alleinstehend. Gefährdet nicht unsere Namen in den Gauen. Kennet keinen Schwarzen, begrüßet keinen Roten. Gafft nicht nach den feinen Damen in ihren Häusern. Macht keinen Unterschied zwischen vornehm und gering. Haltet euer Gesicht nach unten auf den Weg, bis wir die Verstecke von Chemmis erreicht haben.‹«

Das Feuer war erloschen und der Himmel wieder still durch meinen Ausspruch. Die Reiche kam herbei und brachte mir ihre Habe und füllte auch das Haus des Mädchens für das Mädchen – das mir seinen hintersten Winkel geöffnet hatte, indes die Reiche böse war und in der Nacht allein umherirrte, denn ihr Sohn war gebissen worden. So brachte sie mir denn ihre Habe als Buße dafür, daß sie mir nicht geöffnet hatte.

[Quelle: Die Metternichstele, aufgestellt in der 30. Dynastie, 378–341 v. Chr.]

4.   *Die List der Isis*

... Das Königtum über Menschen und Götter
war für eine lange Reihe von Jahren in einer Hand.
Aber niemand kannte seinen (des Herrschers Re) Namen,
denn er nahm viele Gestalten an
und wechselte seinen Namen täglich als ein vielnamiger Gott.
Doch weder der eine noch der andere Name war bekannt.

Jedoch Isis war eine weise Frau.
Ihr Herz war listiger als das von Millionen Menschen.
Ihr Spruch war erlesener als der von Millionen Göttern,
sie hatte tiefere Einsicht als Millionen Geister.
Es gab nichts, was sie nicht gewußt hätte im Himmel und auf Erden,
wie Re, der die Erde erhält.
Nun plante die Göttin in ihrem Herzen,
(auch) den Namen des ehrwürdigen Gottes in Erfahrung zu bringen.
Re trat täglich ein
an der Spitze der Rudermannschaft (der Sonnenbarke) (in den Himmel)
und ließ sich auf dem Thron am Horizonte nieder.

Ein göttliches Alter ließ ihm seinen Mund erschlaffen,
und er ließ seinen Speichel auf die Erde tropfen,
und so fiel sein Speichel zu Boden.
Den wischte Isis mit ihrer Hand auf,
zusammen mit der Erde, die daran hing.
Sie formte daraus eine Wunderschlange
und machte sie nadelspitz.
Die bewegte sich nicht lebendig vor ihr.
Isis ließ sie vielmehr auf dem Kreuzweg, über den der große Gott zu wandeln pflegte
durch seine beiden Länder nach dem Wunsche seines Herzens.

Der ehrwürdige Gott, er trat heraus,
und die Götter aus dem Himmelspalast begleiteten ihn,
und er erging sich wie jeden Tag.
Da biß die Wunderschlange zu,
und das lebendige Feuer, das aus ihm selbst hervorgegangen war,
verkroch sich im Ufergestrüpp.
Als der göttliche Gott seinen Mund auftat,
drang die Stimme Seiner Majestät bis an den Himmel.
Und die Götterneunheit rief: »Was ist das? Was ist das?«
Und die Götter fragten: »Was ist? Was ist?«
Er aber fand seine Stimme nicht, um darauf zu antworten.

Seine Lippen bebten, und es schlotterten alle seine Glieder.
Das Gift hatte seinen Leib ergriffen
so wie die Nilüberschwemmung um sich greift.

Als der Große Gott sich ein Herz gefaßt hatte,
rief er zu seinem Gefolge:
»Kommt mir zu Hilfe, die ihr aus meinem Leibe entstanden seid,
ihr Götter, die ihr aus mir hervorgekommen seid,
damit ich euch wissen lasse, was geschehen ist.
Etwas Schmerzhaftes hat mich gestochen.
Mein Herz kennt es nicht, meine Augen haben es nicht gesehen.
Meine Hand hat es nicht gemacht,
und ich kenne es nicht unter allem, was ich geschaffen habe.
Ich habe nie einen Schmerz gekostet wie diesen,
und es gibt nichts Schmerzhafteres als dies.

Ich bin ein Fürst, Sohn eines Fürsten,
bin Same eines Gottes, der zum Gotte wurde.
Ich bin der Älteste, Sohn eines Ältesten.
Mein Vater hat meinen Namen erdacht.
Ich habe viele Namen und viele Gestalten,
meine Gestalten sind in jedem Gotte.
Ich werde gerufen Atum und Horus-Hekenu.
Mein Vater und meine Mutter haben mir meinen Namen genannt.
Aber ich habe ihn in meinem Leibe verborgen vor meinen Geschöpfen,
um zu verhindern, daß Macht erhielte
Zauberer oder Zauberin (gegen mich).

Als ich herausgetreten war, um anzusehen, was ich gemacht habe,
und um mich zu ergehen in den beiden Ländern, die ich geschaffen habe,
da hat mich etwas gebissen, was ich nicht kenne.
Es ist nicht Feuer,
es ist nicht Wasser;
und doch brennt mein Herz,
und es schlottert mein Leib,
und all meine Glieder ziehen sich zusammen und frösteln.

Lasset von meinen Geschöpfen, den Göttern, solche zu mir kommen,
deren Worte helfen,
die ihre Zauber können
und deren Weisheit bis zum Himmel reicht.«
Da kamen die Geschöpfe des Gottes,
ein jedes von ihnen in Klage.

Aber Isis kam mit ihrer Zauberhilfe,
mit ihrem Munde voller Lebensodem,
mit ihrem Schmerz vertreibenden Spruch,
deren Worte den Verröchelnden beleben.
Sie sagte: »Was ist das, was ist das, göttlicher Vater?
Hat etwa eine Schlange dir ein Leid zugefügt,
hat eines deiner Geschöpfe gar sein Haupt gegen dich erhoben?
Dann will ich es zu Fall bringen durch wirksamen Zauber
und dafür sorgen, daß es den Anblick deiner Strahlen flieht.«

Der herrliche Gott tat seinen Mund auf:
»Es war so, daß ich des Weges ging
und wandelte in den beiden Ländern und in den Fremdländern,
denn mein Herz wünschte anzusehen, was ich geschaffen habe.
Da wurde ich von einer Schlange gebissen, ohne sie gesehen zu haben.
Es ist nicht Feuer,
es ist nicht Wasser;
aber ich bin kälter als Wasser
und bin heißer als Feuer.
Mein ganzer Leib ist in Schweiß,
indes ich doch zittere.
Mein Blick ist nicht fest,
und ich kann nicht sehen,
denn der Himmel flimmert mir vorm Gesicht wie zur Sommerzeit.«

Da sprach Isis zu Re: »Sage mir deinen Namen, mein göttlicher Vater,
denn der Mann lebt, mit dessen Namen ein Zauber gesprochen wird.«
– »Ich bin es, der die Erde gemacht und die Berge geknüpft hat und der erschuf, was darauf ist.
Ich bin es, der das Wasser gemacht hat, so daß die Himmelskuh entstand.
Ich bin es, der den Stier gemacht hat für die Kuhherde,
so daß die Liebesfreude in die Welt kam.
Ich bin es, der den Himmel gemacht hat und die Geheimnisse der beiden Horizonte,
damit die Seelen der Götter darin wohnen.
Ich bin es, der seine Augen öffnet, auf daß es Licht werde,
und der seine Augen schließt, auf daß es Finsternis werde;
auf dessen Geheiß die Fluten des Nils dahinströmen,
dessen Namen aber die Götter nicht kennen.
Ich bin es, der die Stunden schafft, auf daß die Tage werden.
Ich bin es, der die Jahreseinteilung macht und der die Jahreszeiten schafft.
Ich bin es, der die Uräusschlange macht,
damit das Königtum blüht.

Ich bin Chepre am Morgen und Re am Mittag
und am Abend Atum.«

Das Gift aber wurde nicht gehemmt in seinem Fluß,
und der Große Gott erholte sich nicht.

Da sprach Isis zu Re:
»Dein (wirklicher) Name ist nicht unter denen, die du mir genannt hast.
Nenn ihn mir, dann wird das Gift austreten!
Denn ein Mann lebt, dessen Name ausgesprochen wird.«
Das Gift nun brannte mit Brennen,
es war stärker als Flamme und Feuer.
So sprach die Majestät des Re:
»Leih mir dein Ohr, meine Tochter Isis,
auf daß mein Name aus meinem Leib übergehe in deinen Leib.
Der Gott (mein Vater) verbarg ihn den Göttern,
damit mein Raum weit sei in der Barke der Millionen.
Wenn er (der Name) aber (hiermit) zum ersten Male herauskommt aus meinem Herzen,
        dann sage ihn auch meinem Sohne Horus.
Doch binde ihn zuvor durch einen Gotteseid ...«

Der Große Gott offenbarte seinen Namen
der Isis, der zauberreichen Göttin.
– »Fließe heraus, Schlangengift! ...
Komme heraus aus dem brennenden Gotte auf meinen Spruch!
Ich bin es, die dich geschaffen hat.
Ich bin es, die dich wieder austreibt.
Geh zugrunde, mächtiges Gift.
Wahrlich, der Große Gott hat seinen Namen offenbart.
Re bleibt am Leben,
das Gift ist tot.«

So sprach Isis, die Große, die Fürstin der Götter,
die nun Re bei seinem wirklichen Namen kannte.

[Quelle: *Der Mythos ist dank seines Gebrauchs im Zauber zweimal erhalten: auf dem Papyrus von Turin und dem Papyrus Chester Beatty XI aus der 19. Dynastie, und zwar als Zauberformel zum Schutz gegen giftige Bisse; außerdem haben zwei Ostraka die Rekonstruktion des in den Papyri verlorenen Anfangs ermöglicht. – Die letzten drei Texte wurden entnommen: Brunner-Traut, S. 107–120 u. 276 ff.]*

5.   *Apuleius, »Metamorphosen« oder »Der Goldene Esel«, elftes Buch*

Der Schriftsteller Apuleius wurde um 124 n. Chr. in Madaura (heute Ostalgerien) im kornreichen Hinterland Karthagos geboren. Er studierte Rhetorik und Literatur in Karthago, Dichtkunst, Geometrie und Musik in Athen. Im Bestreben, die östlichen Mysterienkulte vor Ort kennenzulernen, bereiste er Griechenland und Kleinasien und war eine Zeitlang in Rom als Anwalt und Lehrer der Rhetorik tätig. Später kehrte er mit seiner Frau nach Karthago zurück, wo er als Schriftsteller, Rhetoriklehrer und Anwalt wirkte. Er wurde Priester des staatlichen Äskulap-Kultes und Provinzialpriester der Staatsgötter. Bereits zu seinen Lebzeiten wurden ihm in Karthago zwei Statuen gewidmet. Er starb um 180 n. Chr.

Sein Werk *Metamorphosen* (Verwandlungen), das erst seit dem 4. Jahrhundert den Namen *Der Goldene Esel* trägt, ist der erste vollständig erhaltene Roman der Antike und wurde – nicht zuletzt aufgrund seiner Erzählstruktur – zum Vorbild für den späteren europäischen Roman. Zu seiner Zeit reihte er sich ein in eine ganze Sammlung von Isis-Romanen, die damals geradezu in Mode kamen und alle das heilvolle Eingreifen der Isis in Not und Gefahr zum Thema hatten (vgl. Merkelbach 1962).

Inhaltlich könnte man den »Goldenen Esel« als erzählerischen Einweihungsgang in die Isis-Mysterien deuten, was nicht zuletzt durch das elfte Buch bestätigt wird, das nicht nur mit einer großen Erscheinung der Göttin beginnt, sondern überdies auch mit einer der ausführlichsten Darstellungen des Isiskultes, insbesondere des Festes *Navigium Isidis* aufwartet. Es enthält zudem die einzige aus der gesamten Antike verbliebene, wenn auch noch so dürftige Schilderung des Einweihungsgeschehens selbst. Sämtliche Mysterienkulte erlegten ihren Eingeweihten ganz allgemein Schweigepflicht auf über das innerste Geheimnis der von ihnen vollzogenen Weihezeremonien, und offensichtlich wurden diese Weisungen erstaunlich genau befolgt. Auch Apuleius verrät in dieser Hinsicht weniger als er verschweigt; eher heizt er die Neugier seiner Leser / innen an, um sie am Ende doch nur leer ausgehen zu lassen.

Der *Goldene Esel* gleicht zunächst eher einem Schelmenroman. *Lucius*, die Hauptperson, ein junger, weltgewandter Philosoph, der seine Herkunft mütterlicherseits gar auf den berühmten Plutarch zurückführen möchte, gelangt auf einer Reise nach Hypata in Thessalien, damals bereits weltbekannte Heimat der Magie. Seine Wirtin, *Pamphile* (= die »All-liebende«, ein Beiname zugleich der Isis!) mit Namen, erweist sich ihm schon bald als Oberhexe, deren Zauberei ihn zugleich mächtig anzieht. Dank Pamphiles Dienerin *Photis*, mit der sich Lucius (sehr im eigenen Interesse) angefreundet hat, erhält er eines Tages Gelegenheit, die Zauberin heimlich bei ihren Verwandlungskünsten zu beobachten:

»Sobald es Nacht war, holt sie mich ab und führt mich leisen, unhörbaren Tritts hinauf an die Erkerstube. Da zeigt sie mir eine verborgene Ritze in der Tür und läßt mich hindurchgucken: wo ich folgendes sah:

Allererst zieht sich Pamphile fasernackt aus. Nachher schließt sie eine Lade auf, aus der sie verschiedene Büchschen nimmt. Eines von diesen Büchschen öffnet sie und holt daraus eine Salbe, die sie lange zwischen beiden Händen reibt, alsdann beschmiert sie sich damit von der Ferse bis zum Scheitel. Nun hält sie ein langes, heimliches Gespräch mit ihrer Lampe. Darauf schüttelt und rüttelt sie alle ihre Glieder. Diese sind kaum in wallender Bewegung, als daraus schon weicher Flaum hervortreibt. In diesem Augenblick sind auch starke Schwungfedern gewachsen, hornig und krumm ist die Nase; die Füße sind in Krallen zusammengezogen.

Da steht Pamphile als Uhu!

Sie erhebt gräßliches Geheul und hüpft zum Versuche am Boden hin. Endlich hebt sie sich auf ihren Flügeln in die Höhe und in vollem Fluge hinaus auf den Erker!« (S. 71)

Natürlich reizt es unseren Helden, ihr nachzueifern. Gleich in einen Adler möchte er sich verwandelt sehen. Er bittet Photis inständig, ihm die entsprechende Salbe zu besorgen, worin sie, nach langem Zögern, endlich einwilligt. Doch die Ausführung des Plans, wie sollte es auch anders sein, mißlingt. Photis erwischt in der Eile den falschen Tiegel: Statt in einen Adler wird ihr Freund in einen Esel verwandelt. Nur das Fressen von Rosen (Blumen der Isis) wird ihn neuerlich zum Menschen machen. Aber der Gang der Roman-Ereignisse sorgt – mit einem gehörigen Schuß Humor – dafür, daß dem Helden dies durch widrige Umstände ein ums andere Mal versagt bleibt. Eine Geschichte, die sich – wie wir sahen – auch in unserem Kulturkreis in unzähligen Varianten wiederholt hat. Und schuld ist im letzten immer die Gier, mit der Männer sich das Wissen von Frauen (oder Menschen sich ganz allgemein das Wissen von Gottheiten oder Geistwesen) anzueignen suchen, ohne dafür den Preis sorgfältiger Einweihung zahlen zu wollen. Insofern passen Anfang und Ende des Romans durchaus trefflich zusammen. Der Esel überdies galt als Tier des Seth (s. u.), des größten Feindes der Isis und ihr deshalb »längst verhaßt«, wie sie Lucius später erklären wird. *Seth* aber bedeutet, auch im übertragenen Sinne: Abwesenheit von Isis, Dürre und Durststrecke und im letzten Tod. Wenn Lucius am Ende eingeweiht wird, dann hat er den Sinn der Mysterien, der ja als »Passion« und Durchgang durch den Tod gesehen wurde, längst am eigenen Leibe hinreichend durchlebt. Ein Einweihungsweg, dem am Tiefpunkt aller Erniedrigungen im Roman die Verwandlung und Erlösung durch Isis folgen wird.

Die große Isis-Erscheinung

Ungefähr um die erste Nachtwache wurde ich durch ein jähes Erschrecken aus dem Schlafe geweckt. Eben stieg in vollem Glanz der Mond aus den Meeresfluten herauf.

Die Majestät dieses hehren Wesens erfüllte mich mit tiefster Ehrfurcht, und überzeugt, daß alle menschlichen Dinge durch seine Allmacht regiert werden, überzeugt, daß nicht nur alle Gattungen zahmer und wilder Tiere, sondern auch die leblosen Geschöpfe durch den unbegreiflichen Einfluß seines Lichtes fortdauern, ja daß selbst alle Körper auf Erden, im Himmel und im Meere in vollkommenster Übereinstimmung mit diesem ab- und zunehmen, so bediente ich mich der feierlichen Stille der Nacht, mein Gebet an das holdselige Bild dieser hilfreichen Gottheit zu verrichten; um so mehr, da das Schicksal, meiner so großen und langwierigen Qualen satt, mir endlich Ahnungen von meiner Erlösung eingab.

Flugs schüttelte ich jeglichen Rest von Trägheit ab, stand munter auf, badete mich, um mich zu reinigen, im Meere, und nachdem ich mein Haupt siebenmal unter die Fluten getaucht, welches die Zahl ist, die der göttliche Pythagoras als die schicklichste zu gottesdienstlichen Verrichtungen angibt, betete ich frohen und munteren Herzens, doch tränenbenetzten Angesichts, zur heiligen Göttin also:

»Königin des Himmels! Du seist nun die allernährende Ceres [Demeter], des Getreides erste Erfinderin, welche in der Freude ihres Herzens über die wiedergefundene Tochter dem Menschen, der gleich den wilden Tieren mit Eicheln sich nährte, eine mildere Speise gegeben hat und die eleusinischen Gefilde bewohnt, oder du seiest die himmlische Venus [Aphrodite], welche im Urbeginn aller Dinge durch ihr allmächtiges Kind, den Amor [Eros], die verschiedensten Geschlechter gepaart und also das Menschengeschlecht fortgepflanzt hat, von dem sie zu Paphos in dem meerumflossenen Heiligtum verehrt wird, oder des Phöbus [Apollo] Schwester [Diana-Artemis], welche durch den hilfreichen Beistand, den sie den Gebärerinnen leistet, so große Völkerschaften erzogen hat und in dem herrlichen Tempel zu Ephesus angebetet wird. Oder du seiest endlich die dreigestaltige Proserpina, die nachts mit grausigem Geheul angerufen wird, den tobenden Gespenstern gebietet und die Riegel der Erde verschließt, während sie entlegene Haine durchirrt, wo ein mannigfacher Dienst ihr geweiht ist: Göttin, die du mit fraulichem Schein alle Religionen erleuchtest, mit deinem feuchten Strahl der fröhlichen Saat Nahrung und Gedeihen gibst und nach der Sonne Umlauf dein wechselndes Licht einteilst; unter welchem Namen, unter welchen Gebräuchen, unter welcher Gestalt dir die Anrufung immer am wohlgefälligsten sein mag, hilf mir in meinem äußersten Elend. Stehe mir bei, daß ich nicht gänzlich zugrunde gehe; nach so vieler, so schwer überstandener Trübsal verleihe mir endlich einmal Ruhe und Frieden. Ich habe genug des Jammers, genug der Gefahren. Nimm von mir hinweg die schändliche Tiergestalt. Laß mich wieder werden, was ich war; laß mich Lucius werden und gib mich den Meinigen wieder! Oder habe ich gar eine unversöhnliche Gottheit beleidigt: ach, so sei mir lieber erlaubt, zu sterben, als so zu leben, o Göttin!«

Nachdem ich so gebetet und mein Leid geklagt hatte, kehrt' ich auf meinen vorigen Ruheplatz zurück, und ein süßer Schlaf bemächtigte sich aufs neue meiner Sinne.

Kaum war ich eingeschlummert, siehe, so erhob sich eine göttliche Gestalt mitten aus dem Meer. Erst zeigte sich ihr selbst den Göttern ehrwürdiges Antlitz, darauf entstieg nach und nach ihre ganze Gestalt den Wellen.

Das herrliche Bild schien vor mir stillzustehen.

Ich will versuchen, euch diese wunderbare Erscheinung zu schildern, wenn anders die Armut menschlicher Sprache zu der Beschreibung hinreicht oder die mir erschienene Gottheit mir Fülle der Beredsamkeit will angedeihen lassen.

Reiche, ungezwungene Locken spielten sanft in angenehmer Verwirrung um den Nacken der Göttin; ihren hohen Scheitel schmückte ein reichgestalteter Kranz mit mancherlei Blumen. Über der Mitte der Stirn glänzte mit blassem Schein ein flaches Rund nach Art eines Spiegels oder vielmehr der Scheibe des Mondes, darum her auf beiden Seiten sich gewundene Schlangen aufrichteten und darüberhin wie bei der Ceres Kornähren gelegt waren.

Ihr Kleid war von feinem Leinen, das bald weiß schimmerte, bald safrangelb leuchtete, bald rosenrot flammte. Es umhüllte sie ein Mantel von blendender Schwärze, der unter dem rechten Arm hindurch über die linke Schulter geschlagen war und da einen buckelförmigen Wulst bildete. Der Zipfel fiel in mannigfachen Falten über den Rücken hinab, und die Fransen des Saumes flatterten zierlich im Wind.

Sowohl auf der Verbrämung als auf dem Mantel selbst flimmerten zerstreute Sterne, in deren Mitte der Vollmond in seiner ganzen Pracht glänzte, und ein Gewinde allerlei künstlich geordneter Blumen und Früchte irrte allenthalben verloren darüber hin.

In ihren Händen führte die Göttin ganz verschiedene Dinge; denn in der Rechten hielt sie eine eherne Klapper [Sistrum] durch deren schmales Blech, das sich wie ein Gürtel bog, einige Stäbe gezogen waren, die beim dreimaligen Schütteln des Armes einen hellen Klang gaben. Von der Linken aber hing ihr ein goldenes Gefäß herab, über dessen Griff an der Seite, wo es sichtbar war, eine Schlange sich emporreckte mit hocherhobenem Haupt und geschwollenem Nacken.

Ihre ambrosiaduftenden Füße bedeckten Schuhe aus – Blättern der Siegespalme geflochten.

Also geschmückt und des seligen Arabiens Wohlgeruch um sich verbreitend, würdigte die hohe Göttin mich folgender Anrede:

»Schau, dein Gebet hat mich gerührt. Ich, Allmutter Natur, Beherrscherin der Elemente, erstgeborenes Kind der Zeit, Höchste der Gottheiten, Königin der Geister, Erste der Himmlischen; ich, die ich in mir allein die Gestalt aller Götter und Göttinnen vereine, mit einem Wink über des Himmels lichte Gewölbe, die heilsamen Lüfte des Meeres und der Unterwelt vielbeklagtes Schweigen gebiete. Die alleinige Gottheit, welche unter so mancherlei Gestalt, so verschiedenen Bräuchen und vielerlei Namen der ganze Erdkreis verehrt: mich nennen die Erstgeborenen aller Menschen, die Phrygier, pessinuntische Göttermutter [Kybele]; ich heiße den Athenern, den Ureinwohnern Attikas, kekropische Minerva [Athene], den eiländischen Kypriern paphische Venus, den pfeilführenden Kretern dictynnische Diana, den dreizüngigen Sizilern stygische Proserpina, den Eleusiniern Altgöttin Ceres. Andere nennen mich Juno [Hera], andere Bellona, andere Hekate, Rhamnusia andere. Sie aber, welche die aufgehende Sonne mit ihren ersten Strahlen beleuchtet, die Äthiopier beider Länder, und die Besitzer der ältesten Weisheit, die Ägypter, mit den angemessensten Bräuchen mich verehrend, geben meinen wahren Namen mir: Königin Isis. Ich erscheine dir aus Erbarmen über dein Unglück; ich komme zu dir in Huld und Gnaden. Hemme denn den Lauf deiner Tränen, stelle ein dein Trauern, dein Klagen. Der Tag deines Heils ist da, kraft meiner Allmacht; öffne nur deine betrübte Seele meinem göttlichen Gebot!

Der Tag, welcher auf diese Nacht folgt, ist mir durch uralte Gewohnheit geheiligt. Die Winterstürme sind vorüber, des Meeres Ungestüm hat sich gelegt; die Schiffahrt beginnt: Meine Priester weihen mir ein neugezimmertes Schiff und opfern mir die Erstlinge jeglicher Ladung. Erwarte ihren heiligen Zug weder mit schüchternem noch mit unheiligem Gemüt.

Auf mein Geheiß wird der Hohepriester einen Rosenkranz in der rechten Hand an der Klapper hängen haben. Dränge dich nur unverzüglich durch die Menge hindurch, gehe im Vertrauen auf meinen Schutz getrost am Zuge entlang, bis du dich so nahe bei dem Hohenpriester befindest, daß du unter dem Schein eines Handkusses unvermerkt einige Rosen ihm rauben kannst: sofort wirst du die Gestalt dieses garstigen, mir längst verhaßten Tieres ablegen [Esel galten als Tiere des Seth]. Fürchte bei der Ausführung meines Gebotes keine Schwierigkeit, denn in diesem Augenblick, da ich hier vor dir stehe, bin ich auch dort meinem Hohenpriester im Traum gegenwärtig und offenbare ihm, was geschehen wird und wie er sich dabei zu verhalten habe. Auf meinen Befehl soll vor dir das herzudrängende Volk Platz machen. Niemand soll bei der frohen Feierlichkeit und dem festlichen Schauspiel Scheu vor deinem häßlichen Ansehen haben, noch soll irgend jemand deine plötzliche Umwandlung boshaft verunglimpfen. Nur sei eingedenk und verliere nicht aus deinem Gedächtnis, daß mir von nun an deine übrigen Tage bis auf deinen letzten Atemzug verbürgt sind!

Denn nur billig bist du der, durch deren Wohltat du wieder unter die Menschen zurückkehrst, dein ganzes Leben schuldig. Inzwischen wirst du glücklich, wirst du rühmlich unter meinem Schutz leben, und wenn du hier deinen Weg vollendet hast und zur Unterwelt hinabwandelst, so wirst du auch dort, auf jener unterirdischen Halbkugel, mich, die du vor dir siehst, die ich des Acherons Finsternisse erleuchte und in den stygischen Behausungen regiere, als ein Bewohner der elysischen Gefilde fleißig anbeten und meiner Huld dich zu erfreuen haben. Ja, sofern du dich durch anablässigen Gehorsam, durch gewissenhafte Beobachtung meines Dienstes, durch strenge Fasten und Keuschheit genugsam um meine Gottheit verdient machst: so wirst du auch erfahren, daß es allein in meiner Macht steht, dir selbst das Leben zu fristen über das vom Schicksal dir bestimmte Ziel hinaus.«

Nachdem so die ehrwürdige Gottheit huldreich zu mir gesprochen, wich sie in sich selbst zurück.

Unverzüglich war mein Schlaf dahin, und voller Furcht und Freude und wie mit Schweiß übergossen stand ich auf. Im äußersten Erstaunen über die so offenbare Erscheinung dieser gewaltigen Göttin wusch ich mich abermals um Meer und dachte ihren hohen Befehlen samt der beigefügten Ermahnung nach.

*Das Fest Navigium Isidis (zur Eröffnung der Schiffahrt),
am 5. März*

Kurze Zeit darauf, als das schwarze Gewölk der Nacht verschwunden und die goldene Sonne hervorging, sah man alle Landstraßen mit einer großen Menge Leute angefüllt, die zur heiligen Feierlichkeit allerorten herzukamen.

Alles und jegliches schien mir dermaßen mit der Fröhlichkeit meines Herzens zu sympathisieren, daß nicht nur die Tiere aller Art, sondern auch die Häuser, ja der Tag selbst mich heiterer und vergnügter anzulächeln schienen. Statt des gestrigen rauhen Nebels wallten milde, gelinde Lüfte. Überall, von Frühlingsluft begeistert, stimmten die Vögel angenehme Konzerte an und begrüßten der Gestirne Mutter, die Fürstin der Zeiten und des Weltalls Beherrscherin mit lieblichem Gesang. Auch fruchttragende und andere, nur schattengebende Bäume, erweckt von dem Hauch der Südwinde, wiegten mit sanftem Wohllaut ihre Zweige, prangend mit den glänzenden Knospen junger Blätter. Aller brausende Sturm schwieg; das Meer, keine düsteren Wogen auftürmend, spülte ruhig an das Gestade, und der Himmel, von Wolken rein, schimmerte im blendenden Glanz seines eigenen Lichtes.

Siehe, da erschien auch gemach der lustige Vortrab des heiligen Aufzuges. Ein jeder ging nach seiner Phantasie aufs komischste maskiert. Der eine, mit einem Schwertgehänge über der Schulter, stellte einen Soldaten vor; der andere, einen Mantel um, mit derben Stiefeln und in der Hand einen Jagdspieß, war ein Jäger. Ein dritter, in goldenen Schuhen, von einem seidenen Gewand umflossen, mit dem köstlichsten Geschmeide geschmückt, die Haare um den Kopf in Flechten gewunden, schwebte als Frau einher.

Noch ein anderer, mit Beinschienen, Schild, Helm und Schwert ausgerüstet, schien eben aus der Fechterschule zu kommen. Einer war auch da, der mit einem purpurverbrämten Kleid und mit Fackeln eine Magistratsperson darstellte. Nicht minder sah man einen mit Mantel, Stock und Sandalen und langem Ziegenbart den Philosophen spielen. Es fehlte auch nicht an solchen, die mit Leim- und Angelruten die Vogelsteller und Fischer nachäfften. Auf einem Tragsessel prangte ferner ein zahmer Bär, in eine vornehme Dame verkleidet. Ein Affe folgte ihm, wie der Mundschenk des Zeus herausgeputzt: eine geflochtene Mütze auf, einen safrangelben. phrygischen Rock an und einen goldenen Becher in der Hand. Den Beschluß macht ein Esel, dem man Fittiche angeklebt hatte und dem zur Seite ein schwacher Alter ging: Dieser sollte den Bellerophon vorstellen so wie jener den Pegasus; man mußte lachen, wie man sie sah.

Nach diesen Possen, die dem umherschwärmenden Volk unsägliches Vergnügen machten, kam endlich die feierliche Prozession meiner Schutzgöttin einhergezogen. Frauen in blendendweißen Gewändern, bekränzt mit jungen Blüten des Frühlings, trugen voller Freude mancherlei Dinge. Den Schoß mit Blumen angefüllt, bestreuten die einen den Weg, welchen der heilige Zug nahm; andere führten auf dem Rücken schimmernde Spiegel, in denen der Göttin zahlreiches Gefolge als ihr entgegenkommend erschien. Einige hatten elfenbeinerne Kämme in den Händen und taten mit Gebärden und Bewegung ihrer Arme und Finger, als schmückten sie das königliche Haar der Isis. Noch andere besprengten die Gassen mit allerlei wohlriechenden tropfenden Salben und mit köstlichem Balsam. Darauf folgte eine große Menge beiderlei Geschlechts mit Lampen, Fackeln, Wachskerzen und anderen Arten künstlicher Lichter zu Ehren der Mutter der Gestirne. Allerlei liebliche Flöten und Pfeifen ließen sich nun hören. Ein munterer Chor der auserlesensten Jugend, mit schneeweißem Staatskleid angetan, vermählte seine Stimmen mit ihren süßen Weisen und sang ein Lied, das ein großer Dichter unter Eingebung der Musen komponiert und eingeübt hatte: ein Vorgesang für die feierlichen Gebete. Bei diesen Sängern befanden sich die Pfeifer des großen Serapis. Auf Querpfeifen, die nach der rechten Seite gehalten wurden, bliesen diese die beim Dienste dieses Gottes gewöhnlichen Melodien. Jetzt kamen Herolde, die mit weitschallender Stimme ausriefen: »Platz, Platz für die heiligen Symbole!«

Hierauf strömten die in den Gottesdienst Eingeweihten einher, männlichen und weiblichen Geschlechts, jeglichen Standes, jeglichen Alters. Alle trugen linnene Kleider von blendender Weiße; die Frauen das gesalbte Haar in durchsichtigen Flor gehüllt, die Männer das Haupt so glatt geschoren, daß die Scheitel glänzten. Diese irdischen Gestirne der erhabenen Religion machten mit ehernen, silbernen, ja auch goldenen Klappern eine sehr hellklingende Musik. Allein die Oberpriester, in einem knapp anliegenden Gewand von weißem Leinen, das ihnen bis auf die Füße hinabging, trugen die Symbole der allgewaltigen Götter. Der erste hielt eine helleuchtende Lampe, denen nicht eben ähnlich, deren wir uns bei unsern Schmäusen bedienen, sondern von Gold und in der Gestalt eines Nachens, in dessen Mitte eine breite Flamme aus einer Öffnung hervorloderte. Der zweite, wie jener bekleidet, hielt in beiden Händen Altäre, die mit besonderem Namen »Hilfen« heißen, da die Göttin sich vorzüglich hilfreich zu diesen herabneigt. Der dritte hielt einen Palmzweig, dessen Blätter sauber aus Gold gearbeitet waren, nebst einem geflügelten Schlangenstab, gleich dem des Merkurius [Hermes]. Der vierte trug das Sinnbild der Gerechtigkeit zur Schau: eine nachgebildete linke Hand mit ausgestreckten Fingern, denn da die linke von Natur unbehend und langsam ist, so erscheint sie der Gerechtigkeit angemessener als die rechte. Derselbe Oberpriester trug ein goldenes Gefäß, in der Gestalt einer Brust gerundet, aus der er Milch opferte. Der fünfte erschien mit einer Schwinge, die von goldenen Lorbeerzweigen geflochten war, und der sechste mit einem Wasserkrug.

Unmittelbar darauf sah man die Götter selbst, die sich herabließen, auf den Füßen sterblicher Menschen einherzuwandeln. Da war, mit schrecklichem, langhalsigem Hundekopf, der Bote der oberen und unteren Götter, *Anubis*. Er trug sein halb schwarzes, halb goldenes Antlitz empor und schwang in seiner Linken den Heroldsstab und in der Rechten einen grünen Palmzweig. Dicht hinter ihm folgte eine Kuh in aufrechter Stellung. *Diese Kuh, das segensvolle Bild der allgebärenden Göttin*, trug einer der seligen Priesterschaft, glücklich schreitend, auf seinen Schultern. Von einem andern wurde die mystische Truhe [cista mystica] getragen, welche die Geheimnisse der wundertätigen Religion in ihrem Innern verwahrt. In seinem Schoße hielt ein anderer Glückseliger des höchsten Wesens ehrwürdiges Bild. Weder mit einem Vogel noch mit einem zahmen oder wilden Tier, noch auch mit einem Menschen hatte es einige Ähnlichkeit; doch war es, der sinnreichen Erfindung und selbst der Neuheit wegen, nicht nur anbetungswürdig, sondern auch der unaussprechlichste Beweis der höheren, aber in tiefstes Stillschweigen einzuhüllenden Religion. Es war eine kleine, aus schimmerndem Gold sehr künstlich gebildete Urne mit rundem Boden, außen mit wundersamen, hieroglyphischen Bildern der Ägypter geschmückt. Ihr kurzer Hals, der sich vorn zu einem breiten Schnabel verlängerte, verlor sich hinten zu einem weit ausschwingenden Griff, an welchem sich eine Schlange hinanwand, deren Kopf mit buntschuppigem, giftgeschwollenem Nacken noch darüber emporragte.

Ganz zuletzt erschien der Trost, die Hilfe, welche mir die mitleidige Göttin verheißen. Mein Heil selbst in den Händen, trat der Hohepriester einher. Vollkommen der göttlichen Offenbarung gemäß trug seine Rechte eine Klapper für die Göttin und für mich einen Kranz, einen wahrhaftigen Siegeskranz; denn nach so viel erduldetem Elend, nach so viel bestandenen Mühen und Gefahren ward ich nun endlich mit dem

Beistand der höchsten Göttin Sieger über mein grausames Schicksal. Indessen ließ ich mich nicht von jäher Freude hinreißen und stürzte blindlings hinzu, damit ich nicht die Ordnung und Andacht der Prozession stören möchte, wenn ich ungestüm angelaufen käme, sondern so gesetzt, so ehrfurchtsvoll als immer ein Mensch hätte tun können, schlich ich mich ganz geduckt allmählich heran, wobei auf göttliche Eingebung mir das Volk auf beiden Seiten auswich.

Da gemahnte es den Hohenpriester sofort seines nächtlichen Gesichts. In sichtbarer Verwunderung, daß alles genau mit diesem übereinträfe, blieb er stehen, reichte mir von selbst die Rechte hin und hielt den verhängnisvollen Kranz mir dicht vor den Mund.

Zitternd und unter dem gewaltigsten Herzklopfen ergriff ich mit gierigen Lippen den aus den schönsten Rosen gewundenen Kranz und verschlang ihn hastig. Stracks ward erfüllt die himmlische Verheißung!

Zusehends fiel die häßliche Tiergestalt von mir ab. Es verging das schmutzige Haar. Die Haut verdünnte sich. Der fette Ranzen zog sich ein. Aus den Hinterhufen drängten sich Zehen hervor. Zu Händen, zu Fingern wurden die Vorderhufe. Der lange Hals verkürzte sich. Kopf und Gesicht wurden rund. Die ungeheuren Ohren nahmen ihre vorige Kürze wieder an. Die tölpischen Zähne wurden menschlich. Und er, der wahrlich mich mehr denn alles übrige gekränkt hatte, der lange Schwanz, verschwand.

Es staunte das Volk. Die Priester beteten an die Allmacht der Göttin, die sichtbarlich im Nu, gleichwie in einem Traumgesicht, meine Verwandlung bewirkte. Aller Hände waren gen Himmel gestreckt, und man hörte nur einen Schrei des Erstaunens über das so große Wunder.

Mein Herz vermochte eine so plötzliche, so überschwengliche Freude nicht zu fassen. Starr und stumm stand ich da und wußte nicht, was ich zuerst sagen, womit ich die wiedererhaltene Stimme und Sprache am glücklichsten versuchen und mit welchen Worten ich der wohltätigen Göttin meinen Dank zu erkennen geben sollte. Schon winkte der Hohepriester, der zwar von allen meinen Abenteuern durch göttliche Eingebung unterrichtet, darum aber nicht weniger über das Wunder, das vor seinen Augen vorging, erstaunt war, daß mir ein linnen Gewand gereicht würde, weil ich mich von dem Augenblick an, als ich mich von der garstigen Eselshülle befreit fühlte, in mich selbst zusammengeschmiegt hatte und auf diese Weise und mit vorgehaltenen Händen, so gut ich nur konnte, meine Blöße zu decken suchte. Einer von den Geweihten zog sofort seinen Oberrock aus und warf ihn mir schleunigst über.

Nun hob der Hohepriester mit feierlichem und wahrhaft übermenschlichem Gesicht, begeistert über meine Menschwerdung, also an!

»Willkommen, o Lucius, nach so viel und mancherlei bestandenen Abenteuern, nach so

*Isis-Prozession, sichtbar ist das Sistrum in der rechten Hand der letzten Priesterin. Die voraus-
laufende Priesterin hält das von Apuleius beschriebene Gefäß mit dem heiligen Nilwasser.
(Relief, römisch-kaiserzeitlich)*

wilden, erlittenen Stürmen und Ungewittern des Schicksals, willkommen im Hafen der Ruhe, willkommen am Altar der Barmherzigkeit! Schau, trotz deiner Geburt, deines Standes, deiner großen Bildung selbst, bist du auf die schlüpfrige Bahn der Jugend geglitten, zur Buhlerei mit einer Magd hinabgesunken und hast einen unseligen Vorwitz teuer bezahlt. Und trotz seiner Blindheit, seiner Bosheit, seiner Schadenfreude hat das feindselige Geschick durch die schlimmsten Widerwärtigkeiten dich hierher zu deinem Heile geführt. Es gehabe sich nun wohl und gehe und über an andern Wut und suche andere Gegenstände für seine Grausamkeit. Wer wie du von unserer erhabenen Göttin zum Diener erkoren, der steht außerhalb des feindlichen Zufalls. Mag es dir noch so sehr durch Räuber, durch wilde Tiere, durch Sklaverei, durch mühselige Märsche, durch tägliche Todesgefahr mitgespielt haben: der Tyrannei des blinden Wesens ist nun ein Ende. Du bist in den Schutz einer sehenden Gottheit aufgenommen, die auch die übrigen Götter durch den Schein ihres Lichtes erleuchtet. Nimm denn eine fröhliche Miene an, so wie sie sich zu diesem weißen Gewand schickt, und begleite mit Frohlocken das Gepränge deiner göttlichen Wohltäterin. Es sehen dich die Ungläubigen, sehen dich und erkennen ihren Irrtum! Schauet auf, ihr Unglückseligen! Sehet da des durch die Allmacht der großen Isis vom Elend erretteten Lucius' Triumph über das Unglück! Doch, um sicherer, um desto beschirmter hinfort zu wandeln, so reihe dich, o Lucius, auf der Stelle unserem heiligen Orden ein; unterziehe dich freiwillig mit unbedingtem Gehorsam unsern gottesdienstlichen Satzungen: bis für dich der glückliche Augenblick kommt, wo du das feierliche Gelübde wirst ablegen dürfen. Je früher du dich der Göttin weihest, je süßere Früchte wirst du für deine Freiheit ernten!«

Nachdem der Hohepriester mit heiliger Salbung so gesprochen, schwieg er schweren Atems. Ich aber mischte mich unter die Geweihten und begleitete den heiligen Zug.

Da hätte man sehen sollen, wie nach mir geblickt wurde! Alle Welt wollte mich kennen. Einer wies mich immer dem anderen, bald durch Winke, bald durch Fingerzeigen, und wohin ich mich wandte, hört' ich wispern:

»Da geht der, welchen heut die allmächtige Isis wiederum zum Menschen verwandelt hat. Wie glücklich, wie selig ist er doch zu preisen! Er muß vorher einen sehr unschuldigen, tugendhaften Lebenswandel geführt haben, daß ihm eine so ausnehmende Gunst des Himmels widerfahren und, so wie er nur gleichsam wieder ins Leben getreten, er sogleich auch zum Priester angeworben worden ist!«

Unter solcherlei Gerede und unterm Gesumme feierlicher Gebete rückten wir allmählich vor, bis wir dem Gestade nahten und endlich an den gleichen Ort kamen, wo ich vergangene Nacht meine Ruhestätte gehabt hatte.

Dort wurden die Bilder der Göttin in aller Ordnung aufgestellt. Mit keuschem Munde verrichtete sodann der Hohpriester ein förmliches Gebet, reinigte mit brennender Fackel, Ei und Schwefel ein kunstvoll gezimmertes, ringsum mit ägyptischen Wundermalereien geziertes Schiff und weihte und heiligte es der Göttin.

Im blendenden Segel dieses heiligen Kiels stand mit großen Buchstaben das Gelübde für die gesegnete Schiffahrt des neuen Jahres geschrieben. Hoch erhob sich der runde, glattbehauene Pinienmast, weit sichtbar durch das herrliche Segel. Auf dem Heck prangte *eine vergoldete Gans* mit gewundenem Hals, und über und über glänzte das ganze Schiff von geglättetem Zitronenholz.

Nun kamen Priester und Laien und trugen um die Wette Körbe voll Gewürz und ähnliche Geschenke herbei und gossen eine Mischung aus Milch über die Wellen hin.

Als endlich das ganze Schiff mit reichlichen Gaben und Sühnopfern angefüllt war, wurden die Ankertaue gelöst, und ein eigener, frischer Wind trieb es in die hohe See hinaus.

Sobald es unserem Gesicht entschwunden war, nahmen die heiligen Träger ein jeder das wieder, was er gebracht hatte, und unter den gleichen Gebärden, mit denen die feierliche Prozession gekommen, kehrte sie fröhlich wieder nach dem Tempel zurück.

Wie wir vor diesem angelangt waren, begab sich der Hohepriester mit denen, welche die Bilder der Göttin trugen, und denen, welche vorlängst in das Allerheiligste waren aufgenommen worden, in das Gemach der Göttin und setzten da gehörig die Leben atmenden Bilder nieder. Darauf erschien einer von ihnen, der von allen der Geheimschreiber genannt wurde, vor der Pforte und berief das Kollegium der Pastophoren (das sind die Erzpriester) zusammen. Sodann sprach er von einer hohen Kanzel herab nach einem Buche und aus besonderen Schriften den Segen über den Kaiser, den Senat, die Ritter und das ganze römische Volk, über die Schiffahrt und über alles aus, was der Herrschaft unseres Reiches untertan ist, und verkündete endlich mit griechischem Wort und Brauch die Eröffnung der Schiffahrt. Daß dieses Wort allen Glück verheiße, drücken die darauf folgenden Rufe des Volkes aus. Und heilige Zweige und Kräuter oder Kränze tragend, küßten alle, überströmend vor Freuden, die Füße der Göttin, die, aus Silber gebildet, auf den Stufen des Tempels stand, und zogen dann jeder seines Weges heim. Ich aber, ich konnte es nicht von meinem Herzen erlangen, nur einen Fingerbreit von dannen zu weichen. Meine ganze Seele auf der Göttin Ebenbild geheftet, blieb ich da und dachte meinem Schicksal nach.

Einweihung in die Mysterien der Isis

Von Tag zu Tag mehr entflammte meine Begierde nach dem Empfang der Weihen. Mit den dringendsten Bitten lag ich zum öftern dem Hohenpriester an, mich in die Geheimnisse der heiligen Nacht einzuweihen. Allein dieser fromme, im Ruf der lautersten Gottesfurcht stehende Mann wußte immer mit ebensoviel Freundlichkeit und

Milde, als nur ein liebreicher Vater bei Bezähmung des jugendlichen Ungestüms seines Sohnes anwenden kann, die Ungeduld meiner Seele durch süße Hoffnung hinzuhalten. Die Göttin, sagte er, bestimme durch unmittelbare Eingebung allemal zuvor sowohl den Tag der Weihe als auch den Priester, welcher diese zu verrichten, und den zur Feierlichkeit erforderlichen Aufwand. Ob diese Weissagung auch auf sich warten lasse, so müsse ich ihrer dennoch mit geziemender Geduld harren. Zudringlichkeit sei ebenso gefährlich als Widerspenstigkeit. Ich versündige mich nicht minder an der Göttin, wenn ich ihrem Rufe voreilig zuvor-, als saumselig nachkäme. Niemand aus seinem Orden sei so ruchlos und wage es, das Geschäft der Einweihung zu übernehmen, ohne gleichfalls selbst ausdrücklichen Befehl der Göttin dazu erhalten zu haben: das hieße, sich des Todes schuldig zu machen. *In den Händen der Isis läge überhaupt das Leben eines jeglichen Menschen, lägen die Schlüssel zum Reiche der Schatten; in ihren Mysterien würde Hingebung in einen freiwillig gewählten Tod und Wiedererlangung des Lebens durch die Gnade der Göttin gefeiert und vorgestellt.* Auch pflege die Göttin nur solche zu wählen, die nach vollbrachter Lebenszeit am Rande des Grabes sich befänden, weil denen der Religion große Geheimnisse am sichersten könnten anvertraut werden. Durch ihre Allmacht würden diese dann gleichsam wiedergeboren und zu einem neuen Leben zurückgeführt. Wäre ich nun gleich aus besonderer, sichtbarer Gunst der großen Göttin schon längst zu ihrem seligen Dienste auserkoren und berufen, so müsse ich demungeachtet mich jener himmlischen Verordnung unterwerfen, mich gerade wie ihre Diener aller unheiligen und verbotenen Nahrungsmittel von nun an enthalten. Ich würde dadurch desto fähiger, zu den verborgensten Geheimnissen der allerreinsten Religion zugelassen zu werden.

Also der Hohepriester.

Ich schickte mich denn in Geduld und befleißigte mich mit stiller Gelassenheit und anständigem Schweigen tagtäglich des Gottesdienstes auf das allereifrigste.

Aus Huld täuschte mich die mächtige Göttin nicht, noch ließ sie mich lange nach meinem Heile schmachten. Im Dunkel der Nacht offenbarte sie mir durch nichts weniger als dunkle Worte: Er sei gekommen, der Tag, der mir ewig wünschenswerte Tag, an dem ich des allerhöchsten Glückes sollte teilhaftig werden. Zugleich bestimmte sie den Aufwand, den ich bei der Einweihung zu machen, und ernannte gar ihren Hohenpriester Mithras selbst zu meinem Mystagogen [das ist der Einführer in die heiligen Geheimnisse], weil er, wie sie sagte, durch eine geradezu göttliche Übereinkunft der Gestirne mit mir verwandt sei.

Kaum graute der Tag, so sprang ich schon vor Freuden über die gnadenreichen Befehle der hohen Göttin aus dem Schlafe auf und lief zur Wohnung des Hohenpriesters. Er trat ebenaus seiner Zelle. Als ich ihn begrüßen und nun aufs dringendste die Aufnahme als eine heilige Pflicht von ihm heischen wollte, so ward er mich gewahr und kam mir durch folgende Anrede zuvor!

»Heil dir, o Lucius, den die hehre Isis eines so auszeichnenden Wohlwollens würdigt! Und du säumst noch? Stehst noch müßig? Er ist ja nun da, der Tag, der von dir so sehnlich erwünschte Tag, an dem, auf der vielnamigen Göttin Geheiß, du von mir selbst in ihrer Religion heilige Geheimnisse sollst eingeweiht werden!«

Somit reichte mir der Alte freundlich seine Rechte und führte mich sofort zur Pforte des geräumigen Tempels. Mit feierlichem Brauch verrichtete er das Amt der Eröffnung, und nach Vollendung des Morgenopfers holte er Bücher aus dem Allerheiligsten hervor, welche mit unbekannten Zeichen beschrieben waren. Sie enthielten gewisse Formeln, welche teils durch die sinnbildliche Bedeutung von allerhand Tierfiguren, teils durch verschränkte, nach Art eines Rades gewundene oder wie die Gabelungen der Weinreben sich ringelnde Züge vor dem Verständnis jedes vorwitzigen Unheiligen gesichert waren. Hieraus las er mir alles vor, was ich zur eigentlichen Einweihung vorzubereiten und anzuschaffen hätte.

Sofort kaufte ich aufs geflissentlichste und reichlichste alles Nötige teils selbst, teils durch meine Bekannten.

Wie es endlich nach des Hohenpriesters Angabe die Zeit erforderte, so führte er mich, vom ganzen Priesterschwarm begleitet, ins nächste Bad. Erst mußte ich mich nach gewöhnlicher Weise baden, darauf sprach er ein Gebet über mich, besprengte mich mit Wasser und reinigte mich.

In den Tempel zurückgekehrt, ließ er mich, da schon zwei Drittel des Tages vorüber waren, zu den Füßen der Göttin hintreten, und nachdem er mir insgeheim gewisse Aufträge erteilt hatte, die ich zu verschweigen habe, so gebot er mir endlich ganz laut, daß es alle Anwesenden hören konnten: zehn Tage lang mich im Essen einzuschränken, weder Fleischspeisen zu essen noch Wein zu trinken. Ich erfüllte diese geheiligten Vorschriften mit aller Gewissenhaftigkeit.

Nun war der Tag der Einweihung da. Sobald sich die Sonne gen Abend neigte, flossen von überallher die Leute zusammen und verehrten mir, nach altem gottesdienstlichen Brauch, allerlei Geschenke. Darauf mußten sich alle und jegliche Uneingeweihten entfernen. Ich wurde mit einem groben, linnenen Gewand angetan, und der Hohepriester führte mich bei der Hand in das innerste Heiligtum des Tempels ein.

Vielleicht fragst du hier neugierig, geneigter Leser, was nun gesprochen und vorgenommen worden? – Wie gern wollte ich's sagen, wenn ich es sagen dürfte. Wie treu solltest du es erfahren, wenn es dir zu hören erlaubt wäre. Allein Zunge und Ohr würden gleich hart für den Frevel zu büßen haben! Doch es möchte dir schaden, wenn ich deine fromme Neugier so auf die Folter spannte; so höre denn und – glaube, traue! Es ist wahrhaftig.

Ich ging bis zur Grenzscheide zwischen Leben und Tod. Ich betrat Proserpinas Schwelle, und nachdem ich durch alle Elemente gefahren, kehrte ich wiederum zurück. Zur Zeit der tiefsten Mitternacht sah ich die Sonne in ihrem hellsten Licht leuchten; ich schaute die unteren und oberen Götter von Angesicht zu Angesicht und betete sie aus der Nähe an.

Siehe, nun hast du alles gehört: aber auch verstanden? Unmöglich. So vernimm wenigstens, was ich ohne Sünde dir Laien verständlich machen kann.

Erst gegen Morgen war die Einweihung vollendet. Durch zwölfmal gewechselte Kleidung geheiligt, ging ich endlich aus dem Innersten des Tempels in einem Aufzug hervor, der zwar auch mystisch war, von dem aber kein Gesetz verbietet, ganz frei zu reden; da mich darinnen sogar sehr viele Anwesende gesehen haben.

Mitten in dem Tempel mußte ich vor der Göttin Ebenbild auf eine hölzerne Bank hintreten. Mein Gewand war von Leinen, bunt bemalt, und von den Schultern herab bis zu den Fersen fiel mir ein köstlicher Mantel, auf dessen beiden Seiten allerlei Tiere von verschiednen Farben zu sehen waren: hier indische Drachen, dort hyperboreische Greife mit Adlerköpfen und Flügeln, wie sie die andere Welt hervorbringt. Bei den Eingeweihten heißt dieser Mantel die olympische Stola.

Ich trug eine brennende Fackel in der rechten Hand und war mit einem Kranz von Palmblättern geziert, die so geordnet waren, daß sie um mein Haupt gleich Strahlen herumstanden. So als Bild der Sonne geschmückt, stand ich gleich einer Bildsäule da. Ein Vorhang öffnete sich und zeigte mich den neugierigen Blicken des Volkes.

Hierauf beging ich den erfreulichen Einweihungstag in die Mysterien mit leckeren und fröhlichen Gastmählern. Am dritten Tage aber wurden mit gleichen Feierlichkeiten die Schmausereien und die ganze Einweihung beschlossen.

Noch einige Tage blieb ich da, mich mit unsäglicher Wonne am Anblick des Götterbildes zu weiden. Ich war durch eine nie zu vergeltende Wohltat verpflichtet.

Nachdem ich in Demut mich zwar nach meinem geringen Maß, doch bei weitem noch nicht vollkommen alles Dankes entledigt hatte, schickte ich mich endlich, auf ausdrückliches Geheiß der Göttin, zu meiner Abreise an. Kaum vermochte ich die Bande der inbrünstigen Liebe, die mich bei meiner Wohltäterin zurückhielten, zu lösen. Vor ihrem Angesicht stürzte ich nieder und wusch lange in stummer Betäubung ihre Füße mit meinen Küssen, bis ich zuletzt unter Tränen in diese von häufigem Schluchzen unterbrochenen Worte ausbrach!

»Göttin, heilige, ewige Erhalterin des Menschengeschlechts, die du nicht aufhörst, Schutz den schwachen Sterblichen zu verleihen, die du dem Elenden die milde Zärtlichkeit einer

Mutter angedeihen lässest! Kein Tag, keine Nacht, kein geringer Augenblick schwindet leer an deinen Wohltaten dahin. Zu Wasser und zu Lande beschirmst du die Menschen, entfernest von ihnen jegliche Lebensgefahr und reichst ihnen deine hilfreiche Rechte, mit welcher du das verworrene Gewebe des Schicksals auseinanderwirrest, die Unglücks-stürme zum Schweigen bringst und der Sterne schädlichen Lauf aufhältst. Dich verehren die oberen und unteren Götter. Du rollst die Erde im Kreis herum, entzündest das Licht der Sonne, regierst die Welt und hältst den Tartarus untertan. Dir antworten die Ge-stirne, jauchzen die Götter, kehren die Jahreszeiten wieder und dienen die Elemente. Auf deinen Wink wehen die Lüfte, füllen sich die Wolken, keimt der Samen und sprießen die Keime. Deine Majestät scheuen die Vögel unterm Himmel, die wilden Tiere auf den Ber-gen, die Schlangen in den Klüften und die Ungeheuer im Meer. Doch ich bin zu schwach an Geist, dein Lob zu preisen, bin zu arm an Habe, dir würdige Opfer zu bringen; Fülle der Worte gebricht mir, das Gefühl deiner Herrlichkeit auszusprechen. Ja, leihe tausend Münder mir und ebenso viele Zungen und einen ewigen Fluß ununterbrochener Rede, dennoch bin ich zu ohnmächtig. So laß dir denn wohlgefallen, was demütig meine fromme Armut dir gelobt! Ewig soll dein göttliches Antlitz, ewig dein gepriesener Name hoch verehrt im innersten Heiligtum meines Herzens leben!«

Nachdem ich so zur Göttin gebetet, nahm ich auch vom Hohenpriester Mithras Ab-schied. Mit einer Rührung, als müßte ich mich von meinem Vater trennen, hing ich an seinem Hals und küßte ihn und bat ihn um Vergebung, wenn ich die mir von ihm er-wiesenen Wohltaten nicht würdig zu vergelten vermöchte.

Endlich, nach langen, herzlichen Danksagungen, verließ ich ihn und begab mich hinweg. Mein Sinn war nach meiner Heimat gerichtet, von der ich nun so lange Zeit getrennt gelebt hatte. Indessen nach wenigen Tagen mußt‹ ich auf Antrieb der Göttin meine Sachen Hals über Kopf zu Schiffe bringen und nach Rom segeln. Mit günsti-gem Wind erreichte ich schnell und glücklich den Hafen des Augustus, nahm einen Wagen und kam wohlbehalten am zwölften Dezember gegen Abend in dieser hochhei-ligen Hauptstadt an.

Täglich war meine vornehmste Sorge, die Königin Isis anzubeten, deren erhabene Gottheit dort unter dem von der Lage des Tempels hergenommenen Namen *Isis vom Marsfeld* mit der größten Heiligkeit verehrt wird. Ich ward ihr eifrigster Diener, zwar fremd im Tempel, doch in der Religion heimisch.

Siehe, als die große Sonne nach durchlaufenem Tierkreis das Jahr vollendet, da er-schien mir die wohltätige Göttin wiederum im Traum und ermahnte mich zu einer abermaligen feierlichen Aufnahme und Einweihung in die Geheimnisse. Ich konnte nicht begreifen, was dies vorstellen, was dies bedeuten sollte. Denn eingeweiht glaubt‹ ich schon aufs vollkommenste zu sein.

Endlich, nachdem ich lange Bedenken mit mir herumgetragen hatte, zog ich die

Priester darüber zu Rate. Welch ein neues, wunderbares Licht ging mir da auf! Ich wäre zwar, sagten sie, in der Göttin Geheimnisse eingeweiht, aber in die des großen Gottes, des höchsten Vaters der Götter, des unüberwindlichen Osiris, wäre ich noch nicht aufgenommen. Ungeachtet beider Gottheit und Religion verbunden, ja, ganz dieselbe sei, so wäre dennoch ein wesentlicher Unterschied zwischen der Weihe; daher sollt' ich nur denken, daß ich auch zum Diener des großen Gottes berufen würde.

Der Knoten wurde bald gelöst.

In einem Gesicht sah ich in der folgenden Nacht einen von den Priestern. Mit einem Gewand angetan brachte er mir Thyrsusstäbe und Efeuzweige *[auch Zeichen des Dionysos, mit dem Osiris gerne gleichgesetzt wurde]* und andere Dinge, die ich nicht nennen darf, in das Zimmer vor meine Hausgötter, er setzte sich auf meinen Stuhl und gebot mir, einen Einweihungsschmaus zu veranstalten. Zuletzt zeigte er mir als Merkmal, woran ich ihn wiedererkennen möchte, daß an seinem linken Fuß der Knöchel verrenkt sei, so daß er hinke.

Nach einer so offenbaren Willenserklärung der Götter waren alle meine Zweifel behoben. Sobald also der Göttin Morgenbegrüßung vorbei war, betrachtete ich mir alle Priester aufmerksam, ob keiner darunter sei, der gleich meinem Traumgesicht hinke. Ich entdeckte wirklich einen. Es befand sich jemand unter den Pastophoren, der nicht nur wegen des Merkmals am Fuß, sondern auch an Statur und Miene vollkommen dem ähnlich war, der mir im Traum erschienen. Wie ich nachher erfuhr, hieß er Asinius Marcellus, ein Name, der mit meiner vormaligen Verunstaltung in Verwandtschaft stand.

Unverzüglich trat ich zu ihm. Er wußte aber schon, was ich ihm sagen wollte, denn er hatte gleichfalls Befehl erhalten, meinen Mystagogen abzugeben. In vergangener Nacht hatte es ihm geschienen, als habe ihm der große Gott, während er ihm Kränze aufsetzte, mit dem Mund, der aller Menschen Schicksal bestimmt, deutlich verkündet: Er werde ihm einen Madaurer zuschicken, den er trotz seiner Armut sogleich in die Mysterien einweihen solle: weil dieser dereinst durch seine Fügung sich sehr in den Wissenschaften hervortun, er aber einen ansehnlichen Schatz finden würde.

Solchergestalt zur Einweihung auserwählt, wurd' ich gleichwohl durch meine wenige Barschaft, aber sehr wider meinen Willen, davon zurückgehalten. Nicht nur daß meine geringen Mittel des väterlichen Vermögens auf der Reise ziemlich geschmolzen waren, so überstieg auch der Aufwand in Rom bei weitem denjenigen, welchen ich in der Provinz zu machen genötigt gewesen. Man kann nicht mehr als ich bei dieser Gelegenheit die drückende Last der Armut fühlen. Das Messer stand mir, mit einem alten Sprichwort zu reden, an der Kehle, da die Gottheit mich immerfort zur Erfüllung meiner Berufung antrieb.

Endlich, nachdem ich lange, nicht ohne große Bestürzung, einemal über das andere erinnert worden und ich mir gar nicht anders mehr zu helfen wußte, so verkaufte ich meine Kleider, womit ich denn, so gering sie auch waren, die erforderliche Summe noch zusammenbrachte; und zwar geschah es auch nur auf besondere Anmahnung.

»Wie«, hieß es, »du, der du kein Bedenken tragen würdest, um ein nichtiges Vergnügen sogar deinen Rock vom Leibe dahinzugeben: du stehst noch an, dich um so großer Geheimnisse willen einer verdienstlichen Armut in die Arme zu werfen?«

Ich schaffte denn alles in Überfluß an, was nötig war, ließ mir wiederum zehn Tage lang an fleischlosen Speisen genügen und obendrein auch meinen Kopf scheren. Und nachdem ich nun auch in die nächtlichen Orgien des größten Gottes, Serapis, aufgenommen war, besucht' ich noch fleißiger als zuvor den heiligen Gottesdienst, mit dem vollkommensten Vertrauen in die geschwisterliche Religion.

(Apuleius, Der goldene Esel, S. 300–323)

III. Aretalogien und Hymnen aus griechisch-römischer Zeit

1. *Die Isisaretalogie von Kyme-Memphis*

Isis bin ich, die Beherrscherin aller Länder.
Ich wurde unterrichtet von Hermes.
Zusammen mit Hermes habe ich die Schrift erfunden, die heilige wie auch die Volksschrift,
 damit nicht alles mit denselben Buchstaben geschrieben werde.
Ich gab den Menschen Gesetze und verfügte, was niemand ändern kann.
Ich bin die älteste Tochter des Kronos *[der Zeit]*.
Ich bin die Gattin und Schwester des Königs Osiris.
Ich bin es, die den Menschen die Feldfrucht erfunden hat.
Ich bin die Mutter des Königs Horus.
Ich bin die, welche im Hundsstern *[Sirius]* aufgeht.
Ich bin die Göttin der Frauen.
Mir wurde die Stadt Bubastis erbaut.
Ich trennte die Erde vom Himmel.
Ich wies den Sternen ihre Wege.
Ich habe die Bahnen von Sonne und Mond zusammengeordnet.
Ich habe die Seeschiffahrt erfunden.
Ich habe die Maat *[die gerechte Weltordnung]* stark gemacht.
Ich habe Frauen und Männer zusammengeführt.
Ich habe verfügt, daß die Frauen im zehnten Monat ein neues Kind ans Licht der Welt bringen.
Ich habe gesetzlich angeordnet, daß Eltern von Kindern geliebt werden.

Ich erlegte den Eltern, die lieblos sind, Strafe auf.

Zusammen mit meinem Bruder Osiris habe ich der Menschenfresserei ein Ende gesetzt.

Ich habe den Menschen die Mysterienfeiern gezeigt.

Ich habe sie die Götterbilder zu ehren gelehrt.

Ich habe die Tempelbezirke festgestellt.

Ich habe die Blutbäder [auch Opferblut] beendet.

Ich habe (zwingend) veranlaßt, daß Frauen von Männern geliebt werden.

Ich habe die Maat stärker gemacht als Gold und Silber.

Ich habe zum Gesetz erhoben, daß das Wahre für schön gehalten wird.

Ich erfand die Eheverträge.

Ich habe die verschiedenen Sprachen der Hellenen und Barbaren eingerichtet.

Ich erwirkte, daß das Gute und das Schlechte durch die Natur unterschieden werden.

Ich habe nichts Ehrfurchtgebietenderes als den Eid erschaffen.

Ich liefere denjenigen, der anderen auf ungerechte Weise nachstellt, der Gewalt dessen aus, dem
     nachgestellt wird.

Ich erlege denen, die Unrecht tun, Strafe auf.

Ich habe zum Gesetz erhoben, daß man sich der Schutzflehenden erbarmt.

Bei mir ist das Gerechte [die Maat] stark.

Ich bin die Herrin der Flüsse, Winde und Meere.

Niemand wird erhöht ohne meine Zustimmung.

Ich bin die Herrin des Krieges.

Ich bin die Herrin von Blitz und Donnerkeil.

Ich besänftige und wiegle das Meer auf.

Ich bin in den Strahlen der Sonne.

Ich bin die Gefährtin des Weges der Sonne.

Was ich beschließe, wird auch ausgeführt.

Vor mir weicht alles zurück.

Ich löse, die in Fesseln sind.

Ich bin die Herrin der Seefahrt.

Ich habe die mit Mauern ausgezeichneten Städte gegründet.

Ich bin die, welche Trägerin der Maat genannt wird.

Ich führte Inseln aus Meerestiefen ans Licht hinauf.

Ich bin die Herrin von Wasser und Regen.

Ich bin Siegerin über das Schicksal.

Mir gehorcht das Schicksal.

Freue dich, Ägypten, das mich hegt und pflegt!

> (Quelle: Totti, S. 1–4; Bergman, S. 301–303, die beide nur den griech. Text bieten; von
> mir extrapolierte Übersetzung nach Bergman.)

Diese Aretalogie ist bei Ausgrabungen bisher in drei Isisheiligtümern gefunden worden und steht in einem Auszug bei Diodor. Bei Diodor nennt nennt sich Isis in

der ersten Zeile *Basílissa*, Königin statt – wie im obigen Text – *Týrannos*, Beherrscherin! (vgl. Bergman, S. 29). Nach Maria Totti darf man annehmen, daß es sich um einen fixierten Text handelt, der in allen Isisheiligtümern aufgestellt war.

Im Jahre 1925 wurde diese Inschrift in Kyme in Kleinasien entdeckt; sie stammt aus dem 1.–2. nachchristlichen Jahrhundert und ist identisch mit der Inschrift der Memphisstele, der Originalstele beim memphitischen Ptahtempel. Weitere Fundorte sind Thessaloniki und Ios.

2. *Exkurs:*
   Isis-Bassílissa und die Wassilissa der russischen Märchen

Bassílissa, der Beiname der Isis nach Diodor, scheint sich im übrigen wortwörtlich in den russischen *Wassilissa*-Märchen erhalten zu haben. Und tatsächlich erscheint Wassilissa in dieser Erzähltradition, worauf auch Sigrid Früh (1987) hinweist, »wie eine Göttin« (S. 14), meist zusammen mit der *Baba Jaga*, ihrem quasi unterweltlichen Pendant: »In den Märchen der Russen wird die Baba Jaga mit dem Dunkelaspekt als Hexe genauso dargestellt wie als helfende und beschützende Gestalt. Daß im russischen Märchen diese polare Gestalt der Muttergottheiten erhalten blieb, hat möglicherweise seine Ursache darin, daß die russische Kirche keine Hexenverfolgungen kannte« (S. 13). Während Sigrid Früh diese Wassilissa-Baba Jaga vorwiegend als Frau Holle-Gestalt interpretiert, scheint mir die Verbindung zur Isis – nicht zuletzt aufgrund dieser Namensgleichheit – noch weit offensichtlicher. Die Märchen *Wassilissa, die Wunderschöne* (Früh 1988, S. 131–37) und *Wassilissa, die Allweise* (Früh 1987, S. 47–55) weisen inhaltlich deutliche Bezüge zum Märchen von *Amor und Psyche* im *Goldenen Esel* des Apuleius und zur dortigen mythologischen Darstellung der Aphrodite-Venus auf, was dann erst recht kein Zufall mehr wäre. Das Märchen über *Wassilissa, die Allweise* ist übrigens bei Zaunert in den *Deutschen Märchen seit Grimm* mit leichten Abwandlungen und bezeichnenderweise unter dem Titel *Der Königssohn und die Teufelstochter* tradiert! Wassilissa, die Allweise wird hier zur Tochter des Teufels, ihre segensreiche Natur bleibt jedoch unverkennbar erhalten. Nur muß sie, als Teufelstochter, natürlich an der Aufgabe, eine Kirche zu erbauen, scheitern, was dann die Flucht der Liebenden auslöst. Außerdem kommt der Teufel im deutschen Märchen zu Tode, als er den Milchsee austrinkt, in den seine Tochter sich und den Geliebten verwandelt hatte. Beim Versuch, die Milch aufzuschlürfen, muß er kläglich zerplatzen. Der Meereszar im russischen Märchen dagegen kehrt einfach wieder um, nachdem er seine Niederlage erkannt hat. Dieses Märchenmotiv war offensichtlich bis hinauf nach Finnland bekannt: In dem finnischen Märchen *Der Schrein ohne Schlüssel* erscheint ein Unhold namens *Schiefrad* nach Art des Meereszaren. Auch er hat nur eine einzige Tochter, die dem Jungen, der von seinem Vater unwissentlich an Schiefrad verpfändet wurde, in der Not beisteht und mit ihm zusammen flieht. Das Mädchen besitzt ein Tuch, das nicht nur unsichtbar macht, sondern zugleich noch Nahrung verschafft. Während der Verfolgung durch Schiefrad schwenkt sie, als gar nichts mehr hilft, ihr Tuch, und sofort bildet sich ein so breiter und reißender Strom, daß Schiefrad ihn nicht überschreiten kann und das Paar somit in Sicherheit ist (vgl. Goldberg, S. 149–159).

Die folgenden Texte – Hymnen und Enkomien (Lobreden) auf Isis – sind entnommen dem Werk von Maria Totti: *Ausgewählte Texte der Isis- und Sarapis-Religion*. Da bislang keine offizielle Übersetzung der dort gebotenen Sammlung vorliegt, wurden die Texte eigens für dieses Buch übersetzt von: Erich Kunkel. Die Texte stammen samt und sonders aus späthellenistischer (nachchristlicher) Zeit.

3.   *Hymnus auf Isis aus Andros*

Königin Ägyptens im Leinengewand,
der die alte weizenreiche Straße der fruchtbaren
Furche am Herzen liegt,
das sistrumtragende Bubastos,
und Memphis, das sich über garbenreichen
Ebenen freut und
wo das heilige, von den frommen Königen herrührende Gesetz
eine unumstößliche Säule aufgestellt hat,
ein Zeichen, Herrin, Deiner Alleinherrschaft,
die den Schutzflehenden laut zuruft:
»Ich bin die Isis auf goldenem Thron, mit mächtigem Szepter herrschend,
soweit das Licht der feuerglänzenden Sonne
mit seinen Strahlen die nahrungspendende Erde erhellt.
Die auf Schrifttafeln verborgenen Zeichen des klugen Hermes
habe ich entdeckt und mit Griffeln
abgeschrieben, mit denen ich die heilige Lehre aufgezeichnet habe,
die den Mysten Ehrfurcht gebietet;
und was das Volk auf den gemeinsamen Weg
gebracht hat, das alles habe ich, jedes für sich, aus tiefem
Herzen gewoben.
Ich, die Hehre unter den Herrinnen,
des Kronos Tochter, Isis,

bin die viel beneidete Gattin des weithin herrschenden
Osiris, – einstmals habe ich denselben Mutterleib
wie er bei der Geburt verlassen,
von blühender Locken Pracht strotzend, die sich
um das Haupt winden wie Ranken um den Rebstock,
nach dem Willen des hochsinnigen Königs,
vor dem sein Vater Uranos erzitterte –
Geberin von Gesetzen:
der törichte Sinn der Menschen
wird diese keineswegs vernichten, auch wird die
graue Zeit sie nicht ins Dunkel
verbannen, und niemals wird die große, unendliche
Ewigkeit Vergessenheit über sie ausbreiten.
Mit den sternentragenden Umlaufbahnen
gehend, leuchte ich im Hundsstern.
Ich bin die den Frauen gnädig gestimmte Göttin der Seuchen.
Die Herrscher des Landes erbauten mir Bubastos.
Ich, Isis, die Wohlberatene, habe das Gebiet des Olymp
und die feuchte, finstere Erde voneinander getrennt.
Ich bin es auch, die zur Scheidung der Jahreszeiten
hoch unter den Gestirnen des Himmels
ihre Umlaufbahn abgesteckt habe.
Des schiefgehenden Mondes Rund,
der mit seinen Strahlen das Sonnenlicht bringt,
und die Sonne, Lenkerin der feurigen Rosse,
habe ich auf den leuchtenden Kreislauf geführt,
damit auf ihren wohlgeordneten Bahnen
die Achsen mit ihren Umdrehungen
im donnernden Lauf zwischen den Wendepunkten
die Nacht vom Tage scheiden.
Ich bin es, die zum ersten Mal unter den Menschen die Mühe
der Fahrt über das Meer auf sich nahm.
Ich bin es, die der Rechtsprechung Stärke verlieh.
Ich bin es, die zum Anfang der Fortpflanzung die Frau
mit dem Mann zusammenführte und gut
zur zehnten Wiederkehr des Mondes,
zum passenden Licht
des gedeihenden Werkes, das
eben entstandene Kind hervorbrachte.
Ich bin es, die den kleinen Kindern
an der Mutterbrust zur herzerfreuenden

Erziehung beibrachte, die Ehre der Eltern zu achten.
Der rasenden Leidenschaft habe ich meinen Zorn
entgegengestemmt und bis zum Lager
des brüllenden Hades und dem schwarzen Gefängnis
der Abgründe habe ich den Lieblosen gedroht,
so daß sie schwer leiden müssen.
Die weit über das rechte Maß hinausgehende
Fessel der Alleinherrscher habe ich aufgelöst.
Dem Mann einen Gefallen erweisend,
habe ich ihm eine
folgsame Frau gegeben
und sie beide bezwungen,
Peitho hat die wilde, jähe
Höhe des Nackens sanft anhauchend ruhig
niedergelegt.
Die Säule des Rechts habe ich aufgestellt
und ließ sie unter den
Bürgern vortrefflicher aussehen
als goldene Stelen von bezauberndem Glanz.
Ich wandele durch das königliche Reich des Helios
zusammen mit dem strahlenden Bruder,
und die Menschen nennen mich
die Begleiterin.
In runden Bahnen kreisend
bewege ich mich mit den Strahlen der Sonne
am leuchtend blauen Himmel.
Was die Einsicht meines Verstandes geschaut hat,
das führe ich alles aus bis zum
Ziel der Vollendung.
Sobald ich nicke und die Macht in die Knie zwinge,
beugt sich das Gewaltige vor
meiner höchsten Königswürde.
Den unfreiwilligen Zwang der Fesseln löse ich.
Befahrbar ist die klares Wetter liebende Amphitrite
mit den Schiffen, die vom gefrorenen
Schmutz am Bug schwarz sind, sobald ich
lächelnd die heitere Wange gerötet Tethys mit den
seegrauen Armen öffne.
In den passierbaren Tiefen wühle und peitsche ich
den Weg auf, so daß er unwegsam wird,
wenn in mir der Zorn aufsteigt,

überall in dem schwarzblühenden Brausen
brüllt dumpf der andrängende Pontos in tiefen Höhlen
aus unbetretbaren Schlünden;
als erste lenkte ich auf dem
Bretterdeck das schnelle Schiff mit
aufgebauschten Segeln,
über das Meer reitend, und
während die See von den schnellfahrenden
Kähnen bezwungen wurde,
bildete die edle Nachkommenschaft der Doris
ringsherum einen wirbelnden Chor;
Staunen erregte ihr Herz, als sie das
ihnen noch unbekannte Rudern mit
ihren Augen betrachteten.
Ich, Isis umgab des Krieges schauerliche
Wolke mit Schutzwehren gegen seine Mühen
für diejenigen, welche meine
reichbegüterte, gesetzgebende
Königsherrschaft rühmen.
Die in der Tiefe liegenden Inseln habe ich
von Grund auf aus dem tiefen Schlamm
an das Licht emporgeführt;
ich selbst habe Berge und die Senke fruchtbarer
Ebenen herausgehoben, Weideland über feststehende
Anhöhen ausbreitend, den Rinderställen und
den Schafzüchtern zur Freude.
Mit dem Dreizack, hell glänzend von den Blüten
der Gischt, erregt Nereus auf dem
schaumreichen Meer ein starkes Brodeln und
Brausen, indem er Kieselsteine gegen die
Klippen schmettert.
Zahlreich drücke ich am tauigen Hügel
die dunkel werdende freudebringende Traube
gegen die fruchterzeugende Mutter (Erde).
Gegen die Übermütigen Blitze schleudernd,
stoße ich mit den Donnerschlägen eine starke Drohung
gegen die Sterblichen aus.

4.   *Enkomion auf Isis aus Maroneia*

... Man sagt, daß die Erde die Mutter von allem sei.
Ihr, der ersten Mutter, wurdest du als Tochter geboren.
Als Stammbruder erhieltest du Serapis,
und nachdem ihr den Bund der Ehe geschlossen hattet,
erstrahlte durch euer Antlitz unter der Bezeichnung
Helios *[Sonne]* und Selene *[Mond]* das Weltall.
Zwei seid ihr; mit vielen Namen
werdet ihr bei den Menschen versehen.
Denn das Leben kennt euch allein als Götter.

... Sie selbst hat mit Hermes die
Buchstaben erfunden und mit den Buchstaben das,
was bei den Mysten heilig, für die Allgemeinheit
aber öffentlich verbindlich ist.

Sie selbst hat die Gerechtigkeit geschaffen,
damit ein jeder von uns, wie er von Natur aus
den Tod als gemeinsamen Besitz erhalten hat,
auch von den gleichen Quellen zu leben versteht.

Sie selbst hat den einen Menschen die barbarische,
den anderen die griechische Sprache gegeben,
damit das Geschlecht sich im Gespräch austausche,
nicht nur die Männer im Dialog mit den Frauen,
sondern auch alle untereinander.

Du hast Gesetze gegeben, Statuten wurden erstmalig erlassen.
Deshalb gewannen die Städte Beständigkeit,
nicht indem sie die Gewalt als Prinzip,
sondern indem sie das Gesetz ohne Gewalt fanden.

Du bewirktest, daß die Eltern von den Kindern geehrt werden,
wobei du dich nicht nur um die Väter,
sondern auch um die Götter kümmertest.
Deshalb ist die Gunst und Zuneigung stärker,
weil eine Göttin die Notwendigkeit
und das Gesetz der Natur festgeschrieben hat.

Von dir wurde auch Ägypten hinsichtlich der Besiedlung geliebt.
Du hast in Griechenland am meisten Athen geehrt,
denn dort hast du zum ersten Mal die Feldfrüchte hervorgebracht.

Triptolemes hat deine heiligen Drachen ins Joch gespannt
und mit dem Wagen den Samen an alle Griechen verteilt.
Deshalb bemühen wir uns, in Griechenland Athen,
in Athen Eleusis zu sehen, weil wir glauben,
daß die Stadt der Schmuck Europas,
das Heiligtum aber der Schmuck der Stadt ist.

...

5.   Enkomion auf Isis aus Oxyrhynchos

... die in [Aphrodito]polis ...; die im Haus des
Hephaistos ...; die in ... Bubastis genannt wird;
die eine ... in Letopolis, der Großen;
in Aphroditopolis in der Nome *[Gau]* Prosopites flottenführend,
vielgestaltig, Aphrodite; die im Delta ihre Gunst erweist;
in Kalamisis gütig; in Karene zärtlich liebend;
in der Stadt des Nikias unsterblich, Spenderin;
in Hierasos [...]athroichis; in Momemphis Herrscherin;
in Psochemis diejenige, die zum Hafen geleitet;
in Mylonis Herrscherin; die in Ke..kylemis ...;
in Hermopolis schöngestaltig, heilig; in Naukratis vaterlos,
Freude, Retterin, allmächtig, am größten;
in Nithine in der Nome Gynaikopolites Aphrodite;
in Pephremis Isis, Herrscherin, Hestia, Herrin über die ganze Erde;

in Es[...] Hera, göttlich; in Buto ...; in Thonis Liebe...;
in der Nome Saites siegreich, Athene, Nymphe; in Nebeo[...] ...;
in Kaine Freude; in Sais Hera, vollendet,
Herrscherin; in Iseion Isis; in Sebennytos
Erfindungsgabe, Machthaberin Hera, heilig;
in Hermopolis Aphrodite, Königin, heilig;
in Diospolis, der Kleinen, Herrin; in Bubastos Himmel;
in Heliopolis Aphrodite; in Athribis Maia, Helferin;
in Hiera in der Nome Phthemphthutis lotostragend;
in Tëuchis heilig, Machthaberin;
unter den Bukoloi Maia;
in Chois Himmel, Wahrsagerin;
in Katabathmos Vorsehung;
in Apis Verstehen; in Leuke Akte Aphrodite,

in Kynopolis in der Nome Busirites Praxidike;
in Busiris glückliches Schicksal;

in Hermopolis in der Nome Mendesios Führerin;
in Farbaithos schöngestaltig; in Isideion in der Nome
Sethroites Retterin der Männer; in Herakleopolis in der
Nome Sethroites Machthaberin; in Phernuphis
Herrscherin über die Städte; in Leontopolis gute Schlange;
in Tanis von Gestalt anmutig, Hera; in Schedia
Erfindungsgabe; in Heraklion Herrin des Meeres;
in Kanobos Anführerin der Musen; in Menuthis Wahrheit;
in M[..]nestion, dem größten, geiergestaltig, Aphrodite;

in Lykien tüchtig, frei; auf Knidos
Abwehr von Angriffen, Erfinderin; in Kyrene Isis;
auf Kreta Diktynnis; in Chalkedon Themis;
in Rom kriegerisch; auf den Kykladeninseln
von dreifacher Natur, Artemis;
auf Pathmos Vorsehung; in Paphos heilig, göttlich, gütig;
auf Chios wandelnd; in Salamis Beobachterin;
auf Zypern ganz freigebig; auf Chalkidike heilig;
in Pierien jugendlich; in Asien auf drei Arten und
Weisen verehrt; in Petra Retterin; in Hypselo am größten;

in Rhinokoruloi alles sehend; in Dora
Freundschaft; in Stratonos Pyrgos Hellas, gut;
in Askalon am besten; in Sinope vielnamig;
in Paphea Machthaberin; in Tripolis Helferin;
in Gaza glückliche Seefahrt; in Delphi
am besten, am schönsten; in Bambyke Atargatis;
bei den Thrakern und auf Delos vielnamig;
bei den Amazonen kriegerisch; *bei den Indern Maia;*
bei den Thessaliern Selene; bei den Persern
Latina; bei den Magiern Kore, Thapsusis;
in Susa Nania, im Phoinikien Syriens Göttin *[Dea Syria]*;

in Samothrake stiergestaltig; in Pergamon Herrin;
in Pontes unbefleckt; in Italien Liebe der Götter;
auf Samos heilig; am Hellespont
in die Mysterien einweihend; in Myndos göttlich;
in Bithynien Helena; auf Tenedos Auge des Helios;
in Karien Hekate; in der Troas und in Dindyme
Tribia, Palentra, unzugänglich, Isis;
in Berytos Maia; in Sidon Astarte;

in Ptolemais verständig; in Susa im
Bezirk um das Rote Meer Sarkunis;

die du auch zu den fünfzehn Geboten
zum allerersten Mal Deutungen gabst;
Herrscherin über die zivilisierte Welt;
Schutzwehr und weggeleitende Herrin
über Meeres- und Flußmündungen;
gelehrt in Schreiben, Rechnen und Verstehen;
die auch den Nil in jedes Land zurückführt;
unter allen Göttern das schöne Tier;
auf Lethe das heitere Gesicht; die Anführerin der Musen;
die vieläugige; die schöne Göttin auf dem Olymp;
Zierde des weiblichen Geschlechts und herzlich liebend;
die Freundlichkeit in den Versammlungen verschafft;
die Haarlocke (das Beste) bei den Festen; blühender Reichtum derer, die
schöne Tage erleben; *der weibliche Harpokrates der Götter;* die
bei den Prozessionen der Götter alle anführt, Feindschaft hassend;
wahrer Juwel des Windes und Diadem des Lebens,
auf dessen Geheiß die Bilder und die Tiere aller Götter,

die ... deines Namens; ... haben, werden kniefällig verehrt;
Herrin Isis, größte der Gottheiten, erster aller
Namen, Io Sothis; du herrschst über das, was mitten in
der Luft ist, und über das Unermeßliche; du erfindest
das Weben des Untergewandes; du willst auch,
daß die gesunden Frauen sich mit
Männern zugleich vor Anker legen; die älteren opfern
alle in H...ktos; alle jungen Mädchen loben Dich;
alle Frauen in Herakles' Stadt wenden sich Dir zu und
weihen Dir ihr Land; diejenigen, die Dich treu anrufen,
sehen Dich; von ihnen ... in der Bestheit der
365 vereinigten Tage; gütig und leicht versöhnlich
ist die Gunst Deiner beiden Aufträge; *Du trägst die
Sonne vom Aufgang bis zum Untergang und alle Götter
freuen sich;* beim Aufgang der Sterne verehren
die Einheimischen Dich unermüdlich und die anderen heiligen
Tiere im Heiligtum des Osiris, sie werden froh, wenn sie Dich
beim Namen anrufen; die Dämonen werden Dir
untertan.

...

Und du bringst Verderben, wem Du willst, und,
was zerstört ist, dem verleihst Du Gedeihen und alles
reinigst Du; jeden Tag bestimmtest Du zur Freude;

Du ... hast auch alle Freude am Wein erfunden und reichtest ihn
zum ersten Mal bei den Festversammlungen der Götter dar; ...
Du wurdest auch die Erfinderin alles Feuchten und Trockenen,
Warmen und Kalten,
von allen Dingen, aus denen sich alles zusammensetzt; du brachtest Deinen Bruder alleine zurück,

lenktest ihn gut und bestattest ihn schicklich;
...

Du Führerin der Diademe; Herrin über Gedeihen und
Verderben, Entstehen und Vergehen;
...

Du hast die Isis-Heiligtümer allen Städten für alle
Zeit errichtet; und allen hast Du die Gesetze und ein
vollkommenes Jahr übermittelt; und ... – tönend allen ... an jedem
Ort; damit es
alle Menschen wissen, hast Du an jedem Ort
bewiesen, daß der Himmel von Dir
errichtet wurde; Du hast Deinen Sohn Horos-Apollon
überall zum neuen Herrn des ganzen Weltalls und
... für alle Zeit gemacht; Du machtest
die Macht der Frauen der der Männer ebenbürtig.
...

Du bringst als Herrin des Landes den Feldern
die Überschwemmung der Flüsse ...; und in Ägypten die
des Nils, in Tripolis die des Eleutheros und *in Indien*
die des Ganges; ihretwegen ist das Ganze und das Eine
rechtzeitig bei jedem Regenguß, jeder Quelle, jedem
Tau und Schneefall und bei
jeder Art von Zustand der Erde und
des Meeres; Du bist auch für immer die

Herrin aller Dinge; ...

Du hast die Dioskuren zu Rettern gemacht;
... Du hast ... durch Nahrung ... alles ... gemehrt;
Du hast die Macht über Winde, Donnerschläge, Blitze und
Schneefälle; Du bist die Herrin über Feldzug und
Herrschaft; Du vernichtest die Alleinherrscher leicht mit
weisen Ratschlägen; Du hast den großen Osiris unsterblich
gemacht ...

Und jedem Land gabst Du
die religiösen Bräuche der Mysterienfeiern;
... in gleicher Weise auch
Horos, der sich als Wohltäter des Vaters und
als gut erwies;

Du bist auch die Herrin über Licht und
Flammen; Du hast in Memphis ein
Heiligtum; Horus, der es vorgezogen hat,
daß Du ihn zu seinem Nachfolger machtest, ...

... und ... Du hast ihn zum Nachfolger der
Herrschaft über alle Götter gemacht; ...

Du hast ihn für alle Zeit als weissagenden
König über das väterliche Haus eingesetzt;
...

6.   *Drei Hymnen des Isidoros auf Isis-Hermuthis*
       (ägypt. Erntegöttin Renenutet)

       Erster Hymnus

Reichtumspendende Königin der Götter, Herrin Hermuthis,
Allmächtige, Agathé Týche *[gutes Geschick, Heil, Glück]*, hochberühmte Isis,
höchste Deo, Erfinderin allen Lebens,
und allerlei Wunder wirktest du,
um allen Menschen Lebensunterhalt und gesetzliche Ordnung zu bringen,
und Sitten und Gebräuche führtest du ein, damit überhaupt Gerechtigkeit sei,
und handwerkliche Fertigkeiten verliehst du ihnen, damit das Leben angenehm sei,
und du erfandest das kräftig sprossende Wachstum aller Früchte.
Dir ist zu danken, daß es Himmel und Erde, das Wehen der Winde und die Sonne
       mit ihrem angenehmen Licht überhaupt gibt.
Durch deine Macht füllen sich zur Herbstzeit alle Flüsse des Nils,
und in reißenden Fluten ergießt sich das Wasser über das ganze Land,
so daß die Früchte unaufhörlich wachsen.
Alle Sterblichen aber, die auf der unermeßlichen Erde wohnen,
Thraker und Griechen und alle Barbaren, die es gibt,
sprechen deinen schönen Namen, der bei allen
in ihrer eigenen Sprache und Heimat gleichermaßen hochgeehrt ist.
Astarte, Artemis und Nanaia rufen dich die Syrer
und die lykischen Völker bezeichnen dich als Herrin Leto,

Mutter der Götter nennen dich auch die Thraker,
die Griechen hochthronende Hera und Aphrodite,
auch gute Hestia, Rhea und Demeter,
die Ägypter aber Thiuis *[auf Ägypt.: = die Eine]*, weil du,
obwohl du nur eine einzige Göttin bist,
zugleich mit allen anderen Göttinnen eins bist,
die von den Völkern angerufen werden.
Herrin, ich werde nicht aufhören, deine große Macht zu besingen,
unsterbliche Retterin, vielnamige , höchste Isis,
die vor dem Krieg die Städte schützt und alle ihre Bürger,
mitsamt ihren Gattinnen, ihrer Habe und ihren Kindern.
Alle, die gefangen gehalten werden im Schicksal des Todes*,
und alle, die durch lange, kummervolle, schlaflose Nächte gepeinigt werden,
die Männer, die in einem fremden Land umherirren,
und alle, die im Winter auf dem großen Meer segeln,
wenn die Männer bei Schiffbrüchen umkommen,
sie alle werden gerettet,
sobald sie dich um deinen Beistand anflehen.
Höre meine Gebete, die du einen mächtigen Namen hast,
erweise dich mir gnädig und barmherzig und erlöse mich von aller Mühsal.
Isidoros schrieb dies.

> *[* gemeint ist hier, daß Isis den Menschen ihr Leben selbst über die ihnen vom Schicksal gesetzte Frist hinaus verlängern bzw. vor einem verfrühten Tod schützen kann; vgl. ihre Selbstoffenbarung bei Apuleius!]*

Zweiter Hymnus

Gegrüßet seist du, Týche Agathé, hochberühmte, großmächtigste Isis Hermuthis,
über dich freut sich jede Stadt,
du Erfinderin von Leben und Feldfrucht,
derer sich alle Sterblichen erfreuen dürfen dank deiner Gnade.
Alle aber, die zu dir beten, du mögest ihnen beim Handel zur Seite stehen,
sind in ihrer Frömmigkeit reich für alle Zeiten;
und alle, die das Schicksal mit todbringenden Krankheiten schlägt,
haben durch dich neues Leben erhalten, sobald sie zu dir gebetet haben.
Wahrhaft wohnt der Agathós Daímon, der mächtige Sokonopis,
mit dir als Tempelgenosse zusammen, der Spender guten Reichtums,
Schöpfer auch der Erde und des sternenreichen Himmels
aller Flüsse und reißender Ströme;
und dein Sohn Anchoes, der den Äther des Himmels bewohnt,

ist die aufgehende Sonne, die das Tageslicht zeigt.
Alle, die Nachkommenschaft an Kindern erzeugen wollen,
beten zu euch um Kindersegen.
Den goldströmenden Nil überredest du und sendest ihn zu den entsprechenden
      Jahreszeiten über das Land Ägypten aus, den Menschen zum Segen.
Dann ist reich jede Ernte, und allen denen du wohlwillst,
verleihst du den Erwerb vielfältiger Lebensgüter.
Deiner Gaben eingedenk geben dir alle,
denen du Reichtum und großen Segen verliehen hast,
den zehnten Teil davon ab, damit sie allzeit vermögend bleiben.
Jedes Jahr, wenn sie sich über deine Festversammlung gefreut haben,
hast du sie im darauf folgenden Jahr zu ihrer Freude wieder beschenkt.
Erfreut, nachdem sie dein Fest gefeiert haben, gehen sie voller Andacht nach Hause,
im Vollgefühl reichlichen Segens.
An deinen Gaben schenke auch mir Anteil, Herrin Hermuthis,
Deinem Schutzbefohlenen, Reichtum und Kindersegen zugleich.
Geschrieben hat dies Isidoros.
Meine Gebete und Lobpreisungen erhörten die Götter
und haben mich dafür beschenkt mit dem Segen großen Glückes.

Dritter Hymnus

Herrscherin der höchsten Götter, Herrin Hermuthis,
hehre Isis, heilige, große, hochberühmte Deo,
ehrwürdigste Spenderin von Gütern für alle Menschen,
den Frommen hast du großen Segen und Reichtum gegeben,
auf daß sie ein angenehmes Leben haben mögen, höchste Freude,
Reichtum, Glück und (sittlich) angemessene Klugheit, frei von Kummer und Sorgen.
Alle, die im höchsten Glück leben, die besten Männer,
szeptertragende Könige und alle Herrscher,
sie regieren bis ins hohe Alter, solange sie ihr Leben nach dir ausrichten,
wobei sie ihren Söhnen, Enkeln und Nachfahren großen, strahlend-glänzenden
      Reichtum hinterlassen.
Den die Königin aber am meisten liebte unter den Herrschern,
der regiert über ganz Asien und Europa,
den Frieden erhält er, reiche Ernte von Gütern aller Art, die besten Erträge.
Überall, wo Kriege und massenhaftes Morden grassieren,
hat deine Macht und Stärke der Menge Einhalt geboten
und den Minderheiten Mut eingeflößt.
Höre mich, Agathé Týche, deinen Schutzbefohlenen, o Herrin,
sei es, daß du nach Libyen gegangen bist oder zum Südwind,

sei es daß du die äußeren Grenzen des angenehm wehenden Nordwindes bewohnst
oder die des Ostwindes, wo die Aufgänge der Sonne sind,
sei es daß du auf den Olymp gelangt bist, wo auch immer die Himmlischen wohnen,
sei es daß du am Himmel hoch unter den Unsterblichen Recht sprichst,
sei es daß du den Wagen des schnellen Helios bestiegen hast,
das ganze Weltall lenkst und auf alle Werke der Menschen,
der gottlosen wie der frommen, beobachtend herabsiehst.
Wo immer du auch anwesend bist, so beobachtest du die Tugend des einzelnen,
in der Freude über Opfer, Weihegüsse und Räucherwerk,
von den Männern, die das Land des *Suchos** [Krokodilgott] bewohnen,
die Arsinoiter, Männer der verschiedensten Völker,
die alle jährlich, am 20. Tag der Monate Pachon und Thoth zugegen sind,
um dir und den heiligen Göttern Anchoes und Sokonopis
an deinem Fest den Zehnten darbringen.
Auch ihr, große Götter, die ihr den Tempel zusammen mit ihr teilt,
schickt mir den Gott Pan, der alle Schmerzen heilt.
Geschrieben hat dies Isidoros.

> [* In der Gestalt eines Krokodils wurde Suchos u.a. als Wassergott verehrt. Als seine Mutter galt die Göttin Neith. Da er als ein Urgeschöpf des Nilschlamms auch »das Kraut grünen läßt«, konnte er ohne weiteres mit Osiris gleichgesetzt werden (vgl. Gottschalk, S. 159).]

IV.   Die großen Isis-Feste in griechisch-römischer Zeit

»Nachdem nun die Schwester und Gattin des Osiris als seine Rächerin die Raserei und Tollheit Typhons erstickt und beendet hatte, sah sie nicht über das Ringen und die Kämpfe hinweg, die sie hatte ertragen müssen, und wollte auch nicht, daß ihre Irrfahrten und die vielen Werke der Weisheit und der Mannhaftigkeit in Vergessenheit und Schweigen versänken, sondern, indem sie Bilder, Andeutungen und Nachahmungen der damaligen Leiden mit den heiligsten Weihen vermengte, heiligte sie eine Lehre der Frömmigkeit und zugleich einen Trost für Männer und Frauen, die sich in ähnlichem Unglück befinden.« *(Plutarch, Kap. 27)*

Im Laufe des Jahres feierte man dreimal Tod und Auferstehung des Osiris, und das waren zugleich auch die drei größten Isisfeste:

– Das Fest der Nilflut vom 14.–19. 7.
– Das Fest der Aussaat und des Keimens vom 13.–16. 11., später 29. 10.–2. 11., auch *Isia* genannt
– Das Fest der Ernte zu Beginn des Sommers

In diesem Gesamtgeschehen repräsentierte die Göttin Isis die Erde, soweit sie vom Nil bewässert wird, das fruchtbare Land Ägypten, während ihr Gatte Osiris in einer Doppelfunktion auftrat: Er erschien im Wasser des Nils, welches das Land fruchtbar machte, und verkörperte zugleich das Getreide, das im (von ihm selbst bewässerten) Land wuchs.

In den Festen von Tod- und Auferstehung des Osiris vollzog sich zugleich die heilige Hochzeit von Wasser und Erde. Das Getreide, das aufgrund der Vereinigung von Isis und Osiris entsproß, geerntet, gedroschen, gemahlen und verzehrt wurde, war der wiedergeborene Osiris bzw. sein Sohn Horus. Während Osiris den Ägyptern als Unterweltsgott und Totenrichter galt, verkörperte sein Sohn Horus, als der wiedergeborene Osiris den Sonnenfalken.

Seth (Typhon) jedoch verkörperte in diesem Zusammenhang die Dürre und das trockene Land – »alles Trockene, Feurige und Ausdörrende und der Feuchtigkeit überhaupt Feindliche« (Plutarch, Kap. 33) – als das lebenvernichtende (den Osiris zerstükkelnde) Widersacherprinzip schlechthin. Wo Seth herrschte, konnte Osiris nicht sein und umgekehrt. Beide repräsentierten Gegebenheiten des Landes, die einander ausschlossen. Isis als Verkörperung des Landes hingegen (er)trug beide gleichermaßen. Dies war wohl der Grund, warum sie sich im Kampf zwischen Horus und Seth (s.o.) letztendlich für keine Seite entscheiden konnte bzw. beiden Recht gab. Was Plutarch mit den Worten kommentiert: »Denn die Göttin, welche die Erde beherrscht, ließ nicht zu, daß die der Feuchte widerstrebende Naturkraft gänzlich unterginge, sondern sie löste und entließ dieselbe, weil sie die Mischung erhalten wollte: denn das Weltall konnte nicht vollkommen sein, wenn das Feurige aufhörte und vernichtet ward« (Kap. 40). Seths Farbe ist rot, und man nannte ihn tatsächlich *Der Rote*, wie man auch von »roten Dingen« sprach und damit alles Böse meinte, das von Seth getan wurde. Osiris aber war von schwarzer Farbe und hatte schwarzes Haar (da Nilwasser und -schlamm alles dunkel färben und das Land schwarzschollig aussehen lassen, schwarzes Haar aber auch als Zeichen von Jugendkraft, graues Haar dagegen als Zeichen von »Austrocknung« infolge von Alter gedeutet wurde, vgl. Plutarch, Kap. 32): »Du bist schwarz und groß in deinem Namen ›Große schwarze Festung‹«, heißt es deshalb schon in einem Pyramidentext, und entsprechend nennt man auch seine Zwillingsschwester und Gattin Isis gelegentlich »Die schwarze Frau«, manchmal jedoch sogar »die schwarz-rote Frau« (Hopfner 1940, S. 24 f.), was wiederum auf ihre geheime Verbundenheit mit Seth hinzudeuten scheint.

Seth ist jedoch in der Vorstellung der Ägypter nicht nur »böse«, sondern eine zuzeiten durchaus sinnvolle Kraft, wie bereits im Mythos vom *Streit zwischen Horus und Seth* sichtbar wurde. Schließlich ist er es, der am Bug der Sonnenbarke täglich

die Apophisschlange, die der Sonne den Weg versperrt, abwehrt. »Als Naturvorgang
bedeutet seine Tat das Vertreiben der Wolken auf der Bahn der Sonne« (Brunner-Traut,
S. 273). In der Geschichte über *das unersättliche Meer*, das kein Maß mehr halten und
keine Grenzen mehr dulden will, erfahren wir, daß Seth gerade dieser Bereich des Ge-
setzlosen unterstellt ist. Denn, so müssen in dieser Erzählung selbst die Götter erkennen: »Gegen das Maßlose, das Zuchtlose, gegen das aus Trieb launig Handelnde ... hilft
nur eins: Machtspruch und Gewalt. Der rechte Kämpfer gegen das Meer ist Seth. Ihn
rufen die Götter herbei, wo es einen Kampf mit Gewalt auszutragen gibt.« Wie Apophisschlange und Wolkendrachen, so vermag Seth auch, »das Meer zu bändigen und
mit ihm zu kämpfen. Er, der Gewittergott versteht sich auf Wolken und Wogen, auf
Wetter und Brandung. Seth zog gegen das Meer und schleuderte gegen das Meer seine
Waffen, die blitzenden, und Seth brüllte gegen das Meer. Das Meer hörte die Stimme
des Seth. Dann setzte Seth sich nieder, das Meer aber beruhigte sich« (ebd. S. 75 f.).

Exkurs: Osiris und Sarapis

In Sakkara bei Memphis wurde schon von altersher der heilige Apis-Stier als – wie
Plutarch sagt – »das körperhafte Bild der Seele des Osiris« verehrt. »Denn durch den
Tod wurde nicht nur jeder Mensch, sondern auch jedes heilige Tier zum ›Osiris‹, der
Apis also zum Osiris-Apis« oder Osarapis (Hopfner 1941, S. 130). In Memphis war der
lebende Apis-Stier besonders eng mit dem Tempel des Ptah verbunden, wo er schon
seit dem Alten Reich als heiliges Tier gehalten wurde. Aus diesem Osarapis entwik-
kelte sich in hellenistischer Zeit der *Sarapis* oder *Serapis* »als Universalgott und Gatte
neben Isis« (Giebel, S. 160). Beide gemeinsam wurden jedoch schon Jahrhunderte vor
der offiziellen Einsetzung des Sarapiskultes durch Ptolemaios I Soter (286/285 v. Chr.)
etwa an der Stätte des alten Rakotis verehrt (vgl. Hopfner 1941, S. 126 u. 129): Eine
Priesterin, geehrt von Ptah-Sokaris-Osiris, trägt bspw. den Titel »Prophetin der Isis
und der Nephthys im ›Hause des Osiris-Apis im Hause des Osiris in Rakotis‹« (Bergman, S. 251). Bergman hält überdies Isis für die ideale Apismutter, »besonders, da sie
als eine Form der Hathor bisweilen in Kuhgestalt dargestellt wurde« (ebd.).

Daneben hatte sich allerdings jene andere Tradition entwickelt, die nahtlos mit der
bereits bestehenden zusammenfließen konnte: Unter Ptolemaios I Soter wurde auf das
Traumgesicht eines ihm unbekannten Gottes hin das Kultbild des (von den Griechen
sogenannten) *Pluton von Sinope* vom Schwarzen Meer nach Alexandria geschafft.
Diese Statue wurde von ägyptischen Priestern und Theologen mit Sarapis identifiziert, »denn der Gott war nicht unter diesem Namen von dort hergekommen, sondern
erhielt« ihn erst von den Ägyptern in Alexandria zugesprochen (Plutarch, Kap. 28). In

Babylon hieß dieser Gott *Sar-apsu*, und ihn befragte man durch Inkubationsschlaf bspw. über den todkranken Alexander d. Gr.; weshalb viele den Gott auch mit *Äskulap* gleichsetzten, weil er Kranke heilte und Heilwunder vollbrachte. Seine Attribute waren Schlange, Hund und Szepter sowie das Getreidemaß auf dem Kopf, wobei die beiden Tiere meist auf die Unterwelt gedeutet wurden (vgl. Hopfner 1941, S. 127–129).

> Als unterweltlichen Gott bezeugt ihn die *Inschrift von Cius*:
> »Dich, aller Himmlischen König, ich grüße dich, ew'ger Anubis,
> deinen Erzeuger Osiris, den Heiligen, Goldenbekränzten.
> Zeus ist er, der Kronide, er ist der gewaltige Amon,
> der Unsterblichen König, und hochgeehrt als Sarapis.
> Dich auch, selige Göttin und Mutter, vielnamige Isis,
> die der Himmel gebar auf den flimmernden Wellen des Meeres
> und die das Dunkel erzog als Licht für alle Menschen,
> die als Älteste du das Szepter führst im Olympos
> und als göttliche Herrin die Erde regierst und die Meere,
> die du alles erblickst – viel Gutes gabst du den Menschen.«
> *(Nach Hopfner 1941, S. 125)*

In den Jahrhunderten nach Christus trat Sarapis mehr und mehr an die Stelle des Osiris, »vor allem als Orakel- und heilender Traumgott, und wurde daher mit Isis in der ganzen antiken Welt bis nach Indien hinein verehrt, denn die Sakenkönige Indiens beteten neben ihrem Buddha auch den Sarapo an. Die Segenstaten dieses Gottes für alle Menschen insgesamt preist begeistert namentlich der Rhetor Aristeides in der Rede auf Sarapis, ebenso Dion Chrysostomus; aber auch hier wird er besonders als Toten- und Mysteriengott gefeiert, der die erlösten Seelen für alle Ewigkeit bei sich weilen läßt. Hauptkultort blieb Alexandria, und sein Riesentempel galt als Weltwunder, der alljährlich gewaltige Scharen von Pilgern anzog und wo man es verstand, durch technische Hilfsmittel Wunder vorzutäuschen« (Hopfner 1941, S. 132 f.).

> »Sogar die Juden, die zahlreich in Ägypten lebten, zollten der Gestalt des neuen Gottes Beifall. Sie deuteten den Namen Sarapis als ›Sohn Saras‹ und erkannten in ihm ihren Erzvater Joseph, der das Getreidemaß auf dem Kopf trug, weil er das Land einst vor der Hungersnot gerettet hatte.« *(Giebel, S. 162)*

1. Das Fest der Nilflut

Bevor Mitte Juli die jährlich wiederkehrende Nilschwemme einsetzte, die von den Schmelzwassern Äthiopiens herbeigeführt wurde, waren die Wasser des Nils so gut wie versiegt, was nichts anderes besagte, als daß Osiris tot war. Das Land litt unter der

Dürre (des Tyrannen Seth). Isis aber beweinte den getöteten Gatten und brachte durch ihre Tränen bzw. das Schütteln ihres Sistrums den Fluß zum Anschwellen, »weshalb man in ihren Tempeln, sogar auch außerhalb Ägyptens, mit Nilwasser sprengen sollte« (Hopfner 1940, S. 23). Isis, nach Plutarch »im Ganzfeuchten« geboren, galt als Vorsteherin des feuchten Elements. Ihr heiliger Stern, der Sirius (Sothis) zog nach Auffassung der Ägypter das Wasser an und setzte dadurch die Nilflut in Gang (ebd.): »Sothis, die den Nil aus seinem Quelloch ergießt« (Hopfner 1941, S. 175). Das geschah am 14. Juli, dem Tag, an dem auch »der unterste Stern des Orion zum ersten Mal in der Morgenfrühe« (Merkelbach 1963, S. 29) gesichtet wurde. Der Orion galt als Stern des Osiris und der Tag seines Aufgangs folglich als sein Geburtstag: *In der befruchtenden Überschwemmung überwindet Osiris den Seth jedesmal aufs neue;* er steht von den Toten auf und wird neu geboren. Wie Osiris auf Erden, so ist auch der Orion eine Zeitlang am Himmel nicht zu sehen, was seine Gleichsetzung mit Osiris begünstigte und zugleich seine Vernichtung durch Seth als allumfassend erscheinen ließ. Und genauso allumfassend war dann seine Wiedergeburt, die »wie im Himmel, so auch auf Erden« erfolgte: Im Aufgang des Orion (der zugleich den Beginn der Weinlese ankündigte, vgl. Hopfner 1940, S. 163) und im neuen Nil.

Fünf Tage später (als der Orion) trat der Sirius in Erscheinung, ein Zusammenhang, der in den ägyptischen Texten besonders hervorgehoben wird. So ruft Isis in den *Klageliedern* den toten Osiris mit folgenden Worten zurück: »Dein prächtiges Abbild, der Orion ist am Himmel, und er geht täglich auf und unter. Ich bin als Sothis hinter ihm, und ich entferne mich nicht von ihm.« Oder: »Das herrliche Abbild, das aus dir hervorgegangen ist, belebt die Götter und Menschen, die Schlangen und das Kleinvieh, daß sie davon leben. Du fährst (zu Schiff) für uns aus deiner Höhle (Nilquelle) zu deiner Zeit, und du sendest den Nil zu deiner Seele.« Im Einbalsamierungsritual wird der Tote (als Osiris) angeredet: »Du erglänzest am Himmel als ein einzelner Stern, du bist der Orion am Leibe der (Himmelsgöttin) Nut ... Isis ist als Sothis mit dir am Himmel und entfernt sich nicht von dir in Ewigkeit« (ebd. S. 30).

Die Sothis, der Hundstern, galt den Ägyptern zugleich als Seele der Isis. »Ihr Frühaufgang im Krebse sollte dereinst das Weltall geschaffen haben. ... Da aber der Sirius, die Sothis-Isis, zur Zeit ihres heliakischen Aufgangs am Morgenhimmel in den letzten Augusttagen (den ›Hundstagen‹) gerade im Sternbilde des Orion-Osiris sichtbar wird, besagt ein Berliner Papyrus: ›Isis wandelt als Sothis hinter ihrem Bruder Osiris-Orion am Himmel einher.‹ Auch wird Isis als ›Sothis, Herrin des Himmels, Fürstin der lebenden Seelen der Götter (d. h. der Sterne) erglänzend am Himmel‹ angerufen« (ebd. S. 162 f.). Die Sterngruppen von Sirius und Orion scheinen gar als direkte Wohnstätten der Totenseelen angesehen worden zu sein: »Er (der Tote) steigt zum Himmel empor unter die unvergänglichen Sterne; seine Schwester ist die Sothis und sein Führer der Morgenstern.« Ein anderes Mal sagt der Tote von sich selbst, »sein Stern solle am Himmel neben der Sothis aufgestellt werden und er solle dem Hor (Osiris), der in der Sothis (Isis) ist, Gefolgschaft leisten« (ebd. S. 166 f.).

Interessant ist in diesem Zusammenhang, was die marokkanische Soziologin Fatema Mernissi noch über die Verehrung des Sirius in der vorislamischen Zeit (*gahiliya*) zu berichten weiß:

> »Der *Koran* spricht auch vom Kult eines Gestirns mit Namen asch-Schi'ra, dem Sirius. at-Tabari erklärt in seinem Kommentar, ›daß asch-Schi'ra der Name eines Sterns ist, der von gewissen Leuten der gahiliya angebetet wird‹. Sirius, Jupiter, Mars und Venus, dieses ganze himmlische Schauspiel, das sich jeden Abend vor unseren Augen entfaltet, waren wichtige Eroberungen des Islam, der zu seiner Durchsetzung gezwungen war, seine Strategie nicht nur auf Erden, sondern vor allem im Bereich der Gestirne zu entfalten. Der Triumph des Islam verlief unvermeidlicherweise über die Zähmung all dessen, was sich am Himmel bewegt, Venus an der Spitze.« *(S. 177)*

Bevor die Nilschwemme einsetzen konnte, wurden die Kanäle, die das Wasser aus dem Fluß über die Felder leiten sollten, zusätzlich durch Dämme versperrt, die das Wasser zunächst aufstauen und dann um so wirkungsvoller verteilen sollten. Auch diese Dämme, die das befruchtende und belebende Wasser zurückhielten, galten als Verkörperung des Seth und wurden im mythischen Bild des Drachen vorgestellt (wichtigstes Zeugnis dafür ist der *Mythos von der geflügelten Sonnenscheibe*, der unter Ptolemaios Kaisarion und Kleopatra in Edfu eingemeißelt wurde (vgl. Merkelbach 1963, S. 21). »Sobald das Wasser eine gewisse Höhe erreicht hatte, wurde auf Befehl eines hohen Beamten der Damm durchstochen. Der Dammdurchstich galt als Sieg des Horus über Seth. Das Wasser überflutete das Land, man feierte die Hochzeit der Isis (des Landes) und des Osiris (des Wassers) oder das Finden des Osiris. Man schöpfte Wasser, den neugefundenen Osiris, und trug es jubelnd nachhause« (ebd. S. 14). Das Trinken des Nilwassers aber kam einem sakramentalen Trinken des Osiris gleich, wobei nach dem Mythos von Edfu sich am Tag der Nilflut das Nilwasser sogar in Wein verwandeln sollte (vgl. ebd. S. 17). Und das *Töpferorakel* aus der Ptolemäerzeit prophezeit ganz in diesem Sinne: »Dann wird Ägypten blühen, wenn ... der Helioskönig kommen wird, der Geber des Guten, der von Isis eingesetzt wird. Zu dieser Zeit wird der Nil, dessen Wasser versiegt waren, sich füllen« (ebd. S. 25).

Wie Achilleus Tatios im 2. Jhd. n. Chr. beschreibt, begann mit dem Tag des Dammdurchstichs ein allgemeines Volksfest mit Theaterbesuchen und Liedern, die auf dem Nil gesungen wurden:

»Am Vorabend der Zeremonie (des Dammdurchstichs) strömen viele Zuschauer herbei, und man feiert ein großes öffentliches Fest; private Gesellschaften mieten Boote und fahren am Eingang des Kanals umher. Man singt und macht Musik; Geschichtenerzähler treten auf ... Während der Nacht sind die Boote illuminiert, am Ufer stehen Feuerkörbe.« Eine Stunde nach Sonnenaufgang wird der Damm durchstochen. »Man feiert noch tagelang« (Merkelbach 1963, S. 20f.). Der Tag des Dammdurchstichs aber wurde bereits im alten Ägypten als Sieg des Sonnengottes Horus über den Drachen Seth gedeutet.

Noch im Jahre 1987 beschreibt Jehan Sadat das Nilfest ihrer Kindheit – *Wafa el-Nil* (Fülle des Nils) mit erstaunlich ähnlichen Worten wie einst Achilleus Tatios:

»An diesem Augusttag wurde der Damm unmittelbar südlich von Kairo durchstochen, und der Nil, angeschwollen von den Wassern und dem fruchtbaren Schlamm seiner Quellflüsse in Uganda und Äthiopien, stieg zu seiner alljährlichen, zwei Monate währenden Herbstflut an.

Das Beste am Wafa el-Nil war, daß die Feiern direkt auf Roda stattfanden. Schon Tage zuvor war der munadi el-Nil, der Ausrufer des Nils, in unserem Viertel umhergezogen, um den Wasserstand auszurufen, den der Fluß auf dem berühmten Nilmesser an der Südspitze unserer Insel erreicht hatte. ...

Welch ein Freudenfest, wenn der Nil endlich den Höchststand, mehr als sechs Meter über dem Normalstand erreicht hatte! Mit bunten Bändern und Wimpeln geschmückte Feluken, die Takelage mit Lichterketten besetzt, drängten sich vor Rodas Ufern auf dem Fluß, und auch an Land funkelten überall Lichterketten. Da manche Boote sogar Musikkapellen an Bord hatten, hörten wir von Ufer her die verschiedensten Melodien übers Wasser tönen. Den ganzen Tag lang, bis neun Uhr abends, feuerten Kanonenboote Salven ab, um alle Welt zu den Wassern des Nils zu rufen.

Es war ein zauberhafter Anblick und in meinen Augen sehr romantisch. An der Pier der unteren Spitze unserer Insel trug ein buntbemaltes Boot die große, reichgeschmückte Statue eines jungen Mädchens: *Der Braut des Nils*. Sobald die Flut stieg, wurde die ›Braut‹ bei Sonnenuntergang in den Nil geworfen, um sich mit ihrem ›Bräutigam‹ zu vereinigen und so ein gutes Erntejahr zu gewährleisten. An Land begannen alle zu klatschen, zu jubeln und ihrer Freude durch das *zachrit* Ausdruck zu verleihen, während überall Feuerwerkskörper in die Luft stiegen. ...

Als der fertiggestellte Staudamm von Assuan 1964 der alljährlichen Flut ein Ende setzte, war ich sehr traurig darüber, daß wir den Wafa el-Nil nicht mehr feiern konnten.« *(S. 43 f.)*

In christlicher Zeit schließlich verlegte man den Todestag des heiligen Joseph auf den 20. Juli und erhielt sich so einen Grund, den Tag der Nilflut zu begehen. Als Patron der Nilflut galt von jetzt ab der Erzengel Michael als Prototyp des Drachenbezwingers (vgl. Merkelbach 1963, S. 22).

Das Fest des 19. Juli spielte jedoch auch außerhalb von Ägypten eine große Rolle. In Syrien und sogar bis nach Spanien feierte man an diesem Tag die Wiedergeburt des *Adonis*. In Ägypten fiel dieses Datum lange Zeit (bis ins Jahr 29 v. Chr.) mit dem Beginn des neuen Jahres zusammen, »wenn der Sirius zum erstenmale wieder zugleich mit Sonnenaufgang am östlichen Horizonte sichtbar wurde« (Hopfner 1940, S. 27). Isis hieß deshalb als Sothis auch *Herrin des Jahresanfangs* (Hopfner 1941, S. 175). Beim Darbringen von Pflanzen nannte man Isis etwa:

> »Die Königin von Ober- und Unterägypten, die Große in Dendera, welche das Feld bei ihrem Aufgang schön macht (vielleicht besser: ›lebend macht‹), Herrin des Jahresanfangs, Herrscherin der Jahresdämonen, welche das Feld mit den Pflanzen glänzen läßt, mit Malachithaut und Lapislazulikopf, Isis, die Große, Mutter des Gottes.« *(Bergman, S. 246)*

Isis mit Lapislazulikopf erweckt also »Neujahrsvorstellungen und Gedanken an reifende Felder« (ebd.). Mit Sothis verschmolzen, wurde Isis in Memphis gleich als *das Jahr* angerufen, Garantin für die Unveränderlichkeit der Zeiten: »Du hast allen Menschen das Gesetzgebundene und das vollkommene Jahr übergeben« (ebd. S. 98), ein Lobpreis, der zusätzlich die Verbindung von Isis mit *Maat*, der Gerechtigkeit und richtigen Weltordnung, unterstreicht.

2.   Das Fest der Aussaat und des Keimens – das große Fest der »Isia«

Das zweite mehrtägige Fest der Isisreligion fällt in die Monate Oktober/November. Um diese Zeit war das Überschwemmungswasser versickert, und man konnte mit der Aussaat beginnen. Solange die Flut das Land und damit auch die Pflanzen überdeckt hatte, sprach man davon, daß Osiris (der ja auch mit dem im Land wachsenden Getreide gleichgesetzt wurde) »ertrunken« sei. »Der Ertrunkene« (demotisch der *Hesies* – oder eigentlich »Der göttlich Ertrunkene« und der »vornehme Ertrunkene unter den Ertrunkenen«; Hopfner 1940, S. 40) ist sogar »einer der häufigsten Beinamen des Gottes« (Merkelbach 1963, S. 32). »Nach den ›*Festgesängen der Isis und Nephthys*‹ ertrank Osiris bei Atfih«, einem Ort im Nildelta. »Die ›*Stundenwachen des Osiris*‹ dagegen nennen die Gegend nördlich von Busiris, da Isis dort sagt: ›Ich fand (den ertrunkenen Osiris) auf jenem nördlichen Ufer von Busiris‹, jedenfalls in dem dortigen See, in dem es daher verboten war zu fischen« (Hopfner 1940, S. 39). Einig war man sich darin, daß Osiris im Kampfe mit Seth den Tod gefunden haben sollte, als dieser ihn von der oft erwähnten *Neschmet-Barke* in den Strom gestürzt habe. Das gesamte östliche Nilgebiet (die »tanitische Mündung«, die zweite Nilmündung von Osten gerechnet, die östlichste hingegen war die pelusische) galt deshalb auch als Reich des Seth-Typhon. Als Todesdatum gibt noch Plutarch den 17. Athyr (13. Nov.) an. Ein Papyrus (Sallier IV) aus der Zeit der 19. Dynastie (1350–1300 v. Chr.) vermerkt dazu eindringlich:

> »17. Athyr. Ungünstig, ungünstig, ungünstig! Ankunft der oberen und der unteren Großen in Abydos (Hauptkultort und Begräbnisstätte des Osiris in Oberägypten), der viele Tränen Vergießenden. Große Wehklage der Isis und Nephthys um ihren Bruder Unnofer *[ein anderer Name für Osiris – »der gute Gott«]* in Sais (in Unterägypten), eine Klage, die man bis nach Abydos (d. h. im ganzen Lande) hört.« *(Hopfner 1940, S. 40)*

Der griech. Zauberpapyrus Land. 46 erzählt:

> *»daß Osiris drei Tage und drei Nächte im Fluß blieb*, der Hesies, der in der Strömung des Flusses ins Meer getrieben wurde, umfangen dann von der Woge des Meeres und der Wolke der Luft«.

Den ägyptischen Quellen zufolge soll die Leiche dabei den Angriffen von Fischen und Krokodilen als Verkörperungen des Seth ausgesetzt gewesen sein.

Entsprechend den *drei Tagen und drei Nächten* die Osiris im Reich des Seth verbrachte, feierte man während der Isia nicht nur das Begräbnis, sondern – am 19. Athyr – auch »bei Nacht die Auffindung der Leiche des Gottes« (ebd.).

> »Bei diesen Festen zogen Prozessionen durch die Stadt, deren Anblick wir aus Reliefs kennen: Die Götterbilder wurden im Schmuck kostbarer Gewänder und Juwelen durch die Straßen getragen, gefolgt von den Priestern und Priesterinnen und den Gläubigen. Die Priester, kahlköpfig, im weißen Leinenrock, darüber einen schwarzen Mantel, wurden angeführt vom Oberpriester, der das Hydreion, das Gefäß mit dem Nilwasser, trug. *Es folgten die Priesterinnen im Gewand der Isis:* Über der leinenen Tunika trugen sie ein Kleid mit Fransen, das vor der Brust mit dem ›Isisknoten‹ der Lebensschleife, geknüpft war (das Ankh-Zeichen in Schlaufenform), und darüber einen Mantel, ebenfalls mit Fransen. Kleid und Mantel waren rötlichschimmernd und schwarz, in den Farben ›der Herrin, die Licht bringt in die Finsternis‹. In der Hand hielten die Priesterinnen das Sistrum, die Isisklapper, und ein Schöpfgefäß für das Nilwasser oder den Krug für die Trankspende. *Die Oberpriesterin trug an der Stirn eine Lotosblüte und um den Arm gewunden eine – lebende oder bronzene – Uräusschlange.«* *(Giebel, S. 167 f.)*

Derartige »Passionsspiele« um das Suchen und Finden der Osiris-Leiche sind in Ägypten von ca. 1850 v. Chr. bis in die römische Kaiserzeit bezeugt:

> »Das Ritual einer solchen mehrtägigen Feier aus Abydos *[dem beliebtesten, allgemeinen Begräbnisort in Mittelägypten]* ist auf der Stele des Pharaos Sesostris III. erhalten. Es handelt vom Tode des Osiris, der Totenklage und der Suche der Isis, der Auffindung

und Belebung des Osiris und der Zeugung des Horus. Eine Priesterin in der Rolle der Isis begibt sich dabei auf die Suche nach dem zerstückelten Osiris. Sie hält das Sistrum, die Isisklapper: ein gebogenes Blech mit Griff, durch das Metallstäbchen gesteckt sind. Das Klirren soll Seth und die bösen Mächte abwehren. Sie hält aber auch das Gefäß mit dem Wasser des Lebens und das Ankh-Zeichen (Henkelkreuz), das Leben und Belebung bedeutet. So ist Isis selbst noch auf den Statuen der Römerzeit zu sehen. Trauernd und klagend zieht sie einher, begleitet von einem Priester, der den Gott Anubis verkörpert. Isis sammelt die Gebeine und fährt dann auf einer Totenbarke über den Nil. In der Osiriskapelle von Abydos war aus Lehm und Getreidekörnern, mit Nilwasser getränkt, eine Mumie gebildet worden, die in linnene Tücher gewickelt und mit dem üblichen Schmuck des toten Pharao versehen war. Sie wurde in einen ausgehöhlten Baumstamm gelegt, in dem die Körner zu keimen begannen. Nun beginnt die Nacht der großen, feierlichen Totenklage, an der auch die Gläubigen teilnehmen, die in einer Wallfahrt alljährlich zu den Osirisfesten kommen. Die Nacht ist eingeteilt in ›Stundenwachen des Osiris‹; für jede Stunde sind bestimmte Rituale und Gebete vorgeschrieben. Während die Priesterinnen die Totenklage halten wie einst Isis und ihre göttliche Schwester Nephthys, bringen die Priester Öl und Salben dar, Weihrauch und Myrrhe, und rezitieren Gebete. Schließlich benetzt Isis den Gemahl mit dem Wasser des Lebens, dazu stimmen die Priester eine Litanei an: ›Osiris, lebe, erwache, erhebe dich!‹ Bei den ersten Sonnenstrahlen erwacht Osiris zu neuem Leben, von Isis, den Priestern und der ganzen Gemeinde mit Jubel begrüßt. Isis aber wird den Horusknaben gebären, der von den Gläubigen angerufen wird: ›Heil dir, Horus, der du aus Osiris hervorgehst und von der göttlichen Isis geboren wirst, du ›Seele des Osiris‹!‹

Horus wird von seiner Mutter liebevoll umsorgt und tatkräftig aus allen Gefahren errettet werden und das Erbe und die Herrschaft seines Vaters antreten. So erhoffte es sich auch jeder Ägypter, daß sein eigener Sohn im Schutze der Isis heranwachsen und einst bei den heiligen Feiern für sein Begräbnis sorgen werde. Viele Ägypter ließen sich während der Osirisfeiern in Abydos bestatten oder ließen sich dort wenigstens ein Totenmal errichten. Aber die Teilnehmer an den Feiern stellten auch für sich selbst Gedenksteine an der Prozessionsstraße von Abydos auf. Sie lebten schon jetzt auf ihre Wiederauferstehung und Vereinigung mit den Göttern hin. Auch ihr tägliches Leben wurde von einem osirischen Rhythmus bestimmt. Die Feiern fanden im November statt, zur Zeit, da die neue Saat zu sprießen beginnt. Die Osirismumie, aus Getreidekörnern gebildet und mit Nilwasser getränkt, zeigt, daß zugleich die Lebenskräfte der Natur geweckt werden sollten.« *(Giebel, S. 155–157)*

Damit neues Getreide wachsen kann, müssen zunächst Saatkörner in die Erde gelegt werden. Das heißt: Osiris wird begraben. Die Schweine, welche das Saatkorn eintrampeln helfen, gelten ebenfalls als Tiere des Seth. Beim Aufhacken der Erde und bei der Aussaat, die in gewisser Weise wiederum einem »Zerstückeln« des Osiris gleichkommen, werden Totenklagen um Osiris rezitiert. Wenn bald darauf die neuen Keime und ersten zarten Triebe aus der Erde hervorsprießen, konnten alle daran ablesen: Osiris ist auferstanden! Das Erscheinen der ersten Pflanzen bedeutet somit – wie schon beim Wasserschöpfen aus dem Nil – das »Finden« des Osiris. Eines der eindrucksvollsten Rituale war dabei die Anfertigung einer Osirisleiche aus Körnern, der sog. *Korn-Osiris* mit den Umrissen des Gottes (vgl. die von Seth gezimmerte Lade!), der gewässert wurde und bald zu keimen begann. Das Korn, das aus dieser Leiche herauswächst, zeigt an, daß Osiris wiedergeboren, daß Leben neu aus Tod erstanden ist (Isis, die aus dem toten Osiris das Horuskind erzeugt!). Das Dekret von Kanopos erwähnt sogar eine Prozession, anläßlich derer diese erste sprießende Saat dargebracht wurde (vgl. Merkelbach 1963, S. 32 f.).

Firmicus Maternus berichtet von einer ähnlichen Tradition, die Osiris zugleich in Zusammenhang mit Adonis bringt:

> »Bei den Isisfeiern wird ein Pinien (oder Fichten-)stamm gefällt und in der Mitte ausgehöhlt. Dort bestattet man dann ein aus Saatkörnern hergestelltes Idol des Osiris ... Das Jahr darauf werden die Stämme, die zu einem Haufen aufgeschichtet wurden, von der Flamme verzehrt.«

Womit der alte Zustand wieder hergestellt wäre, wie Hopfner bemerkt: »Der tote Osiris liegt wieder im Baumstamme begraben. Da aber die Körner, aus denen sein ›Leichnam‹ gefertigt war, im feuchten Holze zu keimen begannen, ging mit der Auferstehung des Stammes auch die Auferstehung des Osiris-Adonis vor sich. Deshalb hat Lukian nicht Unrecht, wenn er sagt, daß der Kult des Adonis zu Byblos im Tempel der Isis zur Erinnerung an Osiris gefeiert werde, wie man ja auch in Alexandria Osiris und Adonis als verwandte Götter verehrte und mit ihnen den stets ebenfalls wieder auflebenden Aion; denn der neuplatonische Philosoph und Theurg Heraiskos sah einer sog. beseelten Statue des Aion an, daß sie Osiris und Adonis zugleich in sich enthalte« (1940, S. 57).

Dieses große Fest der Isia, zunächst vom 13.–16. November begangen, wurde seit der Römerzeit vom 29. Oktober bis 2. November gefeiert, bis heute noch der Termin von Allerheiligen und Allerseelen (vgl. Giebel, S. 167).

3.   *Das Fest der Ernte*

Zu Beginn der Sommermonate muß das reife Getreide geerntet, gedroschen und gemahlen werden, und auch diese Vorgänge gelten wieder einzeln und für sich als Töten und Zerstückeln des Osiris. Dabei wird das Dreschen und Mahlen in der Regel mit Hilfe von Eseln besorgt, die aufgrund dieser Symbolik nun auch als Tiere des Seth –

und entsprechend »böse« gelten. Deshalb kann Isis, als sie dem »Esel« Lucius bei Apuleius erscheint, von diesem »ihr längst verhaßten Tier« sprechen, Lucius aber, in der Gestalt als Esel, hatte nichts anderes als eine Unterweltsfahrt angetreten und mußte von Isis wiederum aus der Hand des Seth errrettet und zu neuem Leben erlöst werden.

Das Worfeln des Getreides, bei dem die Spreu vom Weizen getrennt wird, konnte erneut als Wiedergeburt des Osiris aufgefaßt werden: »Was in der Getreideschwinge bleibt, das gute Korn, wird teils zu Mehl gemahlen, teils als Saatkorn aufgehoben« (Merkelbach 1963, S. 42). Aus dem toten Osiris jedoch (dem Mehl) wird schlußendlich Brot gebacken, das den Menschen Leben gibt. So erwächst den Menschen Heil aus dem zerrissenen Gott, denn auch beim Brotbrechen wird Osiris ein letztes Mal zerstückelt. Das Brot aber ist »sakramentale Speise« (ebd. S. 43), ist Osiris in verwandelter Gestalt, ein Zeichen für den immer wieder neu zu erfahrenden doch auch stets neu gefährdeten Sieg des Lebens über den Tod.

4. *Das Fest der Kikellia, am 25. Dezember*

Mit diesem Namen bezeichnete man das *Klagefest der Isis*, die ausfährt, den Osiris zu suchen. Diese Feier sollte der Tradition nach auf den gleichen Tag fallen, da die Leiche des Osiris durch die tanitische Mündung ins Meer geschwemmt wurde. Laut der Kanoposinschrift fährt »am folgenden Tag das heilige Schiff des Osiris ins Meer hinaus und zurück ins Heiligtum zu Kanopos.« Ihn zu suchen ist Isis zum ersten Mal aufs Meer hinausgefahren; sie schöpft dort draußen Wasser und »findet« auf diese Weise den Osiris, um ihn nach Kanopos zurückzubringen (ebd. S. 36f.). Nach Epiphanios, *haer* 51, 22 fiel dieses Fest (seit der römischen Kalenderreform im Jahre 30 v. Chr.) exakt auf den *25. Dezember* (vorher 28./29. Choiach)!

> »Die Tage werden kürzer, das Dunkel siegt über das Licht. Nun bekleiden die Priester eine goldene Kuh mit einem schwarzen Gewand und zeigen sie als Ebenbild der Isis vom 28. Choiach an vier Tage lang. Am 30. Choiach gehen sie abends zum Meer; die Priester tragen den heiligen Schrein, der innen ein Kästchen enthält, gießen süßes Wasser (Osiris) hinein ... und nun rufen die Anwesenden, ›Osiris sei gefunden‹.« *(Ebd. S. 35)*
>
> »Um die Wintersonnenwende führen sie eine Kuh siebenmal um den Tempel des Helios (Horos), und der Umzug heißt das Suchen des Osiris, da die Göttin im Winter sich nach dem Wasser sehnt.« *(Plutarch, Kap. 52)*

Es scheint so, als habe sich in Alexandria aus diesem Fest allmählich das *Fest der Geburt des Harpokrates* entwickelt. Harpokrates aber meint nichts anderes als *Har-pi-chrod* (oder *Har-pa-chered*) = *Horus, das Kind*, der in Griechenland auch mit *Eros* identifiziert wurde. Von nun an bilden Isis, Osiris und Horus fast so etwas wie eine »heilige Familie«. Vor allem Horus, bis dahin eher mythisches Vorbild der ägyptischen Pharaonen, wurde zunehmend auf seine Erscheinungsform als Kind festgelegt. Viele Statuetten zeigen ihn als Säugling, »der auf dem Schoß seiner Mutter sitzt und von dieser gestillt wird, der Typus der *Isis lactans*, der zum Vorbild für Darstellungen von Maria mit dem Jesuskind wurde. Die typische Geste ägyptischer Kinderbildnisse, mit der Horus den Finger an den Mund legt, wird später zur Gebärde des heiligen Schweigens in den Isismysterien« (Giebel, S. 158).

In Kap. 65 (*de Is.*) erwähnt Plutarch, daß Harpokrates zur Zeit der Wintersonnenwende geboren wurde! Ein Symbol der wiedererstarkenden Sonne, des wiederbeginnenden Lebens. Und diese Symbolik verweist schließlich auf ein weiteres höchst bedeutungsvolles Fest:

5. Das Aionfest in Alexandria, am 5./6. Januar

Gefeiert wurde dieses Fest im Tempel der Kore, die speziell in Alexandria nur ein anderer Name für Isis war (Plutarch, Kap. 27). Sogar ein Stadtteil von Alexandria hieß Eleusis.

> »In der Nacht vom 5. auf den 6. Januar wachten die Verehrer der ägyptischen Götter im Koretempel, sangen Lieder und musizierten. Nach dem Hahnenschrei holte man aus einer Krypte ein hölzernes Götterbild und trug es unter Flöten und Tympanonspiel durch den Tempel. Die Heiden sagten: ›Heute hat Kore den Aion geboren‹.« (*Epiphanios, haer 51, 22, bei Merkelbach 1963, S. 48*)

Der ägyptische Sonnengott Harpokrates-Horus gehört eng mit dem Hahn zusammen. Oftmals wird er ikonographisch als Reiter auf dem Hahn dargestellt, ein Bild, das darauf hinweisen will, daß Horus, als Sonnenheld »mit dem Hahnenschrei geboren ist« (ebd. S. 49).

Aion aber ist »der Gott der Ewigkeit. Er erneuert sich jährlich und bleibt so ewig derselbe, ganz wie die Sonne«. Damit ist Aion letztlich nur ein anderer Name oder Aspekt des Osiris-Sarapis (ebd. S. 48), der in Griechenland in der Gestalt des Dionysos wiedergefunden wurde (vgl. Plutarch, Kap. 35). Als dessen berühmtestes Wunder galt die *Verwandlung von Wasser in Wein*, die wiederum einen zentralen Inhalt des Aionfestes darstellte: Am 6. Januar, so sagte man, verwandelte sich auch in Andros, im Tempel des Dionysos, das Wasser in Wein. Und noch in christlicher Zeit gedachte man am *Fest der Erscheinung des Herrn* (Dreikönigstag) u.a. des Weinwunders Jesu bei der Hochzeit zu Kana (Joh. 2) und feierte den Beginn eines neuen Aion, den man durch die Geburt Christi (als der wahren Sonne des Heils und der Gerechtigkeit) angebrochen glaubte (vgl. ebd. S. 49–57).

6. *Exkurs:*
Isis-Hathor-Sachmet-Bastet-Neith

Die enge Verbindung, ja Gleichsetzung von Isis und *Hathor*, »Herrin der (südlichen) Sykomore« ist in Ägypten schon seit dem Alten Reich, bezeugt: In Qusae ist ein »Priester der Isis und der Hathor oder der Isis-Hathor« bereits für die 6. Dynastie belegt (LÄ, Sp. 189; vgl. auch Münster, 1968, S. 183 f.). Als Muttergattin des Re wurde sie mit Hathor und der Himmels(kuh)göttin *Nut* gleichgesetzt. Dank dieser Verbindung mit Hathor und Nut tritt Isis als wasser- und nahrungsspendende Baumgöttin in Erscheinung, dabei bisweilen sogar stillend dargestellt. So hält auch Hornung (1981) Isis und Hathor bisweilen für »geradezu vertauschbar« (S. 449). Vom Neuen Reich an trägt Isis auch den Hauptschmuck der Hathor: Kuhgehörn und Sonnenscheibe auf einem Kranz von aufgerichteten Uräusschlangen. Über ihre enge Verbindung zu Hathor ist Isis ferner zur Uräusschlange geworden, wobei sie als *Auge des Re* auftreten kann. Auch das Sistrum, das später mit der Isis-Religiosität im ganzen Mittelmeerraum verbreitet wurde, hat sie als besonderes Attribut von der Hathor übernommen (vgl. LÄ, Sp. 189–197). Auf der Gründungsstele zur Cheopspyramide wird die Göttin als »Isis, die Große, Mutter des Gottes, Pyramidenherrscherin, Hathor in ihrer Barke« vorgestellt (Bergman, S. 244). Auch ein Opferlied an Hathor, das am äußeren Eingangstor des Ptahtempels zu Theben angebracht war, »preist die Göttin Hathor, welche am Ende auch als ›Isis, die Große, Mutter des Gottes‹ bezeichnet wird, in überschwenglichen Tönen«, wie überhaupt Hathor als die thebanische und auch memphitische Gefährtin des Ptah oftmals »deutlich mit Isis gleichgesetzt wird« (ebd. S. 276, 272 u. 269 f.). Und beide wiederum traten gern als *Maat* auf. Die Hathorkuh in Atfih galt sogar als »Seele der Isis« (ebd. S. 251). Auch weist eine *Isis mit Lapislazulikopf* auf eine Verbindung zur Hathor hin, »die schon im Mittleren Reich auf dem Sinai als ›Herrin des Lapislazuli‹ zu belegen ist«. Ein Beiname der Isis war »das Gold der Götter, das feine Gold der Göttinnen, der Lapislazuli in der Götterenneade« (ebd. S. 245). *Die Goldene* war auch ein Beiname der Hathor als Liebesgöttin, als welche selbstverständlich später Isis verehrt wurde, die ja von sich selbst sagen konnte: »Ich habe Frauen und Männer zusammengeführt ... und die Männer gezwungen, die Frauen zu lieben«. So erscheint Isis auch auf dem Zauberpapyrus Lond. 121 »der Liebesgöttin Hathor von Aphroditopolis, d. h. Pathyris (Haus der Hathor) gleichgesetzt« (Hopfner 1941, S. 228).

Außer mit Hathor wurde Isis im Laufe ihres Werdegangs zur Universalgöttin auch in den Eigenschaften der beiden (Wild-)Katzengöttinnen *Sachmet* und *Bastet* wiedererkannt, die beide wiederum geläufig als Paargöttinnen zu Ptah dazugesellt wurden. So trat die *löwengestaltige Sachmet* unter dem Titel »Geliebte des Ptah« auf. »Besonders als Gottesmutter – Königsmutter trat Isis mit Sachmet in enge Verbindungen« (Bergman, S. 265). Ein oft zitierter Philae-Text über die Göttin Hathor-Isis charakterisiert sie in ihrem doppeldeutigen Wesen: »Zornig ist sie Sachmet, fröhlich ist sie Bastet« (ebd. S. 266). In einem Hymnus von Assuan erscheint Isis gleich in der Doppelbenennung Sachmet-Bastet, wie überhaupt beide Göttinnen im großen und ganzen kaum voneinander abzugrenzen waren. Nur daß die gnädigere Isis-Bastet im Unterschied zur Isis-Sachmet auch über die Grenzen Ägyptens hinaus Verehrung erlangte. Bastet aber wurde überdies als »Seele der Isis« aufgefaßt, so daß in späteren Zeiten die Stadt Bubastis – als eigentlicher Hauptkultort der Bastet – der Göttin Isis vor allem deswegen zugeschrieben werden konnte, weil bereits diese enge Verbindung beider Gottheiten bestand (vgl. ebd. S. 40 u. 268). Wie fröhlich und (durchaus auch sexuell) ausgelassen es beim Fest der Katzengöttin zuging, schildert uns Herodot (5. Jhd. v. Chr.; nach Manniche, S. 13 f.):

> »Wenn sie nun zum Fest nach Bubastis ziehen, tun sie folgendes: Männer und Frauen fahren zusammen, und auf jedem Kahn eine Menge von beiden. Einige der Frauen haben Klappern bei sich, und damit klappern sie, die Männer aber blasen Flöte, die ganze Fahrt über, die restlichen Frauen und Männer aber singen und klatschen mit den Händen. Und wenn sie auf ihrer Fahrt zu einer anderen Stadt kommen, legen sie mit dem Boot am Ufer an und tun folgendes: Einige Frauen tun, wie ich schon sagte, andere aber höhnen und necken mit lauten Rufen die Frauen in dieser Stadt, andere führen einen Tanz auf, andere stehen auf und heben ihre Kleider hoch. Das tun sie bei jeder Stadt am Fluß. Wenn sie aber nach Bubastis gekommen sind, feiern sie und bringen große Opfer dar, und Wein aus Reben geht bei diesem Fest drauf mehr als in dem ganzen Jahr sonst.«

»Beim Löwen tritt die unberechenbare Wildheit neben seine Schutzfunktion; so deutet der Kopf einer Löwin auf den schrecklichen, verderbenbringenden Aspekt einiger weiblicher Gottheiten, die durch Rauschtrank, Zuspruch und Musik immer wieder neu versöhnt, besänftigt und gnädig gestimmt werden müssen. Das gilt vor allem für die Göttin Sachmet (*Die Mächtigste*), welche die Krankheiten sendet, aber den Ärzten als ihren Priestern auch die Fähigkeit zur Heilung verleiht. Der erkrankte Amenophis III. ließ Hunderte von löwenköpfigen Sachmet-Statuen aufstellen, ..., eine steingewordene Litanei an die große und gefährliche Göttin, die sich in diesem Aspekt ... auch mit Hathor und anderen Göttinnen berührt, deren entfesselte Grausamkeit und Wildheit man fürchtet, obwohl sie zugleich Leben spenden können.

Als Gegenbild zur wilden und grimmigen Löwin, als Verkörperung der besänftig-
ten und gnädig gestimmten Gottheit erscheint die Katze, deren Bronzefiguren zum
Schönsten gehören, was die ägyptische Kunst der Spätzeit hervorgebracht hat. Früher
wollte man allzu schematisch dieses Tier mit der Göttin Bastet (die ursprünglich lö-
wengestaltig ist) verbinden, aber die Beziehungen zur Hathor sind nicht weniger eng,
und die Darstellung der Katze beschwört ganz allgemein den *Mythos von der fernen
Göttin*, die als Hathor oder Tefnut aus der Wüste nach Ägypten heimgeholt wird,
nachdem sie das Niltal im Zorn verlassen hatte. Als freundlicher Affe, der durch
schmeichelndes Zureden, durch Musik und Tanz die Göttin erheitert und versöhnt, erreicht es der Gott Thot, die vernichtende Gewalt göttlichen Zornes von der Menschheit fernzuhalten, die fauchende Löwin in die schnurrende Katze zu verwandeln und
die Göttin unter allgemeinem Jubel in ihren Tempel zurückzuholen. Seitdem muß der
Kult, müssen Besänftigungsrituale dafür sorgen, daß die Gottheit nicht zurückfällt in
die einstige Wildheit und die Menschen vernichtet, sondern fortgesetzt ein gnädiges
Antlitz zeigt und die freundliche Katze bleibt, in die Thot sie verwandelt hat« (Hornung 1989, S. 177 f.).

Dies Geschehen wird anschaulich ausgemalt durch den *Mythos von der Heimho-
lung der Sonnenkatze Tefnut* (und den darin eingeflochtenen anderen Tierfabeln), der
zugleich die kosmische Erfahrung von der Verschiebung der Sonnenbahn im Winter
nach Süden und ihre Rückverschiebung im Frühjahr reflektiert:

»In der Urzeit hat sich Tefnut einmal mit ihrem Vater Re entzweit. Die Sonnentochter
verläßt im Zorn ihre Heimat Ägypten und zieht sich unmutig nach Obernubien zurück.
Dort treibt sie ihr Wesen als Wildkatze. Das glutheiße, trockene Land am oberen Nil ist
recht nach dem Herzen eines Katzentieres geschaffen. Aber Vater Re grämt sich über die
Ferne seines Kindes und sehnt sich heiß nach der geliebten Tochter. So beauftragt er
Thoth, seinen Boten, Tefnut aus dem Süden heimzuholen. Der Sendling wandelt seine Gestalt in einen ›Schakalaffen‹ und rüstet sich mit der Seele eines Hermes. All seine Pfiffig-
keit hat er nötig, um die Widerstrebende zu bekehren. Denn die Katze begegnet ihm mit
der Leidenschaft eines Heißsporns und schmäht seine artig gesetzte Rede. Um die Wutbe-
bende zu besänftigen, bedarf es besonderer Geschicklichkeit, denn Tefnut als Tochter des
Richters und Vergelters Re hat Macht über Leben und Tod und kann ihn auch töten.
Thoth versucht sie umzustimmen durch seine Tanzkünste, durch allerlei Zauberstück-
chen, besonders aber durch die ›kleinen Reden‹, mit denen er sie ablenkt und zerstreut.
Doch obwohl ihm in dem verlorenen Anfang des Textes offensichtlich sein Leben zugesagt war, sieht er sich noch immer bedroht. Um sich erst einmal seine Haut zu sichern,
erzählt er ihr die *Fabel vom Geier und der Wildkatze*, durch die er der Raubkatze bedeutet, daß sie, wenn sie etwa ihren Eid breche wie jene, sich auch wie jene gefährde; denn
dem göttlichen Richter entgehe solche Missetat nicht.«

In dieser Geschichte schließen *Geiermutter und Katzenmutter* einen Nichtangriffs-
pakt, der von der Katze unbeabsichtigt und vom Geier daraufhin mutwillig gebrochen
wird. Der Geier wird sodann von Re bestraft:

> »So sprach der kleine Affe zu der äthiopischen Katze und verwies sie auf die Gerechtig-
> keit des Re, der den Frevel des Geiers, den er an der Katze verübt, vergolten hat.
> Nachdem sich der Affenbote so den Rücken gedeckt hat, schmeichelt er ihrer Macht mit
> einem Hymnus auf sie als die Segen spendende Sonne. Dann setzt er ihr ein Lebenskraut
> vor, das Jugend und Frohmut bewirkt, und wendet somit ihren Grimm mit des Zaubers
> Hilfe. Schließlich besingt der Vielgewandte ihre Familie in hohen Tönen, ihre Familie in
> der Heimat und die Heimat selbst, bis die Sonnentochter in Heimweh fällt und Sehn-
> sucht nach ihren Verwandten« sie ergreift.
> … Tefnut ist entzückt und wendet sich voll Staunen dem Boten mehr und mehr zu. Im
> Augenblick höchster Gemütsbewegung ›weint sie wie ein Wolkenbruch‹, bis sie in Kum-
> mer verstummt.
> Listig versucht der Schakalaffe, sich durch eine neue Tierfabel bei ihr einzustehlen, aber
> kaum hat er mit der ›Geschichte von der Freundschaft zwischen Weib, Geier und
> Kuckuck‹ begonnen, so merkt die Katze seine Absicht und wird verstimmt. Schrecklich
> erhebt sie sich in ihrer Gestalt als Löwin; rot erglüht ihr Rücken, ihr Fell raucht von
> Feuer, Flammen schlagen aus ihrem Blick, und ihr Antlitz färbt sich wie die Scheibe der
> Sonne. Den Sand der Wüste wirbelt sie auf mit ihrem Schweif, ihre Nase bläst Rauch
> aus, und ihre Stimme brüllt. Die Hügel erbeben, die Sonne am Himmel verfinstert sich
> bei Tage.
> Entsetzt durch die Verwandlung des Tieres, bittet der Götterbote erneut um sein Leben,
> huldigt wiederholt ihrer Schönheit, entwindet sich der Gefahr aber erst, als er ihr zu be-
> denken gibt, daß auch er sie in der Not einmal werde erretten können. Als die Löwin be-
> zähmt ist und ihre Katzengestalt wieder angenommen hat, fährt der« Redner »mit sei-
> nen Geschichten fort. Nach dem Zwiegespräch zwischen *Seh- und Hörvogel* über das
> Recht der Vergeltung und die sittliche Weltordnung des Re, auf die der Bote anfangs be-
> reits angespielt hat, mahnt er Tefnut abermals, ihre Macht als Tochter des höchsten Rich-
> ters nicht zu mißbrauchen. Endlich stimmt er sie milde, endlich bewegt er sie, die Heim-
> reise anzutreten.«

Aber nur durch seine Zungenfertigkeit vermag er, sie bei Stimmung zu erhalten. Ge-
wandt weiß er ihr Geschichten vorzutragen, deren Moral sie zu Gerechtigkeit und
Gnade verpflichten. So erzählt er ihr von zwei Schakalen, denen ein Löwe wegen ihrer
klugen Antwort das Leben schenkt, denn »der Mächtige zürnt nicht wegen der Wahrheit«.

Jetzt nimmt Tefnut die Bemerkung ihres« Reisegefährten »wieder auf, wonach er
sie einmal aus der Not werde retten können. Um ihren Zweifel zu beantworten, erzählt der Affe eine Folge von Tiergeschichten, in denen gezeigt wird, wie ſede Stärke

ihren Meister findet. Die Geschichte von dem Löwen, der als König der Tiere auf der Wanderung durch sein Reich erfährt, wie der Mensch die Tiere mißhandelt, zielt auf die Schlußfabel:

»(...) Als nun der Löwe auf der Suche nach dem Menschen hinausging, da begab es sich, daß sich eine kleine Maus unter seine Tatze verlief, zierlich von Aussehen und winzig an Gestalt. Als er im Begriff war, sie totzutreten, sagte die Maus zu ihm: ›Zertritt mich nicht, mein Herr Löwe! Wenn du mich frißt, wirst du davon nicht satt. Wenn du mich losläßt, so wirst du nach mir nicht weiter Hunger haben. Wenn du mir aber mein Leben als Geschenk gibst, so werde ich auch dir dein Leben als Geschenk geben. Wenn du mich vor dem Verderben bewahrst, so werde ich dafür sorgen, daß auch du deinem Unglück entgehst.‹

Da lachte der Löwe über die Maus und sagte: ›Was willst du schon tun? Gibt es denn einen auf Erden, der es mit mir aufnehmen könnte?‹ Da schwur sie ihm noch einen Eid mit den Worten: ›Ich werde dafür sorgen, daß du deinem Unglück entgehst an deinem bösen Tage.‹ Der Löwe hielt zwar das, was die Maus zu ihm gesagt hatte, für Scherz, aber er überlegte bei sich: Wenn ich sie fresse, werde ich wahrhaftig nicht satt – und er ließ sie frei.

Es war nun ein Jägersmann mit einem Netz, der Fallen stellte und eine Fallgrube vor dem Löwen aushub. Nun fiel der Löwe in die Fallgrube und geriet so in die Hand des Menschen. Man steckte ihn in das Netz, fesselte ihn mit trockenen Riemen und band ihn mit frischen Riemen.

Als er nun traurig in der Wüste lag – es war die Nachtstunde des Herzerfreuens –, da wollte der Schicksalsgott den Scherz der Maus wahrmachen wegen der prahlerischen Worte, die der Löwe gesprochen hatte, und er ließ die kleine Maus vor den Löwen treten. Sie sagte zu ihm: ›Erkennst du mich wieder? Ich bin die kleine Maus, der du ihr Leben als Geschenk gegeben hast. Ich bin gekommen, um es dir heute zu vergelten, und ich will dich aus deinem Unglück erretten, nachdem du in die Hand des Menschen gefallen bist. Schön ist es, dem eine Wohltat zu erweisen, der sie selbst getan hat.‹

Da legte die Maus ihren Mund an die Fesseln des Löwen. Sie zernagte die trockenen Riemen und durchbiß alle frischen Riemen, mit denen er gebunden war, und löste den Löwen von seinen Fesseln. Dann aber versteckte sich die Maus in seiner Mähne, und er machte sich an jenem Tage mit ihr auf in die Wüste.«

Mögen die Hörerinnen und Hörer »lernen aus dem wunderbaren Ereignis, das hier erzählt ist von der kleinen Maus, dem schwächsten Tier der Wüste, und dem Löwen, dem stärksten Tier in der Wüste. Möge er an den glücklichen Vorfall denken, den der Schicksalsgott hat geschehen lassen, damit sein Heil sich erfülle.

Inzwischen sind Tefnut und Thoth nordwärts gen Ägypten gezogen, Tefnut nicht ohne häufigen Widerstand, Thoth unter Aufbieten all seiner Schläue und Überredungskraft. Die Bäume der nubischen Landschaft, Dattelpalme, Johannisbrot- und Maulbeerbaum, sie halten Tefnut fest und verzögern ihren Schritt. Indessen klettert der Affe, ihre Gefühle mißachtend, auf eine Palme hinauf und pflückt sich kaltherzig eine Frucht zum Essen. Drohend erhebt Tefnut ihren Stab, setzt an, ihre Gestalt zu wechseln von der zahmen Katze in die wilde Löwin, und redet auf den Unehrerbietigen los, so wie es auf« einer Berliner Bildscherbe veranschaulicht ist, die eine Episode aus dem sog. *Mythos vom Sonnenauge* widergibt: »Die aus Löwe und Katze gemischte Göttin mit hochgeschlagenem Schweif, auf einem Podeste sitzend, redet bedrohlich auf den Affen ein, während sie einen Stock vielsagend vor seinen Augen tanzen läßt. Der Affe indes hockt gelassen am Boden und führt dreist eine Dattel zum Mund.« Über den beiden aber schwebt – als Sinnbild und Mahnung an Res vergeltende Gerechtigkeit – ein brütender Vogel und hält »das Verhältnis der beiden ungleichen Partner im Lot. Thoths Leben ist gesichert.

Auf ägyptischem Boden endlich bekommt der Affe das Übergewicht, da er Gelegenheit hat, die ihm anvertraute Gottestochter zu retten. Er bewahrt sie im Schlafe vor einem Schlangenbiß und bewahrheitet damit zugleich seine Fabel, nach der der Schwache dem Starken zu helfen vermag. Von Kultort zu Kultort zieht die Göttin nordwärts am Nil entlang und wird an den Stätten ihrer Heiligtümer mit Jubel empfangen und mit Festen gefeiert. In Heliopolis, der heiligen Stadt des Sonnengottes Re, versöhnt sie sich mit ihrem Vater in Frieden.«

> *[Quelle: Der Mythos vom Sonnenauge nach dem Leidener demotischen Pap. I, 384, 1917, der nach dem Zeugnis der erwähnten Bildscherbe mindestens in die Zeit der Ramessiden, 14. Jhd. v.Chr., zurückgeht; bei Brunner-Traut, S. 120–125; 128–130; 133–136.]*

Maria Totti vermutet, daß diesem Mythos auch kultische Handlungen entsprochen hätten: In Heliopolis (der Stadt des Re) hielt man wahrscheinlich eine heilige Löwin, nach deren Tod eine Expediton ausgeschickt werden mußte, die ein neues heiliges Tier aus Nubien herbeibringen sollte. »Der Transport des göttlichen, aber gefährlichen Tieres wird als Wiederholung der mythischen Einholung der Tefnut durch Thoth gegolten haben« (ebd. S. 168).

In ihrem kriegerisch-kämpferischen Wesen trafen auch die saitische Residenz- und Kriegsgöttin, die »Wegöffnerin« *Neith* (*die Schreckliche*) und Isis zusammen: »Neith wurde bekanntlich oft als eine Isisform verstanden, wobei die kriegerische Seite betont wurde« (Bergman, S. 242). Wie Neith wurde Isis zudem als »›Herrin von Tenent – mit den Varianten ›die an der Spitze‹ bzw. ›Platz der Entstehung (?)‹ genannt wird« (ebd. S. 248). »Denn die Isis benennen sie oft mit dem Namen der Athene (Neith), der Folgendes besagt: ›Ich kam von mir selbst‹, was einen aus sich selbst entstehenden Schwung bedeutet«, weiß Plutarch (Kap. 62) zu berichten. Außerdem wurde erzählt, Neith habe dereinst »durch sieben Aussprüche die Welt ins Leben » gerufen (Hornung 1989, S. 40). Und Neith wiederum konnte wie Isis als Sothis angerufen werden: »Herrin des Jahresanfangs, Regentin der Sterne ...« (Bergman, S. 279).

»Du Herrliche (ȝ.h.t) am Himmel bei Re in diesem deinem Namen Herrlichkeit,
du Starke (w'sr.t) auf Erden bei Geb in diesem deinem Namen Stärke,
du Erhabene (tn.t) in der Unterwelt bei Osiris in diesem deinem Namen Erhabenheit.«
(Ebd. S. 249)

Wundert es angesichts solcher Lobpreisungen noch, daß Isis schließlich – wie Ptah
und Neith – als *doppelgeschlechtlich* und damit von einem männlichen Gefährten unabhängig vorgestellt werden konnte? Wie Neith, die als »Vater der Väter, Mutter der
Mütter« angerufen werden konnte, nahm man auch von Isis an, daß sie als wahre Urgöttin und »Mutter aller Götter« (wie sie in einem Ramessiden-Text heißt) sowohl die
Rolle des Vaters als auch der Mutter erfüllt hatte: »Ich spielte die Rolle des Mannes,
indem ich dennoch eine Frau war!« (vgl. ebd. S. 132f.). »Demnach konnte auch Isis
einen ebenbürtigen Gatten entbehren. Selbständige, vom Osiriskult unabhängige Isis-
kulte, wo sie als Gottesmutter zusammen mit ihrem Sohn verehrt wurde, lassen sich
auch vielerorts früh belegen, u. a. in Memphis ... Auch Isis kam so das Epitheton ›die
Einzige‹ zu« (ebd. S. 275). Womit nicht zuletzt die (weiter unten besprochene) Vorstellung von Isis als der Ältesten zusammenhängt. Die Gleichsetzung von Neith und Isis
spielt bei dieser Deutung eine besondere Rolle. Als souverän gedachte Schöpfergöttin
»hat Neith das Weltall und die Götterwelt selbst hervorgebracht. Von ihr heißt es in
einem schönen Schöpfungslied: ›Du bist die Wasserfläche, die den Tenen machte und
den Nun (die Urwasser) machte und aus deren Gebären alles was ist hervorgegangen
ist‹. Am Anfang desselben Hymnus tritt sie aber selbst als Tenen, der ja auch als doppelgeschlechtlich betrachtet werden konnte, in einer solchen Weise hervor, daß sich
kaum entscheiden läßt, ob Tenen hier als Wechselname für die Gott-Göttin Neith
steht oder ihre männliche Ausgestaltung bildet. Wenn von Neith behauptet wird, daß
sie Atum in Anchtaui erschaffen hat, hat sie aber offenbar selbst die Rolle des Ptah-
Nun und der Ptah-Naunet des memphitischen Denkmals übernommen« (ebd. S. 279).
In einem Hymnus von Esna heißt es von Neith, »als er *[Chnum, der Schöpfergott mit
der Töpferscheibe]* entstand, entstand sie. Und sie ist die Gottesmutter, die zuerst aufzog. Vater und Mutter kamen so am Anfang hervor, und alle anderen Wesen entstanden erst, nachdem sie entstanden waren ... Und Chnum ist der Vater, der zuerst als
Töpfer auftrat, und Neith ist die Mutter, die zuerst gebar, in dem die Töpferscheibe vor
ihm und der Geburtsstein in ihrer Folge war« (ebd. S. 278).

Uralte ägyptische Schöpfungsvorstellungen brachten Neith – ebenso wie Hathor –
mit jener Himmelskuh in Zusammenhang, die man als *Große Schwimmerin (Mehet-
weret)* bezeichnete, weil sie vorzeiten als gewaltige Kuh aus der Urflut aufgetaucht
war, mit der Sonnenscheibe zwischen den Hörnern. Früher noch als Re im Skarabäus
wurde Neith zudem als Käfer verehrt, von dem man annahm, daß er – ähnlich wie

Frosch und Schlange – »von selbst« entstehen könne (vgl. Hornung 1989, S. 37–39). Dazu kommentiert Hornung (ebd. S. 40):

> »In der Gestalt der Neith tritt uns ein weiblicher Demiurg *[Schöpferin]* entgegen, was in Ägypten nicht ungewöhnlich und nicht erst eine späte, lokale Entwicklung ist. Deutlich fassen läßt sich diese Kosmogonie allerdings erst in späten Texten aus Sais und Esna, wo Neith besondere Zentren ihrer Verehrung hatte. Aber ihre enge Verbindung mit der Ur-kuh Mehet-weret (griechisch Methyer) führt uns zur uralten Vorstellung von der Himmelskuh zurück, welche die Sonne und alle Gestirne trägt. Denkt man dazu an die bedeutende Rolle, die Neith schon in der Frühzeit spielte, und *an ihre alte Verkörperung in einem Käfer*, so kann man sie sich im Mittelpunkt früher kosmogonischer Vorstellungen denken, die später von anderen überlagert wurden; der Käfer der Neith verschwindet wieder und weicht dem Mistkäfer des Sonnengottes Re, dem Skarabäus (Chepri).«

Trotz allem muß aber betont werden, daß die Ägypter in der kultischen Praxis normalerweise keine exklusiven Gottesvorstellungen bevorzugten. Sie schienen es viel natürlicher zu finden, »durch das Nebeneinander von inzwischen auch unter einander strittigen Vorstellungen den Reichtum des göttlichen Wesens und die Fülle seiner Handlungsweisen zu beleuchten« (Bergman, S. 274).

Auch die Vielnamigkeit der Isis legt somit ein beredtes Zeugnis für die Vielfalt und Mehrdeutigkeit des göttlichen Wesens ab, das nicht streng von anderen Gottheiten abgegrenzt werden muß und kann, um seine Einmaligkeit zu behaupten.

Im Totenbuch heißt sie »Isis, die Göttliche in all ihren Namen:

> Sechat-Hor, die Witwe, die Herrscherin, die große Neschmet-Barke, Neith, Selket, Maat, die Himmelskuh«

Und eine Dendera-Litanei verkündet von Isis: »Sie ist

> Nechbet in Elkab,
> Tjenenet in Hermonthis
> Junit in Dendera
> Isis in Abydos
> Seschat in Unut
> Heket in Antinoe
> Neith in Sais.
> Sie, die Herrin in jedem Gau, ist in jeder Stadt und in jedem Gau
> mit ihrem Sohn Horus.« *(LÄ Bd. III, Sp. 198)*

7. Das Fest der »Schiffahrt der Isis« (»Navigium Isidis«)
– Ursprung und theologischer Gehalt

In der großen Aretalogie von Kyme-Memphis (s.o.) sagt Isis von sich: »Ich habe die
Seeschiffahrt erfunden« und »Ich bin die Herrin der Seefahrt«, wie sie sich dort ganz
allgemein auch als »Herrin der Flüsse, Winde und Meere, von Wasser und Regen« zu
erkennen gibt. Ihr zu Ehren wurde deshalb jährlich wiederkehrend am 5. März das von
Apuleius im 11. Buch seiner *Metamorphosen* so anschaulich geschilderte Fest *Navigium Isidis* – zur Eröffnung der Schiffahrt gefeiert. Diejenige, die einst selbst in langen Irrfahrten auf der Suche nach Osiris übers Meer gefahren war, war zur Patronin
der Seefahrt geradezu prädestiniert. Von ihrem Beistand erhoffte man günstige Winde
und beständiges Wetter. Die Insel Pharos bei Alexandria war ihr heilig. Dort errichtete
ihr König Ptolemais Philadelphos im 3. Jhd. v. Chr. jenen später so berühmten Leuchtturm, nach dem sie *Isis Pharea* (Isis vom Leuchtturm) genannt und als *Isis Pelagia*
(Isis des Meeres) verehrt wurde, im Römischen *stella maris* (Meerstern) (vgl. Giebel,
S. 167; Grigson S. 187).

Mit dem Titel »Herrin der Seefahrt« wurde jedoch schon seit der Pyramidenzeit
vor allem ihrer Funktion als Herrin des Sonnenschiffs gedacht. Isis ist *Maat, die
Große, am Bug der Sonnenbarke*, die durch ihre Pläne, Weissagungen und Befehle den
ganzen Weltenlauf regelt. Von der Sonnenbarke aus, die von Isis geschützt, gehalten
und getragen wird, übt der Sonnengott Re seine Weltherrschaft aus, wobei sich Isis in
ihrer Eigenschaft als Maat (die ausgewogene Ordnung der Welt und Weltgerechtig-
keit) an seiner Seite befindet. »Ich bin die Gefährtin des Weges der Sonne«, kann sie
deshalb mit Recht von sich in der oben erwähnten Aretalogie behaupten. Isis-Maat ist
die Pilotin der Sonnenbarke, *die Schöngesichtige im Schiff der Millionen, die Ehrwürdige, die Starke, die Einzige, Herrin des Schreitens im Schiff der Millionen, die die
Weisungen erteilt in der Gottesbarke«.* Ihre gute Fahrt lag bereits in ihrem Namen beschlossen: »Du segelst die Sonnenbarke mit gutem Wind in diesem deinem Namen
Maat.«

Isis-Maat sitzt sowohl am Steuer der Tagesbarke *Manezet* als auch des Nachtschiffs
Mesektet, welche – zusammengenommen – auch mit dem Titel *die beiden Maat* versehen werden. Damit untersteht Isis als Herrin der Schiffahrt auch die Zeitenrege-
lung, und sie sorgt dafür, daß die Sonne sicher über den Himmel fährt. Ihr Posten an
der Spitze des Sonnenschiffes garantiert die wirksame Bekämpfung der mythischen
Feinde des Re – allen voran die Apophisschlange – und verhilft dem Sonnengott zum
täglichen Sieg: »Vor mir weicht alles zurück«, erklärt sie deshalb mit vollem Recht. In
der vierten und fünften Nachtstunde stellen sich (nach dem *Amduat*, dem ägyptischen

Totenbuch) »Sandregionen, von zahllosen Schlangen bewacht ... dem Sonnengott hindernd in den Weg, und sein Boot muß sich selber in eine Schlange verwandeln, um weiter voranzugleiten ... Bug und Heck des Sonnenschiffes enden in Schlangenköpfen, und der leuchtende Gifthauch aus ihrem Maul ›sticht‹ einen schmalen Fahrweg in die undurchdringliche Finsternis« (Hornung 1981, S. 444). Isis-Maat befindet sich am Bug des Sonnenschiffs, ganz wie die Uräusschlange, mit der sie und andere ägyptische Göttinnen gleichgesetzt werden, ihren Sitz an der Stirn des Sonnengottes hat. »Im Anfang« oder »an der Stirn« bezeichneten deshalb in Ägypten zwei annähernd synonyme Begriffe. Dem lag folgende einleuchtende Vorstellung zugrunde: Wenn die Sonnenbarke mit dem Sonnengott aus dem Urwasser des *Nun* hervortaucht, ist die Göttin am Bug des Schiffes bzw. die Göttin-Uräusschlange an der Stirn des Gottes diejenige, welche zuallererst erscheint. Somit kann die Göttin von sich behaupten, daß sie vor ihrem Herrn entstanden ist! Andere Bezeichnungen für die Uräusschlange lauteten: »Kopf« im Sinne von »die Erste« oder gar »die Einzige«, was zugleich ein häufiger Beiname der Isis war. Als weitere Benennung des Uräusdiadems findet sich »Oberhaupt«. In einem Text aus Philae erhält Hathor (mit der Isis in späterer Zeit immer häufiger gleichgestellt wurde) folgende Prädikationen: *Tochter des Re, Oberhaupt an seiner Stirn, nach deren Befehl er in allen Dingen handelt* (vgl. auch Inanna-Ischtar als diejenige, die – in ihrer Eigenschaft als Morgen- und Abendstern – allen und allem vorangeht!).

In ihrer Eigenschaft als Isis-Maat regelt sie jedoch nicht nur die himmlische und unterweltliche Schiffahrt, sondern ebenso den Lebenswandel der Menschen. Beim Darreichen der Maat ruft man allerorten zuerst Isis an. Sie ist die starke Retterin, Herrin der Seefahrt und Nothelferin am Meer. So verbinden sich auch hier Transzendenz und Immanenz, Sonnenlauf und Lebenslauf der Menschen.

Der Pharao gilt als Herr der Maat, die durch Isis verkörpert wird. Dem König wird zugesagt: »Ich gebe Maat in den Mund jedes Menschen zu deiner Zeit« oder »Er sättigt jeden Menschen, ohne daß es ein Notjahr gibt; jeder Mund ist versehen mit Maat. Maat bedeutet folglich Leben, und das wiederum heißt: die Abwesenheit von Tod. Maat verbindet – über das Königtum – Gottheit und Menschheit, indem sie sich mit allen dreien vereinigt: »Jeder Mund ist mit ihr versehen«, heißt es deshalb, sie ist der Menschen Nahrung, zugleich auch ihre »Kehle«, so daß alle durch sie, in ihr und von ihr am Leben erhalten werden. Von Isis in ihrer Eigenschaft als Maat wird gesagt, sie soll aus dem Himmel zur Erde niedergestiegen sein: »Sie verschwisterte sich mit allen Göttern«, »sie vereinigte sich mit den Irdischen«. Maat umfaßt die mit der Schöpfung gegebene Ordnung und den der Natur der Dinge gemäßen richtigen Zustand. Somit stellt sie für Natur und Gesellschaft gleichermaßen die Norm dar. Nicht nur die sozialen und sittlichen Verhältnisse werden von ihr geregelt, sondern ebenso das kosmische Geschehen und das Leben der Natur. Ohne Maat wäre nach ägyptischer Betrachtungsweise überhaupt keine Existenz möglich. Wer oder was auch immer aus ihr heraustritt, entfällt damit zugleich dem Sein. Deshalb wird sie Nahrung, Kehle oder Speiseröhre der Menschen genannt.

Der König, der die Maat darbringt und selbst (mit einem Bild am Körper) trägt, verkörpert sie auch in seiner eigenen Person, wenngleich er niemals direkt als Maat bezeichnet wird. So konnte die Ankunft des neuen Pharao, d. h. seine Erscheinung bei der Krönung, zugleich als die Ankunft der Maat geschildert und gefeiert werden: »Die Maat ist gekommen, nachdem sie sich mit ihm vereinigt hat«, kann dabei etwa ausgerufen werden. Sethos I wird bspw. mit den Worten gepriesen: »Du hast die Maat in Ägypten stark gemacht, und sie hat sich mit allen Menschen vereinigt«. Hierbei wird zugleich die Mittlerstellung des Königs sichtbar: er verkörpert nicht nur die Maat, sondern zugleich auch Land und Leute Ägyptens.

Die Gleichsetzung von Isis und Maat aber ergibt sich bereits aus den beiden Etymologien ihres Namens.

Plutarch leitet den Namen der *Isis* ab von griech.: *eidénai* = wissen. Nach der Aretalogie von Kyme-Memphis hat die vom Weisheitsgott Thoth (Hermes) erzogene Königin Isis seine gesetzgebende Funktion übernommen (wie Inanna einst von Enki die *me*-Kräfte erhielt!) und wird zu Beginn des Textes gerade die Unveränderlichkeit ihrer Gesetze betont. Wie Hathor erhält sie den Beinamen: »Frau die groß ist an Gesetzen«. In einem Text aus dem Geburtshaus der Isis in Philae meldet der Götterkönig Re: »Freue dich, Isis, Große, Mutter des Gottes! Alles, was du gesagt hast, ist geschehen«. Der Göttin Isis wird allgemein nachgesagt: »Was aus ihrem Mund kommt, geschieht sogleich«: »Isis, die Große, Mutter des Gottes, Maat in Dendera, diejenige welche Anordnungen gibt den beiden Ländern, der weibliche Wesir, Tochter des Thoth, die Befehle erläßt«.

Mindestens ebenso ausschlaggebend, wenn nicht noch viel wichtiger für ihre schnell anwachsende Verehrung war jedoch die *Herleitung des Isis-Namens aus der Geburtslegende der Göttin im kleinen Geburtstempel zu Dendera*: Anläßlich der Geburt ihrer Tochter ruft dort ihre Mutter Nut freudvoll aus: »*Du bist älter – is – als deine Mutter!*«, worauf der Text ergänzend erklärt: »Und so entstand ihr Name Isis« (in diesen Zusammenhang gehören auch Wendungen wie: »die Tochter und Mutter, die ihren Erzeuger erschuf« oder »die Mutter ihres Erschaffers«). Nach DS I 11,4 gab es eine Tradition, die den Namen Isis als *palaiá* – »die Alte« deutete und diese Benennung aus ihrem ewigen und vorzeitlichen Entstehen herleitete. Isis heißt »die Älteste, die das Entstehen begann« oder schlichtweg *die Uranfängliche*. So lautet eine Inschrift aus Dendera: »Die Königin von Ober- und Unterägypten, die Uranfängliche, die zuerst entstand, die Einzige, die Älteste, die Herrscherin der Götter«. Oft wird sie sogar mit Nun, dem Urwasser selbst, zusammengestellt. Altersvorrang aber bedeutet Oberhoheit. Wenn Isis ihrem Namen nach die Älteste war, mußte sie zwangsläufig auch die Allermächtigste sein. Fast immer folgt deshalb auf die Nennung ihres Namens der Zusatz »die Große« oder »die Größte« was nach ägyptischem Verständnis zugleich »die Alte« oder »die Älteste« bedeutete. Als die Uranfängliche par excellence konnte Isis schließlich sogar eine Vorherrschaft über den Schöpfer- und Urgott Ptah beanspruchen. Aus dieser Uranfänglichkeit erwuchsen der Isis weitere wichtige Wesenszüge. Isis ist:

- die Urmutter
- die Zauberreiche
- die Aktive
- die Allgöttin schlechthin

Isis – die Urmutter

»Die Vorstellung von einer Urmutter als Urgrund aller Existenz ist tief verankert und hat eine Durchschlagskraft, mit der keine Urvaterschaft wetteifern kann«, meint Jan Bergman; wovon seiner Meinung nach auch die auffallende Gegebenheit abhängt, »daß die Spekulation, welche die Urgottheit als zu zwei Dritteln männlich und zu einem Drittel weiblich auffaßt, trotz des männlichen Übergewichts nur für die typischen Muttergottheiten Neith und Isis zu belegen ist« (S. 282). In einem Klagelied um Osiris sagt Isis von sich selbst:

> »Es gibt keinen Gott, der (für dich) das getan hätte, was ich getan habe, keine Göttin: Denn ich machte mich zum Manne (d. h. handelte wie ein Mann), obwohl ich ein Weib bin, um deinen Namen auf Erden leben zu lassen.« *(Hopfner 1940, S. 60)*

Die Uranfänglichkeit und Urmütterlichkeit der Isis wurde auch dadurch noch unterstrichen, daß sie insbesondere in der Spätzeit immer stärker »als große Himmelsgöttin, welche die Sonne gebiert« verehrt wurde und demnach die Geburten von Sonne, Horus und König (die beide mit der Sonne gleichgesetzt wurden) geläufig immer mehr ineinander übergingen. So eng wurde die Göttin schließlich mit dem Gott (und dem ihn repräsentierenden König) verbunden, daß sie als ein Teil von ihm – Körperglied, Schmuck oder Machtzeichen – aufgefaßt werden konnte, wie es bspw. in dem Titel »Herr der Maat« (die als Uräus an seiner Stirn erscheint) zum Ausdruck kommt. Dies ist, wie Bergman nachweist, jedoch keineswegs als Zeichen ihrer Unterordnung zu deuten: Der Titel »Herrin der Maat« läßt sich nämlich nirgends als Beiname einer ägyptischen Göttin belegen. Was daher rührt, daß die Göttinnen stets selber als Maat auftreten und folglich mit ihr ineinsgesehen werden. Von einer Identität eines Gottes mit der Maat weiß man jedoch nichts. »Herr der Maat« wäre demnach eher als Ausdruck der Teilhabe an der Maat zu interpretieren, nicht aber ihrer Beherrschung.

Isis, die Große, Mutter des Gottes, blieb die gewöhnlichste Prädikation der Göttin. Dies meint keine Beschränkung ihrer Allmutterschaft, sondern vor allem eine Betonung ihrer Verbindung mit dem jeweils aktuellen Gottkönig: Horus als Himmelsgott und Königsfalke – und Pharao als dessen irdische Vertretung und Inkarnation, der seit altersher seine Königstitulatur mit einem Horusnamen einleitete und ebenso wie Horus als »der gute Gott« galt. »Ich bin die Mutter des Königs, die Mutter des Gottes Horus«, proklamiert Isis in ihren Ich-bin-Aussagen, und solche Wendungen existieren in zahlreicher Menge. Denn bei der Thronbesteigung wurde jeder Pharao als Horus, Sohn der Isis, proklamiert, die damit seine Regentschaft überhaupt erst legitimiert und garantiert. Besonders im Kampf gegen ihre Feinde bedurften die Pharaonen unablässig des Schutzes ihrer »Mutter«. In einer Inschrift heißt es entsprechend:

> »Ich bin Isis, ich wache! Ich bin die Mutter des Horus, ich bin die Schwester des Osiris, ich bin die Zauberkräftige, ich bin die große Jungfrau. Siehe, ich bin an deiner Seite, ich bin es, die dein Herz liebt.« *(Giebel, S. 152)*

Bezüglich der Götterdynastien wird in den altägyptischen Texten festgehalten, daß Horus, der Sohn des Osiris, als letzter Gott über Ägypten König war; was selbst noch Diodor im 1. Jhd. n. Chr. hervorhebt. In die Horusherrschaft mündet somit das ganze Gottkönigtum über Ägypten aus. Horus war und blieb der letzte König Ägyptens, und jeder neue Pharao galt als seine Verkörperung.

Die Beziehungen der Isis zur jeweils aktuellen Königsmutter wurden auf diese Weise ganz besonders eng. Als Mutter des Horus blieb Isis die Königsmutter schlechthin, und später faßte man auch die irdischen Königsmütter zunehmend als ihre Stellvertreterinnen auf Erden auf: Beim Kult und während der Inthronisationsfeier des Pharao konnten sie die Rolle der Isis übernehmen und personifizieren.

Isis – die Zauberreiche

Die Behauptung, die Älteste, Erste, uranfänglich Entstandene zu sein, enthielt in sich zugleich die Versicherung des Vermögens, Schöpfungswunder zu vollbringen, denn von der Gottheit, die mit dem Entstehen anfing, hängt fortan jegliches Entstehen und Geschehen überhaupt ab. Die geheime Kraft, die solche übernatürlichen Wirkungen hervorbringt, faßten die Ägypter als »Zauberkraft« im Sinne von Schöpfungskraft auf, denn sie sahen in Schöpfung und Zauber dieselbe wunderbare Kraft am Werke. Isis, »die an Zauber Große, die Zauberreiche« nannten sie deshalb ihre Göttin, ein Titel, den sie mit ihrem Lehrer Thoth (Hermes), und ihrem Vater Geb (Kronos) teilte.

Isis konnte deshalb ihren besonderen Besitz von Zauberkraft gleich dreifach legitimieren und behaupten. Zauberreich war sie

– als die Uranfängliche
– als die legitime Erbin von Geb
– und als die ausgebildete Schülerin von Thoth

Auf der Metternich-Stele, wo Thoth der Isis als Ratgeber zur Seite tritt, finden wir die Proklamation:

> »Ich bin Isis, die Göttliche, Herrin der Zauberkraft, die die Zauberkraft ausübt, herrlich an Beschwörungen.«

Im selben Text wird später betont, daß dies alles gesprochen wurde von »Isis, der Göttlichen, der Zauberreichen, an der Spitze der Götter, der Geb seine Machtformeln übergeben hat«:

> »Mich erzog mein Vater zum Wissen, ich bin seine geliebte leibliche Tochter.«

Bei Isis als der Zauberreichen wird im selben Atemzug häufig ihr Allwissen hervorgehoben (vgl. *Isis und Re*):

> »Ich bin Isis, die göttlich ist durch die Formeln meines Mundes und durch die Weisheit meines Herzens, die mein Vater, der Gott, mir gegeben hat.«

Durch Zauber weiß Isis Namen und (Vor-)Rang des Re zu erobern, und das gerade auch dank ihres Allwissens. Damit gibt sie sich deutlich selber als die authentische Urgöttin zu erkennen und rückt an Res Platz. Bereits im Neuen Reich wurde Isis dank dieser Zauberkraft als machtvoller als der Sonnengott angesehen. Ihre souveräne Herrschaftstellung zielte allerdings weniger auf das Besiegen der anderen Götter, als vielmehr positiv auf ihre unabhängige Machtposition. Gerade als Zauberin hatte Isis unter den Gottheiten eine unbestrittene Sonderstellung inne. Vor der Göttin, die von sich sagte: »Ich bin Isis, zauberischer und ehrwürdiger als die übrigen Götter«, mußten buchstäblich alle und alles zurückweichen. In römischer Zeit erhält sie deshalb den Hoheitstitel *Isis invicta*, wie sie bereits unter Claudius (41–54 n. Chr.) genannt wird (»zu früh, als daß man eine Beeinflussung von dem Beinamen des Sol her annehmen dürfte«). Das Wort *invictus / a* ist offensichtlich eine Allmachtsformel, und »es bedeutet das gleiche, wenn Isis *triumphalis* heißt (CIL VI 355)« (Latte, S. 352). Zur römischen Kaiserzeit trugen Mysteriengläubige sogar Amulette mit der Aufschrift »*Isis victrix* – Isis ist siegreich. Als die Allgöttin steht sie über den Mächten des Himmels und der Erde, sie besiegt selbst den Einfluß der Gestirne« (Giebel, S. 174; vgl. auch den Beinamen *Victrix* bei der z. T. mit Isis gleichgesetzten Venus!, nach Latte, S. 255, Anm. 3): »Mir gehorcht das Schicksal«, verkündet die Göttin allen, die sich ihr zuwenden!

Isis – die Aktive

Das ägyptische Verständnis von Schöpfung gründet nicht in einer linearen Zeitvorstellung. Vielmehr bewahrt die Schöpfung durch eine zyklische Betrachtungsweise zu allen Zeiten ihre Aktivität. Die gewöhnliche Bezeichnung des Uranfangs als »das Erste Mal« unterstreicht die fundamentale Einstellung, daß der ein für allemal bestimmte Vorgang der Schöpfung von nun an stets zu wiederholen ist. Womit zugleich auf den Idealzustand des Uranfangs angespielt wird, den jede Zeit für sich neu verwirklichen soll. Die bereits bei der Schöpfung uranfänglich wirksame Gottheit bleibt demnach die für immer Tätige. So konnten auch die langen Reihen von Urgöttinnenprädikaten der Isis auf diese ihre gegenwärtige Schöpfungswirksamkeit bezogen werden. Zu beachten ist dabei noch ihre Sonderwirksamkeit: ihr beeindruckendes und unermüdliches Agieren für Osiris und Horus, wobei sie durchgängig in der aktiven Rolle erscheint. Isis verleiht beiden Göttern, ihrem Gatten sowohl als ihrem Sohn, stets wirksamen Schutz, für beide ist sie die Lebensspenderin, die das Leben schenkt und erneuert. Entscheidend ist auch dabei ihre Zauberkraft, denn es sind vor allem ihre wirksamen Beschwörungen, die Schutz gewähren; ihre mit Schöpfungskraft erfüllten Sprüche und Taten vermitteln und sichern das Leben. Als Zauberin und Lebenspenderin ist sie zugleich die Heilkundige, die nicht nur vom Tode, sondern von jeglicher (zum Tode führenden) Krankheit erretten kann. Bei Joannes Lydus (de mensibus IV.45) heißt es deshalb, »daß Isis den Ägyptern dasselbe sei, wie Asklepios den Griechen, nämlich die Sonne und die Gesundheit« (Meier 1985, S. 48).

In diesen Zusammenhang gehört auch die Verehrung der *Isis in Schlangengestalt*, insbesondere als Uräusschlange, als die sie noch bis in die mittlere Kaiserzeit hinein verehrt wird. Auf einem Weiherelief aus dem 2. Jhd. n. Chr. erscheint sie als aufgerichtete Kobra mit dem charakteristischen Kopfschmuck der Isis: Sonnenscheibe, Kuhhörner und zwei Straußenfedern (als Sinnbild der Maat) oder als *Isis-Thermutis* (oder *-Hermuthis*), deren menschengestaltiger Oberkörper aus dem Leib einer Schlange erwächst (vgl. *Götter-Pharaonen*, Abb. 143 u. 151). Ihr zu Ehren wurden Schlangen »als gute Hausgeister, denen der Schutz von Grab und Haus oblag« (ebd. zu Abb. 143) in Hausaltären gehalten. Wegen ihrer Fähigkeit, sich zu häuten, gilt die Schlange als altes

Symbol der Unsterblichkeit und Lebenserneuerung und daher auch der Heilkunst, weshalb sie in vielen Volkssagen in enger Beziehung zum »Wasser des Lebens« steht. Bereits im *Gilgamesch-Epos* hören wir von einer Schlange, die dem Helden, der sich an einer Quelle erfrischt, das Unsterblichkeitskraut stiehlt und dadurch selber unsterblich wird. Ebenso aufschlußreich ist die in Griechenland überlieferte Geschichte von *Glaukos und Polyeidos*:

> Glaukos, Sohn der Pasiphae und des Minos von Kreta, fällt eines Tages beim Ballspielen im Palast zu Knossos kopfüber in einen Bottich mit Honig und ertrinkt darin. König Minos schickt den Wahrsager Polyeidos von Argos auf die Suche nach dem Knaben, und nachdem dieser ihn tot aufgefunden hat, befiehlt ihm Minos, seinen Sohn ins Leben zurückzurufen. Zusammen mit dem Toten mauert er Polyeidos (den v. Ranke-Graves für eine Erscheinungsform des Heilgottes Asklepios hält) ein, damit er seinen Befehl erfülle. Nachdem er sich an die Dunkelheit gewöhnt hatte, entdeckte dieser plötzlich, »wie sich eine Schlange dem Körper des Knaben näherte. Mit seinem Schwert tötete er sie. Da kroch eine zweite Schlange heran. Als sie ihren Genossen erschlagen fand, verschwand sie und kehrte kurz darauf mit einer magischen Pflanze in ihrem Munde zurück. Diese Pflanze legte sie auf den toten Körper. Langsam kehrte das Leben in diese zurück. Polyeidos war zunächst erstaunt, dann aber legte er geistesgegenwärtig die gleiche Pflanze auf den toten Glaukos und hatte Erfolg« *(v. Ranke-Graves 1982, Bd. 1, S. 276)*. Nach Robert v. Ranke Graves wird dies Lebenskraut entweder als Mistel oder Kreuzdorn beschrieben. Letzteren nahmen die Griechen »als Laxans, bevor sie sich den Mysterien unterzogen.« *(Ebd. S. 278)*

Von dieser Symbolik her ist es nur zu verständlich, daß die Schlange sich im Stab des *Asklepios*, des Gottes der Heilkunst, wiederfindet, der noch heute das Wahrzeichen des Ärztestandes ist. Daß dieser Stab ursprünglich ein Baum war, wird auf einem antiken Marmorrelief aus der Gegend von Saloniki sichtbar, das Asklepios zusammen mit seiner Gattin *Hygieia* (Hygiene!) bei der Fütterung einer Schlange zeigt, die sich um einen Baum windet (vgl. Meier, S. 50). »Das Lebenskraut entspricht dem Lebensbaum, welcher z. B. in der *Johannes Apokalypse* 22,2 am Strom des Lebenswassers wächst und dessen Blätter zur Heilung der Nationen dienen. Vgl. Ez 47,1–12« (ebd. S. 79). C. A. Meier zitiert dazu eine hochinteressante Legende aus der *Moses Apokalypse* 5–15 und der *Vita Adae et Evae* 30–44, welche im Mittelalter eine beachtenswerte Weiterbildung erfuhr:

> »Seth schaut im Paradies Bäume mit den schönsten Früchten und eine Quelle, aus der die vier Paradiesflüsse entspringen. Oberhalb der Quelle steht ein verzweigter Baum, aber ohne Laub und ohne Rinde. Es ist der Baum der Erkenntnis, der infolge der Übertretung Adams und Evas noch die Spuren des göttlichen Fluches an sich trägt. Als Seth zum

zweiten Mal ins Paradies schaut, sieht er, daß die Schlange um den entblößten Baum gewunden ist. Und beim dritten Blick ins Paradies gewahrt er, wie der Baum mit seinem Gipfel in den Himmel ragt, auf dem Gipfel aber liegt ein neugeborenes in Windeln gewickeltes Kind. Auch das dazugehörige Motiv der Heilsamkeit fehlt nicht in dieser Legende, indem die aus den Apfelkernen vom Lebensbaume wachsenden Reiser dem Moses als Heilmittel dienen. Bekanntlich wird aus diesen Reisern auch das ›Kreuzesholz‹, das von Salomo, nachdem es sich der Einfügung in den Tempel als Türbalken widersetzt hatte, tief in der Erde vergraben worden war. Nach einiger Zeit entstand an dieser Stelle eine *piscine* (Teich) von wunderbaren Heilkräften. Alle Kranken, die sich in ihr badeten, wurden geheilt.« *(Ebd. S. 79 f.)*

Nach Philo v. Byblos galt die Schlange der Antike »als das allergeistigste Tier« (ebd. S. 81). Für die Isis-Mysten aber war die sich häutende Schlange zugleich ein Vorbild ihrer eigenen Wandlung und Gesundung. Deshalb legten sie bei der Weihe ihr altes Gewand ab und bekleideten sich – zum Zeichen ihres neu gewonnenen Lebens – mit einem neuen. Von daher läßt sich auch jener Spruch aus den Pyramidentexten verstehen, demzufolge der tote König beim Aufstieg in den Himmel sagt: »Ich steige empor zu jener meiner Mutter, der lebendigen Uräusschlange am Haupt des Re« (zitiert nach Egli, S. 40). Die Uräusschlange, so Hans Egli, »wurde zum Ideogramm für Ewigkeit« (ebd.). Und von Osiris heißt es in dem griechischen Zauberpapyrus Lond. 46: »Er ist die Schönheit des Aion, sein Name ist ein Herz (nach Plutarch zugleich ein Symbol Ägyptens), von einer Schlange umwunden« (Hopfner 1940, S. 33). Nicht zuletzt denke man an die goldene Urne, die während der von Apuleius beschriebenen Isis-Erscheinung von der Göttin selbst gehalten, später von Priesterinnen in der Prozession umhergetragen wurde und die nach einhelliger Überzeugung das heilige Nilwasser (Osiris) enthielt. Auch ihr Griff wird von einer Schlange gebildet, »deren Kopf mit buntschuppigem, giftgeschwollenem Nacken hoch darüber emporragte«. Was Marie-Luise v. Franz mit folgenden Worten kommentiert: »So enthält das Gefäß die psychische Essenz des Gottkönigs während seiner Verwandlung vom Tod zur Wiedergeburt. Entsprechend der ägyptischen Mythologie würde es Osiris im Prozeß seiner Umwandlung in Horus darstellen. Wenn Osiris tot ist, hält Isis das Gefäß seiner Seelensubstanz. Später wird er daraus als Horus wiedergeboren, als der neue Sonnengott, das Sonnenkind« (S. 245).

Die Uräusschlange, die aufgebäumte Kobra, schützt ihre (göttlichen wie menschlichen) Trägerinnen und Träger »und wendet sich verderbenbringend gegen alle feindlichen Mächte. Schließlich können auch die verschiedensten Göttinnen in Schlangengestalt erscheinen, darunter Isis und Hathor, die Erntegöttin Renenutet und die unterägyptische Schutzgöttin *Wadjit (Uto)*; das Schriftzeichen der Kobra ist daher zu einem allgemeinen Klassenzeichen im Namen von Göttinnen geworden« (Hornung 1989, S. 176).

Das im Osiris-Mythos sichtbare aktive Eingreifen der Isis nährte in den Ägyptern die Hoffnung auf ein ähnlich wirksames Einschreiten zu ihren eigenen Gunsten, insbesondere in der Stunde ihres Todes. So wurde jede/r Tote ein Osiris und jede/r bedrängte Lebende ein Horus. Im Kult wurde diese Verbindung hergestellt, indem man den Mysten ein Isisgewand überzog, was man als »Umarmung durch die Göttin« deuten konnte: »Der Myste war ein Toter (Osiris) gewesen; jetzt ist er zum Leben erweckt und wird durch die Kleidung mit der Göttin identifiziert ... Das Kleid der Göttin ist das Weihekleid, welches der Myste sorgfältig aufhebt, um es im Tode anzulegen« (Merkelbach 1962, S. 145; auch in den Demeterkult ließen sich Männer in weiblichen Kultgewändern einweihen!, vgl. Riedel, S. 143). »Getrost, ihr Mysten, da ja der Gott errettet ist: Auch euch wird Rettung aus der Mühsal sein!« lautet deshalb das Kennwort der Isismysterien, wie es uns der christliche Schriftsteller Firmicus Maternus überliefert hat. Der Priester spricht diese Formel während einer nächtlichen Feier, im Dunkeln, »während auf dem Boden liegende steinerne Glieder zusammengesetzt worden sind, ein Götterbild auf einer Bahre liegt und von den Anwesenden in Klageliedern betrauert wird.« Die Mysten sollten das Schicksal des Gottes erfahren, der von Isis gerettet wurde. »Wir haben gefunden, wir freuen uns alle«, rufen sie deshalb zum Ausklang des Rituals (Giebel, S. 171) und identifizieren sich damit zugleich mit der suchenden, umherirrenden und schließlich das Schicksal besiegenden Göttin. Diese Bindung des Einzelnen an Isis sicherte ihr eine einzigartige Stellung im religiösen Leben ihres Volkes, die nicht zuletzt darin ihren beredten Ausdruck findet, daß niemals von einer alternden Isis erzählt wird wie von den Greisen Re, Atum oder Schu.

Zusätzlich ist natürlich die allgemeine Tendenz zu berücksichtigen, daß *Göttinnen* als »Töchter des Re« in ägyptischen Glaubensvorstellungen *traditionell die aktive Seite des Sonnengottes personifizieren*. Die schirmenden, kämpferischen und vernichtenden Gottheiten, die den Gott umgeben und oft mit seinen Machtzeichen sogar direkt gleichgestellt werden, sind hauptsächlich weiblicher Natur. Sie nehmen gern die Gestalten von Löwin oder Schlange an. Eine Auffassung, die Isis nicht zuletzt dank ihrer Identifikation auch mit diesen Göttinnen zustatten kam. Ein gutes Beispiel für die weiblich-aktive, zornvolle Seite des Re findet sich in dem Mythos: *Die Vernichtung des Menschengeschlechts und die Erschaffung des Himmels*:

> »Es geschah aber, daß Re (am Himmel) aufstrahlte, der Gott, der von selbst entstanden ist, nachdem er König gewesen war der noch vereinten Menschen und Götter.
> Es ersannen die Menschen Pläne gegen Re. Denn Seine Majestät war alt geworden, seine Knochen silbern, seine Glieder waren Gold und sein Haar echter Lapislazuli.

Seine Majestät durchschaute die Pläne, die die Menschen gegen ihn im Sinne hatten, und
es sprach Seine Majestät zu seinem Gefolge: ›Rufe mir doch mein Auge und (die Götter)
Schu, Tefnut, Geb und Nut samt den Vätern und Müttern, die bei mir waren, als ich noch
im Urelement des Nun weilte, und dazu die Gottheit des Nun selbst. Und er soll auch seinen Hofstaat mitbringen. Aber hole sie heimlich und lasse es die Menschen nicht sehen
und ihr Herz nicht fliehen. Komm mit ihnen (den Göttern) zum Palast, damit sie ihre
Ratschläge vortragen. Am Ende kehre ich dann in den Nun zurück, dorthin, wo ich entstanden bin.‹ ...
Und Re sprach zu Nun: ›Du Urgott, aus dem ich entstanden bin, und ihr Götter der Vorzeit! Seht *die Menschen, die aus meinem Auge entstanden* sind, haben Pläne gegen mich
ersonnen. Sagt mir, was ihr dagegen tätet. Denn ich suche (eine Lösung) und will sie
nicht töten, bis ich gehört habe, was ihr dazu sagen werdet.‹ ...
Da sprachen sie (die Götter) zu Seiner Majestät: ›Laß dein Auge ausziehen, damit es sie
dir schlage, die sich als Böswillige (aus dem Land) entfernt haben. *Es gibt kein Auge, das
ihm über wäre, sie für dich zu schlagen. Es steige hinab als Hathor*!‹ (Und also geschah
es.)« Hathor, in ihrer Schreckensgestalt als Löwin, tilgt beinahe die Menschen von der
Erde.
»Nachdem sie die Menschen in der Wüste (fast) vernichtet hatte, kehrte diese Göttin zurück. Da sprach die Majestät dieses Gottes (Re): ›Willkommen in Frieden, Hathor, die
dem Schöpfer geholfen hat, als ich (mit einer Bitte) zu ihr kam.‹ Da sprach die Göttin:
›So wahr du mir lebst, ich habe mich der Menschen bemächtigt, und es war meinem Herzen eine Labsal.‹ Da sprach die Majestät des Re: ›Nun werde ich als König Macht über sie
(die Menschen) haben, nachdem ich ihre Zahl verringert habe.‹«
Re überkommt sogar Mitleid mit den Menschen und unternimmt einen Versuch, sie vor
der überschäumenden Wut der Hathor zu retten:
»Darauf sprach Re: ›Ruft mir Schnellboten her, die dahinflitzen und wie der Schatten
eines Körpers huschen!‹ Diese Boten wurden sogleich gebracht, und die Majestät des
Gottes sprach: ›Eilt nach Elephantine und holt mir große Mengen roten Ockers!‹ Dieser
rote Ocker wurde ihm gebracht, und die Majestät des Gottes ließ den Bezopften (Hohenpriester) von Heliopolis diesen roten Ocker zerreiben. Inzwischen hatten Sklavinnen
Gerste zu(m Bereiten von) Bier gemahlen, man schüttete diesen roten Ocker in die Mai-
sche, und so sah es aus wie Menschenblut; man machte 7000 Krug Bier. Dann kam die
Majestät des Königs von Ober- und Unterägypten Re zusammen mit den Göttern, um
sich das Bier anzusehen.
Inzwischen war der Tag angebrochen, an dem die Göttin die Menschen (vollends) vernichten wollte, an den Tagen, da sie nach Süden ziehen. Da sprach die Majestät des Re:
›Wie geglückt ist das Bier! Dadurch werde ich die Menschen retten.‹ Und Re sprach weiter: ›Tragt es (das Bier) an den Ort, von dem sie gesagt hat: Dort will ich die Menschen
vernichten.‹ ... Nun wurden die Felder damit drei Spannen hoch überflutet nach dem
Willen der Majestät dieses Gottes.
Am Morgen kam nun die Göttin und fand diese (Felder) überflutet. Ihr Antlitz wurde

Statue der Göttin Isis. Unter dem Mantel trägt sie das typische, zwischen den Brüsten geknotete Fransengewand, den Kopf zieren eine Stephane und die übliche Krone aus Ähren, Kuhhörnern, eine Sonnenscheibe und Straußenfedern, während die linke Hand ein Gefäß für heiliges Wasser hält. Um den rechten Arm (auf der Abbildung fehlend) windet sich eine Schlange, der linke Fuß steht auf einem kleinen Krokodil. (Alexandria, Mitte 2. Jhd. n. Chr.)

mild dadurch, sie trank, und es tat ihrem Herzen wohl. Sie kam trunken zurück und konnte die Menschen nicht erkennen. Da sprach die Majestät des Re zu der Göttin: ›Willkommen in Frieden, du Holde!‹

Dann sprach die Majestät des Re: ›Bei meinem Leben, mein Herz ist doch viel zu müde, um länger bei ihnen (den Menschen) zu bleiben. Hätte ich sie bis auf den letzten Rest vernichtet, dann wäre die Reichweite meines Armes nicht zu gering gewesen. ... Meine Glieder sind schlaff zum ersten Mal. Ich kann mich nicht mehr wehren, wenn mich ein anderer angreift.‹

Darauf sprach die Majestät des Nun: ›Mein Sohn Schu [Luftgott] habe ein Auge auf deinen Vater und schütze ihn! Und du, meine Tochter Nut, setze ihn auf deinen Rücken!‹ ... Dann verwandelte sich Nut in eine Kuh, und die Majestät des Re setzte sich auf ihren Rücken.«

> [Quelle: Das »Buch von der Himmelskuh«, verfaßt um die Zeit Tutanchamuns. Aus: Brunner-Traut, S. 69–71; 266 f.]

Den Ägyptern schien dabei durchaus klar zu sein, daß es sich bei Nut und Hathor im Grunde um ein und dieselbe Göttingestalt in ambivalenter Ausprägung handelt, denn seit den Pyramidentexten ist Hathor eng mit dem Himmel verbunden »und trägt schon in den ältesten Darstellungen, bei den Triaden des Königs Mykerinos aus der 4. Dyn., die Sonnenscheibe zwischen den Hörnern. Im Talkessel von Deir el-Bahari blüht seit der 11. Dyn. der Kult der Hathorkuh, die den verstorbenen König in ihren Schutz nimmt und ihn an ihrem Euter tränkt« (Hornung 1982, S. 97). Sowohl Nut als auch Hathor konnten in späterer Zeit mit Isis gleichgesetzt werden. »Der Himmel«, so Westendorf, »kann nach altägyptischer Vorstellung in mindestens drei Varianten vorgestellt werden: als Tier, als Frau oder als Baum, in allen Fällen ist die Gottheit weiblich und fungiert sowohl als Lebensspenderin wie als Totengöttin« (S. 190).

Isis – die Allgöttin, »una quae est omnia«

Seit dem Ende des Neuen Reiches ist ein immer rapideres Anwachsen der Isisverehrung, gekoppelt mit gleichzeitiger Erweiterung ihrer Machtvollkommenheit auf den verschiedensten Gebieten, zu verzeichnen. Die Prozesse der Angleichung und Identifikation der Isis mit anderen hochrangigen Göttinnen gingen dabei immer weiter und tiefer, so daß ihr immer neue Funktionen und Wirkweisen zuerkannt wurden, die wiederum ihre herausragende Stellung noch festigen halfen. In seltener Weise wußte Isis in diesem Geschehen Transzendenz und Immanenz zu vereinigen, indem sie zur selben Zeit als *höchste Himmelskönigin* und als *irdische Gottkönigin* hervortrat. So wurde sie zu einer wirklichen Allgottheit. Und ihr Tempel zu Philae, der wegen seiner Grenzlage zu einer bedeutenden Vermittlerrolle seit je prädestiniert war,

wurde mehr und mehr zum anerkannten Zentrum der Isisreligion, wovon auch ein
überreicher Vorrat an späten Tempelinschriften zeugt. Zu dieser enormen Ausbreitung ihres Kultes trug zusätzlich der Umstand bei, daß mit der 26. Dynastie unterägyptische Familien den Thron einnahmen, die aus den alten Isis- und Osirisorten wie
Sais, Mendes, Sebennytos stammten.

Zu dieser Zeit sind Isis und Osiris die einzigen vom ganzen Volk anerkannten Götter, in einem Land, in dem ansonsten Kultpartikularismus vorherrschend war. »Diese
aber verehren alle gemeinsam«, weiß Herodot in seinem Ägypten-Buch aus dem
5. Jhd. v. Chr. zu berichten, und er erzählt auch, daß zu Ehren der Isis das größte Fest
gefeiert wurde. Bei gemeinsamer Erwähnung von Isis und Osiris wurde sie durchgängig an den ersten Platz gestellt (was noch bis heute und auch in Mozarts *Zauberflöte*
nachklingt!), sogar wenn es um die Unterwelt, den ureigensten Bereich des Osiris
ging. So drängte Isis als die Aktivere in dem gemeinsamen Kult ihren Gatten nach und
nach in den Hintergrund. Wie Osiris trägt deshalb auch Isis schließlich den offiziellen
Titel: »Herrin der Städte, Regentin der Gaue«. Gerade Memphis (das heutige Kairo)
galt in späterer Zeit als Isisstadt und ihr geweiht. Münzen aus der Römerzeit zeigen
Isis als Gaugöttin von Memphis. Dort, in Memphis, soll nach dem berühmten *Töpferorakel* ein sehnlichst erwarteter neuer König als Bringer guter Zeiten erscheinen.
Wobei vor allem herausgehobem wird, daß er, als wahrer Horuskönig, selbstverständlich »von Isis, der größten Göttin, eingesetzt« werden soll (ein Orakel, das später auf
Jesus Christus gedeutet wurde).

Diese Vorrangstellung der Göttin bewirkte auch die große Anpassungsfähigkeit der
ägyptischen Kultur unter den Bedingungen der Diaspora: Seit altersher hatten Priester häufig die jeweils amtierenden Pharaonen in ihrer Eigenschaft als wahre Horuskönige vertreten. Ob Pharao ein Ptolemäer, Lokalfürst oder gar der Römische Kaiser selber war, bedeutete deshalb in theologischer Hinsicht wenig. Worauf es ankam
war allein Isis, die als höchste Garantin dieses Königtums galt und deshalb mit vollem
Recht *regina Isis*, »Königin Isis« (Apuleius, 11 5,3) angerufen wurde. Wenn Isis − und
Isis allein − »geläufig als *myriónymos*, was die Römer direkt als *myriónyma [= die
mit den tausend Namen]* übernommen haben, gepriesen wird und weiter als *una quae
es omnia* (CIL X 3800) angeredet wird, sind diese Prädikationen nicht in erster Linie
als Ausdrücke des spätantiken Synkretismus anzusehen, welcher Isis gern als *Panthea
[Allgöttin]* darstellt, sondern vielmehr echte Äußerungen der ägyptischen Gottesvorstellung« (S. 300). Und auch mit dem Titel myrionymos sind wiederum soteriologische Vorstellungen verbunden, denn den tausend Namen entsprechen »tausend« Situationen, in denen sich Isis als Retterin in der Not erwiesen hatte (vgl. Giebel, S. 170.)
Mit dem Beinamen *myriónymos* wurde sie offensichtlich bis nach Köln hinauf ver-

ehrt, wo man den Titel auf einer Statuenbasis aus einem Isistempel des 4. Jhds. n. Chr. wiederfand, über den später die Kirche St. Gereon erbaut wurde (vgl. ebd. S. 236).

Ganz besonders aber war Isis auch eine *Göttin der Frauen*. »Ich bin Isis, ich bin die Göttin der Frauen. Ich bestimmte, daß Frauen von Männern geliebt werden« preist sie sich in der Aretalogie von Kyme-Memphis. Und so wurde sie »die beliebteste Frauengöttin«, die »alle an ihr Herz« nahm, »die römischen Matronen, die sie in einer eigenen Hauskapelle verehrten, wie auch die Zunft« der Hetären und Kurtisanen, die sie genauso als ihre Schutzpatronin ansahen. Es gab sogar Frauen, die eine Wallfahrt bis nach Meroë in Äthiopien, zu den Quellen des Nils unternahmen, um von dort das heilkräftige Wasser zu holen, jenes »Wasser des Lebens«, das in jedem Isis-Tempel besondere Verehrung genoß und zur Heilung von Krankheiten aller Art eingesetzt wurde (vgl. ebd. S. 169 f.; 165).

In diesem Zusammenhang erzählt auch Ovid (*Metamorphosen* IX, 666–797) seine volkstümliche Geschichte über *Iphis*, die durch den Beistand der Isis von einer jungen Frau in einen Jüngling verwandelt wird.

> Auf Kreta wohnte dereinst ein gewisser Ligidus, ein Mann aus dem einfachen Volk und ohne großes Vermögen. Als seine Frau schwanger wurde »und die Geburt schon nahe bevorstand, mahnte er sie mit folgenden Worten: ›Ich wünsche dir zwei Dinge: eine leichte Entbindung ohne große Schmerzen und die Geburt eines Knäbleins. Zu belastend ist der andere Fall, und mein geringes Vermögen gibt mir nicht den nötigen Rückhalt. Falls du also, was die Götter verhüten mögen, ein Mädchen zur Welt bringst – ich gebiete es dir wider Willen; fromme Scheu vergib mir! –, so muß es sterben.‹
> Sprach's und beiden strömten Tränen über das Gesicht: ihm der das Gebot gab, und ihr, die es empfing. Trotzdem läßt Telethusa Tag für Tag ihrem Mann keine Ruhe und bittet ihn immer wieder vergeblich, ihre frohe Erwartung nicht einzuengen. Ligidus bleibt fest bei seinem Entschluß. Und schon konnte sie kaum mehr den schweren Leib tragen, dessen Last ausgereift war; da trat mitten in der Nacht *als Traumbild* Inachus' Tochter *[= Isis]* mit ihrem gewohnten Gefolge vor sie hin, oder es schien ihr so. *Die Stirn trug die Hörner des Mondes mit Ähren, die gelb in strahlendem Golde glänzten, und ein königliches Diadem. Es begleiteten sie der bellende Anubis, die heilige Bubastis, der bunte Apis und der Gott, der die Stimme unterdrückt und mit dem Finger zum Schweigen mahnt. Klappern waren mit dabei, Osiris, den die Göttin unaufhörlich sucht, und die fremde Schlange voll einschläfernder Gifte.* Zu ihr, die wie aus dem Schlaf aufgeschreckt war und klar sah, sprach darauf die Göttin: ›O Thelethusa, meine Dienerin, laß die schweren Sorgen fahren und umgehe das Gebot des Gatten! Wenn Lucina *[Beiname der Juno als römische Geburtsgöttin]* dich entbindet, so nimm ohne Bedenken auf, was es auch sein mag! Ich bin eine helfende Göttin, ich habe dich erhört und stehe dir bei. Du wirst dich nicht beklagen müssen, du habest eine undankbare Gottheit verehrt.‹

Nach diesen gemahnenden Worten verließ sie das Schlafgemach. Froh steht die Kreterin vom Lager auf, hebt flehend ihre reinen Hände zu den Sternen und bittet, ihr Traumgesicht möge in Erfüllung gehen. Der Schmerz nahm zu, die Last drängte von selbst ans Licht, und ohne Wissen des Vaters kam ein Mädchen zur Welt. Da log die Mutter, es sei ein Knabe, und ließ es aufziehen. Sie fand Glauben; die einzige Mitwisserin war die Amme. Der Vater erfüllte sein Gelübde und gab dem Kind den Namen des Großvaters: Der hatte Iphis geheißen. Über den Namen freute sich die Mutter, da er auf beide Geschlechter paßte und sie wenigstens in dieser Beziehung niemanden täuschte.

… Inzwischen waren dreizehn Jahre vergangen: Da verlobte der Vater mit dir, Iphis, die blonde Ianthe, unter den Mädchen von Phaestus eine vielgerühmte Schönheit, die Tochter des dictaeischen Telestes. Gleich alt waren beide, beide gleich schön; bei denselben Lehrern lernten sie die Anfangsgründe der Wissenschaften, wie es ihrem Alter entsprach. Hier berührte die Liebe die unerfahrene Brust der beiden und schlug beiden die gleiche Wunde. Doch die Zuversicht war ungleich: Ianthe sehnt die Ehe und die Zeit der vereinbarten Hochzeitsfackel herbei und glaubt, der vermeintliche Mann werde bald der ihre sein. Iphis gagegen liebt ohne Hoffnung auf Erfüllung – die Liebesglut wird dadurch nur noch heißer: So liebt das Mädchen ein Mädchen. …

Worauf Ianthe brennt, das fürchtet Telethusa und verschiebt bald den Zeitpunkt, bald schützt sie Krankheit vor, um Zeit zu gewinnen, bald Vorzeichen und Traumgesichte. Doch schon hatte sie alle Möglichkeiten der Erfindung erschöpft, die lang aufgeschobene Hochzeit stand bevor, und nur noch ein einziger Tag war übrig. Da reißt sie der Tochter und sich die Binde vom Haupt, umfaß mit aufgelöstem Haar den Altar und spricht: ›Isis, die du Paraetonium, die mareotischen Gefilde und Pharos bewohnst und den Nil, der sich in sieben Mündungen verästelt – komm mir, ich bitte dich, zu Hilfe und heile uns von unserer Furcht! Dich, Göttin, dich und diese deine Kennzeichen habe ich einst gesehen; erkannt habe ich alles, den Klang und das begleitende Erz der Sistren, und deinen Auftrag treu im Gedächtnis bewahrt. Daß diese das Licht der Welt sehen darf, daß ich nicht büßen muß, siehe, das ist dein Rat und dein Geschenk. Erbarme dich unser beider und rette uns durch deine Hilfe!‹

Tränen folgten den Worten. Da war es, als bewege die Göttin ihren Altar – und sie hatte es wirklich getan –, die Tempelpforten zitterten, die dem Monde nachgebildeten Hörner blitzten, und es klapperte das klangreiche Sistrum. Zwar nicht sorglos, aber doch froh über das glückliche Vorzeichen, verließ die Mutter den Tempel. Iphis folgte ihr als Begleiterin mit größeren Schritten als sonst. Auch bleibt ihr nicht die weiße Gesichtsfarbe, die Kraft wird vermehrt, munterer und schärfer geschnitten erscheinen ihre Züge, und das schmucklose Haar wird kürzer; da ist mehr Kraft und Schwung, als das Mädchen gehabt hatte. Denn, eben noch eine Frau, bist du zum Knaben geworden. Schenkt dem Tempel eine Weihegabe und freut euch in furchtloser Zuversicht! Sie schenken dem Tempel eine Weihegabe und fügen eine Inschrift hinzu, einen kurzen Vers: ›Als Knabe hat Iphis seine Weihegabe dargebracht, die er als Mädchen gelobt hatte.‹ Der folgende Tag hatte mit seinen Strahlen den Erdkreis weithin erleuchtet. Da kommen Venus, Juno und Hymenaeus zu den hochzeitlichen Opferflammen, und Iphis gewinnt als Knabe seine Ianthe.«

Das Schiff spielte nicht zuletzt auch eine große Rolle bei der Ausbreitung des Isis-Kultes selbst. Wobei der Kult vor allem vom Aufstieg Alexandrias zum Wirtschafts- und Geisteszentrum des Mittelmeerraums in den Jahrhunderten vor der Zeitenwende profitieren konnte: »Mit jedem Schiff fuhren Isisgläubige in die Länder rund ums Mittelmeer ... Isismysterien sind seit dem Ende des 2. Jahrhunderts v. Chr. im griechischen Raum nachgewiesen, ein Jahrhundert später in Italien« (Giebel, S. 164). Anders als beim Demeterkult waren die Isismysterien nicht ortsgebunden. Selbst der Nil konnte, weil er ins Meer mündete und sein Wasser dort mit all den anderen Flüssen vermischte, die ebenfalls mit dem Meer verbunden waren, überall gefunden und verehrt (sogar künstlich hergestellt wie in Pompeji) werden. Wenn man im Isistempel Wasser spendete, sagte man generell, dies sei Nilwasser. »Nun scheint es eine Geheimlehre der Isispriester gegeben zu haben, nach welcher die in den Isistempeln befindlichen Quellen unterirdisch aus dem Nil gespeist wurden. Man konnte also auch außerhalb Ägyptens das Wasser des neuen Nils feierlich schöpfen« (Merkelbach 1963, S. 28). Wie Apuleius schildert, gab es zu seiner Zeit bereits ein weitverzweigtes Netz von Isisgemeinden, welche die Eingeweihten allerorten aufnahmen. So wurde der Kult nach und nach wirklich »universal«, begünstigt zudem durch die weite Verbreitung des römischen Reiches, dem das Schiff der Isis zugleich Roms Glück und Wohlfahrt symbolisierte. Auch unter den christlichen Kaisern dauerte der Isiskult noch jahrhundertelang fort, »ob in Köln, in London, in Frankreich oder in Österreich, wo die Göttin als *Isis Noreia*, am Ulrichsberg bei Klagenfurt verehrt wurde.« Es bedurfte schon brutaler Gewalt, um die Isisverehrung schließlich ganz auszumerzen. In ihrem Haupttempel zu Philae wurde die Göttin trotz allem noch bis ins 6. Jhd. hinein verehrt, »bis Kaiser Justinian 535 n. Chr. den Tempel schließen und die Priester ins Gefängnis werfen ließ« (Giebel, S. 192 f.).

8.   *Die Göttin auf der Mondbarke*

Die Herrin der Seefahrt läßt sich auch in der Göttin auf der Mondsichel wiedererkennen, als die Isis ab der hellenistischen Zeit durch ihre Gleichsetzung mit der griechischen Mondgöttin Selene verehrt wurde. Selene finden wir des öfteren dargestellt, wie sie auf einem Mondbogen steht, der wie eine Barke auf dem Wasser zu ruhen scheint. Bezeichnenderweise hängt auch das Wort Arche zusammen mit dem Hindi-Wort *argha*, das »Sichel bedeutet, ebenso mit dem französichen *arc*, Bogen« (Harding, S. 99–101).

Isis wurde jedoch erst spät und unter griechischem Einfluß mit dem Mond verbunden, bis dahin hatten die Ägypter in ihm stets einen Gott und keine Göttin verehrt; eher wurde er deshalb mit Osiris als mit Isis gleichgesetzt. So konnte man bspw. auch die Zerstückelung des Osiris in vierzehn Teile als die vierzehn Tage des abnehmenden Mondes deuten (vgl. Plutarch, Kap. 42): »Bei den sogenannten Bestattungen des Osiris zerschneiden sie also das Holz und machen eine sichelförmige Lade daraus, weil der Mond, wann er der Sonne (d. h. dem Typhon) nahekommt, sichelförmig geworden, sich verbirgt (d. h. stirbt)« (ebd.). Die Sonne wurde hier also eher als das typhonische, vergewaltigende (ausdörrende Seth-)Prinzip erkannt, während »die Wirkungen des Mondes den Werken des Verstandes und der Weisheit« gleichen sollten (ebd. Kap. 41).

Einer anderen Tradition zufolge ist »Isis der Mond als Gestirn, Osiris das auf ihn ausgestrahlte Sonnenlicht«, durch das die Göttin, als Mond, befruchtet wird, »indem Osiris ihr im Vollmonde beiwohnt und in diesen ›einsteigt‹. ... Dann waren im Monde Osiris als das männliche, befruchtende Prinzip und Isis als das weibliche empfangende Prinzip vereinigt und jetzt sagt Plutarch richtig: ›Von der Sonne angefüllt und schwanger, entsendet (Isis als) der Vollmond selbst auch wieder zeugende Prinzipien in die Luft und säet sie aus‹. Dann ist er auch in gewissem Sinne berechtigt, den Mond für mannweiblich zu erklären und das das Weltall besamende Prinzip ›die Mutter der Welt‹ zu nennen« (Hopfner 1941, S. 194 f.). Auch dies ist eine Beschreibung, die eher auf die griechische Selene paßte, die als mannweiblich – »Hermes und Hekate zugleich« – vorgestellt wurde (orph. Hymnus 42,8). *Isis-Selene* »sendet als von Osiris, d. h. dem guten Prinzip, befruchteter Vollmond deshalb Keime des Werdens in die Welt und besonders in den Luftraum um die Erde aus, da bei Nacht Seth nicht als sengende Sonne und dörrende Hitze ihr und Osiris entgegenwirken kann. ... Dann ist Seth überwältigt, aber am nächsten Tage hat er wieder seine Kraft als sengende Sonne«, weil Isis ihn immer wieder aufs neue freigab (ebd. S. 195).

Für die hellenistische Zeit ist Isis als Mondgöttin durchweg gut bezeugt und heißt »die ägyptische Selene«, mit der sie – vor allem in den Zauberpapyri – auch den Namen *polyiónimos*, die Vielnamige oder *polýmorphos*, die Vielgestaltige teilte (vgl. Hopfner 1941, S. 227 u. 229). Hier ist sie auch »die Herrin über die Engel der zwölf Nachtstunden, die sie aussendet« (ebd. S. 197).

Plutarch bezieht die hörnertragenden Isisbilder konsequent auf die Mondsichel und »die schwarzbekleideten Isisstatuen auf die Verbergungen und Beschattungen (des Mondes, also auf die Mondfinsternisse, bzw. Neumond und erstes und letztes Viertel), während Isis sehnend der Sonne« (in diesem Fall »dem Osiris) nachgeht«. *Das schwarze Gewand spielt dabei auf ihre Rolle als Unterweltsgöttin an.* Auch trug man wohl »ganz schwarze Isis-Riemen« (vgl. die jüdischen Gebetsriemen!) und

»schwarze Isis-Fetzen«, die man der Bekleidung von Isis-Statuen entnahm, als Amulette. In einem griechischen Zauberpapyrus wird Isis als Kore-Hekate schließlich folgendermaßen angerufen: »Reine Jungfrau, gib mir ein Zeichen für die Erfüllung meiner Bitte: Enthülle dein heiliges Gewand, schüttle deine schwarze Tyche« (vgl. ebd. S. 227 f.). Alle Irrwege der Menschen aber bedeuteten letztlich nur eine Wiederholung jener uranfänglichen göttlichen Irrfahrten, und aus dem glücklichen Ende jener mythischen Irrfahrten der Isis konnten die Eingeweihten die Hoffnung schöpfen, auch ihr eigener Lebensweg werde sich dereinst glücklich vollenden.

[Vgl. zum ganzen Kapitel der »Schiffahrt« vor allem auch: Bergman, S. 134–136; 173–195; 280–300. Zitate, so sie nicht anders angegeben sind, stammen aus diesem Buch bzw. den hier angegebenen Seiten.]

Was solcherart »mit Isis in die Welt gekommen war, sollte nie mehr daraus verschwinden« (Giebel, S. 193). So dürfte es kein Zufall sein, daß gerade ägyptische Theologen (wie Kyrill v. Alexandria) Wert darauf legten, den Namen »Gottesgebärerin« (griech.: *Theotokos*) für die christliche Marienverehrung dogmatisch festzuschreiben (auf dem Konzil von Ephesus, 431 n. Chr.). »Als Himmelskönigin mit Krone und Zepter, den Mond zu Füßen, ziert sie bis heute Kirchen und Plätze der christlichen Welt. Mochten Theologen diese Erscheinungsform auch als die der Frau aus der Apokalypse des Johannes (12, 1) interpretieren, die breite Masse sah darin ein vertrautes Bild. Und alle Mühseligen und Beladenen, die im männlich dominierten Glauben des Christengottes nach dem weiblichen Element und mütterlicher Hilfe Ausschau hielten, wandten sich an die himmlische Mutter mit dem uralten Gebet: ›Du Helferin des Menschengeschlechts, die zärtliche Liebe einer Mutter erzeigst du den Elenden in ihrem Leid!‹

Auch in der säkularisierten Welt bleibt die Erinnerung an Isis lebendig. Taucht nicht ihre Gestalt hinter der himmlischen Mutter Maria auf, wenn es am Ende von Goethes *Faust II* heißt: ›Jungfrau, Mutter, Königin, Göttin bleibe gnädig!‹« (ebd.).

Mozarts *Zauberflöte* mit der »sternflammenden Königin« und »Göttin der Nacht« (in deren Gestalt die Göttinnen Demeter und Isis zugleich wiederaufleben!) und ihrem Anliegen »sich den Mysterien der Isis ganz zu weihn«, gehört bis heute zu den beliebtesten und meistgespielten Opern im deutschsprachigen Raum (vgl. Csampai, S. 9).

Isis und Osiris. Bruch und Einung nennt der Maler Anselm Kiefer eins seiner neueren Bilder: »Der mythische Weltenberg ist von Scherben übersät, von denen Verbindungslinien zu einem Bild der Isis laufen: Ein Symbol für die Suche nach der verlorenen Ganzheit, Isis als Hoffnungsbild für ein Ende aller Spaltung und allen Zerfalls« (Giebel, S. 194).

Doch gilt nicht bis heute, was schon im alten Ägypten die Priesterinnen und Priester rezitierten und von Plutarch (Kap. 9) wiederholt wird: »*Ich bin Isis, ich bin das All, das Vergangene, Gegenwärtige und Zukünftige, meinen Schleier hat noch kein Sterblicher gelüftet*« … Hier denkt man unwillkürlich an den Schleier der indischen Göttin Maya, Weltwissen und Weltbefangenheit in einem, das innerste Geheimnis der Welt.

9.   Die »*Schiffahrt der Isis*« in anderen Kulturen

Jacob Grimm weist in seiner *Deutschen Mythologie* auf zahlreiche Parallelen einer Schiffahrt zu Ehren einer Göttin hin. Dabei wird nicht zuletzt der enge Zusammenhang von *Schiff, Wagen und Pflug* deutlich (womit u. a. erneut die innere Einheit von Isis und Demeter angesprochen ist), insbesondere da, wo das (beräderte) Schiff wie ein Pflug über Land gezogen wird. Diese enge Verwandtschaft von Schiff und Wagen könnte sich auch im Wort *Carneval* wiederspiegeln, das Gertraud Steiner mit *Car Naval* – »Schiffswagen« übersetzt (S. 51). In den heutigen rheinischen Karnevalsbräuchen ist davon augenscheinlich das Narrenschiff, das heute wie damals über Land fährt (wenn auch nicht mehr in pflügender Absicht) übriggeblieben.

> »Etwa um das j. 1133 wurde in einem Wald bei Inda (gemeint ist Inden im Jülichischen, später Cornelimünster, bei Aachen) ein schif gezimmert, unten mit rädern versehn und durch vorgespannte menschen zuerst nach Aachen, dann nach Maastricht (wo mastbaum und segel hinzukam), hinauf nach Tingern, Looz und so weiter im land herumgezogen, überall unter großem zulauf und geleite des volks. wo es anhielt war freudengeschrei, jubelsang und tanz um das schiff herum bis in die späte nacht. die ankunft des schiffes sagte man den städten an, welche ihre thore öfneten und ihm entgegen giengen.« (*Grimm, S. 214*)

Zu solchen und anderen, aus ähnlichem Anlaß herumgezogenen Schiffen, erklärt Jacob Grimm:

> »Ich halte dieses im land umziehende, von der zuströmenden menschenmenge empfangne, durch festlichen gesang und tanz gefeierte schif für den wagen … jener göttin, welche Tacitus der Isis vergleicht, die den sterblichen (gleich der germ. Göttin Nerthus) friede und fruchtbarkeit zuführte. wie der wagen verhüllt war, so mochte auch der eingang in das innere schif den menschen verwehrt sein, ein bild der gottheit brauchte nicht darin zu stehen. ihren namen hatte das volk längst vergessen, nur die gelehrten mönche ahnten noch etwas von Neptun oder Mars, Bacchus oder Venus; auf das äußerliche der alten feier kam die lust des volks von zeit zu zeit wieder zurück. wie wäre der bauer im walde zu Inden darauf verfallen ein schif zu bauen, wenn ihm nicht erinnerungen an frühere processionen, vielleicht auch in benachbarten gegenden vorgeschwebt hätten?«

»Als der Abt von St. Trond (bei Lüttich), Rodulfus, hörte, daß jenes Schiff, das unter einem unglücklichen Vorzeichen gebaut und unter böser Vorbedeutung auf Fahrt gegangen war, sich unter einer solchen heidnischen Bemühung unserer Stadt nähere, ermahnte er mit vorausschauendem Sinn die Leute immer wieder, daß sie von dessen Aufnahme absehen sollten, weil unter dem Deckmantel dieses Scherzes bösartige Geister in dem Schiff mitgeführt würden und durch dieses in Kürze ein Aufruhr erregt würde, aus dem Mord, Brand und Raub hervorgingen und viel Menschenblut vergossen würde. Obwohl er dies in allen Tagen, an denen jenes Bildnis bösartiger Geister sich am Ort aufhielt, vortrug, wollten ihn unsere Einwohner nicht hören, sondern sie nahmen es mit der Begeisterung und Freude auf, mit der die dem Untergang geweihten Troer das schicksalsträchtige Pferd in der Mitte ihres Marktplatzes weihten ... Die Weber wurden ... gezwungen, das Schiff Tag und Nacht mit jeder Art von Bewaffnung zu umringen ...« Schließlich »lärmten vor jenem verwünschten Wohnsitz, ich weiß nicht, wem ich ihn eher zuschreiben soll, dem Bacchus, der Venus, dem Neptun oder dem Mars, oder um es richtiger zu sagen, vor dem Wohnsitz aller bösartiger Geister verschiedene Arten von Musikern, die schändliche und der christlichen Religion nicht ziemende Gesänge anstimmten ... Während bei dem noch fliehenden Licht des Tages der Mond herannahte, sprangen Scharen von Frauen, die ihre weibliche Scham abgelegt hatten, beim Hören des Lärms dieser Nichtigkeit mit gelösten Haaren von ihren Lagern auf, die einen halbnackt, die anderen nur mit einem einfachen Umhang umhüllt, und mischten sich durch schamloses Eindringen unter die, welche um das Schiff herum Tänze aufführten. Man hätte dort zuweilen tausend Menschenseelen beiderlei Geschlechts das unglückverheißende und unselige Taktschlagen und -rufen bis zur Mitte der Nacht feiern sehen können. Jedesmal aber, wenn jener verwünschte Reigen auseinandergerissen wurde, wurden beide Geschlechter unter ungeheurem Geschrei ungezügelter Stimmen in Schwärmerei hierhin und dorthin getrieben; es ist unsere Aufgabe, das, was man sie dann hätte tun sehen können, zu verschweigen und zu beweinen ...« *(Rodulfus, chronicon abbatiae s. Trudonis lib. XI, bei Grimm; übers. v. Beate Polaczek)*

»Es sind spuren vorhanden, daß auch anderwärts in Deutschland zur zeit des beginnenden frühjahrs solche schiffe umher gezogen wurden, namentlich in Schwaben, also dem späteren sitze jener Sueven. ein Ulmer rathsprotocoll vom Nicolausabend 1530 enthält das verbot: ›item es sol sich nieman mer weder tags noch nachts verbuzen, verkleiden, noch einig faßnachtkleider anziehen, ouch sich des herumfarens des pflugs und mit den schiffen enthalten, bei straf 1 gulden‹. *Noch ausgebreiteter scheint die gewohnheit des pflugumziehens, die ursprünglich, ohne zweifel, zu ehren der gottheit geschah, von welcher man fruchtbares jahr und gedeihen der aussaat erwartete. wie beim umzuge des schifs fanden tänze und freudenfeuer statt. Sebast. Frank s. 51 seines weltbuchs:* ›an dem Rhein, Frankenland und etlichen andern orten samlen die jungen gesellen all dantzjunckfrauen und setzen sy in ein pflug, und ziehen yhren spilman, der auff dem pflug sitzt und pfeifft, in das wasser; an andern orten ziehen sy ein feurinen pflug mit einem

meisterlichen darauff gemachten feur angezündet, biß er zu trimmern felt.‹ Enoch Wie-
demanns chronik von Hof meldet: ›fastnacht führten böse buben einen pflug herum, und
spannten die mägdlein darein, welche sich nicht mit geld lösten; andere folgten nach, säe-
ten heckerling und sägespäne‹.« *(S. 217f.)*

Grimm wollte damit vor allem hervorheben, »wie das fahren des pflugs mit dem des
schifs durch die landschaft auf einer und derselben altheidnischen idee zu beruhen
scheine, die sich seit verdrängung der götter durch das christenthum nur in unver-
ständlichen volksgebräuchen forterhalten und allmälich verflüchtigen konnte: auf der
sichtbarwerdung einer wolthätigen, gütigen gottheit unter den menschen, die sich ihr
allenthalben mit freudenbezeugungen nahten, wann im lenz die erde wieder weich geworden und das eis von den strömen gelöst war, daß ackerbau und schiffahrt neu beginnen konnten. So müssen die Sueven zu Tacitus zeit ihre göttin durch umtragung
des schifs gefeiert haben« (S. 219). Bei Tacitus (*Germania* 9) heißt es dazu:

> »Ein Teil der Sueben opfert auch der Isis. Worin der fremde Kult seinen Grund und Ur-
> sprung hat, ist mir nicht recht bekannt geworden; immerhin beweist das Zeichen der
> Göttin – *es sieht wie eine Barke aus* –, daß der Kult auf dem Seewege gekommen ist.«

> »Weit wichtiger aber sind folgende spuren von deutschen schiffsumzügen und schiffs-
> festen. ... schiffer ziehen fastnachts ein schiff umher. beim Schönbartlaufen in Nürnberg
> führten vermummte in narrenkleidern fastnachts die hölle herum, wobei auch ein schif
> und der venusberg vorkam ... im gedicht von Mauritius und Beamunt v. 627–894 fährt
> ein schif zu land, von rädern und verdeckten rossen bewegt, mit musik und rittern auch
> in der Maas und Rheingegend nach Cöln zu einem turnier. hernach wird es unter die
> garzune ausgetheilt v. 1040 ff. sollte die vorstellung vom narrenschif, das durch die länder
> zieht, verwandt sein, zumal frau Venus ›mit dem ströwen ars‹ darin fährt. ... oft berich-
> ten die kindermärchen von einem schif zu lande und zu wasser.« *(J. Grimm, Bd. III, S. 86)*

In einer Anmerkung erläutert Grimm, daß noch zu seiner Zeit »in einigen holsteini-
schen dörfern, wo viel schiffer wohnen, in den kirchen kleine schiffe zu hängen«
pflegten, »die zur zeit des frühjahrs, wann die schiffahrt aufgeht, mit bändern und
blumen geschmückt werden; das ist ganz der römische brauch bei der Isis. Man findet
auch zuweilen silberne schiffe in kirchen aufgehangen, welche reisende in sturmes-
nöthen bei glücklicher heimfahrt gelobt hatten; ... Da nun auch silberne pflüge in die
kirchen geliefert, im späteren mittelalter sogar als abgabe gefordert wurden, erlangt in
solchen pflügen und schiffen ein uralter cultus der mütterlichen gottheit willkommne
bestätigung.«

> »Nicht allein der Isis war bei den Griechen das schif geweiht, auch der Athene. in den
> Panathenäen wurde ihr heiliger peplos (ihr Prachtgewand) zu schif auf die Akropolis ge-

führt: das schif, an dessen mast er als segel hieng, im Keramikos erbaut, *bewegte sich zu lande durch ein unterirdisches triebwerk, erst zum tempel der Demeter*, um diesen herum, am pelasgischen vorüber zum pythischen, zuletzt nach der burg. das volk folgte in feierlich geordnetem zug.« *(S. 213–220)*

Besondere Erwähnung verdient auch die auffallende Ähnlichkeit zu dem Kult der uralten germanischen Göttin *Nerthus*, von der Tacitus (*Germ.* 40, s. u.) berichtet, jener Erdmutter, »der man friede und fruchtbarkeit beilegte.« Von Nerthus heißt es bei Tacitus, sie werde – den Blicken verborgen – auf einem von Tuch verhüllten Wagen herumgeführt. »In Schweden war es Freyr, sohn des Niördr, dessen verhüllter (mit einer priesterin besetzter, vgl. Grimm, S. 88) wagen im frühjahr durch das land zog, während das volk betete und feste feierte, er steht seinem Vater, dieser der ebennamigen Nerthus völlig gleich.«

> »... Insgesamt aber verehren sie *Nerthus, das heißt die Mutter Erde*, und glauben, die Göttin nehme teil am Treiben der Menschen, sie fahre bei den Stämmen umher. Es gibt auf einer Insel des Weltmeeres einen heiligen Hain, und dort steht ein geweihter Wagen, mit Tüchern bedeckt; einzig der Priester darf ihn berühren. Er bemerkt das Eintreffen der Göttin im Allerheiligsten; er geleitet sie in tiefer Ehrfurcht, wenn sie auf ihrem mit Kühen bespannten Wagen dahinfährt. Dann folgen frohe Tage; festlich geschmückt sind alle Orte, denen die Göttin die Huld ihrer Ankunft und Rast gewährt. *Man zieht nicht in den Krieg, man greift nicht zu den Waffen*; verschlossen ist alles Eisen. Dann kennt, dann liebt man nur Ruhe und Frieden, bis die Göttin, des Umgangs mit den Menschen müde, vom gleichen Priester ihrem Heiligtum zurückgegeben wird. Dann werden Wagen und Tücher und, wenn man es glauben will, die Gottheit selbst in einem entlegenen See gewaschen. Sklaven sind hierbei behilflich, und alsbald verschlingt sie derselbe See. So herrscht denn ein geheimes Grauen und heiliges Dunkel, was das für ein Wesen sei, das nur Todgeweihte schauen dürfen.«

Auch Nerthus findet man andernorts mit einem Schiff verbunden: »Auf Darstellungen – Bronzefiguren und Ritzbilder an den Felswänden und Klingen – *steht sie in einer Barke, die eine Hand grüßend ausgestreckt, in der anderen eine zusammengerollte Schlange haltend*« (Achterberg, S. 36).

Eine bemerkenswerte Parallele hat Grimm zudem zwischen der Verehrung der germanischen Nerthus und der kleinasiatisch-römischen *Kybele* entdeckt: »Beachtenswerth scheint mir die ähnlichkeit zwischen dem cultus der Nerthus und dem der phrygischen göttermutter« (S. 210 f.). Lucretius (*De rerum natura* 2, 597–641) beschreibt den Umzug der *magna deum mater* auf ihrem *löwenbespannten Wagen* durch die Länder der Erde mit folgenden Worten:

»Drum ist die große Mutter der Götter und Mutter der Tiere,
sie auch allein genannt worden unsres Körpers Erzeugerin.
Sie, so sangen die alten gelehrten Dichter der Griechen,
treibt auf erhabnem Sitz im Wagen das Doppel der Löwen,
. . .
Haben den Scheitel des Haupts mit der Mauern Reife bekrönet,
weil auf ragendem Felsen befestigt sie Städte emporhält;
mit diesem Zeichen geschmückt wird jetzt durch mächtige Länder
schauererregend das Bild der großen Mutter getragen.
Bunter Völker Zahl nach alter Weise der Riten
nennen sie Mutter vom (Gebirge) Ida und geben phrygische Scharen
ihr zu Begleitern, dieweil, wie sie sagen, aus jenen Gebieten
hin durch den Erdkreis zuerst die Feldfrucht begann zu entstehen.
. . .
Pralle Pauken ertönen unter den Händen und Becken
rings, die hohlen, es droht das Horn mit belegtem Gesange
und im phrygischen Takt peitscht Pfeife der Flöten die Sinne;
Waffen trägt man voran, die Zeichen gewaltsamen Wütens,
daß sie den danklosen Sinn und die unfrommen Herzen des Volkes
schrecken können in Furcht mit dem göttlichen Willen der Göttin.
Wenn sie darum, kaum eingeführt in die stattlichen Städte,
stumm mit schweigendem Gruß die Sterblichen reichlich gesegnet,
streuen den ganzen Pfad sie der Straßen mit Kupfer und Silber,
reich mit erklecklicher Gabe sie machend, und lassen mit Blüten
schnein es der Rosen, die Mutter beschattend und folgenden Scharen.«

> *(Aus: Titus Lucretius Carus, De rerum natura, Welt aus Atomen, übers. u. hg. v. Karl Büchner, Stuttgart [Reclam] 1977.)*

Bei Gregor von Tours erfahren wir, daß die Bewohner von Burgund diese Umzüge im Wagen, der ein Bildnis der Göttin enthielt, »zum heil ihrer äcker und weingärten« vollführten (Grimm, S. 211 f., Anm. 1).

Laut Ovid, *Fasti* 4, 335–347, feierten die Römer am 6. April – während der sog. *Megalesien* (zu Ehren der *Megále Meter*, der Großen Mutter), die vom 4.–10. April begangen wurden – ein Fest der *lavatio matris deum* (Waschung der Göttermutter):

> »Vorher hatten sie (auch) das Schiff bekränzt und eine fleckenlose Färse geschlachtet, die noch keine Arbeit und noch keinen Stier gekannt hatte. Es gibt eine Stelle, wo der sanft hinfließende Almo in den Tiber mündet und der kleinere Fluß durch den größeren seinen Namen verliert. Dort wäscht ein hochbetagter Priester im purpurnen Gewand die Herrin und ihr heiliges Symbol mit Almowasser. ... Die (aber) fährt selber auf einem

Wagen thronend durch die Porta Capena (in die Stadt), und die Rinder im Joch über-schüttet man mit frischen Blumen.«

Prudentius (*Hymn.* 10, 164 = *Peristefanon* 10, 154–160) wiederum erzählt:

> »Ich weiß, daß die vornehmen römischen Bürger
> bei den Feiern der Idäischen Mutter *[Kybele]*
> vor dem Wagen sich die Füße entblößen.
> *Ein schwärzlicher Stein, von Silber eingefaßt und mit einem weiblichen Gesicht,*
> sitzt zur Ausfahrt auf einem zweirädrigen Wagen;
> während ihr diesem (Wagen) vorangeht und ihn zum Bad führt,
> wobei ihr nach Ablegen der Schuhe eure Füße zertretet,
> gelangt ihr bis zum Bach Almo.« *(Übers.: Beate Polaczek)*

Später, in der Kaiserzeit, wurde dieses große Frühlingsfest auf die Zeit vom 15.–27. März vorverlegt und im Tempelbezirk auf dem Palatin gefeiert. Die Lavatio bildete von da an den krönenden Abschluß des Festes. Wie schon Grimm erkannte und von Giebel bestätigt wird, ist die mit der »Waschung« verbundene Vorstellung eher asiatischer Herkunft. Hier ist weniger an eine rituelle Reinigung gedacht, sondern vielmehr an die Stärkung der Göttin durch die lebenspendende Energie des Wassers, durch welche die Kräfte der *Magna Mater* (der Großen Mutter) erfrischt und regene-riert werden (vgl. Giebel, S. 128–131).

> »Nicht unerwähnt bleiben darf, daß Aventin, welcher die taciteische Isis in eine *frau Ei-*
> *sen* umwandelt und nach ihr das eisen benannt werden läßt, die nachricht von ihrem cul-
> tus erweitert, uns außer dem schiflein noch angibt, nach ihres vaters (Hercules) tod sei
> sie durch alle länder gezogen, zu dem deutschen könige Schwab gekommen und eine
> weile bei ihm geblieben; da habe sie ihn eisen schmieden, getreide säen, mähen, malen,
> kneten und backen, flachs und hanf bauen, spinnen, nähen und weben gelehrt, und das
> volk sie für eine heilige frau gehalten.« *(Grimm, S. 220)*

Das Bild einer Himmelskönigin, Jungfrau und *Heiligen Mutter* als Herrin und Be-schützerin der Seefahrt scheint offenbar von einer Art archetypischer Attraktion zu sein, denn es findet sich selbst noch in China, in einem völlig anders gearteten Kultur-kreis zwar, doch mit durchaus vergleichbarer Symbolik:

> »Die *Himmelskönigin*, auch heilige Mutter genannt, war bei ihren Lebzeiten eine Jung-
> frau aus Fukien namens Lin. Sie war rein, ehrfürchtig und fromm von Art. Als sie sieb-
> zehn Jahre alt war, starb sie, ohne verheiratet gewesen zu sein. Sie zeigt ihre Macht auf
> dem Meere, darum wird sie von den Schiffern fromm verehrt. Wenn sie unerwartet von
> Wind und Wogen überfallen werden, so rufen sie sie an, und jederzeit ist sie bereit zu er-
> hören.

In Fukien gibt es viele Seefahrer, und jedes Jahr kommte es vor, daß Leute ums Leben kommen. Da war es wohl so, daß die Himmelskönigin zu ihren Lebzeiten Mitleid hatte mit der Not ihrer Landsleute. Und weil ihr Geist unentwegt darauf gerichtet war, den Ertrinkenden aus ihrer Not zu helfen, so erscheint sie jetzt häufig auf dem Meere.

Auf allen Schiffen, die das Meer durchfahren, hängt in der Kajüte ein Bild der Himmelskönigin, und ferner werden drei Talismane aus Papier im Schiffe aufbewahrt. Auf dem einen ist sie gemalt mit Krone und Szepter, auf dem zweiten ist sie gemalt als Jungfrau in gewöhnlichem Gewand, auf dem dritten ist sie gemalt mit offenem Haar, barfuß, ein Schwert in der Hand und stehend. Kommt nun ein Schiff in Gefahr, so verbrennt man den ersten Talisman, und es naht die Hilfe. Hilft der noch nicht, so verbrennt man den zweiten und schließlich den dritten. Tritt dann noch keine Hilfe ein, so ist nichts mehr zu machen.

Wenn in Wind und Wogen und Wolkendunkel die Schiffer ihre Richtung verlieren, so rufen sie in frommem Gebet die Himmelskönigin an. Dann erscheint eine rote Lampe auf den Wassern. Folgt man der Lampe nach, so kommt man sicher aus aller Gefahr. Oft sieht man auch die Himmelskönigin in den Wolken stehen und mit ihrem Schwerte den Wind zerteilen. Der Wind verteilt sich dann nach Nord und Süd, und die Wogen glätten sich.«

...

Offenbar fanden sich an allen Hafenorten Chinas Tempel der Himmelskönigin. Am achten Tag des vierten Monats wurde ihr Geburtstag gefeiert mit Schauspiel und Opfern.

(Aus: Wilhelm 1987, S. 49 f.)

DIE MAHADEVI –
DIE »GROSSE GÖTTIN« INDIENS
ALS MAYA-DURGA-KALI

Schankacharyas Hymne an die Narmada

»Die Weisen haben gesagt,
Wer immer dich preist,
Frühmorgens, frühabends, bei Nacht,
Darf sich in seiner Menschengestalt,
Die er erlangt durch das Leiden
So vieler Wiedergeburten,

In Ehren den Füßen
Von Schiva nähern.
Dann höre mein Loblied,
O heilige Narmada.
Du begnadest die Erde
Mit deiner Gegenwart.
Die Frommen nennen dich Kripa,
Die Gnade selbst.
Du läuterst die Erde
Von ihren Unreinheiten.
Die Frommen nennen dich Surasa,
Die heilige Seele.
Du durchspringst die Erde
Wie ein tanzender Hirsch.
Die Frommen nennen dich Rewa,
Die Springende.
Schiva aber nannte dich
Die Erquickliche
Und taufte dich lachend
Narmada.

O kupferfarbenes Wasser
Unter kupferfarbenem Himmel,
Aus Schivas Buße wurdest du Wasser.
Aus Wasser wurdest du eine Frau,
So schön, daß Götter und Asketen,
Die Lenden hart vor Begehren,

Von ihren Betrachtungen ließen,
Um dir nachzustellen.

Einmal, und nur einmal,
Im drehenden Rad des Seins,
Wurde der Schreckliche zum Lachen bewegt.
Aufblickend von seiner inneren Betrachtung,
Um dich zu sehen, sagte der Zerstörer;
O Maid mit den schönen Hüften,
Erregerin der Narma, der Lust,
Sei bekannt als Narmada,
Heiligster der Flüsse.

O Fluß, aus Buße geboren,
Von Lachen getauft,
Deine ungebärdigen Strömungen
Sind wie kupferne Adern im Gestein der Vindhya-Berge,
So wie Götterblut den Leib eines Elefanten vergoldet.
Und an deinen Gestaden
Durchstoßen die Staubgefäße der grüngoldenen
Nipablüten, dich begehrend,
Die Blütenblätter, die sie umschließen.
Wälder, schwer von wildem Jasmin,
Umarmen dich mit ihrem Duft,
Und näherst du dich, so schlagen
Sogleich die Mangobäume zum Blühen aus.

Die Weisen, die an deinen Ufern meditieren,
Sagen, du bist zweimal geboren,
Einmal aus Buße,
Einmal aus Liebe.

Sie sagen, der Asket, der mit der Göttin tändelte,
Vermischte den Schweiß seiner Glut mit den Tropfen
Der Liebesmühen aus ihren Brüsten
Und schuf dich aus dem Born seines göttlichen Begehrens.
Dann verwandelte er dich in einen Fluß,
Um die Gelüste der heiligen Männer zu kühlen,
Und nannte dich Narmada,
Stillerin der Begierden.

Sogar Schivas Erguß
Wird in deinem Flußbett zu Stein gekühlt,

Jeder einzelne Samen wird,
Deinen blauschwarzen Wassern entwunden, zum Götterbild
Und in den Tempeln an deinen Gestaden
Mit Blumengirlanden geehrt.

O Fluß, aus Liebe geboren,
Von Lachen getauft,
Deine purpurnen Wasser gleiten wie ein Gewand
Von deinen abfallenden Ufern.

Kalidasa fragt, wer kann es ertragen, dich zu lieben?
Denn wer erträgt es, eine Frau zu verlassen, deren Lenden entblößt sind,
Hat er erst einmal die Süße ihres Leibes geschaut?

Springende Antilopen
Zeichnen deinen Lauf.
Vögel schwärmen durch die heiligen Bäume
Und beschatten die Anger deiner Dörfer.
Rosenapfelbäume verdunkeln dein Wasser
Mit dem Schimmer reifender Früchte.
Wilde Mangos fallen in deine wirbelnden Fluten,
Gleich Blumen im Haar einer Maid.

In den Schriften steht geschrieben,
Du warst zugegen bei der Geburt der Zeit,
Da Schiva als goldener Pfau
Das Meer der Leere durchzog.

Du gemahntest den Zerstörer,
Die Schöpfung erwarte seinen Befehl,
Und seine grausamen Federn ausbreitend,
Schuf Schiva diese Welt und den Berg,
Wo er sitzt und meditiert
Bis zur Zerstörung.

Du warst zugegen bei der Schöpfung,
Auf Schivas Befehl bleibst du allein
Bei der Zerstörung bestehen.

Es prophezeien die Weisen, welche die Wahrheit wissen,
Um Mitternacht, wenn die dunkle Flut kommt,
Wirst du dich in ein Mädchen verwandeln,
So strahlend wie eine Lüstersäule.
Einen Dreizack in deiner schlanken Hand, wirst du sagen:

›Weise, verlaßt eure Waldeinsamkeit!
Zögert nicht! Die Zeit der großen Zerstörung ist da.

Während der Zerstörer tanzt,
Wird alles zerstört,
Und ich allein biete Zuflucht.

Nehmt euer Wissen der Menschheit mit
Und folget mir.
Ich führe euch in die nächste Schöpfung.‹

O Bote der vergehenden Zeit,
O Zuflucht und Errettung,
Du läßt die Angst der Zeiten vergehen,
O heilige Narmada.

Du beseitigst die Makel des Bösen.
Du erlösest vom Kreislauf der Schmerzen.
Du enthebst von den Bürden der Welt,
O heilige Narmada.

Schildkröten und Flußdelphine finden Zuflucht in deinen Wassern.
Lachende Reiher spielen auf deiner stillen Fläche.
Fische und Krokodile nimmst du in deine Umarmung,
O heilige Narmada
Barden und Asketen besingen deine Wunder.
Spieler, Betrüger und Tänzer preisen dich.
Wir alle finden Zuflucht in deiner Umarmung,
O heilige Narmada.«

*(Aus: Gita Mehta, Narmada, S. 266–272) [Die Narmada ist ein heiliger indischer Fluß
und wie alle Flüsse in Indien weiblich. Sie entspringt in Madhja Pradesch, durchfließt die
Bundesstaaten Maharaschtra und Gudscharat und mündet ins Arabische Meer.]*

I.   Mythologische Texte

1.   Die Juweleninsel

»Die Insel ist golden und rund. Ihre Ränder bestehen aus pulverisierten Edelsteinen –
daher der Name des Eilands *Mani-dvipa*«, Juweleninsel. »Es ist von blühenden, duftenden Bäumen bewaldet, und in der Mitte steht ein Palast aus dem kostbaren Stein,
der alle Wünsche erfüllt, erbaut ... Innerhalb des Palastes befindet sich ein juwelen-

besetztes Zelt, unter dem auf einem goldenen, edelsteinbesetzten Thron die Allmutter (*jagadamba, matar*) sitzt, ›Die Schönste der drei Welten oder Städte‹. Sie ist die Gottheit, die Energie des *Bindu [der erste Tropfen, aus dessen Entfaltung die faßbare Welt unseres beschränkten Bewußtseins und des Alls entstand]*, der seinerseits der erste konzentrierte Tropfen der dynamischen Kraft der allgemeinen göttlichen Substanz war. Aus der Göttin treten die drei Weltsphären oder Himmel, Erde und der Raum zwischen ihnen, ins Dasein.

Die Farbe der Göttin ist rot, denn sie erscheint hier als schöpferisches Prinzip. Rot ist die kreative Farbe. Sie ist die uranfängliche Energie, welche die Entfaltung des Alls plant und hervorbringt. *Vimarsa-schakti* wird sie genannt; wobei *vimarsa* ›Überlegung, Durchdenken, Planung‹ und *schakti* ›Energie‹ bedeutet. Die Göttin ist die uns vertraute Maya: *ma* ist ›ausmessen, planen (nach Art der Tischler und Architekten)‹. Sie stellt die Fülle der Möglichkeiten und das mütterliche Maß der Welt dar. Vom Standpunkt der allenthaltenden, göttlichen Wesenheit her gesehen ist sie auch nur ein ›Dieses‹.« Und zwar das »erstgeborene ›Dies‹, das aus der ungeschiedenen, verborgenen Totalität heraustritt ... Durch das Walten der Maya wurde jenes ›Dies‹ allmählich vom Geist als etwas vom Selbst Getrenntes, Verschiedenes und außerhalb von ihm Bestehendes empfunden; es wurde als völlige ›Anderheit‹ erfahren. Diese Erfahrung nun war identisch mit der Schöpfung der Welt.

In der Thronhalle der Juweleninsel hält die Göttin vier bekannte Waffen oder Instrumente in ihren Händen, die uns von ihren Darstellungen als der kriegerischen, dämonenvernichtenden Gottheit bekannt sind. Hier besitzen sie einen psychologischen Sinn und müssen auf der spirituellen Ebene verstanden werden. Die Göttin trägt nämlich Bogen und Pfeil, die Schlinge und den Stachelstock. Bogen und Pfeil bedeuten die Willenskraft; die Schlinge – der Lasso, der wilde Tiere fängt und im plötzlichen Angriff auf dem Schlachtfeld den Feind in Banden schlägt – das Wissen, die Meisterkraft des Intellektes, welche die Gegenstände erfaßt und mit festem Griff hält. Der Stachelstock, zum Treiben des Reit- oder Lasttieres bestimmt, bedeutet die Aktivität.« *(Zimmer 1981, S. 225 f.)*

2. Die Göttin als Maya

»Vorzeiten lebte ein König Suratha, dem Geschlechte des Tschaitra entsprossen, der herrschte über den ganzen Erdkreis. Er beschirmte seine Untertanen, wie es recht ist, als wären es seine leiblichen Kinder. Da erhoben sich die Vasallenkönige wider ihn, die sich mit den Unterworfenen aus fremdem Blute verbündet hatten, und es gab Krieg.« Er unterlag, »und seine eigenen Minister, bestochen und schlimm, raubten ihm Schatz und Heer – da stieg er, der Herrschaft bar, zu Pferd, als wolle er auf die Jagd und ritt einsam in die Wildnis.

Dort fand er die Einsiedelei eines edlen Brahmanen, der hieß Medhas, ›Weisheit‹; friedlich streiften in ihr die Tiere der Wildnis, ihr Schmuck waren die Schüler der Heiligen. Vom Heiligen als Gast geehrt, blieb er dort eine Weile. Er streifte umher und bedachte sich, sein Denken kreiste um ›Ich‹- und ›Mein‹-Gefühle: ›Mein war die Stadt vormals, von mir regiert, wie es die ewige Ordnung will, oder nicht? Ich weiß es nicht. Mein edler Kriegselefant, der immer trunken von Brunstrausch war, ist in die Gewalt meiner Feinde geraten – welche Freuden wird er jetzt haben? Die mir in Treuen folgten, warten jetzt anderen Königen auf um Huld, Reichtum und Unterhalt, der Schatz, den ich mühselig aufgehäuft habe, wird hinschwinden bei ihnen, die ihn mit unrechtem Aufwand vergeuden.‹

Desgleichen bedachte der König unablässig.« Da traf er eines Tages bei der Einsiedelei »einen einsamen Mann von bürgerlichem Stande«, dem ein ähnliches Geschick mit seiner Familie zugestoßen war: »›Ich stamme aus einer reichen Familie und bin von meinen schlimmen Söhnen und Frauen, die nach meinem Reichtum gierig waren, aus dem Hause geworfen worden.‹« Dennoch muß auch dieser Bürger festellen, daß seine Gedanken unablässig noch um seine treulosen Angehörigen kreisen: »›Ihnen gelten meine Seufzer, und um ihretwillen bin ich traurig.‹«

Da gingen beide zusammen zu dem Heiligen, um bei ihm Rat über ihre mißliche (Gefühls-)Lage einzuholen. »Der König sprach: ›Erhabener, eines will ich dich fragen, was meinem Sinn Leid bringt, ohne in meinem Denken gegründet zu sein. Ich habe ›Ich‹- und ›Mein‹-Gefühle für meine Königsmacht . . . Und dieser Bürger ward von den Seinen verlassen, und dennoch hängt sein ganzes Herz an ihnen. . . . ›Mein‹-Gefühl zerrt unseren Sinn auf das Ding, dessen Fehle wir doch sehen. Wodurch kommt es, daß uns beide trotz Erkennen der Wahrheit Betörung umfängt? Woher kommt mir und ihm dieser Wahn, in dem wir blind sind für sondernde Einsicht?‹

Der Heilige sprach: ›Erkennen eignet jedem Geschöpf auf der Weide der Sinnenwelt, doch sondert es sich hierhin und dorthin: manche Wesen sind bei Tage blind, andere nachts, und manche sind bei Tag und Nacht von gleicher Sehkraft. Die Menschen erkennen – gewiß, aber nicht sie allein; Erkennende sind alle: Vieh, Vögel, Wild und anderes Getier, und das Erkennen der Menschen ist das gleiche wie bei Wild und Vögeln; Erkennen, das den Menschen eignet, ist auch jenen eigen. Wohl haben sie Erkennen, und doch – sieh die Vögel dort, wie emsig sie Körner in die Schnäbel ihrer Jungen schnäbeln, in Betörung, obgleich sie selber der Hunger quält! Die Menschen sind voll Liebe gegen ihre Kinder – gierig nach Gegenleistung sind sie es freilich, siehst du das nicht? Trotz des Erkennens stürzen sie in den Strudel des ›Mein‹-Gefühls, in die Fanggrube der Betörung: durch die Macht der Großen Maya wirken sie Bestand des endlosen Lebenskreises. Dabei ist nichts zu verwundern. Sie ist die magische Schlaftrunkenheit des Herrn der Welt, sie ist die Große Maya Vischnus, und alles, was lebt, wird von ihr in Betörung gewirbelt. Die erhabene Göttin reißt mit Gewalt auch den Geist des Erkennenden an sich und gibt ihn der Verblendung preis. Die große Maya entfaltet alle lebendige Welt, sie ist's, die gnädig Wünsche gewährt und den Menschen zur Erlösung verhilft. *Sie ist höchstes Wissen, ewige Ursache der Betörung und Ursache der Bindung an den Samsara – sie allein, die Herrin des Herrn des Alls.*‹

Der König sprach: ›Heiliger, wer ist diese Göttin, ›Große Maya‹, von der du sprichst? Wie ist sie entstanden und was ist ihr Tun? Was ist das Wesen der Göttin, was ihr Ursprung?‹

Der Heilige sprach: ›Ewig ist sie, ihre Gestalt ist die Welt, von ihr ist das All rings ausgespannt. Dennoch ist ihr Ursprung vielfältig, das höre von mir. Wenn sie offenbar wird, um dem Werke der Götter zum Erfolge zu helfen, dann heißt es von ihr in der Welt ›sie ist entstanden‹, obwohl sie ewig ist.

Am Ende einer Weltzeit, als die ganze Welt ein einziges Meer geworden war, streckte sich der erhabene Vischnu auf der Weltschlange hin und sank in magischen Schlaf. Da entstanden aus dem Schmutze seiner Ohren zwei schauerliche Dämonen, Madhu und Kaitabha genannt, die wollten Brahma töten. Brahma, der Herr der Wesen auf dem Lotos, der Vischnus Nabel entsprießt, erblickte die beiden schrecklichen Widergötter und sah, daß Vischnu in Schlaf versunken war. Da sammelte der Herr strahlender Kraft sein Herz in eine Spitze und pries die magische Schlaftrunkenheit, die Vischnus Augen zur Stätte erkoren hatte, um Vischnu von ihr aufzuwecken; er pries die Herrin von Allem, die Erhalterin der Welt, die der Welt entbreitetes Bestehen und ihr Zusammenraffen in Vernichtung schafft, die erhabene Schlaftrunkenheit Vischnus, die Unvergleichliche.

Brahma sprach: ›Du bist der heilige Opferruf Svaha, du bist Lebenskraft, du bist der heilige Spendenruf Vaschat – Schall ist dein Wesen! Trank der Unsterblichkeit bist du, Unvergängliche; dein Wesen liegt in den drei Zeiten der heiligen Silbe OM beschlossen, du bist in der Halbzeit beschlossen, die dem Verklingen der Silbe OM als Schweigen nachfolgt, du Ewige, die vom Unterschiedlichen her nicht auszusagen ist.

Du bist *DIE*! Bist der Weihespruch Savitri, der Einweihung verleiht, du bist die höchste mütterliche Göttin! Von dir wird alles erhalten, von dir wird diese Welt aus dir geschaffen und behütet, und am Ende ißt du alles wieder auf. Wenn du die Welt aus dir hervorgehen läßt, ist Hervorgehen deine Gestalt *[= Brahma, der Weltenschöpfer]*, Bestand ist deine Gestalt *[= Vischnu, der Welterhalter]*, wenn du behütest – so ist Zusammenraffen deine Gestalt *[= Schiva, der Weltzerstörer]* beim Ende dieser Welt, o du, die du die Welt bist! Große Weisheit, große Maya, große Einsicht, großes Gedenken, große Verblendung, verehrungswürdige große Göttin, große Widergöttin! *Du bist der unterschiedslose Urstoff von allem und entfaltest dich in der Dreifalt unterschiedlicher Artung.* Du bist die Nacht des Weltentodes, die Große Nacht und die Nacht der Verblendung, Unerbittliche! – Du bist das Glück, die Herrin du, Scham bist du und Vernunft, Verstehen ist dein Zeichen, Ehrfurcht, Gedeihen, Heiterkeit bist du und Seelenruhe und Geduld! Schwert trägst du und Spieß, du Grausige, Keule und Wurfscheibe, Muschelhorn und Bogen, Pfeil und Geschoß und eisenbeschlagenen Stab – lieblich bist du, lieblicher als alle Lieblichen, überaus Reizende! Allerhöchste über Hohem und Niederem bist du allein, allerhöchste Herrscherin! Was wo nur irgend west, gut oder bös – o die du aller Wesen bist, du bist die Kraft von alledem, die darin wohnt; wie soll ich dich da preisen? Von dir ist er, der die Welt aus sich hervorbringt, die Welt behütet und wieder aufißt, in den Schlaf gebannt; wer ist hier mächtig, dich zu preisen? Vischnu, ich und Schiva, der Herr, sind durch dich leibhaftig geworden – darum: Wer hätte die Kraft, dich zu preisen?

Hab ich dich, Göttin, so mit deinen eigenen erhabenen Kräften gepriesen, so verblende diese beiden unüberwindlichen Widergötter Madhu und Kaitabha und führe den Herrn der Welt leicht zum Erwachen und gib ihm den Sinn ein, die beiden großen Widergötter zu erschlagen!‹

Als Brahma die Göttin voller Dunkelheit so gepriesen hatte, daß sie Vischnu erwachen ließe und er Madhu und Kaitabha erschlüge, stieg sie aus Vischnus Augen, Mund und Nase, aus seinen Armen, Herz und Brust auf und stand Brahma vor Augen. Und es erhob sich der Herr der Welt, der ›Quäler der Menschen‹, von ihr befreit, von seinem Lager im all-einen Meer und er erblickte die beiden schlimmen Dämonen, die, übermächtig an Kraft und Mut, mit Augen rot vor Zorn, ansetzten, Brahma zu verschlingen. Da stand der erhabene Hari auf und kämpfte mit ihnen fünf Jahrtausende lang – seine Waffen waren die Arme. Aber die beiden, berauscht von ihrer übergroßen Kraft, verblendet von der Großen Maya, sprachen zum Lockigen Gotte: ›Eine Wahlgabe wähle dir von uns!‹ – Der Erhabene sprach: ›Beide stell’ ich euch zufrieden, beide sollt ihr von mir getötet werden – was soll ich andere Wahl? So habe ich gewählt.‹

So waren die beiden betrogen. Sie blickten über die ganze Welt, die Wasser war, und sprachen zum lotosäugigen Gott: ›Schlag uns, wo die Breite von Wasser nicht überflutet ist!‹ – ›So sei es‹, sprach der Erhabene mit Muschelhorn, Wurfring und Keule in Händen und schlug ihnen mit dem Wurfring auf der Breite seiner Schenkel ihre beiden Köpfe ab.

So erstand sie, von Brahma selbst gepriesen.«

3.   *Die Göttin und der Stierdämon*

»Zwischen den Göttern und Widergöttern tobte vorzeiten ein Kampf über ein volles
hundert Jahre. Mahischa, der ›Büffelstier‹ war das Haupt der Widergötter, der burgen-
zerbrechende Indra war der Herr der Götter. Da schlugen die Widergötter das Heer der
Götter aufs Haupt, und der Stierdämon trat an Indras Statt. Völlig geschlagen gingen
die Götter, von Brahma geführt, zu Vischnu und Schiva und erzählten ihnen, wie der
Widergott Mahischa die Götter überwältigt hatte: ›Die Rechte aller Götter hat er an
sich gerissen und alle Götterscharen aus der Himmelswelt vertrieben, sie irren unten
auf Erden umher wie sterbliche Menschen. Wir suchen Schutz bei euch – sinnt auf
seinen Tod!

Als Vischnu und Schiva die Rede der Götter vernahmen, gerieten sie in Zorn, und
ihr Antlitz verzerrte sich unter gerunzelten Brauen; sengendes Licht brach aus Brahmas und Schivas Gesichtern. Auch aus den Leibern der übrigen Götter brach sengendes Licht und floß großmächtig in eins zusammen. Die Götter schauten sein Übermaß,
es war wie ein glühender Berg und füllte das Weltall rings mit seinen Flammen. Dieser unvergleichliche Glanz aus den Leibern aller Götter sammelte sich und, alle drei
Welten erfüllend, ward er zu einer Frauengestalt; der sengende Schein Schivas bildete
ihr Antlitz, aus Yamas *[des Totengottes]* Glanz wurden ihre Haare, aus Vischnus ihre
vielen Arme. Das Licht des Mondes ward zum Paar ihrer Brüste, die Leibesmitte ward
aus Indras Glanz, Schoß und Schenkel aus Varunas Glanz, die Hüften vom Glanz der
Erde. Aus Brahmas Glanz wurden die beiden Füße, die Zehen aus dem Glanz der
Sonne, der Glanz Vasus bildete die Finger, Kuberas Glanz die Nase. Ihre Zähne ent-
standen aus dem Glanz des Herrn der Geschöpfe, ihre drei Augen aus dem Glanz des
Feuergottes und die Augenbrauen aus Morgen- und Abenddämmerung, die beiden
Ohren aber aus dem Glanz des Windes. *Die Vereinigung der strahlenden Kraft aller*
Götter ward zur Glückverheißenden Göttin.

Als sie diese Gestalt erblickten, die aus der Häufung der Strahlenkraft aller Götter
erstand, wurden die vom Stierdämon besiegten Unsterblichen wieder froh. Schiva zog
aus seinem Dreizack einen Dreizack heraus und gab ihr den. Vischnu gab ihr eine
Wurfscheibe, die er aus seiner eigenen Wurfscheibe nahm. Varuna gab ihr eine Mu-
schel und der Feuergott einen Speer, der Windgott einen Bogen und zwei Köcher voll
Pfeilen. Indra entnahm seinem Blitzkeil einen Demantkeil und gab ihr den samt der
Glocke seines Elefanten, Yama gab ihr vom Richterstab des Todes einen Stab. Eine
Wurfschlinge gab ihr der Herr der Wasser. Der Herr der Geschöpfe gab ihr einen Ge-
betskranz, Brahma eine Wasserschale. In alle Poren ihrer Haut goß der tagschaffende
Sonnengott seine Strahlen; Zeit, der allmächtige Gott, gab ihr ein Schwert und einen

fleckenlosen Schild, der Milchozean gab ihr eine lautere Perlenkette und weiße Gewande, gab ihr Stirnjuwel, Ohrgehänge und goldene Armringe, dazu einen funkelnden Halbmond und Oberarmreifen an all ihre Arme, lautere Knöchelspangen und
einen Nackenschmuck ohnegleichen. Der ›Aller Werke kundige Gott‹ gab ihr Juwelen-
ringe an all ihre Finger und ein fleckenlos schimmerndes Beil, vielerlei Wurfgeschosse
und einen unzerspaltbaren Panzer. Einen Kranz unverwelklicher Lotosblüten setzte
der Gott des Meeres ihr aufs Haupt, hängte ihr einen über die Brust und gab ihr eine
Lotosblume, die beide überstrahlte. *Der Himalaya gab ihr einen Löwen als Reittier*
und vielerlei Juwelen, der Herr der Schätze gab ihr eine Schale, die nie leer von
Rauschtrank ward, und Schescha, aller Schlangen Herr, der diese Erde trägt, gab ihr
ein Schlangenhalsband mit großen Edelsteinen geziert. Auch die übrigen Götter ehr-
ten die Göttin mit Schmuck und Waffen, und sie jauchzte immer wieder hellauf mit
gellendem Lachen.

Als die Feinde der Unsterblichen alle drei Welten erzittern sahen, erhoben sie ihre
Waffen, sammelten ihre Heere und brachen miteinander auf. ›Ha, was ist das?‹ sprach
der Stierdämon mit allen Widergöttern voll Zorn und lief auf den Schall hin – da sah
er *die Göttin, die alle drei Welten mit ihrem Glanze erfüllte, die Erde unterm Tritt ih-*
rer Füße einbog und das Himmelsgewölbe mit ihrem Diadem aufritzte, die den Grund
der Unterwelt mit dem Klang ihrer Bogensehne erschütterte und alle Himmelsrichtungen rings mit ihren tausend Armen erfüllte, wie sie da stand. Da begann der Kampf
der Götterfeinde mit der Göttin; alle Himmelsgegenden wurden in ihm durch vielerlei
Wurfgeschosse entflammt.

... Sie kämpften mit allen Waffen gegen die Göttin, aber die ›*Zornmütige*‹ zer-
schnitt in reinem Spiel die Schwerter und Geschosse der Feinde, indem sie ihre eigenen Wurfgeschosse und Waffen auf sie regnete. Unbekümmert ließ sie, von Göttern
und Heiligen gepriesen, ihre schneidenden und fliegenden Waffen los auf die Leiber
der Widergötter, und ihr Löwe, auf dem sie ritt, geriet in Zorn, schüttelte seine Mähne
und zog durch die Heere der Widergötter wie ein Wildfeuer durch den Dschungel. Aus
ihrem Atem entließ die Mutter Heerscharen; jählings erstanden sie zu Hunderten und
Tausenden, kämpften mit Streitaxt und Spieß, Schwert und Lanze, geschwellt von der
Kraft der Göttin, und vernichteten Scharen von Widergöttern.

Die Heere rührten dröhnend ihre Pauken, bliesen Muschelhörner und schlugen tö-
nerne Handtrommeln bei diesem großen Fest der Schlacht; mit Dreispieß und Keule,
einem Regen von Speeren, mit Schwertern und anderen Waffen machte die Göttin
Widergötter zu Hunderten nieder, manche fällte sie betäubt vom Schall ihrer Glocke,
andere schleifte sie, in ihre Wurfschlinge verstrickt, am Boden hin. Da lagen sie, von
den scharfen Hieben zermalmt, manche spien Blut, von ihrem Mörserstößel getroffen,

andere sanken, von ihrem Dreispieß in der Brust zerspellt, zu Boden, andere wurden vom Regenschauer ihrer Pfeile überschüttet, daß kein Fleck an ihnen ungetroffen blieb. ... Manche hieb die Göttin in zwei Hälften mit je einem Arm, Auge und Bein, andere, die mit zerspaltenem Schädel hinstürzten, standen wieder auf und ihre Rümpfe kämpften waffenschwingend mit der Göttin, und andere, kopflose Rümpfe, tanzten in der Schlacht zum Takt der Kriegsmusik mit Schwert und Lanze in Händen. ...

So vernichtete die ›Mutter‹ in einem Augenblick das große Heer der Widergötter, wie Feuer einen Haufen Heu oder Holz. Ihr Löwe erhob ein großes Brüllen und schüttelte die Mähne und sonderte gewissermaßen die Lebensgeister und die Leiber der Götterfeinde voneinander auf Haufen. So kämpfte die Göttin, daß die Götter, von Jubel erfüllt, Blumenregen vom Himmel über sie sandten.

... Als so sein Heer dahingeschwunden war, erschien der Widergott Mahischa selbst in seiner Stiergestalt und setze die Scharen der Göttin in Schrecken. Mit einem Schnappen seines Maules, mit Schlägen seiner Hufe warf er sie zu Boden, traf sie mit seinem Schweife und zerfleischte sie mit seinen Hörnern ... als er den vorderen Heerbann gefällt hatte, stürzte er heran, den Löwen der Großen Göttin zu erschlagen. Da geriet die ›Mutter‹ in Zorn; aber auch er entfaltete im Zorne große Heldenkraft, mit seinen Hufen zermalmte er die Erde zu Staub, schleuderte mit den Hörnern ragende Berge in die Luft und brüllte laut auf. Die Erde barst unter seinem Ansturm, das Weltmeer, von seinem Schweif gepeitscht, schwemmte über nach allen Seiten, er schwang die Hörner, und die Wolken zerrissen in Fetzen um Fetzen, und vom Schnauben seines Atems fielen die unbeweglichen Berge zu Hunderten aus luftiger Höhe hernieder.

Als die Zornmütige Göttin den Großen Widergott erblickte, wie er wutgebläht auf sie zustürmte, richtete sie ihren Zorn auf seinen Tod. Sie schleuderte ihre Wurfschlinge gegen ihn und fing ihn, da verließ er, gefesselt, seine Stiergestalt und ward ein Löwe, und als die ›Mutter‹ dem Löwen das Haupt abschlug, erschien er als ein Mann mit einem Schwert in der Hand. Da zerspaltete ihn die Göttin flink mit ihren Pfeilen samt Schwert und Schild: da ward er ein riesiger Elefant. Mit dem Rüssel langte er nach ihrem Löwen, zog ihn an sich und brüllte gewaltig, aber die Göttin hieb ihm den Rüssel ab. Da nahm der Große Widergott abermals Stiergestalt an und erschütterte alle drei Welten. Die Weltenmutter, die Zornmütige, geriet in Zorn und schlürfte den unvergleichlichen Trank aus ihrer Schale. Wieder und wieder lachte sie, und ihre Augen färbten sich rot, und auch der Widergott brüllte, berauscht von Kraft und Mut, und schleuderte Berge mit seinen Hörnern gegen die Zornmütige. Aber sie zerstäubte die Berge mit Regen von Pfeilen und sprach:

›Schrei zu, schrei zu, noch einen Augenblick, Verblendeter! – dieweil ich den süßen

Die Göttin und der Stierdämon.

Rauschtrank schlürfe! Bald werden die Götter vor Freuden schreien, wenn du hier vor
mir erschlagen liegst!‹

So sprach sie und machte einen Satz in die Luft und sprang von oben auf den Großen Widergott. Sie traf auf ihn und schlug ihn mit dem Dreispieß in den Hals – da
fuhr er, von ihrem Fuße niedergetreten, zum eigenen Maule heraus: Zur Hälfte fuhr
der Große Widergott kämpfend aus seinem Leibe und ward zu Fall gebracht: mit ihrem großen Schwerte hieb ihm die Göttin das Haupt ab. Dann ging das große Dämo-
nenheer unter klagendem Geschrei zugrunde, und alle Götterscharen jubelten auf. Die
Götter und die großen Seher priesen die Göttin, die himmlischen Chöre sangen, und
die Scharen der Himmelsfrauen tanzten.« *(Aus: Zimmer 1978, S. 476–486)*

4.   *Geschichten um die Göttin Maya, aus dem »Kalikapurana«*

>»Die Macht des Begehrens? –
Chagla, waren Sie je von dieser Torheit befallen?«
– »Aber Herr, ohne Begehren gibt es kein Leben.
Alles wird stillstehen, eine Leere werden, ja tot sein.«
>   *Gita Mehta*

Die unfreiwillige Schöpfung

»Als Brahma am Anfang die Weltsphären mit all ihren Göttern und Wesen in innerer
Spaltung aus sich hervorgebracht hatte, saß er im Kreise seiner zehn geistentsprungenen Söhne, der überirdischen Seher und Priester und künftigen Ahnen heiliger Brah-
manengeschlechter auf Erden, umringt auch von den ›Herren der Geschöpfe‹, die wie
zehn geringere Abbilder seines Wesens über die Welt walten und deren Schöpfung
vollenden. Da versenkte Brahma sich wieder in Betrachtung seines Innern, und aus
einer neuen Tiefe trat jählings die herrlichste dunkelhäutige Frau aus seiner Vision
hervor und stand nackt vor aller Augen.

Es war die Morgendämmerung, strahlend von Jugend und Leben. Ihresgleichen gab
es bisher nicht in der Götterwelt, noch unter den Menschen, noch in der Tiefe des
Weltgrundes bei den Schlangen der unteren Wasser, deren Flut das Weltall trägt. Die
Wellen ihres blauschwarzen Haares schimmerten wie Pfauengefieder, und ihre lang-
geschwungenen dunklen Brauen glichen dem Bogen des Liebesgottes, und ihre Augen
wie dunkle Lotoskelche hatten den lebhaften fragenden Blick der erschreckten Gazelle.
Ihr mondrundes Antlitz glich einer purpurnen Lotosblume, und ihre steilen Brüste
schienen dem Kinn entgegenzudrängen, mit ihren beiden dunklen Spitzen konnte sie
Heilige betören. Ihr Leib war schlank wie ein Speerschaft, und ihre weichen Schenkel

glichen ausgestreckten Elefantenrüsseln. Das Gesicht mit feinen Schweißperlen besät, stand sie im Schmuck aller Reize und lachte leise.

Als Brahma sie gewahr ward, fuhr er jählings von seinem Sitz auf und starrte sie an; dann blickte der Schöpfer in sich, was in seinem Herzen wäre. Auch seine zehn geistigen Söhne und die zehn Weltwalter starrten auf sie, wie in Schau gebannt; voll Verlangen nach ihr besannen sich die hohen Wesen: ›Welches Wirken wird ihr bei der Weltentfaltung zufallen? Wem wird die Allerschönste gehören?‹ – so besannen sie sich alle voller Verlangen nach ihr.

Da brach der Bann: indes Brahma in sich versunken über seiner eigenen Tiefe brütete, sprang aus seinem Gemüte ein herrliches Wesen, ein Mann glänzend wie Goldstaub, reizend und stark. Rund und wohlgeformt an den Gliedern, die Brust breit wie eine Flügeltür und mit einer Haarreihe geziert, mit lebhaften Brauen, die sich in der Mitte begegneten, strömte er Blütenduft und glich einem brunsttrunkenen Elefanten. Hochgewachsen und mit schlanken Hüften führte er den Fisch als Zeichen in seinem Banner und schwang einen Bogen aus Blumen mit fünf Blumenpfeilen in Händen.

Als Brahmas geistgeborene Söhne und die Weltwalter ihn erblickten, befiel andächtiges Staunen ihr Gemüt. Sehnendes Verlangen zog in sie ein, und eine gewaltige Veränderung ging mit ihnen vor: sie begannen zu fühlen.

Der Mann aber kehrte sein mondgleiches Gesicht mit der zierlichen Nase, von dunklen Locken umwallt, gegen Brahma, neigte sich und sprach: ›Was soll ich wirken? Weise mich an! Wenn einer wirkt, was zu ihm stimmt, gedeiht er. Gib mir einen Namen, der zu mir paßt, gib mir eine Stätte und ein Weib, da du der Schöpfer aller Wesen bist!‹

Brahma blieb einen Augenblick stumm, – sein eigenes Geschöpf setzte ihn in Erstaunen: was war da aus ihm entsprungen? Dann zwang er sein Gemüt, sich zu sammeln. Er ließ sein Staunen hinausfahren und sprach zu dem wunderbaren Wesen und wies ihm sein Wirkungsfeld: ›Mit Pfeilen und Bogen betöre Männer und Frauen und wirke die dauernde Schöpfung der Welt! Kein Gott, kein Himmelsgeist oder Dämon und Unhold, nicht Schlangen noch Kobolde, nicht Mensch noch Tier oder was da fliegt und schwimmt, ist deinem Pfeile unerreichbar. *Ich selbst, der allwesende Vischnu und der reglose Schiva, auch Wir Drei sind in deine Gewalt gegeben, du höchstes Wesen, – von anderen atmenden Wesen zu schweigen.* Ungreifbar dringst du in die Herzen und erregst die Lust, – *so wirke die dauernde Schöpfung der Welt!* Das Ziel deiner Pfeile ist das Herz, allen atmenden Wesen sollst du Trunkenheit und Freude bringen. Dies ist dein Wirken, das die Weltschöpfung weitertreibt, – vernimm jetzt den Namen, der dir angemessen ist!‹

So sprach Brahma und blickte die Gesichter seiner zehn geistgeborenen Söhne an und setzte sich wieder auf seinen Lotossitz. Seine Söhne aber schauten auf sein Gesicht und lasen darin. Sie begriffen, waren sich einig und sprachen: ›Weil du das Gemüt des Schöpfers in Erregung gequirlt hast, als du entstandest, sollst du in der Welt ›Quirler des Gemüts‹ heißen, ›Liebesverlangen‹ soll dein Name sein, weil deine Gestalt liebendes Verlangen weckt, ›Berauschender‹ heißt du, weil du in Rausch versetzest.‹

Und die ›Herren der Geschöpfe‹ gaben ihm Stätte und Weib: ›Deine Pfeile haben größere Gewalt als die Pfeile Vischnus, Schivas und Brahmas. Im Himmel und auf Erden, in der Tiefe des Abgrunds und in Brahmas höchster Welt wird deine Stätte sein: du bist der alleserfüllende. Überall, wo atmende Wesen, Bäume und Wiesen sind, ist deine Stätte – bis hin zu Brahmas höchstem Sitz. Und Dakscha hier, der uranfängliche ›Herr der Geschöpfe‹ wird dir eine Frau geben, wie du es dir wünschest.‹ So sprachen sie und verstummten und blickten ehrfürchtig geneigt auf Brahmas Gesicht.

Nachdem er die Worte Brahmas, der zehn geistgeborenen Söhne und der zehn ›Herren der Geschöpfe‹ vernommen hatte, hob er seinen Blütenbogen, den wie die Brauen einer schönen Frau geschwungenen, und bereitete seine fünf Blütenpfeile vor, deren Namen lauteten: ›Der Erreger rasenden Verlangens‹, ›der Entflammende‹, ›der Betörende‹, ›der Versengende‹ und ›der Todbringer‹. Dann machte er sich unsichtbar. ›Gerade hier‹, dachte er, ›und ohne einen Augenblick zu verlieren, will ich an diesen Heiligen und am Schöpfer selbst die allesbezwingende Macht beweisen, die Brahma mir verliehen hat. Hier stehen sie alle, hier steht auch das herrliche Weib, die Dämmerung; sie alle – jeder einzelne – sollen Opfer meiner Waffe werden. Hat denn nicht Brahma selbst mir eben erklärt: ›Ich und Vischnu und sogar Schiva werden deinen Pfeilen ausgeliefert sein‹? Was soll ich noch auf andere Beute warten? Was Brahma verkündete, will ich nun vollbringen.‹

Mit diesem Entschluß richtete er sich auf wie ein Bogenschütze, legte seinen Blütenpfeil auf die Blütensehne und zog den Bogen kräftig an. Da begannen berauschende Lüfte zu wehen, schwer vom Duft der Frühlingsblumen, und verbreiteten Entzücken. Und einen um den anderen, vom Schöpfer bis zu seinen geistigen Söhnen, versetzte der Betörende mit seinen Pfeilen in Betörung: eine große Veränderung befiel ihr Gemüt, verwandelt blickten sie immer wieder auf die Dämmerung, und der Liebesrausch wuchs in ihnen, denn die Frau mehrt den Liebesrausch. Der Liebesgott betörte sie allesamt, bis ihre Sinne sich in Erregung trübten; als aber der Schöpfer das Weib mit aufgestachelten Sinnen anblickte, traten aus seinem Leibe alle Gefühle und Regungen mit ihren unwillkürlichen Gebärden und Ausdrucksformen ans Licht der Welt. . . .

Der Liebesgott sah es und faßte Zutrauen zu seiner Kraft. ›Das Wirken, das Brahma mir wies, kann ich verrichten‹, sprach er bei sich, und ein wunderbares Gefühl seiner selbst erfüllte ihn ganz.

Indes nun der Bann des Liebesgottes alle gefangen hielt, und er des Wirkens seiner Kraft froh war, erhob sich unversehens Schiva aus dem Frieden tiefer Selbstversunkenheit, kam durch die Luft einhergeschwebt und brach, wie er Brahmas und der Seinen in diesem Zustand ansichtig ward, in Lachen aus. Er lachte, – lachte immer aufs Neue und rief dazu: ›Gut so! Gut so‹ – und sprach, sie alle beschämend: ›Ach Brahma, woher kam dir dieses Verlangen – beim Anblick deiner eigenen Tochter? Das paßt sich nicht für die, so in der Ordnung der heiligen Veden wandeln. ›Die Schwester soll wie die Mutter gelten und die Tochter wie eine Schwester sein‹ – diese Satzung der Veden verkündete dein eigener Mund. Hast du sie rein aus Liebesverlangen vergessen? Auf Stetigkeit ist diese ganze Welt gegründet, – wie konnte sie dir aus elendem Verlangen in Stücke zerfallen? – Und wie sind die vortrefflichen Yogin, die unverrückt das Göttliche schauen, die Geistigen, deine Söhne, und die ›Herren der Geschöpfe‹ von der Gier nach der Frau erfüllt? Wie gelang es dem Liebesgott, der träg und arm an Einsicht ist und nach dem Wann nicht fragt, bei euch zu wirken? Verwünscht sei Er, dank dessen Gewalt die schönen Frauen die Stetigkeit rauben, und das Gemüt den Wogen des Verlangens preisgeben!‹

Brahma war nun zwar von seiner Begierde geläutert. Aber durch Schivas Wort beschämt, ergrimmte er über den Liebesgott, seine Brauen krümmten sich, – der Liebesgott sah es und legte aus Angst vor ihm und Schiva geschwind seine Pfeile beiseite. Aber schon sprach Brahma voll Zorn zu Schiva: ›Weil der Liebesgott mich vor deinen Augen mit seinen Blumenpfeilen bedacht hat, soll er die Frucht seines Tuns ernten, Wegraffer aller Wesen! Das Feuer deines Stirnauges soll ihn verzehren, wenn er in seinem Übermut das Ungeheure wagt, seinen Pfeil gegen dich zu richten!‹

So verwünschte der Schöpfer selber vor Schiva, dessen Haarflut der Äther ist, den Liebesgott, der aber ward vor Angst geschwind aller Augen sichtbar und stammelte: ›Warum verwünschst du mich so grausam? Schuldlos ist, wer in deiner Ordnung wandelt. Ich habe nur getan, was du mich wirken ließest. Du sagtest: Du selbst, Vischnu und Schiva wäret meinen Pfeilen erreichbar, – das habe ich nur erprobt. Ich bin unschuldig, darum sänftige deinen grausamen Fluch!‹

Da sprach der Schöpfer voller Mitleid: ›Die Dämmerung ist meine Tochter, – weil du mich vor ihr zum Ziel genommen hast, habe ich dich verwünscht. Jetzt ist mein Zorn verraucht, und ich will dir sagen, wie deine Verwünschung enden wird. Schivas Auge wird dich mit seinem Feuerstrahl in Asche wandeln, aber wenn das Wunder geschieht, daß der Große Asket ein Weib nimmt, wirst du wieder einen Leib erlangen.‹

Nach diesen Worten entschwand Brahma vor aller Augen, und auch Schiva begab sich windschnell an seine Stätte hinweg. Dakscha aber wies auf das herrliche Weib, das ihm entsprungen war, und gab es dem Liebesgott zur Gefährtin. Er nannte ihm den

Namen dieses Geschöpfes, das aus dem Schweiße seines glühenden Verlangens entstanden war, und hieß es ›Rati‹: ›Lust‹.

Der Liebesgott blickte die Sinnberückende an und ward – von seinem eigenen
Pfeile versehrt, – von ihr betört. Sie war hellfarben wie der Blitz, und ihre Augen waren wie die der scheuen Gazelle. Der Liebesgott gewahrte den Schwung ihrer Brauen
und fragte sich zweifelnd: ›Hat der Schöpfer meinen Bogen, den ›Rauscherregen-
den‹, ihr auf die Stirn gelegt?‹ – Vor ihrem geschwinden Gang und ihren feinen scharfen Seitenblicken verlor er den Glauben, seine eigenen Pfeile seien geschwind und
fein, ihr wohlriechender Atem nahm ihm das Zutrauen zum düfteschweren Früh-
lingswind von Süden, der die Liebessehnsucht weckt. Ihre Brüste ragten wie zwei goldene Lotosknospen, und ihre dunklen Spitzen waren wie zwei blauschwarze Insekten
darauf, von der Mitte zwischen beiden bis zum Nabel lief zart und schimmernd eine
schmale Haarreihe, – über ihr vergaß der Liebesgott die Sehne seines Blütenbogens,
die von einer Reihe schwirrender Insekten gebildet wird, und ihre weichen schlanken
Schenkel dünkten ihm wie der Schaft seines Speers. Er fragte sich: ›Will sie mich mit
meinen eigenen Waffen betören?‹

Da vergaß der Liebesgott den grausamen Fluch, mit dem ihn Brahma getroffen
hatte, und sprach zu Dakscha: ›Mit dieser als Gefährtin, deren Gestalt vollkommen
liebreizend ist, bin ich imstande, Schiva, den Friedewesenden, zu betören, – von allen
übrigen Geschöpfen zu schweigen! Wo immer meinem Bogen sich ein Ziel beut, soll
diese Maya – die ›Entzückende‹ oder ›das Weib‹ genannt – ihre Gebärden entfalten!
Ob ich zur Stätte der Götter aufsteige oder hinab zum tiefsten Grunde der Welt, –
überall und immer soll mich die leis Lachende begleiten. Wie Lakschmi im Lotos von
Vischnu unzertrennlich ist, wie die Blitzschlange das Wolkenwesen umschlungen hält,
soll sie meine Gefährtin sein, alle Geschöpfe beherrschend.‹

So sprach der Liebesgott und nahm sich die Göttin, wie Vischnu die dem Weltmeer
entsprungene Lakschmi. Mit ihr vereint strahlte er wie eine abendlich angeleuchtete
Wolke, die ein heller Blitz umzuckt. Wie ein Yogin seine magische Wissenskraft, zog
er voll hoher Freude Rati an seine Brust, und Rati war glücklich im Besitz dieses herrlichen Gatten.

Brahma, ins Unsichtbare entschwunden, hatte sich zwar mit dem Liebesgott versöhnt, aber Schivas Worte brannten ihn wie Gift: ›Er schmähte mich vor den Heiligen,
als er mich ganz Verlangen nach dem Weibe sah, – woher soll er sich eine Frau nehmen? Wer sollte die Frau sein, und von was für einer Frau träumt sein Gemüt, die ihn
seinen Yoga gering achten lehrte und Betörung schüfe? Nicht einmal der Liebesgott
kann ihn betören, – mit seinem unermeßlichen Yoga verträgt sich nicht einmal das
Wort ›Weib‹, aber wie soll die Entfaltung der Welt, ihr Bestand und Untergang weiter-

gehen, den keiner wirken kann außer ihm, wenn Schiva sich keine Frau nimmt?
Einige Gewaltige auf Erden sollen von meiner Hand fallen, andere durch Vischnus
Kraft vernichtet werden, einige aber durch Schiva. Bleibt er dem kreisenden Leben
fern und bar aller Leidenschaft, so wird er zu keinem anderen Werke bereit sein außer
zu seinem Yoga.‹

Indes der Ältervater der Welten sich so bedachte, schaute er aus der Höhe des Welt-
raums auf Dakscha und die anderen herab, die auf der Erde weilten. Er erblickte den
Liebesgott: freudeerfüllt und mit Rati vereint, – da begab er sich flugs hinab und
sprach begütigend zu ihm:

›Wie strahlst du mit deiner Gesellin vereint, und wie strahlt sie neben dir, ihrem
Gatten: wie Mond und Nacht, wie Nacht und Mond ist euer leuchtender Bund! Dank
ihm wirst du zum Bannerträger aller Welten und Wesen. Zum Heil der Welt betöre
nun Schiva, daß er glückseligen Gemütes sich eine Frau nimmt. In blühender Wildnis,
auf Bergen und an Strömen, wo er einsam weilt, verzaubere ihn. Keiner außer dir
kann ihn betören, der den Frauen abgewandt sein Selbst bezwungen hat. Erwacht aber
Liebesstimmung in ihm, dann läßt er die Lust in sich wachsen, sie zu genießen. Dann
wird auch deine Verwünschung sich enden. Verzaubere Schiva, dann bist du das Banner, das ihm vorauf weht!‹

Der Liebesgott erwiderte: ›Wie du mich heißest, will ich Schiva betören. Aber
meine Waffe ist das Weib. Schaffe mir eine Frau, die Schiva entrückt, wenn ich sein
Sehnen erregt habe. Nirgends sehe ich eine Frau, so hinreißend schön, um Schivas
Verzauberung zu vollenden, wenn ich betörendes Verlangen in ihm erregt habe.
Darum schaffe mir, was hier helfen kann!‹

Da versenkte sich der Ältervater der Welten über dem Vorsatz ›ich will die bezau-
bernde Frau schaffen‹ in innere Betrachtung, aber aus dem Atem, der ihm bei seiner
Versenkung entströmte, entstand mit Blütenwind der Frühling.

Mit knospenden Mangoschößlingen und Lotosblüten geschmückt, von Bienen um-
summt, prangte er wie ein Baum in voller Blüte. Sein mondgleiches Antlitz war von
blauschwarzem Haar umlockt, seine Gestalt war üppig und stark und seine Hände erbarmungslos. Als seine Gestalt wie ein Haufe Blumen ans Licht getreten war, wehten
duftende Winde, alle Bäche brachen in Blüten aus, die Teiche bedeckten sich mit Lotosblumen und alle Vögel fingen an zu singen. Brahma gewahrte ihn in seiner Willigkeit
und sprach freundlich zum Liebesgott: ›Immer soll er dein Freund und Gefährte sein
und gleich dir die Welt in Leidenschaft stürzen. Liebesstimmung und duftschwerer
Südwind sind bei ihm, alle Gebärden der Liebe, reizende Kälte wie unwillkürliche Lok-
kung, sollen Freundschaft mit Rati schließen und deinem Willen dienen. Ihnen allen
schreitet Frühling vorauf, – mit dieser Schar verzaubere den Großen Gott und wirke

die dauernde Schöpfung der Welt! Geh, wohin du magst; ich aber will in meinem Geist die Frau ins Leben rufen, die Schiva verzaubern soll!‹«

Zusammen mit dem zweitrangigen Schöpfergott Dakscha beschließt Brahma, das weibliche Wesen herbeizuzaubern, das imstande wäre, Schiva in die Welt hineinzuverwickeln, und Brahma kommt zu dem Schluß: »›Keine andere als die Dämmerung, die Maya des welterhaltenden Vischnu, die Große Maya, aus der alle Welt besteht. Sie, die *Yogatraumtrunkenheit*, die *Weltgebärende* wird ihn verzaubern. – Du aber, Dakscha, sollst die heilige Allgestaltige mit Opfern gewinnen, daß sie sich bereit findet, als deine Tochter geboren zu werden und Schivas Gattin zu sein.‹

Dakscha begriff seinen Ratschluß und war bereit. Er begab sich ans andere Ufer des göttlichen Milchmeers und hub an, der Großen Maya Opfer darzubringen. Er setzte sie in sein Herz ein und sammelte Glut in glühender Askese, um die Weltmutter leibhaftig mit Augen zu schauen. Ein Götter-Jahrhundert *[= 36 000 Jahre lang]* und dreitausend Jahre darüber glühte er in asketischer Sammlung und nährte sich dabei von Luft, Wasser und Blättern. Ganz in innere Schau auf die göttliche Kraft versenkt, die aus dem All besteht, brachte er die Zeit hin.«

»Die Göttin ist eben das Prinzip des Lebens.
Sie ist jede Illusion, welche die Liebe beflügelt.
Deswegen ist sie größer als alle Götter zusammen.
Nennen Sie sie, wie Sie wollen,
aber es ist das, was eine Mutter für ihr Kind empfindet.
Ein Mann für eine Frau.
Ein Hungernder für Nahrung.«
    Gita Mehta

Die unfreiwillige Heirat

»Während Dakscha inmitten der Berggipfel jenseits des Milchmeeres saß, eifrig meditierend, von innerer Hitze glühend, und sich nur von Wasser, Laub und Luft nährend, begab sich Brahma auf den heiligen Berg Mandara und pries gleichfalls in vollkommener Sammlung sechsunddreißigtausend Jahre lang mit gewaltigen Worten die nährende Mutter der Welt, die allumfassende Maya Vischnus. Er rief sie an als die, deren Wesen weltüberlegenes, erlösendes Wissen und weltbefangenes Nichtwissen der Kreatur ist, als die Reine, die keines Halts bedarf und von keiner Regung verstört wird, deren Gestalt das stofflich Greifbare der Welt und das übersinnlich Feine aller Himmel und Höllen sind. Er nannte sie die ewige göttliche Traumtrunkenheit, aus der als Traumgesicht des schlummernden Allwesens Vischnu der stoffliche Grund aller lebendigen Welt aufgeht, und dazu, was jenseits des Gestalt-Lebendigen ist. ›Du bist reiner Geist, deß Wesen höchste Seligkeit ist, bist höchstes Wesen und die Kraft aller Kreatur, bist Lust und Befriedigung, bist reines Himmelslicht, das die Selbstbefangenheit des Samsara erhellt, und du überschattest als Dunkel immerdar die Welt.‹

Als Brahma allein und im Gebet zu ihr, seine Verehrung ein ganzes Jahrhundert von Götterjahren, deren jedes dreihundertsechzig Menschenjahren entspricht, geübt und seinen Sinn nicht ein einziges Mal von der strengen Sammlung auf das Wesen der Großen Maya abgewandt hatte, die Vischnu als Traum der Welt in Schlaftrunkenheit umfängt, *erschien sie ihm leibhaft: dunkel und schlank, mit gelöstem Haar, auf ihrem Löwen stehend.* Er betete sie an, und Kali, die Weltverzaubernde, sprach mit Wolkendonnerstimme: ›Wozu hast du mich angebetet? Sag, was du wünschest; und sei es unerreichbar, – wenn ich leibhaft erscheine, ist der Erfolg gewiß.‹

Brahma erwiderte: ›Einsam wandelt der Herr der Geister; nicht verlangt ihn nach einer Gefährtin. Verzaubere ihn, daß er eine Frau zu nehmen verlangt. Keine Frau außer dir vermag seinen Sinn hinzureißen. Wie du in Lakschmis Gestalt das Entzücken Vischnus bist, so verzaubere Schiva zum Heil der Welt! Wenn er keine Frau nimmt, wie soll die Schöpfung weitergehen? Er, der Leidenschaftlose, ist die Ursache von Anfang, Mitte und Ende. Vischnus Kraft reicht nicht aus, ihn zu betören. Auch Lakschmi, der Liebesgott und ich selbst vermögen es nicht, darum verzaubere du ihn, du Mutter aller Welt! Wie du Vischnus einzig Geliebte bist, schlag ihn in deinen Bann!‹

Die zaubergewaltige Kali gab ihm zur Antwort: ›Was du sagst, ist wahr. Keine Frau außer mir kann den Friedewesenden verzaubern, und auch für mich ist es nicht leicht. Aber wie ich Vischnu zu Willen bin und er in meiner Gewalt ist, so soll es auch mit Schiva gehen. In Gestalt eines schönen Weibes, als Tochter Dakschas, will ich ihm nachgehen und ihn mir zu eigen machen. Daher sollen die Götter mich – die Maya und Traumtrunkenheit Vischnus – künftig die Gattin Schivas und das ›Weib des Friedewesenden‹ heißen. Wie ich das Neugeborene bei seinem ersten Atemzug mit Wahn befange, will ich ihn verzaubern. Wie alle Erdenkinder dem Bann des schönen Weiblichen erliegen, so soll es ihm geschehen. Wenn er sein innerstes Herz aufspaltet, soll er mich darin eingeschmolzen finden, die allen Wesen und Welten dient, und soll verzaubert mich an sich nehmen.‹

Damit verschwand sie vor Brahmas sehenden Augen; er aber wähnte sich am Ziel seiner Wünsche. Voll Freude begab er sich zum Liebesgott und berichtete ihm, die göttliche Yogatraumtrunkenheit sei bereit, Schiva zu betören. Als aber der Liebesgott ihn nach deren Wesen fragte und wie sie das vollbringen könne, ward Brahma niedergeschlagen und seufzte tief auf: ›Ach, er ist ja nicht zu verzaubern!‹

. . .

Indes hatte Dakscha in langer, glühender Askese die Göttin verehrt, bis sie sich ihm gnädig offenbarte. *Dunklen Leibes, mit ragenden Brüsten erschien sie auf ihrem Löwen. In zweien ihrer vier Hände hielt sie Lotos und Schwert, eine andere bedeutete ihm ›fürchte dich nicht!‹. Die vierte war zum Schenken aufgetan.* Geneigten Nackens pries er voll hoher Freude die Große Maya, die, selig in ihrem Wesen, die Welt beseligt und die Erde trägt. Die uranfängliche Kraft, deren Entfaltung das Weltall ist, hieß ihn sagen, was er sich wünsche, und verhieß ihm: ›Zum Heil der Welt will ich deine Tochter und die Liebste Schivas sein. Läßt du es aber je an Ehrfurcht vor mir fehlen, so will ich augenblicks aus meinem Leibe scheiden, ob ich glücklich bin oder nicht. Ich will den Großen Gott völlig verzaubern, daß er immer ins Spiel der Weltschöpfung verstrickt bleibt.‹

Damit entschwand sie vor Dakschas Augen, und er kehrte freudig nach Haus. Er machte sich daran, Geschöpfe hervorzubringen, ohne Umgang mit einer Frau ... Danach nahm er ein Weib, um mit ihm Geschöpfe zu zeugen: Virani, die herrliche Tochter des duftenden Grases Virana. Als ein Wunschbild aus seiner Seele auf sie fiel, empfing sie die Göttin Maya; er sah es und ward von Jubel erfüllt. Als sie geboren ward, regneten Blumen vom Himmel, am klaren Firmamente strömten Wolken ihr Wasser, und die Götter rührten ihre Donnerpauken. Virani ward es nicht gewahr, als Dakscha die Herrin der Welt in gläubiger Andacht begrüßte, die Mutter, deren Leib die Welt ist. Und sie, die Traumtrunkenheit der Welt, befing mit ihrer Maya alle, die zugegen waren, in Wahn, daß ihre Mutter und die übrigen nicht vernahmen, wie sie zu Dakscha sprach: ›Dein Wunsch, um dessentwillen du um meine Gnade rangst, ist jetzt erfüllt.‹ Dann nahm sie mit ihrer Maya die Gestalt eines neugeborenen Kindes an und lag weinend auf dem Schoß ihrer Mutter. Virani machte das Kind zurecht und reichte ihm die Brust.

Schnell wuchs die Göttin auf in der Eltern Hut, von allen Tugenden geschwellt, die in sie einzogen, wie die Sichel des wachsenden Mondes, die Nacht um Nacht ihrer Fülle entgegenschwillt. Im Kreis ihrer Gespielinnen fand sie Freude daran, tagtäglich Schivas Bildnis zu zeichnen, und wenn sie kindliche Lieder sang, galten sie ihm aus liebevollem Herzen. Dakscha gab ihr den Namen ›Sati‹, ›die Vollkommene‹, ›Sie die ist‹. Einmal sah Brahma sie an der Seite des Vaters, und sie erblickte den Gott und neigte sich züchtig vor ihm. Da sprach er segnend: ›Der dich liebt und den du wie einen Gatten liebst, den sollst du zum Gemahl erlangen, den allwissenden Herrn der Welt. Der nie eine andere Frau besessen hat noch nehmen wird, der soll dein Gatte sein, der Unvergleichliche.‹

Als sie über die Kindheit hinaus war, strahlte sie in sinnberückender Schönheit, und Dakscha bedachte sich, wie er sie Schiva vermähle. Sie selbst wünschte sich Tag um Tag nichts anderes und begann auf ihrer Mutter Geheiß, Schiva ihre Verehrung darzubringen. Mit Fasten und Nachtwachen, Opfergaben und innerer Schau lebte sie zwölf Monde lang ihrem Gelübde, in Andacht dem Gotte geweiht.

Indes Satis Gelübde seiner Vollendung entgegenging, begab sich Brahma mit seiner göttlichen Kraft und Gemahlin zu Schiva auf den Himalaya. Zugleich stellte sich auch Vischnu mit seiner Gattin Lakschmi dort ein. Als der göttliche Asket die beiden Paare gewahrte, ging durch sein Gemüt des Einsamen ein keimhaftes Sehnen nach Frau und Ehestand. Er begrüßte die beiden Gewaltigen und fragte sie nach dem Grunde ihres Kommens. ›Um der Götter willen, um des Alls willen sind wir beide gekommen. Ich bin der schöpferische Grund der Welt, Vischnu der Grund ihres Bestandes, du aber wirkst das Ende der Geschöpfe. ... Bleibst du auf immer dem Weltlauf fern, in Yoga angespannt, der Lust und Unlust bar, so kannst du dein Teil am Weltgang nicht erfüllen. Wie können Schöpfung, Bestand und Ende ineinander wirken, wenn die Dämonen nicht immer wieder bezwungen werden? Wenn wir Drei mit unseren Gebärden nicht gegeneinander wirken, wozu haben wir dann drei besondere Leiber, verschieden von der Göttin Maya? In unserem wahren Wesen sind wir ja eines, nur in unserem Wirken sind wir verschieden. *Wir sind ein einziges Göttliches, zur Dreifalt auseinandergetreten, und so ist die göttliche Kraft, die uns bewegt, dreifältig in Gestalt der Göttinnen Savitri und Lakschmi und der Göttin Dämmerung, je nach dem Werk, das sie am Weltlauf wirken.*

...

Du aber wurzelst im Frieden der Askese, du hängst an nichts und bist voll Erbarmen. Dein Teil wird immerdar Seelenruhe bleiben, die kein Wesen kränkt. Du brauchst dich nicht um sie zu mühen, gewährst du der Lust ihr Teil. Aber worin du fehlst, wenn du nicht mittust am Weltlauf, habe ich dir gesagt. Darum nimm zum Heil des Alls und der Götter eine herrliche Frau zur Gattin, wie die lotosthronende Lakschmi Vischnus Gefährtin ist und Savitri die meine.‹

Ein Lächeln verzog Schivas Mund, und er gab zur Antwort: ›Alles ist, wie du sagtest. Erhebe ich mich aber – nicht um meiner selbst willen, sondern zum Heil des Weltalls, – aus der Stille vollkommener Betrachtung des höchsten Weltwesens, wo wäre die Frau, imstande meine glühende Kraft Strahl um Strahl in sich aufzunehmen, die wunschgestaltige Yogin, die meine Gattin sein könnte? Immer werde ich das höchste unvergänglich ewige Wesen, von dem die Wissenden zeugen, im Geiste anschauen; immer zu seiner Betrachtung stark, halte ich seine Wirklichkeit in mir fest. Keine Frau wird mich daran hindern ... Darum zeig mir das Weib, das sich meinem Werke weiht und imstande ist, meine höchste Schau zu teilen.‹

Da lächelte Brahma erfreut und sagte: ›Es gibt die Frau nach der du fragst. Sati, die

Tochter Dakschas. Um deinetwillen glüht sie in maßloser Askese,‹ – und Vischnu fügte bei, ›Tu, was Brahma gesagt hat.‹ Danach entfernten sich die beiden mit ihren Frauen; aber der Liebesgott, der Schivas Worte vernommen hatte, nahte sich ihm, von Freude erfüllt, mit der Göttin Liebeslust und hieß den Frühling sein Spiel treiben.

Indes jährte sich der Herbstmond, in dem Sati ihr Gelübde begonnen hatte. Als sie in der achten Nacht des zunehmenden Mondes gefastet und den Herrn der Götter gläubig verehrt hatte, ward Schiva ihr geneigt und erschien ihr. Da sie seiner leibhaftig ansichtig ward, füllte Jubel ihr Herz, sie neigte schamhaft ihr Haupt und verehrte seine Füße. Weil sie ihr Gelübde vollbrachte, und weil er sie sich zur Gattin wünschte, sprach der Gott: ›Dein Gelübde hat mich erfreut, ich will dir schenken, was du dir wünschest.‹ Wohl wußte er, was ihr Herz bewegte, aber er sagte, ›Nun wähle‹, denn er wollte sie sprechen hören. Aber von Scham überwältigt konnte sie nicht sagen, was ihr Herz von kleinauf erfüllt hatte, Schamhaftigkeit hielt es bedeckt.

In diesem Augenblick ersah der Liebesgott mit den Pfeilen eine verwundbare Stelle an Schiva: daß er vom Wunsch erfüllt war, eine Frau zu haben, und von der Lust bewegt, Sati zum Reden zu bringen. Da traf er Schivas Herz mit dem Pfeile, der Erregung weckt. In Erregung erschauernd starrte Schiva das Mädchen an, da vergaß er die geistige Schau des höchsten Wesens. Und abermals traf ihn der Liebesgott, traf ihn mit dem Pfeil, der Betörung schafft. Erregung und Betörung wurden an ihm offenbar, – da überwältigte ihn die Maya ganz.

Sati indes überwand ihre Scham und hub an: ›Gewähre mir den Wunsch, du Wunschgewährender ...‹ aber der Gott mit dem Stier im Banner achtete nicht, wie sie enden würde, sondern rief einmal über das andere: ›Sei meine Frau!‹

Sie hörte sein Wort und blieb im Jubel ihres Herzens über die Erfüllung ihres Wunsches stumm. Leises Lachen und liebende Gebärde verrieten ihr Gefühl dem Gotte, der voll Verlangen vor ihr stand. Liebesgebaren zog in die beiden ein und durchdrang sie ganz; wie eine Wolke in feuchtweicher Schwärze vor dem Monde mit kristallenem Schein stand Sati vor Schiva. ›Geh zu meinem Vater und nimm mich aus seiner Hand‹, war ihre knappe Antwort; sie neigte sich vor ihm und ging, indes er, vom Liebesgotte trunken, nur wiederholte: ›Sei meine Frau!‹

Aber Sati blieb stumm. Mit einer tiefen Verneigung nahm sie Abschied vom Gott und eilte, von Jubel berauscht, heim zu ihren Eltern. Schiva zog sich in seine Einsiedelei zurück und gab sich im Schmerz über die Trennung von ihr ganz ihrem Bilde hin. Dabei gedachte er Brahmas Mahnung, eine Frau zu nehmen. Er richtete sein Denken auf ihn, und alsbald erschien Brahma mit seiner Gattin Savitri vor ihm; gedankenschnell kam er auf seinem Gefährt, von Schwänen gezogen, durch den Äther einher. Er fühlte seinen tiefsten Wunsch in Erfüllung gehen und wollte das Seine dazu tun.

Schiva gestand ihm: ›Dein Wort, daß ich eine Frau nehmen soll um des Alls willen, erscheint mir jetzt voller Sinn. Die fromme Tochter Dakschas hat mich in gläubiger Hingabe verehrt. Als ich ihr erschien, ihr zu gewähren, was sie sich wünschte, traf mich der Liebesgott mit seinen Pfeilen. Maya hat mich betört, und ich habe bislang keine Abhilfe dagegen gefunden‹ . . .«

Und Brahma meldet Dakscha triumphierend den Erfolg ihres von langer Hand vorbereiteten Unternehmens:

»›Vom Pfeil des Liebesgottes durchbohrt, ließ er die sinnende Sammlung auf sein Selbst fahren, nur mehr an Sati hängt sein Sinnen, und von überquellenden Gefühlen voll ist er wie ein sterbliches Geschöpf. Er vergaß die heilige Weisheit, die ihm am nächsten ist, und sagt einerlei, womit er sich gerade befaßt, voll Sehnsuchtsschmerz, ›Wo ist Sati?‹ Was ich und wir alle vor Zeiten wünschten, hat sich erfüllt: deine Tochter hat Gnade bei Schiva gefunden, er will nur sie, um sie glücklich zu machen. Wie sie ihn in Treue zu ihrem Gelübde verehrt hat, verehrt er sie. Darum gib sie ihm, die für ihn bereitet und bestimmt ward.‹

Dakscha willigte erfreut ein, von Jubel wie von Strömen Nektars innerlich überschwemmt. Brahma eilte mit seiner frohen Botschaft zu Schiva, der auf dem Himalaya ungeduldig nach ihm Ausschau hielt. Als er seiner ansichtig ward, rief er ihm schon von fern entgegen: ›Was sagt dein Sohn? Sprich, sonst zerreißt der Liebesgott mein Herz. Die Sehnsuchtsglut aller Geschöpfe ist aus ihnen gewichen und erfüllt mich allein mit ihrer Qual. Ich denke unablässig nur an Sati, was immer ich tu, darum hilf mir, sie bald zu erlangen.‹

Brahma berichtete ihm und rief alsbald, ihrer im Geist gedenkend, seine geistigen Söhne herbei. Gedankenschnell waren sie zur Stelle, Schiva das Geleit zu geben. In ein Tigerfell gewandet, eine Schlange als Bramahnenschnur um Schulter und Hüfte geschlungen, bestieg der Gott seinen mächtigen Stier; die Sichel des jungen Mondes in seinem Haar warf einen lichten Schein über ihn. Lärmend umjubelten ihn seine Scharen. Sie bliesen Muschelhörner und Rohrflöten, schlugen Kesselpauken und Handtrommeln, klatschten in die Hände, stampften im Takt und fuhren mit schrillem Jauchzen auf ihren Wagen durch die Luft einher. Alle Götter nahten sich in feierlichem Zuge, dem Freier Geleit zu geben, Selige und Himmelsfrauen kamen mit Musik und Tanz. Der Liebesgott erschien leibhaft mit seinem Gefolge der Gefühle, Schiva erfreuend und betörend. Der Himmel rings war klar und heiter, duftende Winde wehten, alle Bäume standen in Blütenpracht, alle Geschöpfe atmeten Gesundheit, und die Leidenden genasen, als Schiva so von allen Göttern mit Musik gefeiert zu Dakschas Behausung zog. Schwäne, Wildgänse und Pfauen stießen vor Freude süße Laute aus, als gäben sie ihm Geleit. . . .

Da nahte sich aus der Ätherferne, vom Sonnenvogel Garuda geschwind einhergetragen, Vischnu mit seiner Gattin Lakschmi und begrüßte Schiva: ›Mit Sati vereint, die blauschwarz schimmert wie dunkle Augensalbe, bildest du Lichter gerade solch ein Paar, – nur umgekehrt, – wie ich, der Blaudunkle mit der lichten Lakschmi. Mit Sati vereint beschirme du Götter und Menschen, seid glückverheißend für alle Wesen, die umgetrieben kreisen im Strome von Geburt und Tod. Wer aber sein Begehren auf Sati richtet, wenn er sie ansieht oder nur von ihr hört, den wirst du erschlagen, Herr der Wesen, – da gibt es kein Besinnen.‹ – ›Ja, so soll es sein‹, gelobte Schiva ihm freudig und blickte heiteren Angesichts auf den frohen Gott. Sati lachte dazu ein reizendes Lachen. Das lenkte Brahmas Blick auf sie. Der Liebesgott war in sein Gemüt eingezogen, so verfing sich Brahmas Blick in ihrem Gesicht und verweilte immer wieder auf ihm. Eine aufregende Veränderung überkam seine Sinne, er verlor alle Gewalt über sich und fühlte sich aufs tiefste erregt. Die feurige Glut seiner Kraft entschoß seinem Leibe, die zeugende Gewalt entströmte ihm, flammenlohend floß sie zur Erde vor Augen all der Heiligen. Sie wandelte sich zu donnerndem Gewölke, regenschwer geballt wie am Weltende, zu Wirbelstürmen des Untergangs, zu lotosdunklen, blauschwarzen Massen, die Wasser aus Kübeln schütten.

Donnernd bedeckten sie rings das Himmelszelt; Schiva aber blickte, vom Liebesgott verzaubert, auf Sati und gedachte an Vischnus Worte. Er erhob seinen Spieß, um Brahma zu erschlagen, entsetzt schrien die Heiligen auf, Dakscha trat schnell dazwischen, aber Schiva rief zornig: ›Was Vischnu sagt, hab ich mir zu eigen gemacht, ›wer Sati voll Begehren anblickt, den wirst du töten‹. So habe ich gelobt und mache mein Gelöbnis wahr ...«

Vischnu muß nun alles daran setzen, Schiva von der Unmöglichkeit seines Ansinnens zu überzeugen: Schiva kann Brahma nicht erschlagen, weil beide letztlich eines Wesens sind: »Brahma ist nicht verschieden von dir, so wenig wie ich von euch beiden, – Nichtunterschiedenheit waltet allerwegen.« Und obwohl Schiva dies alles im Grunde seines Herzens und Bewußtseins »weiß«, muß es ihm in dieser Situation durch Vischnu, der in sein Inneres einzieht, von neuem gezeigt werden: »So sah er die Einheit und Vielheit der Welt im höchsten Wesen und schaute sie innen im eigenen Leibe. Dort sah er Entfalten, Erhalten und Ende: sie waren nichts anderes als das ewige Wesen selbst, in sich einig und voller Stille.

. . .

Lächelnd sprach Vischnu: ›Nun hast du die Einheit und Vielheit geschaut, nach der du fragtest, hast Zeit und Maya in dir selbst erkannt, was sie sind. Das einige Wesen in ewiger Stille hast du gesehen, und wie es zum Vielen sich entfaltet.‹

›Ja‹, sagte Schiva, ›ich habe das einige Wesen in seiner Stille und Unendlichkeit erschaut, daneben ist nichts. Die Welt, die du erhältst, ist nicht von ihm verschieden. Es ist der Ursprung aller Wesen und Götter, und wir drei Götter sind Teile und Gestalten, die an ihm erscheinen, Entfalten, Erhalten und Ende zu wirken.‹

›So ist es in Wahrheit‹, schloß Vischnu, ›wir drei sind eins in ihm. Darum darfst du Brahma nicht erschlagen.‹«

Der freiwillige Tod

»Unter donnerndem Dröhnen der Wolkenpauken nahm Schiva von Vischnu Abschied. Er hob die freudestrahlende Sati auf den Rücken des gewaltigen Stiers Nandi und zog unterm Jubel aller Götter, Dämonen und Wesen davon. Brahma und seine geistentsprungenen Söhne, Götter, Verklärte und Himmelsfrauen geleiteten ihn ein Stück Weges, ehe sie ihm Lebewohl boten und heimkehrten, ein jeder an seine Stätte. ... Und der Gott und die Göttin feierten ihre Vereinigung im Geheimnis der Einsamkeit und genossen ihre Liebe miteinander lange Zeit tagaus tagein.

Oft sammelte er Waldblumen und setzte ihr einen Kranz aufs Haupt, und wenn sie ihr Gesicht im Spiegel betrachtete, trat er hinter sie und sah ihre beiden Gesichter im Spiegel vereint. Er löste ihre dunklen Locken, ließ sie wallen und spielen und wallte dabei auf zu wilden Spielen; er wand ihr Haar auf, ließ es wieder fluten und verwühlte sich endlos darein. Er malte ihre rosigen Füße mit rotem Lack, um sie dabei in seinen Händen halten zu dürfen, um ihrem Antlitz nahe zu sein. War er nur einen Augenblick entfernt, so kehrte er eilends zurück, und wandte sie sich etwas anderem zu, so folgte er ihr mit dem Auge. Mit seiner Maya machte er sich unsichtbar und überfiel sie mit seiner Umarmung, daß sie vor Schreck verwirrt und ängstlich dastand. Auf ihre Brüste, goldene Lotosknospen, setzte er je ein Mal von Moschus in der Gestalt einer Biene, dann hob er jäh die Perlenschnur von ihren Brüsten und legte sie ihr wieder um, immer wieder anders, um ihre Brüste anrühren zu dürfen. Er streifte ihr die Reifen von Arm und Handgelenk und löste die Knoten ihres Gewandes, dann zog er sie wieder an und schmückte sie ... Manchmal begrub er sie im Entzücken der Liebe zum Scherz unter Haufen von Lotosblüten und Waldblumen, die er gepflückt hatte ihr zum Schmuck. Wo er ging, stand oder sich niederließ, war er ohne sie keinen Augenblick froh.

... Kaum war das Paar auf dem Himalaya angelangt, so hielt der Liebesgott mit Lenz und Liebeslust dort seinen Einzug. Der Frühling entfaltete seinen Zauber. Alle Bäume und Schlingpflanzen brachen in Blüten aus, die Wasser schwammen voller Lotoskelche, von Bienen umschwärmt, sandelduftende Winde strichen von Süden, bezaubernder Wohlgeruch betörte auch ernster Frauen Sinn und verwirrte Heiligen das

Gemüt. In Lauben und an Strömen des höchsten Berges genossen Schiva und Sati einander in Liebe, und Satis Lust war so gewaltig, daß Schiva keinen Augenblick ohne sie glücklich war. Wenn sie sich gab, war es, als schmölze sie in seinen Leib und tränkte sich mit seinem Saft. Er schmückte sie am ganzen Leibe mit Blumenketten, betrachtete sie, schwatzte und lachte und sprach zu ihr und *drang in sie ein, wie ein Yogin voller Sammlung in die Empfindung des Selbst eindringt und darin aufgeht.* Er trank den Nektar ihres Mundes, und als wäre es der Göttertrank der Unsterblichkeit aus der Schale des Mondes, ward sein Leib voll ständiger Kraft und kannte nicht das Ermatten, das andere überkommt. Der Duft ihres Lotosgesichts, ihre Reize und Spiele fesselten ihn wie starke Stricke einen mächtigen Elefanten, daß er nicht von ihr wich. So verbrachte das göttliche Paar auf den weiten Höhen des Himalaya, in Lauben und in Höhlen neunzehn Götterjahre und fünf darüber in Liebeslust. . . .

Schivas Herz war ganz von Sati erfüllt, unermüdlich in Liebesbeweisen und Glut. Bei Tag und bei Nacht kannte er nichts anderes, kannte das Höchste Wesen nicht mehr, noch kannte er asketische Glut der Versenkung. Satis Blick hing unverwandt am Antlitz des Großen Gottes, und Schivas Augen waren auf ihr Gesicht gebannt. Der unversiegliche Strom seiner Leidenschaft nährte den Baum ihrer Liebe, daß er seine Krone breitete zu ihrer Vereinigung ohne Ende.«

Doch das Verhängnis naht, als Dakscha ein großes Opferfest veranstaltet, »um das Heil aller Welten und Wesen zu wirken«, und Schiva samt Sati nicht dazu einlädt, weil ihn das verlotterte Äußere des Gottes abstößt. »Der Asket, der eine Schädelschale als Bettelnapf in seinen Händen trägt, scheint ihm nicht gesellschaftsfähig zu sein.« Ansonsten war da »kein Wesen, das nicht von Dakscha eingeladen ward: Götter und Seher, Menschen und Vögel, Bäume und Gräser. Da kamen sie: wilde und zahme Tiere, alle Wesen der Überwelt, Selige und Verklärte, und aus unterweltlicher Tiefe Dämonen und Schlangen. Wolken und Berge waren geladen, Ströme und Meere; Affen und Gewürm erschienen, ihren Anteil an der Opferspeise wahrzunehmen. Die Könige der Erde kamen mit ihren Söhnen gezogen, gefolgt von ihren Räten und Heeren. Alles Lebendige in allen Welten, das frei sich regt und reglos an seine Stätte gebunden ist, stellte sich ein. Bewußtloses und mit Bewußtsein Begabtes war zum Fest geladen, an dem Dakscha all seine Habe als Lohn an die Priester verschenkte.«

Aufgrund dieser Schmach sieht sich Sati veranlaßt, unweigerlich ihr Gelübde wahrzumachen und aus dem Leben zu scheiden, gleich ob sie glücklich ist oder nicht. Und Dakscha seinerseits steht nun vor den Scherben seiner eigenen Bemühungen. Er, der sich über 36 000 Jahre hin der Versenkung in die Göttin Maya hingegeben hat, um Sati überhaupt ins Leben zu rufen, macht mit einer einzigen unbedachten Handlung das ganze Werk wieder zunichte.

Die Göttin Maya – als Sati – aber wird Opfer ihres eigenen Gelübdes: »Einen Augenblick lang dachte sie, Dakscha mit dem flammenden Strahl eines Fluchs in Asche zu verwandeln, dann fiel ihr ein, was damals zwischen ihnen beiden abgesprochen war, als sie ihm gnädig gewährte, seine Tochter zu werden ... Und vor ihr geistiges Auge trat ihre ewige Gestalt, die unvergleichlich furchtbare und ganze, aus der die ganze Welt gemacht ist. *Sie versank in die Betrachtung ihrer Urgestalt, der Maya, die den Namen trägt ›Weltschaffende Traumtrunkenheit des Welterhalters Vischnu‹* und dachte bei sich: ›Das Ende, um dessentwillen Brahma und Dakscha mich baten, als Schivas Gemahlin in die Welt zu treten, ist freilich keineswegs erreicht: Schiva hat noch keinen Sohn. Der Wunsch, der alle Götter beherrscht, ist in Erfüllung gegangen: daß Schiva, von mir verzaubert, Lust an der Frau hat. Aber was frommt es ihnen? Keine andere Frau vermag seine Leidenschaft zu erregen. Er wird nie eine andere Frau nehmen. Trotzdem will ich aus meinem Leibe scheiden, wie es abgesprochen ward. Später will ich zum Heil der Welt wiedererscheinen, auf dem Himalaya, wo ich mit Schiva so lange in Zärtlichkeiten lag und spielte. Dort traf ich Menaka, die reine, zarte, die Gattin des Himalaya. Sie war heiter und gütig zu mir wie eine Mutter, und ich gewann sie lieb. Sie soll meine Mutter werden. Mit den Bergestöchtern werde ich spielen, ein Kind, und will Menakas Freude sein. Und dann will ich wieder Schivas heißgeliebte Gattin sein und vollenden, was die Götter von mir ersehnen.‹

So träumte sie in sich hinein, da überkam sie mit eins wieder flammender Zorn. Sie schloß alle neun Tore der Sinne und des Leibes in Yoga, hielt den Atem an, spannte innerlich alle Kraft und zersprengte mit einem furchtbaren Entschluß die schlanke Säule ihres Leibes: ihr Lebensodem zerriß die Schädelnaht und fuhr durch das zehnte Tor oben, den Brahmaspalt, zum Haupte hinaus. Ihr Leib sank entseelt zu Boden.«

Der rasende Schiva

Als Schiva die tote Sati sah und von einer ihrer Verwandten den Grund ihres Hinscheidens erfuhr, »erhob er sich in gewaltigem Zorn. Er ward wie ein allesverschlingendes Feuer. Aus Augen und Ohren, Mund und Nase schossen ihm Flammen, gleißende Meteore brachen sausend aus ihm, todstrahlend wie die sieben Sonnen beim Weltuntergang. Geschwinden Ganges schritt der Glühende zu Dakschas Opferplatz, schon stand er an seinem Rand und überblickte den heiligen Bezirk. Da packte ihn maßlose Wut, wie er sie alle versammelt sah, die Geladenen aus allen Welten und Himmelsrichtungen, Götter und Sterne, Tiere und Heilige, alle Geschöpfe hoch und nieder, Fische und Gewürm, die Jahreszeiten und die Weltalter leibhaftig, die Menschen und die Pflanzen, ein jedes an seiner Stelle, wie sie ihm durch seinen Platz im

All angewiesen war. Als er sie alle so feierlich beisammen sah, dem Gang des Opfers folgend, an dem sie ihren Anteil haben sollten, entsandte er wie eine Ausgeburt seines Zorns Virabhadra, einen löwengesichtigen ›Herrn seiner Scharen‹, um die Opferfeier zu stören.

... Da nahte sich Schiva selbst mit zornroten Augen, und alle Heiligen erstarrten vor Entsetzen. Vischnu aber ward unsichtbar und verschwand. Wohin Schiva trat, stieß er in seiner Wut die Altäre um und zerstörte das Opfer. Alle Wesen wichen angstvoll vor ihm zurück und flohen mit Geschrei. Einem Gott, der ihn mit wütenden Blicken maß, schlug er mit der flachen Hand beide Augen aus. Dem Sonnengott, der ihm mit ausgebreiteten Armen wehren wollte und dabei lachend die Zähne blicken ließ, hieb er mit einem Streich die Zähne aus, packte ihn bei den Händen und wirbelte ihn im Kreis wie ein Löwe ein Gazellenjunges, bis ihm Blut aus den Fingern schoß und ihm die Sehnen rissen. ... Das Opfer selbst, in Todesangst, verwandelte sich in eine flinke Gazelle und rannte verzweifelt am Himmel davon. Schiva, mit Bogen und Pfeil in Händen, jagte ihr nach. Es wollte sich in Brahmas Welt verstecken, aber Schiva folgte der Gazelle auch dorthin. Da flüchtete das Opfer in seiner Not wieder zur Erde hinab und barg sich, nach einem Versteck suchend, schließlich in Satis Leichnam. Schiva setzte der Gazelle nach, aber sie war mit eins verschwunden, und er fand sich wieder vor Satis Leiche.

Bei ihrem Anblick vergaß er das Opfer ganz, er blieb stehen, und ein Klagelaut brach über seine Lippen. Er dachte ihrer Tugenden und Reize, er starrte auf ihr lotosgleiches Antlitz mit den geschwungenen Brauen und den zartroten Lippen. Grausamer Schmerz überwältigte ihn, und er brach in wildes Schluchzen aus wie ein gewöhnlicher Sterblicher.

Der Liebesgott hörte ihn klagen und nahte sich mit Liebeslust und Frühling. Der Schmerzgebrochene, besinnungslos Weinende war ihm ein willkommenes Opfer seiner Pfeile. Er traf ihn mit allen fünf ins Herz und richtete ein völliges Wirrsal der Gefühle in ihm an: obwohl von Trauer überwältigt, ward Schiva vor Liebesverlangen rasend, leidüberschwemmt gebahrte er sich liebestoll. Von den widersprechenden Empfindungen zerrissen, begann er zu rasen, bald warf er sich zu Boden, bald raffte er sich auf und stürzte davon, bald hockte er sich bei Satis Leiche nieder und starrte sie gedankenverloren an. Dann wieder umschlang er lachend die Liegende und rief sie immer wieder bei Namen, als wolle er die Trotzende aus geheucheltem Schlummer wekken, ›Sati, Sati, gib dein Schmollen auf!‹ und fuhr ihr, da sie stumm und starr blieb, mit der Hand übers Gesicht und streichelte sie rings. Er spielte mit ihrem Schmuck, zog ihn ihr Stück um Stück von den Gliedern und legte ihn ihr wieder an. Da die Tote gar nichts dazu sagte, weinte er tief auf vor Schmerz. ...

Schiva aber erhob sich, wahnsinnig vor Schmerz, nahm den Leichnam der Gelieb-
ten auf seine Schulter und wanderte, Sinnloses vor sich hin redend, gen Osten. Die
Götter sahen ihn von dannen schreiten und sprachen zueinander in Angst: ›Nie wird
Satis Leichnam zerfallen, solange er Schivas Leib berührt.‹ Sie zogen ihm nach.
Brahma, Vischnu und der Langsam Wandelnde *[Saturn]* stahlen sich kraft ihrer Maya
unsichtbar in den toten Leib und, indes Schiva schmerzbetäubt seines Weges wankte,
zerstückelten sie ihn und ließen die Glieder einzeln herunterfallen. Am ›Gipfel der
Göttin‹ fielen ihre beiden Füße zur Erde, anderwärts – zum Heil aller lebenden Wesen
– ihre beiden Schenkel. Weiter östlich, im Lande Kamarupa auf dem ›Gipfel des Liebesgottes‹ fiel ihr Schoß zu Boden, nahebei das Rund ihres Nabels, ein Stück weiter die
beiden Brüste mit der goldenen Halskette, und danach Hals und Schultern. *Soweit
Schiva mit Satis Leiche gen Osten schritt, ist bei den östlichen Völkern heiliges Land.*
Andere Teile ihres Leibes schnitten die Götter in winzige Fetzen, die trug der Wind
durch den Äther davon und wirbelte sie in die Ganga, die sternenrieselnd oben am
Himmel fließt. *Überall wo ein Glied der Göttin zu Boden fiel, wird sie unter immer
anderen Namen verehrt und um anderer Kräfte willen angerufen. So erwuchs den
Kindern der Welt aus der fürchterlichen Zerstückelung Heil.* Wo aber ihr Haupt zur
Erde fiel, blieb Schiva stehen, setzte sich nieder, betrachtete das Haupt und seufzte,
von Schmerz bezwungen.

Wie er so saß, näherten sich ihm Brahma und die Götter leise, standen von fern
und wollten ihn trösten. Als er sie nahen sah, überwältigten ihn Schmerz und Scham,
und er verwandelte sich. Vor ihren Augen ward er zu Stein und erstarrte in seinem
Liebeswahn und -schmerz zu einem großen Lingam.

Da priesen die Götter den Unvergänglichen, um ihn aus seinem Wahnsinn zur Vernunft zu bringen, zur Besinnung auf sein wahres Wesen und zum Licht seines höheren Bewußtseins: ›Du bist ja voll des Nektars der Erkenntnis, in deiner Gestalt als Lingam bist du das Höchste Wesen! Du weißt um den Kreislauf des Vergänglichen, du
Mitte im Meer des Weltuntergangs, du Urgrund von Bestand und Untergang! ... Wie
du von Leid überwältigt dich gebahrst, erschüttert alle Götter, darum sei gnädig und
laß deinen Schmerz fahren!‹

Als sie ihn so priesen, nahm der Gott wieder seine vertraute Gestalt an und stand
vor ihnen, schwankend vor Schmerz. ... Da bat ihn Brahma: ›Laß deinen Schmerz fahren, Großer Gott, und halte dich mit deinem Wesen an das Höchste Wesen. Du bist
kein Raum für Schmerz und Leid. Dein innerstes Wesen ist jenseits des Leides. Wenn
du voll Leid bist, sind die Götter entsetzt und verzagen. Dein Zorn zerstäubt die Welt
zu nichts, dein heißer Schmerz verdorrt alle Wesen. Deine Tränen hätten die Erde zerrissen, wenn nicht der Langsam Wandelnde sie aufgefangen hätte, und er ist von ihrer

Glut schwarz geworden. . . . Wohin du tratst, mit Satis Leiche auf deiner Schulter, zerbarst die Erde unter deinem Schritt und zittert noch jetzt. In Himmeln und in Höllen ist kein Geschöpf, das nicht von deinem Zorn und Schmerz verstört wäre. Darum laß deinen Schmerz und deine Wut fahren und schenke uns Frieden! Du weißt aus deinem eigenen Wesen um das Höchste Wesen, halte es fest in dir selber! Wenn hundert Götterjahre vergangen sind, wird Sati im neuen Weltalter wieder deine Gattin werden.‹

Schiva stand stumm, geneigten Hauptes, nach innen schauend ganz in sich versunken. Dann sagte er: ›Bis ich aus meinem Schmerz um Sati auftauche, mußt du bei mir bleiben und mich trösten. Wohin ich gehe, mußt du mit mir gehen und mich trösten.‹«

Im Schlosse des Bergkönigs Himalaya begegnete ihnen Vijaya (eine Tochter von Satis irdischer Schwester). »Sie neigte sich vor ihnen und brach in Klagen aus, als sie Schivas ansichtig ward: ›Wo ist deine geliebte Sati, du Großer Gott! Wie glanzlos bist du ohne sie! Falls du nicht mehr ihrer gedenkst, – aus meinem Herzen weicht sie nicht. Seit sie vor meinen Augen im Zorn ihr Leben aufgab, hat mich der Pfeil des Schmerzes durchbohrt, und ich finde kein Glück mehr.‹

. . . Brahma aber tröstete die schmerzzerrissene Vijaya und sprach Schiva gütig zu: . . . ›Dich schauen die Yogin in Vischnus Gestalt als den Erhalter der Welt. Dieselbe Sati, die dich verzaubert hat, ist ja die große Maya, die alle Welt verzaubert hält. Sie nimmt dem Ungeborenen, ehe es in die Welt hinaustritt, im Mutterleibe Vernunft und Wissen und sein früheres Dasein, – so hat sie jetzt dich mit Wahn befangen, daß du Schmerz leidest. *Tausendmal hast du Sati schon ehemals verloren, in jedem Weltgang starb sie dir ebenso hinweg,* –: wie damals immer wieder, wirst du sie auch diesmal wieder erlangen und sie wieder an dich ziehen in einem anderen Leben. Sammle dich in innerer Schau und erschaue die tausend Satis, wie sie dir durch den Tod entrissen wurden und du von ihnen tausendmal verlassen wardst, den alle Götter nicht leicht erlangen. Und sieh in innerer Schau, wie sie wieder deine Gattin sein wird!‹

So tröstete Brahma den leidenden Gott und geleitete ihn aus der Stadt des Königs der Berge gen Westen in die Einsamkeit.« *(Aus: Zimmer 1987, S. 249–307)*

Schivas Leben, das wird in dieser Geschichte deutlich, wird fortan ausgebreitet bleiben zwischen den beiden Polen bedingungsloser Askese und Selbstversenkung und ebenso bedingungsloser Hingabe an die Liebe in all ihren Facetten und Formen; wobei bemerkenswert ist, daß er sich der sinnlichen Liebe mit genau derselben Sammlung und Konzentration hingibt, wie er sich zuvor in die weltabgewandte Schau des höchsten Wesens versenkt hatte. Beide Arten der Liebe, die vergeistigte und die körperliche, werden hier keineswegs gegeneinander ausgespielt. Jede erhält zu ihrer Zeit ihr (gleichwertiges) Recht, ja beide sind im Grunde identisch, denn Götter wie Menschen begegnen in beiden Formen der Hingabe doch wieder nur demselben göttlichen Wesen – der großen Maya –, die sich in alles hineinverwoben hat, letztlich aber, wie im Mythos deutlich wird, selber nicht umhin kann, ihren eigenen Schöpfungen zu erliegen. Was hier angesprochen wird, ist die eigentliche Ununterschiedenheit von weltlichem und geistlichem Leben, was Zimmer bei anderer Gelegenheit so kommentiert: »Wenn wir als fromme Weltkinder die Göttin verehren, sind wir dem Göttlichen nicht ferner als die Yogis. Sie realisieren das Absolute in ihrem innersten Selbst in einem Zustand ruhiger Untätigkeit, erhabener Stille und transzendenten Friedens. Wir dagegen sind das Absolute gerade indem wir Kinder Mayas, der Welt sind« (1981, S. 231; vgl. auch die Geschichte von der *Parade der Ameisen*, ebd. S. 7–15).

Ähnlich wie die sumerische Inanna durchlebt auch Schiva einen Abstieg in die »Tiefen« der Liebe, und wie Inanna begegnet er dort »unten«, am Boden, Tod und Verwandlung seiner selbst. Spätestens seit der Mitte der Geschichte sieht Schiva sich der vollständigen Zerstörung all seiner bisherigen Lebensideale gegenüber. Nichts von dem, was vorher war, bleibt ihm zurück. Er fängt an, die Kontrolle zu verlieren.

Der höchste Gott des Pantheons gebärdet sich zu guter Letzt wie von Sinnen (wie ein Sterblicher), er ist ver-rückt, in seinem Denkgebäude ist kein Stein auf dem anderen geblieben, vielmehr ist das Unterste zuoberst gekehrt. Der auf Geheiß der Göttin Maya die spätere Auflösung der Welt wirken soll, findet sich nahe daran, in einem Meer von Tränen hinweggeschwemmt zu werden. So erfährt er alle Höhen und Tiefen des Lebens, denen er sich durch Askese und Yogawolke entziehen will, am eigenen Leibe und durchlebt und durchleidet sie restlos. Und nicht nur Schiva findet sein Leben auf den Kopf gestellt: »Die Pointe des Romans der Göttin scheint zu sein, daß keiner bleiben darf, was er ist. So allein geht die Welt als ständige Schöpfung weiter. Keiner – auch die Himmlischen nicht – darf bleiben, was er von Haus aus ist, was er selbst zu sein vermeint und was er unveränderlich hätte bleiben mögen. Brahma macht sich lächerlich. Brahma und Vischnu werden Bittsteller. Der Liebesgott wird zum Befehlshaber über eine Heerschar des Hasses. Und Schiva, der beziehungslos weltenthobene Asket, hat eben noch gesagt, daß er von der Betrachtung des höchsten Wesens nie lassen könne, als er schon ganz dem Banne der liebenden Sati verfällt, und seine aufs Höchste gesammelte Kraft verwandelt sich in Lust und Wut: Wut angesichts der begehrlichen Gebärde Brahmas bei der Hochzeit; in völlige Verzweiflung und Raserei nach Satis Tod. Der freieste und unabhängigste der Götter muß geringgeschätzter Schwiegersohn werden und als solcher Kränkungen erfahren. Dermaßen verstrickt er sich in Gefühlen, daß er von Sinnen gerät. ... Die allumfassende Weltmutter, in einer ähnlichen Gebärde höchster Unterwürfigkeit, ›achtet es nicht als

Raub‹, als Tochter eines zweitrangigen Demiurgen in die Welt zu treten und sich in langen Observanzen um Schivas Hand zu bemühen, der ihr doch eigentlich von Ewigkeit her als Gatte gehört und übrigens nur eine Grundkraft, eine Hauptfacette ihres eigenen Wesens darstellt« (ebd. S. 313 f.).

Während nach christlichem Denken der Plan eines souveränen (Schöpfer)Gottes letztlich die Oberhand behält, triumphiert in indischen Mythen regelmäßig das Unfreiwillige und Überraschende des Lebensprozesses über das Geplante, »und eben das Planen steigert noch seinen Effekt« (ebd. S. 314). Daher kennt dieser Mythos, wie Heinrich Zimmer betont, auch »nicht das Motiv des Sündenfalls, der den Plan der Schöpfung durchkreuzt, kennt nicht eigentlich Gottes Zorn. Der Einzelne – auch Gott selbst – muß in ständig neuen Improvisationen mitmachen, und so nur geht die ungewisse Entwicklung der Welt weiter. Die Schöpfung ist nur durch die Selbsthingabe der göttlichen und menschlichen Darsteller an die unbekannten Rollen, die ihnen bei jeder neuen und überraschenden Situation aufgedrängt werden, möglich geworden. Jeder muß dann oder wann erkennen, daß der andere, der auf den ersten Blick immer den normalen Verlauf der Ereignisse zu stören schien, in Wirklichkeit ein unentbehrliches Instrument der Weltentfaltung ist. Was anfänglich bestürzend und verwirrend scheint, erweist sich auf die Dauer als wohltätiger und notwendiger Faktor. Es kommt darauf an, daß die Schöpfung weitergeht und nicht in einem augenblicklichen Zustand erstarrt. Sie möchte nämlich immer stocken. Darum ist das nächste Ereignis stets das Unheimliche, Überraschende, Schwere – wie der Wechsel und die Erkenntnis des Älterwerdens« (ebd. S. 315).

In der letztendlichen Ununterschiedenheit von Gottheit und Menschheit liegt der tiefere Grund für die Beeinflußbarkeit des Göttlichen durch das Menschliche, das sogar – vorübergehend – die (All-)Macht des Todes außer Kraft setzen kann, wie wir aus der Geschichte um *Savitri* erfahren. Hier ist es die Liebe und Weisheit einer Frau, die dem Totengott *Yama* nicht nur das Leben ihres Gatten abringt, sondern darüber hinaus noch Segen für ihre Nachwelt erwirkt, indem allein die Nennung ihres Namens als Gebetsformel bereits langes Leben und Glück auf Erden verspricht. Die Geschichte endet mit den denkwürdigen Worten:

> »Darum sollen fromme Frauen von den Männern immerdar wie Gottheiten verehrt werden: ihre Reinheit trägt alle drei Welten. Nie bleibt ihr Wort fruchtlos in allen Welten und bei allen Wesen. Darum sollen alle, die nach Erfüllung ihrer Wünsche verlangen, sie immerdar verehren.« *(Zimmer 1978, S. 319)*

5.   *Die Göttin Lotos-Schri-Lakschmi*

Die Auffassung, daß es in der Welt nichts Statisches geben könne, das einzig Beständige im Leben vielmehr sein stetes Dahinfließen sei, liegt im Wesen des Maya-Begriffes selber. Und so verwundert es nicht mehr, daß nach Hindu-Anschauung Wasser das Element des Weiblichen schlechthin verkörpert und vergegenwärtigt. Insbesondere die majestätischen Ströme – allen voran die heilige *Ganga* oder die eingangs besungene *Narmada* – sind »weibliche Gottheiten, Mütter, die Leben und Nahrung schenken« (Zimmer, 1981, S. 123). Mit ihnen wiederum steht die Verehrung der Göttin *Schri-Lakschmi* in engstem Zusammenhang, jener Göttin des Glücks und des irdischen Wohlergehens, fruchtbar und überquellend von Wassern und Reichtümern, deren Urbild die Göttin *Lotos* (ind.: *Padma*) ist, die von Elefanten wie von regenspendenden Wolken begossen wird. Sie wird auch »Die Göttin Feuchte« oder »Die Göttin Erde« genannt und ist die Verkörperung des mütterlichen gebärenden Aspektes des Absoluten. Gleich der Lotospflanze wurzelt sie tief in Indiens Vergangenheiten und ist deutlich vorarischen und damit vorpatriarchalischen Ursprungs. Zimmer nennt sie sogar »eine Schwester oder Doppelgängerin der wohlbekannten Göttin des frühen sumerisch-semitischen Mesopotamiens« (ebd. S. 104). Ihre Bildnisse finden sich bereits unter den Hauptgottheiten der Indushochkulturen von Mohenjo-Daro, die ins 3. Jahrtausend v. Chr. datiert werden und bereits zur damaligen Zeit weiter entwickelt waren als die zeitgleichen Kulturen Ägyptens und Mesopotamiens. »Obgleich die früheste literarische Erwähnung von der Existenz der Göttin Lotos-Schri-Lakschmi eine späte, apokryphe, der arischen Rig Veda-Sammlung angefügte Hymne ist, wird so offenbar, daß diese Mutter der Welt in Indien lange vor der Ankunft der Eroberer aus dem Norden herrschte. Der Untergang der Induskultur zusammen mit der Göttin-Königin muß sich aus der Ankunft der streng patriarchalischen Hirten und Krieger und der Inthronisation ihrer patriarchalischen Götter ergeben haben. Die große Mutter wurde aus ihrem Lotos herausgenommen und Brahma an ihre Stelle gesetzt; sie selbst aber – wie in dem Schrein des Vischnu Ananta-schayin – in die dienende Stellung des Brahmanenweibes verwiesen. Dennoch blieb in den Herzen der eingeborenen Bevölkerung ihre Oberherrschaft aufrechterhalten, und mit der stufenweisen, Jahrhunderte dauernden Verschmelzung der vedischen und vorvedischen Überlieferungen kehrte sie langsam zu ihrem Ehrenplatz zurück. Sie erscheint überall in den Denkmälern der frühen buddhistischen Kunst, und in den Werken der klassischen Periode steht sie triumphierend an jedem heiligen Ort. Heutzutage ist sie die größte Macht im Osten« (ebd. S. 108 f.), die von Hindus aller Kasten gleich umfänglich verehrt wird.

Unabhängig von ihrer menschlichen Gestalt ist sie allgegenwärtig im Zeichen des

Lotos und findet sich von frühester Zeit an auf jede erdenkliche Weise mit diesem Symbol verbunden. »Alterslos wie die grundlegenden Kulturformen Indiens selbst steigt sie nieder wie sie immer war, von Ewigkeit zu Ewigkeit, ohne sich in ihrem Wesen zu wandeln« (ebd. S. 103). Bereits in einer der Rig Veda angehängten, apokryphen Hymne wird sie mit ihren klassichen Namen Schri und Lakschmi gerufen.

Während das Wort Lakschmi »Glück« in einem umfassenden Sinne bezeichnet, ist der Begriff Schri noch vielschichtiger. Er steht in Zusammenhang mit Macht und vorteilhaften Fertigkeiten. »Als eine äußerliche Qualität bedeutet *schri* Schönheit, Glanz, Ruhm und hoher Rang« und wird mit der Macht und Herrschaft von Königen in Verbindung gesehen. »In dieser Bedeutung scheint *schri* eine ganz bestimmte körperlose Kraft darzustellen«, nach Art einer Macht, die eher an das Amt des Königtums gebunden scheint als an den König selber, weshalb man sie sogar bisweilen »mit dem Kissen identifiziert, auf dem der König sitzt«. Als solches verkörpert sie die eigentliche Herrschaft, an welcher der jeweilige König, der nur vorübergehend auf ihr Platz nimmt, lediglich teilhat (vgl. die keltische Vorstellung des sog. »Steins von Fâl«, ein Herrschafts- und Machtstein, der als weibliche Gottheit angesehen wurde und von dem es hieß, daß er unter jedem König schrie, den er legitimieren wollte, siehe Markale, S. 275 f.; wie überhaupt bemerkenswert ist, »daß Göttinnen, die mit königlicher Macht und Autorität assoziiert sind, in verschiedenen indo-europäischen Traditionen anzutreffen sind«, so auch »die irische Göttin Flaith oder Flaith Erenn«, Kinsley, S. 299).

»*Schri* bezieht sich ferner auf die Vorstellung von Reichtum, Wohlstand und Überfluß im allgemeinen. In diesem Sinne ist sie etwas, das jedermann erlangen oder besitzen kann. *Schri* bezieht sich, kurz gesagt, auf ausgesprochen günstige Eigenschaften und steht für allgemeines Wohlergehen im Sinne von physischer Gesundheit, materiellem Wohlstand, körperlicher Schönheit und herrschaftlicher Majestät.« Hymnen aus vorbuddhistischer Zeit preisen sie als freigebig und Überfluß verleihend. »Man sagt ihr nach, sie schenke ihrem Verehrer Gold, Vieh, Pferde und Nahrung. Sie wird ersucht, ihre Schwester Alakschmi, ›Unglück‹, zu bannen, die in so unheilvollen Formen wie Not, Armut, Hunger und Durst in Erscheinung tritt. Königliche Eigenschaften werden zum Ausdruck gebracht, wenn man sie als in der Mitte eines Streitwagens sitzend, als Beisitzerin der besten Pferde und vom Brüllen der Elefanten entzückt beschreibt. Nach dem äußeren Erscheinungsbild ist sie prächtig und reich geschmückt. *Sie ist strahlend wie Gold, glänzend wie der Mond und trägt eine Halskette aus Gold und Silber.* Oft wird von ihr gesagt, sie scheine wie die Sonne und sei leuchtend wie Feuer« (Kinsley, S. 35–37).

Von Anbeginn ihrer Verehrung findet sich diese Göttin mit dem Lotos verbunden, der ihr sowohl nach hinduistischer wie auch buddhistischer Ikonographie beigegeben ist.

> »Sie wird als ›lotosgeboren‹, ›auf dem Lotos stehend‹, ›lotosfarbig‹, ›lotosschenklig‹, ›lotosäugig‹, ›überfließend von Lotossen‹, ›mit Lotosgirlanden bedeckt‹ gepriesen. Als Schutzgottheit der reisbauenden Landwirtschaft des eingeborenen Indiens wird sie die ›Dungbesitzende‹ genannt *[weshalb sie auch bei bestimmten Anlässen, und vor allem von Frauen, in Form von Kuhdung verehrt wird, vgl. Kinsley, S. 37]*). Ihre beiden Söhne sind Schlamm und Feuchte, Personifikationen der Bestandteile fruchtbaren Bodens. Sie ist ›honiggleich‹ und soll ›Gold, Kühe, Pferde und Sklaven‹ gewähren. Sie trägt ›Girlanden aus Silber und Gold‹ und schenkt Gesundheit, langes Leben, Wohlstand, Nachkommenschaft und Ruhm. Der personifizierte Ruhm ist ein anderer ihrer Söhne. Sie ist ›aus Gold gemacht‹, ›goldfarbig‹, unvergänglich, wunderschön und köstlich wie Gold ... Vischnus geliebte Gattin.
>
> Wie andere Gottheiten in menschlicher Gestalt über ihren Tiersymbolen abgebildet werden, so steht diese Göttin Padma oder Lotos auf einem Lotos oder thront auf ihm. Sie ist mit dieser Blume so unabänderlich verbunden wie Vischnu mit dem Milchmeer. Die Göttin ›welcher der Lotos lieb ist‹, ist unter den Hauptfiguren, die auf den reichgeschmückten Toren und Geländern der frühesten buddhistischen Stupas – denen in Sanchi und Bharhut (2. u. 1. Jhd. v. Chr.) – ausgemeißelt sind. In Bharhut erscheint sie in einer ihrer klassischen Haltungen. Aus einer mit Wasser gefüllten Vase, dem Gefäß des Überflusses, sprossen fünf Lotosblüten, von denen zwei ein flankierendes Elefantenpaar tragen. Aus ihren aufgerichteten Rüsseln gießen die Tiere sanft Wasser über die breithüftige Göttin der Fruchtbarkeit – Gaja-Lakschmi, ›Lakschmi der Elefanten‹ – die lächelnd in einer Gebärde mütterlichen Wohlwollens mit der rechten Hand ihre vollgerundeten Brüste emporhebt.
>
> Die dem *Rig Veda* angefügte Hymne redet sie an ›Du bist die Mutter der geschaffenen Wesen; als diese Mutter wird sie *kschama*, ›Erde‹ genannt. So ist sie ein besonderer Aspekt oder eine örtliche Entwicklung der Erdmutter von früher: der großen Muttergöttin der chalkolitischen Periode, die über weite Erdteile hin verehrt wurde, und von der im alten Nahen Osten, an den Küsten des Mittelmeers, des Schwarzen Meers und im Donautal ungezählte Abbilder gefunden wurden.« *(Zimmer 1981, S. 103 f.)*

Mit dem Lotos jedoch verbinden sich zweierlei Vorstellungkomplexe: zum einen Fruchtbarkeit und Gedeihen, zum anderen spirituelle Kraft und Reinheit:

> »Der Lotos symbolisiert das pflanzliche Wachstum, welches die lebenspendende Kraft der Wasser in verkörpertes Leben verwandelt hat. Der Lotos, und durch Assoziation die Göttin Schri-Lakschmi, repräsentiert das voll entwickelte Erblühen organischen Lebens. Auf der makrokosmischen Ebene kann man den Lotos als ein Symbol der gesamten erschaffenen Welt verstehen. Der aus dem Nabel Vischnus hervor-

gewachsene Lotos markiert den Beginn einer kosmischen Neuschöpfung.« Er »verweist auf eine wachsende, sich ausdehnende Welt, die von kraftvoller Fruchtbarkeit durchdrungen ist. Genau diese Kraft offenbart sich in Schri-Lakschmi. Sie ist der Nektar der Schöpfung, der ihr ihren besonderen Duft und ihre Schönheit verleiht. Von dieser geheimnisvollen Kraft angetrieben, floriert das organische Leben in den schöpferischen Prozessen der Welt in reicher und schöner Weise.«

Auf der anderen Seite gilt der Lotos als Symbol geistlicher Reinheit. »Im Schlamm verwurzelt, jedoch über dem Wasser erblühend und vom Schmutz gänzlich unbefleckt«, ist er geradezu ein Idealbild spiritueller Erhebung. Die Haltung, die meditativer Versenkung besonders förderlich ist, wird bis heute »Lotossitz« genannt. Göttinnen und Götter, »Buddhas und Boddhisattvas sitzen oder stehen bezeichnenderweise auf einem Lotos, der auf ihre spirituelle Autorität verweist. Auf einem Lotos zu sitzen oder mit ihm in Verbindung gebracht zu werden, zeigt an, daß das betreffende Wesen – Gott, Buddha oder Mensch – die Grenzen der endlichen Welt (gewissermaßen den Schlamm der Existenz) transzendiert hat und in einer Sphäre von Reinheit und Geistigkeit frei dahinschwebt.« So ist auch Schri-Lakschmi Ausdruck für die Doppeldeutigkeit des Seins: als Verkörperung von (fruchtbarem) Dung und Schlamm weist sie zugleich auch den Weg, sich über den »Schlamassel« irdischer Existenz zu erheben. »In ihrem Wesen vereinigt sie königliche und priesterliche Kräfte« (Kinsley, S. 37 f.).

Von frühester Zeit an sind Elefanten die charakteristischen Tiergefährten der Göttin, auch sie Symbole von Glück und Segen, ganz wie sie selber. Die beliebtesten Darstellungen zeigen Gaja-Lakschmi, wie sie von zwei Elefanten flankiert wird, die sie aus ihren Rüsseln mit Wasser besprühen. Auch Elefanten hängen mit Regen, Wolken und Fruchtbarkeit zusammen. Insbesondere den weißen Elefanten spricht man die Fähigkeit zu, Wolken hervorzurufen. Als Ur-Elefantenpaar gelten die milchweißen Geschöpfe *Airavata* und seine Gemahlin *Abhramu*. Der Name *Abhramu* aber »bedeutet ›Wolken hervorbringend‹, ›Die, welche Wolken bindet oder knüpft‹ – speziell die wohltätigen Monsunwolken, die nach der sengenden Sommerhitze den Pflanzenwuchs beleben« (Zimmer 1981, S. 119). Der Name *Airavata* wiederum bezeichnet zum einen den Regenbogen, der als Indras Waffe betrachtet wird, zum anderen eine bestimmte Art von Blitzen.

> »Airavata war der erste göttliche Elefant, der aus der Eierschale in der rechten Hand Brahmas hervorging. Sieben andere männliche Elefanten folgten ihm. Aus der Schale in Brahmas linker Hand erschienen darauf acht weibliche Elefanten. Diese sechzehn bildeten acht Paare und wurden die Ahnen aller Elefanten sowohl im Himmel wie auf Erden ... Sie stützen das All an den vier Seiten und den vier Ecken dazwischen.« *(Ebd. S. 118)*

Die Nachkommen dieser Ur-Elefanten besaßen ursprünglich Flügel und segelten wie

Wolken so frei durch den Himmel. Bis zu jenem denk- und mythoswürdigen Tag, an dem sie das Mißgeschick ereilte, den Unwillen eines unnachgiebigen Asketen zu erregen, dessen Meditation sie in ihrem fröhlichen Übermut gestört hatten.

> »Versehentlich ließen sich diese vergnügten Flügelelefanten eines Tages auf dem Zweig eines Riesenbaumes nördlich vom Himalaya nieder. Darunter saß ein Asket namens Dirghatapas, ›Ausdauernde Strenge‹, und unterrichtete eben in diesem Augenblick seine Schüler, als der schwere Zweig des Baumes, unfähig die Last auszuhalten, abbrach und auf die Köpfe der Zuhörer fiel. Eine Anzahl von ihnen blieb tot liegen, aber die Elefanten, nicht im geringsten bekümmert, flogen behende auf und ließen sich auf einem anderen Zweig nieder. Der zornige Heilige verfluchte sie gründlich. Von da ab waren sie und ihre ganze Rasse der Flügel beraubt und verblieben am Boden, dem Menschen unterworfen. Und was noch schlimmer war: mit ihrer Fähigkeit, durch die Lüfte zu schweben, verwirkten sie auch die göttliche Kraft, die ebenso den Wolken wie allen Gottheiten eigentümlich ist, nach Belieben verschiedene Gestalten anzunehmen.« *(Ebd. S. 120 f.)*

So wurden die Elefanten gewissermaßen zu Regenwolken, die über die Erde wandern. Und ihre wichtigste Aufgabe ist das Regenmachen, wobei sie ihre überirdischen Verwandten, die Wolken, jene himmlischen Elefanten herbeirufen. Ein weißer Elefant am Könighof ist deshalb Garant und Symbol von Fruchtbarkeit und reicher Ernte, so daß die Hindukönige diese Tiere zum Wohle ihrer Untertanen hielten, »Und einen weißen Elefanten zu verschenken würde den Herrscher bei seinem Volk unbeliebt machen. . . .

> In dem jährlich wiederholten Ritual, das dem Regenfall, dem Reichtum der Ernten, der Fruchtbarkeit von Vieh und Mensch und der allgemeinen Wohlfahrt des Königreiches gewidmet ist, spielt der weiße Elefant, der in so dauernder Beziehung zur Göttin Lotos steht, eine bezeichnende, hervorragende Rolle. Solch ein Fest wird in der Hastyayurveda beschrieben. Der mit Sandelholzpaste weiß gemalte Elefant wird in feierlicher Prozession durch die Hauptstadt geleitet. Seine Begleiter sind *Männer in Frauenkleidern, die mit clownischen unanständigen Bemerkungen und Witzen Fröhlichkeit hervorrufen.* Durch diese rituelle weibliche Verkleidung ehren sie das weibliche Prinzip des Kosmos, die mütterliche, gebärende, nährende Energie der Natur, und durch ihre ebenfalls rituelle unzüchtige Sprache stimulieren sie die schlafende sexuelle Energie der Lebenskraft. Schließlich bringen die hohen Beamten des Reiches, sowohl Zivil wie Militär, dem Elefanten ihre Verehrung dar. Der Text bemerkt dazu: ›Wenn sie den Elefanten nicht verehren würden, wären der König und sein Reich, das Heer und die Elefanten zum Untergang verurteilt, weil eine Gottheit mißachtet worden wäre. Wenn aber dem Elefanten die ihm geschuldete Verehrung gezollt wird, so werden sie blühen und wachsen . . . Die Ernten werden zur rechten Zeit emporsprießen; Indra, der Regengott, zur gewohnten Zeit Regen senden, und es wird weder Pest noch Dürre sein. Sie werden hundert Jahre lang leben . . . und das Verlangen nach Reichtümern und anderen Gütern soll auch erfüllt werden. Die Erde wird mit Schätzen kostbarer Metalle überfließen.« *(Ebd. S. 121 f.)*

Sri-Laksmi auf ihrem Lotus, flankiert von ihren beiden Elefanten.

Symbolisch gesehen unterstreichen die Elefanten Lakschmis vielseitiges Wesen. Sie verweisen auf die befruchtende Kraft des Regens und zugleich auf königliche Autorität, denn im alten Indien waren Könighöfe ohne Elefanten-Stallungen undenkbar. Ähnlich wie Lakschmi von den Elefanten, so wurde auch der König bei seiner Inthronisation mit heiligem Wasser begossen, das ihm Kraft und Autorität verleihen sollte. Wenn man die von Elefanten besprengte Lakschmi u. a. auch als eine Darstellung dieses Krönungsrituals deuten kann, so übertragen ihr diese Tiere genau die Eigenschaften, als deren Quelle sie gemeinhin gilt: Fruchtbarkeit und (königliche wie spirituelle) Autorität. Die Göttin verleiht königliche Macht und wird zugleich in ihr gegenwärtig. »Darüber hinaus stehen die Elefanten in den Bildern häufig auf Lotossen, dem überragenden Symbol Lakschmis. Die Elefanten durchtränken somit förmlich Lakschmi mit eben jenen Eigenschaften, die sie selbst im Höchstmaß besitzt, und sie wiederum erfüllt ihrerseits die Elefanten mit diesen Qualitäten. Man wird sich schwerlich ein bedeutungsvolleres Bild vorstellen können, das den Zuwachs an königlicher Autorität, Fruchtbarkeit und Lebenskraft anzeigt« (Kinsley, S. 40).

Nach dem Mythos von der *Quirlung des Milchmeeres*, der im *Mahabharata*, einem der drei großen indischen Märchenromane erzählt wird, waren unter den ersten Gestalten die von Göttern und Dämonen an die Oberfläche gequirlt wurden »die Göttin Lotos und Airavata, der milchweiße Elefant«. Heinrich Zimmer führt den Namen des Tieres u. a. auf »*ira* ›Wasser‹, trinkbare Flüssigkeit überhaupt, Milch, Erfrischung, die Flüssigkeit, die in dem kosmischen Milchmeer enthalten ist« zurück und meint, daß *Airavata* sich von einer Mutter namens *Iravati* ableitet, und das heißt: »Sie, die das Flüssige besitzt«, bzw. der Fluß selber ist (Zimmer, 1981, S. 117). Im Mythos von der Quirlung des Milchmeeres erscheint Lakschmi zudem als Gemahlin Vischnus, als Verkörperung seiner Maya:

6.   Die Quirlung des Milchmeeres

Der Mythos von der Quirlung des Milchmeeres erzählt, wie es den indischen Gottheiten gelang, für sich Unsterblichkeit zu erwirken:

Einst tobte wieder einmal der Kampf zwischen Göttern und Widergöttern, »vorzeiten waren die einen so sterblich wie die anderen. Da fielen Widergötter zu Hunderten von den Händen der Götter.

Schukra, ein Mensch aus dem Brahmanengeschlecht der Bhrigus, war der Priester der Widergötter. Er gebrauchte ein Zauberwissen, das wiederbelebt, und machte damit die erschlagenen Dämonen wieder lebendig, wie einer Schlafende aufweckt. Schiva selbst, der Gott großmächtigen Wesens, hatte ihm gnädig dieses glanzvolle ›Geheime

Wissen des Großen Herrn‹ geschenkt, das den Namen trägt ›Die Toten belebend‹. Alle Dämonen freuten sich, als sie sahen, der Sohn des Bhrigu hat das ›Wissen des Großen Herrn‹ in Besitz, so wie es aus dem Munde des Großen Herrn gekommen ist. Darauf vollzog der weise Schukra den Zauber der Unsterblichkeit an den Dämonen – Unsterblichkeit, die in allen Welten nicht die Götter, nicht die Kobolde noch Unholde besaßen, nicht Schlangen noch heilige Seher – Unsterblichkeit, die nicht bei Brahma noch bei Indra oder Vischnu war. Als Schukra sie von Schiva erhalten hatte, erfüllte ihn höchste Ruhe.

Danach erhob sich ein grausiger, gewaltiger Kampf zwischen Göttern und Widergöttern. In ihm richtete der kluge Schukra die von den Göttern erschlagenen Dämonen wieder auf mit der Kraft seines Zauberwissens – für ihn war das ein Spiel. Die Götter aber lagen erschlagen da zu Hunderten und Tausenden. Da zeigte Indra, der König der Götter, ein bestürztes Gesicht, auch sein Priester Brihaspati, der Mann erhabenen Geistes, und die übrigen Götter waren bestürzt – ohnmächtig standen sie da. Aber der lotosentsprossene Gott, der erhabene Herr der Welt, sprach zu den niedergeschlagenen Götterfürsten auf dem Rücken des Weltberges Meru – Brahma sprach:

›Ihr Götter, hört mein Wort und betrachtet es wohl! Schließt ein Bündnis mit den Dämonen! Müht euch um den Trank der Unsterblichkeit, quirlt das Milchmeer! Nehmt Varuna, den Herrn des Meeres, euch zum Gesellen und weckt Vischnu, den Gott, der die Wurfscheibe in Händen hält, aus seinem Schlummer. Nehmt den Berg Mandara zum Quirlstock und gürtet um ihn die *Weltschlange Schescha* als Quirlstrick und stellt Bali, den Herrscher der Dämonen, dabei zum Quirlen an – nur auf einen Tropfen Zeit. Bittet den unvergänglichen Vischnu, daß er in seiner Gestalt als Schildkröte, die auf dem untersten Grunde der Welt den ganzen Weltleib trägt, den Quirl auf seinem Schilde trage, indes ihr quirlt!‹

Die Götter vernahmen seine Rede und gingen zur Behausung der Dämonen: ›Genug der Feindschaft, Bali, fortan sind wir deine Diener. Wir wollen uns um den Trank der Unsterblichkeit mühen! Schescha sei zum Quirlstock erkoren, und wenn du im Quirlen den Trank der Unsterblichkeit gewonnen hast, werden wir alle unsterblich sein dank deiner Huld.‹

Als die Götter so zu ihm sprachen, war der Dämon hochbefriedigt: ›He, ihr Götter, ich will tun, was ihr sagt; denn ich allein habe ja die Kräfte, das Milchmeer zu quirlen. Ich werde den Trank der Unsterblichkeit herbeischaffen, auf daß ihr fortan unsterblich seid. Denn wer Feinde, die von weither kommen, Schutz bei ihm suchen und sich vor ihm beugen, nicht liebevoll ehrt, der geht in jenem wie in diesem Leben zugrunde. Fortan will ich euch alle in Liebe beschirmen.‹

So sprach der Fürst der Dämonen und ging mit den Göttern und bat den Berg

Mandara, ihnen zu helfen: ›Sei unser Quirlstock jetzt beim Quirlen des Tranks der Unsterblichkeit, denn das ist das große Werk, das allen Göttern und Widergöttern aufgegeben ist.‹ – ›So sei es‹, sprach der Mandara, ›wenn ein Halt da ist, auf dem ich stehen kann, während ich wirble, so will ich die Allflut quirlen. Zum Amt des Quirlstricks sucht euch einen, der die Kraft hat, mich herumzuwirbeln.‹

Da stiegen aus der Tiefe zwei gewaltige Götter empor, die Schildkröte und die Weltschlange Schescha, beide sind Teile eines Viertels Vischnus und sind bestellt, die Welt zu tragen. Beide sprachen stolzgeschwellte Worte. Die Schildkröte sprach: ›Ob ich gleich alle drei Welten trage, werd ich doch nicht müde. Wie würd ich müde von Klein-Mandara, dem Knirps, der einem Kiesel gleicht.‹ – Und Schescha sprach: ›Ob ich das Weltall, das Ei Brahmas umgürte oder ob ich das Ei Brahmas quirle, beides schafft meinem Leibe kein Ermatten – etwa das Drehen des Berges Mandara?‹

Darauf entwurzelte das Schlangenwesen im selben Augenblick den Berg Mandara und warf ihn spielend ins Milchmeer, und die Schildkröte stellte sich unter seine Spitze.

Da vermochten Götter und Dämonen im Verein den Mandara nicht herumzuwirbeln und begaben sich zur Stätte Vischnus, dort sahen sie den strahlenden Gott, er schimmerte wie ein Lotoskelch und war tief versenkt in magischen Schlummer. Der Unerschütterliche trug ein gelbes Gewand, Perlenschnüre und Armbänder umwanden ihn, und er lag auf dem Schlangensitz. Mit dem Lotos seines Fußes berührte er das Nabelrund der Göttin ›Lotos‹, sie hielt, am Fußende des Lagers kauernd, seinen Fuß in ihrem Schoße. Der Sonnenvogel Garuda, auf dem sie reitet, fächelte ihn mit seinen Schwingen, Selige, himmlische Chöre und Halbmenschen priesen ihn, die heiligen Veden umstanden ihn leibhaft und sangen ihm Preis. Götter und Dämonen legten die Hände hohl aneinander und verneigten sich aus allen Weltrichtungen und priesen ihn, der da lag, den linken Arm als Kissen unter den Kopf gewinkelt. Sie sprachen: ›Anbetung dir, der über den drei Welten waltet und die Sonne an leuchtender Glut überstrahlt; du treibst die Welt aus dir hervor, du erhältst sie und raffst sie, als Schiva gestaltet, vernichtend wieder in dich hinein! Anbetung dir, der selbst Schiva unnahbar ist, der die Dämonen schlägt und mit drei Schritten die Welt durchmißt, der die Dreiwelt ist und ihre Vernichtung! Anbetung dir, du großes fressendes Feuer der Vernichtung, das die Geschlechter der Dämonenfürsten verbrennt; du Starker, dem Teiche deines Nabels entwuchs Brahma, der lotosentsprossene Gott! Anbetung dir, lotosentsprossenes großes Wesen, Schöpfer, Vernichter und Freund der Welt! Erzeuger und Herr aller Welten, der du Werk, Werkzeug und Werkmeister bist, du Untergang der Götterfeinde, strahlender großer Held, Anbetung dir! Du trinkst den Honig vom Lotosblumenmunde Lakschmis, du bist die Behausung des Ruhms! Um unserer Unsterblichkeit willen halte, o halte du den Mandara, den Berg aller Berge, der Myriaden von Myriaden Berge groß ist! Pack ihn mit einer Hand deiner beiden Arme voll unendlicher Kraft, quirle uns den Trank der Unsterblichkeit, o Gott, die wir nach Lebenskraft und Heil verlangen!‹

Der Erhabene vernahm ihr Lobpreisen und ihre Rede – da ließ er seinen magischen Schlummer fahren. Und der Töter des Madhu sprach: ›Willkommen all, ihr Klugen, was ist eures Kommens Grund? Befreit euch vom Fieber der Angst, sagt an, wozu ihr gekommen seid?‹ – Da sagten die himmelbewohnenden Götter: ›Herr der Götter, wir quirlen das Milchmeer, um Unsterblichkeit zu erlangen – hilf uns, daß wir unsterblich werden! Ohne dich vermögen wir es nicht, du Vernichter Kaitabhas. Führe uns an, o Herr, den Trank der Unsterblichkeit zu gewinnen!‹

So sprachen sie, und der unnahbare Vischnu, Vernichter seiner Feinde, schritt samt den Göttern zum Mandaraberge hin, der war von einer Windung der Weltschlange umgürtet, und Götter und Dämonen hielten ihn. Da stellten sich die Götter aus Furcht vor dem Gift der Weltschlange an ihr Schwanzende, die Dämonen aber standen bei ihrem Kopfteil, allen voran Rahu, der Mondverschlinger, der die Mondfinsternis wirkt. Und Bali ergriff mit der linken Hand das Haupt der Schlange mit tausend Mündern, mit der rechten zog er an ihrem Leibe. Vischnu hielt mit zwei Paar Armen den Weltberg Mandara samt seinen lieblichen Schluchten als Quirl umfaßt. Da riefen Götter und Widergötter ›Sieg‹ und quirlten das göttliche Milchmeer volle hundert Jahre lang. Dann waren alle Götter und Dämonen matt, und Indra ward zu einer Wolke und regnete auf die Erschöpften mild stäubende Tropfen, und der Windgott wehte sie kühlend an. Die ermatteten Götter erholten sich, und der lotosthronende Brahma rief: ›Quirlt, quirlt das Milchmeer!‹ so rief er immer wieder, ›wer unbezwinglich sich müht, dem winkt uferloses Glück!‹ Von Brahma angefeuert, quirlten sie Götter das Meer aufs neue, da wirbelte der Berg umher mit seinem Gipfel, der Myriaden Meilen maß, und im Wirbeln sausten Elefanten herdenweis von ihm ab, Wildschweine, Ungeheuer und Myriaden wilder Tiere, Blüten, Früchte und Bäume zu Tausenden. Dank der Kraft dieser Früchte und dem Saft der Blüten und Kräuter gerann das flüssige Milchmeer ganz und stockte zu dicker Milch. Da wurden all die Tausende lebender Wesen zerquirlt und strömten Fett und Saft aus – daraus entstand gegorener Rauschtrank.

Die Götter und Dämonen rochen den Duft des Rauschtranks, da jubelten sie auf. Sie schmeckten von ihm und wurden davon voller Kraft; da packten die Widergötter den Schlangenkönig ringsum, Vischnu trat allen voran und umschlang den Mandara mit seinen Armen, an den hinteren Teil der Schlange trat Indra, neben ihn der Sonnengott, dahinter die übrigen Götter, und es erhob sich ein gewaltiger Schall aus dem Meer, wie mächtiger Wolkendonner, als sie die Flut quirlten. Da schleuderte der große

Berg Wassertiere aller Arten durcheinander, zu Hunderten und Tausenden kamen sie um, viele Geschöpfe des Meergottes Varuna, die im tiefsten Grunde der Welt hausten, vernichtete er. Und Riesenbäume, aneinander zerrieben, stürzten da samt ihren Vögeln vom Gipfel des Bergs, als er herumgewirbelt wurde; sie rieben sich aneinander, entzündeten sich, und Feuer umlohte den Berg. Immer wieder flammte es auf wie mit Blitzen und stand in schwarzblauer Wolke, es verzehrte Elefanten und Löwen, die nach allen Seiten herausflohen, und alle anderen Geschöpfe von vielen Arten, die ihr Leben verloren. Als es verzehrend nach vielen Seiten griff, löschte es Indra rings mit Wasser, das er aus Wolken strömen ließ. Da flossen Säfte von vielerlei Art in die Flut, Harze der Riesenbäume und viele Säfte von Kräutern. Und die Milch solcher Säfte, die in sich Kraft des Unsterblichkeitstrankes bargen, schenkte den Göttern Unsterblichkeit, daß ihre Haut wie Gold glänzte. Aber des Meeres Milch, die Flut, die in ihm war, wandelte sich, mit anderen Säften vermischt, von Milch zu Butter. Da sprachen die Götter zu Brahma, der da saß: ›Wir sind gewaltig müde, Brahma, und der Trank der Unsterblichkeit kommt nicht hervor; außer Vischnu sind alle Götter und Dämonen müde, und allzulange währt auch das Quirlen des Weltmeers.‹

Da sagte Brahma zu Vischnu: ›Gib du ihnen Kraft, du bist die höchste Rettung.‹ – Und Vischnu sprach: ›Kraft schenke ich allen, die sich zu diesem Werke angeschickt haben; rührt den Mandara Schritt um Schritt und laßt ihn kreisen!‹ – Alle vernahmen sein Wort, da wurden sie stark und regten vereint die Flut des Weltmeers gewaltig auf.

Da erhob sich klaren Glanzes, weißgewandet und leuchtend wie hundert Sonnen, der Mond aus dem Meere. Ihm nach erstand Schri – Glück und Schönheit –, sie trug ein Gewand licht wie zerlassene Butter; und die Göttin des Rauschtranks erstand und ein lichtes Pferd. Und es erstand das Juwel Kaustubha, das im Trank der Unsterblichkeit seinen Ursprung hat, in Strahlen aufblühend, und der Parijatawunderbaum mit Büscheln geöffneter Blüten, von dessen Zweigen die Seligen Erfüllung aller Wünsche pflücken.

Aber alsbald gewahrten die Götter einen himmelfarbenen Rauch, der füllte alle Weltgegenden, und kein himmlisches Wesen mochte ihn ertragen. Als die Götter ihn atmeten, sanken sie in Ohnmacht und Erschlaffen. Sie saßen nieder am Gestade des Meeres und umfaßten sich das Haupt mit der Hand; dann ward mählich das unbezwingliche Feuer von neuem sichtbar, von Flammen umkränzt drohte es Glut ringsum, und Götter und Widergötter waren schier rings von ihm umleckt. Verbrannt und angesengt liefen sie irr nach allen Seiten. Alsbald entquollen dem Feuer schwarze Schlangen mit gewaltigen Zähnen und rote windfressende, weiße, gelbe und kuhschnäuzige Mücken und Bienen, Bremsen, Schmeißfliegen und Heuschrecken, Ohrwürmer und Eidechsen – zahllos wimmelten zahnbewehrte schreckliche Wesen von giftigen Arten, und Gifte quollen zu Hunderten, von deren bloßem Geruch und Hauch auch Gipfel von Bergen schnell versengt sind.

Und in Meeres Mitten sahen sie einen leibhaft stehen, der war eine Stätte des Schreckens für alle lebenden Wesen. Er glänzte dunkel wie Augensalbe, vermengt mit blauschwarzen Fliegen und Fluten schwarzer Farbe, er war grauenhaft und blies seinen Atem. Mit seinem Leibe füllte er den Raum zwischen den Welten, und seine Haare flammten wie Feuer. Er war mit Gold und Perlen geziert, trug ein Diadem und war in gelbe Seide gewandet, er schimmerte wie ein dunkelblauer Lotos und war mit Blumengaben geschmückt. Er dröhnt, und sein Sturm war wie Meeresbrandung. ... Sein Atem versengte Vischnu und Indra und die Dämonen; die Wesen mit himmlischen Gestalten sahen aus wie verbrannte Kohlen. Aber erschauernd redete Vischnu das göttliche Wesen an – der herrlich Erhabene sprach: ›Wer bist du, Großer, dem Tode gleich? Und woher kommst du? Was kann dir zu Gefallen geschehen?‹

... ›O Vischnu, ich heiße *Kalakuta* – dem Weltmeer entstamme ich. Als Götter und Widergötter in heißem Zorn das gewaltige Weltmeer quirlten, wünschten sie dabei einander den Tod – da entstand ich, um alle Götter zu töten samt den Dämonen. Alles was Leib hat, werde ich in einem Augenblick töten. Schlingt mich hinunter allesamt, oder geht zum Gotte, der auf dem Berge wohnt!‹

Götter und Widergötter vernahmen sein Wort und gingen allesamt voll Angst zu Schiva. Die ›Herren der Scharen Schivas‹, die an seiner Tür Dienst taten, meldeten sie an, und, von Schiva entboten, traten sie hinein zum Gott, der auf dem Berge wohnt – in eine goldene Höhle des Mandaraberges, die mit Perlen und Juwelen geziert war, ihre Treppenstufen waren aus klarem Bergkristall, und ihre Säulen aus Beryll. Dort sanken sie alle in die Knie und erhoben unter Brahmas Anführung einen Preisgesang:

... ›Held ohnegleichen, mit den rötlichen Haarflechten, Anbetung dir! – Gatte der *Uma [ein anderer Name der Maya in ihrer Erscheinungsform als Gemahlin Schivas; Uma heißt übersetzt: Frieden der Nacht]*, der das Opfer der Götter zerstört hat, der die drei Burgen der Dämonen in den drei Welten zerstört – du bist wachend in reinem Geist, du erscheinst als Alleinsamkeit des Erlösten, du erschaffst die drei Welten, du bist der Veda der Hymnen und der Sprüche und der Melodien, ... dein Auge ist die heilige Offenbarung! ... Ständiges und Wandelndes sind dein Wesen, entfaltet bist du unentfaltet – Anbetung dir, dem Entfaltet-Unentfalteten!

Wer sich dir ergibt, des Leiden machst du zunichte, du bist Vischnu hold. Geliebter der Uma, dein Zeichen ist das Haupt deines Stieres Nandin. Du bist die Jahreszeiten, die Zeitalter, die Weltalter – die halben und die ganzen Monde und die Tage sind dein Wesen! ... – Anbetung dir!‹

Schiva war es zufrieden, und lächelnd sprach er zu den Furchtsamen die glückverheißenden Worte: ›Zu welchem Ende seid ihr hergekommen? Eure Lotosgesichter sind welk vor Angst – welchen Wunsch gewähre ich euch?‹

Da klagten ihm Götter und Widergötter: ›Großer Gott, wir quirlten das Weltmeer, um den Trank der Unsterblichkeit zu gewinnen, da entstand ein gewaltiger Gifttrank, der die Welt zu vernichten droht. Allen Göttern schuf er Angst, als er zu uns sprach: ›Euch alle verzehr ich, oder ihr trinkt mich jetzt auf!‹ – Wir haben nicht die Kraft, ihn zu verschlingen, aber er uns, trunken von seiner Kraft. ... Wie Gewinn Unseligen zum Schaden ausschlägt, und Schwachen im Unglück ein Entschluß Verderben bringt, so erstand uns aus dem Wunsche nach Unsterblickeit dieses Gift. Erlöse uns aus dieser Not ... Rette uns vor dem Fieberbrand des Giftes, Dreiäugiger! Entschließe dich, es zu verschlingen!‹

Als der Gott über Götter ihre Rede vernahm, sprach er, der den Liebesgott, den Quirlstrick aller Lusterregung, zu Asche verbrannte: ›Ich werde Kalakuta, das grausige Riesengift verzehren. Und was sonst noch zu tun ist und schlimm zu vollbringen ist, auch das will ich vollenden. Befreit euch vom Fieber der Furcht!‹

Als er so sprach, sträubten sich Göttern und Widergöttern vor Freude die Haare am Leibe, und ihre Kehle stammelte tränenerstickt, ihre Augen füllten sich mit Freudentränen, und sie kamen sich wie geborgen vor. ... Am Milchmeer angelangt, sah sich der Große Gott nach Kalakuta, dem großen Gifte, um. Er trat an einen schattigen Fleck und trank es aus der linken Hand. Indra und alle Götter, ›Goldauge‹ und die Widergötter sangen und tanzten, als er das Gift trank; sie erhoben gewaltige Löwenschreie und priesen den Herrn der Götter und waren froh.«

Schiva »hielt das Gift in seiner Kehle fest, davon ward sie blauschwarz und davon heißt er *Nilakantha*, ›Blauhals‹. – Als Hara das Gift getrunken und die Scharen der Götter errettet hatte, ging er von dannen, zur Höhle des Weltberges Mandara.

Als er gegangen war, quirlten die Götter das Meer von neuem auf vielerlei Art. Da ward in ihm Dhanvantari sichtbar, der Urvater des Heilwissens vom langen Leben, und die Göttin des Rauschtrankes stieg herauf mit langgeschnittenen Augen, die den Sinn der Welt berauschend quirlt, danach kam *der Trank der Unsterblichkeit*, mit seinem Dufte erlöste er alle Geschöpfe von Furcht. *Ihm vorauf erhob sich die Göttin ›Lotos‹ aus der Flut, die Spenderin von Glück und Schönheit, die ›Schri‹ und ›Lakschmi‹ genannt wird, und Vischnu nahm sie sich zur Gemahlin*; dazu kam Kaustubha, das große Juwel, das Vischnu auf der Brust trägt. Ein weißer Elefantenkönig stieg herauf, den nahm sich der tausendäugige Indra zum Reittier, und ein Juwel von einem weißen Pferd nahm sich der Sonnengott. Einen leuchtend weißen Sonnenschirm nahm sich Varuna, der Herr der Wasser, als Zeichen seiner Königswürde, und zwei Ohrringe nahm sich Indra. So nahm sich der Windgott freudig den Parijatabaum, dessen Zweige die Erfüllung aller Wünsche tragen.

Danach aber stieg der Gott Dhanvantari, der Arzt der Götter, der aller Welt Freisein von Krankheit schafft, leibhaftig herauf und hielt eine weiße Schale in Händen, in ihr war der Trank der Unsterblichkeit.

Als die Dämonen das große Wunder sahen, erhob sich ein gewaltiger Lärm. ›Mein!‹ ›Mein!‹ brüllten sie wild durcheinander um den Trank der Unsterblichkeit. *Da gebrauchte Vischnu seine betörende Maya und schuf sich eine unvergleichlich schöne Frauengestalt und näherte sich mit ihr den Dämonen.* Da reichten die Dämonen, alle von ihr in den Bann geschlagen, verblendeten Sinnes der schönen Frau den Trank der Unsterblichkeit. Dann stürmten sie vereint gegen die Götter an, gewaltige Wurfgeschosse und Waffen in Händen schwingend.

Vischnu aber, der heldenhafte Gott, nahm den Trank der Unsterblichkeit und trug ihn von den Dämonen fort; da kosteten alle Götter in Scharen vom Tranke der Unsterblichkeit, sie erhielten ihn aus Vischnus Händen, während wildes Kampfgetümmel sie umtobte. Aber während sie den ersehnten Trank schlürften, trank auch der Dämon Rahu davon, der göttliche Gestalt angenommen hatte. Schon war der Trank ihm bis in den Hals hinabgelangt, da zeigten Sonne und Mond, die den Göttern Heil wünschten, es ihnen an. Und Vischnu, der die Wurfscheibe in Händen hält, schlug ihm voller Kraft mit der Wurfscheibe das schöngeschmückte Haupt ab, indes er trank — wie ein Berggipfel fiel es krachend zur Erde, daß sie erbebte. *Seither hegt Rahus Haupt, unsterblich durch den Trank, unauslöschliche Feindschaft gegen Sonne und Mond und verfolgt sie, es schnappt nach ihnen in Verfinsterungen und verschlingt sie,* aber es muß sie wieder freigeben, denn es hat keinen Leib, sie darin zu bergen.

Da legte Vischnu die Gestalt der unvergleichlich schönen Frau ab, und die Dämonen erzitterten vor seinen vielfältigen Waffen ...« Nach gewaltigen Kämpfen erstritten zu guter Letzt die Götter den vollen Sieg. *(Aus: Zimmer 1978, S. 129–140)*

Obwohl es Versionen dieses Mythos gibt, in denen Lakschmi nicht vorkommt, wurde ihre frühe Verbindung mit der Geschichte der Herausdestillierung machtvoller Lebensessenz den Indern offenbar immer wichtiger. Ist doch allein ihre wohltätige Gestalt Ausdruck für die wunderbare Verwandlung der formlosen Wasser in organisches Leben. Zugleich sollte »die Quirlung« Lakschmis (späte) Verbindung mit Vischnu erklären, als dessen Gemahlin sie keineswegs immer galt. Selber die Verkörperung von Macht und königlicher Autorität, fühlt sich diese Göttin der Reihe nach zu Göttern (und Dämonen) hingezogen, die ihrerseits Stärke zu versprechen scheinen. Eine der von ihr Bevorzugten Gottheiten ist Indra, der Gott von Blitz und Donnerkeil. Ein

Mythos schildert, wie Regen zur Erde niederströmte, als Lakschmi sich neben den Gott setzte, und daß daraufhin Feldfrucht im Überfluß hervorbrach. Ein anderer Mythos erzählt dagegen vom Verschwinden der Fruchtbarkeit: *Danach entschwand Schri-Lakschmi aus allen drei Welten, nachdem Indra sie beleidigt hatte.*

> »Als Folge ihres Verschwindens werden keine Opfer mehr vollzogen, die Weisen setzen ihre Askese nicht mehr fort, alle Freigebigkeit kommt an ein Ende; die Sonne und der Mond verlieren ihren Glanz, die Götter ihre Stärke und das Feuer seine Hitze. *In Abwesenheit der Göttin wird die Welt stumpf und glanzlos und beginnt zu verfallen.* Als sie zurückkehrt, gewinnen die Welten ihre Lebenskraft zurück, und die Gesellschaft der Menschen und die Ordnung der Götter sind wieder im Besitz ihres Sinnes für Zweck und Pflicht.« *(Kinsley, S. 45)*

Eine Geschichte, die wohl nicht zufällig an den Demetermythos erinnert.

Infolge ihrer ständig wechselnden Verbindungen mit Göttern des indischen Pantheons gilt Lakschmi als so treulos und wankelmütig und unstet wie das Glück, das sie schenkt. »In einem Text heißt es von ihr, sie sei so unbeständig, daß sie sich selbst in einem Bild bewege und daß sie sich mit Vischnu nur deshalb verbinde, weil sie sich zu seinen vielen verschiedenen Formen (*avataras*) hingezogen fühle« (ebd. S. 43). Das ändert sich erst mit der Epoche, seit der sie als Gemahlin Vischnus auftritt (ab ca. 400 n. Chr.). Von da ab wird sie nahezu ausschließlich mit ihm zusammengesehen. Die Geschichte vom Buttern des Weltozeans spiegelt diese Verbindung wider und legitimiert sie damit zugleich.

»Als Schri aus dem Ozean hervorgeht, fühlt sie sich spontan zu Vischnu hingezogen.« Mit zu dieser Anziehungskraft beigetragen hat offensichtlich Vischnus königliches Wesen. Jahrhundertelang (5.–13. Jhd. n. Chr.) galt Vischnu sogar »als der göttliche König par excellence«. So er nicht selbst in seinen verschiedenen Erscheinungformen von Zeit zu Zeit in das Weltgeschehen eingreift, hält er die Ordnung des Universums aufrecht, indem er gerechte Herrscher zu Königen bestimmt. Könige aber können nur wirkungsvoll regieren, solange Schri ihnen die nötige Stärke und Autorität dazu verleiht. »In der Tat ist es so, daß Vischnu seine menschlichen Vertreter bestimmt und Schri diese dann mit der Macht ausstattet, die sie dazu befähigt, Vischnus kosmische Ordnung wirksam zu bewahren« (ebd. S. 46).

Als Vischnus Frau verliert Lakschmi ihren unbeständigen Charakter und wird nach und nach zum Sinnbild der ihrem Gatten treu ergebenen und anpassungsbereiten Hindu-Ehefrau. Als solche verkörpert sie nun die soziale Ordnung, ihr Wirken zeigt sich in der rechten Lebensführung, in der korrekten Einhaltung der gesellschaftlichen Regeln. »Man sagt beispielsweise, daß sie mit denen zusammenlebe, die die Wahrheit sprechen und großzügig sind.« Im *Mahabharata* erklärt sie:

»Ich wohne in der Wahrheit, in der Gabe, im Gelübde, in der Askese, in der Stärke und Tugend.« *(Ebd. S. 48)*

Die meisten ikonographischen Abbildungen zeigen Vischnu und Lakschmi als ein zufrieden lächelndes, glückliches Paar, häufig sogar in intimer gegenseitiger Berührung. Eine Vorstellung, die letztlich darin gipfelt, daß man beide Gestalten zu einer einzigen bisexuellen Figur verschmelzen läßt, deren linke Hälfte die Göttin darstellt. Ihre gegenseitige Verwiesenheit ist Thema einer langen Passage im *Vischnu-Purana:* Danach ist

> »Vischnu die Rede und Lakschmi die Bedeutung;
> er ist das Verstehen, sie ist der Intellekt;
> er ist der Schöpfer, sie ist die Schöpfung;
> sie ist die Erde und er die Stütze der Erde;
> sie ist die rankende Kletterpflanze, er der Baum, an den sie sich anklammert;
> er ist eins mit allen Männern, und sie ist eins mit allen Frauen;
> er ist Liebe, und sie ist Wonne.« *(Ebd. S. 49)*

Wesentlich zentralere Rollen spielt Lakschmi allerdings noch in den mythologischen und philosophischen Anschauungen der *Pancaratra-* und *Schri-Vaischnava* -Schulen.

Die Pancaratra-Schule feiert sie als *schakti* Vischnus, der allein Entstehung und Entfaltung des Universums zu danken sind; während der Gott selbst untätig im Hintergrund bleibt, überläßt er seiner *schakti* (seiner dynamischen Energie) die Ausführung des gesamten Schöpfungsgeschehens. Ein beliebter Text der Pancaratras – das sog. *Lakschmi-Tantra* – besagt, »daß Lakschmi die Schöpfung des ganzen gewaltigen Universums nur mit einem milliardsten Teil ihrer selbst bewerkstelligte« (ebd. S. 50); ihre restliche Gestalt bleibt jenseitig und von ihren Geschöpfen unerkennbar. Im selben Text beschreibt sie ihr Wirken für die Schöpfung wie folgt:

> »Dem Prinzip des Daseins innewohnend, sei es manifest oder unmanifest, bin ich zu allen Zeiten die Antreiberin (das potentielle Element aller Dinge). Ich manifestiere mich selbst (als die Schöpfung), ich löse mich am Ende wieder auf (zum Zeitpunkt der Zerstörung), und ich bin mit allem beschäftigt (wenn die Schöpfung ihr Dasein beginnt). Ich allein bringe (die Schöpfung) hervor und zerstöre sie wieder. Ich spreche die Guten von ihren Sünden los. Als die (Mutter) Erde für alle Wesen vergebe ich ihnen (all ihre Sünden). *Ich messe alles zu [»ma«!].* Ich bin der Prozeß des Denkens, und ich bin in allem enthalten.« *(Ebd.)*

Hier wird Lakschmi im Grunde mit der großen Maya selbst identisch sowie mit deren kosmischen Vertretern Brahma, Vischnu und Schiva. Die Pancaratras fassen sie als grundlegende Wirklichkeit auf, »auf der alles beruht« und welche »die gesamte Schöpfung mit Lebenskraft, Wille und Bewußtsein durchdringt« (ebd. S. 49). Das ganze *Lakschmi-Tantra* preist sie – und nicht Vischnu – »als die eine, die alle Wünsche erfüllt und deren besonderes *mantra* erlösende Macht verkörpert« (ebd. S. 50).

> »Wie mit dem Öl, das eine Lampe am Brennen hält, tränke ich die Sinne der Lebewesen mit meinem eigenen Bewußtseinssaft« *(ebd. S. 51)*, sagt sie an einer Stelle desselben Tantras von sich. Andere Passagen stellen sie sogar *Prakriti* gleich, jenem dynamischen Aspekt der Schöpfung, der nach Vervielfältigung, Mannigfaltigkeit und Besonderheit strebt, ein aktives fruchtbares Prinzip, das seine Geschöpfe mit dem Saft des Lebens durchdringt.

In der *Schri-Vaischnava-Theologie* wird Lakschmi schließlich zum Synonym für göttliches Erbarmen und tritt als Vermittlerin zwischen die (sündigen) Gläubigen und den fernen, unnachgiebigen Vischnu.

> »O du, Mutter, die auf dem Lotos thront, höre auf meinen Einwand! Ich stammle wie ein kleines Kind; bringe du mit deiner Gnade (*prasada*) den Herrn, der dein Geliebter ist, dazu, mein Gesuch anzuhören«, betet Vedanta Deschika (1268–1368 n. Chr.), um an anderer Stelle fortzufahren:

> »Die Mutter …, deren Wesen so beschaffen ist, daß ihre Gestalt mit keinem Ärger vermischt ist und auf alle ausgegossen wird, erspart sich keine Anstrengung, auf daß der strafende Gebieter auch mit denen zufrieden sei, die verschiedene Fehler begangen haben. Sie kühlt die Hitze seines Zornes, der entsteht, da er der Vater ist.« *(Ebd. S. 52)*

Folgende Unterhaltung zwischen Schri und Vischnu wird als typisch angesehen, wobei zuerst Vischnu argumentiert:

> »›Seit anfangloser Zeit hat dieser Mensch meine Gesetze mißachtet und war ein Grund für meinen Zorn. Wenn ich ihm seine Fehler vergebe und sie geduldig hinnehme, anstatt ihn zu bestrafen, werde ich die Vorschriften des Schastra mißachten.‹ Schri entgegnet ihm: ›Doch wenn du den Menschen bestrafst, anstatt ihn zu retten, wird dein gnadenreiches Wesen dahin sein.‹« *(Ebd.)*

Womit sie Vischnu schlau bei der Ehre seines Selbstbildes packt. Wenn gar nichts anderes mehr hilft, um ihren Gemahl gnädig zu stimmen, setzt sie ihre Schönheit ein, um ihn zu verführen und zu umgarnen. »Es sollte erwähnt werden, daß in der Religion der Schri-Vaischnavas die Göttin noch immer den Ruf genießt, alle guten Dinge zu gewähren. In der Tat, sie hat die Oberherrschaft« (ebd. S. 53).

Das ganze Jahr über wird Lakschmi in einer Vielzahl von Festen verehrt. Das bedeutendste dieser Feste heißt *Dipavali* (*Divali*) und fällt in den Spätherbst. Inhalte der Feier kreisen um so zentrale Themen wie

- Reichtum und Wohlstand,
- Fruchtbarkeit und reiche Ernte,
- glückliches Schicksal.

Ihre Verbindung mit materiellem Wohlstand macht sie zur beliebtesten Göttin der Kaufleute. Deshalb gehört zu den Festsitten auch die rituelle Verehrung der Geschäftsbücher, mit denen die Händler den Segen der Göttin erbitten.

Bauern wiederum sind gehalten, ihre (um diese Jahreszeit bereits abgeernteten) Felder zu verehren und Lakschmi Schafe und Ziegen darzubringen. In diesen Zusammenhang gehören auch Gebete an Misthaufen und Kuhdung als den elementaren Garanten zukünftiger Ernten.

Während dieses Festes sind zudem »die mythischen Jahresende-Motive unübersehbar. Es heißt, daß zu diesem Zeitpunkt die Geister der Toten wiederkehren und daß der Dämon Bali aus der Unterwelt emporsteigt, um für drei Tage die Erde zu regieren. Kobolde und bösartige Geister treiben sich herum, und Glücksspiele, verschwenderische Ausgaben sowie lärmende Aktivitäten sind vorgeschrieben. Während des ganzen Festes wird Lakschmi darum angerufen, die gefährlichen Auswirkungen der zurückgekehrten Toten und des auftretenden Dämonenkönigs und seiner Heerscharen zu bannen. Sie wird angefleht, den Spieler mit Erfolg zu segnen, was sein Glück während des ganzen kommenden Jahres anzeigen wird.« Gleichzeitig versuchen die Feiernden die Göttin *Alakschmi* – die Verkörperung von Unglück und Mißgeschick – so weit wie möglich fortzubannen. In Bengalen schneidet man ihren Bildnissen dazu sogar in einem feierlichen Akt Nase und Ohren ab und setzt ein Abbild von Lakschmi dagegen, das die Geschicke der Menschen glücklich wenden soll. Vielerorts glaubt man, Alakschmi werde für ein weiteres Jahr ferngehalten, »indem man Lichter entzündet (die zu den schönsten und charakteristischsten Erscheinungen dieses Festes zählen) und mit Töpfen, Pfannen oder Geräten Lärm verursacht« (ebd. S. 55).

Auch das *Kaumudi-purnima*-Fest in Orissa wird mit der Feldfrucht in Verbindung gebracht. Es wird gefeiert zur Erinnerung an *Lakschmis Verschwinden aus den drei Welten, das ein Brachliegen der Felder zur Folge hatte.* »An diesen Tagen rufen Frauen Lakschmi auf einem Haufen von neuem Getreide an« (ebd. S. 54), zugleich ein Hinweis auf den Segen des Überflusses, den Lakschmis Wiederkehr ins Leben rief.

Ihr und Vischnu zu Ehren wird im Sommer ein weiteres Fest ausgerichtet, bei dem sie vor allem in ihrer Rolle als treue und liebende Ehefrau angerufen wird. »Dieses Fest signalisiert den Zeitpunkt, an dem Vischnu, wie man glaubt, für mehrere Monate in den Schlaf sinkt. Gewöhnlich betet man bei diesem Anlaß zu Vischnu, er möge den Verlust der Ehefrau oder des Ehemannes abwenden. In diesem Fest bilden Lakschmi und Vischnu die Verkörperung ehelicher Harmonie und Wonne.«

Doch auch die Entzweiung dieses ansonsten als harmonisch vorgestellten, idealen Paares wird eines besonderen Festes für würdig erachtet. Bei diesem Anlaß sehen wir die Göttin im Gewand der eifersüchtigen Frau und Beschützerin der Familie, denn Vischnu, so heißt es, macht sich während dieses Festes mit einer anderen Frau davon. Lakschmi aber »zerstört aus Zorn über seine Untreue sein Fahrzeug und sperrt ihn zeitweilig aus ihrem Hause (dem Tempel) aus« (ebd. S. 56).

Im heutigen Indien gewinnt übrigens die Verbindung von Lakschmi mit dem elefantenköpfigen Gott *Ganescha* zusehends an Popularität. Vor allem in Nordindien, wo man beide mittels kleiner Tonfiguren als Glücksbringer in Privathäusern und Geschäften verehrt, trifft man die Göttin inzwischen häufiger neben Ganescha als neben Vischnu. In dieser Kombination gewinnt die alte Gaja-Lakschmi-Tradition, die ja nie gänzlich verloren ging, neue Anziehungskraft (vgl. ebd. S. 55 f.).

Das Piktogramm für Lakschmi, der »*Lotos in der (linken) Hand*« und das Lotosfundament, ging schließlich auf *Prajna-Paramita*, »die höchste weibliche Personifikation des *Mahayana-Buddhismus*« über. »Prajna-Paramita ist ›Der Gipfel der Tugend‹ (*paramita*) der Erleuchtenden Transzendentalen Weisheit (*prajna*)«, innere und wahre Essenz aller (werdenden) Buddhas und Boddhisattvas, denen es aufgegeben ist, diese Wirklichkeit zur vollen Entfaltung zu bringen. Nun ist die Göttin Lotos zur Königin des spirituellen Reiches geworden, wozu sie aufgrund ihrer Verbindung mit dem Lotos (wie weiter oben beschrieben) geradezu prädestiniert schien.

Wie Lakschmi in Vischnu, so ist jetzt »Prajna-Paramita der weibliche Aspekt des universellen Buddhas. Als die aktive Energie (*schakti*) der höchsten Wesenheit, die führt und erleuchtet, ist sie nicht nur die Gemahlin des *Adi-Buddha*, sondern die lebenspendende Tugend aller Erlöser. *Buddhas und Boddhisattvas sind nur Projektionen, Reflexe ihrer wirkenden Tätigkeit in den Spiegelsphären der Erscheinungswelt.* Sie ist der Sinn, die eigentliche Wahrheit des buddhistischen Gesetzes. Als solche vertritt sie das Ende aller irdischen und himmlischen Freuden, das Erlöschen des Wunsches nach individueller Dauer und ist doch zugleich »die diamantene, unzerstörbare geheime Natur von allem und jedem, bar selbst aller begrenzenden, unterscheidenden Eigenschaften.« Das Lotossymbol ewiger Zeugung verwandelt sich bei Prajna-Paramita unter der Hand in ein Symbol der Befreiung aus dem tödlichen Rundlauf der Wiedergeburten, wird wieder zur Blüte, die sich über den Schlamm erhebt und ihren Kelch dem Himmel erleuchteter Weisheit oder dem Nirvana öffnet. Geblieben ist zudem der lebensschenkende und lebensteigernde Aspekt der wohltätigen Göttin.

Ab dem Mittelalter wurde es für königliche und fürstliche Personen, Männer wie Frauen, Brauch, sich in Weihungsporträts oder -figuren selber als göttliche Wesen darzustellen, womit auch »eine gewaltige Demokratisierung des Lotosfundamentes und des ›Lotos in der Hand‹« einherging. Symbole, die einst Gottheiten vorbehalten waren, werden nun gewöhnlichen Sterblichen zuerkannt. Auch Königinnen können sich jetzt als Inkarnationen oder Avataras der Göttin Lotos oder Prajna-Paramita bildlich verehren lassen, wie das Beispiel der javanischen Königin Dedes aus der Singasari-Dynastie zeigt. »Der Lotos drückt hier die Vorstellung aus, daß wir alle eigentlich Buddhas sind, Emanationen oder Reflexe der transzendenten, unvergänglichen Sphäre«, die uns in den verschiedensten weiblichen Erscheinungsformen begegnet und zugleich auch in unserem innersten, unzerstörbaren Wesen aufgefunden werden kann (vgl. zum Ganzen: Zimmer 1981, S. 110–115).

Im tibetanischen Buddhismus entspricht dieser Wirklichkeit die liebende Vereinigung der göttlichen Gestalt *Demtschogs* mit seiner transzendenten Weisheit (*prajna*) in Form der Göttin *Dorje Phagmo*, wie sie Lama Anagarika Govinda aus dem großen *Mandala Höchster Glückseligkeit* (auf dem Gipfel von Tsaparang) so lebendig schildert. Während der viergesichtige und zwölfarmige Demtschog auf dem Bildnis von blauer Körperfarbe ist und in dieser Gestalt das Prinzip der allumfassenden und allgegenwärtigen, alle Dinge enthaltenden Leere verkörpert, ist Dorje Phagmos Körper rot, »um ihre leidenschaftliche Hingabe an das Wohl aller Lebewesen anzudeuten. Sie hat nur ein Gesicht, um die Einheit aller Dinge auszudrücken, und nur zwei Arme, was den zwei Aspekten der Wahrheit entspricht, der absoluten und der relativen. Sie ist nackt, denn sie ist frei von verhüllenden Illusionen. Ihre Beine umfangen den göttlichen Körper Demtschogs, der sie eng umarmt hält, um ihrer beider völlige und untrennbare Vereinigung von Körper und Geist – die Einheit von Weisheit und höchster Beseligung – zum Ausdruck zu bringen.

Und alle göttlichen Gestalten, die um das zentrale Paar in aufsteigenden Stufen versammelt sind, sind gleicherweise mit ihren Weisheitsgöttinnen vereint, so daß sie wie Reflexe der höchsten Wahrheit auf verschiedenen Ebenen der Wirklichkeit erscheinen. Sie alle sind dem gleichen kosmischen Tanz im ekstatischen Erlebnis höchster Glückseligkeit hingegeben, die aus der Vereinigung von *prajna* und *upaya* fließt, d. h. von Weisheit und ihrer Verwirklichung durch tätiges Mitgefühl und selbstlose Liebe. Das Mandala aber umgreift das ganze Universum, »bevölkert von Hunderten von göttlichen und dämonischen Figuren – vom juwelenbedeckten Tempel auf dem Gipfel des Meruberges, bis hinunter zu den acht großen Verbrennungsplätzen, den Orten des Todes und der Initiation«, die von den das Mandala visualisierenden Personen als inneres Drama durchlebt werden müssen: »Denn um wiedergeboren zu werden, muß der Initiand durch die Pforten des Todes gehen« (Govinda, S. 389–391).

7.   Heilige Flüsse und die Herabkunft der Ganga

»Wußten Sie, daß das Wort narmada auf sanskrit Freudenmädchen oder Hure bedeutet?«
»Das ist unmöglich. Die Narmada ist der heiligste Fluß in Indien«
   Gita Mehta

Als Sinnbild des kreisenden, alle Geschöpfe erhaltenden Lebenselixiers, das himm-lische wie irdische Regionen gleichermaßen reinigt und heiligt, sind auch die Flüsse in Indien weiblicher Natur; allen voran, *Ganga, Yamuna* (oder *Jumna*) und *Sarasvati*, die als Göttinnen verehrt werden, ebenso wie Narmada, Kaveri und Brahmaputra.

Als erste aller Göttinnen brachte die indische Tradition Sarasvati mit einem Fluß in Verbindung. Dies spricht für die frühe Tendenz der bis dahin nomadisierenden Arier, das Land, in das sie eingewandert waren, selbst für heilig zu erklären. So wurde Saras-vati zum Prototyp späterer Flußgöttinnen wie Ganga, Yamuna oder Narmada, wobei sie selbst immer stärker vom Fluß abgelöst und als *Göttin der Rede, Wissenschaft* und *Inspiration* verehrt wurde.

In ihrer Eigenschaft als Fluß verkörpert sie die Wasser, die das Land befruchten und seine Pflanzen zum Wachstum anregen, so daß Fülle und Überfluß daraus entstehen. In einem zweiten Aspekt vergegenwärtigt die Göttin die reinigende und (von Sünden) erlösende Kraft des Wassers. In dieser Hinsicht ist sie die göttliche Ärztin, die in Ver-bindung zu Medizin und Heilkunst steht. Wer in Flüssen als den Sinnbildern der Reinheit untertaucht oder sich mit ihrem Wasser übergießt, ertränkt damit zugleich sein altes Selbst und steigt frei, erleuchtet und wie neugeboren aus den Fluten.

Die reinigende Kraft der Gewässer aber speist sich aus deren himmlisch-jenseitigen Ur- und Abbildern. Wie die Ganga entspringt auch die Sarasvati aus einer Quelle im Himmel, schlägt damit eine beständige Brücke zwischen Himmel und Erde, über die sie ein Stück Himmel auf die Erde befördert und gleichzeitig die Erde heiligt. »Saras-vati (und später Ganga) repräsentiert einen nie versiegenden Strom himmlischer Gnade, der die Erde reinigt und fruchtbar macht« (Kinsley, S. 86). Und der den Lebe-wesen andererseits auch ermöglicht, diese Welt zu transzendieren und bereits auf Er-den der Erleuchtung teilhaftig zu werden. Insofern ist es nur folgerichtig, daß Saras-vati im späteren Hinduismus vor allem als Göttin der Rede, der Wissenschaft, des Ler-nens, des Denkens und des Intellekts verehrt wird. Womit ihre Bedeutung als Flußgöt-tin allmählich in den Hintergrund tritt. Im *Vamana-Purana* wird sie allerdings noch »mit Wolken, Donner und Regen assoziiert. Es heißt, sie stehe als Göttin dem Regen vor« (ebd. S. 87). Hier wird sie bereits mit Wasser im allgemeinen (Regen, Flüsse, Tei-che usw.) und mit dem Lebenssaft, der die gesamte Schöpfung durchdringt, identifi-ziert und weniger mit einem spezifischen Fluß.

Schließlich erkennt man sie wieder in einem anderen Strom: dem Redefluß, und macht sie zur Göttin der Rede (*Vagdevi*). Sie nimmt Platz auf der Zungenspitze der Dichter, gilt als Brahmas und Vischnus Zunge und wohnt im (schöpferischen) Klang. Welch große Wirkmächtigkeit die indische Philosophie dem Klang zuerkennt, erschließ sich aus einer Vorstellung, die besagt, daß der gesamte Schöpfungsprozeß in der einen Silbe *om* konzentriert sei. Wie auch das Aussprechen eines *mantra* die Gegenwart einer Gottheit nicht nur herbeiführt, sondern selbst ist. Allein schon die Nennung ihres Namens, mit der ein Laut beschworen wird, bewirkt die Nähe einer Gottheit. »Der Klang enthält ein mächtiges Potential, und dieses Potential ist in der Göttin Sarasvati verkörpert« (ebd. S. 89). So ist sie nun im übertragenen Sinn Quelle des Wissens und des Gedankenflusses der Inspiration, ist die Göttin der Dichtung und Musik, der Wissenschaft und aller kulturbringenden Künste, die »zur Formung, Erhöhung und Veredelung der natürlichen Welt notwendig« sind (ebd. S. 93).

> »Typische Darstellungen Sarasvatis zeigen sie auch auf einem Lotos sitzend. Wie der Schwan drückt der Lotossitz der Göttin ihr Transzendieren der physischen Welt aus. Unbefleckt, rein und schön schwebt sie über den trüben Unvollkommenheiten der physischen Welt. ... Sarasvati regt die Menschen dazu an, in einer Weise zu leben, daß sie ihre physischen Grenzen durch die fortlaufende kulturelle Schöpfung überschreiten können.« *(Ebd. S. 92)*

Sinnbilder ihrer – auch überirdischen – Reinheit sind *Schnee* und *Schwan*. »Fast immer wird von ihr gesagt, sie sei weiß und rein wie Schnee, wie der Mond oder die *kunda*-Blume, oder sie strahle glänzend und weiß wie zahllose Monde. Ihre Kleider sollen in ihrer Reinheit wie Feuer sein, oder sie werden als weiß beschrieben« (ebd. S. 91). Zu diesem Wesen paßt auch der Schwan als Fortbewegungsmittel, der im Hinduismus als Symbol spiritueller Vollkommenheit gilt. »Auf ihrem Schwan sitzend, ruft Sarasvati die menschlichen Wesen auf, die kulturelle Schöpfung und zivilisierte Vollendung fortzusetzen« (ebd. S. 92).

Im Gegensatz zu vielen anderen Göttinnen des indischen Pantheons wird Sarasvati nicht mit Fruchtbarkeit und Sexualität in Zusammenhang gesehen, und auch die Kinder, die sie hervorbringt, sind eher geistiger Natur, wie die Vedas, die sie in dem Sinne geboren haben soll, als sie selber den Inbegriff von Weisheit personifiziert. Im gleichen Sinne gebiert sie Kunstwerke, indem sie die dazu nötige Inspiration schenkt. So ist sie auch weniger eine Hausgöttin als vielmehr eine Gottheit der Schulen und Büchereien. An ihrem Hauptfesttag im Frühling werden in Schulen und Universitäten Bilder Sarasvatis aufgestellt (die Universität von Benares wurde an einem solchen Festtag gegründet); Bücher, Schreibgeräte, Musikinstrumente und Lehrkräfte (*gurus*) genießen besondere rituelle Verehrung.

Die geläufigsten Darstellungen zeigen die *Göttin mit vier Armen, in denen sie ein Buch, eine Laute (vina), einen Rosenkranz und ein Wassergefäß hält,* was noch einmal trefflich ihre Verbindung zu den schönen Künsten und zu religiösen Riten zum Ausdruck bringt (vgl. zum Ganzen: Kinsley, S. 83–94).

Zur Hauptschlagader Indiens avancierte statt der Sarasvati nach und nach die Göttin *Ganga.* Wie ihre Vorgängerin ist auch sie dem Himmel entsprungen und teilt ihr Dasein zwischen Himmel und Erde auf. Die himmlische Ganga wird in der Milchstraße sichtbar. Zahlreiche Mythen um »die Herabkunft der heiligen Ganga« unterstreichen ihre zentrale Stellung in der hinduistisch-buddhistischen Heilsgeschichte. Sie ist »die göttliche Gnade, die in faßbarer Form unmittelbar an die Türschwellen der Menschen fließt« (Zimmer 1981, S. 124), Sinnbild auch für die Heiligkeit alles organischen Lebens, das von ihr befruchtet wird.

> In einem »schönen schwarzen Bildwerk aus Bengalen wird sie als Verkörperung sowohl der himmlischen wie der irdischen Lebenskraft und Süße dargestellt. Sie ist eine Personifikation der Gesundheit und des Überflusses, der Würde und der Tapferkeit. Ein reiches Diadem umringt ihre Stirn; ein Halsband fällt auf ihre Brüste herab; die üppigen Ornamente und Ketten an Gürtel und Lendentuch deuten ihre Reichtum schenkende Macht an. Sie steht auf einem Seeungeheuer, das ihr als Tragtier dient. Die sanften Kräusel des Riesenstromes spielen über ihren festen und schlanken Leib, als ob die Oberfläche des Wassers von einer leichten Brise bewegt wäre. ... Im Bild dieser Flußgöttin verleiblicht sich der idyllische erdgebundene Aspekt des hablichen Hindubauerlebens – seine gläubige Verbindung mit den göttlichen Kräften, die den Lebensorganismus des Alls durchdringen und seine Anerkennung des freundlichen Spiels der Gottheit in den einfachen Wundern der umgebenden Welt.« *(Ebd. S. 125)*

In den Mythen, die von der Herabkunft der Ganga erzählen, wird jedoch auch ihre Zerstörungsmacht angesprochen, wird deutlich, daß das Aufeinanderprallen himmlischer und irdischer Mächte besonderer Vorbereitungen und Vermittlerrollen bedarf, um keinen Schaden auf einer Ebene anzurichten, die sich dem Kontakt mit Göttlichem nicht gewachsen zeigen könnte. So muß denn Schiva sich hergeben, um die Gewalt der Ganga aufzufangen und in für die Erde segensreiche Bahnen zu lenken. Die Geschichten zeigen überdies die enge Verbindung des Flusses mit Reinigung, Tod und Wiedergeburt auf der einen und Dürre und Wachstum auf der anderen Seite:

> »Der älteste und bekannteste Mythos handelt von der Wiederherstellung der sechzigtausend Söhne des Königs Sagara.« Diese Söhne waren »stumpfsinnig und hitzig; als sie einst die Welt nach dem Opferpferd ihres Vaters absuchten, beleidigten und störten sie die Stille des großen Weisen Kapila.« Mit dem Feuer, das er in langer asketischer Glut

gesammelt hatte, verbrannte Kapila sie in seinem Zorn allesamt zu Asche. »Trotz ihrer Frömmigkeit und asketischen Bemühungen gelang es Sagaras Nachkommen nicht, ihre eingeäscherten Vorfahren wiederherzustellen, bis schließlich Bhagiratha, der Urururenkel Sagaras, die Aufgabe übernahm. Er übergab das Königreich einem Minister,« dem er vertraute, »und ging in die Berge des Himalaya, um dort heroische Askese zu treiben. Nachdem er sich jahrhundertelang kasteit hatte, erschien ihm Ganga in körperlicher Gestalt und gewährte ihm einen Wunsch: sie würde auf die Erde herabkommen, sofern jemand gefunden werden könne, der ihren gewaltigen Sturz aufhielte, der sonst die Erde zerstören würde. Schiva wurde überredet, den Ganges auf seinem Kopf zu empfangen, und so kam der mächtige Strom, von Schivas massivem Haarknäuel in seinem mächtigen Fall gemildert, auf die Erde. In seinem Haar wurde Ganga in zahlreiche kleinere Ströme aufgeteilt, von denen ein jeder in eine andere Region der Erde floß und das dortige Gebirge heiligte. Ihre Hauptader trat aus Schivas Haar hervor und gelangte nach Indien. Unter der Leitung Bhagirathas bildete sie einen Kanal bis zu der Stelle, wo die Aschereste der Söhne Sagaras aufgehäuft lagen. Von den Wassern der Ganga benetzt, wurden die Seelen der sechzigtausend Söhne gereinigt und befreit; sie machten sich auf die Reise in das Land ihrer Väter, wo sie von ihren Nachkommen in angemessener Form verehrt werden konnten.« *(Kinsley, S. 250 f.)*

Eine andere Version der Geschichte (mit beinahe denselben handelnden Personen) schildert, wie einstmals eine unendliche Dürre die ganze Welt befiel, weil der fromme Asket Agastya, der Schutzheilige Südindiens, in bester Absicht das gesamte Weltmeer hinuntergeschluckt, damit aber die schreckliche Dürre heraufbeschworen hatte, der nur die Herabkunft der Ganga abhelfen kann. Der Mythos wird im *Ramayana* erzählt und verherrlicht nebenbei die wundersame Kraft asketischer Willensanstrengung (vgl. Zimmer 1981, S. 128–130).

Andere Erzählungen bringen die Niederkunft der Ganga auch mit Vischnu und Brahma in Verbindung.

Brahma, so heißt es, hält die Ganga in einem Wassergefäß. Als Vischnu eines Tages förmlich vor Wonne zerfließt, als er ein zu seinem Lobe gesungenes Preislied vernimmt, strömt er in flüssiger Form in Brahmas Wassergefäß und heiligt auf diese Weise die Ganga, wie auch sie selbst nun Vischnus flüssige Essenz enthält. Einer anderen Version zufolge gießt Brahma den Fluß auf Vischnus Fuß, als dieser seine Zehen zur Himmelssphäre hineinstreckt.

Bedeutungsvoll auch die folgende Geschichte:

Als der Dämon Bali wieder einmal so weit ist, daß er den Kosmos und alle Gottheiten in seine Gewalt zu zwingen droht, erscheint ihm Vischnu in der *avatara*-Gestalt eines Zwerges. Bali, der nicht ahnt, wen er vor sich hat, gewährt dem Knirps gnädig einen Wunsch. Der Zwerg wünscht sich drei Schritte, mit denen er Land für seine Feuerstätte vermessen möchte. Bedenkenlos stimmt Bali zu. Doch der »Weithin Ausschreitende«, wie er im Veda genannt wird, erfüllte – alsbald zum Riesen anwachsend – bereits mit zwei Schritten die ganze Welt. »Bei seinem dritten Schritt berührt sein Fuß das Gewölbe des Himmels und zerbricht es. Der Ganges strömt durch das Loch und findet schließlich seinen Weg auf die Erde. Auf Berg Meru, die Achse des Universums fallend, teilt sich der Ganges in vier Teile und fließt in die vier Weltkontinente weiter. Dabei reinigt er die Welt in allen vier Himmelsrichtungen.« [Kinsley, S. 251; vgl. Zimmer 1978, S. 208–213, hier zermalmt Vischnus dritter Schritt Balis Haupt und tritt es tief hinab in die Unterwelt.]

Die (sünden)reinigende, erlösende und totenerweckende Macht der Ganga besingt Schiva selbst in einer Hymne aus dem Brahmavaivarta-Purana:

> »Sie ist die Quelle der Erlösung ... Berge von Sünden, die ein Sündiger während Millionen von Wiedergeburten aufhäufte, werden durch die bloße Berührung eines Windes zerstört, der mit ihrer Feuchte gesättigt ist ... Wie Feuer Brennholz verzehrt, so verzehrt dieser Strom die Sünden der Bösen. Weise steigen die Stufenterrasse der Ganga herauf und schreiten auf ihr über den höchsten Himmel Brahmas selbst hinaus: gefahrlos auf himmlischen Wagen gelangen sie zu Schivas Wohnung. Sünder, die am Wasser der Ganga sterben, werden von allen ihren Sünden frei: sie werden Schivas Diener und weilen an seiner Seite. Sie werden ihm gleich an Gestalt; sie sterben niemals, nicht einmal am Tag der völligen Auflösung der Welt, und wenn jemand als Leiche irgendwie ins Wasser des Ganges fällt, so wohnt der Betreffende so viele Jahre bei Vischnu als Poren in der Haut seines Leibes sind. Wenn einer an einem glückverheißenden Tag im Ganges zu baden beginnt, soll er so viele Jahre glückerfüllt in Vischnus himmlischer Welt Vaikuntha weilen wie die Zahl seiner Schritte ist.« (Zimmer 1981, S. 124).
>
> Das Mahabhagavata-Purana weiß sogar von einem Räuber, »der nach dem Tode in die Hölle geschickt wurde, dann aber in Schivas Himmel versetzt wurde, weil sein Fleisch von einem Schakal gefressen worden war, der Gangeswasser getrunken hatte.« (Kinsley, S. 254)

Überwältigend ist die reinigende Kraft der mächtigen Flüsse des Landes, unter denen die Ganga den ersten und hervorragendsten Platz einnimmt. Weil sie zum größten Teil himmlische Regionen durchziehen, ehe sie auf die Erde fallen, werden sie als in ihrem innersten Wesen unberührt von den Unreinheiten der Welt vorgestellt. Einmal zur Erde niedergegangen »waschen diese selben Flüsse buchstäblich die angesammelten Unreinheiten der Gegenden, durch die sie fließen, hinweg.« Auf diese Weise vollziehen sie »einen permanenten Gnadenakt der Reinigung« (ebd. S. 253) der Erde und ihrer Geschöpfe, ohne jedoch selbst von dem Unrat, den sie auf sich nehmen, im geringsten beschmutzt zu werden. Immer sind sie gleichermaßen sauber, heilkräftig und gnädig. Ein Bad in der Ganga kommt der Erfahrung gleich, im Himmel zu sein, ihr segenspendendes Wesen läßt gebrechliche Menschen wie Götter werden, und wer in ihrem Wasser stirbt, gewinnt dadurch augenblicklich die letztendliche spirituelle Befreiung. »Von einer Brise gestreift zu werden, die auch nur einen Tropfen Gangeswasser enthält, löscht alle Sünden, die sich während mehrerer Leben angesammelt haben« (ebd. S. 254).

Weil die Ganga reinigt, verfügt sie auch über die Macht zu heilen und wiederzubeleben: Menschen, Tiere und die gesamte Natur. Das veranschaulicht auf beeindruckende Weise die (*Jataka*-)buddhistische Geschichte vom Papagei, der auf einem Feigenbaum lebte:

> »Die Früchte des Baumes ernährten den Vogel, und die Äste gewährten ihm Zuflucht. Mit den Jahren wurde der Papagei dem Baum, der sich während seines ganzen Lebens stets als sein Wohltäter erwiesen hatte, über alle Maßen zugetan. Als der König der Gegend von der Hingabe des Papageien gehört hatte, wünschte er die Treue des Vogels auf die Probe zu stellen und ließ den Baum auf magische Weise vertrocknen. Doch der Vogel blieb an seinem Ort. Von der Ergebenheit des Vogels beeindruckt, gewährte der König dem Papagei einen Wunsch. Der Vogel bat darum, der Baum möge wiederhergestellt werden. Daraufhin ›schöpfte der König mit seinen Händen Wasser aus dem Ganges und besprengte damit den Stumpf des Feigenbaumes. Auf der Stelle richtete sich der Baum, reich an Zweigen und Ästen und mit honigsüßen Früchten geschmückt, wieder auf, und er bot einen bezaubernden Anblick wie der unverhüllte Juwelenberg‹.« *(Ebd. S. 259)*

Durch ihren Abstieg zur Erde eröffnet die Ganga den Gläubigen zugleich Weg und Aufstieg zum Himmel. Eine vollendete Mittlerin zwischen den Welten und heilige Brücke, die dorthin führt, woher sie gekommen ist. Seit der *Gupta*-Zeit und dem frühen Mittelalter galten die personifizierten Abbilder von Ganga und Yamuna deshalb folgerichtig als Hüterinnen der Tempelschwellen, welche die Übergänge zwischen den Welten des Göttlichen und Menschlichen markierten. Auch mag der Gedanke symbolischer Reinigung beim Überschreiten der Tempelschwelle eine nicht unbedeutende Rolle spielen. Wer zwischen Ganga und Yamuna hindurchgegangen war, konnte sich wie reingewaschen fühlen.

Nicht zuletzt ist *Ganga die große Vermittlerin zwischen Schiva und der Welt*. Durch seine Zustimmung, ihre Wasser wie ein Stoßdämpfer abzufangen, verwickelt sie den weltabgewandten Asketen und Gott wiederum in irdische Angelegenheiten und zieht ihn einmal mehr herunter von seiner Yoga-Wolke abgeschiedener Meditation, mitten hinein ins sprudelnde Leben. »Der sich durch Schivas Locken und die Gegenden der Erde schlängelnde Lauf des Ganges verbindet auf physische Weise die abgehobene Gegenwart des Gottes mit der Erde.« Indem sie Schiva greifbar mit der Erde verbindet, verlängert die Ganga zugleich sein Wesen in die Welt und wird damit in einem sehr konkreten Sinne als seine *schakti* aktiv. So wie Schiva durch seinen Rettungsakt die zerstörerische Natur Gangas in ein für die Erde heilsames Wesen verwandelt, so ermöglicht die Ganga ihrerseits einen gefahrlosen Umgang der Gläubigen mit der erlösenden Gegenwart des Gottes. Im kühlenden Schoß der Göttin findet Schivas feuerglühender Samenerguß rettende Aufnahme. Sie übt einen heilsamen Einfluß auf sein hitziges Wesen aus und macht es sozusagen gesellschaftsfähig. In vielen Schiva-Tempeln ist es bis auf den heutigen Tag Brauch, sein *linga*, das Symbol seiner Gegenwart, ununterbrochen mit Gangeswasser zu begießen, was gleichzeitig an die Herabkunft der Ganga erinnern soll. Ein Akt, in dem beide Gottheiten sich wechselseitig verwandeln und sich auf diese Weise erst – je füreinander – den Menschen und Lebewesen zugänglich machen.

In der Verehrung des Flusses erkennen die Inder zugleich die Wesensverwandtschaft alles Lebendigen. »Alle entstammen dem einen Lebensreservoir und werden auf ihren verschiedenen Ebenen, ob himmlisch oder erdgebunden, von der einen Lebenskraft erhalten. ... Das ganze All lebt, nur die Grade der Lebendigkeit wechseln. Alles und jedes entschreitet der göttlichen Lebenssubstanz und -energie als deren zeitweilige Verwandlung; alles ist ein Teil der universalen Entfaltung von Gottes Maya« (Zimmer 1981, S. 134).

Sehr schön dargelegt hat übrigens all diese Vorstellungen noch einmal Gita Mehta in ihrem erst 1992 veröffentlichten Roman *Narmada*, was wiederum zeigt, daß derlei Vorstellungen auch im heutigen Indien noch keineswegs abgelebt sind. Denn sie sind, wie auch der Untertitel des Romans verrät, nichts anderes als »Geschichten vom menschlichen Herzen«. Eines menschlichen Herzens allerdings, das sich in Einheit mit der Gottheit erlebt und erfährt.

II.   Der indische Mythos als Feier und Entfaltung der Mahadevi

> »Die Inder hingegen waren nie bereit, sich auf eine einzige Mythologie festzulegen,
> wenn doch Platz war für hundert weitere.«
> *Gita Mehta*

1.   *Die Mahadevi als Maya-Durga-Kali*

Mahadevi heißt übersetzt nichts anderes als *Große Göttin* und bezeichnet im indischen Pantheon die letztliche Einheit, die allen Göttinnen zugrundeliegt. Mit dieser Vorstellung verbunden ist die »grundlegende theologische Annahme, daß die höchste Realität im Universum ein mächtiges, schöpferisches, aktives, transzendentes weibliches Wesen darstellt« (Kinsley, S. 182). Die vielfältigen Namen, unter denen die Mahadevi in Indien angerufen wird, lauten, ihrem Charakter entsprechend: »Wurzel der Welt«, »Allgegenwärtige«, »Stütze von allem«, »Weltenregierende«, »Mutter von allem, die alle Welten durchdringt und stützt«, »die Lebenskraft in allen Wesen«, »alleinige Ursache des Universums«, »Höchstes Wissen«, »das Gelingen selbst« (*siddhi*), »Leben«, »Sieg«, »Gnade«, »Nahrung«, »Sie, die das Universum transzendiert« (das sie doch gleichzeitig selber auch ist). Negativ wird sie genannt »die große Verschlingerin«, »die große Esserin«, »die Wütende« oder »Zornmütige«, »die Zerstörerin«.

Ihr essentielles Wesen ist erfaßt in der Idee der *Schakti*, welche die generell aktive Dimension der Göttinnen, ihre aktive Energie, im Gegensatz zur Ruhe und Bewegungslosigkeit der männlichen Gottheiten zum Ausdruck bringt. Schakti verkörpert jene Kraft, welche die höchste Wirklichkeit selbst ist. »Wird die Mahadevi als Schakti auf eine andere Dimension des Göttlichen in Gestalt eines männlichen Gottes bezogen, hat dieser die Tendenz, im Verhältnis zu ihr eine untergeordnete Rolle zu spielen« (ebd. S. 183).

Die Mahadevi ist also eine machtvolle, aktive, dynamische Göttin, die das Universum erschafft, durchdringt, regiert und beschützt, und zwar nicht indem sie sich abseits von der Welt und ihren Bedürfnissen hält, sondern indem sie gerade stets aufmerksam bleibt für die kosmischen Rhythmen und die Bedürfnisse ihrer Verehrer/innen.

Zwar sehen wir mit Begriff und Wesen der Maya, insbesondere dem sog. *Schleier der Maya* (der nichts anderes bedeutet als die Gesamtheit der sinnlich erfahrbaren Welt, die jedoch verhindert, daß wir die Dinge so sehen, wie sie wirklich sind), in der hinduistischen Philosophie oft negative Assoziationen verbunden, insgesamt jedoch wird die Maya durchaus günstig bewertet. »Weil sie es ist, die die Welt als Maya durchdringt, neigt die Erscheinungswelt dazu, positive Qualitäten anzunehmen«, denn die Mahadevi verkörpert die gesamte Schöpfung; sie ist eins mit ihren Geschöpfen und mit ihrer Schöpfung. Sie ist Leben, und in dem Maße, wie das Leben geschätzt und verehrt wird, schätzt und verehrt man sie. »Die *Devi* erschafft die Welt, sie ist die Welt und sie belebt die Welt mit schöpferischer Kraft. Als *schakti*, *prakriti* und *maya* sieht man in ihr weniger diejenige Kraft, welche die Geschöpfe an das endliche Dasein fesselt, als vielmehr gerade die Quelle und Lebenskraft der Wesen. Sie ist der Ursprung der Wesen – ihre Mutter –, und als solche wird ihre ehrfurchtgebietende, lebenspendende Kraft verehrt« (ebd. S. 184 f.).

Mit der Mahadevi wird sogar die für den Hinduismus zentrale Vorstellung des *brahman* in Verbindung gebracht. Dies *brahman* bezeichnet die absolute Transzendenz, jenseits aller Namen, Formen und Begriffe, das sich zugleich selbst wiederum in einer Vielzahl von weiblichen wie männlichen Gottheiten, Universen und Wesen manifestiert. Aus dieser Ineinssetzung von *brahman* und Mahadevi ergibt sich schließlich, daß die Maya die höchste Wirklichkeit selbst darstellt, und daß sie die Quelle sämtlicher göttlicher Offenbarungen, der männlichen wie der weiblichen, insbesondere aber der weiblichen, ist. In ihrem höchsten Wesen allerdings ist sie, ebenso wie *brahman*, jenseits aller Eigenschaften, weder weiblich noch männlich!

Die zentrale Rolle der Mahadevi ist die einer Schöpferin und Königin des Kosmos. Ihre drei kosmischen Funktionen sind: Erschaffung, Erhaltung (*Durga*) und Zerstörung (*Kali*), und das sind genau die Rollen, welche den drei bedeutendsten indischen Göttern im kosmischen Reigen zugedacht sind: *Brahma*, der Weltenschöpfer, *Vischnu*, der Welterhalter und *Schiva*, der Weltenauflöser. Diese drei männlichen Gottheiten, obgleich durchaus selbständig agierend, sind im letzten nicht nur eins mit der Göttin, Aspekte ihres Wesens, sondern sie handeln auch allein nach ihrem Willen und Befehl. Wie zahlreiche Mythen anschaulich darstellen, werden sie kraftlos, sobald *schakti* ihre Energie aus ihnen zurückzieht.

Die Welt, so heißt es, wird zerstört, wenn die Mahadevi – blinzelnd – ihre Augen schließt, und sie wird aufs neue erschaffen, wenn sie sie wieder öffnet. Man stellt sich vor, »das gesamte Universum sei aus einem winzigen Staubkorn vom Fuße der Devi gebildet. Brahma nimmt das Staubkorn und formt daraus Welten, die Vischnu in seiner Form als vielköpfige kosmische Schlange mit seinen tausend Köpfen kaum noch tragen kann.« Die Große Göttin wird u. a. »beschrieben, wie sie in ihrem Himmel auf einem Ruhebett liegt, dessen vier Füße aus den großen männlichen Gottheiten des hinduistischen Pantheons bestehen«, will sagen: die großen männlichen Götter mögen noch so wichtige Rollen spielen, letztendlich sind sie doch nur ihre Diener und Vollzugsbeamten »und folgen ihren Anordnungen. Sie hat sie erschaffen, ja sie hat zahllose Kopien eines jeden von ihnen hervorgebracht, und sie alle handeln als ihre kosmischen Vertreter, indem sie über das Universum, das sie erschaffen hat, die Aufsicht führen« (ebd. S. 187). Bis auch sie, wie der Mythos von der Göttin und dem Stierdämon verdeutlicht, eines Tages mit ihrem Latein am Ende sind und ihr in der höchsten Not alle Vollmachten zurückerstatten, die sie ihnen großzügig verliehen hatte.

Die bei weitem verbreitetste und beliebteste Form der Devi ist *Durga*. In dieser Gestalt »wird die Mahadevi gewöhnlich als eine wilde, unbesiegbare Kriegerin dargestellt, die von Zeit zu Zeit in die Welt herabsteigt, um gegen das Böse in verschiedenster Art zu kämpfen, insbesondere gegen Dämonen, die den Göttern die Machtstellung geraubt haben« und das Universum aus den Angeln heben wollen (ebd. S. 188). Wobei zu beachten ist, daß all diese mythologischen Ereignisse, sich »immer wieder« vollziehen, also auch die »Siege« niemals endgültige, sondern stets nur vorübergehende Wirklichkeiten auf dem Rad beständiger Wiedergeburten schaffen.

In ihrer Verkörperung als Durga ist die Mahadevi aufmerksam für die Belange der Welt und tritt als aktive Beschützerin der Ihren auf, die sogar den kosmischen Bedrohungen entsprechende Formen annimmt. Sobald jemand sie ernsthaft um Hilfe bittet – Gott oder Mensch –, erscheint sie als Retterin, die – auf ihrem Löwen reitend – alle Widerwärtigkeiten des Lebens umgehend und schonungslos vertreibt. Sie tritt auf als kosmische Beschützerin und Erlöserin der Welt, und alle hinduistischen Gottheiten sind letztlich nichts als unterschiedliche Offenbarungsformen der Wirksamkeit der Devi im Interesse der Welt. In Zeiten der Not kann man auf sie zählen. »Man sieht in ihr eine zugängliche, mütterliche Figur, die niemals taub ist für die Schreie ihrer Kinder« (ebd. S. 190).

2. Heilvolle und schreckliche Formen der Mahadevi

In Verbindung mit ihren *heilvollen Erscheinungsformen* schreibt man der Mahadevi drei wesentliche Rollen zu: Sie ist

a)   die Verleiherin von Weisheit, Gelehrsamkeit und Erlösung,
b)   die Verkörperung weiblicher Schönheit und Auslöserin von (Liebes-)Lust,
c)   die Quelle von Speise und Nahrung.

a) Als große Erlöserin befreit sie den Geist von den Fesseln der Unwissenheit, lichtet die Dunkelheit des umnachteten menschlichen Verstandes und löst die Menschen von jeglichem Verhaftetsein. Die Schrift *Lalita-sahasranama* nennt sie: »das große Organ der Erkenntnis (*Mahabuddhi*); sie, deren Form eine Masse von Wissen ist; die die Weisheit selbst ist; die die Wesen von Fesseln befreit; die Dunkelheit fortnimmt; Verstand; die losbindet; Wissen; die das Wissen vom *atman [Selbst]* ist; die großes und heilvolles Wissen ist; die Wissen verleiht; die Erlösung schenkt; die den Himmel und die Erlösung schenkt; deren Form Wahrheit, Weisheit und Wonne ist; die den Menschen, die von Geburt, Tod und Alter heimgesucht werden, Frieden bringt; die alles Unglück beseitigt; die das Licht ist, welches das Dunkel der Unwissenheit vertreibt« (ebd. S. 192). Sie steht mit praktischem Wissen und mit Zivilisation im allgemeinen in Beziehung, ist in dieser Rolle also eher mit Kultur als mit Natur assoziiert. Als Erlöserin transzendiert sie die Welt, die sie erschafft, und ist zugleich selbst das Mittel ihrer Transzendierung.

b) In Hymnen wird die Ansicht verbreitet, daß sie sich in der sexuellen Anziehung aller Lebewesen offenbare und daß sie selber geradezu mit der Macht der Sexualität identisch sei. Sie ist die Verführerin zu sinnlicher Lust schlechthin. Der Liebesgott *Kama* erhielt seine (All-)Macht durch einen einzigen Blick der Devi. Er handelt als ihr

Stellvertreter und wird durch ihre sexuelle Lebenskraft zu seinem universalen Werk befähigt. *Rati*, die Gefährtin des Liebesgottes, gilt als Form dieser sexuellen Ausstrahlung. Als Rati ist die Mahadevi »die lustvoll Begehrte«, die ganz von erotischen Gefühlen erfüllt ist, »deren Form die Lust von Frauen ist, die Emotionen hervorruft, die Verwirrerin, deren Form sexuelles Verlangen ist und die mit Lust und Sinnlichkeit überfließt« (ebd. S. 194).

c) Als Quelle von Speise und Ernährung aller Lebewesen wird die Mahadevi mit der Erde selbst identifiziert und als solche auch mit der Nahrung gleichgesetzt, welche die Erde spendet. Als *Annapurna* heißt sie: »die voll von Speise ist«, die Stütze und »Amme der Welt« wird sie genannt. Typische Bilder zeigen sie mit Kochtopf und Löffel in den Händen. In den Zeremonien des *Durga Puja*, eines Festes zu Ehren der Mahadevi in Gestalt der Durga, »wird ein Topf mit Durga identifiziert und vom Priester verehrt. Eßbare Früchte und verschiedene Pflanzen der *navapattrika [ein Bündel von neun verschiedenen Pflanzen, darunter Reis und Banane, das mit Durga identifiziert wird]* werden in den Topf gelegt. Der Topf, der einen gerundeten Boden hat, wird dann fest auf einen feuchten Teig gesetzt. Auf diesem Teig sind fünf Getreidearten verstreut: Reis, Weizen, Gerste, ›mas‹ und Sesam. Während Körner von jeder Getreideart auf den Teig verstreut werden, rezitiert ein Priester die folgende Anrufung:

> ›Om, du bist Reis (Weizen, Gerste etc.), om, du bist Leben, du bist das Leben der Götter, du bist unser Leben, du bist unser inneres Leben, du bist langes Leben, du gibst Leben, om, die Sonne mit ihren Strahlen gibt dir Milch des Lebens, und Varuna nährt dich mit Wasser.‹

Der Topf enthält neben den Pflanzen Wasser des Ganges; in einem Gebiet identifiziert der Priester den Topf mit der Quelle des Nektars der Unsterblichkeit (*amrita*), den die Götter aus dem Milchozean quirlten. In Form des Topfes wird Durga dann sowohl als die Kraft, die das Wachstum der landwirtschaftlichen Getreide fördert, als auch als die Quelle der Lebenskraft, durch die die Götter Unsterblichkeit erlangten, verehrt. ... Neben ihrer Eigenschaft, von Sorgen zu befreien und denen Wohlstand zu verleihen, die ihre *puja* verrichten, wird Durga auch zu der Macht erklärt, die die Erträge des Landes gewährt; und an einer Stelle des Festes nennt man sie diejenige, welche den Hunger der Welt stillt« (ebd. S. 153 f.).

»Während eines Festes im Frühling, das sie mit dem sprießenden Reis in Zusammenhang bringt, werden ihr Bildnis und ihr Tempel mit grünen Reissprossen geschmückt« (ebd. S. 195). Mythen über die Mahadevi erzählen von einer großen Trockenheit, die eine schreckliche Hungersnot mit sich brachte: »In ihrer Verzweiflung wandten sich die Brahmanen an die Devi und baten sie inständig um Hilfe. Sie erhörte ihre Gebete und erschien in einer Form, die viele Augen hatte. Als sie die elende Lage ihrer Geschöpfe sah, begann sie zu weinen. Neun Nächte lang vergoß sie Tränen und ließ auf diese Weise aus ihren Augen gewaltige Regenschauer auf die Erde fallen. Die Flüsse strömten wieder, die Seen und Teiche wurden gefüllt, und auf die Erde kehrte einmal mehr das Leben im Überfluß zurück« (ebd.).

Die *unheilvollen Erscheinungsweisen* der Mahadevi, ihre andere Seite, besteht jedoch darin, daß sie in ihren blutrünstigen Formen verlangt, durch Blut und Leben all ihrer Geschöpfe selber wieder ernährt zu werden. Daher rührt ihre Vorliebe für Blut und blutige Opfer, Tier- und selbst Menschenopfer (bis hin zu ritueller Selbstenthauptung, die von den Texten jedoch nicht gebilligt wird). Diese zentrale Stellung blutiger Opfer an die Göttin »ist um so bemerkenswerter, sieht man sie im Lichte der Betonung von *ahimsa*, ›Nichtverletzen‹, ... als einem ethischen Gebot, dem alle Hindus zu folgen haben (mit Ausnahme der Fälle, in denen ihre angestammten Berufe dies unmöglich machen)« (ebd. S. 199). Kinsley macht darauf aufmerksam, daß »die Intuition oder Wahrnehmung, die diesen Kulten zugrunde liegt, die zu sein scheint, daß diese Göttinnen, die mit Fruchtbarkeit assoziiert werden, periodisch selbst wieder ernährt werden müssen« (S. 200). Um Leben geben zu können, müssen sie Leben in Form blutiger Opfer zurückerhalten. Die schreckenerregenden Formen der Mahadevi werden deshalb in den Mythen häufig mit Zerstörung, Hunger und Tod in Verbindung gesehen. Ein unbändiges und wildes Verhalten, das im letzten sogar die kosmische Stabilität bedrohen kann. Bisweilen tanzt sie so wild, daß ihr Tanz die Welt zu zerstören beginnt:

> »So heftig sind die Bewegungen der Göttin, daß durch das starke Auftreten ihrer Füße die Wasser des Ozeans aufspritzen; der Mond (auf ihrer Stirn) ist in Furcht versetzt von der schrecklichen Masse ihrer verfilzten Haare, die mit bis zum Wahnsinn gereizten Schlangen verflochten sind; während die Schellen ihrer Keule erklingen, als die menschlichen Schädel, die an ihrer Seite baumeln, sich hin und her bewegen; und die Berge werden von ihren wuchtigen Händen niedergestürzt, als sie sie in einem Ausbruch von Freude über die Vernichtung der Dämonen ungestüm auf- und abbewegt.« *(Ebd.)*

In dieser Form ist sie *Kali*, die Schwarze, auch *Candamari* genannt, »die in jeder Hinsicht Kali entspricht« (ebd. S. 162). Ihr Name steht in Zusammenhang mit *Kala* – Zeit, die alles verschlingt. In einer tantrischen Schrift (*Mahanirvana-Tantra*) preist Schiva die Göttin mit folgenden Worten:

> »Bei der Auflösung der Dinge ist Kala [der Gott ›Zeit‹] derjenige, der alles verschlingen wird, und aus diesem Grund wird Er Mahakala [ein Beiname Schivas] genannt. Da aber Du Mahakala selbst verschlingen wirst, bist Du die Höchste Uranfängliche Kalika.
> Da Du Kala verschlingst, bist Du Kali, die ursprüngliche Form aller Dinge, und da Du der Ursprung und das Ende aller Dinge bist, wirst Du Adya [primordiale] Kali genannt.

Nachdem Du nach der Auflösung Deine eigene Gestalt wieder annimmst, dunkel und formlos, bleibst Du allein bestehen, als das Eine, unbeschreibbar und unfaßbar. Obgleich Du eine Form hast, bist Du dennoch formlos; obgleich Du selbst ohne Anfang bist, durch die Macht der Maya vielgestaltig, bist du der Anfang von allem, Schöpferin, Beschützerin und Zerstörerin, das bist Du.« *(Ebd. S. 168)*

In einer anderen tantrischen Schrift, dem sog. *Nirvana-Tantra*, heißt es von Kali, »die Götter Brahma, Vischnu und Schiva entstünden aus ihr wie Blasen aus der See, endlos aufsteigend und vergehend, ohne ihre Quelle im geringsten zu verändern« (ebd.). Brahma, Vischnu und Schiva – so verkündet dieser Text – verhalten sich zu Kali etwa so, wie die Wassermenge in der Hufspur einer Kuh sich zu den Wasserfluten des Ozeans verhält.

Dem ungezügelten und zerstörerischen Charakter ihrer Göttin gemäß, befinden sich Tempel der Kali meist fern von Dörfern und Städten und bevorzugt in der Nähe von Leichenverbrennungsstätten, den Lieblingsaufenthaltsorten dieser schreckenverbreitenden Gottheit. Dort wird sie, den Mythen zufolge, von Schädeln, Knochen und weiblichen Schakalen umgeben. Eine magere, abgrundtief häßliche Gestalt, ausgezehrt und ausgemergelt und ewig unersättlich, mit Raubtierzähnen, die unterschiedslos alles an sich reißen und verschlingen, was nur Nahrung verspricht. Folgende schauerlich-schöne Beschreibung von *Kali-Candamari* gibt sehr anschaulich zu erkennen, welches (Un-)Wesen sie umtreibt:

>»Girlanden aus menschlichen Schädeln sind ihr Kopfschmuck. Kinderleichen sind ihre Ohrgehänge. Die Ellbogen von Toten sind ihre Ohrringe. Perlen aus den Knochen toter Körper bilden ihre Halsketten. Der Schleim aus den Fußknochen von Leichen dient ihr als Schminke. Skelette haben in ihren Händen die Rolle von Spielzeug-Lotos. Ströme von Wein sind die Flüsse, in denen sie ihre abendlichen Reinigungszeremonien verrichtet. Leichenfelder sind ihre Lustgärten. Die Asche der Scheiterhaufen ist ihr Gesichtsschmuck. Rohe Felle stellen ihr Kleid dar. Die Eingeweide von Toten bilden ihren Gürtel. Die Brüste von Toten sind ihr Tanzboden. Sie spielt mit Köpfen von Ziegen wie mit Bällen. Zu ihrem Vergnügen badet sie in Seen von Blut. Die flammenden Feuer der Verbrennungsstätten dienen nachts als ihre Votivlampen. Menschliche Schädel sind das Geschirr, von dem sie ißt. Ihr größtes Vergnügen hat sie dann, wenn auf ihrem Altar Lebewesen aller Art geopfert werden.« *(Ebd. S. 202)*

Schlachten sind Kalis Lebenselixier. Ähnlich wie bei der ägyptischen Sachmet kann auch die Wut der Devi als verschlingender Löwe oder Tiger in Erscheinung treten. Der Blutrausch versetzt sie in Ekstase; in dieser Raserei droht sie die Welt zu vernichten, und der einzige, der sie dann noch aufhalten kann, ist Schiva, der seinerseits das Prinzip der Zerstörung und Auflösung verkörpert, (das letztlich selber nur im Auftrag der

Mahadevi waltet). In vielerlei Texten und Zusammenhängen wird Kali als von männlichen Gefährten unabhängige Göttin vor- und dargestellt. Wird ihr dennoch ein Partner zugesellt, dann handelt es sich fast immer um Schiva. Die beiden stacheln sich gegenseitig in ihrem Wahnsinn und ihren zerstörerischen Neigungen noch auf, und gemeinsam stampfen sie in einem Tanzduell die Welt in Grund und Boden. Wobei die ikonographischen Darstellungen Kali meist in der aktiveren und dominierenden Rolle zeigen, in der sie den Gott zu seinem wilden Benehmen erst antreibt. »Gewöhnlich steht oder tanzt sie auf Schivas ausgestrecktem Körper, und wenn die beiden in sexueller Vereinigung dargestellt werden, befindet sie sich über ihm« (ebd. S. 166). Mythen, die dem Ursprung dieser Pose nachsinnen, wollen wissen, daß Schiva einstmals seine im Blutrausch über das Schlachtfeld rasende Gemahlin nur besänftigen konnte, indem er sich selbst als Opfer zu ihren Füßen hinstreckte. Beim Tanz auf seinem Körper wurde Kali seines Leichnams gewahr und beendete daraufhin ihr Wüten.

In einem Mythos erscheint Schiva sogar als Kind, um durch einen Appell an ihre mütterlichen Gefühle Kalis unkontrolliertes Toben zu beenden: Wieder einmal hat Kali ihre Feinde auf dem Schlachtfeld vernichtet und begonnen, trunken vom Blut der Hingemetzelten, besinnungslos zu tanzen. Um sie zu beruhigen und dadurch die Stabilität des Kosmos wiederherzustellen, »erscheint Schiva mitten auf dem Schlachtfeld als ein laut klagendes Kind. Kali sieht die Not des Kindes, bricht ihren Tanz ab, nimmt es in ihre Arme und küßt es auf den Kopf. Dann stillt sie es an ihren Brüsten« (ebd. S. 179).

Häufig wird Schiva sogar in doppelter Form als *Schiva-Schava* abgebildet. Die Göttin sitzt oder steht dann auf zwei mehr oder weniger leichenähnlichen Figuren, die übereinander gestapelt unter ihren Füßen liegen. Und beide Aspekte stellen den Gott als das Absolute dar: »Die obere Figur heißt *Sakala Schiva*. Sakala ist die Zusammensetzung, *sa-kala*; wobei *kala* ›ein Stückchen von etwas, einen kleinen Teil, ein Jota, ein Atom‹ bedeutet, insbesondere ›einen Mondabschnitt‹; *sa* heißt ›mit‹. Es gibt sechzehn Mondabschnitte: Sakala ist also der Mond im Besitz all seiner Abschnitte, ›ganz vollständig, komplett‹ – der Vollmond. Der Gegensatz zu *sakala* ist *nischkala*, ›der Abschnitte oder wesentlichen Bestandteile beraubt‹; der Neue Mond, der, obgleich in Wirklichkeit existierend, unsichtbar und unberührbar und offenbar nicht vorhanden ist. Die obere Figur ist also Sakala Schiva; die Gestalt darunter Nischkala: d. h. die obere Figur ist das Absolute in seiner vollen aktiven Gegenwart, die untere das Absolute in seinem transzendenten, schlummernden, ruhenden Zustand als bloße Möglichkeit« (Zimmer 1981, S. 227). Nischkala Schiva wird auch *Schava* genannt, was soviel heißt wie »toter Körper, Leichnam«. Im Sanskrit verbirgt sich hinter der Schiva-Schava-Doppelung ein beziehungsreiches Wortspiel, »das auf einer Besonderheit in der Schreibart des Sanskrit beruht.« Wird ein bestimmtes Zeichen vor dem geschriebenen Namen Schivas weggelassen, so »bleibt die schriftliche Bezeichnung für Schava. Ohne dieses ... i ist Schiva nur ein Leichnam, ein Schava. Wer oder was nun ist dieses belebende Vokalzeichen oder i, wenn nicht die Göttin Schakti, die höchste Repräsentantin von Bewegung und Leben?« Ohne *maya*, »seinen schöpferischen und kosmogonischen Impuls«, ist Schiva nur eine Leiche (ebd. S. 229).

> »In einer tantrischen Kangra-Malerei – Kali wie sie auf Schiva-Schava steht – haben wir diesen totalen Aspekt der Göttin. Vor uns erscheint wieder die sechseckige Plattform, aber diesmal keine Juweleninsel, kein kristaller Ozean unerschöpflichen Lebens. Statt dessen sind Schädel und Knochen ringsherum gestreut. Raubtiere tun sich an den Überresten gütlich, und wilde Tiere streifen herum. Links im Hintergrund ist eine Gruppe von Gottheiten des Hindu-Olymps zusammengedrängt und blickt mit Schrecken auf diese Erscheinung der dunklen Herrin der Welt. Sie ist ganz schwarz. Anstelle einer Blumenguirlande baumelt ihr ein Kranz abgeschnittener Köpfe vom Hals bis zu den Knien. In der einen Hand trägt sie das Schwert, das Sinnbild physischer Auslöschung und spiritueller Entscheidung, das Schwert, das Irrtum und Unwissenheit und die Hülle des nur individuellen Bewußtseins durchschneidet. Die andere rechte Hand hält ein ungewöhnliches Symbol, nämlich eine Schere, die den Lebensfaden durchtrennt. Aber in ihren beiden linken Händen hält sie die Schale dar, die Überfluß an Nahrung spendet, und das Lotossymbol ewiger Zeugung.« *(Zimmer 1981, S. 238)*

Doch gibt gerade auch ihr furchterregendes Wesen Anlaß zu höchster Verehrung, wie sich der Dichter Ramprasad Sen (1718–1775) nicht scheut zu bekennen:

> »O Kali! Warum streifst Du nackt umher?
> Schämst Du Dich nicht, Mutter!
> Gewand und Geschmeide besitzt Du nicht; doch Du
> Rühmst Dich, eines Königs Tochter zu sein.
> O Mutter! Gilt es als Tugend in Deiner Familie, daß Du Deinen Fuß auf den Leib
> Deines Gatten stellst?
> Du bist nackt, Dein Mann ist nackt, und Ihr beide
> Treibt Euch umher auf den Verbrennungsplätzen.
> O Mutter! Wir alle schämen uns für Dich. Zieh
> Dein Gewand an.
> Dein Halsband aus Juwelen hast Du weggeworfen,
> Mutter, und eine Girlande aus Menschenköpfen angelegt.
> Prasada sagt: ›Mutter! Deine wilde Schönheit
> Hat Deinen nackten Gefährten erschreckt.‹« *(Kinsley, S. 171 f.)*

Und in einem anderen Gebet bekennt Ramprasad:

»O Mutter! In Deiner Hand liegt alles Vergehen;
Schiva liegt Dir zu Füßen, in Wonne aufgehend.
Du lachst laut (Schrecken verbreitend); Ströme von Blut fließen von Deinen Gliedern.
O Tara, Quelle des Guten, des Guten für alle, Beschützerin,
O Mutter, gewähre mir Sicherheit!
O Mutter Kali! Nimm mich in deine Arme; o Mutter Kali!
Nimm mich in Deine Arme!
O Mutter! Komme nun als Tara mit einem lächelnden Gesicht und
Weiß gekleidet;
Wie sich die Morgendämmerung über die dichte Dunkelheit der Nacht senkt.
O Mutter! Schreckliche Kali! Ich habe nur Dich so lange schon verehrt.
Mein Gottesdienst ist beendet; jetzt, o Mutter, laß Dein Schwert sinken.« *(Ebd. S. 174)*

Auch in diesem Gedicht kommt die Doppeldeutigkeit ihres Wesens trefflich zum Ausdruck. Denn die Göttin ist nicht nur grimmige Schlächterin und Verkörperung schrankenloser Gesetzlosigkeit, sondern sie ist zugleich auch »Mutter« und in dieser Eigenschaft Schützerin und Wächterin des Kosmos. Als »höchste Herrin des Universums« wird sie »mit den fünf Elementen identifiziert; in der Vereinigung mit Schiva … erschafft und zerstört sie die Welten« (ebd. S. 170 f.). Und so wird sie in manchen Schriften nicht nur als jung und schön beschrieben, sondern zugleich auch mit einem gütig lächelnden Gesicht. Ihre beiden rechten Hände vollführen Gesten, die Furcht vertreiben und gnädig Wünsche gewähren sollen. Wer ihr mutig gegenübertritt, den wird sie schließlich von jeglicher Furcht befreien. Somit ist sie Symbol des Todes und Symbol seiner Überwindung in einem. Wer sich unerschrocken der Meditation auch ihres grauenvollen Wesens hingibt, dem wird sie große Macht und schließlich erkennende Erlösung zuteil werden lassen:

»Derjenige, o Mahakali, welcher nackt und mit aufgelöstem Haar an der Verbrennungsstätte eifrig über Dich meditiert und Dein mantra aufsagt und der mit jedem Vers Dir die Gabe von eintausend Akanda-Blüten mit Samen darbringt, wird ohne jede Mühe ein Herrscher über die Erde.
O Kali, wer immer am Dienstag um Mitternacht, nachdem er Dein mantra gesprochen hat, Dir auch nur einmal mit Hingabe an der Verbrennungsstätte ein Haar seiner Schakti [seiner weiblichen Partnerin] darbringt, der wird ein großer Dichter, ein Herr über die Erde und einer, der stets auf einem Elefanten reitend einherkommt.« *(Ebd. S. 170)*

Denen, die es wagen, die Welt so anzusehen, wie sie ist, mit allen Licht- und Schattenseiten, denen wird Kali letztlich als glückspendende Göttin aufscheinen. Kali ist Ausdruck davon, daß bestimmte Aspekte der Wirklichkeit unberechenbar und unbezähmbar sind und – im Sinne des Weltganzen – auch unbeherrschbar bleiben sollen. Die sich ihr zuwenden, machen sich keine Illusionen mehr. Sie erkennen an, daß Leben sich stets vom Tode nährt, daß Tod und Vergänglichkeit zum unausweichlichen Schicksal aller Wesen gehören, daß jedes Nehmen ein Zurückgeben erfordert. So werden sie allmählich von der Furcht befreit, die diese Wahrheiten normalerweise auf Menschen ausüben, die sie leugnen oder ignorieren wollen, und durch diese Haltung endlich mit dem Tod versöhnt.

Kali verwöhnt ihre Anhänger durchaus nicht immer mit weltlichen Freuden. Und obgleich als »Mutter« angerufen, ist sie doch alles andere als eine milde, gütige Muttergestalt. Gerade dadurch jedoch versetzt sie ihre Verehrer in die Lage, »über Dimensionen ihres Wesens nachzudenken, die über körperliches Wohlbefinden und weltliche Sicherheit hinausgehen« (ebd. S. 176). Nur so konnte sie schließlich zum Symbol des Lebens selbst werden, das seinem Wesen nach einer (vom Menschen) beherrschbaren Ordnung zuwiderläuft. Und die dies frühzeitig erkennen, werden sowohl sich selber als auch die Welt vor Schaden bewahren.

Ein glühender Verehrer der Kali war der große indische Philosoph und Theologe Schankaracharya (ca. 700–810 n. Chr.), der die Göttin in einer gefeierten Hymne von sich selbst sagen läßt:

> »›Wer Nahrung ißt, ißt Nahrung durch mich;
> Wer mit seinen Augen sieht,
> Wer atmet,
> Ja wahrlich, wer hört, was auch immer gesagt wird,
> Tut es durch mich.‹

Sie ist ›reich an Nahrung und Besitzerin der Fülle eßbarer Dinge‹ (anna-purna). In der rechten Hand hält sie eine goldene, mit seltenen Juwelen geschmückte Schöpfkelle und in ihrer Linken das Gefäß des Überflusses, aus dem sie all ihren Kindern im ganzen All süßen Milchreis austeilt, ›die beste aller Speisen‹ (parama-anna). Aber gleich darauf in der nächsten Stanze beschreibt Schankaracharya die Göttin in ihrem anderen Aspekt, wie sie in vier Händen nicht Sinnbilder des Überflusses sondern des Todes, der Entsagung und des spirituellen Weges der frommen Hingabe hält. Es sind die Schlinge (der Lasso, der das Opfer fängt und erwürgt), der eiserne Haken (der das Opfer zum Tod schleift), der Rosenkranz und das Gebetbuch. Schankaracharya ruft sie an:

> ›Wer bist Du, O Allerschönste! Verheißungsvolle!
> Du, deren Hände beides halten: Lust und Pein?
> Beides: des Todes Schatten und der Trank der Unsterblichkeit
> Sind Deine Gnade, Mutter!‹«

Ihre Gestalt ist reine Energie und als solche nimmt sie – Schankaracharya zufolge – »Wohnung in allen vergänglichen Wesen« (Zimmer 1981, S. 235 f.). So ist sie letztlich von ihrer Schöpfung nicht unterschieden. Sie ist die Welt und das Leben selbst, und die Welt ist die körperliche Entfaltung und Auslegung ihrers Wesens. »Die Welt, wie sie durch die Person der Devi wahrgenommen wird, ist ein lebender Organismus ... Als Nahrung gibt sie sich selbst ihren Wesen zu essen, und als die Essenz sexuellen Verlangens treibt sie alle Wesen zur Teilnahme an dem großen fortwährenden Schöpfungs- und Lebenstanz« (Kinsley, S. 203). Die Mahadevi verströmt sich unbegrenzt, doch selbst ihre Energie ist nicht unerschöpflich, und so muß auch die Mutter aller Wesen, im gleichen Maße wie sie gibt, beständig Nahrung zurückerhalten, um ein Gleichgewicht von Lebensenergie aufrechterhalten zu können. Wie das Leben ist sie auch der Tod, der zum Erhalt des Lebens notwendig ist. Ihre beiden Facetten bedingen sich gegenseitig und sind ineinander verflochten wie das *Yin* und *Yang* in der chinesischen Philosophie. Sie sind nicht Ausdruck unberechenbarer Doppelgesichtigkeit, sondern Offenbarung dessen, was die Welt im Innersten zusammenhält:

> »In dieser Sichtweise ... bedeutet irgendein Gewinn irgendwo einen Verlust irgendwo anders, ist jeder Verlust ein Gewinn. Die Welt ist ein Körper, und genau wie dessen Blut fortwährend hin- und zurückfließen muß, muß bei jeder Zelle dieses Körpers fortwährend das Lebensblut ankommen und wieder weichen. Irgendeine örtliche Blockade, und schließlich muß etwas nachgeben. Die Welt ist eine Ökonomie, ein integriertes System von fortwährendem Austausch, und übermäßiges Horten irgendwo in diesem System, seitens der Produzenten oder Konsumenten, führt zu Problemen – und wieder muß schließlich etwas nachgeben. In einem solchen System gibt es, auf Dauer gesehen, kein Nehmen ohne Geben.« *(Ebd. S. 204)*

Leben und Tod bilden einen beständigen Kreislauf von Geben, Nehmen und Empfangen. In diesem Austauschprozeß wird auch die Energie der Mahadevi fortwährend erneuert.

Die Mahadevi als Maya-Durga-Kali verkörpert einfach den dynamischen Aspekt des Absoluten. »Darum ist alles und jedes eine Offenbarung, eine Enthüllung, eine besondere Erscheinung der einen und alleinigen göttlichen Weisheit. Dies kommt einer so vollständigen, nicht mehr unterscheidenden Heiligung von allem und jedem auf der irdischen Ebene gleich, daß keine Notwendigkeit mehr für den Yoga, für die Sublimierung durch Askese besteht. Die Kinder der Welt sind in unmittelbarer Berührung mit dem Göttlichen, wenn sie nur imstande sind, alles als Teil und Stückchen seiner immer sich wandelnden und immer geschehenden Selbstoffenbarung zu betrachten. ... Das Leben mit all seinen Eigenheiten und Erfahrungen, das All in seinem Hader und Verfall, die das göttliche Selbst in uns verdecken, sind dennoch heilig und göttlich. Gleich unter dem Schleier der Maya, dem magischen Blendwerk des Alls, wohnt das Absolute. Und Mayas Energie ist nichts als die Energie des Absoluten unter seinem dynamischen Aspekt. Schakti, die Göttin, enttaucht dem Nischkala-Schiva, auf daß er die Fülle seiner Möglichkeiten zeigt, wie der Mond sein volles Rund enthüllt« (Zimmer 1981, S. 232 f.).

Aus dieser Perspektive zeigt sich Maya auch und gerade noch in der grandiosesten Selbstüberschätzung von Göttern wie Menschen, ist doch wiederum sie selbst es, die all dies veranlaßt: »Überdies ist es auch das überwältigende Spiel der Maya, das in all den Maßlosigkeiten der Großen Götter gezeigt wird. Solange die Welt weiterrollt, sind auch die Götter, die Entfaltung, Bestand und Ende von allem bewirken« – allen voran Brahma, Vischnu und Schiva mit ihren Gemahlinnen – »im Netz ihrer Selbsttäuschung befangen. Befangen darin, weben sie es – das ist das erhabene Paradoxon. Obwohl sie alles sehen und wissen, leiden und handeln sie trotz besseren Wissens, weil sie in den Zauber verschlungen sind. Das ist der tiefe Trost, den die Menschenseele vom Mythos empfängt, das große Vorbild, nach dem der Mensch sein Dasein verstehen und leben kann. In ihrem Verhältnis zum Zauberbann der Maya sind die höchsten Götter beispielhaft sowohl für die erlösten Weisen und Yogis, wie für die noch in Hoffnung und Furcht Verstrickten« (Zimmer 1987, S. 289 f.), weshalb es in diesem Denken auch so etwas wie (ewige) Verdammnis nicht geben kann. Da die Gottheiten selbst »Fehler« machen und immer wieder den Überblick verlieren, können sich auch die unvollkommenen Menschen in ihnen wiederfinden, ohne sich an einer für sie doch niemals erreichbaren Skala göttlicher Vollkommenheit und Unfehlbarkeit messen zu müssen. Die Gottheiten des Indischen Pantheons sind und handeln wie das Leben – die Maya – selber, spontan und bisweilen voller Widersprüche: »Daß alles Geschehende eigentlich nicht zu geschehen brauchte oder nicht geschieht, aber doch todernst geschieht, nämlich im Rahmen der Maya und eben um diese Maya ständig zu kreieren und vorwärts zu treiben, das ist die Pointe« (ebd. S. 314).

3.   Die Lehre von den Weltzeitaltern

Nimmt man dazu noch die *Lehre von den Weltzeitaltern*, die von Maya durchwaltet werden, so wird vollends klar, mit welch abgründig-großartigem Humor indischer Mythos die Welt durchblickt. Nach dieser Vorstellung umfaßt der vollständige Zyklus eines *Maha-Yuga* (eines großen Weltalters), das wiederum aus vier Unterabteilungen besteht, 4 320 000 Jahre. Anschauungsbild für diese Lehre ist die »Kuh der ethischen Ordnung«, die im ersten Weltalter noch festgegründet auf all ihren vier Beinen steht. *Krita Yuga* wird es genannt, vergleichbar unserem Goldenen Zeitalter, in welchem alle Lebewesen in Harmonie miteinander leben, weil sie von vornherein und ohne jegliches Verdienst schon tugendhaft geboren werden. »*Dharma*, das moralische Gesetz der

Welt, welches zwar schon vor ihrem Anfang existiert, aber in den Sphären, Kräften und Wesen der Welt offenbar wird, befindet sich während dieser Periode sicher auf seinen vier Beinen wie eine heilige Kuh« (Zimmer 1981, S. 18); denn alles Vollständige und in sich selbst Ruhende wird hier als aus vier Vierteln bestehend gedacht. Dieses heilige Dharma, das als Bauelement den gesamten Organismus des Universums durchwirkt, verschwindet in jedem weiteren Zeitalter um ein Viertel. Das nächste Weltalter heißt deshalb *Treta Yuga*, die Epoche der Dreiheit (etymologisch verwandt mit dem lat. *tres*), wo immerhin noch dreiviertel Dharma übrig ist, das aber nun vom Menschen eigens und unter Anstrengung erlernt werden muß. Bedenklicher wird es schon im *Dvapara Yuga* (vgl. lat. *duo* oder slaw. *dva*), das genau auf der Kippe zwischen Licht und Finsternis dahinbalanciert. *Kali Yuga* endlich, das finstere Weltalter, in dem wir uns gerade befinden, hat nur mehr fünfundzwanzig Prozent des Dharma zur Verfügung. »Nun triumphieren egoistische, verschlingende, blinde, ruchlose Kräfte und beherrschen die Gegenwart; auch Streit, Zank, Spaltung, Krieg, Schlacht« (ebd. S. 20). Indische Berechnungen datieren den Beginn dieses Weltalters exakt auf Freitag, den 18. 2. 3102 v. Chr. (Ironie des Schicksals, daß die Anfänge des Patriarchats auch allgemein um ca. 3000 v. Chr. herum angesiedelt werden?!). Ein Segen nur, daß die Weltalter mit zunehmendem Dharma-Ausfall auch immer kürzer werden, bzw. das nächste jeweils ein Viertel weniger Zeit beansprucht als sein Vorgänger. Bis der ganze Zyklus – nach vollbrachtem Kali Yuga – nahtlos in sein Gegenteil umschlägt und plötzlich wieder Krita Yuga herrscht, in dem alles wieder wie von selbst geht. Krita Yuga dauert mithin 1728000 Jahre, Treta Yuga 1296000 Jahre, Dvapara Yuga 864000 Jahre und Kali Yuga »nur« noch 432000 Jahre.

Tausend Maha-Yuga allerdings – d. h. 4320000000 Menschenjahre oder 12000 himmlische Jahre – machen erst einen einzigen Tag Brahmas aus, der ein *Kalpa* genannt wird. Zu Beginn jedes Kalpas sitzt Brahma auf der Lotosblüte, die aus dem Nabel Vischnus entsprießt, und wirkt an der Entfaltung der Schöpfung, die am Ende des Tages wieder verschwindet. Während der darauffolgenden Nacht bleibt nur der Keim bestehen, der notwendig ist, um am nächsten Tag den Vorgang aufs neue ins Leben zu rufen. Eine Nacht Brahmas gilt als ebenso lang wie sein Tag. Beide zusammen umfassen mithin 8640000000 Menschenjahre. Ein Kalpa aber wiederum besteht aus vierzehn Unterabteilungen (sog. *Manvantaras* oder *Manu*-Abschnitten), die alle etwas länger als 71 Maha-Yugas dauern und jeweils mit einer Sintflut enden. Nachdem er hundert aus solchen Tagen und Nächten bestehenden Jahre gelebt hat, geht auch Brahmas Lebenszeit zu Ende und schließt ab mit einer allgemeinen Weltauflösung. »In ihr verschwinden nicht nur die sichtbaren Sphären der drei Welten (Erde, Himmel und der Raum dazwischen), sondern alle Sphären des Seins, wo immer auch, selbst die der höchsten Welten. Alle lösen sich in der göttlichen ursprünglichen Substanz auf. Ein Zustand vollständiger Eingeschmolzenheit regiert dann für ein anderes Brahmajahrhundert, nach dem der gesamte Zyklus von 311 040 000 000 000 menschlichen Jahren aufs neue beginnt« (ebd. S. 24; ein Menschenjahr umfaßt nach dieser Rechnung 360 Tage). Alle in den Mythen ausgemalten Ereignisse aber wiederholen sich in jedem Kalpa neu, kehren also jeweils nach Vollendung von 4 320 000 000 Jahren wieder! Wahrlich, hier lebt und webt der Pulsschlag eines völlig anderen Raum- und Zeitgefühls ...

Wie sehr auch heutige Schriftstellerinnen und Philosophinnen in Indien vom Mythengut ihres Landes noch beseelt und beeinflußt sind, zeigt sich im übrigen etwa an Texten der Dichterin Maitraye Devi (In ihrem autobiographischen Werk *Liebe stirbt nicht*, 1991) oder der Atomphysikerin Vandana Shiva (*Das Geschlecht des Lebens. Frauen, Ökologie und Dritte Welt*, 1989).

III.   Verbindungen zu anderen Mythologien

1.   *Tara – die große Göttin des tibetanischen Buddhismus*

Eine besondere Form der Maya hat sich in Tibet in der Gestalt der *Tara* herausgebildet, die Züge von Durga und von Kali trägt, aber auch der Göttin Lotos gleicht. Sie ist lotosgeboren und erscheint häufig mit einer Lotosblume in der linken Hand. Bereits in ihren Geburtslegenden wird das doppeldeutige Wesen selbst dieser Gottheit deutlich, die den Tibetern als Inbegriff von Barmherzigkeit und Mitgefühl erscheint.

Nach der hinduistischen Mythologie entsteht Tara als eine der zehn *Mahavidyas* oder Manifestationen der *Sati*, die wir aus der Liebesgeschichte des *Kalikapurana* kennen (s. o.). Das *Mahabhagavata-Purana* läßt diese Erzählung anders enden. Nach dieser Version fühlt nur Sati sich gekränkt, als sie davon erfährt, daß ihr Vater (Dakscha) Schiva nicht zu seinem großen Opferfest geladen hat. Sie will hingehen und das Opfer unterbrechen, was Schiva ihr verbietet. Als Sati merkt, daß es ihr nicht gelingen wird, ihren Gemahl umzustimmen, fährt sie sozusagen aus der Haut vor Wut und vervielfältigt sich im Zorn in zehn furchterregende Formen, von denen eine als Tara erscheint. Schiva wird tatsächlich in Angst und Schrecken versetzt; zitternd und völlig eingeschüchtert stimmt er Satis Wünschen daraufhin umgehend zu, so daß sie ihren eigenen Weg verfolgen kann. Diese späten Varianten des Mythos zeigen eine Sati, die ihren Willen gegenüber Schiva nicht nur geltend macht, sondern ihn auch durchsetzen kann, womit sie zugleich ihre wirkliche Macht offenbart, die den höchsten Gott des indischen Pantheons mühelos überwältigt.

Wird Tara in einer Reihe mit den anderen Mahavidyas genannt, so sieht sie Kali zum Verwechseln ähnlich: Sie »ist dunkelhäutig, läßt ihren linken Fuß auf einer Leiche ruhen, trägt ein Tigerfell und ein Halsband aus abgeschlagenen Köpfen, lacht furchterregend, trägt ihr Haar in einem einzigen geflochtenen Zopf, steht auf einem Scheiterhaufen und ist schwanger« (Kinsley, S. 219). Besonders grausig erscheint sie in Form von *Tara Kurukulla*:

> »Ehrerbietung und Preis ihr,
> die in der Tanzpose dasteht,
> hochmütig in wilder Wut,
> die ein Diadem aus fünf Schädeln trägt
> und sich mit dem Fell eines Tigers kleidet.
> Der Roten erweise ich meine Ehre, ihr,
> die ihre Fangzähne zur Schau trägt, deren Körper furchterregend ist,
> die mit den fünf Zeichen der Grausamkeit geschmückt ist,
> deren Halskette aus einem halben hundert menschlicher Köpfe besteht,
> die die Überwinderin Maras ist.« *(Ebd. S. 229)*

In dem buddhistischen Werk *Sadhanamala* finden wir folgende ähnliche Beschreibung:

> »Sie ist klein und hat einen hervortretenden Bauch, und ihre Blicke sind fürchterlich. Ihre Hautfarbe gleicht der des blauen Lotos, und sie ist dreiäugig, eingesichtig und lacht schauerlich. Sie ist in einer überaus heiteren Stimmung, steht auf einer Leiche, ist angetan mit einem Geschmeide aus Schlangen, hat rote und runde Augen, trägt die Gewänder aus Tigerfell um ihre Hüften, ist in jugendlicher Blüte, mit den fünf heilvollen Symbolen ausgestattet und läßt ihre Zunge heraushängen. Sie ist absolut entsetzlich, sie sieht grimmig aus, ihre Fangzähne liegen offfen zutage, sie trägt das Schwert und den Kartri in ihren beiden rechten Händen, Utpala und Kapala in den beiden linken. Ihr Jatamukuta einer Haarrolle ist braun und feurig und trägt das Bildnis von Akschobya in sich.« *(Ebd. S. 230)*

Ihre Verehrer/innen sollen sich vorstellen, sie selbst seien die Gottheit, insbesondere, wenn sie ihre Hilfe bei der Bannung böser Geister oder der Unterwerfung persönlicher Feinde in Anspruch nehmen wollen. Bei diesem Ritual kleiden sie sich in rote Gewänder und visualisieren sich selbst in der Rolle der Kurukulla. Dabei rezitieren sie das *mantra* der Göttin zehntausendmal, bringen ihr spezielle Opfergaben dar und bitten sie um Vernichtung der Feinde oder Dämonen. Erst nachdem diese Vorbereitungen ausgeführt sind, kann die Visualisierung vollzogen werden:

»Licht strahlt von einem HRIH im Herzen des Durchführenden aus und setzt die Person, die zu unterwerfen ist, nackt und mit aufgelöstem Haar auf ein Wind-mandala, das aus YAM entstanden ist: das heißt, der Samen des Windes verwandelt sich in die runde Form, die das Luft-Element symbolisiert, und dieser Wind treibt die zu unterwerfende Person vorwärts; sie wird um den Hals mit einer Schlinge gebunden, ausgestrahlt von des Durchführenden – Kurukullas – Lotosblüte, sie wird von einem eisernen Haken, der in ihr Herz gebohrt ist, vorwärts gezogen, durch die Stärke des mantra aus dem Leben gerissen und hilflos auf ihrem Rücken vor die Füße des Durchführenden gelegt. Ist die zu unterwerfende Person ein Mann, fügt der Text hinzu, wird Kurukullas Eisenhaken in dessen Herz gebohrt; ist sie eine Frau, in deren Scheide.« *(Ebd. S. 229f.)*

Die andere Entstehungslegende der Göttin scheint der zuerst genannten diametral entgegengesetzt und entspricht eher ihrer Rolle im tibetanischen Buddhismus. Danach ist sie aus einer Träne des Bodhisattva *Avalokiteschvara* (tibet.: *Tschenresi* od. *Chenrezig*) hervorgegangen, die jener aus seinem übergroßen Mitleid für alle Geschöpfe vergossen hat. Es wird erzählt, daß Avalokiteschvara kurz davor stand, ins *nirvana* einzugehen. Die Geschöpfe aber klagen laut über seinen Entschluß, die Welt zu verlassen. Als er diese Klagen vernimmt, vergießt der Bodhisattva eine Träne des Mitleids für alle fühlenden Wesen. »Diese Träne wird zu Tara, die somit als die Essenz des Mitleids betrachtet wird« und den zentralen Aspekt der Buddha-*Amitabha*-Familie zum Ausdruck bringt, »da sowohl Amitabha als auch Avalokiteschvara für ihr großes Mitleid berühmt sind« (ebd. S. 224; vgl. Pema-Dorje, S. 30).

Andere Legenden, in denen sie zum einen als Inkarnationen der beiden Frauen des ersten tibetischen Königs, zum anderen gar als menschenfressende Riesin auftritt, bringen sie direkt in Verbindung mit der Entstehung des tibetischen Volkes und seines Königshauses. *Songsten gampo* (617–650 n. Chr.), der als Tibets erster König gilt, hatte eine chinesische und eine nepalesische Frau, die als Verkörperungen der Grünen und Weißen Tara galten. Das tibetische Volk selbst soll hervorgegangen sein aus der Verbindung eines Affen mit einer menschenfressenden Riesin. Diese beiden Gestalten wurden seit dem 14. Jahrhundert mit Avalokiteschvara und Tara identifiziert. So erscheint Tara in gewissem Sinne als Mutter und Königin Tibets, und ihr dortiger Kult geht bis ins 8. Jahrhundert n. Chr. zurück. Die buddhistische Tradition Indiens kennt den Allerlöser Avalokiteschvara auch unter dem Namen *Padmapani*, was nichts anderes bedeutet als »Lotos in der Hand« (Zimmer 1981, S. 109); so erkennen wir in Tara als der Essenz dieses Bodhisattva wiederum eine Offenbarungs-Form der Göttin Lotos (s. u. Govindas Vision).

Tibetische Buddhisten verehren Tara vor allem als große Befreierin und mitleidvolle Retterin, die ihren Gläubigen in allen Lebens- und Notlagen zu Hilfe eilt, insbesondere im Angesicht des Todes; deshalb heißt man sie auch Überlisterin des Todes. »Wie auch von Durga heißt es oft von Tara, sie errette ihre Anhänger aus verzweifelten Lagen, wie beispielsweise aus der Verirrung in einem undurchdringlichen Wald, aus der Not beim Schiffbruch auf stürmischer See, aus der drohenden Gefahr sofortiger Hinrichtung oder aus der Gefangenschaft und Haft im Gefängnis. Wie die vielen Volkssagen zeigen, tritt Tara typischerweise auf die Bitte ihrer Verehrer in Erscheinung, um sie auf dramatische Weise aus den Klauen bestimmter Tode zu befreien. ... In diesem Sinne besteht der Hauptsegen, den sie ihren Verehrern gewährt, in einem langen Leben.« ... Werden »Novizen in die Zeremonien zu Ehren Taras eingeweiht«, so »spricht man in den klösterlichen Überlieferungen Tibets von den Ritualen als ›Initiationen in das Leben‹« (Kinsley, S. 226).

Wie Durga feiert man Tara als Schützerin, Bewahrerin und Retterin, weniger allerdings als Fruchtbarkeitsgöttin. Sie gilt als »überaus mitleidvolles Wesen, das nicht ertragen kann, wenn seine Verehrer leiden« (ebd.). Welches tiefgreifende Ideal mit dieser Vorstellung verbunden ist, wird Andrew Harvey auf seiner Ladakh-Reise (1981) von Tuktse Rinpoche folgendermaßen erläutert:

> »Im Hinayana(-Buddhismus) heißt es, das Ziel aller Diziplin sei, dem Leiden endgültig zu entkommen. Das sagen wir in Tibet, im Mahayana-Buddhismus, nicht. Wir ertragen es nicht, selbst zu entkommen, während die übrige Schöpfung im Leiden verharrt; wir würden es nicht aushalten, frei zu sein, während der Rest der Welt in Fesseln bleibt. Deshalb müssen Sie nicht nur für sich selbst Nirwana erlangen wollen, sondern von ganzem Herzen wünschen, daß alles Sein ins Nirwana, in die Glückseligkeit eintritt. Und wenn Sie alle Dinge wahrhaft lieben, werden Sie Ihre eigene Erlösung zurückstellen hinter der Freude, beständig für die Befreiung anderer zu arbeiten. Das ist das Bodhisattva-Ideal. Das Herz des Bodhisattva ist so groß, daß es erst zufrieden ist, wenn die ganze Schöpfung, auch das kleinste Insekt und jeder Grashalm, Nirwana erlangt hat. Das Bodhisattva-Ideal ist das große Ideal Tibets:« ... zu erkennen, »daß alle Dinge miteinander verbunden sind und nichts eine getrennte, absolute Existenz hat, wenn man die irrige Vorstellung von der Persönlichkeit endgültig überwunden hat. ... alle Dinge so sehr zu lieben, daß man sie ins Nirwana führen möchte, alle erschaffenen Dinge so sehr zu lieben, daß man selbst vollkommen werden möchte, um ihnen von Nutzen zu sein.« *(S. 164)*

Durch Tara erhält der eher wilde tantrische Buddhismus Tibets einen Zug von großer Zartheit und Zärtlichkeit, wie er in dem folgenden Gebet des Lama Lozang tenpe jets'en zum Ausdruck kommt:

> »Aus ganzem Herzen verbeuge ich mich vor der Heiligen Gebieterin,
> der Essenz des Mitleids,
> bis ich die Stufe der Erleuchtung erreiche

bitte ich dich sehnlich, ergreife mich mit deinem eisernen Haken deines Mitleids.
Aus den Tiefen meines innersten Herzens und Körpers bete ich zu dir
denk ein wenig an mich, zeige mir dein lächelndes Gesicht, Liebende
gewähre mir den Nektar deiner Stimme.
Du weißt, o heilige Tara,
um alles, was ich getan habe; kennst
meine Freude und mein Leid, mein Gutes und Böses:
darum denke in liebender Weise an mich, meine einzige Mutter!« *(Kinsley, S. 227)*

In ihrer charmanten und zugänglichen Form stellt man die Göttin gewöhnlich als ein junges Mädchen von höchstens sechzehn Jahren dar, ausgelassen, humorvoll und voller Lebensenergie. Eine moderne Geschichte, die davon erzählt, wie sie ein junges Paar vor dem sicheren Hungertod rettet, beschreibt ihr Erscheinungsbild wie folgt:

> »Alsbald fiel ein helles Licht auf seine Augen. Er sah erschreckt auf und erblickte Tara, die nachlässig auf dem Tisch saß und mit ihren Beinen baumelte wie ein Mädchen, das mit seiner überschüssigen Energie nichts anzufangen weiß. Als er im Begriff war aufzuspringen, um sich ihr zu Füßen zu werfen, begann ihr Körper mit Licht zu erstrahlen. Das Fenster hinter ihm löste sich in den Strahlen auf, und er sah an dessen Stelle die Spitze eines erhabenen Berges, der mit saftigem grünen Gras bedeckt war, in welchem zahllose Lichtpunkte glitzerten, als wäre es mit Edelsteinen bestreut. Jenseits davon erstreckte sich bis zum Horizont eine Fläche von tiefblauem Wasser, von herrlichen weißen Wellen bedeckt, die sich an der unteren Küste brachen und regenbogenfarbene Wolken von Gischt entstehen ließen. Diese Wolken, zur Spitze des Berges aufsteigend, erfüllten die Luft mit Millionen und Abermillionen von glitzernden Teilchen, die wie Juwelen in allen Farben blinkten. Inzwischen war der Tisch zu einer Mondsichel geworden, die auf einem riesigen, vielblättrigen Lotos ruhte, auf dem wiederum Tara saß, noch immer nachlässig und mit der Miene eines jungen Mädchens, das seinen Spaß hat, aber nun in strahlende Seide gekleidet und mit goldenem Geschmeide angetan, wie die Tochter des Himmelskaisers. Sie lächelte ihn an in einer Mischung aus Schalkhaftigkeit und Geringschätzung.« *(Ebd. S. 227f.)*

Doch selbst diese im großen und ganzen liebenswerte Tara kennt wildwütige Formen, wie aus dem sog. *Lobpreis der Einundzwanzig Taras* zu entnehmen ist:

> »Huldigung dir, Herrin, die die Helden Maras vernichtet,
> TURE, die schreckliche Herrin,
> die alle Feinde erschlägt,
> indem sie die Stirn ihres Lotosgesichts runzelt.
>
> . . .
>
> Huldigung dir, Herrin, die die Erde mit ihrer Hand schlägt,
> mit ihren Füßen auf ihr stampft, und

die sieben Unterwelten zertrümmert
mit dem Laut des HUM aus ihrer runzelnden Stirn.
. . .
Huldigung dir, Herrin, die mit den Krallen von TURE, deren
Same die Form der Silbe HUM ist, zuschlägt,
die Berge Meru, Mandara und Kailasa,
sowie die ganze Dreiwelt erschütternd.« *(Ebd. S. 228)*

Auch Andrew Harvey findet sich im Kloster Sankar (Ladakh) vor dem Bildnis einer Weißen Tara wieder, das alles andere als milde Züge trägt:

»Vor mir stand eine immense Statue, von etlichen Lampen grell beleuchtet. Es war das Bildnis einer Göttin. Mit tausend Armen und Beinen. Ihr Gesicht war erschreckend – stierende Glotzaugen, und der Mund zu einem grausigen Lachen aufgerissen – die Weiße Tara in ihrem rasenden Aspekt.
›Wozu braucht sie die ganzen Messer und Pfeile?‹
›Um die Unwissenheit zu töten.‹
›Und wen zertritt sie da? Wer sind diese kleinen dicken Dämonen?‹
›Das sind die Kräfte von Stolz und Eitelkeit in uns … Sie tanzt den Tod des Ichs. Das ist schrecklich, aber sie wird auch Erlöserin genannt und Friedensbringerin und Mutter der Weisheit.‹
›Warum lacht sie?‹
Es ist das Lachen des Triumphs. Ihr Lachen, so heißt es, kann Welten zum Einstürzen bringen. Sie ist das heilige Rasen in uns, das alle unsere Ängste und Illusionen zerschlagen wird, das große Lachen über unsere Eitelkeit und das innere Feuer, in dem sie verbrennen wird.‹« *(S. 209)*

Den gesamten *Lobpreis der einundzwanzig Aspekte Taras* entnehme ich dem Buch von Pema-Dorje (S. 89–93), da Kinsley keine Übersetzung weiterer Verse anbietet. Wobei wiederum deutlich wird, wie verschieden ein und derselbe Vers übersetzt werden kann.

»OM
Ich preise die ehrwürdige und erhabene Befreierin, TARA

Ehre sei TARE, der Befreierin, die flink ist und mutig,
die mit TUTTARE alle Ängste beseitigt
und mit TURE alle Wünsche erfüllt,
Ich verneige mich vor Dir mit der Silbe SOHA …

Ehre sei der flinken und mutigen TARA,
deren Blick so überraschend ist wie ein Blitz,
die aus dem Stempel einer Lotosblüte entwachsen ist,

geboren durch die Tränen auf dem Antlitz des Schützers der drei Welten
[Avalokiteschvara].

Ehre sei IHR,
deren Antlitz gestaltet wird von 100 Herbstmonden,
die mit einer Leuchtkraft ausstrahlt,
wie sie von tausend Sternen ausgeht.

Ehre sei IHR – aus türkiser Form und goldenem Licht,
deren Arm obendrein noch verziert wird von einem Lotos,
deren Wesen und Attraktivität
Großzügigkeit, Eifer, Askese, Besänftigung, Geduld und Meditation umfaßt.

Ehre sei IHR, die auf der Scheitelkrone BUDDHAS wohnt
und sich des völligen Sieges erfreut, der keine Grenzen mehr kennt -
auf die selbst die Boddhisattvas völlig vertrauen,
die bereits jede transzendente Qualität ausgebildet haben.

Ehre sei IHR, die die Bereiche der Freude in Zeit und Raum
mit TUTTARE und HUNG *[Kinsley übersetzt diesen Laut als ›HUM‹]* öffnet
und erklingen läßt,
die, indem sie auf den sieben Welten mit ihren Füßen tanzt,
die Kraft hat, alle Wesen zu Freunden zu machen.

Ehre sei IHR, vor der die höchsten Wesen
und die verschiedenen göttlichen Gestaltungen Geschenke machen -
vor deren Füßen sogar die Elementarkräfte, die Todesgeister,
die niederen Wesenheiten und sogar die Schadenbringer Verehrung bezeugen.

Ehre sei IHR, die alle listigen Pläne von Widersachern
mit TRAT und PHAT zunichte macht,
die, sitzend und mit angezogenem linken Bein und ausgestrecktem rechten Bein,
diese Pläne auflöst mit ihrem lodernden und blendenden Feuer.

Ehre sei IHR, die die allerhartnäckigsten negativen Geiststrukturen
mit dem Klang von TURE und ihrem schreckenerregenden Aussehen
bezwingt, wenn sie ihr Gesicht zu einem finsteren Blick in Zornesfalten
legt und dann jede Feindlichkeit beseitigt.

Ehre sei IHR, deren außerordentliche Freude Kränze von Licht
aus ihrem glitzernden Kronenschmuck entströmen läßt,
die inmitten von hellem Lachen alle negativen Geistströmungen und
die Welt mit dem Klang von TUTTARE unter ihren Einfluß bringt.

Tara auf dem Lotussitz.

Ehre sei IHR, die die Kraft hat, alle Schützer der Welt zu versammeln,
deren Silbe HUNG alle Wesen aus ihrer Armseligkeit befreit,
wenn sie mit zorniger Gebärde herumgewirbelt wird.

Ehre sei IHR, deren Knochenschmuck mit einem Halbmond verziert ist,
deren Ornamente voller Brillianz leuchten -
die ständig ein intensives Licht von AMITABHA ausstrahlt,
der über ihrem Scheitel sitzend erscheint.

Ehre sei IHR; die inmitten eines Kreises von Flammen sitzt,
die lodern wie das Feuer am Ende eines Zeitalters,
die mit dem linken Bein angezogen, dem rechten gestreckt
die feindlichen Strömungen denjenigen völlig zerstört,
die sich daran erfreuen, daß das Rad des Dharma gedreht wird.

Ehre sei IHR, die die Erdoberfläche mit bloßer Hand
zum Erschüttern bringt, und die mit den Füßen tanzt
und die sieben Ebenen der Unterwelt bezwingt
mit ihrem zornig-finsteren Blick und der Silbe HUNG.

Ehre sei IHR, die Segen ist, Güte und Gelassenheit,
deren Aktivität den Frieden jenseits des Leidens bezweckt –
deren Mantra mit SOHA und OM selbst das gröbste Negative auflöst,
wenn es nur richtig und aufrichtig rezitiert wird.

Ehre sei IHR, die die Schar der Kräfte vernichtet,
die sich solchen gerne in den Weg stellen, die vollkommenes Gefallen
darüber zum Ausdruck bringen, daß das Rad des Dharma gedreht wird
die durch das Licht, das von der Bewegung ihres zehnsilbigen Mantras
ausgeht und des HUNG mit seiner spezifischen Wirkung, völlig befreit.

Ehre sei IHR, TARA, der Geschwinden,
deren Keimsilbe die Form HUNG annimmt,
die dadurch, daß sie mit ihren Füßen tanzt und stampft,
den Berg Meru, Mandara, Kailasch und die drei Welten zum Erschüttern bringt.

Ehre sei IHR, die in der Hand einen Mond trägt,
der so weiß-leuchtend ist wie der himmlische See
und mit einem Reh versehen, das alle Gifte dadurch vertreibt,
daß es zweimal TARA hervorbringt und einmal PHAT.

Ehre sei IHR, auf die auch alle göttlichen und nicht-menschlichen
Wesen vertrauen, – die alle Wesen mit einer neuen Rüstung ausstattet,
deren freudevolle Strahlung alle Streitereien und Alpträume
zur vollen Klärung bringt.

Ehre sei IHR, deren Augen wie zwei Sonnen oder Vollmonde sind,
die alles mit ihren Lichtstrahlen erhellen –
die die schlimmsten und hartnäckigsten Krankheiten
mit dem Klang von HARA und TUTTARE vertreibt.

Ehre sei IHR, die die völlige Kraft der Besänftigung gewährt
durch die Visualisation der drei Hauptsilben –
die sich auszeichnet durch die Geschwindigkeit ihrer Handlung mit
TURE, wodurch sie alle negativen Geistesstrukturen und Befangenheiten,
alle Todesgeister und -neigungen
und alle Wesen und Strömungen,
die Schaden bringen, unterwirft.

Dies ist die Huldigung des Wurzel-Mantras
und die Preisungen der 21 Aspekte der TARA.«

Die Keimsilben des Tara zugesprochenen Mantras lauten:

OM TARE TUTTARE TURE SOHA

Diese Klangsilben lassen sich nicht wortwörtlich übersetzen, sind jedoch – oder gerade deshalb – von um so tieferer Bedeutung und wirksamer Kraft. D. h. die Rezitation an sich ist bereits von sakramentaler Wirkmächtigkeit.

In seinem Buch *Der Weg der weißen Wolken* beschreibt Lama Anagarika Govinda eine *Vision der Tara*, die ihm in einem tibetischen Felsenkloster erschien. Auch hier wird wieder ihre Verwandtschaft mit der Göttin Lotos deutlich:

»Während ich noch im Bann der machtvollen Gestalt (Vajrap-nis) von diesen Empfindungen bewegt wurde, verwandelte sich das Diamantzepter (vajra) in ein flammendes Schwert, und an Stelle der Glocke *wuchs aus der linken Hand* ein Lotus empor. Er wuchs bis zur Höhe der linken Schulter, und auf seiner entfalteten Blüte erschien das heilige Buch der transzendenten Weisheit. Der Körper nahm die Form eines wohlgebildeten, in indischer Weise auf einem Lotusthron sitzenden Jünglings an, und an Stelle der flammenden Haare und der Totenköpfe (im Erscheinungsbild Vajrap-nis) war sein Haupt mit der Krone der fünf Weisheiten geschmückt. Sein Gesicht aber leuchtete vom Feuer jugendlicher Schönheit, erfüllt mit der Weisheit eines vollkommen-Erleuchteten. – Es war die Gestalt Manjuschrîs, der Verkörperung aktiver Weisheit, der die Knoten der Zweifel und das Dunkel des Nichtwissens mit dem flammenden Schwert der Erkenntnis durchschneidet.
Nach einiger Zeit begann auch diese Figur sich zu verwandeln, und eine weibliche Gestalt formte sich vor meinen Augen. Sie hatte die jugendliche Grazie Manjuschrîs, und selbst der Lotus, der aus ihrer linken Hand wuchs, schien der gleiche zu sein. Aber sie schwang kein Flammenschwert, sondern sie hatte die rechte Hand segenspendend geöff-

net auf dem rechten Knie liegen. Ihr rechter Fuß war ausgestreckt als ob sie im Begriff
sei, von ihrem Lotusthron zu steigen, um ihre helfende Hand den Hilfesuchenden ent-
gegenzuhalten. Die wunschgewährende Geste, der liebevolle Ausdruck ihres Gesichts,
das sich den ihre Hilfe suchenden Bittstellern entgegenzuneigen schien, waren die leben-
digste Verkörperung der Worte Schakyamunis:

> ›Wie eine Mutter, die ihr Kind, ihr einziges Kind,
> mit dem eigenen Leben schützt,
> so möge man allen Wesen gegenüber
> ein Herz unbegrenzter Liebe entfalten.‹

Ich war tief bewegt, und indem ich meine ganze Aufmerksamkeit auf den lieblichen Ausdruck ihres göttlichen Antlizes richtete, war mir, als ob ein schmerzliches Lächeln ihren
Mund umspielte, wie wenn sie sagen wollte: ›Ja, meine Liebe ist unbegrenzt, aber auch
die Zahl der leidenden Wesen ist unbegrenzt. Wie kann ich, die ich doch nur einen Kopf
habe und nur zwei Arme, das unsägliche Leid unzähliger Wesen stillen?!‹
Waren dies nicht die Worte Avalokiteschvaras, die in meinem Geist widerhallten? Und
wirklich, Taras Antlitz trug die Züge des Großen Mitleidvollen, von dem es heißt, daß
eine Träne im Anblick der leidenden Welt seinem Auge entrollte und daß dieser Träne die
jungfräulich-mütterliche, allerbarmende Göttin Tara entsprungen sei.
Doch ehe ich noch wußte, ob das Antlitz der göttlichen Gestalt das der Tara oder dasje-
nige Avalokiteschvaras war, barst ihr Haupt, wie von der Überfülle des Leidens zersprengt, in eine Unzahl von Köpfen, während die Arme sich in tausend Arme zerteilten,
deren tausend Hände sich helfend in alle Weltrichtungen erstreckten, wie die Strahlen
einer Sonne, die sich nach allen Seiten in den Weltraum stürzen.« *(Ebd. S. 89 f.)*

In Hemis, im Innersten Heiligtum Ladakhs erblickt Andrew Harvey im Empfangszim-
mer des Tuktse Rinpoche einen Wandteppich, der noch einmal zentrale Gedanken des
tibetanischen Buddhismus zum Klingen bringt:

»In goldenen und silbernen Fäden auf schwarzem Samtgrund war hier ein Kaiserpaar,
von Höflingen umringt, in einem Frühlingspavillon dargestellt. Rechts stand der Kaiser,
die größte Gestalt, alt, kahlköpfig, leicht abstrahiert als Sonne dargestellt. Die Kaiserin
stand links von ihm, etwas kleiner und jünger, den Blick gesenkt; sie war als Mond gekleidet und trug als Schmuck nur einen Edelstein in der Form der Sonne am Hals. In ihrer Nähe stand eine Gruppe von Frauen in steifen, kunstvoll gearbeiteten Kleidern; eine
von ihnen hielt einen schläfrigen Pekinesen. Unter dem Kaiser aber, in viel kleinerem
Maßstab, stand eine Gruppe junger Höflinge, schöne und etwas verwegene Gestalten, deren Gewänder Drachen und Chrysanthemen schmückten und deren charaktervolle Gesichter zum Kaiser erhoben waren. Im Garten rings um den Pavillon sangen Vögel in den
Zweigen der Weiden; drei Rosen hatten ihre Blüten geöffnet, und an ihren hohen Stielen
glitzerten Tautopfen; unter ihnen floß ein Bach vorbei, in dem sich die Binsen wiegten;

ein Kirschbaum stand in voller Blüte, und von einer Felsgruppe flogen Schwalben zu ihm hin.

›Für mich ist der Kaiser das männliche Prinzip, der Wille, das Verstehen, die Sonne; die Kaiserin ist Mitgefühl, Bewußtheit und der Mond. Wenn das männliche und weibliche Gefühl in Frieden und Harmonie miteinander leben, ist Frühling.‹

›Das ist zu einfach‹, sagte der Rinpoche. ›Das Herz und das Verstehen brauchen auch den Winter. Sie brauchen Einsamkeit, Unglück und manchmal auch den Tod. Milarepa sagt: ›Ein Mensch, der bewußt ist, findet in der Einsamkeit einen Freund und im Winter einen Meister.‹ Deshalb beherrscht der Frühling nicht das ganze Bild. Es gibt auch Anklänge an den Winter – das Silber im Mantel der Kaiserin, die Leere zwischen den Felsen. Die Harmonie von Weisheit und Mitgefühl, von Wille und Bewußtheit ist nicht unwandelbar – das zu wünschen wäre ein Zeichen von spiritueller Unreife. Der Geist braucht Frühling und Winter, Schönheit und Schrecken, Begegnung und Trennung; um eine Ganzheit zu finden, braucht er jede Erfahrung und jede Art von Energie. Milarepa sagt: ›Betrachte alle Energie ohne Furcht und Abscheu; finde ihr Wesen, denn das ist der Stein, der alles in Gold verwandelt.‹

Charles fragte: ›Und was ist mit dem Pekinesen?‹ Alle lachten.

›Ich denke oft über den Pekinesen nach‹, sagte der Rinpoche. ›Für mich ist er der Teil des Ichs, der alles verschlafen möchte, der Teil des Bewußtseins, der sogar gähnt, wenn der Buddha spricht. Und sehen Sie nur, wie die Frau, die ihn hält, ihn liebt! Sie ist froh, daß sie unwissend ist und nicht hören kann, was die Jahreszeiten ihr sagen wollen; sie ist in Sicherheit, ganz dieser Welt verhaftet und in Sicherheit.‹

›Brauchen wir diese weltliche Frau und den Pekinesen nicht auch?‹ fragte Charles.

›Ja, natürlich. Warum auch nicht?‹

›Warum ist der Kaiser alt und die Kaiserin jung?‹

Der Rinpoche überlegte. ›*Wissen kann einen Menschen alt machen. Mitgefühl ist ein Strom der Jugend, der nie austrocknet.* Wissen kann Sie müde machen – baden Sie im Wasser des Mitgefühls, und Sie werden verjüngt sein. ... Sehen Sie sich das Bild noch einmal an und vergessen Sie, so gut es geht, alles, was wir gesagt haben. ... Legen Sie nichts fest. Werfen Sie alles weg, was Sie schon verstehen. Andernfalls stirbt dieser Wandteppich für Sie, und Sie sehen ihn nicht mehr – nur noch ihre Ideen über ihn. ... Wenn jemand Ihnen den Mond zeigt und Sie ihn einmal gesehen haben, starren Sie dann noch weiter den Finger an?‹« *(S. 232–234)*

2.   *Kuan-Yin – die »Madonna des Ostens« in China*

»Die Führerin des Alls gebiert,
Ihre Kraft ernährt,
Ihr Wesen gestaltet,
Ihre Macht vollendet.
Darum gibt es unter den zehntausend Wesen keines,

Das nicht die Führerin verehrte und ihre Kraft hochschätzte
Darum:
Die Führerin gebiert und ihre Kraft ernährt [in Frühling und Kindheit],
Sie läßt dann wachsen und pflegt [in Sommer und Jugend],
Sie vollendet und reift [in Herbst und Lebensmitte],
Sie bedeckt und schirmt [in Winter und Alter]. –
Hervorbringen, aber nicht behalten,
Wirken, aber nicht Wert darauf legen,
Großziehen, aber nicht beherrschen,
Das ist die mystische Urkraft.«
          (Lao-tse, Ode 51)

In China wird nicht nur das *Dau* oder *Tao* (= *die Führerin des Alls*) mit einer weiblichen Gottheit gleichgesetzt, sondern auch die Gestalt des Padmapani oder Avalokiteschvara erscheint hier wieder in rein weiblicher Form als Göttin *Kuan-yin* (jap.: *Kwannon*) – Göttin der Barmherzigkeit; als ob sie, wie Heinrich Zimmer (1981) kommentiert, durch den weiblichen Charakter gleichsam »zu ihrer archetypischen Natur« (gemeint ist hier eben jene Göttin *Lotos*) zurückgefunden habe (vgl. ebd. S. 110).

In China übersetzte man den Namen des Avalokiteschvara mit *derjenige, der auf die Laute (der Welt) hört = kuan yin.* Wolfram Eberhard nennt noch einen weiteren Grund für die Wandlung des Boddhisattva in eine weibliche Gottheit: »In Darstellungen trug Avalokiteschvara gemäß dem indischen Schönheitsideal leicht weibliche Züge, besaß weiche Formen und eine voll entwickelte Brust« (S. 166).

Erwin Rousselle bezeichnet Kuan-Yin als die »Madonna des Ostens« (S. 23). Sie »wird oft mit einem Baby auf dem Arm dargestellt und sieht wie eine Madonna aus. Ihre Begleiter sind ein Knabe mit Flasche und ein Mädchen mit einem Weidenzweig. An den Küsten Südchinas wird sie oft als identisch mit *Ma-tsu* angesehen, einer spätestens seit dem 11. Jhd. von Fischern und Bootsleuten verehrten Göttin« (Eberhard, S. 166). Ma-tsu aber ist jene Himmelskönigin oder Himmelskaiserin (*Tiän Hou*) als *Herrin oder Nothelferin der Seefahrt,* von der bereits im Kapitel über Isis die Rede war. Rousselle spricht deshalb auch von ihr als der »Stella Maris des Ostens« (S. 24). »Ihr Kult verbreitete sich entlang der Küste und entlang der größeren Ströme, sogar bis nach Kalifornien und Brasilien.« Im April 1960 beging man in Taiwan feierlich ihren 1001. Geburtstag (Eberhard, S. 186).

Häufig wird Kuan-yin mit einer Vase, *Bau P'ing* vorgestellt. »Vase und Flasche machen im Chinesischen keinen Unterschied; ihr Wortzeichen ist gleichlautend mit *p'ing*, ›Frieden‹, was zusammen mit dem Arrangement von Pflanzen oder anderen Dingen, die in der Vase stecken, eine reiche Symbolsprache ermöglicht« (ebd. S. 290;

vgl. Wilhelm, 1987, S. 391). Die oben genannte Weide wiederum ist »ein Symbol des Frühlings«, der »mit erotischen Erwartungen verknüpft ist« (Eberhard, S. 299).

Auch der Zug des Aggressiven fehlt bei dieser Göttin nicht, denn »sehr beliebt ist eine Legende, in der sie den Lü Tung-pin« (einen der acht Unsterblichen, dessen Symbol ein dämonentötendes Schwert ist) »besiegt, nachdem dieser sie furchtbar geärgert hatte« (ebd. S. 166).

Im Laufe der Jahrhunderte wurde Kuan yin zur wohl populärsten Göttin im chinesischen *Mahayana*-Buddhismus. Traditionell wurde sie besonders von Frauen verehrt, die sich vom strengen Konfuzianismus in die Zweitrangigkeit verwiesen und von zentralen kultischen Handlungen (etwa in der Ahnenverehrung) ausgeschlossen fanden (vgl. Wandel, S. 22).

Als eine irdische Erscheinungform der Kuan-yin galt dem jüngeren chinesischen Volksglauben (seit dem 17. Jhd.) nach die Königstochter *Miau-schan*, was übersetzt heißt »wundersame Güte«. In der folgenden Geschichte kehrt auch das Motiv des Abstiegs in die Unterwelt wieder, das keinesweg nur im Vorderen Orient eine Rolle spielte. Zugleich wird einmal mehr die Identität der Göttin mit Avalokiteschvara deutlich:

> Miau-schan, die etwa im 3. Jhd. v. Chr. lebte, zog ein kontemplatives Leben dem weltlichen Glanz am Königshof entschieden vor. Ihr Vater ließ sie deshalb enthaupten. »Da wurde ihr lebloser Leib durch den Schutzgott des Ortes, der Tiergestalt angenommen hatte, ins Gebirge entführt. *Sie stieg hernieder zur Hölle und befreite durch die magische Kraft ihres Wesens die verdammten Seelen.* Bei ihrer Rückkehr erschien ihr Buddha auf einer Wolke und riet ihr, sich auf die Insel Pu-to-schan zurückzuziehen und der Meditation zu leben; *er gab ihr einen Pfirsich aus den himmlischen Gärten, um ihr unsterbliches Leben zu sichern.*« Nach neun Jahren nahm sie ihren ersten Schüler auf. Als nun einst der dritte Sohn des Drachenkönigs in Gestalt eines Fisches in ein Netz geriet und auf dem Markt verkauft werden sollte, da entsandte Miau-schan, die alles hellsichtig sah, ihren Schüler, »den Fisch zu kaufen und in Freiheit zu setzen. Der Drachenkönig, bewegt von ihrer Güte, sandte ihr zum Dank seine Enkelin ließ ihr durch sie die Perle überreichen, die in der Finsternis leuchtet und beim nächtlichen Studium der heiligen Tradition das Lesen und Verstehen ermöglicht.« Die junge Drachenfrau blieb dann als zweite Schülerin für immer bei Miau-schan.
>
> »Miau-schan bekehrte später die eigenen Eltern und wurde eine ›Erlöserin der Menschen‹. Sie war imstande, alle Hindernisse, die sich den Menschen bei Erscheinung des lichtdurchfluteten Paradieses Amitabhas entgegenstellen, zu entfernen. Sie selber jedoch lehnte es ab, in dasselbe einzugehen, solange noch irgendein menschliches Wesen von ihm ausgeschlossen ist.«
>
> In der bildenden Kunst finden wir Kuan-yin des öfteren dargestellt, »wie sie traumhaft in meditativer Erleuchtung und in der Haltung ›königlicher Lässigkeit‹ unter einer

Grotte dasitzt, vor ihr aber rauschen die Wogen der See, und der Drache taucht empor, ihr seine Verehrung zu bezeugen.« *(Rousselle, S. 23–25)*

3.   Die »Königin-Mutter des Westens«

Die erwähnten *Pfirsiche der Unsterblichkeit,* aus deren Vorrat Buddha der Königstochter eine Frucht darreicht, werden der chinesischen Mythologie zufolge von der sog. *Königin-Mutter des Westens (Hsi-wang-mu)* gehütet. Alte Erzählungen schildern sie als »eine Art Menschenfresserin mit einem Leopardenschwanz und dem Gebiß eines Tigers, dessen Brüllen sie auch nachahmt. Sie verbreitet die Pest. Mit wirrem Haar, wie eine Zauberin, wohnt sie in der Tiefe einer Höhle. Von dieser Göttin des Todes kann man das Kraut des langen Lebens erlangen.« Um die Zeitenwende gesellte man ihr vorübergehend den König des Ostens als Partner zu, doch während er in den folgenden Jahrhunderten neben ihr verblaßte, blieb ihre Bedeutung ungebrochen, wenn auch gewandelt: Man stellt sie als vornehme Dame dar und erzählt (etwa seit dem 1. Jhd. v. Chr.), sie pflege in ihren Gärten die Pfirsche der Unsterblichkeit, die sie bei ihren Besuchen auf der Erde etlichen chinesischen Herrschern als Geschenk mitgebracht habe (vgl. Eberhard, S. 136 f.).

In der Geschichte *vom Affen Sun Wu Kung* erfahren wir, daß ihr Paradies-Garten 3600 solcher Pfirsichbäume enthält:

»In der vordersten Reihe stehen zwölfhundert. Die blühen rot und tragen kleine Früchte. Alle dreitausend Jahre werden sie reif. Wenn man davon ißt, wird man gesund und frisch. Die zwölfhundert in der mittleren Reihe haben gefüllte Blüten und tragen süße Früchte; sie werden alle sechstausend Jahre reif. Ißt man davon, so kann man im Morgenrote schweben, ohne alt zu werden. Die zwölfhundert in der letzten Reihe tragen rotgestreifte Früchte mit kleinen Kernen. Alle neuntausend Jahre werden sie reif. Ißt man davon, so erlangt man ewiges Leben wie der Himmel und bleibt durch Tausende von Äonen unberührt« (Wilhelm, 1987, S. 363). Von Zeit zu Zeit richtet die Königin-Mutter des Westens ein großes Pfirsichmahl aus, zu dem sie alle Götter des Himmels einlädt (vgl. die germanische Göttin Idun mit ihren Äpfeln der Unsterblichkeit!). Nur einmal konnte aus dem Fest nichts werden, weil der Affe Sun Wu Kung (in dieser allegorischen Erzählung ein Symbol des menschlichen Herzens), den man zum Wächter über diesen Garten bestellt hatte, sich in seiner Gier die meisten der Pfirsiche einverleibt hatte.

Diese Königin-Mutter des Westens ist auch die *Metallmutter,* von der es heißt, daß sie »im Westen am Jaspissee wohnt. Sie führt den Reigen der Feen und *waltet über Wandlung und Wachstum.«* Aus ihrer Vereinigung mit dem Holzfürsten erwuchsen »das Lichte und das Trübe und schufen dadurch das Menschengeschlecht als Männer und Frauen. Allmählich entstand so die Welt.« *(Ebd. S. 30 f.)*

Als Geburtstag dieser Gottheit galt der 3. Tag des 3. Monats, der »Tag eines alten Frühlingsfestes; ihre Besuche am Kaiserhof fanden am 7. Tag des 7. Monats statt, dem Tag eines Frauenfestes« (Eberhard, S. 138), dem sog. *Fest der mythischen Weberin*, das auch zum Jahresfest der jungen Mädchen wurde. An diesem Tag erzählte man sich Geschichten *von der Weberin und dem Kuhhirten*, mythische Gestalten, die man zugleich am Sternenhimmel (die Spinnerin ist eine Konstellation im Sternbild der Leier, der Kuhhirt eine im Adler) wiedererkannte:

> »Der Kuhhirt war von Hause aus arm. Mit zwölf Jahren trat er bei einem Bauern in Dienst, seine Kuh zu weiden. Nach einigen Jahren ward die Kuh fett und groß, und ihre Haare glänzten wie gelbes Gold. Es war wohl eine Götterkuh.
>
> Eines Tages, als er im Gebirge weidete, begann sie plötzlich mit Menschenstimme zu dem Kuhhirten also zu sprechen: ›Heute ist der Siebenabend. Der Nephritherr hat neun Töchter, die baden heute im Himmelsee. *Die siebente ist über alle Maßen schön und klug. Sie spinnt für den Himmelskönig und die Himmelskönigin die Wolkenseide und waltet über die Näharbeiten der Mädchen auf Erden. Darum heißt sie die Spinnerin.* Wenn du hingehst, ihr die Kleider nimmst, kannst du ihr Mann werden und erlangst die Unsterblichkeit.‹
>
> ›Das ist ja im Himmel‹, sagte der Kuhhirt, ›wie kann man da hinkommen?‹
>
> ›Ich will dich hintragen‹, antwortete die gelbe Kuh.
>
> Da stieg der Kuhhirt auf den Rücken der Kuh. Im Nu strömten aus ihren Füßen Wolken hervor, und sie erhob sich in die Lüfte. Es schwirrte ihm um die Ohren wie der Ton des Windes, und sie fuhren dahin, schnell wie der Blitz. Plötzlich hielt die Kuh an. ›Nun sind wir da‹, sagte sie.
>
> Da sah er rings umher Wälder von Chrysopras und Bäume von Nephrit. Das Gras war aus Jaspis und die Blumen aus Korallen. Inmitten dieser Pracht lag ein hundert Morgen großer viereckiger See. Grüne Wasser wallten wogend, und goldschuppige Fische schwammen darin umher. Dazu gab es unzählige Zaubervögel, die singend auf und nieder flogen. Schon von ferne sah er die neun Mädchen im Wasser. Ihre Kleider hatten sie alle am Ufer abgelegt.
>
> ›Nimm rasch die roten Kleider‹, sagte die Kuh, ›und verstecke dich im Walde, und wenn sie dich noch so zärtlich darum bittet, so gib sie ihr nicht eher zurück, als bis sie dir versprochen hat, deine Frau zu werden.‹
>
> Da stieg der Kuhhirt eilends vom Rücken der Kuh herunter, nahm die roten Kleider und lief weg. In diesem Augenblick wurden die neun Mädchen seiner Gewahr. Sie erschraken sehr.
>
> ›Woher kommst du, Jüngling, daß du es wagst, unsere Kleider zu nehmen‹, sagten sie. ›Lege sie schnell wieder hin!‹
>
> Aber der Kuhhirt ließ sich's nicht anfechten, sondern duckte sich hinter eine der nephritnen Blumen. Da kamen acht der Jungfrauen eilends ans Ufer gestiegen und zogen ihre Kleider an.

›Siebente Schwester‹, sprachen sie, ›der dir vom Himmel bestimmt, ist dir gekommen. Wir Schwestern wollen dich mit ihm alleine lassen.‹

So blieb die Spinnerin geduckt im Wasser sitzen.

Sie schämte sich gar sehr und redete zu ihm: ›Kuhhirt, gib mir schnell meine Kleider wieder!‹

Aber der Kuhhirt stand lachend da. ›Wenn du mir versprichst, meine Frau zu werden‹, sagte er, ›dann geb ich dir deine Kleider.‹

Die Jungfrau aber war nicht einverstanden. ›Ich bin eine Tochter des Herren der Götter‹, sagte sie; ›ohne seinen Befehl darf ich nicht heiraten. Gib mir schnell meine Kleider wieder, sonst wird mein Vater dich bestrafen!‹

Da sagte die gelbe Kuh: ›Ihr seid füreinander vom Schicksal bestimmt, ich will gern die Heirat vermitteln, und der Herr, Euer Vater, wird sicher nichts dagegen haben.‹

Da sprach die Jungfrau: ›Du bist ein unvernünftiges Tier, wie könntest du die Ehevermittlerin machen?‹

Die Kuh sprach: ›Am Ufer da, der alte Weidenbaum, versuch es einmal, ihn zu fragen! Kann er sprechen, so ist eure Vereinigung vom Himmel gewollt.‹

Und die Jungfrau fragte die Weide. Die Weide antwortete mit menschlicher Stimme: ›Siebenabend ist heut,

Der Kuhhirt die Spinnerin freit.‹

Da war die Jungfrau einverstanden. Der Kuhhirt legte die Kleider nieder und ging voran. Das Mädchen zog die Kleider an und folgte ihm nach. So wurden sie Mann und Frau.

Nach sieben Tagen aber nahm sie Abschied von ihm. ›Der Himmelsherr hat mir befohlen, ich solle nach dem Spinnen sehen‹, sagte sie. Wenn ich allzulange säume, fürchte ich, wird er mich bestrafen. Aber wenn wir jetzt auch scheiden müssen, so werde ich doch wieder mit dir zusammenkommen.‹

Als sie diese Worte gesprochen, da ging sie wirklich weg. Der Kuhhirt lief ihr nach. Aber als er schon ganz nahe war, da zog sie einen ihrer Haarpfeile heraus und machte einen Strich quer über den Himmel. Dieser Strich verwandelte sich in den Silberfluß (Milchstraße). So stehen sie nun durch den Fluß getrennt und schauen nach einander aus.

Seitdem kommen sie jedes Jahr am Siebenabend einmal zusammen. Wenn die Zeit gekommen ist, so fliegen die Krähen aus der Menschenwelt alle herbei und bilden eine Brücke, auf der die Spinnerin den Fluß überschreitet. An diesem Tag sieht man morgens und abends in den Bäumen keine einzige Krähe. Das hat wohl eben darin seinen Grund. Und außerdem fällt am Siebenabend häufig ein feiner Regen. Dann sagen die Frauen und alten Weiber zueinander: ›Das sind die Tränen, die der Kuhhirt und die Spinnerin beim Abschied vergießen.‹ *Darum ist der Siebenabend ein Regenfest.« (Wilhelm 1987, S. 33–35).*

Wolfram Eberhard erzählt eine andere Version dieser Geschichte. Danach besaßen die Mädchen, denen der Kuhhirt beim Baden zusah, Federkleider und Flügel, mit denen sie sich in die Lüfte schwingen konnten. Das Mädchen, dessen Federkleid er zurückbehält, wird gezwungenermaßen seine Frau und gebiert ihm einen Sohn, der eines Tages beim Spielen zufällig das alte Federkleid seiner Mutter entdeckt. »Sie nimmt es und fliegt in den Himmel davon. Eine treue Kuh bedeutet dem Hirten, daß er sie schlachten und auf ihrem Fell zum Himmel fliegen solle. Dort trifft er in der Tat seine Frau wieder, aber beide vergessen über ihrem Eheglück, ihre Arbeiten zu tun. Der Himmelsgott bestellt ihnen, daß sie sich nur noch einmal im Monat treffen dürfen, aber die Elster, welche dieses Urteil überbringen soll, vergißt das Zeitmaß und sagt ihnen, daß sie sich nur einmal im Jahr sehen können. Das ist die Nacht des 7. Tages des 7. Monats, das Jahresfest der jungen Mädchen.« *(Ebd. S. 298 f.)*

Anläßlich dieses Festes mußten Mädchen bei Mondschein üben, den Faden richtig in die Nadel einzuführen, »und wenn es ihnen gelang, bedeutete es das Wohlwollen der Göttin und Geschicklichkeit in allen Handarbeiten« (Eberhard, S. 187). Als Vorbild des kämpferischen und heldenmütigen Mädchens wurde den jungen Frauen bei dieser Gelegenheit die Heldin *Mu-lan* nahegebracht. Dieses Mädchen zog an Stelle ihres alten Vaters zu Pferd und in Männerkleidern in die Armee. Sie diente zwölf Jahre im Krieg und kam zu hohen militärischen Ehren, ohne je als Frau erkannt zu werden. Nach dieser Zeit kehrte sie an den häuslichen Webstuhl zurück. Ihre Geschichte bildet noch heute ein beliebtes Motiv für populäre Comics, nationale Kriegsfilme und die Pekingoper. »Allen Männern im Kampfe überlegene weibliche Helden sind in der volkstümlichen Literatur und auf dem Theater besonders beliebte Gestalten. In einzelnen lokalen Gebräuchen und in manchen religiösen Geheimgesellschaften haben sich mutterrechtliche Traditionen und die Vorstellung von der Gleichberechtigung der Frau mit dem Mann bis in die jüngste Zeit erhalten« (Wandel, S. 24), ja sie gelangten sogar gerade im sozialistischen System zu neuer Bedeutung (vgl. ebd. S. 235; vgl. Eberhard, S. 187 f. u. 199).

Die Zahl *Sieben* aber, obgleich (wie alle ungeraden Zahlen) eigentlich eine Yang-Zahl, wird in der chinesichen Zahlenmystik als *Zahl der Frau* gewürdigt, denn sie soll den Rhythmus für die Entwicklung des Weiblichen vorgeben: »Mit sieben Monaten bekommt das Mädchen Milchzähne, die es mit sieben Jahren verliert; mit 2 × 7 Jahren öffnet sich ›die Straße des Yin‹ (Eintritt der Menstruation), mit 7 × 7 Jahren schließt sie sich wieder (Klimakterium). Analog dazu wird die Zahl Acht als maßgeblich für die Entwicklung des Männlichen gesehen« (Eberhard, S. 267).

4. Tao – die »Führerin des Alls«

Weiblichkeit, Wandlung, Wachstum und Wasser gehören auch im chinesischen Denken eng zusammen.

>»Höchste Güte gleicht dem Wasser.
Des Wassers Güte ist,
Den zehntausend Wesen anspruchslos zu helfen.
Es weilt an Orten, die alle Menschen verabscheuen.
Darum steht Güte der Führerin des Alls so nahe.« *(Lao-tse, Ode 8)*

Wasser gilt in China allgemein und von frühester Zeit als Symbol des Yin oder Tao (Dau), der weiblichen Urkraft. Von Lao-tse, Ode 4, wird sie folgendermaßen besungen:

>»Die Führerin des Alls *[Tao]* verströmt sich
Und bewirkt, daß man auch nicht gefüllt bleibt,
Wassertief ist sie: So ist sie wie der zehntausend Wesen Ahne,
Sie stumpft ihre Härten und entwirrt ihre Schlingen,
Sie sänftigt ihren Glanz und eint sich ihrem Staube.
Taufrisch! so scheint sie zu verharren.
Ich weiß nicht, wessen Kind sie ist,
Sie ist, scheint es, die Vorfahrin der Götter.«

Man nimmt an, daß noch die Schang (Yin)-Dynastie (1700–1100 v. Chr.) im wesentlichen matriarchal strukturiert war, zumal sie – wie weiter unten noch sichtbar wird – auch einem ausgeprägten Gefäßkult huldigte: In diesem Weltbild wurde nicht nur der Dunkelmond als Becher (s. u.), sondern auch die *Erde als Kessel* (und beide als weibliche Wesen) vorgestellt (vgl. Wilhelm 1984, S. 390, u. Fiedeler, S. 86). Es kann also nicht verwundern, »daß der mutterrechtliche Charakter der Kultur auch in der Religion als Verehrung eines weiblichen Urgrundes von Welt und Leben in dieser Tradition zum Ausdruck kommt« (Rousselle in seinem Kommentar zu Lao-tses Tao-te-king, S. 97). Als Vermittlerinnen dieser Kultur gelten allgemein die Oden aus Lao-tses Spruchsammlung *Tao-te-king* (gesprochen etwa »Dau-Dö-ging«), was übersetzt etwa soviel heißt wie »Führung und Kraft aus der Ewigkeit« (ebd. S. 101). Dieses *Te* bzw. *Dö* »bezeichnet ursprünglich: die ausstrahlende magische Kraft, dann mystische Urkraft, ferner überhaupt: Kraft, Tauglichkeit, endlich: Tugend« (ebd. S. 107).

Wasser wird auch in Verbindung gesehen mit dem Mond, der nachts den Tau hervorbringt (vgl. Eberhard, S. 296 f.). Auf dem Mond aber lebt die *Mondfee*, die ihr Dasein der Königin-Mutter des Westens verdankt:

>»Zur Zeit des Kaisers Yau lebte ein Fürst namens Hou I, der war ein starker Held und guter Schütze. Einst gingen zehn Sonnen am Himmel auf, die schienen so hell und brannten so heiß, daß die Menschen es nicht aushalten konnten. Da gab der Kaiser dem Hou I den Befehl, nach ihnen zu schießen. Der schoß nun neun von den Sonnen herunter. – Er hatte aber auch ein Pferd, das war so schnell, daß es den Wind einholen konnte. Er setzte sich darauf und wollte auf die Jagd. Da rannte das Pferd davon und ließ sich nicht mehr

halten. So kam er an den Kunlun-Berg und *sah die Königin-Mutter am Jaspis-See. Die gab ihm das Kraut der Unsterblichkeit.* Das nahm er mit nach Hause und verbarg es im Zimmer. Er hatte eine Frau namens Tschang O. Die naschte davon, als er einmal nicht zu Hause war, und sogleich schwebte sie zu den Wolken empor. Wie sie beim Mond angekommen war, da lief sie in das Schloß im Mond und lebt dort seither als Mondfee. Ein Kaiser aus dem Hause Tang saß einmal in der Mittherbstnacht mit zwei Zauberern beim Wein. Der eine nahm eine Bambusstange und warf sie in die Luft; die wandelte sich zur Himmelsbrücke, und nun stiegen die drei zusammen zum Mond hinauf. Da sahen sie ein großes Schloß, darauf stand geschrieben: ›Die weiten Hallen der klaren Kälte.‹ Ein Kassiabaum stand daneben, der blühte und duftete, daß die ganze Luft von seinem Duft erfüllt war. Ein Mann saß auf dem Baum, der mit einer Axt die Nebenzweige abhieb. Der eine Zauberer sprach: ›Das ist der Mann im Monde. Der Kassiabaum wächst so üppig, daß er mit der Zeit den ganzen Glanz des Mondes beschatten würde. Darum muß er alle tausend Jahre einmal abgehauen werden.‹ Dann traten sie in die weiten Hallen. Silbern türmten sich die Stockwerke übereinander. Die Säulen und Wände waren alle aus Wasserkristall. Es waren Käfige da und Teiche; darinnen waren Fische und Vögel, die bewegten sich wie lebend. Die ganze Welt schien aus Glas zu sein. Während sie noch nach allen Seiten Umschau hielten, trat die Mondfee auf sie zu in weißem Mantel und regenbogenfarbenem Gewand. Sie sprach lächelnd zum Kaiser: ›Du bist ein Fürst des Erdenstaubs. Du mußt Glück haben, daß du hierher gelangen konntest.‹ Damit rief sie ihre Dienerinnen, die kamen auf weißen Vögeln herangeflogen und sangen und tanzten unter dem Kassiabaum. Reine, klare Klänge tönten durch die Luft. Neben dem Baume aber stand *ein Mörser aus weißem Marmelstein. Ein Hase aus Jaspis zerstieß darinnen Kräuter. Das war die dunkle Hälfte des Mondes.* Als der Tanz zu Ende war, da kehrte der Kaiser mit den Zauberern wieder zurück. Er ließ die Lieder, die er im Monde gehört hatte, aufzeichnen und zur Begleitung von Jaspisflöten im Birnengarten singen.« *(Wilhelm 1987, S. 45 f.)*

Der Mond wird auch selbst mit dem Westen in Verbindung gebracht, denn der Neumond wird zuerst dort sichtbar. Im alten chinesischen Kalender begann jeder (Mond-) Monat mit dem Neumondstag. Nach chinesischer Überzeugung ist der Mond im Herbst am schönsten. Entsprechend werden auch Westen und Herbstzeit – wie der Mond selber – als weiblich vorgestellt. »Aber andererseits ist der Herbst die Zeit des Hinrichtens – weil alle Natur im Herbst stirbt. ... Schließlich kann der Mond die Kaiserin bedeuten, weil ihr Mann mit der Sonne verglichen wird« (Eberhard, S. 197).

Die dunkle Hälfte des Mondes aber, auf die im Märchen angespielt wird, ist die Schattenseite des Mondes, die während der Nachtzeit von der Erde weg nach oben gerichtet ist. Sie wurde als konkaves Gefäß bzw. halbkugeliger Becher aufgefaßt, der in einem dauernden Schöpfungs-Akt die Bilder des Nachthimmels aufnimmt und, in verwandelter Form, tagsüber an die Erde wieder abgibt. »Der Mondbecher wurde in der Vollmondphase mit dem Licht der Sterne gefüllt, transportierte dieses hinauf in die Höhe des Taghimmels und goß es dort in der Konjunktion mit der Sonne als Sonnenlicht auf die Erde herunter. Das ›Sonnenlicht‹ wurde dabei als eine qualitative Struktur verstanden, als ein Muster, das sich von den Sternbildern des Nachthimmels durch die Vermittlung des Mondes auf die irdischen Dinge übertrug, die im Sonnenlicht erscheinen« (Fiedeler, S. 85).

Gleichzeitig zeigt sich uns im Mond das Urbild von Aufstieg und Abstieg, Fülle und Leere, wie es nicht nur im Taoismus, aber da noch einmal ganz besonders, eine zentrale Rolle spielte. Der Mond am Himmel klettert nämlich auf einer Art von »Himmelsleiter« beständig aufwärts und abwärts. Und dies gleich in mehrfacher Hinsicht: Bei jeder Vollmondphase wendet sich die Lichtseite des Mondes zur Erde herunter, wobei die zwei Mondhälften »als ›Flügel‹ sowohl eines Tores als auch eines Vogels« gedeutet werden konnten (daher die heilige Mondschwalbe als Stammtier der, wahrscheinlich mutterrechtlichen, Shang-Dynastie), die sich in der Vollmondphase zusammenschließen. »Der Vollmond ist der tiefste Punkt des mythischen Weltbildes« (ebd. S. 87). Während der abnehmenden Phase steigt der Mond wiederum hinauf zur Sonne, *wo er als sterbender Mond für drei Tage im Feuer der Sonne zerschmilzt.* Man sagte, »der Mond hat sich durch seine ›Tötung‹ in die gelbfarbene Sonne ›verwandelt‹, die man gleichzeitig mit der ›Geburt‹ des Neumondes am Abend des vierten Tages untergehen, d. h. in den Wassern der Unterwelt verschwinden sieht« (ebd. S. 67). Von der Erde aus gesehen gewinnt der Mond im Abstieg, bzw. an seinem Tiefpunkt neues und volles Leben, während er beim Aufstieg stirbt, sich im Sterben aber wiederum verwandelt. Man könnte auch sagen, daß in der Neumondphase das dunkle Mondgefäß, die »Höhlung« der Schattenseite des Mondes, die Sonne in sich aufnimmt und sich »mit der Konjunktion in die Erscheinung der strahlenden Sonne verwandelt« (weshalb die Sonne auf bildlichen Darstellungen auch durch den dunklen Schwarzmond vertreten werden konnte). »Der wie schwanger aufgeblähte Vollmond hingegen wurde als die ›Mutter‹ gedeutet, die auf der anderen Seite aus ihrem Inneren, dem ›Tal‹ heraus die Sonne gebiert«. In dieser Hinsicht konnte der Mond sogar als die Mutter der Sonne gelten. Und »daß die Schang ihr Reich nach den ›Mond-Kategorien von Mutter und Tal‹ regierten, bedeutet also, daß sie ihrer symbolischen Weltordnung die Polarität Vollmond-Dunkelmond zugrundelegten« (ebd. S. 116).

Die Symbolik von Aufstieg und Abstieg geht jedoch noch weiter, wenn man sich die Standorte von Voll- und Dunkelmond im Laufe eines Jahreskreises vergegenwärtigt. Hier läßt sich eine sechsstufige Himmelsleiter ausmachen, auf welcher der helle Vollmond seinen Höchststand ausgerechnet in der dunklen Winterzeit, seinen Tiefstand jedoch in der lichten Sommerzeit erreicht. Für den schwarzen Neumond ergibt sich ein gerade umgekehrtes Bild: Er erlangt seinen Höchststand zur Sommersonnen-wende und steht im Winter auf der untersten Sprosse der Leiter.

Was für das eine Erscheinungsbild des Mondes die Form des Werdens ist, ist für das andere somit jeweils die Form seines Verschwindens, und umgekehrt. Ein Muster, nach dem auch das Hauptwerk der chinesischen Philosophie, das *Buch der Wandlun-gen – I Ging* oder *Dschou Yi* – aufgebaut ist, dessen insgesamt 64 Bilder paarweise einander zugeordnet sind, und zwar dergestalt, daß das eine jeweils optisch als kom-plette Umkehrung des anderen erscheint. Im *I Ging* findet sich zudem ein Bildpaar, das wiederum stark an den sumerischen Mythos von Inannas Abstieg in die Unterwelt er-innert: Die Hexagramme 23 und 24 – *Entkleidung* (engl.: *stripping*) und *Wiederkehr* (des Lichts). Die Vorstellung ist hier, daß die Dunkelheit – im Bild von Hexagramm 23 – über das letzte bißchen Licht am Horizont siegt, es aber im Bild von Hexagramm 24 als schmaler Streif inmitten der Dunkelheit zurückkehrt. Das Verschwinden des Mon-des konnte in alter Zeit auch als ein Häutungs- und Erneuerungsvorgang gedacht werden, der letztlich die Unsterblichkeit des Mondes sicherstellte. Bedenken wir, daß Inanna als Tochter des Mondgottheitenpaares galt und bisweilen selbst in der Gestalt des Mondes verehrt wurde, dann erklärt sich ihr dreitägiger Aufenthalt in der Unter-welt auch von dieser Denkweise her als durchaus folgerichtig.

Diese Führerin des Alls, die Lao-tse »Dau« (Tao) nennt, wurde in noch früheren Zeiten als *die dunkle Tiergöttin Hüan Pin* (oder *Hüan Bi*) verehrt, die man sich als Stute vorstellte (vgl. das zweite Hexagramm des *I Ging*, das zur Schang-Zeit noch als das erste galt!). Diese Tiergottheit wurde wiederum gleichgesetzt mit dem »Geist des Tales«, wobei die Chinesen bei »Tal« an eine (in einem Tal befindliche) Quelle oder einen Wasserlauf dachten (vgl. Rousselle, S. 27–29):

> »Die Gottheit des Quelltals ist todlos.
> Das ist die dunkle Tiergöttin.
> Der dunklen Tiergöttin Schoß
> Ist Himmels und der Erde Wurzel.
> Wie endloser Faden wohl verharrt sie
> Und wirkt ohne Mühe.« *(Lao-tse, Ode 6)*

Diese Gottheit des Quelltals ist die Gebärerin und Mutter der Welt (Ode 52), zugleich die Schöpferin von Erdgöttin und Himmelsgott, wie auch von Yin und Yang:

> »Die Führerin des Alls bringt die Einheit hervor,
> Die Einheit bringt die Zwei« (Yin) »hervor,
> Die Zwei bringen das Dritte« (Yang) »hervor,
> Die Drei bringen die zehntausend Wesen hervor.« *(Lao-tse, Ode 42)*

> »Es gibt ein Wesen, aus dem Unfaßbaren gebildet,
> Vor Himmelsgott und Erdgöttin lebend,
> So still! So leer!
> Allein steht es und ändert sich nicht,
> Den Kreis rings schreitet es ab und läuft nicht Gefahr.
> Man kann es ansehen als die Mutter der Welt.
> Ich weiß nicht ihren Namen,
> Sie bezeichnend, sage ich: DAU, die Führerin des Alls.
> Bemüht, ihr einen Namen zu schaffen, sage ich: DA, die Große.
> Groß nenn ich das Entschwindende,
> Das Entschwindende nenne ich das Ferne,
> Das Ferne nenne ich das Wiederkehrende.
> Darum:...
> Des Menschen Richtmaß ist die Erde,
> Der Erde Richtmaß ist der Himmel,
> Des Himmels Richtmaß ist die Führerin des Alls,
> Der Führerin Richtmaß ist ihre eigene Natur.« *(Lao-tse, Ode 25)*

Die Menschen sind gehalten, nach der Art dieses Quelltals ihr sittliches Leben auszurichten, so weich, schmiegsam und nachgiebig wie Wasser zu werden; wobei dieses
Denken von der grundsätzlichen Überlegenheit des Weichen, Biegsamen und Anpassungsbereiten über das Harte und Starre ausgeht.

> »Kleinstes sehen bedeutet Erleuchtetsein,
> Biegsamkeit wahren bedeutet Starksein.
> Benutzt man sein Licht,
> Um wieder einzukehren zu seiner Erleuchtetheit,
> So verliert man nichts bei des Leibes Untergang.
> Das heißt: sich erbmäßig kleiden mit Ewigkeit.« *(Lao-tse, Ode 52)*

Die Führerin des Alls als Mutter der Welt wurde somit im chinesischen Altertum als
ein transzendent seiendes Wesen verehrt, das die Menschen – wie auch die zehntausend Dinge im ganzen – trägt und nährt, ihnen Kraft, Zuflucht, Heimkehr und Wiedergeburt gewährt, dabei im letzten aber doch unnennbar und unerkennbar bleibt:
»Wie endloser Faden, ach! man kann sie nicht benennen« (ebd. Ode 14).

Die grundlegende Lehre der vorpatriarchalen Metaphysik spricht Lao-tse in seinem – zeitlos gültigen – Prolog, der ersten Ode des *Tao-te-king* aus, mit der dieses
Buch nun schließen, zugleich aber auch in seinen Anfang überleiten kann:

> »Ist die Führerin des Alls in Worten anführbar,
> So ist es nicht die ewige Führerin,

Ist ihr Name nennbar,
So ist es nicht ihr ewiger Name.
Als Unbenennbare ist sie
Die Gebärerin des Himmelsgottes und der Erdgöttin,
Als Benennbare ist sie
Die Mutter der zehntausend Wesen.
Darum:
Nur wer stets wunschlos, erblickt ihr Geheimnis,
Wer stets wunscherfüllt, erblickt nur ihre Außenbereiche.
Diese beiden sind eins,
Aber hervortretend verschiedenen Namens.
Ihre Einheit ist dunkel,
Das Mysterium der Mysterien,
Aller Geheimnisse Schoß.«

Textquellen

Der Verlag und die Autorin bedanken sich bei folgenden Verlagen für die freundliche Abdruckgenehmigung:

Insel Verlag:
- ZIMMER, HEINRICH, Maya. Der indische Mythos. Frankfurt 1978 (S. 386 f., 422–429)
- ZIMMER, HEINRICH, Indische Mythen und Symbole. Vishnu, Shiva und das Rad der Wiedergeburten. Köln 1981 (S. 387–395)
- SAPPHO, Muse des äolischen Eresos, Übersetzung und Kommentar von STEFANIE PREISWERK-ZUM STEIN. Frankfurt 1990 (S. 108 f., 113 f., 117, 131 f., 142)
- LAO-TSE, Führung und Kraft aus der Ewigkeit. Das »Tao-te-king« in der Übersetzung von ERWIN ROUSSELLE. Frankfurt 1985 (S. 467 f., 474, 477 ff.)

Kiepenheuer Verlag (Sammlung Dieterich):
- Aphrodite-Texte aus den Homerischen Götterhymnen, dt. von THASSILO VON SCHEFFER. Bremen 1987 (S. 118–124)

Universitätsverlag C. Winter:
- OVID, P. NASO, Die Fasten, Bd. I, 4. Buch, Verse 393–620, hg. u. übers. v. FRANZ BÖMER. Heidelberg 1957 (S. 165–169)

Artemis & Winkler Verlag:
- FALKENSTEIN, A./v. SODEN, W., Sumerische und Akkadische Hymnen und Gebete. Zürich/Stuttgart 1953 (S. 84–100)

Eugen Diederichs Verlag:
- BRUNNER-TRAUT, EMMA, Altägyptische Märchen. Köln 1983 (S. 295 f., 298–301, 351 f., 364–367)
- FINDEISEN, HANS/GEHRTS, HEINO, Die Schamanen. Jagdhelfer und Ratgeber, Seelenfahrer, Künder und Heiler. Köln 1983 (S. 203 f.)
- WILHELM, RICHARD (Hg.), Chinesische Märchen. Köln 1987 (S. 471 f., 474 f.)
- ZIMMER, HEINRICH, Abenteuer und Fahrten der Seele. Ein Schlüssel zu indogermanischen Mythen. Köln 1987 (S. 395–413)

Ebenso bedanken wir uns bei Herrn Professor Dr. MICHAEL VON ALBRECHT für die freundliche Überlassung seiner Übersetzung der Ovidschen Metamorphosen.

Literatur

ACHTERBERG, JEANNE, Die Frau als Heilerin. Die schöpferische Rolle der heilkundigen Frau in Geschichte und Gegenwart. München 1991

ANGULO, JAIME DE, Indianer im Overall. München 1983

APULEIUS, Der goldene Esel (alias Metamorphosen), übers. v. AUGUST RODE u. einem Nachwort von WILHELM HAUPT. Leipzig 1975

ASHE, GEOFFREY, Kelten, Druiden und König Arthur. Mythologie der Britischen Inseln. Solothurn 1993

BECHSTEIN, LUDWIG, Märchen und Sagen, ausgewählt und bearbeitet von ERIK JELDE. München 1954

BERGMAN, JAN, Ich bin Isis. Studien zum memphitischen Hintergrund der griechischen Isisaretalogien. Lund 1968

BRUNNER-TRAUT, EMMA, Altägyptische Märchen. Köln 1983

CASE, PAUL FOSTER, Schlüssel zur ewigen Weisheit des Tarot. Neuhausen 1992 (Erstausgabe 1947)

CAZENAVE, MICHEL, Die große Göttin der Kelten, in: THOMAS LEHNER (Hg.), Keltisches Bewußtsein. München 1985, S. 80–99

CSAMPAI, ATTILA / HOLLAND, DIETMAR, Wolfgang Amadeus Mozart, Die Zauberflöte. Texte, Materialien, Kommentare. Reinbek 1982

DEVI, MAITRAYE, Liebe stirbt nicht. Berlin 1991

DIEDERICHS, ULF (Hg.), Germanische Götterlehre. Mit mythologischem Wörterbuch. Köln 1984

DU RY, CAREL J., Völker des alten Orient. Baden-Baden 1969

EGLI, HANS, Das Schlangensymbol. Geschichte, Märchen, Mythos. Olten 1982

EBERHARD, WOLFRAM, Lexikon chinesischer Symbole. Köln 1987

FALKENSTEIN, A. / v. SODEN, W., Sumerische und Akkadische Hymnen und Gebete. Zürich / Stuttgart 1953

FIEDELER, FRANK, Die Monde des I Ging. Symbolschöpfung und Evolution. Köln 1988

FINDEISEN, HANS / GEHRTS HEINO, Die Schamanen. Jagdhelfer und Ratgeber, Seelenfahrer, Künder und Heiler. Köln 1983

FISCHER, HERMANN u. a. (Hg.), Pfullingen einst und jetzt. Pfullingen 1982

FRANZ, MARIE-LOUISE V., Die Erlösung des Weiblichen im Manne. Der goldene Esel von Apuleius in tiefenpsychologischer Sicht. Frankfurt 1983

FRÜH, SIGRID (Hg.), Die Frau, die auszog, ihren Mann zu erlösen. Europäische Frauenmärchen. Frankfurt 1987

– Märchen von Hexen und weisen Frauen. Frankfurt 1988
– Märchen und Geschichten aus der Welt der Mütter. Frankfurt 1993
GIEBEL, MARION, Das Geheimnis der Mysterien. Antike Kulte in Griechenland, Rom und Ägyp-
    ten. München 1990
Götter, Pharaonen, Austellungskatalog. Mainz 1978
GOLDBERG, HEINZ (Hg.), Finnische Märchen. Stuttgart 1980
GOLOWIN, SERGIUS, Edelsteine – Kristallpforten der Seele. Freiburg 1986
GOTTSCHALK, HERBERT, Sonnengötter und Vampire. Berlin 1978
GOVINDA, ANAGARIKA, Lama, Der Weg der weißen Wolken. München 1988
GRIGSON, GEOFFREY, Aphrodite – Göttin der Liebe. Bergisch-Gladbach 1978
GRIMM, JACOB, Deutsche Mythologie, Bde I–III. Wiesbaden 1992
GRÜNERT, HEINZ, Zur Bedeutung und zum Bild der Frau in den keltischen und germanischen
    Stammesgesellschaften, in: Frühe Völker in Mitteleuropa. Berlin 1988, S. 247–274
HARDING, ESTHER, Frauenmysterien, einst und jetzt. Berlin 1982
HARVEY, ANDREW, Ins Innerste des Mandala. Reisen in Ladakh. Köln 1985
HEINE, HEINRICH, Atta Troll. Ein Sommernachtstraum. München 1980
HOADE, EUGENE O. F. M., Guide to the Holy Land. Jerusalem 1974
HOMER, ILIAS, übers. von WOLFGANG SCHADEWALDT. Frankfurt 1975
Homerische Hymnen, hg. v. ANTON WEIHER. München 1951
Die Homerischen Götterhymnen, dt. v. THASSILO V. SCHEFFER. Bremen 1987
HORNUNG, ERIK, Auf den Spuren der Sonne: Gang durch ein ägyptisches Königsgrab, Eranos-
    Jahrbuch 50. Frankfurt 1981, S. 431–475
– Der Ägyptische Mythos von der Himmelskuh, Orbis Bibl. et Or. 46. Göttingen 1982
– Geist der Pharaonenzeit. München 1989
Jerusalemer Bibel, ARENHOEVEL, DIEGO u. a. (Hg.). Freiburg 1972
JOHNSON, BUFFIE, Die große Mutter in ihren Tieren. Göttinnen alter Kulturen. Olten 1990
JUNG, EMMA / FRANZ, MARIE-LUISE V., Die Graalslegende. Olten 1980
KASCHNITZ, MARIE LUISE, Der alte Garten. Düsseldorf 1975
KELLER, CATHERINE, Der Ich-Wahn. Abkehr von einem lebensfeindlichen Ideal. Zürich 1989
KINSLEY, DAVID, Indische Göttinnen. Frankfurt 1990
KOCH, WALTER A., Der Sagenkranz um die Sibylle von der Teck. Stuttgart 1981
KOLTUV, BARBARA BLACK, Das Geheimnis Lilith: oder die verteufelte Göttin. Auf der Spur eines
    Mythos. München 1988
LATTE, KURT, Römische Religionsgeschichte. München 1960
LAO-TSE, Führung und Kraft aus der Ewigkeit. Das »Tao-te-king« in der Übertragung von ER-
    WIN ROUSSELLE. Frankfurt 1985
Lexikon der Ägyptologie, im Text abgekürzt mit LÄ, hg. von WOLFGANG HELCK u. EBERHARD
    OTTO. Wiesbaden Bd. I (1975) u. Bd. III (1980)
LUCRETIUS, Titus Carus, De rerum natura, Welt aus Atomen, hg. u. übers. v. KARL BÜCHNER.
    Stuttgart 1977
MANNICHE, LISE, Liebe und Sexualität im alten Ägypten. München 1988

MARKALE, JEAN, Die Keltische Frau. Mythos, Geschichte und soziale Stellung. München 1984
- Taliesins Lied von Leben und Tod, in: THOMAS LEHNER (Hg.), Keltisches Bewußtsein. München 1985, S. 112–153
MEHTA, GITA, Narmada oder Geschichten vom menschlichen Herzen. München 1993
MEIER, C. A., Der Traum als Medizin. Antike Inkubation und moderne Psychotherapie. Zürich 1985
MERKELBACH, REINHOLD, Roman und Mysterium in der Antike. München 1962
- Isisfeste in griechisch-römischer Zeit. Daten und Riten, in: Beiträge zur klassischen Philologie Heft 5. Meisenheim a. G. 1963
MERNISSI, FATEMA, Die Angst vor der Moderne. Frauen und Männer zwischen Islam und Demokratie. Hamburg 1992
MORRISON, TONI, Menschenkind. Reinbek 1994
MÜHLMANN, WILHELM E., Die Metamorphose der Frau. Weiblicher Schamanismus und Dichtung. Berlin 1984
MÜLLER, ELISABETH, Das Bild der Frau im Märchen. Analysen und erzieherische Betrachtungen. München 1986
MÜNSTER, MARIA, Untersuchungen zur Göttin Isis vom Alten Reich bis zum Ende des Neuen Reiches. Berlin 1968
OVID(IUS), P. NASO, Die Fasten, Bde I–II, hg. u. übers. v. FRANZ BÖMER. Heidelberg 1957 u. 1958
- Metamorphosen, übers. v. MICHAEL V. ALBRECHT. München 1981
PEMA-DORJE, TARA, Weiblich-göttliche Weisheitskraft im Menschen. Olten 1991
PERERA, SYLVIA BRINTON, Der Weg zur Göttin der Tiefe. Die Erlösung der dunklen Schwester: eine Initiaiton für Frauen. Interlaken (Ansata) 1985
PLUTARCH, Über Isis und Osiris, Text, Übersetzung und Kommentar in zwei Bänden von THEODOR HOPFNER. Prag 1940 u. 1941
PRITCHARD, JAMES B., The Ancient Near East. An Anthology of Texts and Pictures, Vol. I u. II. Princeton 1973 u. 1975
RANKE-GRAVES, ROBERT V., Die weiße Göttin. Sprache des Mythos. Berlin 1981
- Griechische Mythologie. Quellen und Deutung, 2 Bde. Reinbek 1982
RIEDEL, INGRID, Demeters Suche. Mütter und Töchter. Zürich 1986
RINGGREN, HELMER, Die Religionen des Alten Orients. Göttingen 1979
RINNE, OLGA (Hg.), Wie Aua den Geistern geweiht wurde. Geschichten, Märchen und Mythen der Schamanen. Darmstadt 1983
- Medea. Das Recht auf Zorn und Eifersucht. Stuttgart 1988
ROUSSELLE, ERWIN, Drache und Stute. Gestalten der mythischen Welt chinesischer Urzeit, in: Eranos-Jahrbuch 1934. Zürich 1935, S. 11–33
SAADAWI, NAWAL EL, Der Sturz des Imam. Bremen 1991
SADAT, JEHAN, Ich bin eine Frau aus Ägypten. München 1991
SAPPHO, Muse des äolischen Eresos, Übersetzung und Kommentar von STEFANIE PREISWERK-ZUM STEIN. Frankfurt 1990
SCHAUSS, HAYYIM, The Jewish Festivals. History & Observance. New York 8. Aufl. 1973

SHAKESPEARE, WILLIAM, The Tragedy of Macbeth. Hertfordshire 1968

– Macbeth, Trauerspiel; übers. v. DOROTHEA TIECK. Leipzig 1942

SHIVA, VANDANA, Das Geschlecht des Lebens. Frauen, Ökologie und Dritte Welt. Berlin 1989

SCHLESIER, KARL H., Die Wölfe des Himmels. Welterfahrung der Cheyenne. Köln 1985

SCHULLER, WOLFGANG, Frauen in der griechischen Geschichte. Konstanz 1985

SCHULZE, PETER H., Frauen im alten Ägypten. Selbständigkeit und Gleichberechtigung im häuslichen und öffentlichen Leben. Berg. Gladbach 1987

– Herrin beider Länder. Hatschepsut. Frau, Gott und Pharao. Augsburg 1990

SHUTTLE, PENELOPE / REDGROVE, PETER, Die weise Wunde Menstruation. Frankfurt 1982

STEINER, GERTRAUD, Die Frau im Berg. Die Verwandlungsfahrten der Wildfrauen. München 1984

TACITUS, Germania, Übersetzung und Kommentar von MANFRED FUHRMANN. Stuttgart 1982

TETZNER, LISA (Hg.), Die schönsten Märchen der Welt, Bd. Juni. Darmstadt 1984.

TOTTI, MARIA, Ausgewählte Texte der Isis- und Sarapis-Religion. Hildesheim (Olms) 1985

UITZ, ERIKA, Die Frau in der mittelalterlichen Stadt. Freiburg 1992

VIROLLEAUD, CHARLES, Die Idee der Wiedergeburt bei den Phöniziern, in: Eranos-Jahrbuch 1939. Zürich 1940

VOIT, LUDWIG, Lesebuch der Antike, Bd. I. München 1980

WALKER, BARBARA G., Die Geheimnisse des Tarot. Mythen, Geschichte und Symbolik. Südergellersen 1985

WANDEL, ELKE, Frauenleben im Reich der Mitte. Chinesische Frauen in Geschichte und Gegenwart. Reinbek 1987

WEIS, ADOLF, Die Madonna Platytera. Entwurf für ein Christentum als Bildoffenbarung anhand der Geschichte eines Madonnenthemas. Königstein i. Taunus 1985

WESTENDORF, WOLFHART, Das alte Ägypten. Baden-Baden 1968

WETZEL, MANFRED (Hg.), Der Schatz im Berg. Sagen aus den Kreisen Reutlingen und Tübingen. Reutlingen 1985

WILHELM, RICHARD (Hg.), Chinesische Märchen. Köln 1987

– (Hg.), I Ging. Das Buch der Wandlungen. Köln 1984

WOLFRAM VON ESCHENBACH, Parzival, in Prosa übertragen v. WILHELM STAPEL. München 1984

WOLKSTEIN, DIANE / KRAMER, Samuel Noah, Inanna, Queen Of Heaven And Earth. Her Stories and Hymns from Sumer. New York 1983

ZAUNERT, Deutsche Märchen seit Grimm, Ort und Datum der Veröffentlichung unbekannt

ZIMMER, HEINRICH, Maya. Der indische Mythos. Frankfurt 1978

– Indische Mythen und Symbole. Vishnu, Shiva und das Rad der Wiedergeburten. Köln 1981

– Abenteuer und Fahrten der Seele. Ein Schlüssel zu indogermanischen Mythen. Köln 1987

Erläuterungen zur Transliteration, Aussprache und Hervorhebungen

Es wurde versucht, Wörter aus »weit entfernten« Sprachen – wie etwa dem Sumerisch-Akkadischen oder dem Sanskrit – so wiederzugeben, wie es in etwa der deutschen Aussprache entspricht: beispielsweise *Ischtar* statt *Ištar*; *Schiva* statt *Śiva* oder *Shiva*; *Vischnu* statt *Viṣṇu*.

Bei der Transliteration des Sanskrit-j wurde dieses Schema durchbrochen, da diesem Buchstaben der Laut »dsch« entspricht (wobei das »sch« nur schwach anklingen darf). Das Wortbild würde zu stark verändert werden – wie bei *pudscha* statt *puja*; oder *pradschna* statt *prajna* –, so daß etymologische Zusammenhänge verloren gingen.

Längere Kursivdruckpassagen sollen einen Hinweis auf mythische Parallelen bzw. auf zuvor angesprochene Kerngedanken geben.

Erläuterungen der Autorin in den Zitaten sind kursiv in eckige Klammern gesetzt.

Frauen, die Geschichte machten

dtv

Frauenleben

dtv

Historische Romane
im <u>dtv</u>

Elizabeth
Marshall Thomas
Die Frau des Jägers
Roman
dtv 12004
»Ein Roman aus der Steinzeit von
seltener Tiefe und Schönheit.«
(New York Times Book Review)

Robert von Ranke Graves
Ich, Claudius, Kaiser und Gott
Roman
dtv 1300
Augustus, Livia, Caligula, Nero:
eine Chronique scandaleuse, in der
die ganze dekadente Welt des
römischen Imperiums lebendig
wird.

Marguerite Yourcenar
Ich zähmte die Wölfin
Die Erinnerungen des Kaisers
Hadrian
dtv 12476
Ein historischer Roman von außer-
gewöhnlicher Feinheit und melan-
cholischer Schönheit. Marguerite
Yourcenar zeichnet mit ihrem
Hadrian einen nachdenklichen,
leidenschaftlichen und tatkräftigen
Mann, den man am Ende des Bu-
ches betrauert wie einen Freund.

Halldór Laxness
Die glücklichen Krieger
Roman
dtv 12184
Island vor tausend Jahren. Zwei
junge Männer haben einen Traum:
Heldentum. Sie folgen macht- und
raubgierigen Eroberern in ihre
Schlachten: nach England, Frank-
reich, Norwegen...

Frans G. Bengtsson
Die Abenteuer des Röde Orm
Roman
dtv 20055
Orm, Mutters Jüngster, verzärtelt
und hypochondrisch, wird von
plündernden Nachbarwikingern
verschleppt. Doch das Schiff, auf
dem die Nordmänner zu ihrem alljährlichen Raubzug gen Spanien
fahren, kapern die Mauren...

Diana Norman
Die Piratenkönigin
Roman
dtv 20115
Irland im 16. Jahrhundert.
Inmitten von politischen Intrigen,
Freiheitskampf und Krieg erlebt
Barbary die Schönheit und Tragik
Irlands – und ihre große Liebe.

dtv

Historische Romane
im dtv

Rosemarie Marschner
Der Sohn der Italienerin
Roman um Prinz Eugen
dtv 12160
»Prinz Eugen, der edle Ritter...«
Rosemarie Marschner erzählt das
Schicksal eines der berühmtesten
Helden der Neuzeit auf spannende
und psychologisch raffinierte
Weise.

Jochen Klepper
Der Vater
Roman eines Königs
dtv 11478
Die »äußere und innere Geschichte« Friedrich Wilhelms I.
von Preußen – viel mehr als nur
ein historischer Roman.

Robert Neumann
Der Favorit der Königin
Roman
dtv 12209
Ein faszinierendes und tragisches
Kapitel der dänischen Geschichte,
in dessen Mittelpunkt der einfache
Arzt Friedrich Struensee steht, der
im 18. Jahrhundert zum heimli-
chen Regenten und »Favoriten der
Königin« aufsteigt.

Eveline Hasler
Anna Göldin. Letzte Hexe
Roman
dtv 10457
1780. Die schöne, eigenwillige
Dienstmagd Anna Göldin wird des
Kindsmords und der Zauberei an-
geklagt. Die Geschichte des letzten
Hexenprozesses in Europa.

Jean Giono
Der Husar auf dem Dach
Roman · dtv 12072
1838. Die Cholera wütet in der
Provence. Aber Angelo, der flüch-
tige italienische Husar mit dem
Engelsgesicht, bleibt guter Dinge.
Immer zu mutigen Taten bereit,
begegnet er – mitten in all den
Schrecken – der Liebe.

Wolf von Niebelschütz
Der Blaue Kammerherr
Roman
dtv 12600
Das Inselreich Myrrha im Jahr
1732. König Alphanios ist das
Opfer intriganter Minister und
Finanzleute. Prinzessin Danae ver-
sucht allen Intrigen zu begegnen,
um ihrem Land zu helfen.

dtv

Klassische Anthologien
in <u>dtv</u>-Originalausgaben

**Deutsche Erzählungen
des 19. Jahrhunderts**
Von Kleist bis Hauptmann
Herausgegeben von Joachim Horn,
Johann Jokl, Albert Meier, Sibylle
von Steinsdorff
dtv 2099

**Deutsche Lyrik vom Barock bis
zur Gegenwart**
Herausgegeben von Gerhard Hay
und Sibylle von Steinsdorff
dtv 12397

Nicht nur zur Osterzeit
Ein Frühlings-Lesebuch
Herausgegeben von
Gudrun Bull
dtv 12606

**Vom Glück des Reisens zu Lande,
zu Wasser und in der Luft**
Herausgegeben von
Ulf Diederichs
Mit Illustrationen von Lucia Obi
dtv 11802

**Schilf-Lieder &
Binsenweisheiten**
Herausgegeben von Gudrun Bull
Mit Illustrationen von Lucia Obi
dtv 2344

**Ein Rot, ein Grün, ein Grau
vorbeigesendet…**
Farben in der deutschen Lyrik von
der Romantik bis zur Gegenwart
Herausgegeben von
Joachim Schultz
dtv 2331

Ich fahr so gerne Rad…
Geschichten von der Lust, auf dem
eisernen Rosse dahinzujagen.
Herausgegeben von
Hans-Erhard Lessing
dtv 12017

Ostern
Ein Spaziergang rund um die Welt
Herausgegeben von Ulf Diederichs
dtv 12325

Die Kunst des Wanderns
Ein literarisches Lesebuch
Herausgegeben von
Alexander Knecht und
Günter Stolzenberger
dtv 20030

Theodor Fontane
Allerlei Glück
Ein Lebensbuch
Vorgestellt von Ulf Diederichs
dtv 12538

dtv

Klassische Autoren
in dtv-Gesamtausgaben

Georg Büchner
Werke und Briefe
Münchner Ausgabe
Herausgegeben von Karl Pörn-
bacher, Gerhard Schaub, Hans-
Joachim Simm und Edda Ziegler
dtv 12374

Annette von Droste-Hülshoff
Sämtliche Briefe
Historisch-kritische Ausgabe
Herausgegeben von
Winfried Woesler
dtv 2416

Johann Wolfgang von Goethe
Werke
Hamburger Ausgabe
in 14 Bänden
dtv 59038

**Goethes Briefe und
Briefe an Goethe**
Hamburger Ausgabe
in 6 Bänden
dtv 5917

Goethes Gespräche
Biedermannsche Ausgabe
Ergänzt und herausgegeben
von Wolfgang Herwig
dtv 59039

Ferdinand Gregorovius
**Geschichte der Stadt Rom im
Mittelalter
Vom V. bis XVI. Jahrhundert**
Vollständige Ausgabe in 7 Bänden
dtv 5960

Sören Kierkegaard
Entweder – Oder
Deutsche Übersetzung von
Heinrich Fauteck
dtv 30134

Heinrich von Kleist
**Sämtliche Werke und Briefe in
zwei Bänden**
Herausgegeben von H. Sembdner
dtv 5925

Jean de La Fontaine
Sämtliche Fabeln
Mit 255 Illustrat. von Grandville
dtv 2353

J. M. R. Lenz
Werke
Dramen, Prosa, Gedichte
dtv 2296

Stéphane Mallarmé
Sämtliche Dichtungen
Französisch und deutsch
dtv 2374

dtv

Klassische Romane der Weltliteratur
in vollständigen Ausgaben und Neuübersetzungen

Jane Austen
Stolz und Vorurteil
Neu übersetzt von Helga Schulz
dtv 12350

Harriet Beecher Stowe
Onkel Toms Hütte
Neu erarbeitet von
Susanne Althoetmar-
Smarczyk
dtv 2330

Charlotte Brontë
Jane Eyre
Neu übersetzt von
Gottfried Röckelein
dtv 12540

Emily Brontë
Sturmhöhe
Neu übersetzt von
Michaela Meßner
dtv 12348

Wilkie Collins
Die Frau in Weiß
Neu übersetzt von Ingeborg Bayr,
durchgesehen von Hanna Neves
dtv 20171

Wilkie Collins
Der Monddiamant
Aus dem Englischen übertragen
von Inge Lindt
dtv 12182

Wilkie Collins
Jezebels Tochter
Aus dem Englischen von
Thomas Eichhorn
dtv 20003

Maria Edgeworth
Castle Rackrent
Aus dem Englischen von H. Schulz
dtv 12275

Victor Hugo
**Der Glöckner von
Notre-Dame**
Neu erarbeitet von
Michaela Meßner
dtv 2329

Henryk Sienkiewicz
Quo vadis?
Neu erarbeitet von Marga und
Roland Erb
dtv 2334

dtv

Egon Friedell im dtv

»Ein Kompendium an Weisheit und Einsicht,
an historischer Klugheit und dichterischer Inspiration,
an stilistischer Bravour, fachwissenschaftlicher
Genauigkeit und aller Freiheit der Phantasie.«
Saarländischer Rundfunk

Kulturgeschichte Griechenlands
dtv 30084

Kulturgeschichte Ägyptens und des alten Orients
dtv 30039

Kulturgeschichte der Neuzeit
In zwei Bänden
dtv 30061 und 30062

Egon Friedell (1878–1938) studierte Philosophie und Germanistik und war als Theaterkritiker, Schriftsteller, Schauspieler und Feuilletonist tätig. Berühmt machte ihn die ›Kulturgeschichte der Neuzeit‹, die von 1927–1931 erschien. Von einer geplanten ›Kulturgeschichte des Altertums‹ wurde 1937 die ›Kulturgeschichte Ägyptens und des alten Orients‹ veröffentlicht und – im besetzten Norwegen – 1940 die ›Kulturgeschichte Griechenlands‹.

»Friedell hält von den Geschehnissen einer Epoche jene des Erzählens und Durchleuchtens wert, in denen das Kräftespiel offenbar wird, das zu organisieren und auszutragen uns heute als der geschichtliche Sinn einer Epoche erscheint. Wo das Beglaubigte, das geschichtlich Sichere nicht ausreiche, seine Interpretationen des Gewesenen zu stützen, verbreitete er die Stütze durch Einschmelzung des Wahrscheinlichen in das Sichere. Friedells Wahrscheinlichkeiten sind verführerisch. Sie bezeugen schöpferische Einbildungskraft und psychologischen
Spürsinn.«

dtv

Religion und Theologie im <u>dtv</u>

Hoimar von Ditfurth
**Wir sind nicht nur von
dieser Welt**
Naturwissenschaft, Religion und
Zukunft des Menschen
dtv 30058

Viktor E. Frankl
Der unbewußte Gott
Psychotherapie und Religion
dtv 35058

Erich Fromm
Psychoanalyse und Religion
dtv 35033
**Das Christusdogma und
andere Essays**
Die wichtigsten religions-
kritischen Schriften
dtv 35007

Jean Guitton
Grichka und Igor Bogdanov
Gott und die Wissenschaft
Auf dem Weg zum
Meta-Realismus
dtv 33027

C. G. Jung
Psychologie und Religion
dtv 35127

Mark Powelson, Ray Riegert (Hg.)
Das verlorene Evangelium
Was Jesus wirklich sagte
dtv 30654

Peter Schellenbaum
Gottesbilder
Religion, Psychoanalyse,
Tiefenpsychologie
dtv 35025

Annemarie Schimmel
**Im Namen Allahs, des
Allbarmherzigen**
Der Islam · dtv 36111

Peter Schreiner
**Im Mondschein öffnet sich
der Lotus**
Der Hinduismus · dtv 36112

Dorothee Sölle
Gott im Müll
Eine andere Entdeckung
Lateinamerikas
dtv 30040
Gott denken
Einführung in die Theologie
dtv 36059
Mutanfälle
Texte zum Umdenken
dtv 30541

<u>dtv</u>